에듀윌과 함께 시작하면,
당신도 합격할 수 있습니다!

어릴 적 꿈이었던 군인이 되기 위해
일찌감치 진로 선택을 한 고등학교 졸업생

대학에 입학하여 학군단의 일원이 되고자
바쁜 시간을 쪼개며 시험을 준비하는 대학생

군인의 명예와 사명감을 지키기 위해
군 복무생활과 병행하며 부사관을 준비하는 현역군인

누구나 합격할 수 있습니다.
이루겠다는 '목표' 하나면 충분합니다.

마지막 페이지를 덮으면,

에듀윌과 함께
군 간부 합격이 시작됩니다.

6년간 아무도 깨지 못한 기록
합격자 수 1위
에듀윌
합격자 모임 실제 현장 (서울 강남 코엑스)

KRI 한국기록원 2016, 2017, 2019년 공인중개사 최다 합격자 배출 공식 인증
(2022년 현재까지 업계 최고 기록)

에듀윌
합격자 수가
선택의 기준!
기적에서 전설로
OPEN

에듀윌
에듀윌과 함께하면 꿈은 현실이 됩니다
기적에서 전설로

에듀윌을 선택한 이유는 분명합니다

군 간부 교재 누적 판매량

12만 부

베스트셀러 1위 달성

672 회

무료특강 누적 조회 수

21만 회

에듀윌 군 간부를 선택하면
합격은 현실이 됩니다.

- 에듀윌 군 간부 교재 누적 판매량 합산 기준 (2016년 8월 25일~2022년 10월 31일)
- 온라인서점(YES24) 주별/월별 베스트셀러 합산 기준 (2016년 10월 4주~2022년 11월 5주 ROTC·학사장교/육군부사관/공군부사관/해군부사관 교재)
- 에듀윌 군 간부 교재 연계 무료특강 누적 조회 수 합산 기준 (2016년 8월 25일~2022년 10월 31일)

누적 판매량 12만 부 돌파*
베스트셀러 1위 672회 달성*

ROTC·학사장교 통합 기본서

육군부사관 통합 기본서

공군부사관 통합 기본서

해군부사관 통합 기본서

* 에듀윌 군 간부 교재 누적 판매량 합산 기준 (2016년 8월 25일~2022년 10월 31일)
* 온라인서점(YES24) 주별/월별 베스트셀러 합산 기준 (2016년 10월 4주~2022년 11월 1주 ROTC·학사장교/육군부사관/공군부사관/해군부사관 교재)
* YES24 국내도서 해당 분야 월별, 주별 베스트 기준

Why 에듀윌 ROTC·학사장교/부사관 교재

시리즈 전종 베스트셀러 1위!

최고의 콘텐츠로 수많은 수험생의 선택을 받은
에듀윌 군 간부 교재

노른자
정보
육군부사관의 모든 것
합격을 위한 알짜 정보만 모았다

합격을 위한 노른자 정보

군별 모집일정부터 면접 가이드까지
알짜 정보 수록

찐기출 반영!

과목별 최신 출제경향과 기출유형을 분석·반영
핵심 이론+유형 훈련 문제+실전 연습 문제 수록

에듀윌 군 간부 전 교재 동영상 강의 무료

부사관 교재 전 강의(25강) 무료

이 교재 강의 2023 에듀윌 육군부사관 통합 기본서 한권 완성 전 강좌 무료특강

수강 경로

에듀윌 도서몰 (book.eduwill.net) 로그인 ▸ 동영상강의실 클릭 ▸ 부사관·ROTC 클릭

무료특강 바로가기

※ 강의는 12월 12일에 오픈될 예정이며, 강의명과 강의 오픈일자는 변경될 수 있습니다.

* 에듀윌 군 간부 교재 연계 무료특강 누적 조회 수 합산 기준 (2016년 8월 25일~2022년 10월 31일)

육군부사관의 모든 것
합격을 위한! 알짜! 정보만 모았다

차례

1 육군부사관 소개

1 정의

"忠勇, 仁愛, 信義의 늘 푸른 젊은이들!"
폭넓은 시각과 심화된 전문성을 겸비한 인재들!

스스로 명예심을 추구하여 빛남으로 자긍심을 갖게 되고, 사회적인 인간으로서 지켜야 할 도리를 자각하면서 행동할 수 있어야 하며, 개인보다는 상대를 배려할 줄 아는 공동체 의식을 견지하며 매사 올바른 사고와 판단으로 건설적인 제안을 함으로서 자신이 속한 부대와 군에 기여하는 전문성을 겸비한 인재

2 역할

· 군대에서 장교와 병사 사이에 교량적 역할을 수행하는 간부
· 하사, 중사, 상사, 원사의 계급을 가진 육군의 군인
· 통상 육군의 분대, 소대와 같은 선봉의 전투 지휘자
· 전투기술, 장비운용, 보급, 정비, 행정 및 부대관리 등의 기술과 숙련을 요하는 분야에서 전문가로서 임무 수행
· 부대 역사와 전통의 계승 발전자

3 책무

· 맡은 바 직무에 정통하고 모든 일에 솔선수범하며, 병의 법규 준수와 명령 이행을 감독하고, 교육 훈련과 내무 생활을 지도하여야 함
· 병의 신상을 파악하여 선도, 안전사고 예방, 각종 장비와 보급품 관리에 힘써야 함

4 복무기간

· 단기 복무: 임관 후 4년
· 장기 복무: 7년 이상 복무(단기 복무 + 3년)

5 진급(계급별 최저 복무 기간)

계급	하사 → 중사	중사 → 상사	상사 → 원사
최저복무기간	하사로서 2년	중사로서 5년	상사로서 7년

※ 근속 진급: 중사(하사로서 6년 이상), 상사(중사로서 12년 이상)

6 정년 전역

계급	하사	중사	상사	원사
연령	40세	45세	53세	55세

7 혜택

❶ 확실하고 안정된 직장

· 하사 임관 시 국가공무원 신분 획득
· 장기 복무 시 안정된 평생 직장 보장

❷ 최단 시간 내 목돈 마련 가능

식사 및 숙소 제공, 의복비 절약 등으로, 부사관 복무 4년간 봉급액의 60% 저축 시 최대 5천여만 원 저축 가능

❸ 다양한 복지 혜택 & 높은 실질 임금

· 독신자 숙소 · 관사 · 군인 아파트 제공 및 군인 공제회의 특별 분양 아파트 공급과 저렴한 이자의 융자 혜택
· 전국 18개소의 군 병원 무료 이용 가능
· 사고 시 최대 1억 원을 보장하는 맞춤형 보험 자동 가입
· 전국 휴양 시설과 지역별 육군 운영 쇼핑센터 등 이용 가능

❹ 20년 이상 복무 후 전역 시 노후 보장

· 20년 이상 복무 후 전역 시 연금 수급(사망 시까지), 국립묘지 안장 등 각종 혜택 부여
· 33년 이상 성실히 복무 후 전역 시 보국훈장 수혜로 국가유공자 대우

❺ 개인의 전공과 능력 발휘

· 개인의 전공 및 자격에 따라 전투 · 기술 · 행정 등 다양한 분야에서 전문화된 업무 수행
· 일정 자격 요건을 갖출 경우 장교 · 준사관으로 진출 기회 부여

❻ 자기 발전의 기회 제공

· 전문대학교, 사이버대학교, 대학교, 대학원 등 자기 발전의 기회 부여
· 육군이 주관하는 국가기술자격 검정시험(연 2회)에 응시할 수 있는 기회를 주어 자격증 취득 기회 제공

❼ 폭넓은 자녀 교육 지원

· 장기 복무자 자녀의 중 · 고교 학비 전액 지급
· 대학 진학 시 장학금 지급 및 전액 무이자로 국가에서 학비 대출 지원
· 대도시에서 학업 중인 자녀에게 군에서 운영하는 기숙사 제공하여 교육 여건 보장

2 최근 달라진 육군부사관 선발 방식

1 국사 시험 '한국사능력검정시험'으로 대체

기존	▶	변경된 시행방안
부대 평가		한국사능력검정시험 공인인증서 등급별 차등 점수 부여

· 국사 시험이 군 자체 평가에서 국사편찬위원회 '한국사능력검정시험'으로 대체됩니다.

· 지원자는 한국사능력검정시험 공인인증서(심화 1급~기본 6급) 취득 후 지원한 선발 과정에서 서면으로 제출해야 하며, 미제출 시 국사 점수는 0점 처리됩니다.

· 변경된 시행방안

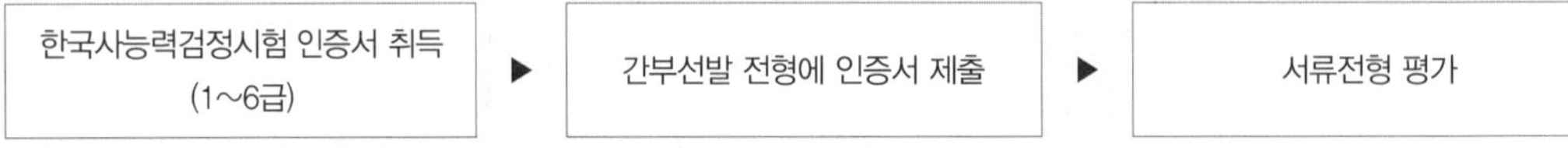

한국사능력검정시험 인증서 취득 (1~6급) ▶ 간부선발 전형에 인증서 제출 ▶ 서류전형 평가

– 한국사능력검정시험 공인인증서 유효 기간: 서류 접수 마감일 기준 4년 이내

– 한국사능력검정시험 공인인증서 등급별 차등 점수 적용

구분	심화 등급			기본 등급		
	1급	2급	3급	4급	5급	6급
육군부사관 필기평가	각 선발 과정별 국사 시험 배점의 만점			배점의 90%	배점의 80%	배점의 70%

2 신체검사 군 병원 또는 국공립병원, 민간종합병원의 신체검사 결과 인정

기존	▶	변경된 시행방안
군 병원 신체검사 실시		군 병원, 국공립병원, 민간종합병원의 신체검사 결과 인정

· 군 병원 이외에 국공립병원과 민간종합병원의 신체검사 결과도 인정됩니다. 단, 문신이 있는 지원자는 군 병원 신체검사가 원칙이며, 군 병원을 제외한 국공립병원, 민간종합병원의 신체검사 비용은 개별 부담으로 진행됩니다.

· 변경된 시행방안

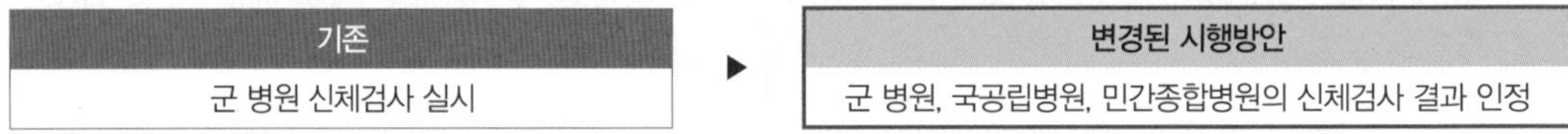

군 병원, 국공립병원, 민간종합병원 신체검사 실시 ▶ 군 병원으로 진단서 제출 ▶ 군 병원 판정(필요시 재검진 통보)

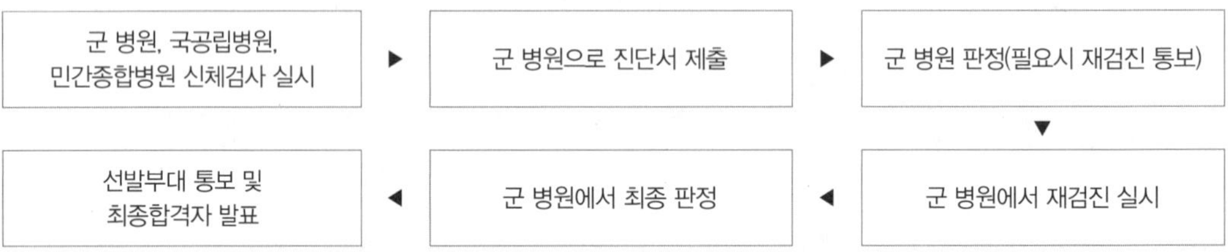

▼ 군 병원에서 재검진 실시 ◀ 군 병원에서 최종 판정 ◀ 선발부대 통보 및 최종합격자 발표

– 신체검사 진단서 유효기간: 서류 접수 마감일 기준 1년 이내

– 국공립병원, 민간종합병원의 신체검사를 진행한 지원자는 군에서 제시한 진단서 양식지를 활용하여 검사 결과를 제출해야 함

3 『전투』 특기 통합 선발 후 임관 시 특기 부여

기존		변경된 시행방안
세부 특기별 모집	▶	『전투』 특기로 통합하여 선발

· 『전투』 특기(보병, 기갑, 포병, 방공, 정보, 통신, 공병)는 통합 선발하고, 부사관 학교에서 임관 전 세부 특기를 부여하여 시험에 적용됩니다.

> 『전투』 특기: 7개 병과 14개 특기를 통합하여 명칭
> ① 보병(111), ② 포병(131, 132, 133), ③ 기갑(121, 123), ④ 방공(141), ⑤ 정보(151, 152, 153), ⑥ 공병(161, 162), ⑦ 통신(171, 174) 특기를 통합

· 변경된 시행방안

지원자가 인터넷 지원서 등록 시 1~3지망 중 『전투』 특기를 선택하여 지원

▼

1차 평가: 필기평가 고득점자 순으로 선발

▼

2차 평가: 비전문성 특기 평가 기준을 적용하여 고득점자 순으로 선발

- 기술 및 행정 특기는 특기별 모집 선발 방법 현행 유지
- 부사관 학교 6주 차에 병과 소개 교육과 개인별 희망 특기 접수를 진행하고, 9주 차에 전공, 자격/면허, 신체조건과 교육성적 등을 바탕으로 특기 분류, 임관 전 세부 특기 확정

4 문신에 대한 신체검사 기준 변경

기존		변경된 시행방안
① 경도(문신이나 자해로 인한 반흔 등이 신체의 한 부위에 지름이 7cm 이하이거나 두 부위 이상에 합계 면적이 30cm^2 미만인 경우)에 한하여 가능 ② 경도의 문신이더라도 혐오감 및 위화감을 조성하는 내용이거나(성적 표현, 욕설, 테러 단체 옹호 문구 등), 얼굴, 목 등 군 간부 품위를 손상하는 신체 부위일 경우 5급 판정	▶	① 문신의 면적은 가로 및 세로 최장축의 길이를 곱하여 계산함 ※ 문신의 합계 면적이 120cm^2 이하인 경우 가능 ② 면적과 관계없이 노출 부위(수부, 전박부, 하퇴부, 두부, 목)에 있거나, 혐오감 또는 위화감을 조성하는 내용(성적 표현, 욕설, 테러 단체 옹호 문구 등)이 포함된 문신인 경우 5급 판정

5 AI 면접 결과를 면접평가 총 배점의 20% 반영

기존		변경된 시행방안
AI 면접 결과는 대면 면접 시 참고자료로 활용	▶	AI 면접을 통해 대인관계 기술 및 행동 역량을 평가하여 점수로 반영

· 기존 1면접, 2면접 합산 점수 50점에서 AI 면접 점수가 10점, 나머지 면접 점수 40점으로 변경되었습니다.
· AI 면접평가 미응시자는 AI 면접평가 배점(10점)에서 "0"점이 부여됩니다.
· 변경된 시행방안

구분	대면면접	
	1면접(개별) 2면접(발표 / 토론)	3면접(개별) 인성검사(심층)
배점	50점	합 · 불

▶

구분	1단계 (AI 면접)	2단계	
		1면접 (발표 / 토론)	2면접(개별) 인성검사(심층)
방법	PC 또는 모바일 이용 인터넷 화상 면접	개인별 주제 발표 / 질의응답, 조별 토론 / 관찰평가	지원자 1명 대상 질의응답
장소	개인별 희망 장소	인재선발센터 (충남 계룡시 소재)	
배점	10점	40점	합 · 불

– 개인 연락처(휴대전화, 인터넷 메일)로 AI 면접 관련 안내문이 발송되므로 인터넷 지원서 작성 시 정확한 인터넷 메일 주소를 입력해야 함(연락처 미입력, 오기 입력으로 평가 관련 안내를 수신하지 못해 발생하는 불이익은 개인 책임)
– 면접평가 기간 중에는 시간, 장소에 상관없이 PC 또는 모바일로 접속하여 응시 가능하나, 면접평가 종료 임박 시간에는 다수 인원이 몰려 장애가 발생할 수 있음

육군부사관 모집 안내

1 선발 일정(2022년도)*

구분	지원서 접수	필기평가	1차 합격자 발표	면접	신체검사	최종 합격자 발표	입영 예정**
임관시 장기복무 부사관 1기	21.12.22~22.1.3	1.15	1.26	2.28~3.18	2.14~2.25	5.20	6.2
남군 1기	21.12.22~22.1.3	1.15	1.26	2.28~3.18	2.14~2.25	5.20	6.2
여군 1기	21.12.27~22.1.7	1.22	2.4	2.7~2.25	3.7~3.23	5.20	6.2
남군 2기	2.7~2.21	3.5	3.16	3.21~4.8	4.18~4.29	8.12	8.24
여군 2기	2.18~3.4	3.19	4.1	4.18~5.13	4.4~4.15	8.12	8.24
복무지원금 지급대상 부사관	3.14~3.28	4.16	4.29	5.9~7.1	7.25~8.5	10.21	2023년
장기복무 전투부사관	5.16~6.3	6.25	7.1	7.4~7.29	8.1~8.12	11.11	2024년
여군 3기	5.30~6.17	7.9	7.20	8.2~8.19	8.23~9.8	12.16	12.28
임관시 장기복무 부사관 2기	6.27~7.15	8.6	8.17	10.4~10.21	8.22~9.5	12.16	12.28
남군 3기	6.27~7.15	8.6	8.17	8.22~9.9	9.19~10.7	12.16	12.28

* 선발 일정 및 기수는 해마다 달라지며, 자세한 내용은 육군모집 홈페이지에서 확인하실 수 있습니다.

** 입영 예정일은 18주 과정 훈련 기준입니다.

2 지원자격

학력

· 고등학교 이상 졸업자, 이와 같은 수준 이상의 학력이 있다고 교육부 장관이 인정하는 자(검정고시 합격자 포함)
· 고등학교 3학년 재학생(졸업예정자) 지원 가능(인문계, 특성화고 등)
· 중학교 졸업자는 국가기술자격증 취득자에 한하여 지원 가능

연령

· 임관일 기준 만 18세 이상 만 27세 이하인 사람
· 예비역은 제대 군인 지원에 관한 법률 시행령 제19조(응시연령 상한 연장)에 의거, 군 복무 기간을 합산하여 응시 연령 상한을 다음과 같이 정함
 – 군 복무 기간이 1년 미만: 만 28세
 – 군 복무 기간이 1년 이상 2년 미만: 만 29세
 – 군 복무 기관이 2년 이상(초급 리더 과정 미수료한 하사 이하, 초급 리더 과정 수료한 하사 이상): 만 30세
· 현역에 복무 중인 사람이 지원 시 응시 연령 상한 연장은 제대 군인에 관한 법률 제16조 제2항(채용 시 우대 등)에 의거 전역 예정일 전 6개월 이내에 응시한 경우에 한하여 적용
· 육군에 복무 중인 사람은 육군부사관학교 입영일 이전에 전역 가능한 사람

신체 조건

구분	신장	시력	신체 등위	BMI 등위	비고
남자	159㎝ ~195㎝	교정시력 양안 0.6 이상	3급 이상	2급 이상*	문신은 육군 판정 기준 적용**
여자	152㎝ ~183㎝				

* BMI 등급 3급도 지원가능하나 선발위원회에서 합 · 불 여부 판정
** 육군부사관 선발 방식 '4 문신에 대한 신체검사 기준 변경' 참고

3 모집 절차

❶ 지원서 접수

· **지원서 작성**
육군 모집 홈페이지 → 지원 접수 및 합격 조회 → 지원 접수 및 등록 → 부사관 지원서 작성

· **지원서 출력 및 제출**
육군 모집 홈페이지 → 지원 접수 및 합격 조회 → 등록 조회 및 출력 → 등기우편 제출

❷ 1차 평가

· **평가대상**: 기한 내 인터넷 지원 및 지원서류를 제출한 지원자
· **평가내용**: 필기평가 + 직무수행능력평가
– 필기평가(1차 선발 평가 시에만 반영)

1교시(80분)	지적능력평가 – 공간능력: 18문항 / 10분 – 언어논리: 25문항 / 20분 – 지각속도: 30문항 / 3분 – 자료해석: 20문항 / 25분
2교시(60분)	– 상황판단검사: 15문항 / 20분 – 직무성격검사: 180문항 / 30분
3교시(50분)	인성검사(MMPI-II 검사): 338문항 / 50분

– 직무수행능력평가: 제출한 서류로 평가
· **필기평가 종합점수 40% 이상 득점자 중에서 고득점 순으로 1차 선발**

❸ 2차 평가

· **평가대상:** 1차 평가 합격자
· **신체검사**: 군 병원 또는 국공립병원, 민간종합병원에서 실시

· **면접평가**

<table>
<tr><th rowspan="3">구분</th><th rowspan="3">1단계(AI 면접)</th><th colspan="2">2단계</th></tr>
<tr><th rowspan="2">1면접(발표 / 토론)</th><th>2면접(개별)</th></tr>
<tr><th>인성검사(심층)</th></tr>
<tr><td>방법</td><td>PC 또는 모바일 이용
인터넷 화상 면접</td><td>개인별 주제 발표 / 질의응답,
조별 토론 / 관찰평가</td><td>지원자 1명 대상
질의응답</td></tr>
<tr><td>장소</td><td>개인별
희망 장소</td><td>인재선발센터
(충남 계룡시 소재)</td><td></td></tr>
<tr><td>배점</td><td>10점</td><td>40점</td><td>합 · 불</td></tr>
</table>

– MMPI-II 결과를 토대로 전문면접관이 심층 확인 후 합 · 불로 판정
– 군사학과, 부사관학과, 학군단 후보생 등 제복(교복), 현역 및 예비역 전투복 착용 금지
– 자기소개서 작성 시 출신대학 표시 금지, 고교생도 교복 착용 금지
– 고등학교 출결 배점 삭제

· **직무수행능력평가 / 인성검사 / 신원조사 / 체력평가**

<table>
<tr><th>직무수행능력평가</th><td>1차 평가 시 제출한 서류로, 1 · 2차 평가에 모두 반영</td></tr>
<tr><th>인성검사</th><td>· 필기평가 시 검사지 작성
· MMPI-II 결과 활용하여 전문면접관이 심층 확인 후 합 · 불 판정</td></tr>
<tr><th>신원조사</th><td>· 별도의 서류 제출 없이 개인별 군사안보지원사령부 홈페이지(https://www.dssc.mil.kr/)에 접속하여 제출
· 결과는 최종 선발 심의에 반영</td></tr>
<tr><th>체력평가</th><td>· 2차 평가 시 '문체부 산하 국민체력인증센터 체력평가 인증서 및 결과지' 제출
· 국민체력인증 평가 항목
<table>
<tr><th>구분</th><th>건강 체력 항목</th><th>운동 체력 항목(택1)</th></tr>
<tr><td>성인
(19~64세)</td><td>· 근력(악력)
· 유연성(윗몸 앞으로 굽히기)
· 근지구력(교차 윗몸 일으키기)
· 심폐지구력(택1 : 왕복오래달리기, 스텝검사)</td><td>· 민첩성(10m 왕복 달리기)
· 순발력(제자리 멀리뛰기)</td></tr>
<tr><td>청소년
(18세 이하)</td><td>· 근력(악력)
· 유연성(윗몸 앞으로 굽히기)
· 근지구력(택1 : 윗몸 말아 올리기, 반복 점프)
· 심폐지구력(택1 : 왕복 오래 달리기, 스텝 검사)</td><td>· 민첩성(일리노이검사)
· 순발력(체공시 간)
· 협응력(눈 – 손협응력)</td></tr>
</table>
· 개선된 체력평가 적용 시 점수(10점 만점 기준, 20점 만점 시×2, 30점 만점 시×3)
<table>
<tr><th>만점</th><th>1종목 불합격</th><th>2종목 불합격</th><th>3종목 불합격</th><th>4종목 불합격</th></tr>
<tr><td>10점</td><td>9</td><td>8</td><td>7</td><td>불합격</td></tr>
</table>
</td></tr>
</table>

❹ 최종합격자 선발

1 · 2차 평가 결과와 신원조사 결과를 종합하여 최종 선발 심의 후 결정

육군부사관 인공지능(AI) 면접 가이드

1 응시 전 준비사항

응시 환경	응시 복장 및 자세
· 얼굴과 음성이 정상적으로 인식될 수 있도록 주변 조명 밝기와 소음을 미리 확인해야 함 · 뒷배경이 혼잡스러울 경우 영상 분석이 어려울 수 있으니 깔끔하고 단조로운 배경을 선택하도록 함 · 안정된 네트워크 상태에서 진행해야 하며, 유선 인터넷 환경을 권장함	· 깔끔하고 단정한 사복 차림의 복장을 권장함 · 정상적인 얼굴 인식을 위해 얼굴을 크게 가리는 장신구 등의 착용은 지양함 · 얼굴이 화면 정중앙에 오도록 하며 상반신까지 나타날 수 있도록 정자세로 응시해야 함 · 카메라 위치에 시선을 두고 응시하는 것을 권장함

2 응시 환경

장비	PC 또는 노트북 운영체제	모바일 운영체제
· PC 또는 노트북, 웹캠, 마이크 (이어폰 권장)	· Windows 7, 8, 8.1, 10 이상 권장 · iOS 11 이상	· Android 7.0 이상 · iOS 11 이상

3 응시 방법

PC 또는 노트북 응시 방법	· 크롬 웹브라우저(Chrome)에서만 응시 가능하며, 반드시 최신 버전으로 업데이트해야 함 · 크롬 브라우저에서 카메라와 마이크 권한 허용해야 함
모바일 응시 방법	· 모바일 기기가 움직이지 않도록 반드시 거치대로 기기를 고정 후 응시해야 함 · 응시 도중 전화가 걸려오지 않도록 반드시 '비행기 모드' & '와이파이' 연결 상태에서만 진행해야 함 · 면접 응시 도중 재난문자 수신 시 면접에 지장을 줄 수 있으니 해당 시간 동안 재난문자는 미수신으로 변경을 권장함

4 인공지능(AI) 면접 응시 관련 QnA

❶ 응시 마감 시간 이후에도 면접을 볼 수 있나요?

응시 마감 시간 이후에는 면접을 진행할 수 없습니다. 반드시 응시 마감 시간 이내에 면접을 완료해주세요.

❷ 면접 소요 시간은 얼마나 걸리나요?

면접 소용 시간은 총 40분 내외입니다. 이를 고려하여 면접을 응시해주시길 바랍니다.

❸ 면접 응시 전 면접 환경을 점검할 수 있나요?

면접 시작 전 환경 점검 테스트가 있습니다. 해당 단계를 통해 사용하시는 장비가 정상적으로 작동되는지 꼼꼼하게 확인해주세요.

❹ 비정상적인 오류로 면접이 중단됐는데, 재응시가 가능한가요?

비정상적인 오류로 면접이 강제 종료된 경우, 실행 중인 모든 프로그램을 종료한 후 재접속해주세요. 다시 로그인하시면 종료된 시점부터 이어서 면접이 진행됩니다.

5 인공지능(AI) 면접 질문 유형

❶ 기본 질문

자기 소개 및 장단점 등 자기 PR 등을 질문

㉠ 1. 자기소개를 해보세요.
2. 자신의 장단점에 대해 말해주세요.

❷ 상황 질문

감정 전달을 극대화할 수 있는 형식의 질문

㉠ 1. 1시간동안 줄을 서고 있는데 거동이 불편한 노인분이 새치기를 하려 합니다. 어떻게 이야기 하겠습니까?
2. 부대에 최신 급식시설이 들어왔습니다. 조리병이 음식을 만드는데 부대원들은 음식 맛이 없다고 불만과 불평을 표출합니다. 이때 조리병에게 어떻게 이야기 하겠습니까?

❸ 탐색 질문

지원자의 특성을 파악하기 위한 핵심 질문

㉠ 1. 어떤 일에 실패했어도 반드시 도전하는 편인가요?
2. 사람들 앞에서면 실수할까 많이 불안해하나요?
3. 본인의 능력이 뛰어나다고 생각하나요?
4. 평소 감정기복이 심한 편인가요?
5. 생활이 매우 규칙적인 편인가요?
6. 당신은 사회 비판적인가요?
7. 다른 사람의 감정을 내 것처럼 느끼나요?

❹ 심층 / 구조화 질문

· 경험 및 상황 질문

㉠ 더 좋은 성과를 만들기 위해 가장 중요한 것이 무엇이라고 생각합니까?

· 탐침 질문

㉠ 1. 그것을 위해 어떤 태도와 행동을 하시겠습니까?
2. 그 행동의 결과에 대체로 만족하시는 편입니까?

구성 & 활용

교재 따라가기

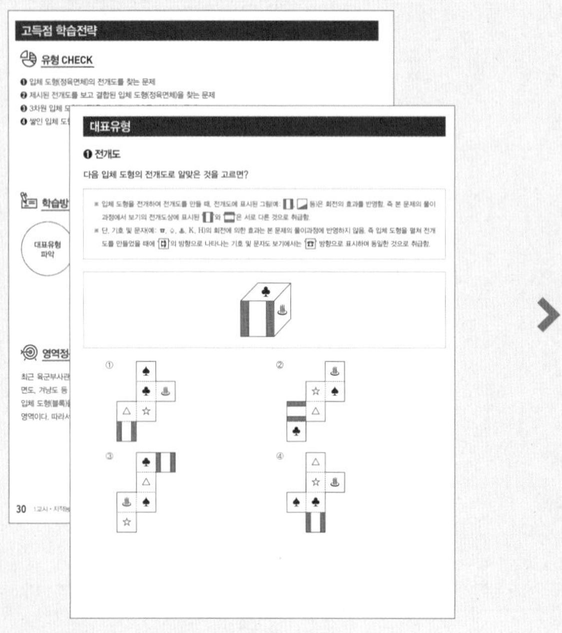

고득점 학습전략 및 대표유형

유형 체크, 영역 정복 팁 등 고득점을 위한 학습전략을 확인하고, 영역별 2~5개의 대표유형 문제를 통해 실제 시험에서 해당 유형이 어떤 식으로 출제되는지 확인할 수 있다.

핵심 이론

핵심 이론을 영역별 특성에 맞게 구성하여 기본 개념 학습에 도움이 될 수 있도록 하였다.

! 이 책에서만 볼 수 있어요

PREVIEW 최신 기출유형 분석 & 실력점검

최근 출제된 기출유형을 살펴봄으로써 최신 출제 경향을 파악할 수 있다. 또한, 최신 기출유형을 활용한 실력점검 TEST를 수록하여 학습 시작 전 자신의 실력을 확인할 수 있도록 하였다.

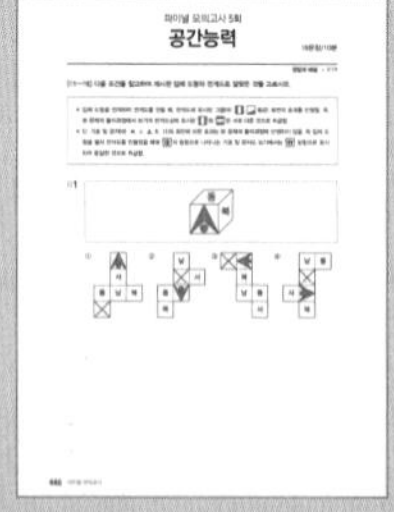

파이널 모의고사 5회

실제 시험에서는 문제 풀이뿐만 아니라 시간 관리도 매우 중요하다. 실제 필기평가와 동일하게 구성한 파이널 모의고사 5회를 OMR 카드(별도 수록)에 표시하며 풀어봄으로써 시간 관리 등 실전과 같은 환경에서 최종 연습을 할 수 있도록 하였다.

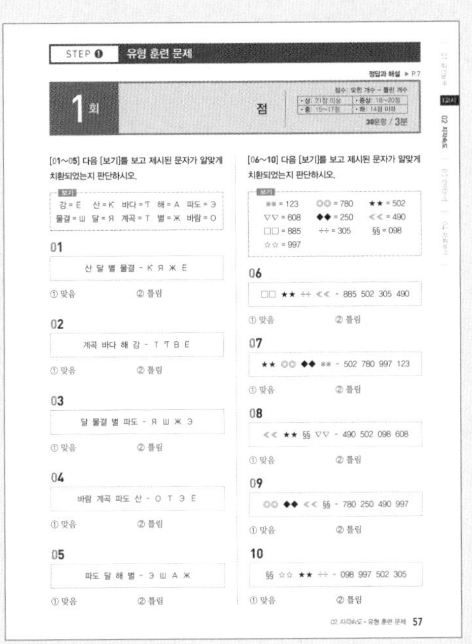

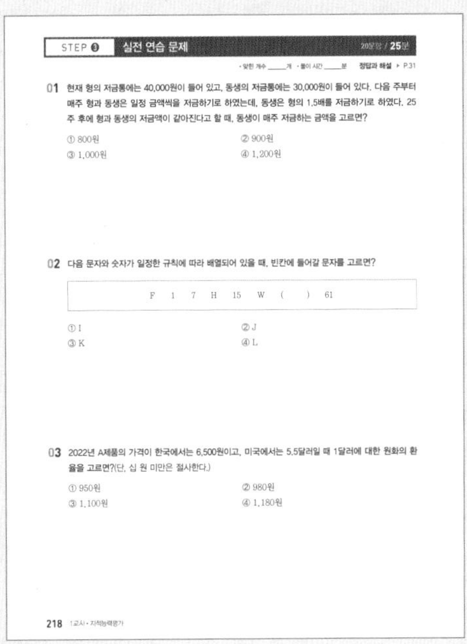

유형 훈련 문제

영역별로 빈출 유형에 해당하는 문제를 풀어봄으로써 유형 연습이 가능하도록 하였다.

실전 연습 문제

유형 훈련에 이어 실전과 동일한 구성의 문제 풀이를 통해 실전 감각을 향상시킬 수 있도록 하였다.

PLUS

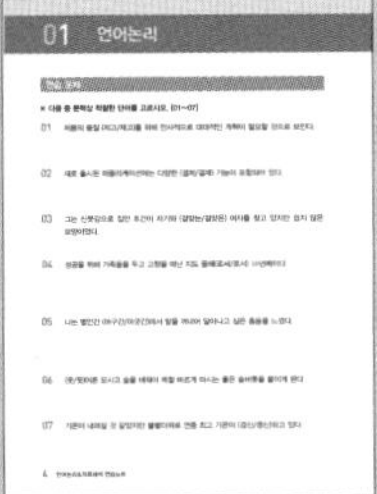

[별책부록] 언어논리 · 자료해석 연습노트

언어논리와 자료해석의 근본적인 실력 향상을 위해 시험에 꼭 출제되는 내용만 수록하여 연습할 수 있도록 하였다.

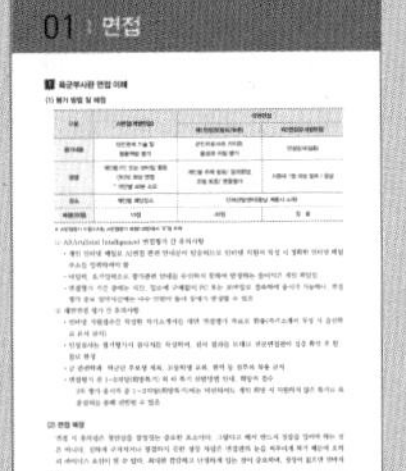

[Special] 면접

면접을 위한 핵심 전략 및 최근 기출 면접 질문을 통해 2023 육군부사관 통합 기본서 한 권으로 2차 평가까지 대비할 수 있도록 하였다.

차례

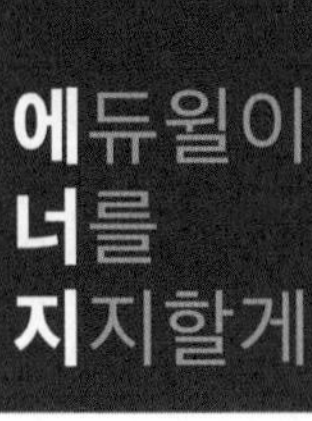

ENERGY

시작하라.

그 자체가 천재성이고,
힘이며, 마력이다.

– 요한 볼프강 폰 괴테(Johann Wolfgang von Goethe)

육군부사관 통합 기본서 | 실력점검

최신 기출유형 TEST

공간능력, 지각속도, 언어논리, 자료해석

최신 기출유형 미리보기

최신 출제경향 분석

❶ 공간능력(18문항/10분)

유형

전개도 | 결합도 | 블록 개수 | 겨냥도

주의사항

- 공간지각 감각을 키우는 것이 핵심

→ 전개도·결합도·블록 개수·겨냥도 등 빈출 유형을 중심으로 집중적으로 학습하기!

❷ 지각속도(30문항/3분)

유형

문자 대응 | 문자 찾기

주의사항

- 틀리면 감점 있는 유일한 과목

→ 꾸준한 문제풀이를 통해 감각 익히기!

❸ 언어논리(25문항/20분)

유형

어휘 | 어문규정 | 문법 | 독해 | 추리

주의사항

- 군 정신력 교재, 문학 작품, 신문 기사 등 다양한 소재의 제시문 출제
- 점점 어려워지는 추세

→ 매일매일 어휘를 암기하여 기본기 쌓기!

❹ 자료해석(20문항/25분)

유형

수열 | 비율·비례식 | 방정식 | 통계 | 표·그래프 해석

주의사항

- 표나 그래프를 해석하는 문제의 비중이 증가하고 있는 추세

→ 단순 계산, 표·그래프 해석 외에 추리가 필요한 문제들도 다수 출제되므로 다양한 유형의 문제 풀어 보기!

상황판단검사/직무성격검사		인성검사
상황판단검사(15문항/20분) 실제 군 생활에서 일어날 수 있는 상황을 제시하고 각 상황에 대해 어떻게 반응할 것인지를 묻는 검사 → 질문과 너무 동떨어진 응답을 하게 되면 합격에 지장을 줄 수 있으므로 제시문에서 묻고 있는 것을 확실히 파악하자!	**직무성격검사**(180문항/30분) 군인으로서 직무 적합성을 평가하는 검사 → 정답은 없으나 일관성이 없으면 불리하게 작용할 수 있으므로, 솔직하고 일관성 있게 답변하자!	**인성검사**(338문항/50분) 군인으로서 적합한 인성을 지니고 있는지 평가하는 검사 → 면접의 기초 자료로 사용되므로 면접에서 답할 말을 생각하며 솔직하게 답변하자!

01 다음 입체 도형의 전개도로 알맞은 것을 고르면?

※ 입체 도형을 전개하여 전개도를 만들 때, 전개도에 표시된 그림(예: ▐▌, ◢ 등)은 회전의 효과를 반영함. 즉 본 문제의 풀이과정에서 보기의 전개도상에 표시된 '▐▌'와 '▬'은 서로 다른 것으로 취급함.

※ 단, 기호 및 문자(예: ☎, ♤, ♨, K, H)의 회전에 의한 효과는 본 문제의 풀이과정에 반영하지 않음. 즉 입체 도형을 펼쳐 전개도를 만들었을 때에 '☎'의 방향으로 나타나는 기호 및 문자도 보기에서는 '☎' 방향으로 표시하며 동일한 것으로 취급함.

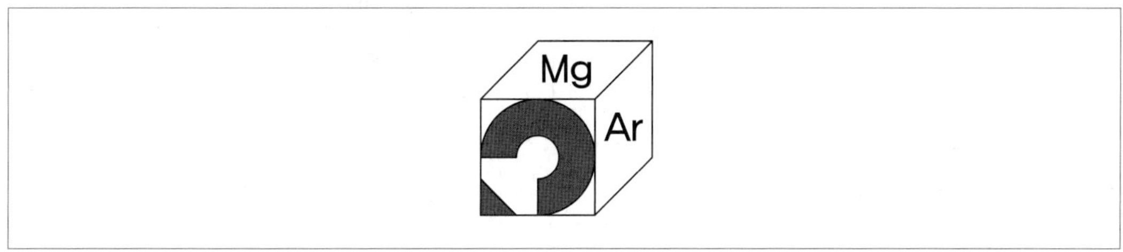

① 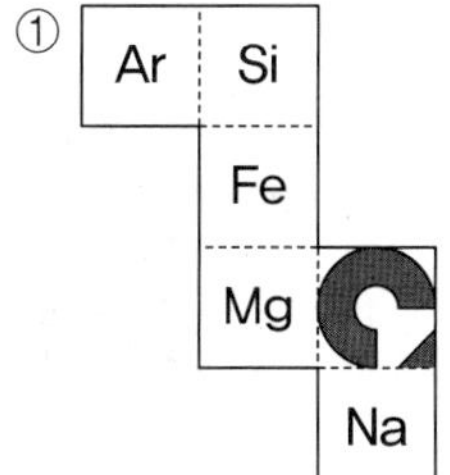

② 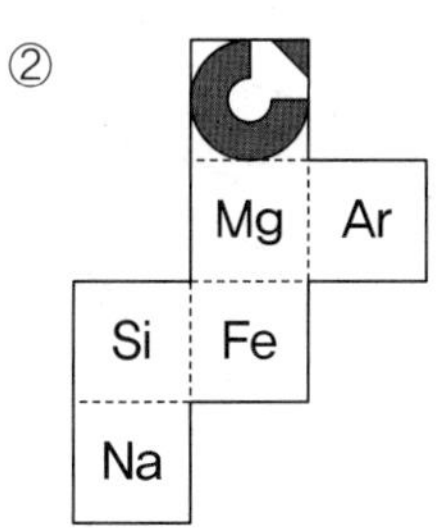

③ 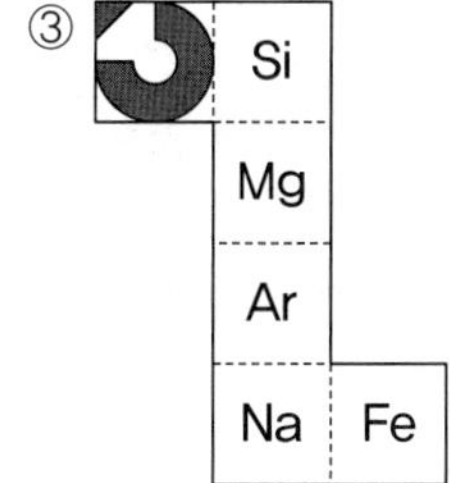

④ 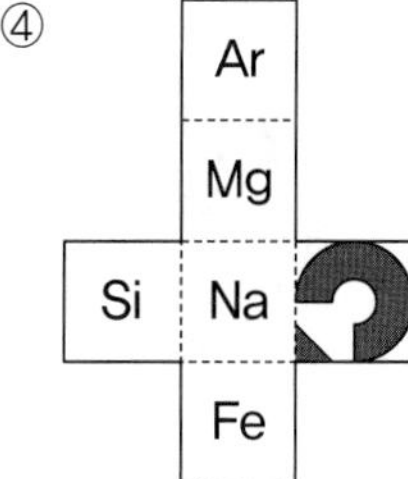

02 다음 전개도로 만든 입체 도형에 해당하는 것을 고르면?

※ 전개도를 접을 때 전개도상의 그림, 기호, 문자가 입체 도형의 겉면에 표시되는 방향으로 접음.

※ 전개도를 접어 입체 도형을 만들 때, 전개도에 표시된 그림(예: , 등)은 회전의 효과를 반영함. 즉 본 문제의 풀이과정에서 보기의 전개도상에 표시된 ' '와 ' '은 서로 다른 것으로 취급함.

※ 단, 기호 및 문자(예: ☎, ♤, ♨, K, H)의 회전에 의한 효과는 본 문제의 풀이과정에 반영하지 않음. 즉 전개도를 접어 입체 도형을 만들었을 때에 ' '의 방향으로 나타나는 기호 및 문자도 보기에서는 '☎' 방향으로 표시하며 동일한 것으로 취급함.

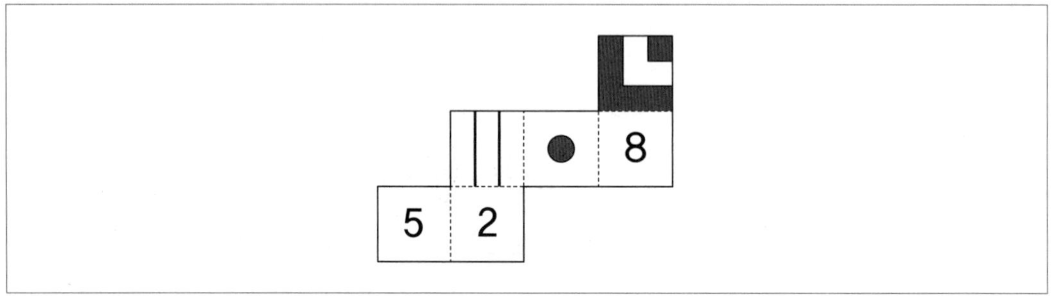

① 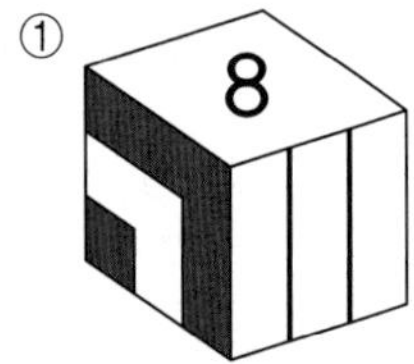

② 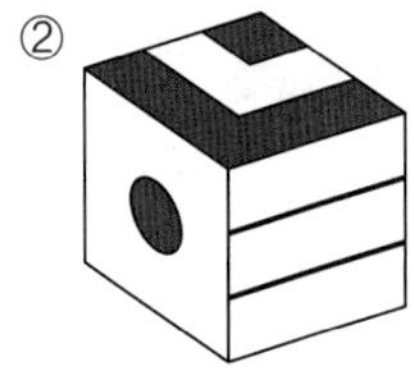

③ 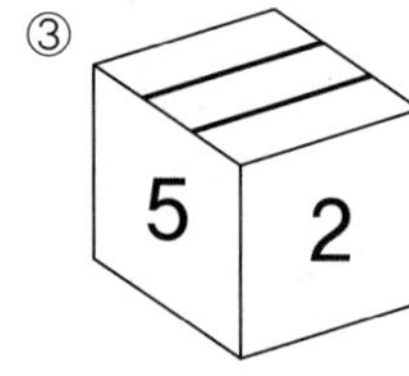

④ 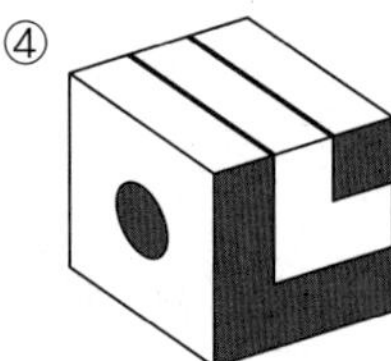

03 다음 그림과 같이 쌓기 위해 필요한 블록의 개수를 고르면?

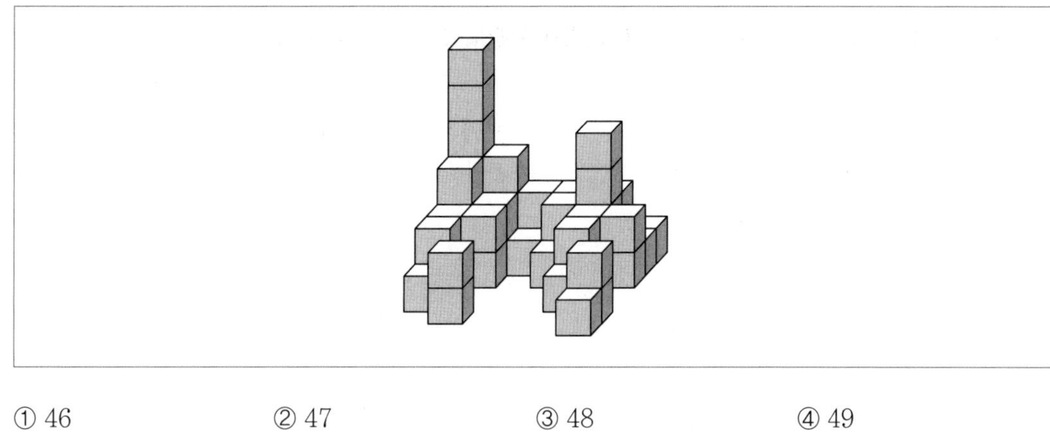

① 46　　② 47　　③ 48　　④ 49

04 다음 블록을 화살표 방향에서 바라볼 때의 모양을 고르면?

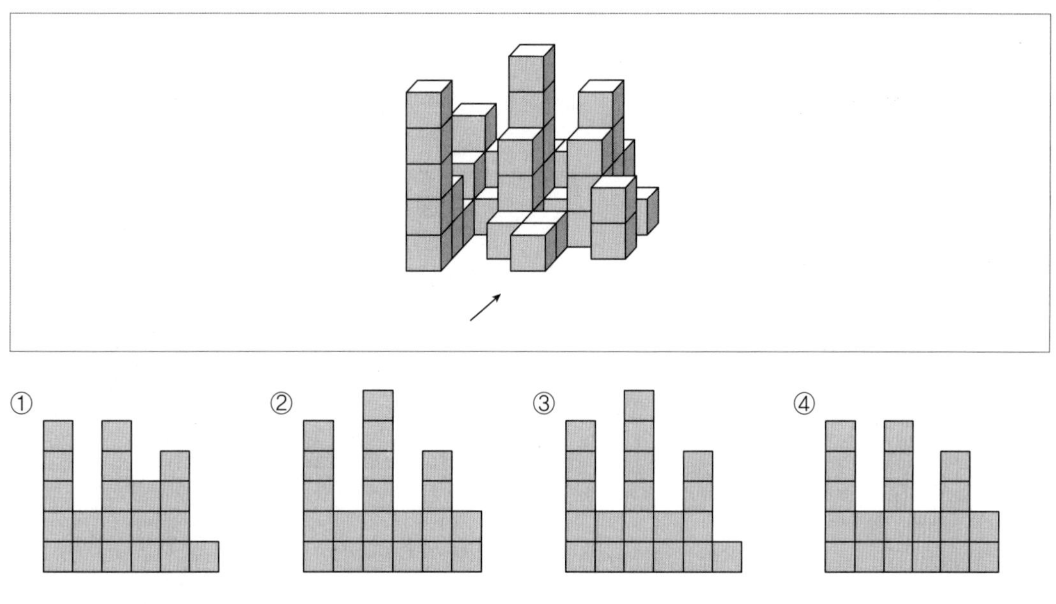

2 | 지각속도

5문항 / **30초**

[01~05] 다음 [보기]를 보고 제시된 문자가 알맞게 치환되었는지 판단하시오.

보기

☃ = ㅏ	☂ = ㅜ	☹ = ㅔ	☯ = ㅑ	♁ = ㅛ
♨ = ㅡ	☠ = ㅠ	℧ = ㅣ	☾ = ㅕ	☑ = ㅒ

01

♨ ☃ ♁ ☹ - ㅡ ㅏ ㅛ ㅔ

① 맞음 ② 틀림

02

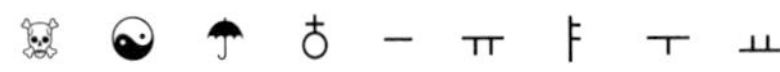

① 맞음 ② 틀림

03

① 맞음 ② 틀림

04

① 맞음 ② 틀림

05

☃ ℧ ☹ ☑ - ㅏ ㅣ ㅔ ㅕ

① 맞음 ② 틀림

01 어법에 맞는 자연스러운 문장을 고르면?

① 나는 도무지 그 일을 할 수 있다.
② 어제는 비와 바람이 심하게 불었다.
③ 그는 차마 할아버지 곁을 떠날 수 없었다.
④ 동생은 어제 큰아버지 댁에 갈 것이다.
⑤ 언니는 나보다 영화를 좋아한다.

02 밑줄 친 ㉠의 뜻으로 옳은 것을 고르면?

> 아침 댓바람에 그리 흔치 않은 일이었다. 그야말로 재수가 옴붙어서 근 열흘 동안 돈 구경도 못한 김 첨지는 십 전짜리 백동화 서 푼, 또는 다섯 푼이 찰각 하고 손바닥에 떨어질 제 거의 눈물을 흘릴 만큼 기뻤었다. 더구나 이 날 이 때에 이 팔십 전이라는 돈이 그에게 얼마나 유용한지 몰랐다. 컬컬한 목에 모주 한 잔이라도 적실 수 있거니와, 그보다도 앓는 아내에게 설렁탕 한 그릇도 사다 줄 수 있음이다. 그의 아내가 기침으로 쿨룩거리기는 벌써 ㉠ 달포가 넘었다.

① 보름(십오 일)
② 하루 동안
③ 한 달 남짓(삼십여 일)
④ 여러 달(백 일 이상)
⑤ 일 년

03 다음은 '양성평등'에 대한 글쓰기 개요이다. ㉠에 들어갈 내용으로 가장 적절한 것을 고르면?

> Ⅰ. 서론: 우리 사회의 남녀 불평등 사례
> Ⅱ. 본론
> 1. 양성 불평등의 원인
> 가. 사회 제도의 구조적 모순
> 나. 실질적 양성평등에 대한 인식 부족
> 2. 양성평등을 이루기 위한 대책
> 가. 사회 제도의 개선 및 보완
> 나. (㉠)
> Ⅲ. 결론: 대책 방안의 적극적 실천 요구

① 출산과 육아에 대한 부담 가중
② 교육을 통한 양성평등 의식 확립
③ 남녀 간 평균 임금의 불평등 문제 심화
④ 남아 선호 사상으로 인한 성비 불균형 문제
⑤ 남녀 차별을 일으키는 원인에 대한 파악

04 **다음 글에서 말하고자 하는 내용으로 적절한 것을 고르면?**

> 사람들이 물을 건널 때 머리를 쳐들고 있는 건, 하늘에 기도를 올리는 게 아니라 아예 물을 피하여 쳐다보지 않으려는 것이다. 이토록 위험한데도 사람들은 모두 하나같이 이렇게 말한다. "요동벌판은 평평하고 넓기 때문에 강물이 절대 성난 소리로 울지 않아." 하지만 이것은 사람들이 강을 몰라서 하는 말이다. 요하(遼河)는 울지 않은 적이 없었다. 단지 사람들이 밤에 건너지 않았을 뿐이다. 낮에는 강물을 볼 수 있으니까 위험을 직접 보며 벌벌 떠느라 그 눈이 근심을 불러온다. 그러니 어찌 귀에 들리는 게 있겠는가. 지금 나는 한밤중에 강을 건너느라 눈으로는 위험한 것을 볼 수 없다. 그러니 위험은 오로지 듣는 것에만 쏠리고, 그 바람에 귀는 두려워 떨며 근심을 이기지 못한다.
>
> 나는 이제야 도(道)를 알았다. 깊고 지극한 마음이 있는 사람은 귀와 눈이 마음의 누(累)가 되지 않고, 귀와 눈만을 믿는 사람은 보고 듣는 것이 더욱 섬세해져서 갈수록 병이 된다. 지금 내 마부는 말에 밟혀서 뒤 수레에 실려 있다. 그래서 결국 말의 재갈을 풀어 주고 강물에 떠서 안장 위에 무릎을 꼰 채 발을 옹송그리고 앉았다. 한 번 떨어지면 강물이다. 그땐 물을 땅이라 생각하고, 물을 옷이라 생각하고, 물을 내 몸이라 생각하고, 물을 내 마음이라 생각하리라.
>
> 그렇게 한 번 떨어질 각오를 하자 마침내 내 귀에는 강물 소리가 들리지 않았다. 무릇 아홉 번이나 강을 건넜건만 아무 근심 없이 자리에서 앉았다 누웠다 그야말로 자유자재한 경지였다.
>
> 옛날 우 임금이 강을 건너는데 황룡이 배를 등에 짊어져서 몹시 위험한 지경이었다. 그러나 삶과 죽음에 대한 판단이 먼저 마음속에 뚜렷해지자 용이든 지렁이든 눈앞의 크고 작은 것에 개의치 않게 되었다. 소리와 빛은 외물이다. 외물은 언제나 귀와 눈에 누가 되어 사람들이 보고 듣는 바른길을 잃어버리도록 한다. 하물며 사람이 세상을 살아갈 때, 그 험난하고 위험하기가 강물보다 더 심하여 보고 듣는 것이 병통이 됨에 있어서랴. 이에, 내가 사는 산속으로 돌아가 문 앞 시냇물 소리를 들으면서 다시금 곱씹어 볼 작정이다. 이로써 몸가짐에 재빠르고 자신의 총명함만을 믿는 사람들을 경계하는 바이다.

① 외물을 통해 바른길을 찾을 수 있다.
② 몸가짐이 재빠른 사람이 되어야 한다.
③ 크고 작은 사물을 섬세하게 들여다보아야 한다.
④ 보고 듣는 것에만 의지하여 판단하는 것을 경계해야 한다.
⑤ 항상 정신을 바짝 차려야만 위험에 빠지지 않는다.

01 다음은 선희네 반 학생들의 등교 소요시간 분포를 나타낸 것이다. B−A의 값을 고르면?

5 ~ 10분	2명
11 ~ 15분	7명
16 ~ 20분	3명
21 ~ 25분	A명
26 ~ 30분	8명
31 ~ 35분	7명
합계	B명

① 21 ② 23
③ 25 ④ 27

02 다음 그림의 (가)에 들어갈 숫자를 고르면?

6	
4	2

18	
5	4

28	
6	5

61	
(가)	9

① 5 ② 6
③ 7 ④ 8

03 만약 2010년 B국의 GDP(국내총생산)가 9,300억 달러이고, 2015년 E국의 GDP가 7,700억 달러일 때 2015년 B국의 GDP와 2010년 E국의 GDP는 각각 얼마인지 고르면?

[표] 2010년 대비 2015년 예상 경제성장률

국가	경제성장률
A국	5%
B국	7%
C국	3%
D국	4%
E국	10%
F국	2%

	2015년 B국 GDP	2010년 E국 GDP
①	9,872	6,500
②	9,886	6,700
③	9,953	6,900
④	9,951	7,000

04 A국의 2015년 GDP가 8,000억 달러이고, 코로나19로 인해 2015년 대비 2020년 예상 경제성장률이 −5.5%일 때, 2020년 A국의 GDP를 고르면?

① 7,450억 달러
② 7,560억 달러
③ 7,640억 달러
④ 7,680억 달러

영역별 실력점검표

영역	맞힌 개수	정답률	나의 취약 영역
공간능력	/4	%	
지각속도	/5	%	
언어논리	/4	%	
자료해석	/4	%	
합계	/17	%	

실력점검 학습 플랜

5일 학습	10일 학습	14일 학습	21일 학습	30일 학습

시간 내 16개 이상 정답	시간 내 14~15개 정답	시간 내 12~13개 정답	시간 내 10~11개 정답	10개 미만 정답

학습 방법

16개 이상 정답	이미 상당한 실력의 소유자입니다. 시간에 맞춘 문제 풀이 위주의 학습을 하고, 사소한 실수를 줄이는 데 집중하세요. 본 최신 기출유형 테스트에는 언어논리의 심화된 어법이나 어휘가 출제되지 않았습니다. 고득점을 위해 보충 학습을 진행하세요.
14~15개 정답	어느 정도 실력을 갖고 있는 사람입니다. 단시간에 전체적인 내용을 숙지하고, 자신의 취약 영역에 시간을 들여 집중적으로 학습한 후, 실제 시험과 같이 제한 시간을 두고 문제풀이 위주의 학습을 진행하세요. 또한, 본 최신 기출유형 테스트에는 언어논리의 심화된 어법이나 어휘가 출제되지 않았습니다. 고득점을 위해 보충 학습을 진행하세요.
11~13개 정답	안정적인 합격권에 들기 위해 기본 학습과 실전 연습에 동일한 비율로 시간을 배분해야 합니다. 제공되는 강의를 들으며 기본 실력을 다지고, 실전과 같이 제한 시간을 두고 문제 풀이 연습을 진행하세요. 공간능력과 지각속도는 반복해서 많은 문제를 풀면 실력이 증가하는 영역이지만, 언어논리와 자료해석은 기초를 다지지 않으면 결코 쉽지 않은 영역입니다. 최소한 본 기본서에 있는 내용은 모두 숙지하고 시험장에 들어갈 수 있도록 학습하세요.
10개 미만 정답	시작이 반이라는 생각으로, 장시간 동안 꼼꼼히 학습하는 것을 추천합니다. 강의와 함께 3회독을 목표로 반복 학습하세요. 문제 풀이와 시간 단축에 집중하기보다 유형 연습에 집중해서 학습하시고, 틀린 문제나 모르는 문제는 반드시 복습해야 합니다. 공간능력과 지각속도는 반복해서 많은 문제를 풀면 실력이 늘어나는 영역이지만, 언어논리와 자료해석은 기초를 다지지 않으면 결코 쉽지 않은 영역입니다. 최소한 본 기본서에 있는 내용은 모두 숙지하고 시험장에 들어갈 수 있도록 학습하세요.

1 교시

지적능력평가

01 공간능력

02 지각속도

03 언어논리

04 자료해석

01 | 공간능력

고득점 학습전략

유형 CHECK

❶ 입체 도형(정육면체)의 전개도를 찾는 유형
❷ 제시된 전개도를 보고 결합된 입체 도형(정육면체)을 찾는 유형
❸ 입체 도형(블록)을 쌓아두고 개수를 파악하는 유형
❹ 쌓인 입체 도형(블록)과 일치하는 겨냥도(정면, 측면, 평면)를 찾는 유형

학습방법

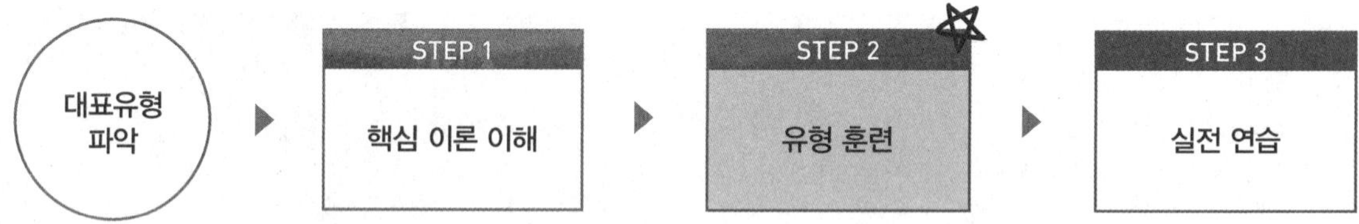

영역정복 TIP

최근 육군부사관 시험에서 공간능력은 입체 도형을 통한 도형 추리 능력 평가로 진행되고 있다. 입체 도형의 전개도와 단면도, 겨냥도 등 공간 감각을 측정하는 영역에서 고득점을 얻기 위해서는 입체 도형(정육면체) 전개도의 원리를 이해하고, 입체 도형(블록)을 3차원적으로 연상하는 훈련이 무엇보다 중요하다. 공간능력은 다양한 입체 도형을 활용하여 출제될 수 있는 영역이므로 많은 문제를 연습하여 감각 자체를 키우는 것이 중요하다.

대표유형

❶ 전개도

다음 입체 도형의 전개도로 알맞은 것을 고르면?

※ 입체 도형을 전개하여 전개도를 만들 때, 전개도에 표시된 그림(예: ▮▯▮, ◪ 등)은 회전의 효과를 반영함. 즉 본 문제의 풀이 과정에서 보기의 전개도상에 표시된 '▮▯▮'와 '▬'은 서로 다른 것으로 취급함.

※ 단, 기호 및 문자(예: ☎, ♤, ♨, K, H)의 회전에 의한 효과는 본 문제의 풀이과정에 반영하지 않음. 즉 입체 도형을 펼쳐 전개도를 만들었을 때에 '☎'의 방향으로 나타나는 기호 및 문자도 보기에서는 '☎' 방향으로 표시하며 동일한 것으로 취급함.

①

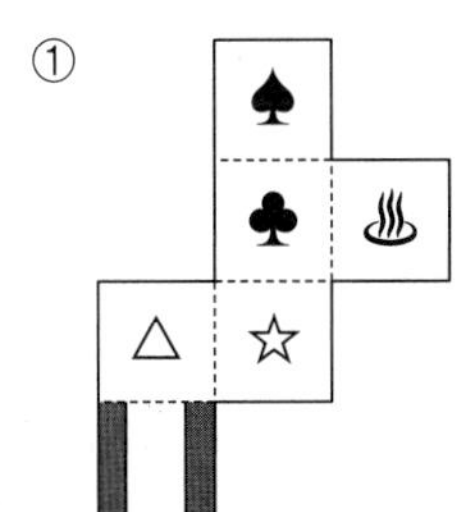

②

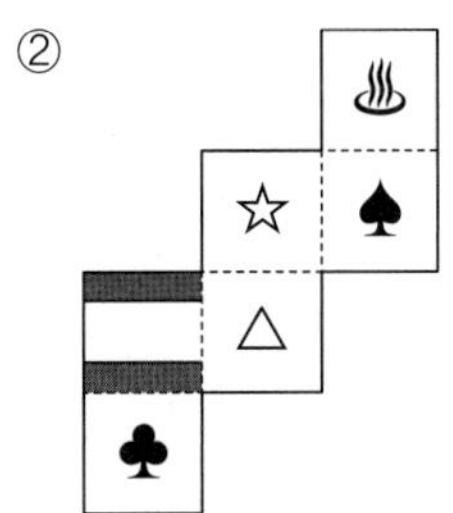

③

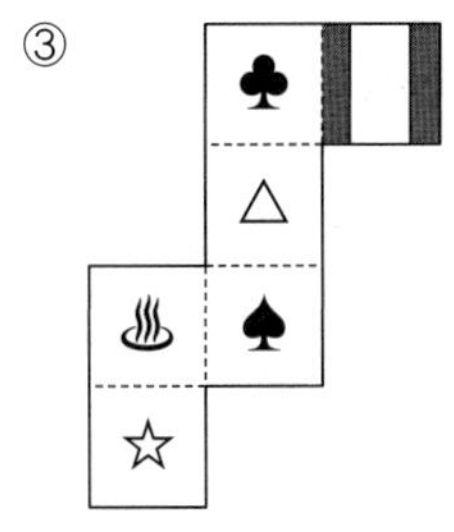

④

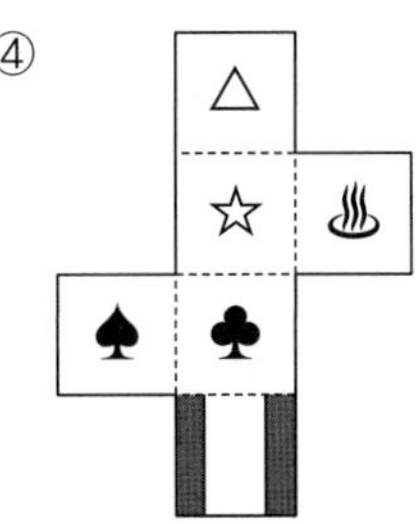

빈틈없는 유형분석

문제를 해결하기 위해서는 전개도의 구성 원리를 이해하는 것이 가장 중요하다.

속시원한 문제해결

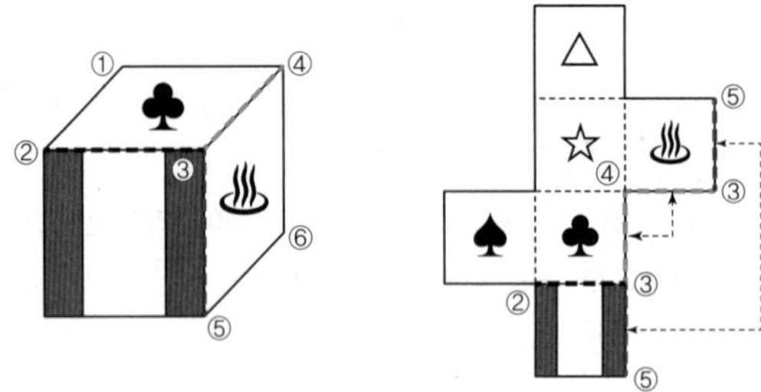

위의 그림에 따라 정답은 ④이다.

정답 ④

1점 더 올리기

전개도를 조립하여 입체 도형으로 표현했을 때 기준이 되는 면의 인접한 면에 있는 그림을 잘 살펴야 한다. 회전 효과를 반영하는 그림을 기준으로 주변 그림의 위치를 확인한다. 해설과 같이 전개도에 화살표를 그려 푸는 연습을 꾸준히 하면 전개도의 원리를 쉽게 이해할 수 있다.

❷ 결합도

다음 전개도로 만든 입체 도형에 해당하는 것을 고르면?

※ 전개도를 접을 때 전개도상의 그림, 기호, 문자가 입체 도형의 겉면에 표시되는 방향으로 접음.

※ 전개도를 접어 입체 도형을 만들 때, 전개도에 표시된 그림(예: , 등)은 회전의 효과를 반영함. 즉 본 문제의 풀이과정에서 보기의 전개도상에 표시된 ' '와 ' '은 서로 다른 것으로 취급함.

※ 단, 기호 및 문자(예: ☎, ♤, ♨, K, H)의 회전에 의한 효과는 본 문제의 풀이과정에 반영하지 않음. 즉 전개도를 접어 입체 도형을 만들었을 때에 '☎'의 방향으로 나타나는 기호 및 문자도 보기에서는 '☎' 방향으로 표시하며 동일한 것으로 취급함.

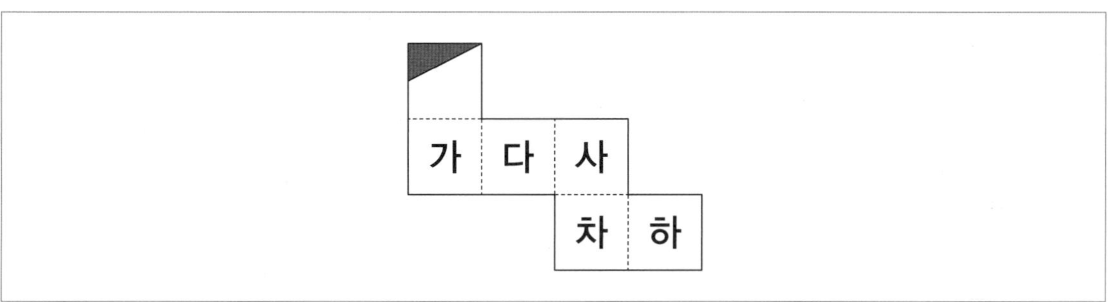

①
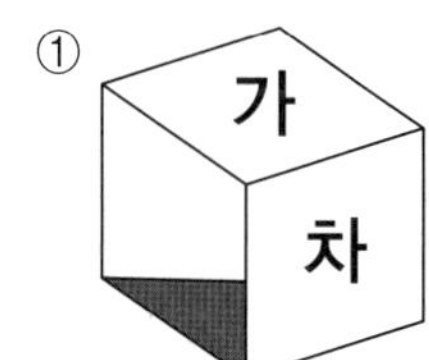

②
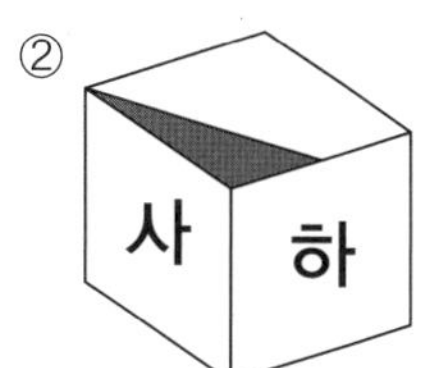

③
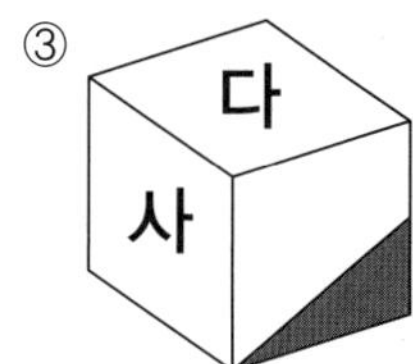

④
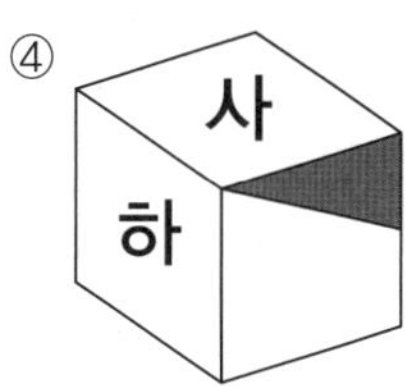

빈틈없는 유형분석

입체 도형이 아닌 전개도를 먼저 제시하고 그 전개도에 해당하는 결합도를 찾는 문제이다. 전개도를 찾는 것과 마찬가지로 전개도의 구성 원리를 이해하는 것이 중요하다.

속시원한 문제해결

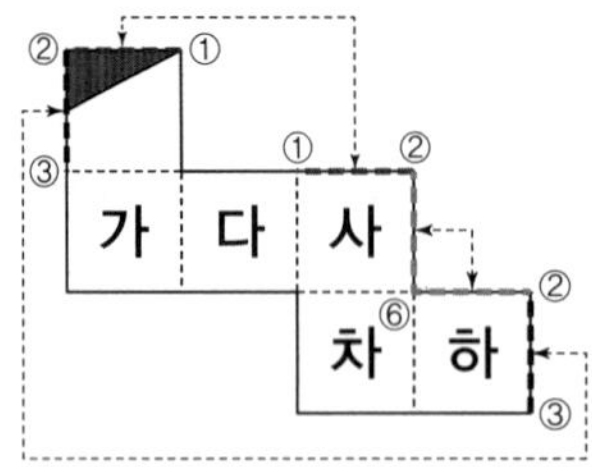

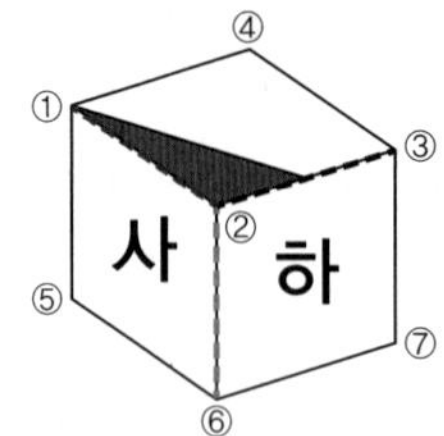

위의 그림에 따라 정답은 ②이다.

정답 ②

1점 더 올리기

제시된 전개도를 접었을 때 어떤 면과 어떤 면이 만나게 되는지를 확인한다.

❸ 블록 개수

다음 그림과 같이 쌓기 위해 필요한 블록의 개수를 고르면?

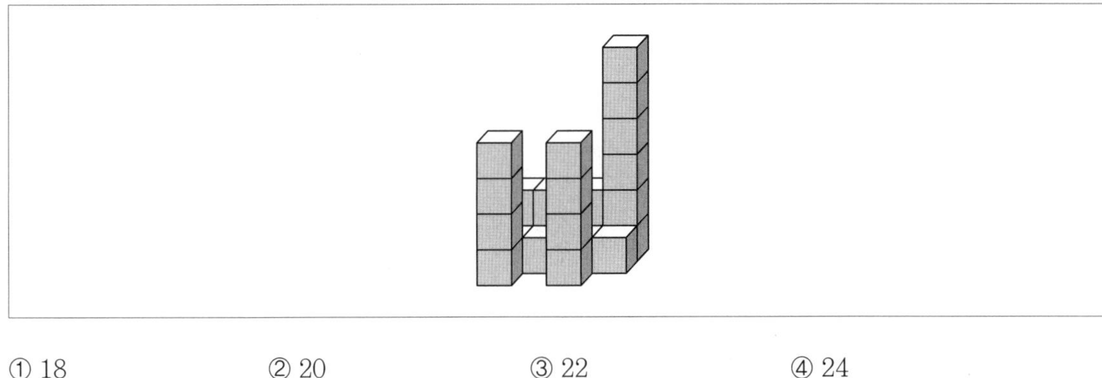

① 18 ② 20 ③ 22 ④ 24

빈틈없는 유형분석

정육면체의 입체 도형 블록이 쌓인 개수를 파악하는 시각적 사고 유형 중 하나이다. 많은 수의 블록을 빠짐없이 세는 것이 중요하며, 블록과 블록 사이사이에 빠진 부분을 입체적으로 연상하여 개수를 셀 수 있어야 한다.

속시원한 문제해결

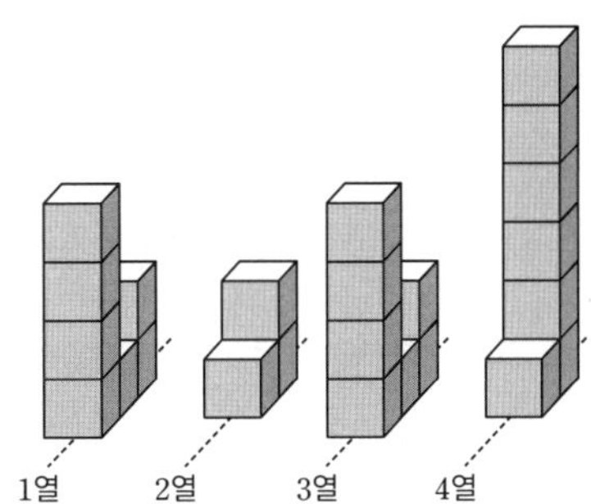

왼쪽부터 오른쪽으로 한 줄씩 분리하여 개수를 더해 나가면 빠짐없이 블록의 개수를 셀 수 있다. 왼쪽부터 1열은 7개, 2열은 3개, 3열은 7개, 4열은 7개이므로, 7+3+7+7=24(개)이다.

정답 ④

↑ 1점 더 올리기

블록은 원근법에 의해 뒷 블록이 작아보이지만 모양과 크기가 모두 동일한 정육면체이며, 실제 개수에만 집중해서 계산한다. 블록이 바로 보이지 않더라도 윗층에 블록이 있다면 아래층에는 반드시 블록이 존재한다.

❹ 겨냥도

다음 블록을 화살표 방향에서 바라볼 때의 모양을 고르면?

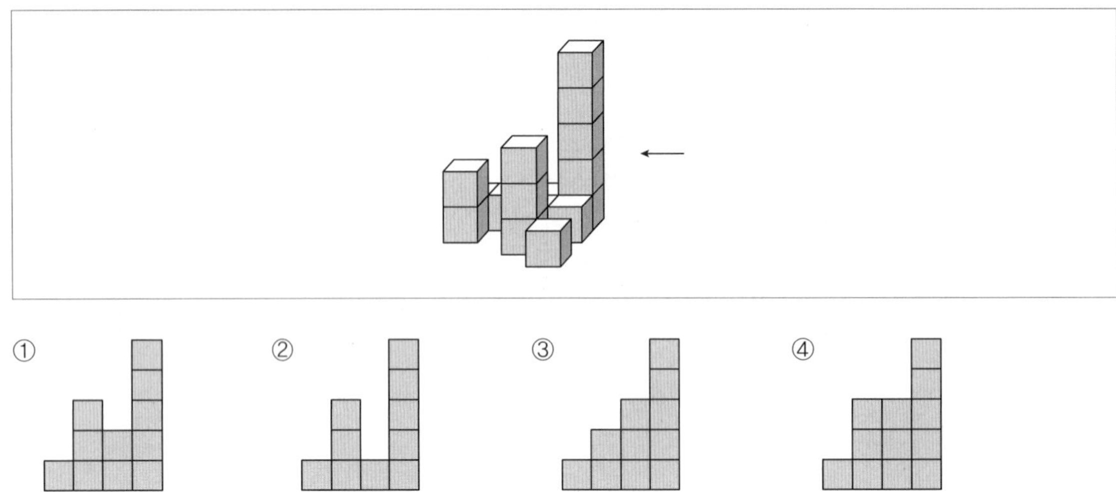

빈틈없는 유형분석

3차원으로 쌓여 있는 블록들을 화살표 방향에서 정면으로 바라보았을 때 나타나는 2차원 평면도를 찾아내는 유형이다. 3차원의 블록을 2차원의 평면으로 전환하는 사고력이 필요하며, 평면으로 전환했을 때 같은 열에 위치한 블록을 인식하는 것이 무엇보다 중요하다.

속시원한 문제해결

바라보는 방향에서 왼쪽 열부터 차례대로 층높이를 세어 보면 1-3-2-5가 되므로, 정답은 ①이다.

정답 ①

↑ 1점 더 올리기

정면, 측면 또는 평면으로 방향이 제시되기 때문에 여러 문제를 통해 다양한 블록 모양에 익숙해져야 실수를 줄일 수 있다.

STEP ❶ **핵심 이론**

I. 전개도 유형 공략법

전개도 유형은 입체 도형을 보고 해당 도형의 전개도를 찾거나, 전개도를 보고 해당 입체 도형의 결합도를 찾는 등 상하좌우 공간 관계를 파악하는 능력을 평가하기 위한 영역이다. 입체 도형의 3차원적인 모양을 머릿속으로 연상하여 전개도 등을 정확히 추론해야 한다. 특히 전개도 문제에서는 아래와 같은 조건이 제시되므로 조건에 맞는 전개도를 찾는 연습이 필요하다.

※ 전개도를 접을 때 전개도상의 그림, 기호, 문자가 입체 도형의 표시되는 방향으로 접음.

※ 입체 도형을 전개하여 전개도를 만들 때, 전개도에 표시된 그림(예: , 등)은 회전의 효과를 반영함. 즉 본 문제의 풀이 과정에서 보기의 전개도상에 표시된 ' '와 ' '은 서로 다른 것으로 취급함.

※ 단, 기호 및 문자(예: ☎, ♤, ♨, K, H)의 회전에 의한 효과는 본 문제의 풀이과정에 반영하지 않음. 즉 입체 도형을 펼쳐 전개도를 만들었을 때에 ' '의 방향으로 나타나는 기호 및 문자도 보기에서는 '☎' 방향으로 표시하며 동일한 것으로 취급함.

1 입체 도형의 전개도 및 결합도 찾기

입체 도형의 전개도를 찾기 위해서는 전개도가 구성되는 원리를 이해하는 것이 가장 중요하다. 전개도의 모서리 연결과 그림의 방향, 이 두 가지가 전개도의 핵심 포인트이다. 입체 도형을 펼쳤을 때 면과 면이 맞닿는 선이 분리되는 지점을 연상할 수 있어야 한다.

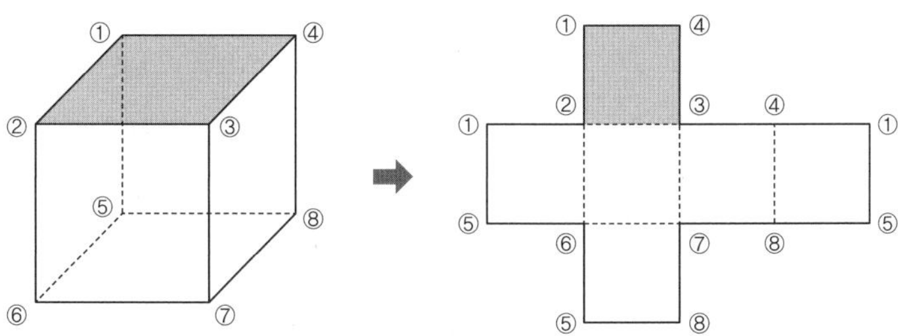

2 입체 도형의 전개도 유형(총 11가지)

색칠된 면은 정육면체의 윗면이다.

(1)

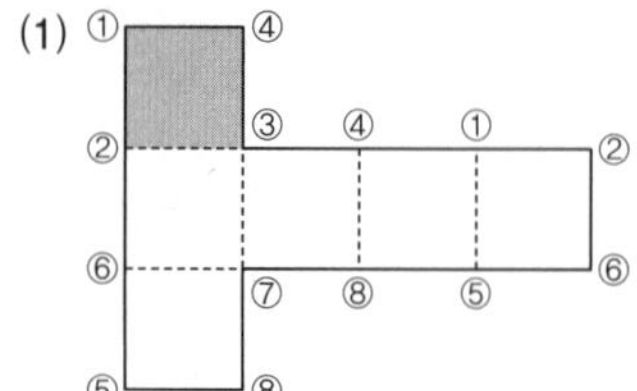

(2)

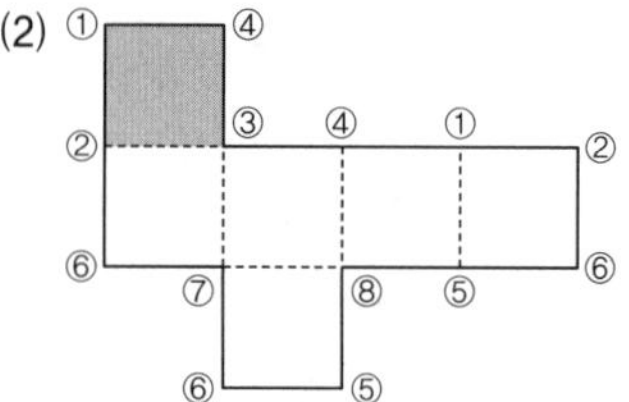

(3)

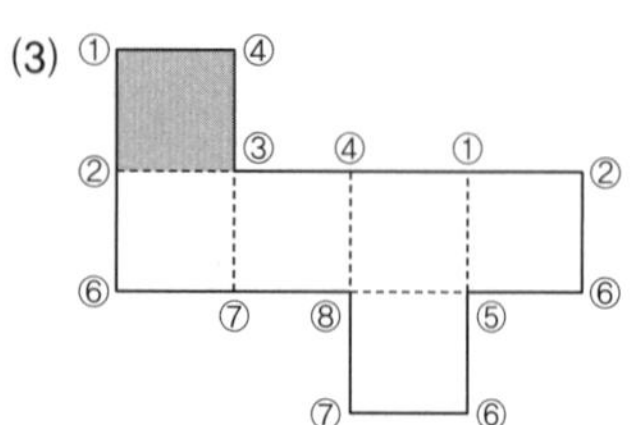

(4)

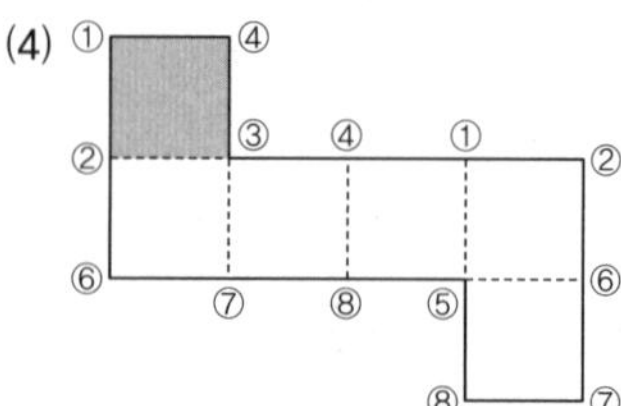

(5)

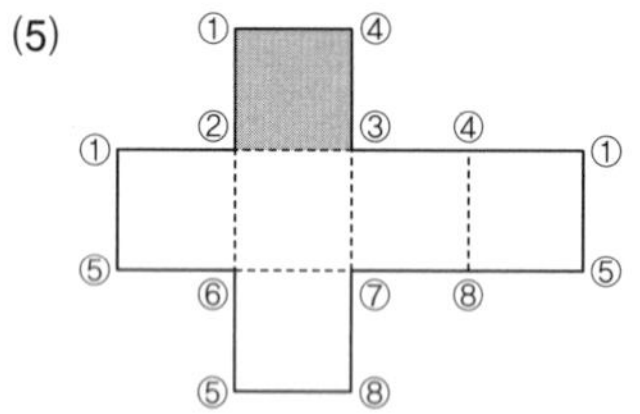

(6)

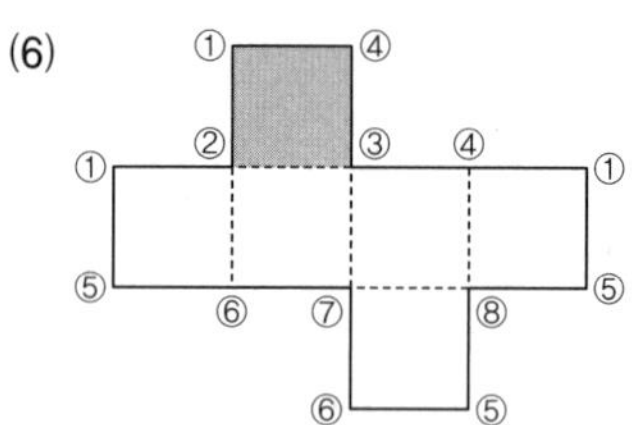

(7)

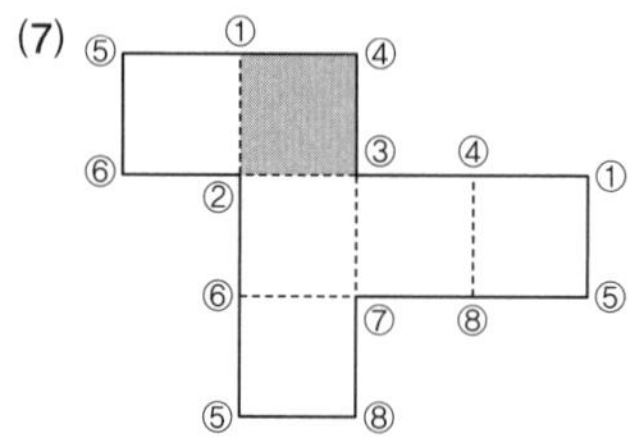

(8)

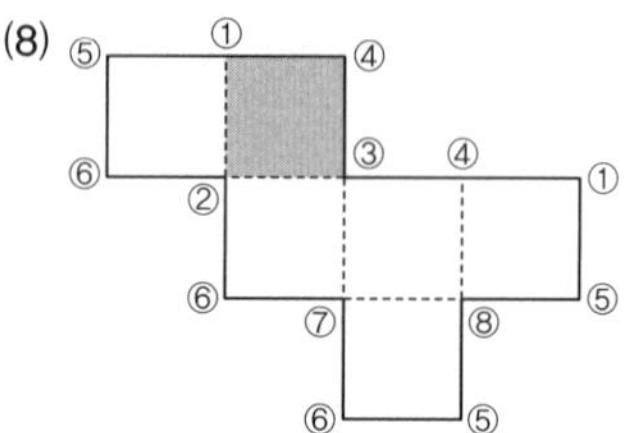

(9)

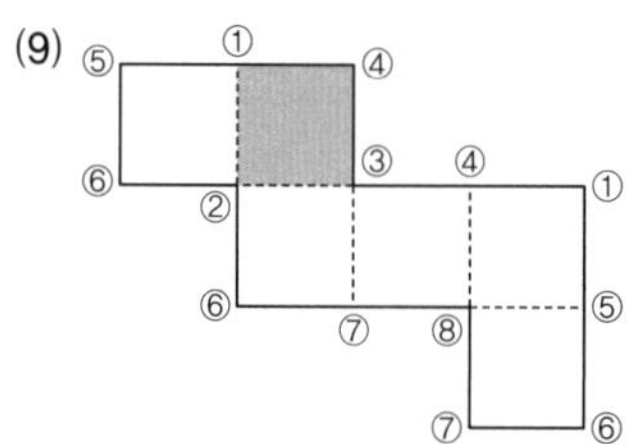

(10)

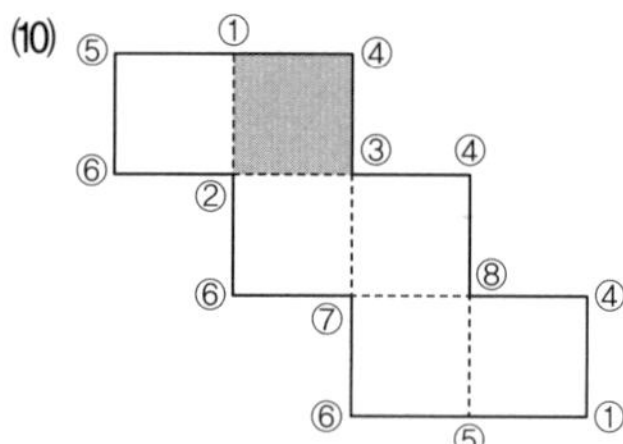

(11)

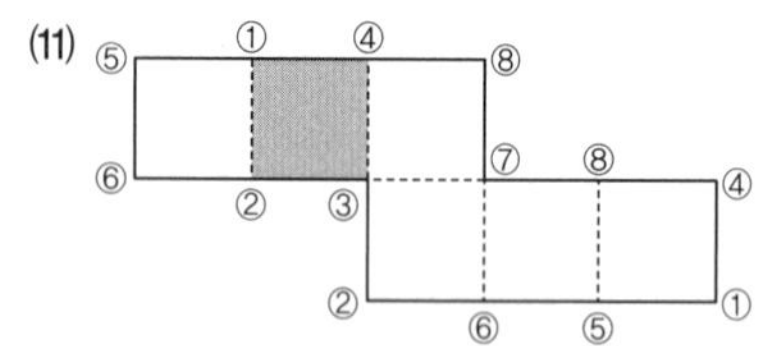

Ⅱ. 블록 유형 공략법

블록 유형은 쌓여 있는 블록의 개수를 파악하거나 쌓여 있는 블록의 정면도, 측면도 등 공간 위치를 파악하는 능력을 평가하기 위한 영역이다. 입체 도형의 3차원적인 모양을 머릿속으로 연상하여 단면도 등을 정확히 추론해야 한다.

1 쌓인 블록의 개수 파악하기

쌓인 블록을 보고 개수를 파악하는 유형으로, 보이는 블록 외에 하단에 놓여 보이지 않는 블록의 개수까지 유추하여 총 개수를 파악해야 하므로 자칫 개수를 놓치는 실수를 할 수 있다. 이러한 실수를 하지 않기 위해서는 본인만의 규칙을 정하여 개수를 세는 것이 중요하다.

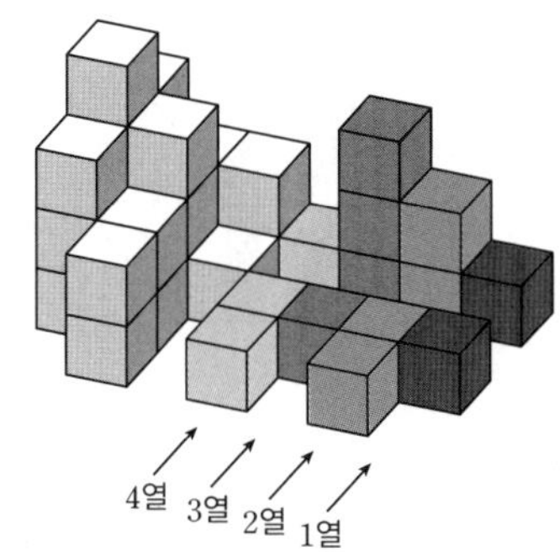

위의 그림과 같이 오른쪽에서 왼쪽 또는 왼쪽에서 오른쪽으로 규칙을 정하여 개수를 세면 실수할 확률이 적다. 또는 층마다 개수를 순차적으로 세는 방법도 있다. 본인에게 맞는 방법을 선택하도록 한다.

2 겨냥도 파악하기

겨냥도(정면도 · 측면도 · 평면도)를 파악할 때는 바라보는 방향의 왼쪽 또는 오른쪽에서부터 쌓인 블록의 층수를 세어 선택지와 비교하며 찾는 것이 가장 빠른 방법이다.

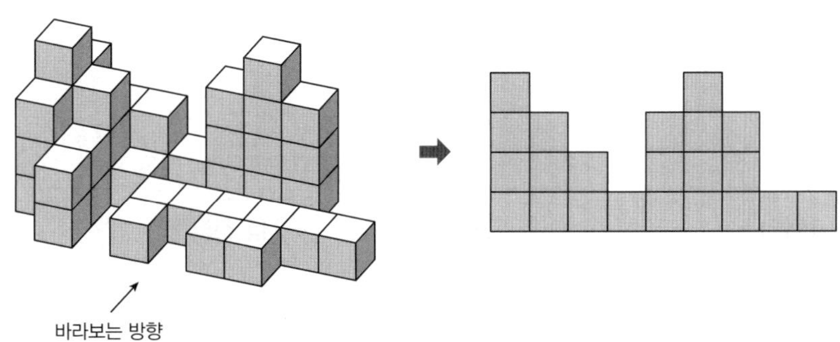

제시된 그림을 바라보는 방향의 왼쪽부터 개수를 파악하면, 4-3-2-1-3-4-3-1-1이다. 모든 블록을 일일이 세지 않더라도 선택지와 대조하며 찾으면 쉽게 정답을 찾을 수 있다.

STEP ② 유형 훈련 문제

정답과 해설 ▶ P.4

[01~02] 다음 조건을 참고하여 제시된 입체 도형의 전개도로 알맞은 것을 고르시오.

※ 입체 도형을 전개하여 전개도를 만들 때, 전개도에 표시된 그림(예: ▮, ◢ 등)은 회전의 효과를 반영함. 즉 본 문제의 풀이 과정에서 보기의 전개도상에 표시된 '▮'와 '▬'은 서로 다른 것으로 취급함.

※ 단, 기호 및 문자(예: ☎, ♤, ♨, K, H)의 회전에 의한 효과는 본 문제의 풀이과정에 반영하지 않음. 즉 입체 도형을 펼쳐 전개도를 만들었을 때에 '☎'의 방향으로 나타나는 기호 및 문자도 보기에서는 '☎' 방향으로 표시하며 동일한 것으로 취급함.

01

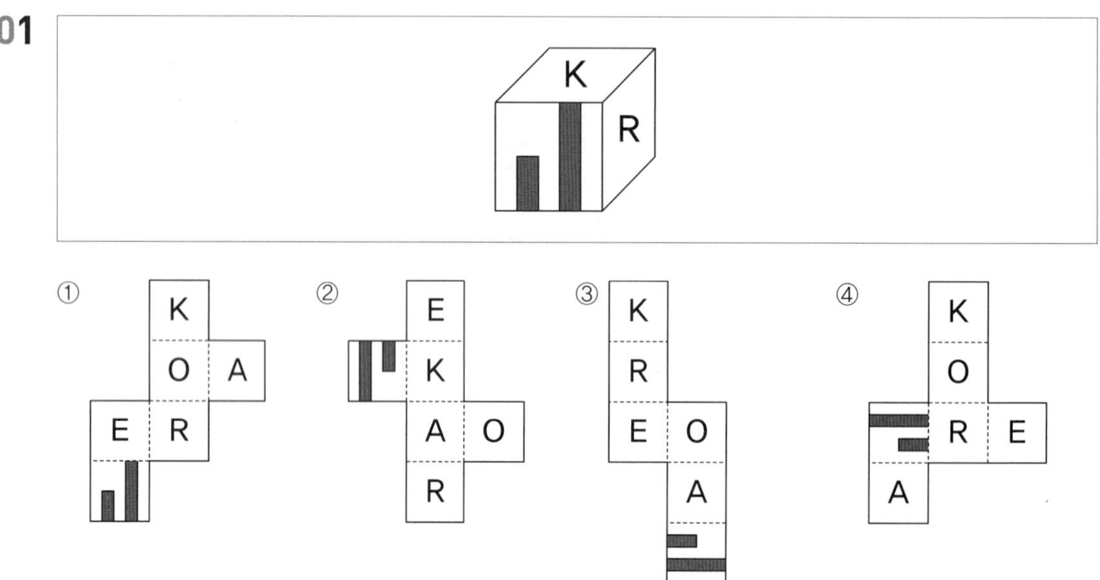

02

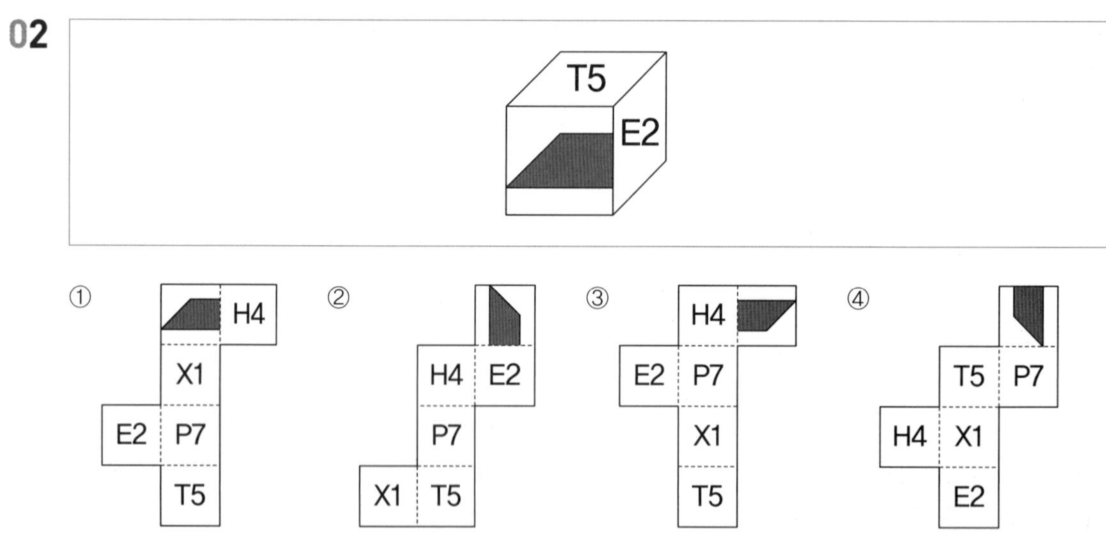

[03~04] 다음 조건을 참고하여 제시된 전개도로 만든 입체 도형에 해당하는 것을 고르시오.

※ 전개도를 접을 때 전개도상의 그림, 기호, 문자가 입체 도형의 겉면에 표시되는 방향으로 접음.

※ 전개도를 접어 입체 도형을 만들 때, 전개도에 표시된 그림(예: ▮, ◢ 등)은 회전의 효과를 반영함. 즉 본 문제의 풀이과정에서 보기의 전개도상에 표시된 '▮'와 '▬'은 서로 다른 것으로 취급함.

※ 단, 기호 및 문자(예: ☎, ♤, ♨, K, H)의 회전에 의한 효과는 본 문제의 풀이과정에 반영하지 않음. 즉 전개도를 접어 입체 도형을 만들었을 때에 '☎'의 방향으로 나타나는 기호 및 문자도 보기에서는 '☎' 방향으로 표시하며 동일한 것으로 취급함.

03

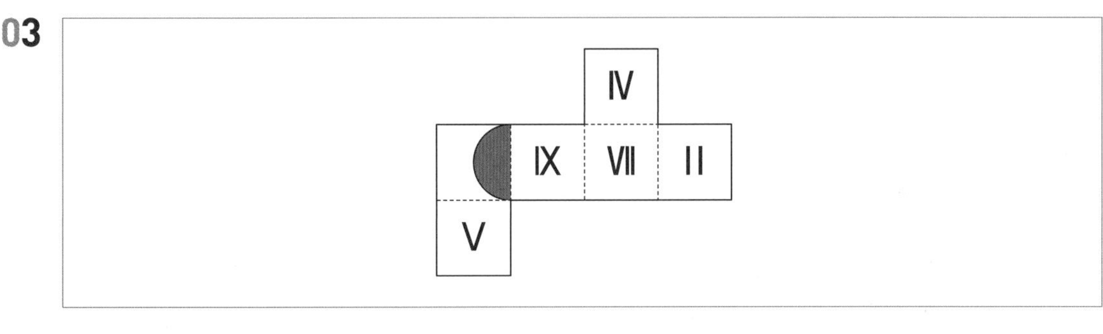

① 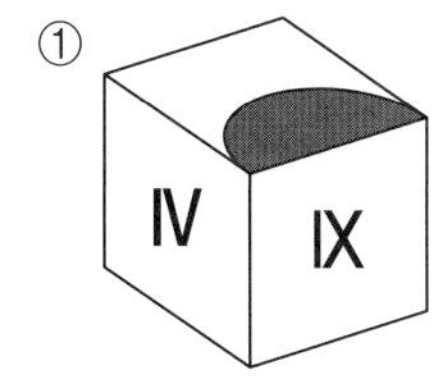
② 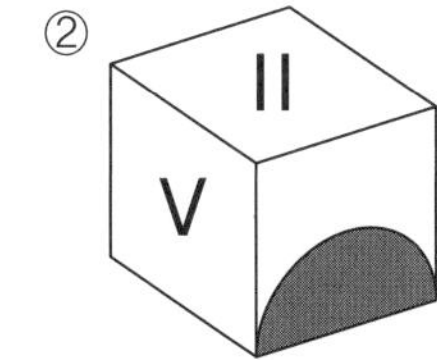
③ 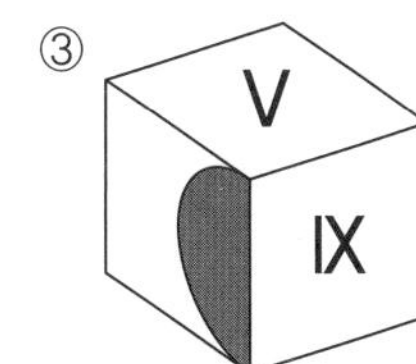
④ 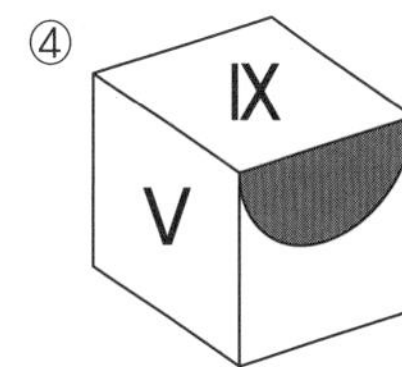

04

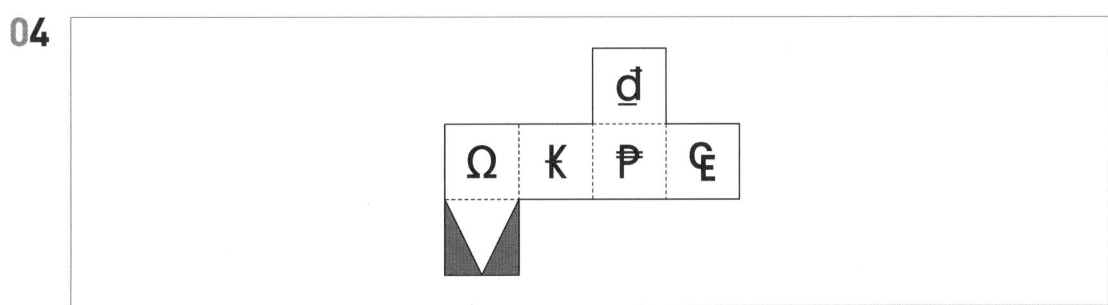

① 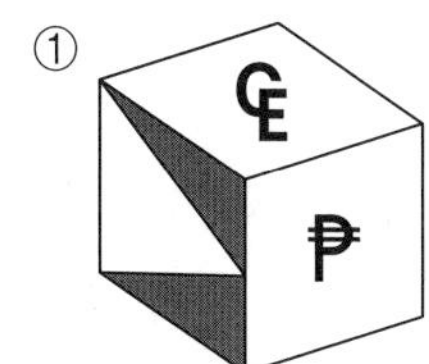
② 
③ 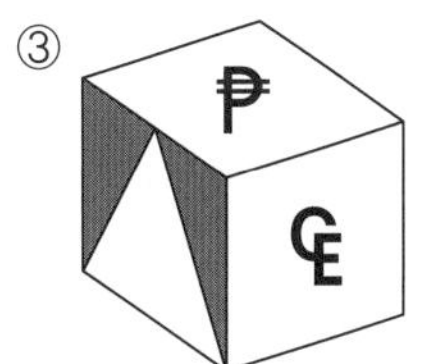
④ 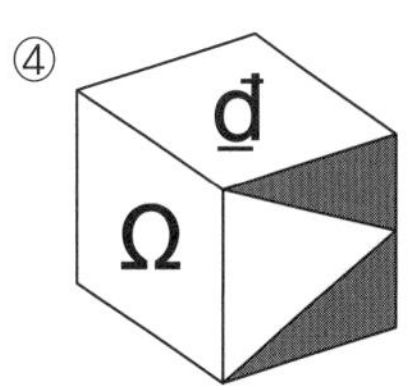

[05~06] 다음 그림과 같이 쌓기 위해 필요한 블록의 개수를 고르시오.

05

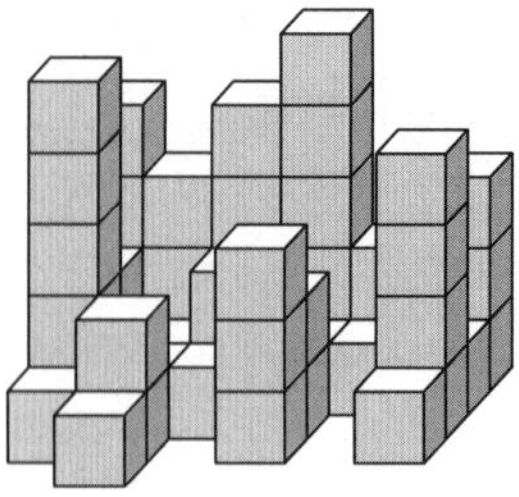

① 49　　② 50　　③ 51　　④ 52

06

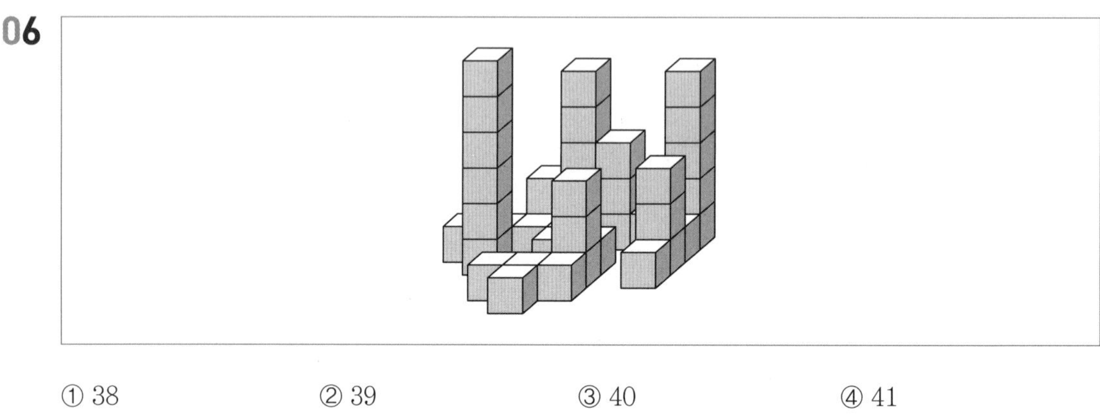

① 38　　② 39　　③ 40　　④ 41

[07~08] 다음 제시된 블록을 화살표 방향에서 바라볼 때의 모양을 고르시오.

07

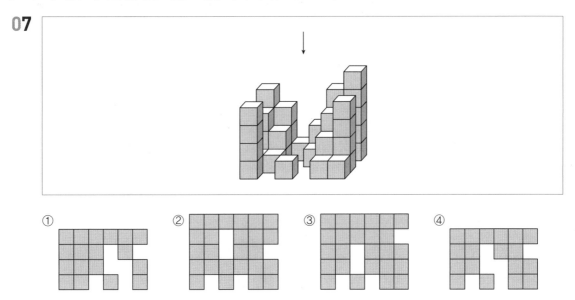

① ② ③ ④

08

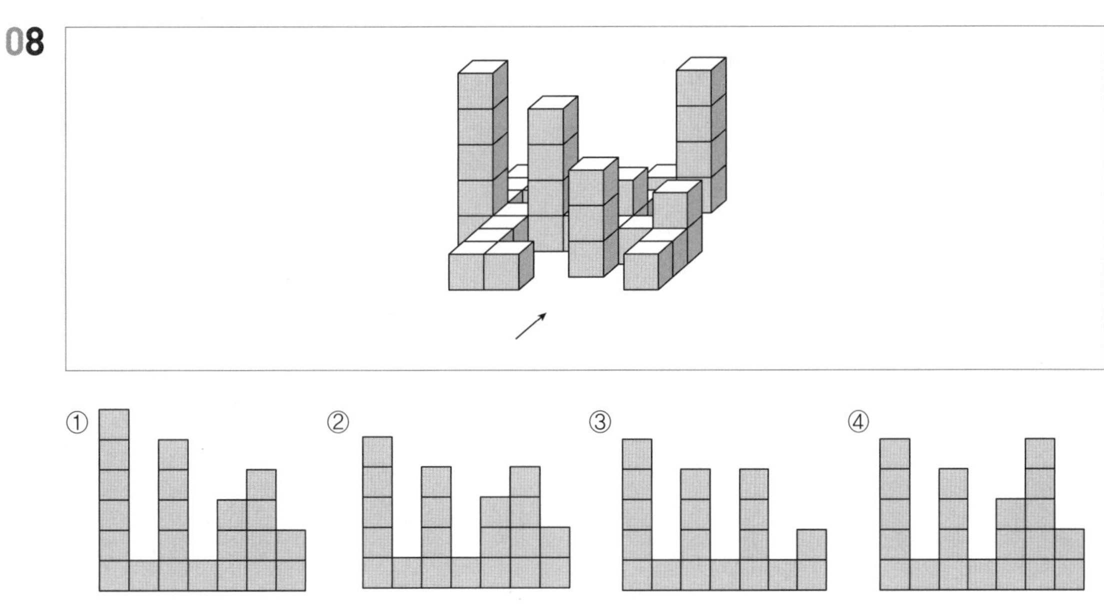

• 맞힌 개수 ______개 • 풀이 시간 ______분 정답과 해설 ▶ P.5

[01~05] 다음 조건을 참고하여 제시된 입체 도형의 전개도를 고르시오.

※ 입체 도형을 전개하여 전개도를 만들 때, 전개도에 표시된 그림(예: ▮, ◢ 등)은 회전의 효과를 반영함. 즉 본 문제의 풀이 과정에서 보기의 전개도상에 표시된 '▮'와 '▬'은 서로 다른 것으로 취급함.

※ 단, 기호 및 문자(예: ☎, ♤, ♨, K, H)의 회전에 의한 효과는 본 문제의 풀이과정에 반영하지 않음. 즉 입체 도형을 펼쳐 전개도를 만들었을 때에 '☎'의 방향으로 나타나는 기호 및 문자도 보기에서는 '☎' 방향으로 표시하며 동일한 것으로 취급함.

01

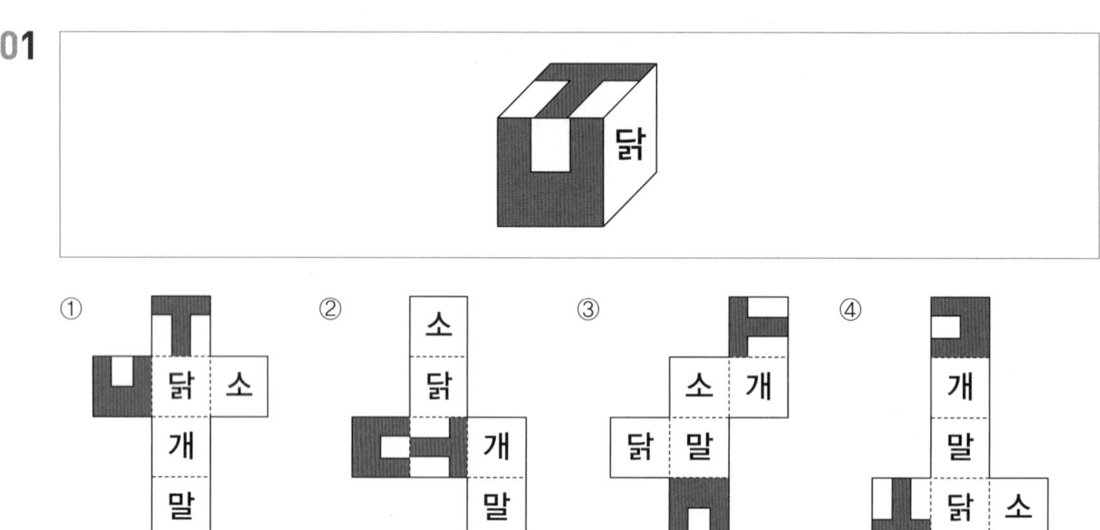

02

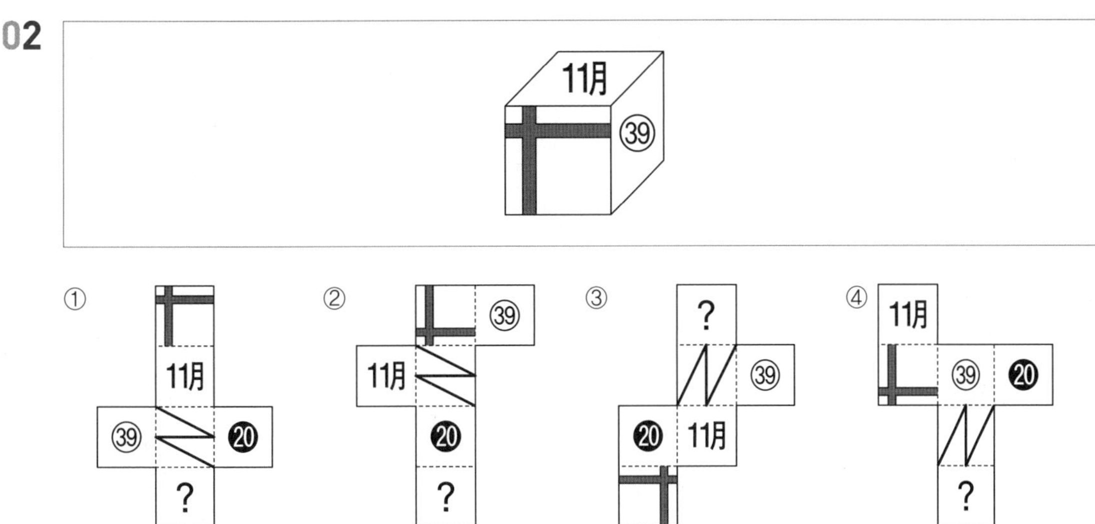
11月
39
①
11月
39
20
?
②
39
11月
20
?
③
?
39
20
11月
④
11月
39
20
?

03

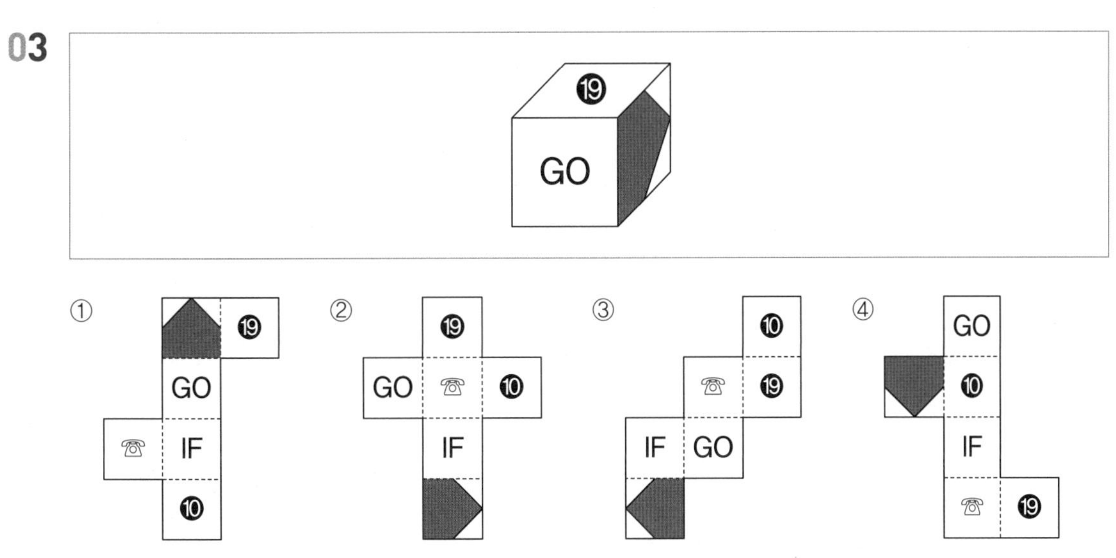
19
GO
①
19
GO
IF
10
②
19
GO
10
IF
③
10
19
IF
GO
④
GO
10
IF
19

04

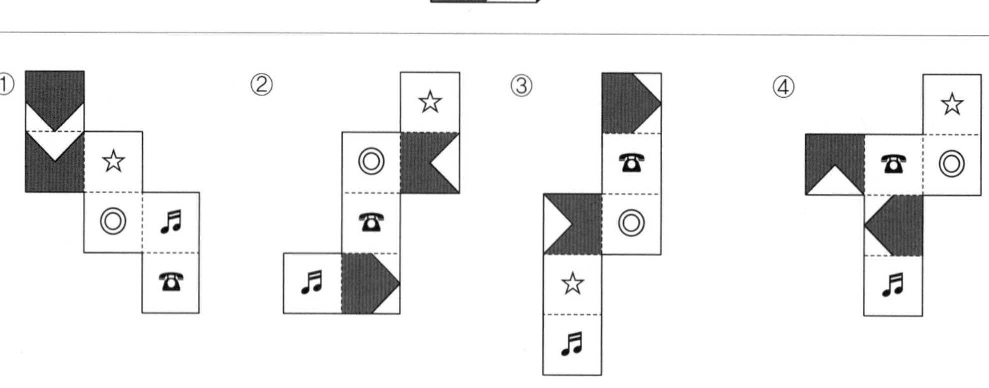

05

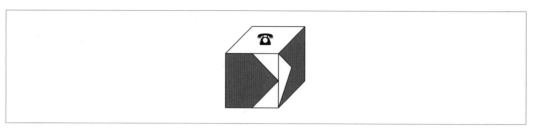

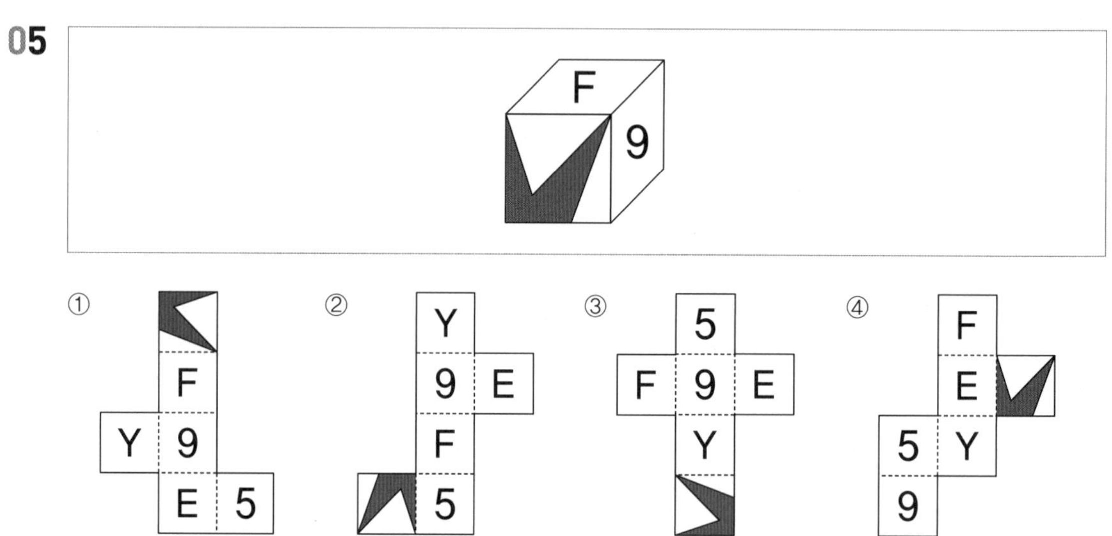

[06~10] 다음 조건을 참고하여 제시된 전개도로 만든 입체 도형을 고르시오.

※ 전개도를 접을 때 전개도상의 그림, 기호, 문자가 입체 도형의 겉면에 표시되는 방향으로 접음.
※ 전개도를 접어 입체 도형을 만들 때, 전개도에 표시된 그림(예: ▮, ◪ 등)은 회전의 효과를 반영함. 즉 본 문제의 풀이과정에서 보기의 전개도상에 표시된 '▮'와 '▬'은 서로 다른 것으로 취급함.
※ 단, 기호 및 문자(예: ☎, ♤, ♨, K, H)의 회전에 의한 효과는 본 문제의 풀이과정에 반영하지 않음. 즉 전개도를 접어 입체 도형을 만들었을 때에 '☎'의 방향으로 나타나는 기호 및 문자도 보기에서는 '☎' 방향으로 표시하며 동일한 것으로 취급함.

06

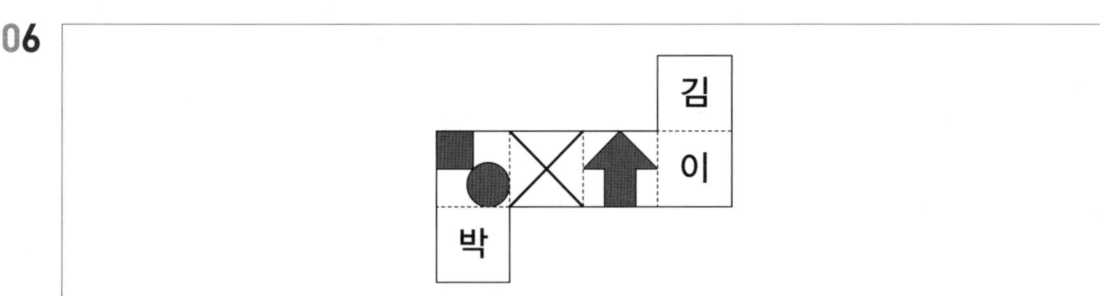

① 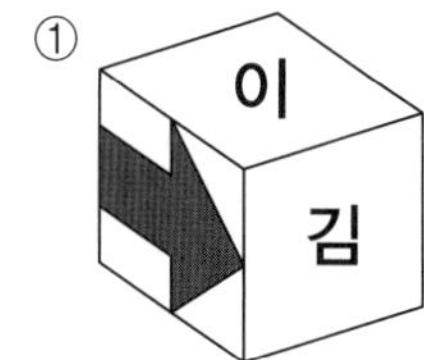

② 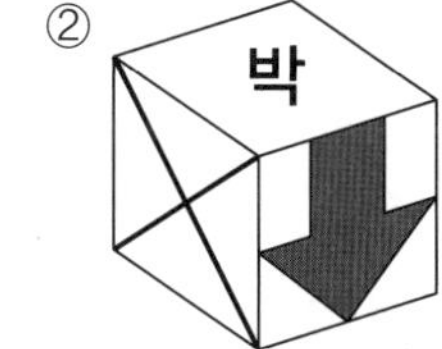

③ 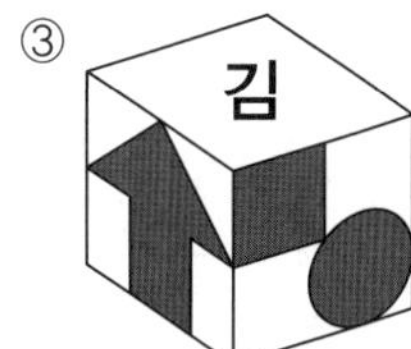

④ 

07

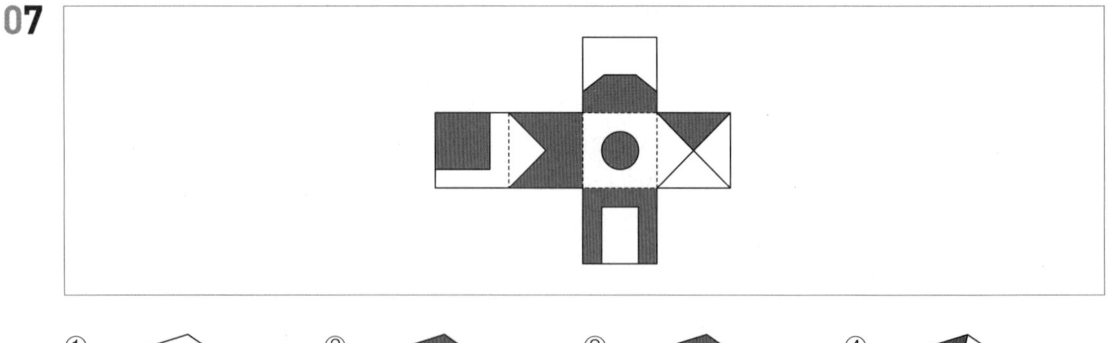

① 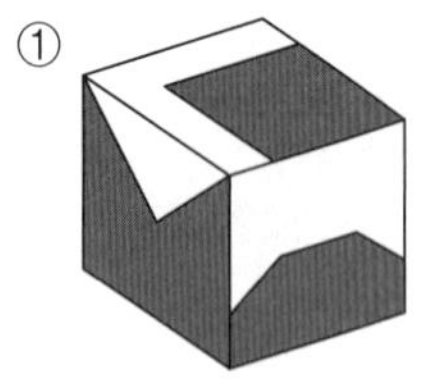 ② 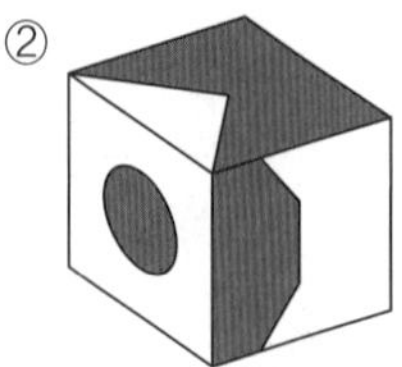 ③ 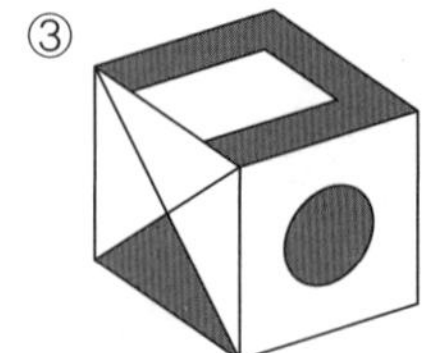 ④ 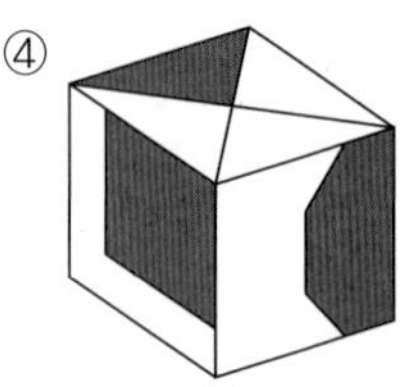

08

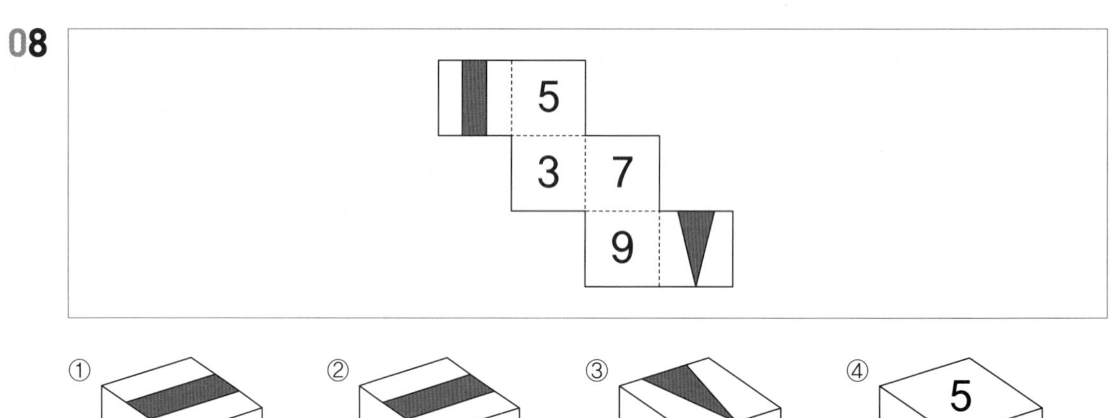

① ② ③ ④

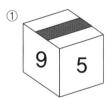

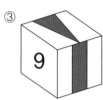

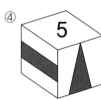

09

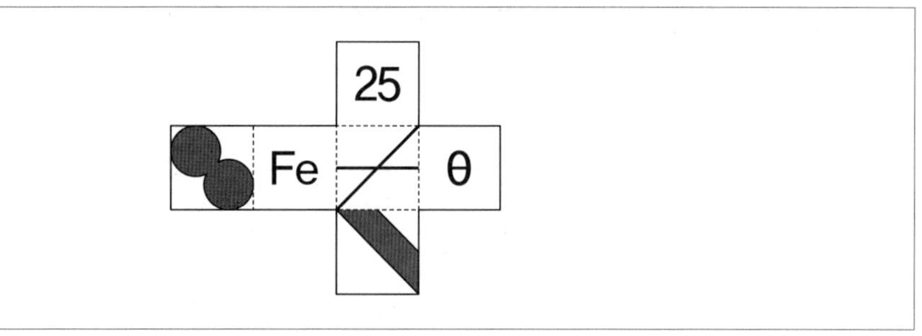

① 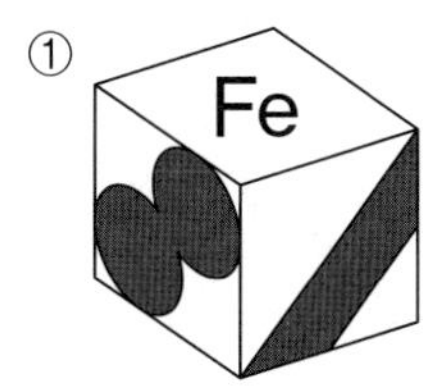

② 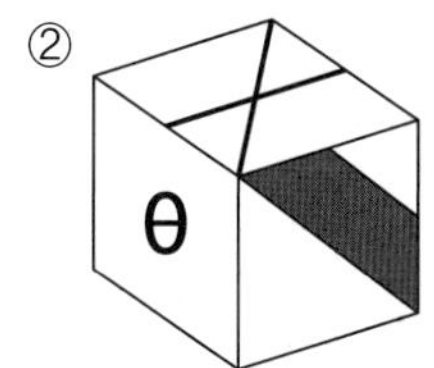

③ 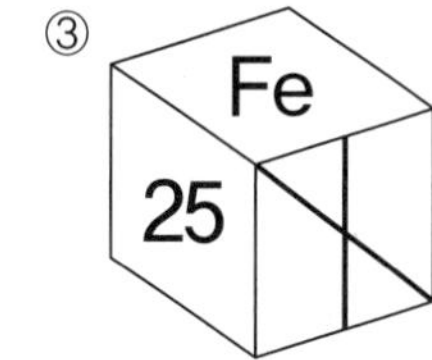

④ 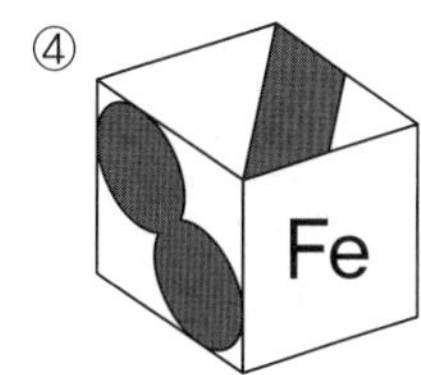

10

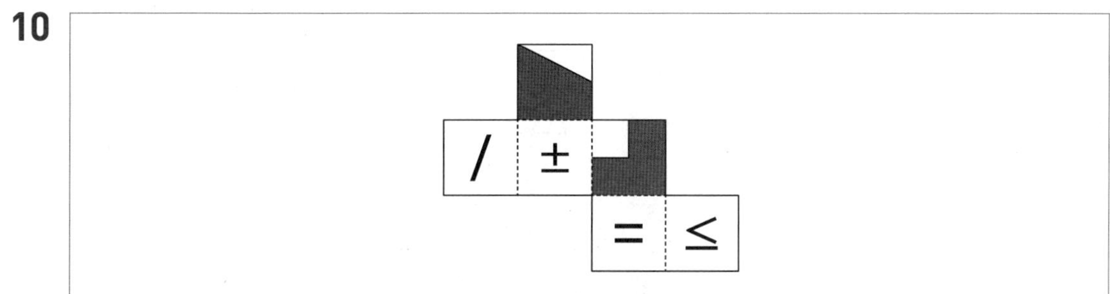

① 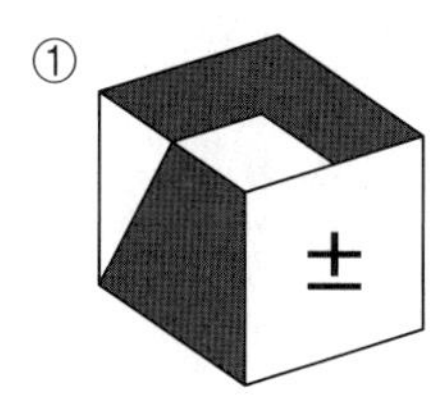

② 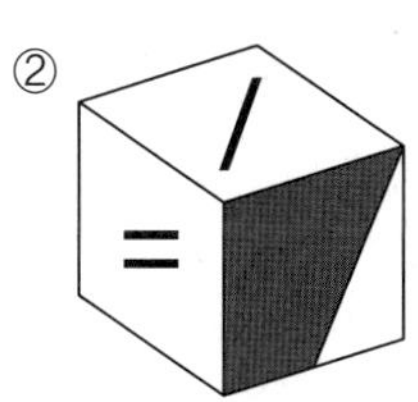

③ 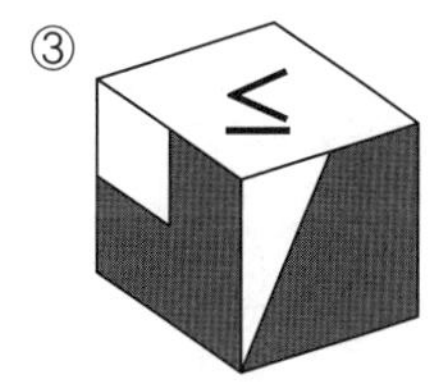

④ 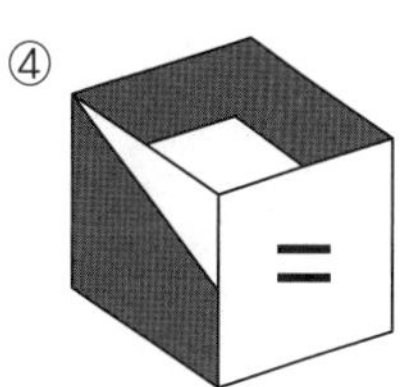

[11～14] 다음 그림과 같이 쌓기 위해 필요한 블록의 개수를 고르시오.

11

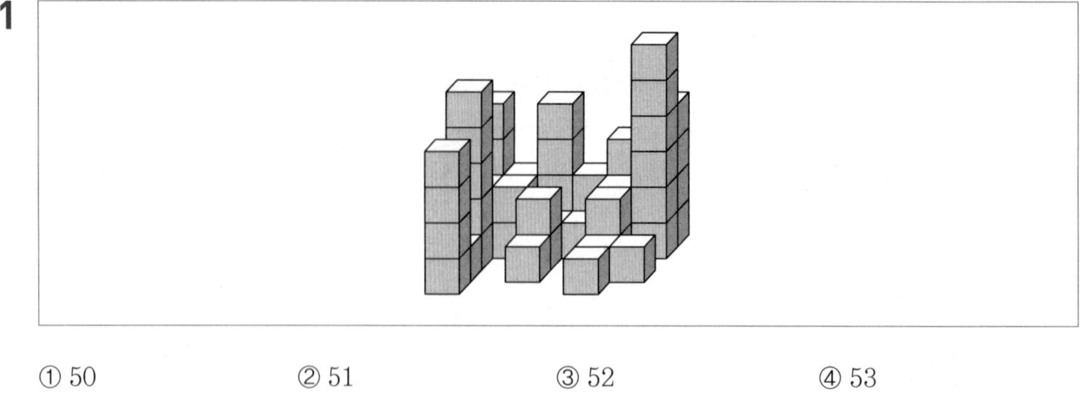

① 50　　② 51　　③ 52　　④ 53

12

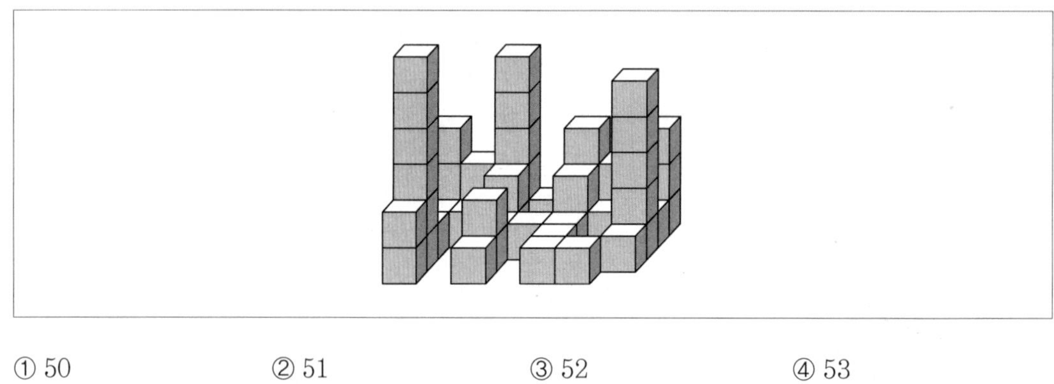

① 50　　② 51　　③ 52　　④ 53

13

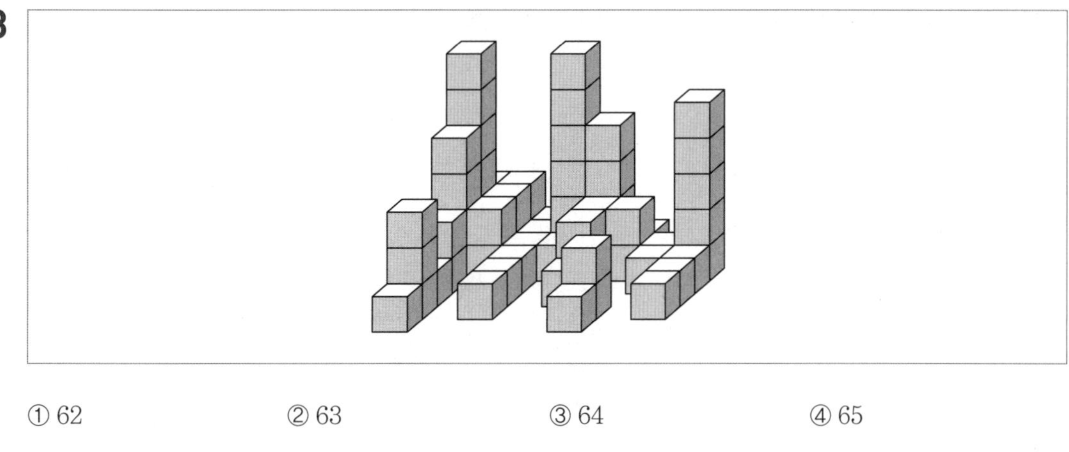

① 62 ② 63 ③ 64 ④ 65

14

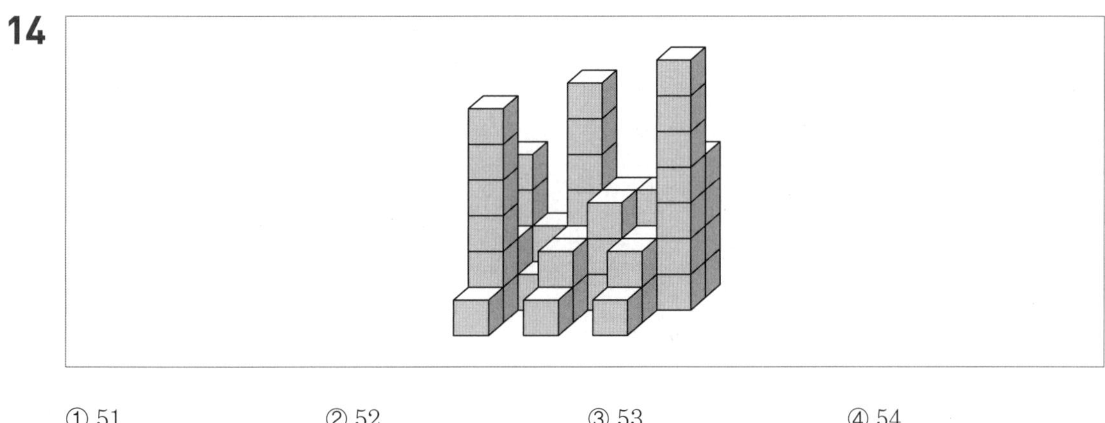

① 51 ② 52 ③ 53 ④ 54

[15~18] 다음 블록을 화살표 방향에서 바라볼 때의 모양을 고르시오.

15

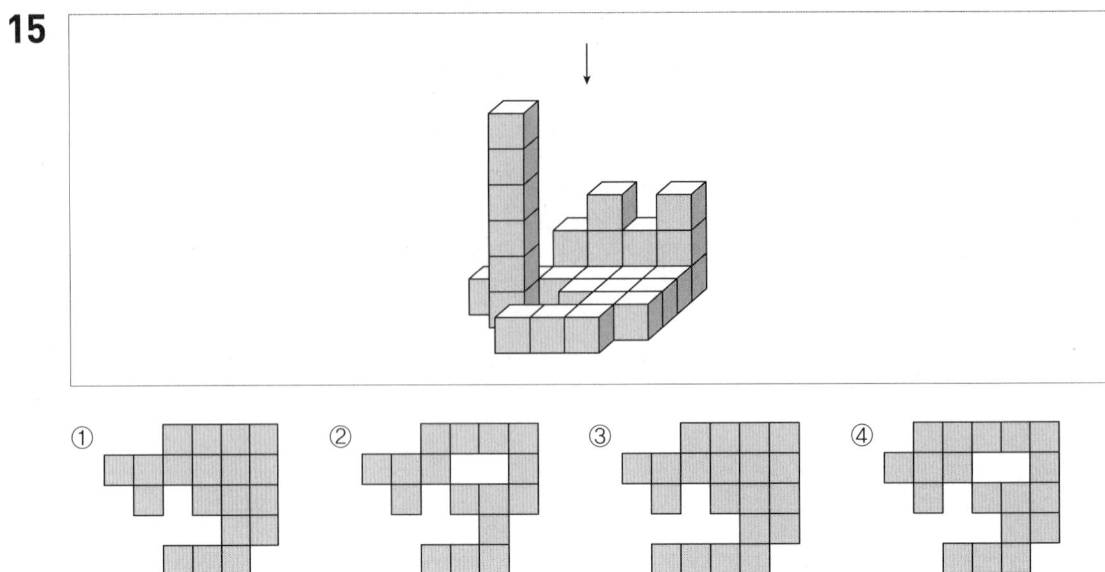

16

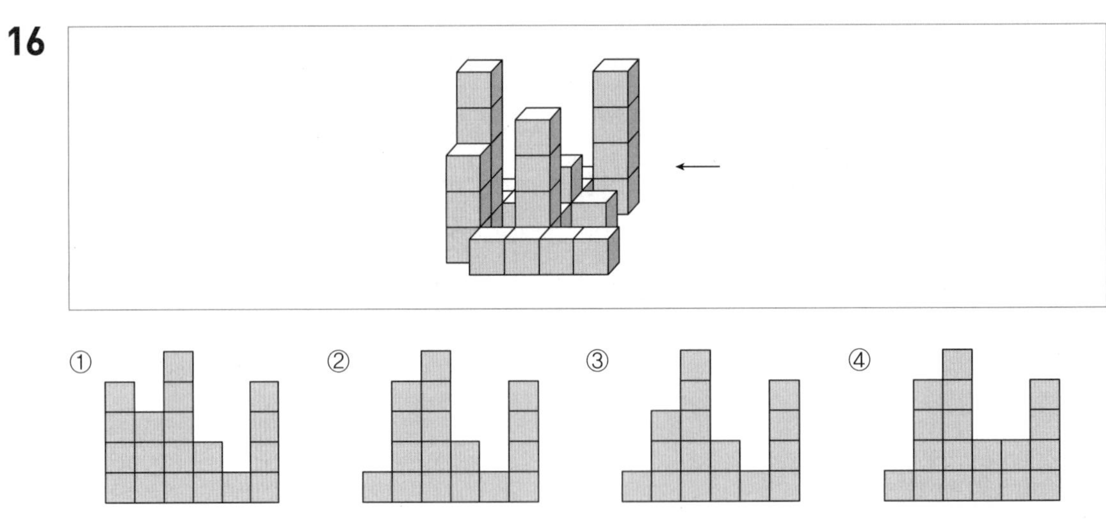

17

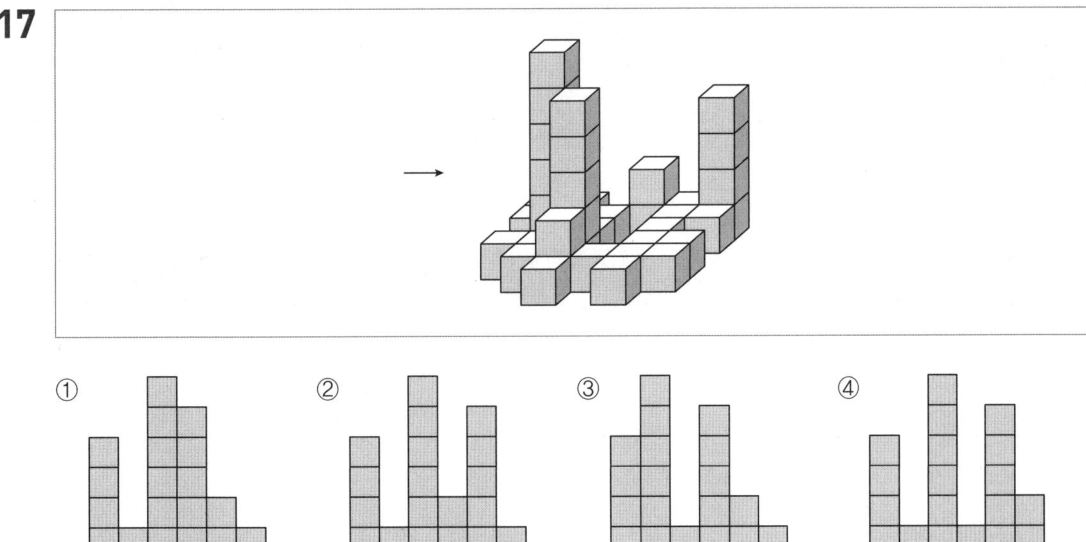

18

①

②

③

④

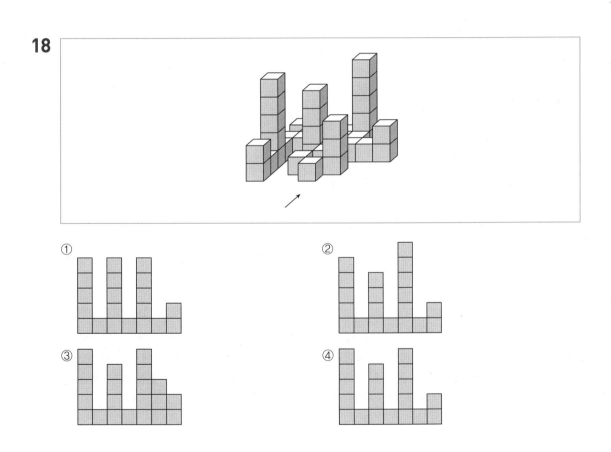

02 | 지각속도

고득점 학습전략

유형 CHECK

❶ 제시된 문자가 알맞게 치환되었는지 판단하는 유형
❷ 제시된 문자가 몇 번 나오는지 찾아내는 유형

학습방법

영역정복 TIP

육군부사관 필기 시험의 지각속도는 문자나 기호를 빠르게 대응시켜 정확하게 판단하는 인지 능력을 평가하기 위한 영역으로, 순발력과 집중력을 요한다. 총 30문항이 출제되며, 제한 시간은 3분으로 1문항당 6초 안에 OMR카드에 답 체크까지 완료해야 하므로 만점을 받는 것이 힘들 수 있다. 하지만 지속적으로 반복 훈련을 하면 시간 내 25개 이상 맞을 수 있는 실력 향상이 가능한 대표적인 영역이므로 매일 시간을 재면서 연습하는 것이 중요하다.

※ 〈정답과 해설〉 뒤에 있는 OMR카드를 활용하여 직접 마킹하면서 연습해 볼 수 있습니다.

대표유형

❶ 문자 대응

다음 [보기]를 보고 제시된 문자가 알맞게 치환되었는지 판단하시오.

보기

a = 강	b = 응	c = 산	d = 전
e = 남	f = 도	g = 길	h = 아

강 응 산 전 남 - a b c d g

① 맞음　　② 틀림

빈틈없는 유형분석

제시된 문자가 바르게 치환되었는지를 판단하는 유형이다. 지각속도 영역에서 대부분을 차지하는 유형으로, 순발력과 정확한 판단력을 요한다.

속시원한 문제해결

강 응 산 전 남 - a b c d g

'e = 남', 'g = 길'이므로 옳지 않다.

정답 ②

↑ 1점 더 올리기

한 세트 5문항을 30초(문항당 6초/마킹하는 시간 포함) 안에 풀 수 있도록 시간을 재며 반복 연습하고, 5문항 중 4문항을 맞힐 수 있도록 연습한다.

❷ 문자 찾기

왼쪽의 문자가 몇 번 제시되는지 고르시오.

ㅅ	눈물, 웃음, 분노, 용서, 미움, 사랑, 거짓, 진실, 낙심, 용기, 절망, 희망하는 마음은 운명이 아니라 선택입니다.

① 6 ② 7 ③ 8 ④ 9

빈틈없는 유형분석

제시된 문자군, 문장, 숫자 중 특정한 문자 또는 숫자의 개수를 빠르게 세어 표시하는 유형이다. '문자 대응' 유형과 마찬가지로 순발력과 정확한 판단력을 요한다.

속시원한 문제해결

눈물, 웃음(1), 분노, 용서(2), 미움, 사랑(3), 거짓(4), 진실(5), 낙심(6), 용기, 절망, 희망하는 마음은 운명이 아니라 선택(7)입니다.

따라서 'ㅅ'은 총 7번 제시되었다.

정답 ②

STEP ❶ 유형 훈련 문제

정답과 해설 ▶ P.7

1회

점

점수: 맞힌 개수 – 틀린 개수

• 상: 21점 이상	• 중상: 18~20점
• 중: 15~17점	• 하: 14점 이하

30문항 / 3분

[01~05] 다음 [보기]를 보고 제시된 문자가 알맞게 치환되었는지 판단하시오.

보기

강 = Ë　산 = Ҡ　바다 = Ҭ　해 = А　파도 = Э
물결 = Ш　달 = Я　계곡 = Т　별 = Ж　바람 = О

01

산 달 별 물결 - Ҡ Я Ж Ë

① 맞음　② 틀림

02

계곡 바다 해 강 - Т Ҭ В Ë

① 맞음　② 틀림

03

달 물결 별 파도 - Я Ш Ж Э

① 맞음　② 틀림

04

바람 계곡 파도 산 - О Т Э Ë

① 맞음　② 틀림

05

파도 달 해 별 - Э Ш А Ж

① 맞음　② 틀림

[06~10] 다음 [보기]를 보고 제시된 문자가 알맞게 치환되었는지 판단하시오.

보기

※※ = 123　◎◎ = 780　★★ = 502
▽▽ = 608　◆◆ = 250　≪≪ = 490
□□ = 885　÷÷ = 305　§§ = 098
☆☆ = 997

06

□□ ★★ ÷÷ ≪≪ - 885 502 305 490

① 맞음　② 틀림

07

★★ ◎◎ ◆◆ ※※ - 502 780 997 123

① 맞음　② 틀림

08

≪≪ ★★ §§ ▽▽ - 490 502 098 608

① 맞음　② 틀림

09

◎◎ ◆◆ ≪≪ §§ - 780 250 490 997

① 맞음　② 틀림

10

§§ ☆☆ ★★ ÷÷ - 098 997 502 305

① 맞음　② 틀림

[11~15] 다음 [보기]를 보고 제시된 문자가 알맞게 치환되었는지 판단하시오.

보기			
7C1 = hPa	8H4 = THz	I9P = km^3	1V6 = cal
A9C = MW	P5D = kℓ	Z7C = pV	2U3 = GB
D4S = kt	L8K = Wb		

11

Z7C L8K 1V6 7C1 - pV Wb cal hPa

① 맞음 ② 틀림

12

2U3 A9C 8H4 L8K - GB MW THz kt

① 맞음 ② 틀림

13

7C1 A9C 2U3 I9P - hPa MW GB km^3

① 맞음 ② 틀림

14

8H4 D4S 1V6 P5D - hPa kt cal kℓ

① 맞음 ② 틀림

15

P5D I9P Z7C D4S - kℓ km^3 pV kt

① 맞음 ② 틀림

[16~20] 다음 [보기]를 보고 제시된 문자가 알맞게 치환되었는지 판단하시오.

보기			
♒ = 가장	♓ = 영광	♔ = 기억	♕ = 위안
♖ = 순간	♗ = 함께	♘ = 실패	♙ = 도움
♟ = 그것	♛ = 나눔		

16

♟ ♗ ♔ ♙ - 그것 함께 기억 도움

① 맞음 ② 틀림

17

♘ ♛ ♕ ♒ - 실패 나눔 위안 가장

① 맞음 ② 틀림

18

♖ ♓ ♔ ♛ - 순간 영광 기억 나눔

① 맞음 ② 틀림

19

♙ ♖ ♘ ♒ - 도움 순간 실패 가장

① 맞음 ② 틀림

20

♓ ♕ ♗ ♟ - 영광 위안 함께 그것

① 맞음 ② 틀림

[21~25] 다음 [보기]를 보고 제시된 문자가 알맞게 치환되었는지 판단하시오.

보기

요크 = ⮘	푸들 = ⇷	비송 = ⇦
치와와 = ✸	말티즈 = ⤩	포메 = ⥶
코카스 = ⋐	시츄 = ⮰	불독 = ⇐
퍼그 = 🡐		

21

불독 포메 푸들 치와와 - ⇐ ⥶ ⇷ ✸

① 맞음　　② 틀림

22

코카스 말티즈 퍼그 요크 - ⋐ ⤩ 🡐 ⮰

① 맞음　　② 틀림

23

시츄 비송 포메 말티즈 - ⮰ ⇦ ⇷ ⤩

① 맞음　　② 틀림

24

치와와 퍼그 푸들 코카스 - ✸ 🡐 ⇷ ⋐

① 맞음　　② 틀림

25

시츄 불독 요크 비송 - ⮰ ⥶ ⮘ ⇦

① 맞음　　② 틀림

[26~30] 왼쪽의 문자가 몇 번 제시되는지 고르시오.

26

ㅛ

ㅖㅛㅕㅒㅖㅕㅗㅑㅒㅖㅣㅛㅡㅜㅠㅗ
ㅛㅑㅜㅓㅖㅒㅗㅜㅛㅗㅕㅒㅑㅒㅗㅛ
ㅕㅑㅒㅖㅣㅡㅜㅗㅑㅒㅛㅕㅑㅏ

① 5　② 6　③ 7　④ 8

27

⇔

⊂⊇∩⇔∈∧⇔⊃∋∧∝√∽=⇔⊆
⊇⇔√∽⊃∋∧∩∝√∽⇔√⊇∩∽
⊃∋∧⇔∝√∽⊇∽√∧⊇∩√

① 3　② 4　③ 5　④ 6

28

w

bberwtbrsbarbtbtbrwxsdbvsdkfafrb
wrwbbrbgebywretyiwrtiiuebbgbbtb
wtbwtbbbbtbsbtbrbstbstgb

① 6　② 7　③ 8　④ 9

29

☆★◎●★☆◇◆♣♧♡☆♤♠♥
♧☆♥♡⊙♣♧♠♣♡☆★○♠♥
♧♥★●☆●◎◇◆♧♣♠♤☆

① 4　② 5　③ 6　④ 7

30

ㄴ

군인은 정직하여야 하며, 명령의 하달이나 전달, 보고 및 통보에는 허위·왜곡·과장 또는 은폐가 있어서는 아니된다.

① 11　② 12　③ 13　④ 14

정답과 해설 ▶ P.8

2회

점

점수: 맞힌 개수 – 틀린 개수

• 상: 21점 이상	• 중상: 18~20점
• 중: 15~17점	• 하: 14점 이하

30문항 / 3분

[01~05] 다음 [보기]를 보고 제시된 문자가 알맞게 치환되었는지 판단하시오.

보기

사과 = 98　자두 = 55　키위 = 60　바나나 = 25
체리 = 77　수박 = 38　포도 = 41　복숭아 = 12
배 = 27　딸기 = 88

01

사과 체리 수박 딸기 - 98 77 38 88

① 맞음　② 틀림

02

바나나 포도 배 복숭아 - 25 41 27 12

① 맞음　② 틀림

03

수박 바나나 복숭아 사과 - 38 60 12 98

① 맞음　② 틀림

04

복숭아 사과 자두 포도 - 12 98 55 77

① 맞음　② 틀림

05

딸기 수박 바나나 키위 - 88 38 25 60

① 맞음　② 틀림

[06~10] 다음 [보기]를 보고 제시된 문자가 알맞게 치환되었는지 판단하시오.

보기

EP = ㎧　RU = ㎬　TF = ㏘　MC = ㎪　QZ = ㎞
OR = ㎲　AW = ㎎　BN = ㎋　JU = ㏂　XG = ㎉

06

AW RU EP XG - ㎎ ㎬ ㎧ ㏂

① 맞음　② 틀림

07

OR TF MC JU - ㎲ ㏘ ㎪ ㏂

① 맞음　② 틀림

08

EP AW BN MC - ㎧ ㎎ ㏂ ㎪

① 맞음　② 틀림

09

BN XG OR RU - ㎋ ㎉ ㎲ ㎧

① 맞음　② 틀림

10

RU QZ AW XG - ㎬ ㎞ ㎎ ㎉

① 맞음　② 틀림

[11~15] 다음 [보기]를 보고 제시된 문자가 알맞게 치환되었는지 판단하시오.

보기

∋ = and	℉ = but	g = not	ℋ = who
ℌ = can	ℍ = the	h = you	℔ = her

11

ℌ ℋ ℉ h - can who but her

① 맞음　② 틀림

12

℔ g ℋ ℉ - her not who but

① 맞음　② 틀림

13

h ∋ ℌ g - you and can not

① 맞음　② 틀림

14

ℌ g ℍ ℔ - can not the her

① 맞음　② 틀림

15

ℍ ∋ ℉ h - the and not you

① 맞음　② 틀림

[16~20] 다음 [보기]를 보고 제시된 문자가 알맞게 치환되었는지 판단하시오.

보기

Æ = 145	Ħ = 445	Œ = 598	Ŧ = 568
ħ = 669	ß = 235	đ = 413	Đ = 566
Ł = 127	Ø = 910		

16

Æ đ Œ Đ - 145 413 598 566

① 맞음　② 틀림

17

Ŧ ħ Ħ ß - 568 566 445 235

① 맞음　② 틀림

18

Đ Ł Æ Ø - 566 127 413 910

① 맞음　② 틀림

19

ħ Ŧ Đ đ - 669 568 566 413

① 맞음　② 틀림

20

Ħ Ø Ł Ŧ - 445 910 145 568

① 맞음　② 틀림

[21~25] 다음 [보기]를 보고 제시된 문자가 알맞게 치환되었는지 판단하시오.

보기

☧ = ♻ ☺ = ☉ ☻ = ☊ ♆ = ☍ ☹ = ☆
♅ = ☛ ♁ = ☀ ♉ = ☢ ♌ = ☯ ♃ = ☂

21

♁ ☻ ♌ ♃ - ☀ ☊ ☍ ☂

① 맞음 ② 틀림

22

☺ ☻ ♆ ☹ - ☉ ☊ ☍ ☆

① 맞음 ② 틀림

23

♉ ♌ ♁ ☺ - ☢ ☯ ☀ ☉

① 맞음 ② 틀림

24

♆ ♃ ☹ ♉ - ☍ ☂ ☆ ☢

① 맞음 ② 틀림

25

♉ ♃ ☺ ☹ - ☢ ☂ ☉ ☊

① 맞음 ② 틀림

[26~30] 왼쪽의 문자가 몇 번 제시되는지 고르시오.

26

ㄱ	진실이 비록 흔치 않으나, 공급이 언제나 수요를 초과해 왔다.

① 1 ② 2 ③ 3 ④ 4

27

M	EFKFAAGPHKSMGFEPGNSCLVE MDLSMDOWMMGEPSLFKQDERP WLSWQMDLWPEJGKDA

① 5 ② 6 ③ 7 ④ 8

28

ㄹ	자신의 부족한 점을 더 많이 부끄러워 할 줄 아는 이는 존경 받을 가치가 있는 사람이다.

① 4 ② 5 ③ 6 ④ 7

29

(9)	(9)(1)(5)(6)(2)(1)(4)(6)(5)(5)(9)(1)(4)(6)(9)(5) (1)(2)(1)(9)(5)(1)(6)(2)(1)(9)(6)(2)(5)(4)(5)(2) (9)(4)(6)(2)(4)(5)(4)(5)

① 5 ② 6 ③ 7 ④ 8

30

LL	LLASDLLAFLLSDFRTGLLCVBLLSF LLEFRLLAFRELLSDGLLFBLLAFR LLRGLLAFFTRETGLLAFLLAFSRTGT DHLLAFLLSRETGLLAFLLSFDETG

① 15 ② 16 ③ 17 ④ 18

3회

점

점수: 맞힌 개수 – 틀린 개수

• 상: 21점 이상	• 중상: 18~20점
• 중: 15~17점	• 하: 14점 이하

30문항 / 3분

[01~05] 다음 [보기]를 보고 제시된 문자가 알맞게 치환되었는지 판단하시오.

보기

가교 = Ⅸ 훈련 = Ⅹ 표적 = Ⅴ 간선 = viii
탑재 = Ⅲ 초계 = ii 전장 = Ⅵ 격멸 = Ⅻ
적치 = Ⅰ 이함 = vii

01

전장 표적 가교 이함 - Ⅵ Ⅴ Ⅹ vii

① 맞음 ② 틀림

02

가교 적치 표적 탑재 - Ⅸ Ⅰ Ⅴ viii

① 맞음 ② 틀림

03

훈련 탑재 초계 격멸 - Ⅹ Ⅲ ii Ⅻ

① 맞음 ② 틀림

04

격멸 표적 간선 이함 - Ⅻ Ⅴ viii Ⅲ

① 맞음 ② 틀림

05

적치 가교 탑재 훈련 - Ⅰ Ⅸ viii Ⅹ

① 맞음 ② 틀림

[06~10] 다음 [보기]를 보고 제시된 문자가 알맞게 치환되었는지 판단하시오.

보기

risky = 25 basket = 80 answer = 66 major = 75
effect = 13 output = 55 move = 97 frozen = 05
peak = 35 annoy = 47

06

basket frozen major risky - 80 05 75 25

① 맞음 ② 틀림

07

move effect answer peak - 97 13 66 35

① 맞음 ② 틀림

08

annoy move effect risky - 47 97 05 25

① 맞음 ② 틀림

09

output effect peak answer - 55 13 35 25

① 맞음 ② 틀림

10

major risky frozen basket - 75 25 35 80

① 맞음 ② 틀림

[11~15] 다음 [보기]를 보고 제시된 문자가 알맞게 치환되었는지 판단하시오.

보기

Ä = 812	Ü = 121	Ë = 489	Ç = 746
ë = 354	ß = 248	Ô = 684	Ý = 102
ä = 462	b = 277		

11

ß Ý b Ü - 248 102 277 121

① 맞음 ② 틀림

12

Ç Ô Ä ä - 746 684 812 462

① 맞음 ② 틀림

13

ä ß ë Ë - 462 121 354 489

① 맞음 ② 틀림

14

Ô Ë Ç b - 684 489 746 812

① 맞음 ② 틀림

15

Ä Ü ë Ý - 812 121 354 248

① 맞음 ② 틀림

[16~20] 다음 [보기]를 보고 제시된 문자가 알맞게 치환되었는지 판단하시오.

보기

화생방 = ♦	철갑탄 = ♧	대전차 = ♨
전술탄 = ♩	모의탄 = ♪	관제소 = ♫
보급률 = ♬	사포군 = ♭	구축함 = ♮
전자전 = ♯		

16

전술탄 사포군 관제소 화생방 - ♩ ♭ ♫ ♦

① 맞음 ② 틀림

17

대전차 구축함 철갑탄 보급률 - ♨ ♮ ♧ ♯

① 맞음 ② 틀림

18

보급률 모의탄 전자전 전술탄 - ♬ ♫ ♯ ♩

① 맞음 ② 틀림

19

화생방 관제소 사포군 대전차 - ♦ ♫ ♭ ♨

① 맞음 ② 틀림

20

전자전 구축함 철갑탄 모의탄 - ♯ ♮ ♧ ♪

① 맞음 ② 틀림

[21～25] 다음 [보기]를 보고 제시된 문자가 알맞게 치환되었는지 판단하시오.

보기

EcM = 밀다	FrO = 풀다	CiB = 세다
BdA = 울다	AsW = 놓다	FfA = 가다
CtC = 주다	DoD = 오다	EaB = 사다
GpR = 팔다		

21

CtC BdA FrO GpR - 주다 울다 풀다 사다

① 맞음 ② 틀림

22

FfA EaB AsW EcM - 가다 사다 놓다 밀다

① 맞음 ② 틀림

23

GpR DoD FrO CiB - 팔다 오다 풀다 세다

① 맞음 ② 틀림

24

CiB FfA BdA DoD - 세다 가다 울다 오다

① 맞음 ② 틀림

25

EaB EcM AsW CtC - 사다 풀다 놓다 주다

① 맞음 ② 틀림

[26～30] 왼쪽의 문자가 몇 번 제시되는지 고르시오.

26

♬	♭ ♬ ♩ ♭ ‡ ♪ † ¶ Ⓚ ↖ ♩ ‡ ♬ † ¶ ♩ ♭ ♬ Ⓚ ↖ ♭ ‡ ♩ ♩ ♭ ↖ ♩ ♬ Ⓚ ↖ ♪ Ⓚ ‡ ♩ ‡ ♪ ¶ ♩ ↖ ♭ ¶ Ⓚ ↖ ♭ † ♩

① 1 ② 2 ③ 3 ④ 4

27

ㅅ	현역에 편입할 자나 응소한 예비군으로 보충선에서 병무청과 군부대 간에 인계인수하는 것을 말함.

① 5 ② 6 ③ 7 ④ 8

28

¾	⅞ ⅛ ⅝ ⅜ ⅙ ⅕ ⅘ ⅚ ⅞ ⅙ ⅔ ¾ ⅕ ⅚ ⅞ ⅚ ¾ ⅕ ⅞ ⅜ ⅙ ⅖ ¾ ⅕ ⅙

① 0 ② 1 ③ 2 ④ 3

29

☟	✍ 🖎 ✌ 👍 ☞ ☟ ☞ ✌ 👍 ☜ 👌 🖎 👌 ☞ ☝ ☟ ✋ ☞ ✌ ✍ 🖎 👍 👎 ☝ ☞ ☝ ☟ ✋ ☞ ✌ ✌ 👎 ☟ ✋ 👌 🖎 👌 👌 ☞ ☝ 🖎 ☟ ✋ ☞ ✌ ✍

① 4 ② 5 ③ 6 ④ 7

30

ㄹ	문벌귀족 고려중기 호족 6두품 공신의 출신으로 음서와 과거를 통해 관직에 진출했다.

① 6 ② 7 ③ 8 ④ 9

4회

점

점수: 맞힌 개수 – 틀린 개수

• 상: 21점 이상	• 중상: 18~20점
• 중: 15~17점	• 하: 14점 이하

30문항 / 3분

[01~05] 다음 [보기]를 보고 제시된 문자가 알맞게 치환되었는지 판단하시오.

보기
걓개 = add 갼갬 = srt 곯게 = cyu 곗결 = oop
괌걥 = dgu 거걸 = kls 갸걱 = efr 걔갬 = nbe
공걺 = yop 걳각 = sho

01

갸걱 곯게 곗결 거걸 - efr cyu oop efr

① 맞음 ② 틀림

02

걓개 걔갬 괌걥 갸걱 - add nbe agu efr

① 맞음 ② 틀림

03

걔갬 곗결 걓개 걳각 - nbe oop add sho

① 맞음 ② 틀림

04

공걺 거걸 갼갬 곗결 - yop kls srt yop

① 맞음 ② 틀림

05

괌걥 갸걱 걳각 곯게 - dgu efr sho cyu

① 맞음 ② 틀림

[06~10] 다음 [보기]를 보고 제시된 문자가 알맞게 치환되었는지 판단하시오.

보기
(s)ⓒ = 416 (h)ⓓ = 650 (j)ⓥ = 998 (n)ⓩ = 126
(g)ⓖ = 516 (a)ⓐ = 625 (x)ⓠ = 862 (z)ⓘ = 260
(e)ⓚ = 372 (m)ⓗ = 460

06

(x)ⓠ (n)ⓩ (a)ⓐ (m)ⓗ - 862 126 625 460

① 맞음 ② 틀림

07

(h)ⓓ (z)ⓘ (n)ⓩ (s)ⓒ - 650 260 126 416

① 맞음 ② 틀림

08

(z)ⓘ (n)ⓩ (x)ⓠ (g)ⓖ - 260 126 862 416

① 맞음 ② 틀림

09

(g)ⓖ (h)ⓓ (e)ⓚ (s)ⓒ - 516 650 372 416

① 맞음 ② 틀림

10

(a)ⓐ (j)ⓥ (m)ⓗ (n)ⓩ - 625 998 372 126

① 맞음 ② 틀림

[11~15] 다음 [보기]를 보고 제시된 문자가 알맞게 치환되었는지 판단하시오.

보기

이병 = 714	일병 = 516	상병 = 813
병장 = 914	하사 = 312	중사 = 418
상사 = 615	원사 = 012	준위 = 219
원수 = 117		

11

이병 중사 원사 준위 - 714 418 012 219

① 맞음 ② 틀림

12

하사 병장 일병 원수 - 312 914 516 813

① 맞음 ② 틀림

13

준위 이병 상사 하사 - 219 714 615 312

① 맞음 ② 틀림

14

상병 준위 원수 상사 - 813 219 117 615

① 맞음 ② 틀림

15

일병 상병 병장 중사 - 516 813 312 418

① 맞음 ② 틀림

[16~20] 다음 [보기]를 보고 제시된 문자가 알맞게 치환되었는지 판단하시오.

보기

☐ = A	☑ = M	☒ = O	X = U
☂ = R	☕ = K	☖ = Y	☗ = W

16

☑ ☖ ☐ X - M Y A O

① 맞음 ② 틀림

17

☗ ☂ ☑ ☒ - W Y M O

① 맞음 ② 틀림

18

☕ ☐ ☖ X - M A Y U

① 맞음 ② 틀림

19

☖ ☂ ☒ ☕ - Y R O K

① 맞음 ② 틀림

20

☒ ☐ ☂ ☗ - O M R W

① 맞음 ② 틀림

[21~25] 다음 [보기]를 보고 제시된 문자가 알맞게 치환되었는지 판단하시오.

보기

[End] = D9v	[Esc] = N3g	[Caps Lock] = W2d
[Del] = H6c	[Home] = S4f	[Ins] = K8e
[PgDn] = A1r	[Insert] = X7p	

21

[Insert] [PgDn] [End] [Caps Lock] - X7p A1r D9v W2d

① 맞음　　② 틀림

22

[Esc] [Del] [Home] [Ins] - N3g H6c S4f K8e

① 맞음　　② 틀림

23

[PgDn] [Ins] [Home] [End] - A1r K8e S4f D9v

① 맞음　　② 틀림

24

[Caps Lock] [Insert] [Esc] [PgDn] - W2d X7p N3g D9v

① 맞음　　② 틀림

25

[Del] [PgDn] [Insert] [Caps Lock] - H6c A1r X7p W2d

① 맞음　　② 틀림

[26~30] 왼쪽의 문자가 몇 번 제시되는지 고르시오.

26

ㅅ	성숙하다는 것은 다가오는 모든 생생한 위기를 피하지 않고 마주하는 것을 의미한다.

① 4　② 5　③ 6　④ 7

27

a	8ad72dgfbha4236825aafuks0528g fsagyhj75gtgargf412faf

① 6　② 7　③ 8　④ 9

28

⊞	✠☯⊞♐☼☸✠💧👌⊞✞♐☪⊞♉✝ॐ ✍♏⊞♐☼♒ॐ⊞♒⊞⊞♒✍😐✈ ☟⊞⊞✞♏♒☼✝⊞♑👍⊞⊞⊞♐

① 11　② 12　③ 13　④ 14

29

9	25789541236589778451569832159545789875135413554215785313212121358854213543

① 3　② 4　③ 5　④ 6

30

h	I cut it while handling the tools.

① 1　② 2　③ 3　④ 4

5회

점

점수: 맞힌 개수 – 틀린 개수

• 상: 21점 이상	• 중상: 18~20점
• 중: 15~17점	• 하: 14점 이하

30문항 / 3분

[01~05] 다음 [보기]를 보고 제시된 문자가 알맞게 치환되었는지 판단하시오.

보기

홍례문 = T 근정문 = U 교태전 = E 자경전 = W
경복궁 = N 광화문 = G 항원정 = A 경화루 = Z
신무문 = C 강녕전 = R

01

광화문 경화루 자경전 홍례문 - G Z W T

① 맞음 ② 틀림

02

경화루 교태전 강녕전 경복궁 - Z E C N

① 맞음 ② 틀림

03

홍례문 근정문 자경전 항원정 - T U W C

① 맞음 ② 틀림

04

강녕전 자경전 경복궁 근정문 - R W N E

① 맞음 ② 틀림

05

교태전 신무문 강녕전 경복궁 - E C W N

① 맞음 ② 틀림

[06~10] 다음 [보기]를 보고 제시된 문자가 알맞게 치환되었는지 판단하시오.

보기

③ = ㄳ ⑥ = ㄸ ① = ㄻ ⑦ = ㅋ ② = ㅈ
⑤ = ㄵ ⑩ = ㅉ ④ = ㅄ ⑧ = ㅍ ⑨ = ㄲ

06

③ ① ⑧ ⑥ - ㄳ ㄻ ㅍ ㄷ

① 맞음 ② 틀림

07

④ ① ⑤ ⑨ - ㅄ ㄻ ㄵ ㄲ

① 맞음 ② 틀림

08

① ⑦ ⑤ ② - ㄻ ㅋ ㄵ ㅈ

① 맞음 ② 틀림

09

⑤ ⑥ ③ ⑧ - ㄵ ㄸ ㄵ ㅍ

① 맞음 ② 틀림

10

⑨ ③ ④ ⑤ - ㄲ ㄳ ㅄ ㄳ

① 맞음 ② 틀림

[11~15] 다음 [보기]를 보고 제시된 문자가 알맞게 치환되었는지 판단하시오.

보기

Elf = 介	Fan = 更	New = 去	Num = 巨
Try = 乞	The = 京	Who = 季	May = 告
Are = 固	Net = 公		

11

New The May Net - 去 京 告 公

① 맞음　　② 틀림

12

Net Who Elf Try - 公 季 介 乞

① 맞음　　② 틀림

13

May New Try Fan - 告 去 乞 更

① 맞음　　② 틀림

14

Fan Num Are The - 更 公 固 京

① 맞음　　② 틀림

15

Are Who Num Elf - 乞 季 巨 介

① 맞음　　② 틀림

[16~20] 다음 [보기]를 보고 제시된 문자가 알맞게 치환되었는지 판단하시오.

보기

⚅ = 지상군	⚋ = 유도탄	⚄ = 고폭탄
⚌ = 표적	⚎ = 조명탄	⚏ = 탄도
⚃ = 통신망	⚁ = 박격포	⚍ = 기관총
⚀ = 관측소		

16

⚄ ⚎ ⚁ ⚍ - 고폭탄 조명탄 박격포 기관총

① 맞음　　② 틀림

17

⚁ ⚌ ⚅ ⚀ - 박격포 표적 조명탄 관측소

① 맞음　　② 틀림

18

⚀ ⚏ ⚃ ⚋ - 관측소 탄도 통신망 유도탄

① 맞음　　② 틀림

19

⚍ ⚃ ⚄ ⚌ - 기관총 통신망 고폭탄 탄도

① 맞음　　② 틀림

20

⚎ ⚅ ⚋ ⚏ - 조명탄 지상군 유도탄 탄도

① 맞음　　② 틀림

[21~25] 다음 [보기]를 보고 제시된 문자가 알맞게 치환되었는지 판단하시오.

보기				
한 = ❤	혼 = 📂	터 = ⊃	과 = ☯	[혼] = 💣
퓨 = 💾	글 = ✪	【혼】 = ✥	☺ = ☎	컴 = ⊞

21

【혼】 컴 혼 과 - ✥ ⊞ 📂 ☯

① 맞음　　② 틀림

22

퓨 한 [혼] ☺ - 💾 ❤ 💣 ⊞

① 맞음　　② 틀림

23

【혼】 과 글 터 - ✥ ☯ ✪ ⊃

① 맞음　　② 틀림

24

[혼] ☺ 혼 퓨 - 💣 ✪ 📂 💾

① 맞음　　② 틀림

25

컴 글 한 터 - ⊞ ✪ ❤ ☎

① 맞음　　② 틀림

[26~30] 왼쪽의 문자가 몇 번 제시되는지 고르시오.

26

1	1de3fdgrfgb1fdgf46hgt6hjhjk1fdg6hgfnb11rfgvbn3

① 5　② 6　③ 7　④ 8

27

(자)	(바)(파)(자)(하)(아)(파)(바)(가)(다)(라)(사)(자)(바)(가)(자)(파)(바)(가)(다)(라)(파)(아)(파)(바)(가)(바)(아)(파)(가)(파)(바)(다)(라)(자)(라)(파)(파)(파)(가)(파)(바)(다)(라)(파)(가)(아)

① 1　② 2　③ 3　④ 4

28

(8)	(2) (13) (8) (7) (16) (8) (5) (13) (15) (8) (7) (5) (7) (16) (8) (13) (8) (16) (11) (5) (7) (13) (8) (13) (15) (7) (16) (5) (11) (16)

① 3　② 4　③ 5　④ 6

29

Λ	ΛΔΕΖΗ V ΓΣΤ V ΓΣΥΧΛΔΛΔΕΖΗΔΕ ΖΣΧΡΠΔΕΗΛΔΕΖΚΛΕΛΔΕΛΔΕΖΗ V ΓΣΔΕΛΔΤΛΔΕΖΗΥΛΔΠΔΗΚΛΧΛ ΔΕ V ΖΣΧΡΓΣΔΕΕΖΣΧΡΠΔΕΛΡΔΠ ΔΗΚΛΖΣΧ

① 14　② 15　③ 16　④ 17

30

℁	ㅋ ɿ ℁ ℀ № ℛ ɿ ⊐ ℓ ℝ ℧ ℚ ℞ ℚ ℆ ∋ ℃ ℁ ℀ ℊ ℚ ⅄ ℙ ℇ ℆ ℄ ℡ ℨ ℝ ℚ ℍ ℋ ∋ ℔ ℓ ℁ ℀ ℛ ⊐ ℝ ∋ ℆ ℄ ℅ ℁ ℁

① 5　② 6　③ 7　④ 8

6회

점

점수: 맞힌 개수 – 틀린 개수

•상: 21점 이상	•중상: 18~20점
•중: 15~17점	•하: 14점 이하

30문항 / 3분

[01~05] 다음 [보기]를 보고 제시된 문자가 알맞게 치환되었는지 판단하시오.

보기

@$ = 백량금　%& = 관음죽　#$ = 콤팩타
*& = 고무나무　※@ = 벤자민　§¢ = 해피트리
♀※ = 크로톤　¥☆ = 녹보수　Å▽ = 떡갈잎
£◎ = 금전수

01

♀※ ¥☆ @$ £◎ - 크로톤 녹보수 관음죽 금전수

① 맞음　② 틀림

02

@$ *& Å▽ ♀※ - 백량금 고무나무 떡갈잎 크로톤

① 맞음　② 틀림

03

¥☆ Å▽ %& ※@ - 녹보수 떡갈잎 관음죽 금전수

① 맞음　② 틀림

04

%& Å▽ £◎ ※@ - 관음죽 떡갈잎 금전수 벤자민

① 맞음　② 틀림

05

#$ ¥☆ §¢ @$ - 콤팩타 녹보수 해피트리 백량금

① 맞음　② 틀림

[06~10] 다음 [보기]를 보고 제시된 문자가 알맞게 치환되었는지 판단하시오.

보기

ㄹa7 = 20　ㅎf5 = 65　ㅅu4 = 83　ㄷw2 = 97
ㅁd1 = 28　ㄴq6 = 68　ㅂk8 = 09　ㅇn7 = 52
ㅊs6 = 73　ㅋw9 = 30

06

ㅂk8 ㅅu4 ㅊs6 ㄹa7 - 09 83 73 20

① 맞음　② 틀림

07

ㅇn7 ㅎf5 ㅋw9 ㅁd1 - 52 65 30 28

① 맞음　② 틀림

08

ㄹa7 ㅇn7 ㄷw2 ㅎf5 - 20 52 09 65

① 맞음　② 틀림

09

ㅋw9 ㄴq6 ㅁd1 ㅇn7 - 30 73 28 52

① 맞음　② 틀림

10

ㅅu4 ㅊs6 ㄹa7 ㅋw9 - 83 73 20 30

① 맞음　② 틀림

[11~15] 다음 [보기]를 보고 제시된 문자가 알맞게 치환되었는지 판단하시오.

보기

Ђ = SN	¥ = RK	Ӂ = SK	ə̈ = QH
Й = EK	Ӵ = WK	Ш = FS	ち = DH
ア = SH	尢 = GO		

11

Ђ Ш ち ə̈ - SN FS DH QH

① 맞음 ② 틀림

12

ア 尢 Й Ӂ - SH QH EK SK

① 맞음 ② 틀림

13

Ӂ ¥ Ӵ Ш - SK RK WK DH

① 맞음 ② 틀림

14

ə̈ ち ア 尢 - QH DH SH GO

① 맞음 ② 틀림

15

Й Ђ ¥ Ӵ - EK SN RK WK

① 맞음 ② 틀림

[16~20] 다음 [보기]를 보고 제시된 문자가 알맞게 치환되었는지 판단하시오.

보기

☠ = 예멘	Ƶ = 피지	☢ = 쿠바	☣ = 칠레
☤ = 케냐	♀ = 통가	☦ = 수단	₽ = 차드

16

☦ ☣ Ƶ ☠ - 수단 칠레 피지 예멘

① 맞음 ② 틀림

17

♀ Ƶ ☢ ☤ - 통가 피지 쿠바 케냐

① 맞음 ② 틀림

18

☤ ☣ ☦ ☠ - 케냐 칠레 수단 예멘

① 맞음 ② 틀림

19

₽ ☢ ☠ ♀ - 차드 쿠바 예멘 통가

① 맞음 ② 틀림

20

Ƶ ₽ ☣ ☦ - 피지 차드 칠레 수단

① 맞음 ② 틀림

[21~25] 다음 [보기]를 보고 제시된 문자가 알맞게 치환되었는지 판단하시오.

보기

㉤ = ○	㉡ = △	㉢ = ●	㉪ = ◇
㉦ = ◆	㉭ = ■	㉥ = □	㉨ = ▲

21

㉭ ㉡ ㉪ ㉥ - ■ △ ◇ □

① 맞음 ② 틀림

22

㉨ ㉦ ㉤ ㉭ - ▲ ◇ ○ ■

① 맞음 ② 틀림

23

㉪ ㉥ ㉢ ㉡ - ◇ □ ● △

① 맞음 ② 틀림

24

㉤ ㉡ ㉨ ㉦ - ○ △ ■ ◆

① 맞음 ② 틀림

25

㉢ ㉨ ㉭ ㉪ - ● ▲ ■ ◇

① 맞음 ② 틀림

[26~30] 왼쪽의 문자가 몇 번 제시되는지 고르시오.

26

s	as scarce as truth is, the supply has always been in excess of the demand.

① 7 ② 8 ③ 9 ④ 10

27

복	범복문오금대소복낮끝동복낮음복오 비복소금남범속귀복대도동서의복속

① 5 ② 6 ③ 7 ④ 8

28

ㄷ	우리나라의 사회봉사명령은 다양한 법적 근거에 의하여, 폭넓은 대상자에 대하여 갖가지 형태로 집행되고 있다.

① 4 ② 5 ③ 6 ④ 7

29

e	every cloud has a silver lining.

① 1 ② 2 ③ 3 ④ 4

30

ㄹ	1년간의 행복을 위해서는 정원을 가꾸고, 평생의 행복을 원한다면 나무를 심어라.

① 3 ② 4 ③ 5 ④ 6

7회

점

점수: 맞힌 개수 – 틀린 개수

• 상: 21점 이상	• 중상: 18~20점
• 중: 15~17점	• 하: 14점 이하

30문항 / 3분

[01~05] 다음 [보기]를 보고 제시된 문자가 알맞게 치환되었는지 판단하시오.

보기

아무르 = ad 앙쥬 = go 보떼 = rp
봉쥬르 = op 마담 = pu 쎄씨봉 = so
메르시 = mp 쉬퐁 = wo 쎄뚜 = cu
쥬뗌므 = kh

01

앙쥬 쎄뚜 마담 아무르 - go cu pu ad

① 맞음 ② 틀림

02

봉쥬르 보떼 메르시 쎄뚜 - op rp mp wo

① 맞음 ② 틀림

03

아무르 메르시 쉬퐁 앙쥬 - ad mp wo go

① 맞음 ② 틀림

04

쎄씨봉 보떼 마담 봉쥬르 - so rp pu rp

① 맞음 ② 틀림

05

쥬뗌므 메르시 쉬퐁 쎄씨봉 - kh mp pu so

① 맞음 ② 틀림

[06~10] 다음 [보기]를 보고 제시된 문자가 알맞게 치환되었는지 판단하시오.

보기

ㄲㅅ = ▩ ㅇㅉ = ♨ ㅊㅁ = ☎ ㅍㄴ = ◐
ㅋㅅ = ⊙ ㅈㅎ = ♧ ㄹㄲ = ▧ ㄴㅅ = ♤
ㅅㄹ = ♥ ㅂㄸ = ◈

06

ㅇㅉ ㄴㅅ ㅍㄴ ㅈㅎ - ♨ ♤ ⊙ ♧

① 맞음 ② 틀림

07

ㅈㅎ ㅊㅁ ㅋㅅ ㄲㅅ - ♧ ☎ ⊙ ▩

① 맞음 ② 틀림

08

ㄹㄲ ㅅㄹ ㅇㅉ ㅂㄸ - ▧ ♥ ♨ ◈

① 맞음 ② 틀림

09

ㅂㄸ ㅈㅎ ㅍㄴ ㄹㄲ - ◈ ♧ ◐ ▧

① 맞음 ② 틀림

10

ㄲㅅ ㄹㄲ ㅂㄸ ㅊㅁ - ▩ ▧ ◈ ♨

① 맞음 ② 틀림

[11～15] 다음 [보기]를 보고 제시된 문자가 알맞게 치환되었는지 판단하시오.

보기

⚠ = 꿇	⚡ = 꿈	⚢ = 꼽	⚨ = 꿋
⚦ = 꿍	⚥ = 꽂	♂ = 꿔	⚧ = 꿜
⚲ = 꿨	⚩ = 꿩		

11

♂ ⚦ ⚡ ⚩ - 꿔 꿍 꿈 꿩

① 맞음　　② 틀림

12

⚲ ⚠ ⚧ ⚥ - 꿨 꿇 꿍 꽂

① 맞음　　② 틀림

13

⚧ ⚩ ⚨ ⚦ - 꿜 꿩 꿋 꼽

① 맞음　　② 틀림

14

⚥ ⚡ ⚨ ⚧ - 꽂 꿈 꿋 꿜

① 맞음　　② 틀림

15

⚠ ♂ ⚢ ⚲ - 꿇 꿔 꼽 꿨

① 맞음　　② 틀림

[16～20] 다음 [보기]를 보고 제시된 문자가 알맞게 치환되었는지 판단하시오.

보기

49B = ◉	20A = ◈	54N = ◐	78P = ◑
54T = ◎	42Y = ▽	79J = ▣	23G = ■
30F = □	24E = ▲		

16

23G 54T 20A 24E - ■ ◎ ◈ ▲

① 맞음　　② 틀림

17

30F 49B 79J 20A - □ ◉ ■ ◈

① 맞음　　② 틀림

18

42Y 78P 30F 54N - ▽ ◑ □ ◐

① 맞음　　② 틀림

19

24E 78P 54T 79J - ▲ ◐ ◎ ▣

① 맞음　　② 틀림

20

49B 54N 42Y 23G - ◉ ◐ ▽ ■

① 맞음　　② 틀림

[21~25] 다음 [보기]를 보고 제시된 문자가 알맞게 치환되었는지 판단하시오.

보기			
T8 = ɤ	I7 = ʎ̊	У6 = ʎ	Ʉ1 = ʎ̇
ϴ9 = ⋗	ℓ93 = ⋗̇	G̃5 = ⋖	ɦ0 = ⋖̇

21

T8 I7 G̃5 ɦ0 Ʉ1 - ɤ ʎ̊ ⋖ ⋖̇ ʎ̇

① 맞음 ② 틀림

22

У6 G̃5 T8 ϴ9 ℓ93 - ʎ ⋖ ɤ ⋗ ⋗̇

① 맞음 ② 틀림

23

Ʉ1 ɦ0 У6 T8 ϴ9 - ʎ̇ ⋖̇ ʎ ɤ ⋗

① 맞음 ② 틀림

24

ϴ9 ℓ93 I7 У6 G̃5 - ⋗ ⋗̇ ʎ̊ ɤ ⋖

① 맞음 ② 틀림

25

ɦ0 У6 ϴ9 ℓ93 T8 - ⋖̇ ʎ ⋗ ⋗̇ ʎ̊

① 맞음 ② 틀림

[26~30] 왼쪽의 문자가 몇 번 제시되는지 고르시오.

26

ㄹ	모든 사람으로부터 사랑받는 것이 중요한 것이 아니라 사랑하는 사람으로부터 사랑받는 것이 인생의 행복이다.

① 6 ② 7 ③ 8 ④ 9

27

ㄸ	ㄲ ㄸ ㄺ ㅃ ㄸ ㄳ ㄶ ㄻ ㄿ ㅄ ㅆ ㄳ ㄶ ㄲ ㄸ ㅆ ㅃ ㄳ ㄶ ㅄ ㅆ ㄳ ㅄ ㅄ ㅆ ㄸ ㄲ ㅃ ㄶ ㄻ

① 1 ② 2 ③ 3 ④ 4

28

±	ΦΦ̲∓⍋̄±⊥⍋̄Φ̄⊤∓⍋̲Φ̲Φ⍋± ⊤∓⍋̲Φ̄Φ⍋̲⍋Φ̄Φ̲⊥⍋̄⊤Φ̲⍋± ⊤∓⍋̲Φ̄∓⍋̄±⊥⍋̄Φ̄⊤∓⍋±⊤

① 5 ② 6 ③ 7 ④ 8

29

♡	♣♧◀♤♡▷◁▶♡♣♥▷◀♠♣♡ ♤▷♠♣▶◁▷▶♡♣♥▷◀♠♣♡ ♤▷♠♤♡▷◁▶♡♣♣▶◁▷

① 5 ② 6 ③ 7 ④ 8

30

5	136484321358432168543215132 1641201564321545

① 3 ② 4 ③ 5 ④ 6

8회

점

점수: 맞힌 개수 – 틀린 개수

• 상: 21점 이상	• 중상: 18~20점
• 중: 15~17점	• 하: 14점 이하

30문항 / 3분

[01~05] 다음 [보기]를 보고 제시된 문자가 알맞게 치환되었는지 판단하시오.

보기

drr = ♥3 ase = ◈0 gto = ♣9 vpf = ♡5
nfo = ☆9 kop = ◎2 sow = ○3 dpg = △8
lwq = ■0 oep = ★2

01

ase dpg vpf drr - ◈0 △8 ♣9 ♥3

① 맞음 ② 틀림

02

sow dpg oep kop - ○3 △8 ★2 ◎2

① 맞음 ② 틀림

03

gto nfo kop lwq - ♣9 ☆9 ◎2 △8

① 맞음 ② 틀림

04

dpg drr vpf kop - △8 ♥3 ♡5 ◎2

① 맞음 ② 틀림

05

lwq oep ase vpf - ■0 ★2 ◈0 ♡5

① 맞음 ② 틀림

[06~10] 다음 [보기]를 보고 제시된 문자가 알맞게 치환되었는지 판단하시오.

보기

독일 = ap 네팔 = se 몽골 = fo
브라질 = pr 스페인 = uo 인도 = wu
칠레 = sp 태국 = co 핀란드 = hq
헝가리 = mb

06

독일 핀란드 몽골 인도 - ap hq fo wu

① 맞음 ② 틀림

07

칠레 브라질 네팔 헝가리 - sp pr se mb

① 맞음 ② 틀림

08

태국 스페인 독일 핀란드 - co uo ap mb

① 맞음 ② 틀림

09

네팔 브라질 헝가리 칠레 - se pr uo sp

① 맞음 ② 틀림

10

브라질 칠레 독일 스페인 - pr sp ap uo

① 맞음 ② 틀림

[11~15] 다음 [보기]를 보고 제시된 문자가 알맞게 치환되었는지 판단하시오.

보기

192 = KIM	284 = CHO	813 = PAK
490 = GUN	138 = SEO	291 = LEE
482 = EAN	921 = RYU	

11

490 813 482 192 - GUN PAK EAN KIM

① 맞음 ② 틀림

12

921 284 138 490 - RYU CHO SEO GUN

① 맞음 ② 틀림

13

291 921 490 192 - LEE RYU GUN KIM

① 맞음 ② 틀림

14

138 482 291 284 - SEO PAK LEE CHO

① 맞음 ② 틀림

15

921 284 813 291 - RYU CHO PAK EAN

① 맞음 ② 틀림

[16~20] 다음 [보기]를 보고 제시된 문자가 알맞게 치환되었는지 판단하시오.

보기

가요 = ゐ	가수 = あ	악보 = を	음악 = げ
음정 = も	음계 = ぼ	녹음 = ひ	가사 = む

16

음악 녹음 악보 가요 - げ ひ を む

① 맞음 ② 틀림

17

가사 가수 음계 음정 - む あ ぼ も

① 맞음 ② 틀림

18

음악 음정 녹음 악보 - げ も ひ を

① 맞음 ② 틀림

19

음계 가수 가요 가사 - ぼ あ げ む

① 맞음 ② 틀림

20

가요 악보 음정 음계 - ゐ を も ぼ

① 맞음 ② 틀림

[21~25] 다음 [보기]를 보고 제시된 문자가 알맞게 치환되었는지 판단하시오.

보기

(ㅗ) = Ⅹ	(ㅜ) = Ⅸ	(ㅕ) = Ⅳ	(ㅣ) = Ⅲ
(ㅑ) = Ⅱ	(ㅓ) = Ⅶ	(ㅠ) = Π	(ㅛ) = H

21

(ㅣ)(ㅜ)(ㅑ)(ㅠ) - Ⅲ Ⅸ Ⅱ Π

① 맞음　　② 틀림

22

(ㅓ)(ㅕ)(ㅗ)(ㅛ) - Ⅶ Ⅳ Ⅸ H

① 맞음　　② 틀림

23

(ㅑ)(ㅠ)(ㅗ)(ㅜ) - Ⅲ Π Ⅹ Ⅸ

① 맞음　　② 틀림

24

(ㅛ)(ㅗ)(ㅕ)(ㅣ) - H Ⅹ Ⅳ Ⅲ

① 맞음　　② 틀림

25

(ㅕ)(ㅓ)(ㅑ)(ㅠ) - Ⅳ Ⅶ Ⅸ Π

① 맞음　　② 틀림

[26~30] 왼쪽의 문자가 몇 번 제시되는지 고르시오.

26

5	16558912135034923052493156 274932651068505

① 7　② 8　③ 9　④ 10

27

ㄴ	교육이란 화를 내거나 자신감을 잃지 아니하고도 거의 모든 것에 귀 기울일 수 있는 능력이다.

① 7　② 8　③ 9　④ 10

28

27	1877274397491275891832779182 5189723498271948797291398479 21729432795008340862701392

① 6　② 7　③ 8　④ 9

29

Φ	Φ̄Φ̲Φ⍋⍋̄Φ̄ΦΦ̲⍋⍋̲∤ΦΦ̲⍋⍋̄ Φ̄ΦΦ̲⍋⍋̲∤̄∤̲Φ⊤⊥Φ⊤⊥Φ̲⍋

① 5　② 6　③ 7　④ 8

30

ㄹ	당신이 아무리 올바른 길 위에 서 있다고 해도 제자리에 가만히 있는다면 어떤 목표도 이룰 수 없다.

① 4　② 5　③ 6　④ 7

9회 점

점수: 맞힌 개수 – 틀린 개수

• 상: 21점 이상	• 중상: 18~20점
• 중: 15~17점	• 하: 14점 이하

30문항 / 3분

[01~05] 다음 [보기]를 보고 제시된 문자가 알맞게 치환되었는지 판단하시오.

보기

佳 = 과학　可 = 역사　加 = 국사　各 = 영어
介 = 수학　干 = 물리　艮 = 체육　甘 = 화학
江 = 음악　巨 = 미술

01

佳 加 干 江 - 과학 국사 물리 영어

① 맞음　② 틀림

02

甘 加 艮 介 - 화학 국사 물리 수학

① 맞음　② 틀림

03

各 可 巨 佳 - 영어 역사 미술 수학

① 맞음　② 틀림

04

干 各 佳 江 - 물리 영어 과학 음악

① 맞음　② 틀림

05

巨 甘 可 介 - 미술 화학 역사 영어

① 맞음　② 틀림

[06~10] 다음 [보기]를 보고 제시된 문자가 알맞게 치환되었는지 판단하시오.

보기

kcc = ɘ　woi = ħ　sop = ij　qcn = ø
ald = ƀ　cou = ɨ　elm = ŋ　hsu = æ
mxo = ĸ　zpd = đ

06

elm sop cou zpd - ŋ ij ɨ đ

① 맞음　② 틀림

07

sop elm woi ald - ij ŋ ħ đ

① 맞음　② 틀림

08

kcc woi mxo qcn - ɘ ħ ĸ ø

① 맞음　② 틀림

09

zpd qcn mxo kcc - đ ø ĸ ɘ

① 맞음　② 틀림

10

cou ald zpd hsu - ɨ ƀ ø æ

① 맞음　② 틀림

[11~15] 다음 [보기]를 보고 제시된 문자가 알맞게 치환되었는지 판단하시오.

보기

尐 = 골프　少 = 농구　尒 = 럭비　尕 = 복싱
尔 = 수영　尗 = 양궁　尘 = 하키　小 = 조정
寸 = 축구　对 = 유도

11

尘 尕 对 尐 - 하키 복싱 유도 골프

① 맞음　　② 틀림

12

对 小 尔 少 - 유도 조정 수영 농구

① 맞음　　② 틀림

13

尗 寸 尒 少 - 양궁 축구 럭비 농구

① 맞음　　② 틀림

14

小 尘 尒 尕 - 조정 하키 럭비 복싱

① 맞음　　② 틀림

15

尐 尔 尗 寸 - 골프 수영 하키 축구

① 맞음　　② 틀림

[16~20] 다음 [보기]를 보고 제시된 문자가 알맞게 치환되었는지 판단하시오.

보기

⌕ = 96　⌖ = 00　⌗ = 04　⌘ = 08
⌙ = 12　⌚ = 24　⌛ = 28　⌨ = 32
⌬ = 36　≽a≼ = 20

16

⌬ ⌖ ⌛ ⌙ - 36 00 28 12

① 맞음　　② 틀림

17

⌨ ⌘ ⌕ ⌗ - 32 08 36 04

① 맞음　　② 틀림

18

⌚ ⌗ ⌨ ≽a≼ - 24 04 32 20

① 맞음　　② 틀림

19

⌬ ⌛ ⌘ ⌖ - 36 28 08 00

① 맞음　　② 틀림

20

≽a≼ ⌙ ⌕ ⌚ - 00 12 96 24

① 맞음　　② 틀림

[21~25] 다음 [보기]를 보고 제시된 문자가 알맞게 치환되었는지 판단하시오.

보기

852 = 풍선　963 = 마차　123 = 꼬마
456 = 설탕　789 = 과자　369 = 놀이
714 = 구름　258 = 호두　147 = 인형
321 = 만두

21

963 789 369 147 - 마차 과자 놀이 인형

① 맞음　② 틀림

22

714 321 456 123 - 구름 만두 설탕 꼬마

① 맞음　② 틀림

23

852 258 963 321 - 풍선 호두 마차 놀이

① 맞음　② 틀림

24

147 789 123 714 - 인형 과자 꼬마 구름

① 맞음　② 틀림

25

369 258 852 456 - 놀이 호두 과자 설탕

① 맞음　② 틀림

[26~30] 왼쪽의 문자가 몇 번 제시되는지 고르시오.

26

3	135297524136429651657213468 11674346164518

① 1　② 2　③ 3　④ 4

27

Σ	Χ Θ Γ Σ Δ Λ Π Ξ Ρ Σ Τ Υ Φ Χ Ψ Ω Σ Φ Π Π Ξ Ρ Θ Γ Σ Φ Χ Π Ξ Χ Ψ Θ Γ Υ Σ Π Ξ Χ Ψ

① 5　② 6　③ 7　④ 8

28

↖	↗↖↓↑←↖↗→↓↖↗↙↘↙↖↑↘ ↘↙↙←↖↗↖↓↖↗↑↑↖↗↑←↑ ↖→↗↑→↓→↓↖↑↖↗↑←↓↑ →→↓↖↑←↖↗↑→↓↑→↗→

① 10　② 11　③ 12　④ 13

29

23	785612235489785623215423568 989897854562123565623212323 545654787889898978785456 23

① 8　② 9　③ 10　④ 11

30

🌜	🌜 ☽ ϟ ☢ ✉ 🍎 🏏 ⤧ ☼ ✺ ϟ ☃ ☁ ⤧ ᘐ 土 ® ☽ 🌜 ϟ 土 丰 ☢ 🍎 ☼ 💣 🌜 ☁ 🌜 🌜 🏏 ✉ ✉ 🧤 ✺ ϟ ↯ ☃ ☁ ⚾ ☄ 🌜 卌 🌜 🎳

① 6　② 7　③ 8　④ 9

10회 점

점수: 맞힌 개수 – 틀린 개수

• 상: 21점 이상	• 중상: 18~20점
• 중: 15~17점	• 하: 14점 이하

30문항 / 3분

[01~05] 다음 [보기]를 보고 제시된 문자가 알맞게 치환되었는지 판단하시오.

보기

十 = ㉳3　口 = ㉶2　小 = ㉮7　ㅋ = ㉷9
乙 = ㉱5　力 = ㉴1　人 = ㉰6　彡 = ㉸4
禾 = ㉵8　里 = ㉶0

01

人 ㅋ 口 里 - ㉰6 ㉷9 ㉶2 ㉱5

① 맞음　② 틀림

02

彡 力 乙 小 - ㉸4 ㉴1 ㉱5 ㉮7

① 맞음　② 틀림

03

口 禾 十 里 - ㉶2 ㉵8 ㉴1 ㉶0

① 맞음　② 틀림

04

小 乙 力 ㅋ - ㉮7 ㉱5 ㉴1 ㉷9

① 맞음　② 틀림

05

里 ㅋ 十 人 - ㉶0 ㉷9 ㉳3 ㉸4

① 맞음　② 틀림

[06~10] 다음 [보기]를 보고 제시된 문자가 알맞게 치환되었는지 판단하시오.

보기

Ⅻ = 곤드레　Π = 좁쌀풀　Σ = 참마
xii = 엉겅퀴　i = 옥잠화　ix = 끈끈이
Ⅴ = 빼꾹채　iii = 장구채　Z = 절굿대
Ⅵ = 가위풀

06

Π Z xii Ⅻ - 좁쌀풀 절굿대 엉겅퀴 끈끈이

① 맞음　② 틀림

07

iii Σ xii Ⅴ - 장구채 참마 옥잠화 빼꾹채

① 맞음　② 틀림

08

Ⅻ Z Σ ix - 곤드레 절굿대 참마 끈끈이

① 맞음　② 틀림

09

Ⅵ Σ Ⅻ Z - 가위풀 참마 곤드레 장구채

① 맞음　② 틀림

10

i Z Ⅻ Σ - 옥잠화 절굿대 곤드레 참마

① 맞음　② 틀림

[11~15] 다음 [보기]를 보고 제시된 문자가 알맞게 치환되었는지 판단하시오.

보기

古 = 1348 叩 = 5389 告 = 2986 固 = 7940
故 = 4951 尻 = 1725 沽 = 9682 哭 = 5200

11

叩 哭 尻 古 - 5389 5200 1725 1348

① 맞음 ② 틀림

12

故 沽 告 叩 - 4951 9682 2986 5389

① 맞음 ② 틀림

13

哭 尻 固 古 - 5200 1725 7940 1348

① 맞음 ② 틀림

14

固 告 沽 古 - 7940 2986 9682 1725

① 맞음 ② 틀림

15

沽 叩 固 故 - 1348 5389 7940 4951

① 맞음 ② 틀림

[16~20] 다음 [보기]를 보고 제시된 문자가 알맞게 치환되었는지 판단하시오.

보기

AXA = ◧ SOS = ◪ DOD = ◑ FKF = ◩
XAX = ◒ KFK = ◐ LPL = ◨ ZPZ = ◓

16

KFK ZPZ FKF AXA - ◐ ◓ ◩ ◨

① 맞음 ② 틀림

17

DOD XAX LPL SOS - ◑ ◒ ◨ ◪

① 맞음 ② 틀림

18

ZPZ XAX SOS FKF - ◓ ◑ ◪ ◩

① 맞음 ② 틀림

19

AXA FKF DOD ZPZ - ◧ ◩ ◑ ◓

① 맞음 ② 틀림

20

LPL XAX SOS KFK - ◨ ◒ ◪ ◐

① 맞음 ② 틀림

[21~25] 다음 [보기]를 보고 제시된 문자가 알맞게 치환되었는지 판단하시오.

보기			
♀ = 부산	♁ = 청주	♂ = 목포	♃ = 대전
♄ = 경주	♅ = 춘천	♆ = 강릉	♇ = 포천

21

♄ ♃ ♆ ♂ - 경주 포천 강릉 목포

① 맞음　　② 틀림

22

♅ ♁ ♇ ♃ - 춘천 청주 포천 대전

① 맞음　　② 틀림

23

♆ ♂ ♄ ♀ - 강릉 목포 경주 청주

① 맞음　　② 틀림

24

♁ ♇ ♅ ♃ - 청주 포천 춘천 대전

① 맞음　　② 틀림

25

♀ ♁ ♄ ♆ - 부산 청주 경주 강릉

① 맞음　　② 틀림

[26~30] 왼쪽의 문자가 몇 번 제시되는지 고르시오.

26

ㅇ	오래된 흑백 사진 한 장 빛바랜 시간 속에 사라진 별들의 이름 모를 비목 우리가 있는 이유

① 7　② 8　③ 9　④ 10

27

☎	☎✉♘♖☎♨✈♎☎♄♋☪☎☹☃ ☂☄☊☎☼☣⚕☎♆♈☎⚲⚘☎☤ ☎☔☕☙⚱☹☹

① 7　② 8　③ 9　④ 10

28

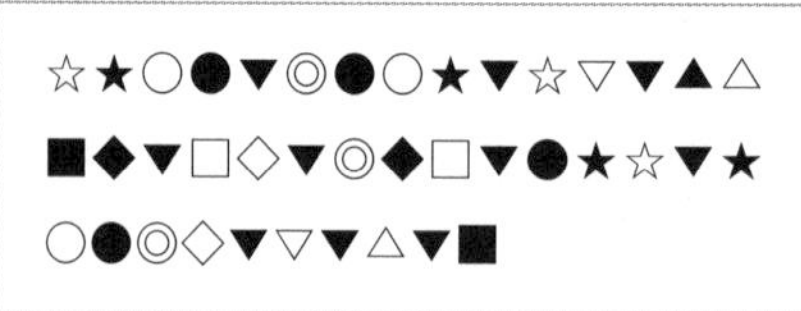

① 9　② 10　③ 11　④ 12

29

ㅇ	우리는 명예와 신의를 지키며 전우애로 굳게 단결한다.

① 7　② 8　③ 9　④ 10

30

5	36475892403698745102536635211045986277412321895632514078596328497123200142

① 5　② 6　③ 7　④ 8

STEP ❷ 실전 연습 문제

30문항 / **3분**

• 맞힌 개수 ______개 • 풀이 시간 ______분 **정답과 해설** ▶ P.23

[01~05] 다음 [보기]를 보고 제시된 문자가 알맞게 치환되었는지 판단하시오.

보기

⇐ = 오리	⇛ = 부엉이	⇙ = 왜가리	⇓ = 까치	⇑ = 갈매기
⇕ = 참새	⇗ = 물수리	⇚ = 발구지	⇖ = 비둘기	⇘ = 파랑새

01

⇑ ⇕ ⇘ ⇙ – 갈매기 참새 파랑새 왜가리

① 맞음 ② 틀림

02

⇘ ⇗ ⇐ ⇛ – 파랑새 물수리 오리 부엉이

① 맞음 ② 틀림

03

⇖ ⇚ ⇐ ⇓ – 비둘기 발구지 오리 까치

① 맞음 ② 틀림

04

⇛ ⇑ ⇖ ⇗ – 부엉이 갈매기 비둘기 물수리

① 맞음 ② 틀림

05

⇓ ⇙ ⇕ ⇚ – 까치 왜가리 참새 발구지

① 맞음 ② 틀림

[06~10] 다음 [보기]를 보고 제시된 문자가 알맞게 치환되었는지 판단하시오.

보기

1ठ2 = 땁	5ड6 = 떰	7ढ8 = 뛔	0ण9 = 떵	9ञ8 = 뗑
3ज़4 = 뙤	8द2 = 땡	7ध4 = 뗘	4न6 = 똘	2प3 = 땅

06

8द2 7ध4 0ण9 4न6 – 땡 뗘 떵 똘

① 맞음 ② 틀림

07

9ञ8 2प3 1ठ2 5ड6 – 뗑 땅 땁 떰

① 맞음 ② 틀림

08

3ज़4 8द2 9ञ8 7ध4 – 뙤 뛔 뗑 뗘

① 맞음 ② 틀림

09

4न6 0ण9 2प3 1ठ2 – 똘 떵 땅 땁

① 맞음 ② 틀림

10

5ड6 7ध4 7ढ8 9ञ8 – 떰 뗘 뛔 땡

① 맞음 ② 틀림

[11~15] 다음 [보기]를 보고 제시된 문자가 알맞게 치환되었는지 판단하시오.

보기

123 = SDF	234 = GEF	453 = LVF	456 = LIS	128 = ZKX
856 = AFS	467 = CJH	694 = IOP	742 = FKR	058 = RLH

11

123 467 058 128 – SDF CJH RLH ZKX

① 맞음 ② 틀림

12

456 856 742 694 – RLH AFS FKR IOP

① 맞음 ② 틀림

13

234 453 467 058 – GEF LVF CJH RLH

① 맞음 ② 틀림

14

128 742 123 467 – ZKX FKR SDF CJH

① 맞음 ② 틀림

15

453 694 856 456 – LVF IOP GEF LIS

① 맞음 ② 틀림

[16~20] 다음 [보기]를 보고 제시된 문자가 알맞게 치환되었는지 판단하시오.

보기

HUD = 놂	JEB = 놈	FSO = 놉	DMZ = 놋	BSC = 농
IPE = 높	KIA = 놓	ICM = 놔	CSR = 논	BDA = 녹

16

CSR IPE JEB ICM - 논 높 놈 녹

① 맞음 ② 틀림

17

FSO BSC BDA HUD - 놉 농 녹 놂

① 맞음 ② 틀림

18

KIA DMZ CSR FSO - 놔 놋 논 놉

① 맞음 ② 틀림

19

ICM JEB DMZ IPE - 놔 놈 놋 높

① 맞음 ② 틀림

20

BDA BSC KIA HUD - 녹 농 놈 놂

① 맞음 ② 틀림

[21~25] 다음 [보기]를 보고 제시된 문자가 알맞게 치환되었는지 판단하시오.

보기

qe = 更	qr = 串	qt = 句	qy = 金	qu = 奈
qi = 圇	qo = 呂	qp = 女	qa = 來	qs = 丹

21

qp qr qy qu – 女 串 金 奈

① 맞음 ② 틀림

22

qs qi qo qa – 丹 圇 呂 女

① 맞음 ② 틀림

23

qa qe qr qt – 來 更 串 句

① 맞음 ② 틀림

24

qo qp qu qy – 呂 丹 奈 金

① 맞음 ② 틀림

25

qe qt qi qs – 更 句 圇 丹

① 맞음 ② 틀림

[26~30] 왼쪽의 문자가 몇 번 제시되는지 고르시오.

26

ㅅ	순간을 사랑하라. 그러면 그 순간의 에너지가 모든 경계를 넘어 퍼져나갈 것이다.

① 4 ② 5 ③ 6 ④ 7

27

⌘	⌘⊽◷⦰⌖◫∩☸▯⌘⬡⏊⃠#⌘⍟⍾⌀◷⬡⇨⏊⊳⌑⍥⌓⃠⍥⌛▯⌘☸◎∩⏀⌖ ⍉⍾◎⍟⌘☸⌘⎅ ◫☸⌘⎅⍥⊽

① 5 ② 6 ③ 7 ④ 8

28

ㄱ	이 땅을 지키는 가장 든든한 힘, 국가 방위의 중심군! 바로 대한민국 육군입니다!

① 6 ② 7 ③ 8 ④ 9

29

ⓜ	ⓧⓙⓓⓚⓤⓡⓘⓚⓜⓝⓟⓛⓜⓑⓒⓘⓔⓓⓧⓚⓚⓜⓚⓔⓥⓦⓢⓡⓧⓚⓦⓘⓚⓜⓞⓘⓤⓢ ⓥⓨⓜⓞⓘⓨⓜⓑⓒⓜⓞⓘⓖⓨⓚⓟⓛⓘⓥⓦⓢ

① 6 ② 7 ③ 8 ④ 9

30

¥	₱Pts£฿₱₰₭£¥$₫฿₭₯₱₥₩฿¢₫₱₣Pts₩₥¤¥₭¥₮₱₮$₭¥₱₮₯¢₮PtsRs₩₭₯₱Pts£฿₱ $¥¤₮₱₠₭€£₱¢¥฿₠Pts₱₰₮₱₠£₥¤₭

① 6 ② 7 ③ 8 ④ 9

내를 건너서 숲으로
고개를 넘어서 마을로

어제도 가고 오늘도 갈
나의 길 새로운 길

– 윤동주, '새로운 길'

03 | 언어논리

고득점 학습전략

유형 CHECK

❶ 고유어, 한자어, 한자 성어, 속담, 관용구 등의 어휘 유형
❷ 표준어, 표준 발음법, 맞춤법(띄어쓰기), 외래어와 로마자 표기법 등의 어문규정 유형
❸ 잘못된 문장, 높임법 등의 문법 유형
❹ 주제 찾기, 내용 일치, 내용 전개 방식, 추론, 비판, 배열 등의 독해 유형
❺ 논리 구조, 오류, 논증, 논리 퀴즈 등의 추리 유형

학습방법

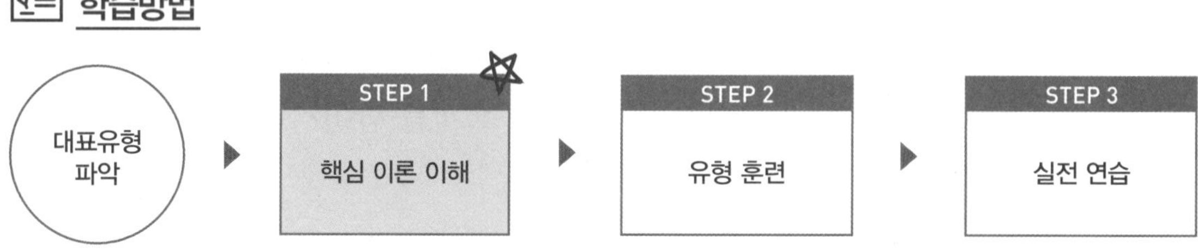

영역정복 TIP

육군부사관 시험의 언어논리 영역에서 가장 중요한 유형은 독해이다. 지문 자체가 어려운 것은 아니지만, 출제 비중이 크고 빠른 시간 내에 정확한 답을 고르기가 어려울 수 있기 때문이다. 대표유형 학습으로 출제 유형을 파악하고 지속해서 문제 풀이를 연습하는데, 학습 초반에는 암기가 필요한 어휘와 어법을 학습하고, 독해 유형은 꾸준히 풀며 감을 유지하는 것을 추천한다.

대표유형

❶ 어휘

다음 문장의 문맥상 빈칸에 들어갈 단어로 적절한 것을 고르면?

계속되는 이순신 장군의 공세에 (　　　　) 같던 왜 수군의 수비에도 구멍이 뚫리기 시작했다.

① 등용문　② 청사진　③ 철옹성
④ 풍운아　⑤ 불야성

빈틈없는 유형분석

어휘 유형은 한글 맞춤법 규정과 국어사전에 등재된 어휘의 의미를 기준으로 문제를 풀어야 하는 유형으로, 이미 공부해 왔음을 가정하여 출제한다. 출제되는 어휘가 한정적이기는 하지만, 그 양이 적은 편은 아니므로 모르는 어휘를 접했을 때는 찾아서 반드시 학습하는 습관을 길러야 한다.

속시원한 문제해결

빈틈이 없이 단단하던 수비에 구멍이 뚫리기 시작했다는 의미가 들어가야 하므로 '쇠로 만든 독처럼 튼튼하게 둘러쌓은 산성이라는 뜻으로, 방비나 단결 따위가 견고한 사물이나 상태를 이르는 말'인 철옹성이 들어가는 것이 적절하다.

오답 피하기

① 등용문: 용문(龍門)에 오른다는 뜻으로, 어려운 관문을 통과하여 크게 출세하게 됨. 또는 그 관문을 이르는 말
② 청사진: 미래에 대한 희망적인 계획이나 구상
④ 풍운아: 좋은 때를 타고 활동하여 세상에 두각을 나타내는 사람
⑤ 불야성: 등불 따위가 휘황하게 켜 있어 밤에도 대낮같이 밝은 곳을 이르는 말

정답 ③

❷ 어문규정

맞춤법이 바르게 쓰인 문장을 고르면?

① 사람들이 놀리면 어떻게?
② 에게, 이것밖에 안 주는 거야?
③ 서준아, 너무 힘들면 시험시험해라.
④ 그는 사업 실패 이후 걸핏하면 술에 취하는 부랑아가 되었다.
⑤ 너 그렇게 밤새 일하다가는 몸이 나만하지 않겠어.

빈틈없는 유형분석

맞춤법 문제는 자주 출제되는 유형이므로, 맞춤법 이론을 찾아 공부하고 적용하는 연습을 하는 것이 좋다.

속시원한 문제해결

'걸핏하면'은 '조금이라도 일이 있기만 하면 곧'이라는 의미의 부사어로 어법에 옳게 사용되었다.

오답 피하기

① '어떡해'는 '어떻게 해'의 준말로, '어떻게'는 '어떡해'가 옳은 표현이다.
② '에게'는 '에계'가 옳은 표현이다. '에계'는 평소에 감탄의 의미로 쓰이는 말이다.
※ 에계: 1) 뉘우치거나 탄식을 할 때 내는 소리 예 에계, 이 일을 어찌하지?
2) 어떤 것이 작고 하찮거나 기대 따위에 훨씬 못 미쳐 업신여길 때 내는 소리
예 에계, 겨우 요것밖에 안 줘?/ 에계, 이까짓 것을 어디다 쓰라고 그래?
③ '시험시험'은 '쉬엄쉬엄'이 옳은 표현이다. '쉬엄쉬엄'은 '쉬어 가며 천천히 길을 가거나 일을 하는 모양, 그쳤다 계속되었다 하는 모양'을 의미하는 부사어이다.
⑤ '나만하지'는 '남아나지'가 옳은 표현이다. '남아나다'는 '끝까지 남다. 또는 제대로 성하게 남다.'를 의미하는 동사이다.

정답 ④

❸ 문법

다음 중 높임 표현이 가장 적절한 것을 고르면?

① 할아버지, 어머니께서 얼른 진지 드시래요.
② 어르신께 제가 모르는 부분을 좀 물어봐도 될까요?
③ 대표님, 혹시 식사 잡수셨습니까?
④ 요즘 우리 어머님께서 고민이 있으신 것 같아.
⑤ 고객님, 유감스럽게도 해당 제품은 모두 품절 되셨습니다.

빈틈없는 유형분석

문법 문제 중 문장 표현에 관련된 높임법 유형이다. 높임법의 종류는 세 가지로 이루어져 있는데, 주어를 높이는 주체 높임, 목적어나 부사어를 높이는 객체 높임, 듣는 사람을 높이는 상대 높임이 있다. 따라서 이와 관련된 이론을 정리해 두고, 특히 잘못된 높임 표현에 대해서는 암기해 두는 것이 좋다.

속시원한 문제해결

높여야 할 대상은 '어머님'이며, 어머님의 고민을 간접적으로 높이기 위해 '고민이 있으시다'라고 말하는 것은 적절하다.

오답 피하기

① 압존법에 의해 주어가 화자보다 높고, 청자도 주어보다 높을 경우에는 주어인 어머니를 높이지 않으므로 '어머니가'라고 하는 것이 적절하다.
② 객체 높임법을 사용하여, '물어봐도'를 '여쭤봐도'로 하는 것이 적절하다.
③ 객체 높임법을 사용하여, '식사'를 '진지'로 하는 것이 적절하다.
⑤ 잘못된 간접 높임으로서, '해당 제품은 모두 품절 되었습니다.'라고 하는 것이 적절하다.

정답 ④

❹ 독해

글쓴이의 생각으로 가장 적절한 것을 고르면?

> 우리 대부분은 죄책감을 느끼거나 다른 사람들을 실망시킬 수 있는 가능성에 직면했을 때 우리의 욕구를 제쳐두게 된다. 그러나 직장에서 마찰을 피하기 위해 불평이 많은 직장 동료가 계속 에너지를 빼앗아 가는 것을 허용한다면 결국 자신의 직장을 싫어하게 될지도 모른다. 집에서도 힘들어 하는 가족 구성원들이 정서적으로 거절당하는 느낌을 주지 않기 위해 '그래'라고 말한다면 결국 자신을 위한 양질의 시간 부족으로 좌절하게 될지도 모른다. 우리는 자신의 욕구를 무시한 채로 우리에 대한 타인의 인식을 관리하기 위해 열심히 노력하고, 결국 자신이 의미 있는 삶을 살도록 해 줄 바로 그것을 포기한다.

① 우리는 가족 구성원들이 양질의 시간을 갖도록 노력한다.
② 우리는 자신이 싫어하는 직장일지라도 인내하며 다녀야 한다.
③ 우리는 자신의 욕구를 표출하지 않는 삶이 가치 있다고 생각한다.
④ 우리는 다른 사람과의 관계 형성을 위해 자신의 욕구를 표출하지 않는다.
⑤ 우리는 누구나 정서적으로 거절당하는 느낌을 갖고 싶어 하지 않는다.

빈틈없는 유형분석

주제를 찾는 것은 모든 독해 문제를 해결하는 데 가장 기본적인 능력이다. 우선 지문이 다루고자 하는 핵심 키워드를 파악해야 한다. 독해 지문의 주제는 가장 앞 문단이나 마지막 문단에서 찾을 수 있는 경우가 많으므로 모든 지문을 처음부터 끝까지 읽기보다는 핵심 키워드를 중심으로 독해한다. 또한 지문 전체의 주제를 찾는 문제를 풀이할 때는 주제 문장을 다루고 있는 선택지의 범위가 일부 문단에 한정적이지 않은지 확인하고, 글의 전체 내용을 포괄하는 선택지를 골라야 한다.

속시원한 문제해결

제시문은 자신의 욕구 표출에 관한 글이다. 제시문의 마지막 부분을 근거로 글쓴이의 생각을 추론할 수 있다. '우리는 자신의 욕구를 무시한 채로 우리에 대한 타인의 인식을 관리하기 위해 열심히 노력하고, 결국 자신이 의미 있는 삶을 살도록 해 줄 바로 그것을 포기한다.'에서 '우리는 다른 사람과의 관계 형성을 위해 자신의 욕구를 표출하지 않는다.'는 것을 알 수 있다.

오답 피하기

① '자신을 위한 양질의 시간의 부족으로 좌절하게 될지도 모른다.'라고 서술되어 있지만, 글의 전체를 포괄하는 내용으로 적절하지 않다.
② 제시문의 '직장에서 마찰을 피하기 위해 불평이 많은 직장 동료가 계속 에너지를 빼앗아 가는 것을 허용한다면 결국 자신의 직장을 싫어하게 될지도 모른다.'에서 직장 생활에 관한 내용은 있지만, 직장을 인내하면서 다녀야 한다는 내용은 알 수 없으므로 적절하지 않다.
③ 제시문에서는 자신의 욕구 표출의 억제에 관한 내용이 서술되어 있으나, 그러한 삶이 가치 있다고 설명하지 않았으므로 적절하지 않다.
⑤ 제시문을 통해 알 수 없다.

정답 ④

❺ 추리

논리적으로 타당한 진술에 해당하는 것을 [보기]에서 모두 고르면?

보기

㉠ 그 집 할아버지는 돌아가시기 전까지 담배를 피웠는데, 오래 사셨어. 그러니 건강을 위해 담배를 끊을 필요는 없어.

㉡ 살인은 도덕적으로 정당화될 수 없으므로, 안락사가 용납될 수 없는 범죄라고 하셨죠? 그렇다면 먼저 안락사가 살인이라는 것을 증명해 보이셔야 합니다.

㉢ 음란물이 청소년의 영혼을 병들게 한다는 사실을 증명할 근거는 없어. 그러므로 음란물은 청소년에게 해가 되지 않아.

㉣ 그 변호사는 취한 상태에서 일어난 살인 사건을 변호하면서 알코올 중독을 해결하기 위한 사회적 노력이 필요하다고 호소했어. 이는 논점을 일탈한 진술이야.

㉤ 당신 우리 생각에 찬성하시는 거죠? 찬성하지 않는 사람은 진짜 정신에 문제가 있는 거거든요.

① ㉠, ㉡　② ㉡, ㉣　③ ㉢, ㉤
④ ㉠, ㉢, ㉣　⑤ ㉢, ㉣, ㉤

빈틈없는 유형분석

논리적 오류 문제는 논리적 오류 유형에 대한 이론 정리가 선행되어야 한다. 논리적 오류의 이론 정리는 관련된 예문을 통해 학습하는 것이 좋다. 예문에서 오류의 패턴을 찾는 연습을 해 봄으로써 논리적 오류에 대한 체계를 쉽게 이해할 수 있을 것이다.

속시원한 문제해결

㉡ 주장에 대한 증명을 권하고 있으므로 특정 오류를 범하고 있다고 보기 어렵다.

㉣ 변호사가 살인 사건을 변호하면서 그와 관련 없는 알코올 중독 해결에 대해 언급했으므로 이는 '논점을 일탈한 오류'에 해당한다. 그런데 이를 이미 지적하고 있으므로 오류로 볼 수 없다.

오답 피하기

㉠ '그 집 할아버지'라는 특수한 경우를 일반화하고 있으므로 '성급한 일반화의 오류'에 해당한다.

㉢ 증거가 없음에도 '옳다' 혹은 '그르다'로 판단하는 것은 '무지에 호소하는 오류'에 해당한다.

㉤ 찬성하지 않으면 정신에 이상이 있다고 하면서 반박 자체를 하지 못하게 하고 있으므로 '원천봉쇄의 오류'에 해당한다.

정답 ②

STEP ❶ 핵심 이론

I. 어휘

1 어휘의 의미 관계 자주 나오는 이론

(1) 어휘의 의미 관계

어휘들의 의미 사이에서 밀접한 연관성을 갖는 관계를 '의미 관계'라고 한다. 이러한 어휘의 의미 관계에는 일반적으로 유의 관계, 반의 관계, 상하 관계 등이 있는데, 이외에도 구체적인 문맥 속에서 다양한 의미 관계를 형성하므로 전후 문맥을 살펴 어휘들 사이의 연관성을 따져 관계를 파악할 수 있어야 한다.

(2) 의미 관계의 종류

유의 관계	둘 이상의 단어가 서로 음성(音聲)은 다르지만 의미가 같거나 비슷한 관계로, 상황에 따라 쓰임이 다르거나 가리키는 대상의 범위가 다른 경우가 있어 느낌의 차이를 보인다. 예 얼굴 – 낯 – 안면(顔面) / 기필코 – 반드시 – 틀림없이
반의 관계	단어의 의미가 서로 반대되는 관계이다. 두 단어에서 다른 요소는 모두 공통되고 오직 한 개의 요소만 달라야 반의 관계가 성립된다고 보며, 하나의 단어에 여러 개의 반의어가 있는 경우도 있다. 예 벗다 ↔ 입다(옷), 신다(신발), 쓰다(모자), 끼다(장갑) / 서다 ↔ 눕다(몸의 수평 상태), 가다(이동)
상하 관계	둘 이상의 단어 중 한 단어의 의미가 다른 단어에 포함되는 관계이다. 다른 단어의 의미를 포함하는 포괄적인 단어를 상의어(上義語), 다른 단어의 의미에 포함되는 구체적인 단어를 하의어(下義語)라고 한다. 예 나무 – 소나무, 잣나무, 배나무 / 음식 – 한식, 양식, 일식
동음이의 관계	단어의 음성(音聲)은 같으나 의미가 전혀 다른 관계로, 단어들의 의미 사이에는 상호 연관성이 없다. 따라서 문장이나 이야기의 맥락과 상황을 통해 의미를 구별할 수 있으며, 경우에 따라서는 발음의 장단(長短)으로 의미를 구별하기도 한다. 예 나는 눈이 작다(신체). / 눈이 내려서 길이 온통 하얗다(기상).
다의 관계	두 가지 이상의 뜻을 가진 단어의 의미 간의 관계이다. 단어의 의미 사이에 상호 연관성이 있으며, 하나의 중심 의미(가장 기본적인 의미)와 여러 개의 주변 의미(중심 의미가 확장된 의미)로 이루어진다. 예 넘어져서 다리를 다쳤다. → 중심 의미: 몸통 아래 붙어 있는 신체의 일부 책상 다리가 흔들거려 고쳐야겠다. → 주변 의미: 물체의 아래쪽에 붙어서 그 물체를 받치는 부분

2 고유어

(1) 고유어

육군부사관 시험에 출제되는 어휘력과 관련된 문제 중에서 고유어에 대한 비중은 대단히 낮은 편이다. 따라서 많은 시간을 할애하여 학습하기보다는 효율적으로 접근할 필요성이 있다.

고유어는 외래어나 한자어에 상대되는 '순우리말'이라고 부르는 단어들로, 은연중에 사용하고 있지만 정확한 뜻을 알지 못하는 경우가 많다. 따라서 기본적인 어휘들을 학습한 후에, 글을 읽거나 문제를 풀면서 처음 보거나 정확한 뜻을 알기 어려운 어휘들 위주로 차근히 정리해 나가는 방법을 추천한다. 또한 무조건 많이 암기하는 것보다는 문맥상에서 어떻게 사용되는지를 파악할 수 있을 정도로 정리하는 것이 좋다. 실제 출제되었던 고유어 문제를 살펴 보면, 단순히 뜻을 물어보는 문제보다는 문맥상에서 그 의미를 유추하는 유형이 많았고 전체적으로 어려운 편은 아니었다.

하나 더 알아보기! **고유어 학습**

육군부사관 시험에서 고유어 문제는 '표준어' 혹은 '한글 맞춤법'과 관련된 단어들이 출제되는 경향이 있다. 따라서 시간적 여유가 된다면 '표준어', '한글 맞춤법' 부분을 학습할 때 정확한 뜻을 알아 두는 것이 고득점의 한 방법이 될 수 있을 것이다.

(2) 빈출 고유어

고유어	의미
게저분하다	너절하고 지저분하다.
곰살궂다	태도나 성질이 부드럽고 친절하다. / 꼼꼼하고 자세하다.
곰상스럽다	성질이나 행동이 싹싹하고 부드러운 데가 있다.
당차다	나이나 몸집에 비하여 마음가짐이나 하는 짓이 야무지고 올차다.
듣직하다	사람됨이 경솔하지 않고 무게가 있다. 반 붓날다: 말이나 하는 짓 따위가 붓이 나는 것처럼 가볍게 들뜨다.
미쁘다	믿음성이 있다. 유 미덥다
미욱하다	하는 짓이나 됨됨이가 매우 어리석고 미련하다.
사분사분하다	성질이나 마음씨 따위가 부드럽고 너그럽다.
숫되다	순진하고 어수룩하다.
숫접다	순박하고 진실하다.
스스럽다	서로 사귀는 정분이 그리 두텁지 않아 조심스럽다.
악지	잘 안될 일을 무리하게 해내려는 고집
애면글면	몹시 힘에 겨운 일을 이루려고 갖은 애를 쓰는 모양
얄개	야살스러운 짓을 하는 아이
얄망궂다	성질이나 태도가 괴상하고 까다로워 얄미운 데가 있다.
어기차다	한번 마음먹은 뜻을 굽히지 아니하고, 성질이 매우 굳세다.
어깃장	짐짓 어기대는 행동
의뭉하다	겉으로는 어리석은 것처럼 보이면서 속으로는 엉큼하다.
주변	일을 주선하거나 변통함. 또는 그런 재주 유 두름손
주접	여러 가지 이유로 생물체가 제대로 자라지 못하고 쇠하여지는 일 또는 그런 상태 / 옷차림이나 몸치레가 초라하고 너절한 것
중절대다	수다스럽게 중얼거리다.
추레하다	겉모양이 깨끗하지 못하고 생기가 없다. / 태도 따위가 너절하고 고상하지 못하다.

튼실하다	튼튼하고 실하다.
푼더분하다	생김새가 두툼하고 탐스럽다.
푼푼하다	모자람이 없이 넉넉하다.
호도깝스럽다	말이나 행동이 조급하고 경망스러운 데가 있다.

(3) 암기하면 좋은 고유어

① 바람

동풍	서풍	남풍	북풍
샛바람	갈바람, 하늬바람	마파람	된바람

② 날짜

1일	10일	15일	20일	30일
삭(朔)	순(旬)	망(望)	념(念)	회(晦)
매달 음력 초하룻날	열흘	보름	스무날	그믐날

③ 나이

10세	충년(沖年)	열 살 안팎의 어린 나이
15세	지학(志學)	학문에 뜻을 둠 / 열다섯 살
20세	약관(弱冠, 남)	스무 살을 달리 이르는 말 / 젊은 나이
	방년(芳年, 여)	이십 세 전후의 한창 젊은 꽃다운 나이
30세	이립(而立)	서른 살을 달리 이르는 말
40세	불혹(不惑)	미혹되지 아니함 / 마흔 살을 달리 이르는 말
50세	지천명(知天命)	하늘의 뜻을 앎 / 쉰 살을 달리 이르는 말
60세	이순(耳順)	예순 살을 달리 이르는 말
61세	환갑(還甲) 화갑(華甲) 회갑(回甲)	육십갑자의 '갑'으로 되돌아온다는 뜻으로, 예순한 살을 이르는 말
70세	종심(從心) 고희(古稀) 희수(稀壽)	일흔 살을 달리 이르는 말
77세	희수(喜壽)	나이 일흔일곱 살을 달리 이르는 말

3 한자어

(1) 한자어

한자어는 '중국에서 쓰이는 것을 그대로 가져와 발음만 한국식으로 한 것'과 '중국에서는 쓰이지 않지만 한국에서 만들어 낸 것', '일본에서 만들어 낸 것'으로 구분할 수 있다. 이 중 한국에서 쓰이는 한자어는 대체로 2음절이 일반적이며 그다음으로 단음절, 3음절어가 많다. 한자어는 경어법이 크게 작용해 고유어와 한자어가 공존하는 경우에는 높이는 말로 한자어가 선택되는 것이 일반적이다. 또한 한자어는 고유어와 외래어, 특히 한자어와 한자어 사이에서 유의 관계가 두드러지게 나타난다. 그래서 한자어의 문제 유형은 유의 관계에 해당하는 한자어들을 제시한 후 그 뜻을 구분하거나, 고유어와의 연결이 바른 것 등을 찾는 문제가 출제되는 편이다. 그러므로 평소에 유사한 의미를 지닌 한자어들을 구분하여 정리해 두는 것이 필요하다.

한자어는 우리말의 60% 이상을 차지할 정도로 비중이 높으므로 단순히 암기하기보다는 실생활에 많이 사용되는 단어 위주로 접근하는 것이 좋다. 그리고 문맥상의 의미를 물어보는 경우가 많으므로 한자어 자체에 대해 너무 많은 부담감을 느낄 필요는 없다. 더욱이 육군부사관 시험에서는 한글과 병기하여 한자어를 제시하므로 정확한 한문 표기까지 학습하지 않아도 된다.

하나 더 알아보기! **한자어 학습**

한자어를 익히기 위해서는 신문 읽기가 도움이 된다. 신문은 가장 대중적인 교양 매체이므로 기사문이나 사설 칼럼 등에 쓰인 단어들 중에서 모르는 어휘가 나올 때마다 찾아보는 것이 좋고, 면접을 위해 '국방일보'를 읽는 것도 좋은 방법이다.

(2) 빈출 한자어

한자어	의미
간과(看過)	큰 관심 없이 대강 보아 넘김
갈망(渴望)	간절히 바람
감격(感激)	마음에 깊이 느끼어 크게 감동함. 또는 그 감동
감명(感銘)	감격하여 마음에 깊이 새김. 또는 그 새겨진 느낌
감화(感化)	좋은 영향을 받아 생각이나 감정이 바람직하게 변화함
개작(改作)	작품이나 원고 따위를 고쳐 다시 지음. 또는 그렇게 한 작품
개정(改正)	주로 문서의 내용 따위를 고쳐 바르게 함
개편(改編)	책이나 과정 따위를 고쳐 다시 엮음 / 조직 따위를 고쳐 편성함
격려(激勵)	용기나 의욕이 솟아나도록 북돋워 줌
경시(輕視)	대수롭지 않게 보거나 업신여김
고집(固執)	자기의 의견을 바꾸거나 고치지 않고 굳게 버팀. 또는 그렇게 버티는 성미
교정(矯正)	틀어지거나 잘못된 것을 바로잡음
구별(區別)	성질이나 종류에 따라 차이가 남. 또는 성질이나 종류에 따라 갈라놓음
근간(根幹)	사물의 바탕이나 중심이 되는 중요한 것
근본(根本)	사물의 본질이나 본바탕
근원(根源)	사물이 비롯되는 근본이나 원인
동경(憧憬)	어떤 것을 간절히 그리워하여 그것만을 생각함
몰각(沒覺)	깨달아 인식하지 못함
배려(配慮)	도와주거나 보살펴 주려고 마음을 씀

분별(分別)	서로 다른 일이나 사물을 구별하여 가름
수정(修正)	바로잡아 고침
식별(識別)	분별하여 알아봄
아집(我執)	자기중심의 좁은 생각에 집착하여 다른 사람의 의견이나 입장을 고려하지 아니하고 자기만을 내세우는 것
염려(念慮)	앞일에 대하여 여러 가지로 마음을 써서 걱정함. 또는 그런 걱정
정정(訂正)	글자나 글 따위의 잘못을 고쳐서 바로잡음
지향(志向)	어떤 목표로 뜻이 쏠리어 향함. 또는 그 방향이나 그쪽으로 쏠리는 의지
확집(確執)	자기의 의견을 굳이 고집하여 양보하지 아니함

4 속담

(1) 속담

속담은 예로부터 전해지는 조상들의 지혜가 담긴 표현으로, 대개 문장의 형태로 표현되고 일상에 필요한 교훈 혹은 풍자의 내용을 담고 있다. 그리고 직접적인 의미 전달보다는 비유적인 표현으로 의미를 전달한다. 속담은 특정한 역사적 사례를 묘사하거나 일상에서 자주 일어나는 사례를 묘사한 것으로 나누어진다. 그래서 속담에는 실제 역사적 인물이나 문학 작품의 인물, 역사적 사실을 알려 주는 지역이나 벼슬 이름 등이 등장한다. 예를 들어 '변학도 잔치에 이도령의 밥상'이라든가, '조자룡이 헌 칼 쓰듯', '평안 감사도 저 싫으면 그만' 등의 속담이 이에 해당한다. 따라서 문학 작품이나 역사적 사실과 관련된 글을 제시하고 그와 의미가 통하는 속담을 고르라는 문제 유형이 출제되기도 한다. 아울러 기본적인 의미를 물어보는 경우도 있으며, 특히 한자 성어와 의미가 통하는 속담을 연결하라는 문제가 출제되기도 하므로 유사한 쌍은 정리해 두는 것이 좋다.

(2) 빈출 속담

속담	의미
가는 말이 고와야 오는 말이 곱다.	자기가 남에게 말이나 행동을 좋게 하여야 남도 자기에게 좋게 한다는 말
군말이 많으면 쓸 말이 적다.	하지 않아도 될 말을 이것저것 많이 늘어놓으면 그만큼 쓸 말은 적어지게 됨을 경계하여 이르는 말
기둥에도 귀가 있다.	기둥에도 듣는 귀가 있어서 몰래 한 말도 다 알게 된다는 뜻으로, 어떤 환경에서나 말을 함부로 하지 말고 조심하여야 함을 비유적으로 이르는 말
낮말은 새가 듣고 밤말은 쥐가 듣는다.	아무도 안 듣는 데서라도 말조심해야 한다는 말
말 많은 집은 장맛도 쓰다.	집안에 잔말이 많으면 살림이 잘 안된다는 말
말 한마디에 천 냥 빚도 갚는다.	말만 잘하면 어려운 일이나 불가능해 보이는 일도 해결할 수 있다는 말
발 없는 말이 천 리 간다.	말을 함부로 하지 말아야 함을 비유적으로 이르는 말
범도 제 말하면 온다.	'다른 사람에 관한 이야기를 하는데 공교롭게 그 사람이 나타나는 경우'를 이르는 말로, 당사자가 없다고 함부로 흉보아서는 안 된다는 말

일 잘하는 아들 낳지 말고 말 잘하는 아들 낳으라.	말을 잘하면 남들과 사귀면서 살아가는 데 유리함을 이르는 말
입찬소리는 무덤 앞에 가서 하라.	자기를 자랑하며 장담하는 것은 죽고 나서야 하라는 뜻으로, 쓸데없는 장담을 하지 말라는 말
잠자코 있는 것이 무식을 면한다.	아무 말도 하지 않고 가만히 있으면 무식이 드러나지 않으므로, 잘 알지도 못하면서 괜히 섣불리 나서지 말라는 말
정들었다고 정말 말라.	아무리 가깝고 다정한 사이라도 서로에게 해서는 안 될 말은 절대로 나누지 말아야 한다는 말
존대하고 뺨 맞지 않는다.	누구한테나 겸손한 태도로 공대하면 남에게 봉변하지 않는다는 말

5 한자 성어

(1) 한자 성어

속담과 마찬가지로 단순히 뜻풀이를 묻거나 특정 상황에 적용하는 문제 유형이 출제되는 편이다. 고난도로 나올 경우에는 대체 가능한 한자 성어를 고르거나 유사한 뜻을 지닌 속담을 고르는 문제 유형도 보이고 있다. 그러므로 한자 성어의 뜻을 암기하는 것도 중요하지만 비슷한 뜻을 가진 성어나 반대되는 뜻의 성어를 함께 알아 두는 것이 필요하고, 관련 속담이나 어휘 등을 정리해 두는 것이 좋다.

(2) 빈출 한자 성어

한자 성어	의미
거안사위(居安思危)	편안할 때도 위태로울 때의 일을 생각하라는 뜻
견강부회(牽强附會)	이치에 맞지 않는 말을 억지로 끌어 붙여 자기에게 유리하게 함
결초보은(結草報恩)	죽은 뒤에라도 은혜를 잊지 않고 갚음을 이르는 말
누란지세(累卵之勢)	층층이 쌓아 놓은 알의 형세라는 뜻으로, 몹시 위태로운 형세를 비유적으로 이르는 말
단기지계(斷機之戒)	학문을 중도에서 그만두면 짜던 베의 날을 끊는 것처럼 아무 쓸모 없음을 경계한 말
동병상련(同病相憐)	같은 병을 앓는 사람끼리 서로 가엾게 여긴다는 뜻으로, 어려운 처지에 있는 사람끼리 서로 가엾게 여김을 이르는 말
동상이몽(同床異夢)	같은 자리에 자면서 다른 꿈을 꾼다는 뜻으로, 겉으로는 같이 행동하면서도 속으로는 각각 딴생각을 하고 있음을 이르는 말
막역지간(莫逆之間)	서로 거스르지 않는 사이라는 뜻으로, 허물이 없는 아주 친한 사이를 이르는 말
맥수지탄(麥秀之嘆)	고국의 멸망을 한탄함을 이르는 말
면종복배(面從腹背)	겉으로는 복종하는 체하면서 내심으로는 배반함
물심일여(物心一如)	사물과 마음이 구분 없이 하나의 근본으로 통합됨
방약무인(傍若無人)	곁에 사람이 없는 것처럼 아무 거리낌 없이 함부로 말하고 행동하는 태도가 있음
사면초가(四面楚歌)	아무에게도 도움을 받지 못하는, 외롭고 곤란한 지경에 빠진 형편을 이르는 말
사상누각(砂上樓閣)	모래 위에 세운 누각이라는 뜻으로, 기초가 튼튼하지 못하여 오래 견디지 못할 일이나 물건을 이르는 말

상전벽해(桑田碧海)	뽕나무밭이 변하여 푸른 바다가 된다는 뜻으로, 세상일의 변천이 심함을 비유적으로 이르는 말
수구초심(首丘初心)	여우가 죽을 때에 머리를 자기가 살던 굴 쪽으로 둔다는 뜻으로, 고향을 그리워하는 마음을 이르는 말
식소사번(食少事煩)	먹을 것은 적은데 할 일은 많음
연목구어(緣木求魚)	나무에 올라가서 물고기를 구한다는 뜻으로, 도저히 불가능한 일을 굳이 하려 함을 비유적으로 이르는 말
오매불망(寤寐不忘)	자나 깨나 잊지 못함
이구동성(異口同聲)	입은 다르나 목소리는 같다는 뜻으로, 여러 사람의 말이 한결같음을 이르는 말
좌정관천(坐井觀天)	우물 속에 앉아서 하늘을 본다는 뜻으로, 사람의 견문(見聞)이 매우 좁음을 이르는 말
중구난방(衆口難防)	뭇사람의 말을 막기가 어렵다는 뜻으로, 막기 어려울 정도로 여럿이 마구 지껄임을 이르는 말
창해일속(滄海一粟)	넓고 큰 바닷속의 좁쌀 한 알이라는 뜻으로, 아주 많거나 넓은 것 가운데 있는 매우 하찮고 작은 것을 이르는 말
학수고대(鶴首苦待)	학의 목처럼 목을 길게 빼고 간절히 기다림
호사토읍(狐死兎泣)	여우의 죽음에 토끼가 슬피 운다는 뜻으로, 같은 무리의 불행을 슬퍼함을 비유적으로 이르는 말

6 관용어

(1) 관용어

관용어는 영어의 숙어와 같은 것으로, 의미나 구조가 관습상 굳어져 특별한 뜻을 지닌 것을 말한다. 그러므로 단어 개개의 의미는 크게 중요하지 않으며, 하나의 단어처럼 쓰이므로 중간에 다른 성분이 들어오기 힘들고, 들어온다면 더 이상 관용 표현으로서의 기능을 수행하지 못한다. 속담과 더불어 일상용어보다 표현 효과가 크며 의사소통에 있어서 효율성을 가져온다. 또한 그 나라의 전통적인 관습이나 역사적 유래와 관련을 맺으므로 그 언어권의 사람이 아니라면 이해하는 데 어려움이 따를 수 있다. 관용어는 그 의미를 명확하게 알고 있고, 이를 적절하게 사용할 수 있는가를 묻는 문제 유형이 출제되는 편이다. 우리나라의 관용어는 신체와 관련된 용어가 많고, 자주 출제되므로 이를 바탕으로 정리하는 것이 도움이 된다.

(2) 빈출 관용어

① 손과 관련된 관용어

관용어	의미
손가락질(을) 하다.	다른 사람을 얕보거나 흉보다. 예 다른 사람을 손가락질하기 전에 자기 자신을 되돌아보라.
손바닥(을) 뒤집듯	① 태도를 갑자기 또는 노골적으로 바꾸기를 아주 쉽게 예 그는 말을 손바닥 뒤집듯이 해서 믿을 수가 없다.

	② 일하기를 매우 쉽게 예 너의 능력으로는 그 일도 손바닥 뒤집듯 할 수 있을 거야.
손발(이) 맞다.	함께 일을 하는 데에 마음이나 의견, 행동 방식 따위가 서로 맞다. 예 시어머니와 며느리가 손발이 맞아 집안이 화목하다.
손에 걸리다.	① 손아귀에 잡혀 들다. 예 그놈이 내 손에 걸리는 날에는 가만두지 않겠다. ② 너무 흔하여 어디나 다 있다. 예 돈을 흥청망청 쓰는 저 집은 돈이 손에 걸리나 보다.
손에 땀을 쥐다.	아슬아슬하여 마음이 조마조마하도록 몹시 애달다. 예 결승전은 관중들의 손에 땀을 쥐게 하였다.
손에 잡히다.	마음이 차분해져 일할 마음이 내키고 능률이 나다. 예 그녀 생각에 책이 손에 잡히지 않는다.
손(을) 끊다.	교제나 거래 따위를 중단하다. 예 나쁜 친구들과 손을 끊어라.
손을 놓다.	하던 일을 그만두거나 잠시 멈추다. 예 내가 잠시 손을 놓은 사이에 일이 오랫동안 늦어졌다.
손(을) 떼다.	하던 일을 그만두다. 예 이제 그 일에서 나는 손을 뗐다.
손(을) 벌리다.	무엇을 달라고 요구하거나 구걸하다. 예 아무리 동생이지만 계속해서 손을 벌리는 데 두 손 들었다.
손(을) 뻗치다.	① 이제까지 하지 아니하던 일까지 활동 범위를 넓히다. 예 대기업들이 온갖 사업에 손을 뻗쳤다. ② 적극적인 도움, 요구, 침략, 간섭 따위의 행위가 멀리까지 미치게 하다. 예 마침 외가에서 도움의 손을 뻗쳤다.
손(을) 씻다.	부정적인 일이나 찜찜한 일에 대하여 관계를 청산하다. 예 그는 종교에 귀의한 뒤로 범죄 조직에서 손을 씻고 착실히 살았다.
손을 (맞)잡다.	서로 뜻을 같이 하여 긴밀하게 협력하다. 예 경찰과 교사들은 손을 맞잡고 학원 폭력을 줄이기로 했다.
손(이) 달리다.	일손이 모자라다. 예 농번기가 되면 농촌에 손이 달린다.
손(이) 뜨다.	일하는 동작이 매우 굼뜨다. 예 너처럼 손이 뜬 사람은 처음 봤다.
손(이) 크다.	씀씀이가 후하고 크다. 예 손이 큰 어머니는 언제나 음식을 푸짐하게 차리곤 하셨다.

② 발에 관련된 관용어

관용어	의미
발 디딜 틈도 없다.	부작거리어 혼란스럽다. 예 발 디딜 틈도 없는 만원 버스
발바닥에 흙 안 묻히고 살다.	수고함이 없이 가만히 앉아서 편하게 살다. 예 물려받은 재산으로 그는 발바닥에 흙 안 묻히고 살고 있다.
발바닥에 불이 일다.	부리나케 여기저기 돌아다니다. 예 그녀는 여행 준비로 요즘 발바닥에 불이 일 정도로 바쁘게 다닌다.
발 벗고 나서다.	적극적으로 나서다. 예 그는 자신이 옳다고 생각하는 일이라면 항상 발 벗고 나서는 사람이다.
발에 채다.	여기저기 흔하게 널려 있다. 예 요즘에는 발에 채는 것이 여관이요, 호텔이다.
발등(을) 찍히다.	남에게 배신을 당하다. 예 그는 굳게 믿었던 친구에게 결국 발등을 찍히고 말았다.
발목(을) 잡히다.	어떤 일에 꽉 잡혀서 벗어나지 못하다. 예 남의 일에 발목을 잡혀서 내 일은 전혀 못하고 있다.
발(을) 끊다.	오가지 않거나 관계를 끊다. 예 박씨 그 사람, 몇 해 전에 한 번 다녀간 뒤로 발을 뚝 끊었어요.
발(이) 넓다.	사귀어 아는 사람이 많아 활동하는 범위가 넓다. 예 그 사람은 발이 넓어 네가 도움을 받을 수 있을 거야.
발(이) 묶이다.	몸을 움직일 수 없거나 활동할 수 없는 형편이 되다. 예 갑작스러운 태풍으로 등산객들이 발이 묶였다.
발이 손이 되도록 빌다.	손만으로는 부족하여 발까지 동원할 정도로 간절히 빌다. 예 어머니는 철없는 아들을 한 번만 용서해 달라고 선생님께 발이 손이 되도록 빌었다.
발이 저리다.	지은 죄가 있어 마음이 조마조마하거나 편안치 아니하다. 예 제 발이 저리니까 입만 열면 변명이구나.

Ⅱ. 어문규정

1 표준어 자주 나오는 이론

표준어가 어려운 이유는 암기해야 할 분량이 많고, 매해 개정되기 때문이다. 하지만 육군부사관 시험에서는 기본 항목을 바탕으로 선택지가 구성되는 경우가 많으니, 일단 이를 중심으로 학습하는 것이 좋다. 교재에서는 지금까지 많이 출제된 영역인 제1항~제13항 중 필수 항과 제26항 복수 표준어를 수록해 놓았다. 나머지 항에서 문제가 출제되지 않은 것은 아니므로, 시간적 여유가 있다면 전체 내용을 숙지하는 것이 바람직하다.

※ 표준어 규정은 총 26항으로, 국립국어원 '어문 규정집'에서 자세한 내용을 확인할 수 있다.

(1) 주요 표준어 규정

① 제1절 자음

[제3항] 다음 단어들은 거센소리를 가진 형태를 표준어로 삼는다.

○	×	비고
끄나풀	끄나불	
나팔-꽃	나발-꽃	
녘	녁	동~, 들~, 새벽~, 동틀 ~.
부엌	부억	
살-쾡이	삵-괭이	
칸	간	① ~막이, 빈~, 방 한~ ② '초가삼간, 윗간'의 경우에는 '간'임
털어-먹다	떨어-먹다	재물을 다 없애다.

[제5항] 어원에서 멀어진 형태로 굳어져서 널리 쓰이는 것은, 그것을 표준어로 삼는다.

○	×	비고
강낭-콩	강남-콩	
고삿	고샅	① 고샅 → 고삿: 초가지붕을 일 때 쓰는 새끼 ② 고샅: 시골 마을의 좁은 골목길 겉~, 속~
사글-세	삭월-세	'월세'는 표준어임
울력-성당	위력-성당	떼를 지어서 으르고 협박하는 일

[제6항] 다음 단어들은 의미를 구별함이 없이, 한 가지 형태만을 표준어로 삼는다.

○	×	비고
돌	돐	생일, 주기
둘-째	두-째	'제2, 두 개째'의 뜻
셋-째	세-째	'제3, 세 개째'의 뜻
넷-째	네-째	'제4, 네 개째'의 뜻
빌리다	빌다	① 빌려 주다, 빌려 오다. ② '용서를 빌다'는 '빌다'임

다만, '둘째'는 십 단위 이상의 서수사에 쓰일 때에 '두째'로 한다.

○	×	비고
열두-째		열두 개째의 뜻은 '열둘째'로
스물두-째		스물두 개째의 뜻은 '스물둘째'로

참고 '열두째'와 '열둘째'

열두째(관형사, 수사): 순서가 열두 번째가 되는 차례 예 영수는 반에서 열두째로 크다.

열둘째(명사): 맨 앞에서부터 세어 열두 개째가 됨을 이르는 말 예 귤을 열둘째 먹었다.

[제7항] 수컷을 이르는 접두사는 '수-'로 통일한다.

○	×	비고
수-꿩	수-퀑/숫-꿩	'장끼'도 표준어임 ※ '퀑'은 '꿩'의 잘못된 표현
수-나사	숫-나사	
수-놈	숫-놈	
수-사돈	숫-사돈	
수-소	숫-소	'황소'도 표준어임
수-은행나무	숫-은행나무	

다만 1. 다음 단어에서는 접두사 다음에서 나는 거센소리를 인정한다. 접두사 '암-'이 결합되는 경우에도 이에 준한다.

○	×	○	×
수-캉아지	숫-강아지	수-탕나귀	숫-당나귀
수-캐	숫-개	수-톨쩌귀	숫-돌쩌귀
수-컷	숫-것	수-퇘지	숫-돼지
수-키와	숫-기와	수-평아리	숫-병아리
수-탉	숫-닭		

다만 2. 다음 단어의 접두사는 '숫-'으로 한다. 예 숫-양, 숫-염소, 숫-쥐

참고 접두사 '수-', '암-'과 결합하여 거센소리를 인정하는 경우는 '다만 1'에만 해당하므로, 다음의 단어는 헷갈리지 않도록 주의한다. 예 수코양이(×) → 수고양이(○), 수펄(×) → 수벌(○)

② 제2절 모음

[제8항] 양성 모음이 음성 모음으로 바뀌어 굳어진 다음 단어는 음성 모음 형태를 표준어로 삼는다.

○	×	비고
깡충-깡충	깡총-깡총	큰말은 '껑충껑충'임
-둥이	-동이	← 童-이. 귀-, 막-, 선-, 쌍-, 검-, 바람-, 흰-
발가-숭이	발가-송이	센말은 '빨가숭이', 큰말은 '벌거숭이, 뻘거숭이'임
보퉁이	보통이	
봉죽	봉족	← 奉足. ~꾼, ~ 들다.
뻗정-다리	뻗장-다리	
아서, 아서라	앗아, 앗아라	하지 말라고 금지하는 말
오뚝-이	오똑-이	부사도 '오뚝-이'임
주추	주초	← 柱礎. 주춧-돌

다만, 어원 의식이 강하게 작용하는 다음 단어에서는 양성 모음 형태를 그대로 표준어로 삼는다.

예 부조(扶助)(○)/부주(×), 사돈(査頓)(○)/사둔(×), 삼촌(三寸)(○)/삼춘(×)

[제9항] 'ㅣ' 역행 동화 현상에 의한 발음은 원칙적으로 표준 발음으로 인정하지 아니하되, 다만 다음 단어들은 그러한 동화가 적용된 형태를 표준어로 삼는다.

예 -내기(○)/-나기(×), 냄비(○)/남비(×), 동댕이-치다(○)/동당이-치다(×)

[붙임 1] 다음 단어는 'ㅣ' 역행 동화가 일어나지 아니한 형태를 표준어로 삼는다.

예 아지랑이(○)/아지랭이(×)

[붙임 2] 기술자에게는 '-장이', 그 외에는 '-쟁이'가 붙는 형태를 표준어로 삼는다.

○	×	비고
미장이	미쟁이	
유기장이	유기쟁이	
멋쟁이	멋장이	
소금쟁이	소금장이	
담쟁이-덩굴	담장이-덩굴	
골목쟁이	골목장이	
발목쟁이	발목장이	

참고 1 '점쟁이'와 '환쟁이'

점을 치는 사람은 '점쟁이', 그림을 그리는 사람을 낮잡아 이르는 말에는 '환쟁이'가 있다. 이들은 수공업적인 기술자가 아니기 때문에 '점쟁이', '환쟁이'를 표준어로 삼는다.

참고 2 '양복장이'와 '양복쟁이', '갓장이'와 '갓쟁이'

'양복장이'와 '양복쟁이'는 모두 표준어이다. '양복장이'는 양복을 만드는 일을 직업으로 삼는 사람을 뜻하는 말이고, '양복쟁이'는 양복을 입은 사람을 낮잡아 일컫는 말이다. 그리고 '갓장이'와 '갓쟁이' 역시 모두 표준어로, '갓장이'는 갓을 만드는 것을 직업으로 삼는 사람을 뜻하고, '갓쟁이'는 갓을 쓴 사람을 낮잡아 이르는 말로 쓰인다.

[제12항] '웃-' 및 '윗-'은 명사 '위'에 맞추어 '윗-'으로 통일한다.

예 윗-넓이(○)/웃-넓이(×), 윗-눈썹(○)/웃-눈썹(×), 윗-니(○)/웃-니(×),
윗-당줄(○)/웃-당줄(×), 윗-동아리(○)/웃-동아리(×)

다만 1. 된소리나 거센소리 앞에서는 '위-'로 한다.

예 위-짝(○)/웃-짝(×), 위-쪽(○)/웃-쪽(×), 위-채(○)/웃-채(×), 위-층(○)/웃-층(×)

다만 2. '아래, 위'의 대립이 없는 단어는 '웃-'으로 발음되는 형태를 표준어로 삼는다.

예 웃-국(○)/윗-국(×), 웃-기(○)/윗-기(×), 웃-돈(○)/윗-돈(×), 웃-비(○)/윗-비(×),
웃-어른(○)/윗-어른(×), 웃-옷(○)/윗-옷(×)

참고 1 '위'와 '윗'과 '웃'

- 위: 거센소리, 된소리 앞 예 위팔(거센소리), 위층(거센소리)
- 윗: 위, 아래 구분 ○ 예 윗니(아랫니○), 윗도리(아랫도리○)
- 웃: 위, 아래 구분 × 예 웃어른(아랫어른×)

참고 2 '웃옷'과 '윗옷'

'웃옷'은 그 뜻이 '맨 겉에 입는 옷'이므로 '아래옷'과 대립하지 않고, '겉옷의 안쪽에 몸에 직접 닿게 입는 옷'이라는 뜻을 나타내는 '속옷'과 대립한다. 그러므로 위와 아래의 대립이 없는 말로 다루어서 '웃옷'을 표준어로 삼는다. 한편, '윗도리에 입는 옷'이라는 의미로 쓰이는 '윗옷'은 '아래에 입는 옷'인 '아래옷'과 위와 아래로 대립하므로, '윗옷'을 표준어로 삼는다. 정리하면 '웃옷'은 '속옷'과 대립적으로 쓰이고, '윗옷'은 '아래옷'과 대립하여 쓰이는 말이다.

[제13항] 한자 '구(句)'가 붙어서 이루어진 단어는 '귀'로 읽는 것을 인정하지 아니하고, '구'로 통일한다.

○	×	비고
구법(句法)	귀법	
구절(句節)	귀절	
구점(句點)	귀점	
결구(結句)	결귀	
경구(警句)	경귀	
경인구(警人句)	경인귀	
난구(難句)	난귀	
단구(短句)	단귀	
단명구(短命句)	단명귀	

대구(對句)	대귀	~법(對句法)
문구(文句)	문귀	
성구(成句)	성귀	~어(成句語)
시구(詩句)	시귀	
어구(語句)	어귀	
연구(聯句)	연귀	
인용구(引用句)	인용귀	
결구(絕句)	결귀	

다만, 다음 단어는 '귀'로 발음되는 형태를 표준어로 삼는다.

예 귀-글(○)/구-글(×), 글-귀(○)/글-구(×)

③ 제5절 복수 표준어

[제26항] 한 가지 의미를 나타내는 형태 몇 가지가 널리 쓰이며 표준어 규정에 맞으면, 그 모두를 표준어로 삼는다.

○	비고
가는-허리/잔-허리	
가락-엿/가래-엿	
가뭄/가물	
가엾다/가엽다	가엾어/가여워, 가엾은/가여운
감감-무소식/감감-소식	
개수-통/설거지-통	'설겆다'는 '설거지하다'로
개숫-물/설거지-물	
갱-엿/검은-엿	
-거리다/-대다	가물-, 출렁-
거위-배/횟-배	
것/해	내 ~, 네 ~, 뉘 ~
게을러-빠지다/게을러-터지다	
고깃-간/푸줏-간	'고깃-관, 푸줏-관, 다림-방'은 비표준어임
곰곰/곰곰-이	
관계-없다/상관-없다	
교정-보다/준-보다	
구들-재/구재	
귀퉁-머리/귀퉁-배기	'귀퉁이'의 비어임
극성-떨다/극성-부리다	

기세-부리다/기세-피우다	
기승-떨다/기승-부리다	
깃-저고리/배내-옷/배냇-저고리	
꼬까/때때/고까	~신, ~옷
꼬리-별/살-별	
꽃-도미/붉-돔	
나귀/당-나귀	
날-걸/세-뿔	윷판의 쨀밭 다음의 셋째 밭
내리-글씨/세로-글씨	
넝쿨/덩굴	'덩쿨'은 비표준어임
녘/쪽	동~, 서~
눈-대중/눈-어림/눈-짐작	
느리-광이/느림-보/늘-보	
늦-모/마냥-모	← 만이앙-모
다기-지다/다기-차다	
다달-이/매-달	
-다마다/-고말고	
다박-나룻/다박-수염	
닭의-장/닭-장	
댓-돌/툇-돌	
덧-창/겉-창	
독장-치다/독판-치다	
동자-기둥/쪼구미	
돼지-감자/뚱딴지	
되우/된통/되게	
두동-무니/두동-사니	윷놀이에서, 두 동이 한데 어울려 가는 말
뒷-갈망/뒷-감당	
뒷-말/뒷-소리	
들락-거리다/들랑-거리다	
들락-날락/들랑-날랑	
딴-전/딴-청	
땅-콩/호-콩	
땔-감/땔-거리	
-뜨리다/-트리다	깨-, 떨어-, 쏟-
뜬-것/뜬-귀신	
마룻-줄/용총-줄	돛대에 매어 놓은 줄. '이어줄'은 비표준어임
마-파람/앞-바람	

만장-판/만장-중(滿場中)	
만큼/만치	
말-동무/말-벗	
매-갈이/매-조미	
매-통/목-매	
먹-새/먹음-새	'먹음-먹이'는 비표준어임
멀찌감치/멀찌가니/멀찍-이	
멱통/산-멱/산-멱통	
면-치레/외면-치레	
모-내다/모-심다	모-내기, 모-심기
모쪼록/아무쪼록	
목판-되/모-되	
목화-씨/면화-씨	
무심-결/무심-중	
물-봉숭아/물-봉선화	
물-부리/빨-부리	
물-심부름/물-시중	
물추리-나무/물추리-막대	
물-타작/진-타작	
민둥-산/벌거숭이-산	
밑-층/아래-층	
바깥-벽/밭-벽	
바른/오른[右]	~손, ~쪽, ~편
발-모가지/발-목쟁이	'발목'의 비속어임
버들-강아지/버들-개지	
벌레/버러지	'벌거지, 벌러지'는 비표준어임
변덕-스럽다/변덕-맞다	
보-조개/볼-우물	
보통-내기/여간-내기/예사-내기	'행-내기'는 비표준어임
볼-따구니/볼-퉁이/볼-때기	'볼'의 비속어임
부침개-질/부침-질/지짐-질	'부치개-질'은 비표준어임
불똥-앉다/등화-지다/등화-앉다	
불-사르다/사르다	
비발/비용(費用)	
뾰두라지/뾰루지	
살-쾡이/삵	삵-피
삽살-개/삽사리	

상두-꾼/상여-꾼	'상도-꾼, 향도-꾼'은 비표준어임
상-씨름/소-걸이	
생/새앙/생강	
생-뿔/새앙-뿔/생강-뿔	'쇠뿔'의 형용
생-철/양-철	① '서양철'은 비표준어임 ② '生鐵'은 '무쇠'임
서럽다/섧다	'설다'는 비표준어임
서방-질/화냥-질	
성글다/성기다	
-(으)세요/-(으)셔요	
송이/송이-버섯	
수수-깡/수숫-대	
술-안주/안주	
-스레하다/-스름하다	거무-, 발그-
시늉-말/흉내-말	
시새/세사(細沙)	
신/신발	
신주-보/독보(櫝褓)	
심술-꾸러기/심술-쟁이	
씁쓰레-하다/씁쓰름-하다	
아귀-세다/아귀-차다	
아래-위/위-아래	
아무튼/어떻든/어쨌든/하여튼/여하튼	
앉음-새/앉음-앉음	
알은-척/알은-체	
애-갈이/애벌-갈이	
애꾸눈-이/외눈-박이	'외대-박이, 외눈-퉁이'는 비표준어임
양념-감/양념-거리	
어금버금-하다/어금지금-하다	
어기여차/어여차	
어림-잡다/어림-치다	
어이-없다/어처구니-없다	
어저께/어제	
언덕-바지/언덕-배기	
얼렁-뚱땅/엄벙-뗑	
여왕-벌/장수-벌	
여쭈다/여쭙다	
여태/입때	'여직'은 비표준어임

여태-껏/이제-껏/입때-껏	'여직-껏'은 비표준어임
역성-들다/역성-하다	'편역-들다'는 비표준어임
연-달다/잇-달다	
엿-가락/엿-가래	
엿-기름/엿-길금	
엿-반대기/엿-자박	
오사리-잡놈/오색-잡놈	'오합-잡놈'은 비표준어임
옥수수/강냉이	~떡, ~묵, ~밥, ~튀김
왕골-기직/왕골-자리	
외겹-실/외올-실/홑-실	'홑겹-실, 올-실'은 비표준어임
외손-잡이/한손-잡이	
욕심-꾸러기/욕심-쟁이	
우레/천둥	우렛-소리, 천둥-소리
우지/울-보	
을러-대다/을러-메다	
의심-스럽다/의심-쩍다	
-이에요/-이어요	① 받침이 있는 인명 ㄱ. 영숙이+이에요 = 영숙이이에요 → 영숙이예요 ㄴ. 영숙이+이어요 = 영숙이이어요 → 영숙이여요 ㄷ. 김영숙+이에요 = 김영숙이에요 ② 받침이 없는 인명 ㄱ. 철수+이에요 = 철수이에요 → 철수예요 ㄴ. 철수+이어요 = 철수이어요 → 철수여요 ③ 받침이 있는 명사 ㄱ. 장남+이에요 = 장남이에요 ㄴ. 장남+이어요 = 장남이어요 ④ 받침이 없는 명사 ㄱ. 손자+이에요 = 손자이에요 → 손자예요 ㄴ. 손자+이어요 = 손자이어요 → 손자여요 ⑤ 아니다 ㄱ. 아니-+-에요 = 아니에요(→ 아녜요) ㄴ. 아니-+-어요 = 아니어요(→ 아녀요) ※ '아니여요/아니예요'는 틀린 말이다.
이틀-거리/당-고금	학질의 일종임
일일-이/하나-하나	
일찌감치/일찌거니	
입찬-말/입찬-소리	
자리-옷/잠-옷	
자물-쇠/자물-통	
장가-가다/장가-들다	'서방-가다'는 비표준어임

재롱-떨다/재롱-부리다	
제-가끔/제-각기	
좀-처럼/좀-체	'좀-체로, 좀-해선, 좀-해'는 비표준어임
줄-꾼/줄-잡이	
중신/중매	
짚-단/짚-뭇	
쪽/편	오른~, 왼~
차차/차츰	
책-씻이/책-거리	
척/체	모르는 ~, 잘난 ~
천연덕-스럽다/천연-스럽다	
철-따구니/철-딱서니/철-딱지	'철-때기'는 비표준어임
추어-올리다/추어-주다*	
축-가다/축-나다	
침-놓다/침-주다	
통-꼭지/통-젖	통에 붙은 손잡이
파자-쟁이/해자-쟁이	점치는 이
편지-투/편지-틀	
한턱-내다/한턱-하다	
해웃-값/해웃-돈	'해우-차'는 비표준어임
혼자-되다/홀로-되다	
흠-가다/흠-나다/흠-지다	

* 2018년 10월 16일 개정으로 인해 '추어올리다, 추켜올리다, 치켜올리다, 추켜세우다, 치켜세우다'의 구분이 깔끔하게 정리되었다.
  ① 〈칭찬/옷/신체의 일부〉는 모두 사용이 가능하다.
  ② 〈물건〉은 '올리다'가 맞다. 예 바지를 추어올리다. 치맛자락을 추켜올리다.
  ③ 〈옷깃〉은 '세우다'가 맞다. 예 옷깃을 추켜세우다/치켜세우다.

(2) 추가 표준어

① 추가 표준어1: 2011년 8월 31일 개정

㉠ 복수 표준어: 현재 표준어와 같은 뜻을 가진 표준어로 인정한 것

추가된 표준어	현재 표준어	추가된 표준어	현재 표준어
간지럽히다	간질이다	세간살이	세간
남사스럽다	남우세스럽다	쌉싸름하다	쌉싸래하다
등물	목물	토란대	고운대
맨날	만날	허접쓰레기	허섭스레기
묫자리	묏자리	흙담	토담
복숭아뼈	복사뼈		

ⓛ 별도 표준어: 현재 표준어와는 별도의 표준어로 추가 인정된 것

추가된 표준어	현재 표준어	뜻 차이
~길래	~기에	~길래: '~기에'의 구어적 표현
개발새발	괴발개발	• 개발새발: 개의 발과 새의 발 • 괴발개발: 고양이의 발과 개의 발
나래	날개	나래: '날개'의 문학적 표현
내음	냄새	내음: 향기롭거나 나쁘지 않은 냄새로 제한됨
눈꼬리	눈초리	• 눈꼬리: 눈의 귀 쪽으로 째진 부분 • 눈초리: 어떤 대상을 바라볼 때 눈에 나타나는 표정 예 매서운 눈초리
떨구다	떨어뜨리다	떨구다: '시선을 아래로 향하다.'라는 뜻이 있음
뜨락	뜰	뜨락: 추상적 공간을 비유하는 뜻이 있음
먹거리	먹을거리	• 먹거리: 사람이 살아가기 위하여 먹는 온갖 것 • 먹을거리: 먹을 수 있거나 먹을 만한 음식 또는 식품
메꾸다	메우다	메꾸다: '무료한 시간을 적당히 또는 그럭저럭 흘러가게 하다.'라는 뜻이 있음
손주	손자(孫子)	• 손주: 손자와 손녀를 아울러 이르는 말 • 손자: 아들의 아들. 또는 딸의 아들
어리숙하다	어수룩하다	• 어리숙하다: '어리석음'의 뜻이 강함 • 어수룩하다: '순박함/순진함'의 뜻이 강함
연신	연방	• 연신: 반복성을 강조 • 연방: 연속성을 강조
휭하니	힁허케	힁허케: '휭하니'의 예스러운 표현
걸리적거리다	거치적거리다	자음 또는 모음의 차이로 인한 어감 및 뜻 차이 존재
끄적거리다	끼적거리다	
두리뭉실하다	두루뭉술하다	
맨숭맨숭/맹숭맹숭	맨송맨송	
바둥바둥	바동바동	
새초롬하다	새치름하다	
아웅다웅	아옹다옹	
야멸차다	야멸치다	
오손도손	오순도순	
찌뿌둥하다	찌뿌듯하다	
추근거리다	치근거리다	

ⓒ 복수 표준형: 두 가지 표기를 모두 표준어로 인정한 것 예 태껸/택견, 품세/품새, 자장면/짜장면

② 추가 표준어2: 2014년 12월 15일 개정

㉠ 복수 표준어: 현재 표준어와 같은 뜻을 가진 표준어로 인정한 것

추가된 표준어	현재 표준어	추가된 표준어	현재 표준어
구안와사	구안괘사	삐지다	삐치다
굽신*	굽실	초장초	작장초
눈두덩이	눈두덩		

*'굽신'이 표준어로 인정됨에 따라 '굽신거리다, 굽신대다, 굽신하다, 굽신굽신, 굽신굽신하다' 등도 표준어로 함께 인정됨

㉡ 별도 표준어: 현재 표준어와는 별도의 표준어로 추가 인정된 것

추가된 표준어	현재 표준어	뜻 차이
개기다	**개개다**	• 개기다: (속되게) 명령이나 지시를 따르지 않고 버티거나 반항함 • 개개다: 성가시게 달라붙어 손해를 끼침 예 능력도 없는 나에게 개길거야?
꼬시다	**꾀다**	• 꼬시다: '꾀다'를 속되게 이르는 말 • 꾀다: 그럴듯한 말이나 행동으로 남을 속이거나 부추겨서 자기 생각대로 끌다.
놀잇감	**장난감**	• 놀잇감: 놀이 또는 아동 교육 현장 따위에서 활용되는 물건이나 재료 • 장난감: 아이들이 가지고 노는 여러 가지 물건
딴지	**딴죽**	• 딴지: (주로 '걸다, 놓다'와 함께 쓰여) 일이 순순히 진행되지 못하도록 훼방을 놓거나 어기대는 것 • 딴죽: 이미 동의하거나 약속한 일에 대하여 딴전 부리는 것을 비유적으로 이르는 말
사그라들다	**사그라지다**	• 사그라들다: 삭아서 없어져 가다. • 사그라지다: 삭아서 없어지다.
섬찟*	**섬뜩**	• 섬찟: 갑자기 소름이 끼치도록 무시무시하고 끔찍한 느낌이 드는 모양 • 섬뜩: 갑자기 소름이 끼치도록 무섭고 끔찍한 느낌이 드는 모양
속앓이	**속병**	• 속앓이: ① 속이 아픈 병, 또는 속에 병이 생겨 아파하는 일 ② 겉으로 드러내지 못하고 속으로 걱정하거나 괴로워하는 일 • 속병: ① 몸속의 병을 통틀어 이르는 말 ② '위장병'을 일상적으로 이르는 말 ③ 화가 나거나 속이 상하여 생긴 마음의 심한 아픔
허접하다	**허접스럽다**	• 허접하다: 허름하고 잡스럽다. • 허접스럽다: 허름하고 잡스러운 느낌이 있다.

*'섬찟'이 표준어로 인정됨에 따라 '섬찟하다, 섬찟섬찟, 섬찟섬찟하다' 등도 표준어로 함께 인정됨

③ 추가 표준어3: 2015년 12월 14일 개정

㉠ 복수 표준어: 현재 표준어와 같은 뜻을 가진 표준어로 인정한 것

추가된 표준어	현재 표준어	추가된 표준어	현재 표준어
마실*	마을	찰지다	차지다
이쁘다	예쁘다	-고프다	-고 싶다

* '이웃에 놀러 다니는 일'의 의미에 한하여 표준어로 인정함. '여러 집이 모여 사는 곳'의 의미로 쓰인 '마실'은 비표준어임
'마실꾼, 마실방, 마실돌이, 밤마실'도 표준어로 인정함

ⓛ 별도 표준어: 현재 표준어와는 별도의 표준어로 추가 인정된 것

추가된 표준어	현재 표준어	뜻 차이
꼬리연	가오리연	• 꼬리연: 긴 꼬리를 단 연 예 행사가 끝날 때까지 하늘을 수놓았던 대형 꼬리연도 비상을 꿈꾸듯 끊임없이 창공을 향해 날아올랐다. • 가오리연: 가오리 모양으로 만들어 꼬리를 길게 단 연. 띄우면 오르면서 머리가 아래위로 흔들린다.
의론	의논	• 의론(議論): 어떤 사안에 대하여 각자의 의견을 제기함. 또는 그런 의견('의론되다, 의론하다'도 표준어로 인정함) 예 이러니저러니 의론이 분분하다. • 의논(議論): 어떤 일에 대하여 서로 의견을 주고받음 예 그녀는 나와 의논도 없이 결정했다.
이크	이키	• 이크: 당황하거나 놀랐을 때 내는 소리. '이키'보다 큰 느낌 예 이크, 이거 큰일 났구나 싶어 허겁지겁 뛰어갔다. • 이키: 당황하거나 놀랐을 때 내는 소리. '이끼'보다 거센 느낌
잎새	잎사귀	• 잎새: 나무의 잎사귀. 주로 문학적 표현에 쓰인다. 예 잎새가 몇 개 남지 않은 나무들이 창문 위로 뻗어올라 있었다. • 잎사귀: 낱낱의 잎(주로 넓적한 잎을 이름)
푸르르다	푸르다	• 푸르르다: '푸르다'를 강조할 때 이르는 말 예 겨우내 찌푸리고 있던 잿빛 하늘이 푸르르게 맑아 오고 어디선지도 모르게 흙냄새가 뭉클하니 풍겨 오는 듯한 순간 벌써 봄이 온 것을 느낀다. • 푸르다: 맑은 가을 하늘이나 깊은 바다, 풀의 빛깔과 같이 밝고 선명하다('푸르다'는 '러 불규칙'이고, '푸르르다'는 '으 불규칙 용언'으로 분류함). 예 비 갠 뒤에는 하늘이 더 푸르러 보인다.

ⓒ 복수 표준형: 두 가지 표기를 모두 표준어로 인정한 것

추가된 표준어	현재 표준어	뜻 차이
말아 말아라 말아요	마 마라 마요	'말다'에 명령형 어미 '-아', '-아라', '-아요' 등이 결합할 때는 어간 끝의 'ㄹ'이 탈락하기도 하고 탈락하지 않기도 함 예 내가 하는 말 농담으로 듣지 마/말아. 얘야, 아무리 바빠도 제사는 잊지 마라/말아라. 아유, 말도 마요/말아요.
노랗네 동그랗네 조그맣네 ⋮	노라네 동그라네 조그마네 ⋮	• 'ㅎ 불규칙 용언'이 어미 '-네'와 결합할 때는 어간 끝의 'ㅎ'이 탈락하기도 하고 탈락하지 않기도 함 • '그렇다, 노랗다, 동그랗다, 뿌옇다, 어떻다, 조그맣다, 커다랗다' 등 모든 'ㅎ 불규칙 용언'의 활용형에 적용됨 예 생각보다 훨씬 노랗네/노라네. 이 빵은 동그랗네/동그라네. 건물이 아주 조그맣네/조그마네.

④ 추가 표준어4: 2016년 12월 27일 개정

㉠ 별도 표준어: 현재 표준어와는 별도의 표준어가 추가 인정된 것

추가된 표준어	현재 표준어	뜻 차이
걸판지다	거방지다	• 걸판지다 ① 매우 푸지다. 예 술상이 걸판지다. 마침 눈먼 돈이 생긴 것도 있으니 오늘 저녁은 내가 걸판지게 사지. ② 동작이나 모양이 크고 어수선하다. 예 싸움판은 자못 걸판져서 구경거리였다. 소리판은 옛날이 걸판지고 소리할 맛이 났었지. • 거방지다 ① 몸집이 크다. ② 하는 짓이 점잖고 무게가 있다. ③ =걸판지다[01]
겉울음	건울음	• 겉울음 ① 드러내 놓고 우는 울음 예 꾹꾹 참고만 있다 보면 간혹 속울음이 겉울음으로 터질 때가 있다. ② 마음에도 없이 겉으로만 우는 울음 예 눈물도 안 나면서 슬픈 척 겉울음 울지 마. • 강울음(=건울음): 눈물 없이 우는 울음, 또는 억지로 우는 울음
까탈스럽다	까다롭다	• 까탈스럽다 ① 조건, 규정 따위가 복잡하고 엄격하여 적응하거나 적용하기에 어려운 데가 있다. '가탈스럽다[01]'보다 센 느낌을 준다. 예 까탈스러운 공정을 거치다/규정을 까탈스럽게 정하다/가스레인지에 길들여진 현대인들에게 지루하고 까탈스러운 숯 굽기 작업은 쓸데없는 시간 낭비로 비칠 수도 있겠다. ② 성미나 취향 따위가 원만하지 않고 별스러워 맞춰 주기에 어려운 데가 있다. '가탈스럽다[02]'보다 센 느낌을 준다. 예 까탈스러운 입맛/성격이 까탈스럽다/딸아이는 사 준 옷이 맘에 안든다고 까탈스럽게 굴었다. ※ 같은 계열의 '가탈스럽다'도 표준어로 인정함 • 까다롭다 ① 조건 따위가 복잡하거나 엄격하여 다루기에 순탄하지 않다. ② 성미나 취향 따위가 원만하지 않고 별스럽게 까탈이 많다.
실뭉치	실몽당이	• 실뭉치: 실을 한데 뭉치거나 감은 덩이 예 뒤엉킨 실뭉치/실뭉치를 풀다/그의 머릿속은 엉클어진 실뭉치같이 갈피를 못 잡고 있었다. • 실몽당이: 실을 풀기 좋게 공 모양으로 감은 뭉치

ⓛ 복수 표준형: 두 가지 표기를 모두 표준어로 인정한 것

추가된 표준어	현재 표준어	뜻 차이
엘랑	에는	• 표준어 규정 제25항에서 '에는'의 비표준형으로 규정해 온 '엘랑'을 표준형으로 인정함 • '엘랑' 외에도 'ㄹ랑'에 조사 또는 어미가 결합한 '에설랑, 설랑, -고설랑, -어설랑, -질랑'도 표준형으로 인정함 • '엘랑, -고설랑' 등은 단순한 조사/어미 결합형이므로 사전 표제어로는 다루지 않음 예 서울엘랑 가지를 마오. 교실에설랑 떠들지 마라. 나를 앞에 앉혀놓고설랑 자기 아들 자랑만 하더라.
주책이다	주책없다	• 표준어 규정 제25항에 따라 '주책없다'의 비표준형으로 규정해 온 '주책이다'를 표준형으로 인정함 • '주책이다'는 '일정한 줏대가 없이 되는대로 하는 짓'을 뜻하는 '주책'에 서술격조사 '이다'가 붙은 말로 봄 • '주책이다'는 단순한 명사+조사 결합형이므로 사전 표제어로는 다루지 않음 예 이제 와서 오래 전에 헤어진 그녀를 떠올리는 나 자신을 보며 '나도 참 주책이군' 하는 생각이 들었다.

⑤ 추가 표준어5: 2017년 사전 주요 개정 내용

㉠ 표제어 추가 및 뜻풀이 수정

표제항	수정 전	수정 후
여쭤보다, 여쭈어보다		• 표제어 추가 '물어보다'의 높임말: '여쭈어보다', '여쭈어보다'의 준말: '여쭤보다'
상, 하	의존 명사와 접미사로 기능	접미사로만 기능
으로써		• 뜻풀이 추가 (주로 '-ㅁ/-음' 뒤에 붙어) 어떤 일의 이유를 나타내는 격 조사. 예 감금죄는 다른 사람의 신체적 활동의 자유를 제한함으로써 성립하는 범죄이다.
드리다	'주다'의 높임말	• 뜻풀이 수정 ※ 보조 용언 '-주다'와 결합한 단어가 사전에 등재되어 있는 경우, 이에 대응하는 '-드리다'가 합성어로 등재되지 않았더라도 앞말에 붙여 쓴다.
이보십시오*		• 표제어 추가 듣는 이를 부를 때 쓰는 감탄사. 합쇼할 자리에 쓴다. 예 이보십시오! 여긴 제자린데요.
미망인	아직 따라 죽지 못한 사람이란 뜻으로, 남편이 죽고 홀로 남은 여자를 이르는 말	• 뜻풀이 수정 남편을 여읜 여자 ※ 아직 따라 죽지 못한 사람이란 뜻으로, 다른 사람이 당사자를 미망인이라고 부르는 것은 실례가 된다.

* '이보십시오'의 표제어 추가에 따라 '이보세요', '이보쇼', '이보시게', '이봅시오', '이봐요' 등도 함께 등재됨

※ '-너라'가 명령을 나타내는 종결 어미로 인정됨으로써 '-너라' 불규칙이 사라짐

㉡ 품사 수정

표제항	수정 전	수정 후
잘생기다	형용사	동사
잘나다	형용사	동사
못나다	형용사	동사
낡다[01]	형용사	동사
못생기다	형용사	동사
빠지다[02]	보조 형용사	보조 동사
생기다	보조 형용사	보조 동사
터지다	보조 형용사	보조 동사

※ 형용사의 어간에 '-었-'이 결합하면 '과거'의 의미가 드러나는데, 위 용언들은 '현재 상태'의 의미를 드러내기 때문에 품사를 '동사'로 수정함

㉢ 발음 수정

표제항	수정 전	수정 후
관건[02]	[관건]	[관건/관껀]
불법[01]	[불법]	[불법/불뻡]
강약	[강약]	[강약/강냑]
교과[01]	[교:과]	[교:과/교:꽈]
반값	[반:갑]	[반:갑/반:깝]
분수[06]	[분쑤]	[분쑤/분수]
안간힘	[안깐힘]	[안깐힘/안간힘]
인기척	[인끼척]	[인끼척/인기척]
점수[06]	[점쑤]	[점쑤/점수]
함수[04]	[함:쑤]	[함:쑤/함:수]
효과[01]	[효:과]	[효:과/효:꽈]
감언이설	[가먼니설]	[가먼니설/가머니설]
괴담이설	[괴:담니설/궤:담니설]	[괴:담니설/궤:다미설]
밤이슬	[밤니슬]	[밤니슬/바미슬]
연이율	[연니율]	[연니율/여니율]
영영[01]	[영:영]	[영:영/영:녕]
의기양양	[의:기양양]	[의:기양양/의:기양냥]
순이익	[순니익]	[순니익/수니익]

⑥ 추가 표준어6: 2018년 사전 주요 개정 내용

표제항	뜻풀이 수정 전	뜻풀이 수정 후
꺼림직이	『북한어』'꺼림칙이'의 북한어	꺼림칙이
꺼림직하다	① 꺼림칙하다. ② 『북한어』'꺼림칙하다'의 북한어	꺼림칙하다.
꺼림칙스럽다	보기에 거리끼어 언짢은 데가 있다.	보기에 꺼림칙한 데가 있다.
꺼림칙이	매우 꺼림하게	마음에 걸려서 언짢고 싫은 느낌이 있게 ≒ 꺼림직이
꺼림칙하다	매우 꺼림하다. ≒ 께름칙하다.	마음에 걸려서 언짢고 싫은 느낌이 있다. ≒ 꺼림직하다.
꺼림하다	마음에 걸려 언짢은 느낌이 있다. ≒ 께름하다.	마음에 걸려서 언짢은 느낌이 있다.
께름직하다	① 꺼림칙하다. ② 『북한어』 조금 께름하다.	께름칙하다.
께름칙하다	꺼림칙하다.	마음에 걸려서 언짢고 싫은 느낌이 꽤 있다. ≒ 께름직하다.
께름하다	꺼림하다.	마음에 걸려서 언짢은 느낌이 꽤 있다.
추어올리다	① 위로 끌어 올리다. ② 실제보다 높여 칭찬하다. ≒추어주다.	① 옷이나 물건, 신체 일부 따위를 위로 가뜬하게 올리다. ≒ 추켜올리다[01], 치켜올리다[01] ② 실제보다 과장되게 칭찬하다. ≒ 추어주다, 추켜올리다[02], 치켜올리다[02]
추켜세우다	• ① 위로 치올리어 세우다. ② 치켜세우다.[02] • ① 『북한어』 잘 안되고 있는 일을 잘되는 상태로 올려세우다. ② 『북한어』'추어올리다[02]'의 북한어	① 치켜세우다[01] ② 치켜세우다[02] ③ 『북한어』 잘 안되고 있는 일을 잘되는 상태로 올려세우다.
추켜올리다	① 옷이나 물건, 신체 일부 따위를 위로 가뜬하게 올리다. ② 실제보다 과장되게 칭찬하다.	① 추어올리다[01] ② 추어올리다[02]
치켜세우다	① 옷깃이나 눈썹 따위를 위쪽으로 올리다. ② 정도 이상으로 크게 칭찬하다.	① 옷깃이나 신체 일부 따위를 위로 가뜬하게 올려 세우다. ≒ 추켜세우다[01] ② 정도 이상으로 크게 칭찬하다. ≒ 추켜세우다[02]
치켜올리다	『북한어』 ① '추켜올리다[01]'의 북한어 ② '추어올리다'의 북한어	① 추어올리다[01] ② 추어올리다[02]

⑦ 추가 표준어7: 2019년 사전 주요 개정 내용

표제항	수정 전	수정 후	비고
까다롭다	까다-롭다	까다롭다	표제어 수정
꿈같다	① 세월이 덧없이 빠르다. ②【…이】 덧없고 허무하다.	① 세월이 덧없이 빠르다. ②【…이】 덧없고 허무하다. ③ 매우 좋아서 현실이 아닌 것 같다.	뜻풀이 추가
-디[07]	(일부 형용사 어간 뒤에 붙어)	(일부 용언의 어간 뒤에 붙어)	문법 정보 수정
막[07]	(일부 동사 앞에 붙어) '주저없이', '함부로'의 뜻을 더하는 접두사 예 막가다, 막거르다, 막보다, 막살다*		뜻풀이 삭제
무단[02]	無斷	無斷/無端	원어 수정
보편	두루 널리 미침.	모든 것에 두루 미치거나 통함. 또는 그런 것. 「비슷한말」 일반[02](一般) 「반대말」 특수[02](特殊)	뜻풀이 수정
복어	-	복魚	원어 수정
비견하다	낫고 못할 것이 없이 정도가 서로 비슷하게 하다. 앞서거나 뒤서지 않고 어깨를 나란히 한다는 뜻에서 나온 말이다.	서로 비슷한 위치에서 견주다. 또는 견주어지다.	뜻풀이 수정
비견하다	【…에/에게】 【 …과】	【(…을) …과】 【(…을) …에】	문형 정보 수정
아[09]	(사람이나 동물 따위를 나타내는 받침 있는 체언 뒤에 붙어)	(받침 있는 체언 뒤에 붙어)	문법 정보 수정
애태우다	애타다.		뜻풀이 삭제
야[12]	(사람이나 동물 따위를 나타내는 받침 없는 체언 뒤에 붙어)	(받침 없는 체언 뒤에 붙어)	문법 정보 수정
유도장애	유도^장애	유도^장해	표제어 수정
이시여	(사람이나 동물 따위를 나타내는 받침 있는 체언 뒤에 붙어)	(받침 있는 체언 뒤에 붙어)	문법 정보 수정

* '막가다, 막거르다, 막보다, 막살다' 등은 이제 파생어가 아니라 합성어로 판단해야 한다.

⑧ 추가 표준어8: 2020년 1, 2분기 사전 주요 개정 내용

표제항	수정 전	수정 후	비고
강[21]	(몇몇 명사 앞에 붙어) '억지스러운'의 뜻을 더하는 접두사	① (몇몇 명사 앞에 붙어) '억지스러운'의 뜻을 더하는 접두사 ② (몇몇 동사 또는 형용사 앞에 붙어) '몹시'의 뜻을 더하는 접두사 예 강마르다/강밭다/강파리하다	• 뜻풀이 추가 • 용례 수정
순환	順煥	順換	원어 수정
신춘	겨울을 보내고 맞이하는 첫봄=새봄	① 겨울을 보내고 맞이하는 첫봄=새봄 ② 새로 시작되는 해=새해	뜻풀이 추가
연도[01]	사무나 회계 결산 따위의 처리를 위하여 편의상 구분한 일 년 동안의 기간. 또는 앞의 말에 해당하는 그해	① 사무나 회계 결산 따위의 처리를 위하여 편의상 구분한 일 년 동안의 기간. 또는 앞의 말에 해당하는 그해 ② (흔히 일부 명사 뒤에 쓰여) 앞말이 이루어진 특정한 해의 뜻을 나타내는 말 예 1차 연도/졸업 연도/제작 연도	뜻풀이 추가
특정하다	「형용사」 (주로 '특정한' 꼴로 쓰여) 특별히 정하여져 있다.	[Ⅰ]「형용사」 (주로 '특정한' 꼴로 쓰여) 특별히 정하여져 있다. [Ⅱ]「동사」【…을】 구체적으로 명확히 지정하다.	뜻풀이 추가

2 표준 발음법

표준 발음법은 육군부사관 시험에서 자주 출제되는 문제 유형은 아니다. 하지만 규정들을 알아 두면 문제에 적용하기 가장 쉬운 어문 규정임과 동시에 다른 문법적인 요소들을 이해하기 위한 기본적인 지식이 될 수 있으므로, 정리하는 것을 추천한다.

(1) 표준 발음법

[제1항] 표준 발음법은 표준어의 실제 발음을 따르되, 국어의 전통성과 합리성을 고려하여 정함을 원칙으로 한다.

(2) 자음과 모음

[제2항] 표준어의 자음은 다음 19개로 한다.: ㄱ, ㄲ, ㄴ, ㄷ, ㄸ, ㄹ, ㅁ, ㅂ, ㅃ, ㅅ, ㅆ, ㅇ, ㅈ, ㅉ, ㅊ, ㅋ, ㅌ, ㅍ, ㅎ

[제3항] 표준어의 모음은 다음 21개로 한다.: ㅏ, ㅐ, ㅑ, ㅒ, ㅓ, ㅔ, ㅕ, ㅖ, ㅗ, ㅘ, ㅙ, ㅚ, ㅛ, ㅜ, ㅝ, ㅞ, ㅟ, ㅠ, ㅡ, ㅢ, ㅣ

참고 사전 순서를 찾는 문제가 출제된 적이 있다. 자음과 모음의 순서는 필히 암기해 두는 것이 좋다.

[제4항] 'ㅏ, ㅐ, ㅓ, ㅔ, ㅗ, ㅚ, ㅜ, ㅟ, ㅡ, ㅣ'는 단모음으로 발음한다.
[붙임] 'ㅚ, ㅟ'는 이중 모음으로 발음할 수 있다. 예 금괴[금괴/금궤]

[제5항] 'ㅑ, ㅒ, ㅕ, ㅖ, ㅘ, ㅙ, ㅛ, ㅝ, ㅞ, ㅠ, ㅢ'는 이중 모음으로 발음한다.
다만 1. 용언의 활용형에 나타나는 '져, 쪄, 쳐'는 [저, 쩌, 처]로 발음한다. 예 가지어→가져[가저]
다만 2. '예, 례' 이외의 'ㅖ'는 [ㅔ]로도 발음한다. 예 지혜[지혜/지헤], 혜택[혜:택/헤:택]
다만 3. 자음을 첫소리로 가지고 있는 음절의 'ㅢ'는 [ㅣ]로 발음한다. 예 늴리리[닐리리], 무늬[무니]
다만 4. 단어의 첫음절 이외의 '의'는 [ㅣ], 조사 '의'는 [ㅔ]로 발음함도 허용한다. 예 주의[주의/주이]

참고 '의' 발음

- 자음 + 'ㅢ': [ㅣ]
- 의:
  - 단어의 첫 음절인 경우: [ㅢ]
  - 단어의 첫 음절이 아닌 경우: [ㅢ/ㅣ]
  - 조사: [ㅢ/ㅔ]

(3) 음의 길이

[제6항] 모음의 장단을 구별하여 발음하되, 단어의 첫음절에서만 긴소리가 나타나는 것을 원칙으로 한다.
예 눈보라[눈:보라] / 말씨[말:씨] / 밤나무[밤:나무] / 많다[만:타] / 멀리[멀:리] / 벌리다[벌:리다] / 첫눈[천눈] / 참말[참말] / 쌍동밤[쌍동밤] / 수많이[수:마니] / 눈멀다[눈멀다] / 떠벌리다[떠벌리다]
다만, 합성어의 경우에는 둘째 음절 이하에서도 분명한 긴소리를 인정한다.
예 반신반의[반:신바:늬 / 반:신바:니] / 재삼재사[재:삼재:사]
[붙임] 용언의 단음절 어간에 어미 '-아/-어'가 결합되어 한 음절로 축약되는 경우에도 긴소리로 발음한다.
예 보아 → 봐[봐:] / 기어 → 겨[겨:] / 되어 → 돼[돼:] / 두어 → 둬[둬:] / 하여 → 해[해:]
다만, '오아 → 와, 지어 → 져, 찌어 → 쪄, 치어 → 쳐' 등은 긴소리로 발음하지 않는다.

(4) 받침의 발음

① 음절의 끝소리 규칙

[제8항] 받침소리로는 'ㄱ, ㄴ, ㄷ, ㄹ, ㅁ, ㅂ, ㅇ'의 7개 자음만 발음한다.

참고 음절의 끝소리 규칙

- 제8항은 학교 문법에서 '음절의 끝소리 규칙' 혹은 '대표음 법칙'이라고 부르는 규정이다.
- 국어에서는 모든 자음을 받침으로 쓸 수 있지만, 발음은 7개의 자음으로만 한다.

[제9항] 받침 'ㄲ, ㅋ', 'ㅅ, ㅆ, ㅈ, ㅊ, ㅌ', 'ㅍ'은 어말 또는 자음 앞에서 각각 대표음 [ㄱ, ㄷ, ㅂ]으로 발음한다.
예 닦다[닥따], 키읔[키윽], 옷[옫], 있다[읻따], 젖[젇], 쫓다[쫃따], 솥[솓], 앞[압]

[제10항] 겹받침 'ㄳ', 'ㄵ', 'ㄼ, ㄽ, ㄾ', 'ㅄ'은 어말 또는 자음 앞에서 각각 [ㄱ, ㄴ, ㄹ, ㅂ]으로 발음한다.

예 넋[넉], 앉다[안따], 여덟[여덜], 외곬[외골], 핥다[할따], 없다[업:따]

다만, '밟-'은 자음 앞에서 [밥]으로 발음하고, '넓-'은 다음과 같은 경우에 [넙]으로 발음한다.

예 밟다[밥:따], 밟소[밥:쏘], 밟지[밥:찌], 밟는[밥:는 → 밤:는], 밟게[밥:께], 밟고[밥:꼬], 넓-죽하다[넙쭈카다], 넓-둥글다[넙뚱글다]

[제11항] 겹받침 'ㄺ, ㄻ, ㄿ'은 어말 또는 자음 앞에서 각각 [ㄱ, ㅁ, ㅂ]으로 발음한다.

예 닭[닥], 흙과[흑꽈], 맑다[막따], 늙지[늑찌], 삶[삼:], 젊다[점:따], 읊고[읍꼬], 읊다[읍따]

다만, 용언의 어간 말음 'ㄺ'은 'ㄱ' 앞에서 [ㄹ]로 발음한다.

예 맑게[말께], 묽고[물꼬], 얽거나[얼꺼나]

참고 겹받침의 발음

① 대부분의 겹받침은 앞의 자음이 발음된다. 예 ㄳ→ㄱ, ㄵ→ㄴ, ㄼ/ㄽ/ㄾ→ㄹ

② 예외

- 앞 또는 뒤가 발음되는 경우
  - ㄺ
    - 대부분 'ㄱ'으로 발음 예 닭[닥], 맑다[막따]
    - 용언의 활용형에서 뒤에 오는 어미가 'ㄱ'이면 'ㄹ'로 발음 예 맑고[말꼬]
  - ㄼ
    - 대부분 'ㄹ'로 발음 예 넓다[널따]
    - '밟다'와 그 활용형, '넓-'으로 시작되는 복합어는 예외적으로 'ㅂ'으로 발음 예 밟다[밥따], 넓-죽하다[넙쭈카다], 넓-둥글다[넙뚱글다]
- 뒤가 발음되는 경우
  - ㄿ: 'ㅍ'이 남지만, 음절의 끝소리 규칙으로 인해 'ㅂ'으로 발음 예 읊다[읍따]
  - ㄻ: 'ㅁ'으로 발음 예 삶[삼]

[제12항] 받침 'ㅎ'의 발음은 다음과 같다.

1. 'ㅎ(ㄶ, ㅀ)' 뒤에 'ㄱ, ㄷ, ㅈ'이 결합되는 경우에는, 뒤 음절 첫소리와 합쳐서 [ㅋ, ㅌ, ㅊ]으로 발음한다. 예 놓고[노코], 좋던[조:턴], 쌓지[싸치], 많고[만:코], 않던[안턴], 닳지[달치]

   [붙임 1] 받침 'ㄱ(ㄺ), ㄷ, ㅂ(ㄼ), ㅈ(ㄵ)'이 뒤 음절 첫소리 'ㅎ'과 결합되는 경우에도, 역시 두 음을 합쳐서 [ㅋ, ㅌ, ㅍ, ㅊ]으로 발음한다. 예 각하[가카], 먹히다[머키다]

   [붙임 2] 규정에 따라 'ㄷ'으로 발음되는 'ㅅ, ㅈ, ㅊ, ㅌ'의 경우에도 이에 준한다.
   예 옷 한 벌[오탄벌]

2. 'ㅎ(ㄶ, ㅀ)' 뒤에 'ㅅ'이 결합되는 경우에는, 'ㅅ'을 [ㅆ]으로 발음한다.
   예 닿소[다쏘], 많소[만:쏘], 싫소[실쏘]

3. 'ㅎ' 뒤에 'ㄴ'이 결합되는 경우에는, [ㄴ]으로 발음한다. 예 놓는[논는], 쌓네[싼네]

   [붙임] 'ㄶ, ㅀ' 뒤에 'ㄴ'이 결합되는 경우에는, 'ㅎ'을 발음하지 않는다. 예 않네[안네], 않는[안는]

4. 'ㅎ(ㄶ, ㅀ)' 뒤에 모음으로 시작된 어미나 접미사가 결합되는 경우에는, 'ㅎ'을 발음하지 않는다.
   예 낳은[나은], 놓아[노아], 쌓이다[싸이다], 많아[마:나], 않은[아는], 닳아[다라]

참고 'ㅎ'의 발음

① ㄱ, ㄷ, ㅂ, ㅈ + ㅎ = ㅋ, ㅌ, ㅍ, ㅊ(자음축약)
② 받침 ㅎ + ㅅ = ㄷ + ㅆ(음절의 끝소리 규칙 + 된소리되기)
③ 받침 ㅎ + 'ㄴ'으로 시작되는 어미 = ㄴ(←ㄷ) + ㄴ(음절의 끝소리 규칙 + 비음화)
④ 받침 ㅎ + 모음으로 시작되는 어미나 접미사(형식 형태소) = ㅎ 탈락

② 연음 현상

[제13항] 홑받침이나 쌍받침이 모음으로 시작된 조사나 어미, 접미사와 결합되는 경우에는, 제 음가대로 뒤 음절 첫소리로 옮겨 발음한다.

예 깎아[까까], 옷이[오시], 있어[이써], 낮이[나지], 꽂을[꼬즐], 밭에[바테], 앞으로[아프로]

[제14항] 겹받침이 모음으로 시작된 조사나 어미, 접미사와 결합되는 경우에는, 뒤엣것만을 뒤 음절 첫소리로 옮겨 발음한다.(이 경우 'ㅅ'은 된소리로 발음함)

예 넋이[넉씨], 앉아[안자], 닭을[달글], 젊어[절머], 곬이[골씨], 핥아[할타], 없어[업:써]

[제15항] 받침 뒤에 모음 'ㅏ, ㅓ, ㅗ, ㅜ, ㅟ' 들로 시작되는 실질 형태소가 연결되는 경우에는, 대표음으로 바꾸어서 뒤 음절 첫소리로 옮겨 발음한다.

예 밭 아래[바다래], 늪 앞[느밥], 젖어미[저더미], 맛없다[마덥따], 겉옷[거돋], 헛웃음[허두슴], 꽃위[꼬뒤]

다만, '맛있다, 멋있다'는 [마싣따], [머싣따]로도 발음할 수 있다.

[붙임] 겹받침의 경우에는, 그중 하나만을 옮겨 발음한다.

예 넋 없다[너겁따], 닭 앞에[다가페], 값어치[가버치]*, 값있는[가빈는]

* 값어치의 '-어치'는 접미사임에도 불구하고 연음이 되지 않고 겹받침 중 하나가 탈락한다는 점에서 예외적이다. 현재의 국어사전에서는 '-어치'를 접미사로 규정하지만, 역사적으로 보면 실질 형태소로 기능했을 가능성이 크다. 이런 이유로 '값어치'에서는 연음이 일어나지 않는 것으로 보인다.

하나 더 알아보기! 연음 법칙

연음 법칙이란 자음으로 끝나는 음절에 모음으로 시작되는 형식 형태소가 이어질 때 앞 음절의 끝소리가 뒤 음절의 첫소리가 되는 음운 규칙을 말한다.

제13항과 제14항은 뒤에 오는 '모음으로 시작된 조사나 어미, 접미사', 즉 형식 형태소가 오면 받침 혹은 겹받침의 경우 뒤의 자음이 뒤로 옮겨 발음됨을 뜻하는 규정이다. 여기서 형식 형태소란 의미가 없는 형태소로 조사인 '이', 어미 '-어/-아' 등을 의미한다. 예를 들어 '옷이'에서 '이'는 형식 형태소이므로 받침인 'ㅅ'이 그대로 옮겨 [오시]로 발음되는 것이다.

제15항은 실질 형태소, 즉 의미가 있는 형태소가 올 경우에는 대표음으로 바꾸어 뒤로 옮긴다는 것으로, '겉옷'의 경우 '옷'이 의미가 있는 단어이므로 '겉'의 'ㅌ'을 그대로 옮겨 발음하면 안 된다. 'ㅌ'을 대표음인 'ㄷ'으로 바꾸어 옮겨야 하므로 [거돋]으로 발음해야 한다(= 실질 형태소). 여기서 실수하지 말아야 하는 것은 '옷'의 'ㅅ'도 잊지 말고 대표음화하여 'ㄷ'으로 바꿔 주어야 한다는 것이다.

[제16항] 한글 자모의 이름은 그 받침소리를 연음하되, 'ㄷ, ㅈ, ㅊ, ㅋ, ㅌ, ㅍ, ㅎ'의 경우에는 특별히 다음과 같이 발음한다.

예 디귿이[디그시], 디귿을[디그슬], 디귿에[디그세], 지읒이[지으시], 지읒을[지으슬], 지읒에[지으세], 치읓이[치으시], 치읓을[치으슬], 치읓에[치으세], 키읔이[키으기], 키읔을[키으글], 키읔에[키으게], 티읕이[티으시], 티읕을[티으슬], 티읕에[티으세], 피읖이[피으비], 피읖을[피으블], 피읖에[피으베], 히읗이[히으시], 히읗을[히으슬], 히읗에[히으세]

(5) 음의 동화

① 구개음화 현상

[제17항] 받침 'ㄷ, ㅌ(ㄾ)'이 조사나 접미사의 모음 'ㅣ'와 결합되는, 경우에는 [ㅈ, ㅊ]으로 바꾸어서 뒤 음절 첫소리로 옮겨 발음한다.

예 곧이듣다[고지듣따], 굳이[구지], 미닫이[미:다지], 땀받이[땀바지], 밭이[바치], 벼훑이[벼훌치]

[붙임] 'ㄷ' 뒤에 접미사 '히'가 결합되어 '티'를 이루는 것은 [치]로 발음한다.

예 굳히다[구치다], 닫히다[다치다], 묻히다[무치다]

참고 구개음화

제17항은 학교 문법에서 '구개음화'로 부르는 규정으로, 'ㄷ, ㅌ + ㅣ = ㅈ, ㅊ'이 되는 현상을 말한다. 여기서 잊지 말아야 할 것은 'ㅣ' 모음이 형식 형태소여야 한다는 것과 단일어와 합성어에서는 일어나지 않는다는 것이다. '잔디'의 경우 'ㄷ'과 'ㅣ'가 만나는 것은 같지만 구개음화는 일어나지 않는다.

② 자음동화 현상

[제18항] 받침 'ㄱ(ㄲ, ㅋ, ㄳ, ㄺ), ㄷ(ㅅ, ㅆ, ㅈ, ㅊ, ㅌ, ㅎ), ㅂ(ㅍ, ㄼ, ㄿ, ㅄ)'은 'ㄴ, ㅁ' 앞에서 [ㅇ, ㄴ, ㅁ]으로 발음한다.

예 먹는[멍는], 국물[궁물], 몫몫이[몽목씨], 맞는[만는], 쫓는[쫀는], 앞마당[암마당], 밟는[밤:는]

[붙임] 두 단어를 이어서 한 마디로 발음하는 경우에도 이와 같다.

예 책 넣는다[챙넌는다], 흙 말리다[흥말리다]

[제19항] 받침 'ㅁ, ㅇ' 뒤에 연결되는 'ㄹ'은 [ㄴ]으로 발음한다.

예 담력[담:녁], 침략[침:냑], 강릉[강능], 항로[항:노], 대통령[대:통녕]

[붙임] 받침 'ㄱ, ㅂ' 뒤에 연결되는 'ㄹ'도 [ㄴ]으로 발음한다.

예 막론[막논 → 망논], 석류[석뉴 → 성뉴], 협력[협녁 → 혐녁], 법리[법니 → 범니]

참고 비음화

제18항과 제19항은 비음화에 대한 규정이다. 비음화는 자음동화의 하나로, 비음이 아닌 음이 비음을 만나 비음으로 바뀌는 현상을 말한다. 여기서 비음은 'ㅇ, ㄴ, ㅁ'을 이른다.

① ㄱ, ㄷ, ㅂ + ㄴ, ㅁ = ㅇ, ㄴ, ㅁ + ㄴ, ㅁ
② ㅁ, ㅇ + ㄹ = ㅁ, ㅇ + ㄴ
③ ㄱ, ㅂ + ㄹ = ㅇ, ㅁ + ㄴ

[제20항] 'ㄴ'은 'ㄹ'의 앞이나 뒤에서 [ㄹ]로 발음한다.

예 난로[날:로], 신라[실라], 대관령[대:괄령], 줄넘기[줄럼끼], 할는지[할른지]

[붙임] 첫소리 'ㄴ'이 'ㅀ', 'ㄾ' 뒤에 연결되는 경우에도 이에 준한다.

예 닳는[달른], 뚫는[뚤른], 핥네[할레]

다만, 다음과 같은 단어들은 'ㄹ'을 [ㄴ]으로 발음한다.

예 의견란[의:견난], 임진란[임:진난], 생산량[생산냥], 결단력[결딴녁], 공권력[공꿘녁], 동원령[동:원녕], 상견례[상견녜], 횡단로[횡단노], 이원론[이:원논], 입원료[이붠뇨], 구근류[구근뉴]

참고 유음화

제20항은 유음화에 대한 규정이다. 유음화는 일정한 음운론적 환경에서 'ㄴ'이 유음 'ㄹ'의 영향 때문에 유음 'ㄹ'로 동화되는 현상을 말하는데, 필수적 현상이 아닌 수의적 현상으로 예외가 있으므로 꼭 확인하도록 하자. 더불어 국어에서는 자음 중 비음(ㅇ, ㄴ, ㅁ) 및 유음(ㄹ)과 모음을 아울러 '울림소리'라고 부른다.

[제22항] 다음과 같은 용언의 어미는 [어]로 발음함을 원칙으로 하되, [여]로 발음함도 허용한다.

예 되어[되어/되여], 피어[피어/피여]

[붙임] '이오, 아니오'도 이에 준하여 [이요, 아니요]로 발음함을 허용한다.

(6) 경음화

[제23항] 받침 'ㄱ(ㄲ, ㅋ, ㄳ, ㄺ), ㄷ(ㅅ, ㅆ, ㅈ, ㅊ, ㅌ), ㅂ(ㅍ, ㄼ, ㄿ, ㅄ)' 뒤에 연결되는 'ㄱ, ㄷ, ㅂ, ㅅ, ㅈ'은 된소리로 발음한다.

예 국밥[국빱], 깎다[깍따], 넋받이[넉빠지], 닭장[닥짱], 뻗대다[뻗때다], 옷고름[옫꼬름], 있던[읻떤], 꽂고[꼳꼬], 꽃다발[꼳따발], 덮개[덥깨], 옆집[엽찝], 넓죽하다[넙쭈카다], 읊조리다[읍쪼리다], 값지다[갑찌다]

[제24항] 어간 받침 'ㄴ(ㄵ), ㅁ(ㄻ)' 뒤에 결합되는 어미의 첫소리 'ㄱ, ㄷ, ㅅ, ㅈ'은 된소리로 발음한다.

예 신고[신:꼬], 껴안다[껴안따], 앉고[안꼬], 얹다[언따], 삼고[삼:꼬], 더듬지[더듬찌], 닮고[담:꼬], 젊지[점:찌]

다만, 피동, 사동의 접미사 '-기-'는 된소리로 발음하지 않는다.

예 안기다[안기다], 감기다[감기다]

[제25항] 어간 받침 'ㄼ, ㄾ' 뒤에 결합되는 어미의 첫소리 'ㄱ, ㄷ, ㅅ, ㅈ'은 된소리로 발음한다.

예 넓게[널께], 핥다[할따], 훑소[훌쏘], 떫지[떨:찌]

[제26항] 한자어에서 'ㄹ' 받침 뒤에 연결되는 'ㄷ, ㅅ, ㅈ'은 된소리로 발음한다.

예 갈등[갈뜽], 말살[말쌀], 갈증[갈쯩], 몰상식[몰쌍식]

다만, 같은 한자가 겹쳐진 단어의 경우에는 된소리로 발음하지 않는다.

예 허허실실[허허실실](虛虛實實), 절절-하다[절절하다](切切-)

[제27항] 관형사형 '-(으)ㄹ' 뒤에 연결되는 'ㄱ, ㄷ, ㅂ, ㅅ, ㅈ'은 된소리로 발음한다. 예 할 것을[할꺼슬]

다만, 끊어서 말할 적에는 예사소리로 발음한다.

[붙임] '-(으)ㄹ'로 시작되는 어미의 경우에도 이에 준한다. 예 할걸[할껄], 할밖에[할빠께]

[제28항] 표기상으로는 사이시옷이 없더라도, 관형격 기능을 지니는 사이시옷이 있어야 할(휴지가 성립되는) 합성어의 경우에는, 뒤 단어의 첫소리 'ㄱ, ㄷ, ㅂ, ㅅ, ㅈ'을 된소리로 발음한다.

예 문-고리[문꼬리], 눈-동자[눈똥자], 신-바람[신빠람], 산-새[산쌔], 손-재주[손째주], 길-가[길까]

참고 경음화와 사잇소리 현상

경음화	사잇소리 현상
• 안울림소리 + 안울림소리 • 어간 받침 'ㄴ, ㅁ'(겹받침, 홑받침) + 안울림소리 • 어간 받침(겹받침), 한자어, 관형사형 'ㄹ' + 안울림소리 • 필수적 현상에 해당함	• 울림소리(모음) + 안울림 예사소리 • 반드시 합성어에서만 일어남 • 수의적 현상에 해당함

(7) 음의 첨가

[제29항] 합성어 및 파생어에서, 앞 단어나 접두사의 끝이 자음이고 뒤 단어나 접미사의 첫음절이 '이, 야, 여, 요, 유'인 경우에는, 'ㄴ' 음을 첨가하여 [니, 냐, 녀, 뇨, 뉴]로 발음한다.

예 솜-이불[솜:니불], 홑-이불[혼니불], 막-일[망닐], 삯-일[상닐], 신-여성[신녀성], 직행열차[지캥녈차], 늑막염[능망념], 식용유[시공뉴], 백분-율[백뿐뉼]

다만, 다음과 같은 말들은 'ㄴ' 음을 첨가하여 발음하되, 표기대로 발음할 수 있다.

예 이죽-이죽[이중니죽/이주기죽], 야금-야금[야금냐금/야그먀금], 검열[검:녈/거:멸], 욜랑-욜랑[욜랑뇰랑/욜랑욜랑], 금융[금늉/그뮹]

[붙임 1] 'ㄹ' 받침 뒤에 첨가되는 'ㄴ' 음은 [ㄹ]로 발음한다. 예 들-일[들:릴], 물-약[물략]

[붙임 2] 두 단어를 이어서 한 마디로 발음하는 경우에도 이에 준한다.

예 한 일[한닐], 옷 입다[온닙따], 서른여섯[서른녀섣], 먹은 엿[머근녇], 잘 입다[잘립따]

다만, 다음과 같은 단어에서는 'ㄴ(ㄹ)' 음을 첨가하여 발음하지 않는다.

예 6·25[유기오], 3·1절[사밀쩔], 송별-연[송:벼련], 등-용문[등용문]

참고 'ㄴ' 첨가

합성어, 파생어(받침O) + 'ㅣ' 모음 계열(이, 야, 여, 요, 유) → [니, 냐, 녀, 뇨, 뉴]

※ 'ㄴ' 첨가 현상은 한자어의 경우, 예외가 많으므로 각각 사전에 등재된 발음을 확인해야 한다.

예 몰인정[모린정], 독약[도갹], 한국인[한:구긴]

참고 소리의 첨가가 일어나지 않는 단어

육군부사관 시험에서는 사전을 확인해야 할 정도의 단어는 출제된 적이 없지만 소리의 첨가가 일어나지 않는 단어들을 정리하면 다음과 같다.

예 금연[그:면], 담임[다밈], 굴욕[구룍], 선열[서녈], 촬영[촤령], 탈영[타령], 활용[화룡], 월요일[워료일], 분열[부녈]

[제30항] 사이시옷이 붙은 단어는 다음과 같이 발음한다.

1. 'ㄱ, ㄷ, ㅂ, ㅅ, ㅈ'으로 시작하는 단어 앞에 사이시옷이 올 때는 이들 자음만을 된소리로 발음하는 것을 원칙으로 하되, 사이시옷을 [ㄷ]으로 발음하는 것도 허용한다.
   예 냇가[내:까/낻:까], 샛길[새:낄/샏:낄]
2. 사이시옷 뒤에 'ㄴ, ㅁ'이 결합되는 경우에는 [ㄴ]으로 발음한다. 예 콧날[콛날 → 콘날]
3. 사이시옷 뒤에 '이' 음이 결합되는 경우에는 [ㄴㄴ]으로 발음한다.
   예 베갯잇[베갠닏 → 베갠닏], 깻잎[깯닙 → 깬닙]

참고 사이시옷의 발음

① 명사와 명사 사이에 된소리가 날 경우 발음이 2개 인정됨 예 냇가[내까/낻까]

② 사이시옷 + ㄴ, ㅁ = ㅅ → ㄴ 예 아랫니[아랜니]

③ 사이시옷 + 이 = ㄴ + ㄴ 예 나뭇잎[나문닙]

사잇소리 현상으로 인한 '사이시옷' 표기에 대한 규정은 한글 맞춤법 제30항에서 좀 더 자세히 학습할 수 있다.

3 한글 맞춤법 자주 나오는 이론

(1) 소리에 관한 것

① 된소리

[제5항] 한 단어 안에서 뚜렷한 까닭 없이 나는 된소리는 다음 음절의 첫소리를 된소리로 적는다.

1. 두 모음 사이에서 나는 된소리 예 소쩍새, 어깨, 오빠, 으뜸, 아끼다, 기쁘다, 깨끗하다

2. 'ㄴ, ㄹ, ㅁ, ㅇ' 받침 뒤에서 나는 된소리 예 산뜻하다, 잔뜩, 살짝, 훨씬, 담뿍, 움찔, 몽땅

다만, 'ㄱ, ㅂ' 받침 뒤에서 나는 된소리는, 같은 음절이나 비슷한 음절이 겹쳐 나는 경우가 아니면 된소리로 적지 아니한다. 예 국수, 깍두기, 딱지, 색시, 싹둑, 법석, 갑자기, 몹시

참고 제5항과 제13항

'다만'에서 말한 '같은 음절이나 비슷한 음절이 겹쳐 나는 경우'는 뒤의 제13항에서 확인할 수 있다. 이를 제외하고는 된소리로 적지 않는다.

② 구개음화

[제6항] 'ㄷ, ㅌ' 받침 뒤에 종속적 관계를 가진 '-이(-)'나 '-히-'가 올 적에는 그 'ㄷ, ㅌ'이 'ㅈ, ㅊ'으로 소리 나더라도 'ㄷ, ㅌ'으로 적는다. 예 마지(×) → 맏이(○), 해도지(×) → 해돋이(○), 끄치(×) → 끝이(○), 구지(×) → 굳이(○), 가치(×) → 같이(○)

참고 표준 발음법의 표기

'표준 발음법에 규정된 발음'은 표기에 반영되지 않는다. '표준 발음법'은 어디까지나 '발음'이며, 절대 표기가 될 수 없다는 것이다. 물론 '발음'과 '표기'가 일치하는, 소리 나는 대로 적는 것도 있지만 그렇지 않은 경우가 더 많다. 그러므로 '구개음화, 비음화, 유음화' 등은 표기에 반영되지 않음을 기억해야 한다.

③ 'ㄷ' 소리 받침

[제7항] 'ㄷ' 소리로 나는 받침 중에서 'ㄷ'으로 적을 근거가 없는 것은 'ㅅ'으로 적는다.

예 덧저고리, 돗자리, 엇셈, 웃어른, 핫옷, 무릇, 사뭇, 얼핏, 자칫하면, 뭇[衆], 옛, 첫, 헛

④ 모음

[제8항] '계, 례, 몌, 폐, 혜'의 'ㅖ'는 'ㅔ'로 소리 나는 경우가 있더라도 'ㅖ'로 적는다.

예 계수(桂樹), 혜택(惠澤), 사례(謝禮), 계집, 연몌(連袂), 핑계, 폐품(廢品), 계시다

다만, 다음 말은 본음대로 적는다.

예 게송(偈頌), 게시판(揭示板), 휴게실(休憩室)

⑤ 두음 법칙

[제10항] 한자음 '녀, 뇨, 뉴, 니'가 단어 첫머리에 올 적에는, 두음 법칙에 따라 '여, 요, 유, 이'로 적는다.

예 여자(女子), 유대(紐帶), 연세(年歲), 이토(泥土), 요소(尿素), 익명(匿名)

다만, 다음과 같은 의존 명사에서는 '냐, 녀' 음을 인정한다.

예 냥(兩), 냥쭝(兩-), 년(年)

[붙임 1] 단어의 첫머리 이외의 경우에는 본음대로 적는다.

예 남녀(男女), 당뇨(糖尿), 결뉴(結紐), 은닉(隱匿)

[붙임 2] 접두사처럼 쓰이는 한자가 붙어서 된 말이나 합성어에서, 뒷말의 첫소리가 'ㄴ' 소리로 나더라도 두음 법칙에 따라 적는다.

예 신여성(新女性), 공염불(空念佛), 남존여비(男尊女卑)

[붙임 3] 둘 이상의 단어로 이루어진 고유 명사를 붙여 쓰는 경우에도 붙임 2에 준하여 적는다.

예 한국여자대학, 대한요소비료회사

참고 1 '年'과 '年度'

'년, 년도'가 의존명사라면 '연'과 '연도'는 명사이다.
예 연 강수량, 생산 연도(명사) / 일 년, 2020년도(의존명사)

참고 2 '신년도'와 '구년도'

'신년도'와 '구년도'는 발음이 [신년도], [구:년도]이며 '신년-도', '구년-도'로 분석되는 구조이므로 두음 법칙이 적용되지 않는다.

[제11항] 한자음 '랴, 려, 례, 료, 류, 리'가 단어의 첫머리에 올 적에는, 두음 법칙에 따라 '야, 여, 예, 요, 유, 이'로 적는다. 예 양심(良心), 용궁(龍宮), 역사(歷史), 유행(流行), 예의(禮儀), 이발(理髮)
다만, 모음이나 'ㄴ' 받침 뒤에 이어지는 '렬, 률'은 '열, 율'로 적는다. 예 나열(羅列), 백분율(百分率)

[제12항] 한자음 '라, 래, 로, 뢰, 루, 르'가 단어의 첫머리에 올 적에는, 두음 법칙에 따라 '나, 내, 노, 뇌, 누, 느'로 적는다.

예 낙원(樂園), 뇌성(雷聲), 내일(來日)

[붙임 1] 단어의 첫머리 이외의 경우에는 본음대로 적는다.

예 쾌락(快樂), 극락(極樂), 거래(去來), 왕래(往來)

[붙임 2] 접두사처럼 쓰이는 한자가 붙어서 된 단어는 뒷말을 두음 법칙에 따라 적는다.

예 내내월(來來月), 상노인(上老人), 중노동(重勞動), 비논리적(非論理的)

하나 더 알아보기! 두음 법칙

두음 법칙은 한자음 'ㄴ' 혹은 'ㄹ'이 두음에 올 경우 발음하기 어려우므로 발음하기 쉽도록 고친 것을 표기에 반영한 것이다.

① 두음이 아닐 경우에는 본음대로 적는다. 예 광한루(廣寒樓)(○)/광한누(×), 냉랭(冷冷)하다(○)/냉냉하다(×)

② 파생어의 경우 어근이 독립된 단위로 쓰일 경우에는 첫머리가 아닐 경우에도 두음 법칙을 적용한다.
예 신여성(新女性): '신+여성'(○)/신녀성(×), 공염불(空念佛): '공+염불'(○)/공념불(×)

③ 합성어의 경우 각 어근의 첫 음을 모두 두음으로 적용한다.
예 남존여비(男尊女卑): '남존+여비'(○)/남존녀비(×), 사상누각(沙上樓閣): '사상+누각'(○)/사상루각(×)

④ '고유어, 외래어 + 한자어'의 구성일 경우 한자음을 하나의 어근으로 파악하여 두음 법칙을 적용한다.
반면에 '한자어 + 한자어'의 구성일 경우 단일어로 보아 두음 법칙을 적용하지 않는다.
정리하면, '한자어 + 란(欄), 량(量), 룡(龍), 릉(陵)'이고, '고유어, 외래어 + 난(欄), 양(量), 용(龍), 능(陵)'이다.
예 독자란(讀者欄), 노동량(勞動量), 쌍룡(雙龍), 왕릉(王陵)/가십난, 구름양, 아기용, 아기능

⑤ 예외적 두음 법칙
- 모음이나 'ㄴ' 받침 뒤에 이어지는 '렬/률'은 '열/율'로 적는다. 예 비율, 실패율, 백분율
- 의존 명사는 그 의존성을 고려하여 두음 법칙을 적용하지 않는다. 예 년, 냥
- 관습적으로 발음이 굳어진 경우 그대로 적는다. 예 연연불망, 유유상종, 누누이, 미-립자, 소-립자, 수류탄, 파렴치

⑥ 겹쳐 나는 소리

[제13항] 한 단어 안에서 같은 음절이나 비슷한 음절이 겹쳐 나는 부분은 같은 글자로 적는다.

예 딱딱(○) / 딱닥(×), 쌕쌕(○) / 쌕색(×), 꼿꼿하다(○) / 꼿곳하다(×), 똑딱똑딱(○) / 똑닥똑닥(×), 쓱싹쓱싹(○) / 쓱삭쓱삭(×), 연연불망(戀戀不忘)(○) / 연련불망(×), 씁쓸하다(○) / 씁슬하다(×)

(2) 형태에 관한 것

① 어간과 어미

[제15항] 용언의 어간과 어미는 구별하여 적는다.

예 먹다/먹고/먹어/먹으니, 신다/신고/신어/신으니

[붙임 1] 두 개의 용언이 어울려 한 개의 용언이 될 적에, 앞말의 본뜻이 유지되고 있는 것은 그 원형을 밝히어 적고, 그 본뜻에서 멀어진 것은 밝히어 적지 아니한다.

(1) 앞말의 본뜻이 유지되고 있는 것 예 넘어지다, 늘어나다, 돌아가다, 엎어지다, 흩어지다

(2) 본뜻에서 멀어진 것 예 드러나다, 사라지다, 쓰러지다

[붙임 2] 종결형에서 사용되는 어미 '-오'는 '요'로 소리 나는 경우가 있더라도 그 원형을 밝혀 '오'로 적는다. 예 이것은 책이오(○)/이것은 책이요(×)

[붙임 3] 연결형에서 사용되는 '이요'는 '이요'로 적는다. 예 이것은 책이요, 저것은 붓이요, 또 저것은 먹이다(○)/이것은 책이오, 저것은 붓이오, 또 저것은 먹이다(×)

[제16항] 어간의 끝음절 모음이 'ㅏ, ㅗ'일 때에는 어미를 '-아'로 적고, 그 밖의 모음일 때에는 '-어'로 적는다.

1. '-아'로 적는 경우 예 나아/나아도/나아서, 보아/보아도/보아서
2. '-어'로 적는 경우 예 개어/개어도/개어서, 되어/되어도/되어서

[제17항] 어미 뒤에 덧붙는 조사 '요'는 '요'로 적는다. 예 읽어/읽어요, 참으리/참으리요, 좋지/좋지요

[주요] 제18항은 '불규칙 용언'에 대한 규정이다. 육군부사관 시험에서도 '불규칙 용언'에 대한 문제가 출제된 적이 있으므로 살펴보아야 한다. 다만 확인해야 할 것은 한글 맞춤법과 학교 문법에서의 차이(한글 맞춤법에서는 'ㄹ' 탈락과 'ㅡ' 탈락을 불규칙으로, 학교 문법에서는 규칙으로 보고 있다.)인데, '언어'와 관련된 시험에서는 그 기준을 학교 문법으로 하고 있으므로 본 교재에 정리된 표는 학교 문법을 기준으로 했음을 밝힌다.

1. 규칙 활용: 용언의 활용에서 대부분의 용언은 어간이나 어미의 기본 형태가 유지되거나 달라진다 해도 그 현상을 일정한 규칙으로 설명할 수 있다. 이를 규칙 활용이라 하고, 이러한 용언을 규칙 용언이라 한다.

종류	내용(조건)	용례
'ㄹ' 탈락	어간의 'ㄹ' 받침이 'ㄴ, ㅂ, ㅅ' 및 '-(으)오, -(으)ㄹ' 앞에서 탈락	현재 관형사형 어미: 동사 + '-는'/ 형용사 + '-(으)ㄴ' 날(동사)+는 → 나는(날으는 ×), 팔(동사)+는 → 파는(팔으는 ×), 거칠(형용사)+(으)ㄴ → 거친(거칠은 ×)
'ㅡ' 탈락	모음으로 시작하는 어미 '-어/-아' 앞에서 어간의 'ㅡ'가 탈락	바쁘+아 → 바빠, 담그+아 → 담가(담궈 ×), 치르+어 → 치러(치뤄 ×)

2. 불규칙 활용: 일부의 용언은 어간과 어미의 기본 형태가 유지되지 않을뿐더러 그 현상을 일정한 규칙으로 설명할 수 없다. 이를 불규칙 활용이라 하고, 이러한 용언을 불규칙 용언이라 한다.

• 어간이 바뀌는 경우

종류	내용(조건)	용례	규칙 활용 예
'ㅅ' 불규칙	어간의 끝소리 'ㅅ'이 모음 어미 앞에서 탈락	잇+어 → 이어, 짓+어 → 지어, 붓+어 → 부어, 낫(勝,癒)+아 → 나아	벗어, 씻어
'ㄷ' 불규칙	어간의 끝소리 'ㄷ'이 모음 어미 앞에서 'ㄹ'로 변함	듣+어 → 들어, 걷(步)+어 → 걸어, 묻(問)+어 → 물어, 깨닫+아 → 깨달아, 싣(載)+어 → 실어	묻어(埋), 얻어
'ㅂ' 불규칙	어간의 끝소리 'ㅂ'이 모음 어미 앞에서 '오/우'로 변함	• 곱+아 → 고와, 돕+아 → 도와 • 눕+어 → 누워, 줍+어 → 주워, 덥+어 → 더워, 사납+아 → 사나워	잡아, 뽑아
'르' 불규칙	어간의 끝소리 'ㅡ'가 탈락하면서 'ㄹ'이 덧생김. '르'가 모음 어미 앞에서 'ㄹㄹ'로 변함	흐르+어 → 흘러, 이르+어 → 일러(謂,早), 빠르+아 → 빨라, 부르+어 → 불러	따라, 치러
'우' 불규칙	어간의 끝소리 '우'가 모음 어미 앞에서 탈락	푸+어 → 퍼	주어, 누어

• 어미가 바뀌는 경우

종류	내용(조건)	용례	규칙 활용 예
'여' 불규칙	'하-' 뒤에 오는 어미 '-아/-어'가 '-여'로 변함	공부하+어 → 공부하여, '하다'와 '-하다'가 붙는 모든 용언	파+아 → 파
'러' 불규칙	어간이 '르'로 끝나는 일부 용언에서 어미 '-어'가 '러'로 변함	이르(至)+어 → 이르러, 누르(黃)+어 → 누르러, 노르+어 → 노르러, 푸르+어 → 푸르러	치르+어 → 치러

• 어간과 어미가 바뀌는 경우

종류	내용(조건)	용례	규칙 활용 예
'ㅎ' 불규칙	'ㅎ'으로 끝나는 어간에 '-아/-어'가 오면 어간의 일부인 'ㅎ'이 없어지고 어미도 변함	하얗+아서 → 하얘서, 파랗+아 → 파래	좋+아서 → 좋아서

형용사는 '좋다'를 제외하면 모두 'ㅎ' 불규칙 용언이다. '개정 표준어'로 인해 종결 어미 '-네, -니, -냐'가 붙으면 '하얗네/하야네, 하얗니/하야니, 하얗냐/하야냐'의 형태도 모두 인정되었다.

[주요] 제22항은 사동과 피동 접미사에 대한 규정이다. 관련된 문법 지식과 함께 정리하는 것을 권한다.

1. 사동 표현
   (1) 주동 표현과 사동 표현의 개념
      • 주동 표현: 주어가 동작을 직접 하는 것을 표현한 것 **예** 동생이 책을 읽었다.
      • 사동 표현: 주어가 남에게 동작을 하도록 시키는 것을 표현한 것 **예** 선생님께서 동생에게 책을 읽혔다.
   (2) 사동문을 만드는 방법
      ㉠ 파생적 사동문: 사동 접미사가 결합한 파생어를 통한 사동문이다. 용언의 어간에 사동 접미사인 '-이-, -히-, -리-, -기-, -우-, -구-, -추-, -으키-, -이키-, -애-'와 결합하거나 혹은 '-시키(다)'와 결합하여 만들어진다.

예 동생이(주어) 옷을(목적어) 입었다.(주동: 입-+-었-+-다)

엄마가(새로운 주어) 동생에게(부사어) 옷을(목적어) 입혔다.(사동: 입-+-히-+-었-+-다)

㉡ 통사적 사동문: '-게 하다'와 결합하여 만드는 사동문이다.

예 아이가 밥을 먹었다. → 엄마가 아이에게 밥을 먹게 하다.

(3) 파생적 사동문과 통사적 사동문의 의미 차이

㉠ 어머니가 아이에게 밥을 먹였다: '어머니가 아이에게 직접 밥을 먹였다.'와 '어머니가 아이에게 밥을 먹도록 시켰다'라는 직접과 간접의 의미 모두를 담고 있다. 즉 중의적 표현이 된다.

㉡ 어머니가 아이에게 밥을 먹게 했다: '어머니가 아이에게 밥을 먹도록 시켰다'는 간접 의미만 나타낸다.

(4) 잘못된 사동 표현

사동의 의미가 없는데도 사동 접사를 사용하거나, '-하다'를 쓸 수 있는 곳에 '-시키다'를 사용하여 사동형을 만드는 것을 '잘못된 사동 표현' 혹은 '지나친 사동 표현'이라고 한다.

예 친구를 소개시켜 줄게(×) → 친구를 소개해 줄게(○)

잘못된 제도는 반드시 개선시켜야 한다.(×) → 잘못된 제도는 반드시 개선해야 한다.(○)

2. 피동 표현

(1) 능동 표현과 피동 표현의 개념

- 능동 표현: 주어가 동작을 자기 힘으로 하는 것을 표현한 것 예 경찰이 도둑을 잡다.
- 피동 표현: 주어가 다른 주체에 의해 동작을 당하는 것을 표현한 것 예 도둑이 경찰에게 잡히다.

(2) 피동문을 만드는 방법

㉠ 파생적 피동문: 피동 접미사가 결합한 파생어를 통한 피동문이다. 용언의 어간에 피동 접미사인 '-이-, -히-, -리-, -기-'와 결합하거나 혹은 '-되(다)'와 결합하여 만들어진다.

예 고양이가(주어) 쥐를(목적어) 잡았다.(능동사: 잡-+-았-+-다)

쥐가(주어) 고양이에게(부사어) 잡혔다.(피동사: 잡-+-히-+-었-+-다)

㉡ 통사적 피동문: '-어/-아지다, -게 되다'와 결합하여 만드는 피동문이다.

예 아이가 종소리를 들었다 → 종소리가 아이에게 들려지다/듣게 되다

(3) 피동 표현의 의미

피동 표현은 다른 주체에게 어떤 행동을 당한다는 일반적 의미 외에도 다음과 같은 의도적 표현을 나타내기도 한다.

㉠ 책임 회피 예 철수가 그릇을 깼다. → 엄마, 그릇이 깨졌어요.

㉡ 정중한 표현 예 전화를 잘못 거셨습니다. → 전화가 잘못 걸렸습니다.

(4) 잘못된 피동 표현(이중 피동)

피동문을 만들 때 파생적이든 통사적이든 하나의 방법만 사용해야 하지만, 이를 두 번 결합하여 만드는 경우를 이른다. '이중 피동'은 국어에서 잘못된 표현에 속하므로 수정해야 할 사항이다.

예 문제가 잘 안 풀려진다[피동 접사 '-리-'+ 통사 '-어지(다)'의 결합](×) → 문제가 잘 안 풀린다(○)

쓰여진[피동 접사 '-이-'+통사 '-어지(다)'의 결합] 문구가 맘에 든다(×) → 쓰인 문구가 맘에 든다(○)

3. 주요 체크

(1) '-이-, -히-, -리-, -기-'는 사동 접사와 피동 접사 모두 사용되는데, 이를 간단하게 구분하는 방법은 '목적어'이다. 사동사는 목적어를 필요로 하지만, 피동사는 그렇지 않으므로 예시문에서 목적어를 필요로 한다면 사동 접사로 파악하면 된다.

(2) 피동문에서는 '이중 피동'이 잘못된 표현이지만, 사동문에서는 '-이우-'형에 한하여 인정된다. '-이우-'는 사동 접미사 '-이-'와 '-우-'의 결합으로 '재우다, 태우다, 세우다' 등으로 활용 가능하며, 잘못된 표현이 아니다.

② 합성어 및 접두사가 붙은 말

[제27항] 둘 이상의 단어가 어울리거나 접두사가 붙어서 이루어진 말은 각각 그 원형을 밝히어 적는다. 예 꺾꽂이, 싫증, 홀아비, 홑몸, 새파랗다, 샛노랗다, 시꺼멓다, 싯누렇다

※ 접두사 '새-/시-, 샛-/싯-'은 뒤에 오는 말에 따라 구별된다. 된소리, 거센소리, 'ㅎ' 앞에는 '새-/시-'가, 유성음 앞에는 '샛-/싯-'이 결합한다. 이 중 '새-, 샛-'은 뒷말이 양성 모음일 때, '시-, 싯-'은 뒷말이 음성 모음일 때 결합한다. 예 새까맣다/시꺼멓다, 새빨갛다/시뻘겋다, 새파랗다/시퍼렇다, 새하얗다/시허옇다, 샛노랗다/싯누렇다

[제28항] 끝소리가 'ㄹ'인 말과 딴 말이 어울릴 적에 'ㄹ' 소리가 나지 아니하는 것은 아니 나는 대로 적는다.
예 다달이(달-달-이), 따님(딸-님), 마소(말-소), 바느질(바늘-질), 부삽(불-삽), 싸전(쌀-전)

참고 'ㄹ' 받침의 탈락
- 'ㄹ' 받침의 합성어, 파생어 + ㄴ, ㄷ, ㅅ, ㅈ → 'ㄹ' 탈락
- 한자 '불(不)' + ㄷ, ㅈ → 부 예 부당, 부득이, 부정, 부주의

[제29항] 끝소리가 'ㄹ'인 말과 딴 말이 어울릴 적에 'ㄹ' 소리가 'ㄷ' 소리로 나는 것은 'ㄷ'으로 적는다.
예 반짇고리(바느질~), 섣달(설~), 숟가락(술~), 이튿날(이틀~), 잗다랗다(잘~)

③ 음운의 첨가-사이시옷 규정

[제30항] 사이시옷은 다음과 같은 경우에 받치어 적는다.

1. 순우리말로 된 합성어로서 앞말이 모음으로 끝난 경우
   (1) 뒷말의 첫소리가 된소리로 나는 것 예 나룻배, 모깃불, 바닷가, 선짓국, 햇볕
   (2) 뒷말의 첫소리 'ㄴ, ㅁ' 앞에서 'ㄴ' 소리가 덧나는 것 예 아랫마을, 잇몸, 냇물
   (3) 뒷말의 첫소리 모음 앞에서 'ㄴㄴ' 소리가 덧나는 것 예 뒷일, 베갯잇, 나뭇잎
2. 순우리말과 한자어로 된 합성어로서 앞말이 모음으로 끝난 경우
   (1) 뒷말의 첫소리가 된소리로 나는 것 예 머릿방, 샛강, 콧병, 텃세, 햇수
   (2) 뒷말의 첫소리 'ㄴ, ㅁ' 앞에서 'ㄴ' 소리가 덧나는 것 예 곗날, 제삿날, 툇마루
   (3) 뒷말의 첫소리 모음 앞에서 'ㄴㄴ' 소리가 덧나는 것 예 가욋일, 예삿일, 훗일
3. 두 음절로 된 다음 한자어
   예 곳간(庫間), 셋방(貰房), 숫자(數字), 찻간(車間), 툇간(退間), 횟수(回數)

참고 1 사이시옷의 표기

사잇소리가 나는 단어들 중에서 다음의 조건을 만족할 때 사이시옷을 적는다.
- 명사+명사(합성어)
- 앞 명사는 모음으로 끝나고 뒤의 명사는 예사소리일 것(된소리×, 거센소리×)
- 앞뒤 명사 중 하나는 순우리말일 것

참고 2 '차'의 사이시옷 표기

'차'가 한자어이면 '찻잔, 찻주전자'와 같이 쓸 수 없다. 하지만 현재는 '차'를 고유어로 보고 있으므로 '찻잔, 찻주전자'와 같이 적어야 한다.

[제31항] 두 말이 어울릴 적에 'ㅂ' 소리나 'ㅎ' 소리가 덧나는 것은 소리대로 적는다.

1. 'ㅂ' 소리가 덧나는 것 예 볍씨(벼 + ㅂ + 씨), 입때(이 + ㅂ + 때), 햅쌀(해 + ㅂ + 쌀)
2. 'ㅎ' 소리가 덧나는 것 예 머리카락(머리 + ㅎ + 가락), 살코기(살 + ㅎ + 고기), 수캐(수 + ㅎ + 개)

④ 모음의 탈락과 축약

[제39항] 어미 '-지' 뒤에 '않-'이 어울려 '-잖-'이 될 적과 '-하지' 뒤에 '않-'이 어울려 '-찮-'이 될 적에는 준 대로 적는다.

예 그렇지 않은(본말)/그렇잖은(준말), 적지 않은(본말)/적잖은(준말),
만만하지 않다(본말)/만만찮다(준말), 변변하지 않다(본말)/변변찮다(준말)

[제40항] 어간의 끝음절 '하'의 'ㅏ'가 줄고 'ㅎ'이 다음 음절의 첫소리와 어울려 거센소리로 될 적에는 거센소리로 적는다. 예 간편하게(본말)/간편케(준말), 다정하다(본말)/다정타(준말)

[붙임 2] 어간의 끝음절 '하'가 아주 줄 적에는 준 대로 적는다.

예 거북하지(본말)/거북지(준말), 넉넉하지 않다(본말)/넉넉지 않다(준말),
생각하건대(본말)/생각건대(준말), 깨끗하지 않다(본말)/깨끗지 않다(준말)

[붙임 3] 다음과 같은 부사는 소리대로 적는다.

예 요컨대, 하마터면, 한사코

참고 제40항의 구분

- 용언의 받침 울림소리(ㄴ, ㄹ, ㅁ, ㅇ) + 하 = 'ㅎ'과 'ㅎ' 뒤의 자음(ㄱ, ㄷ, ㅂ, ㅈ)을 축약(ㅋ, ㅌ, ㅍ, ㅊ)
- 용언의 받침 예사소리(ㄱ, ㄷ, ㅂ, ㅅ, ㅈ) + 하 = '하' 탈락

※ 위의 구분은 모든 경우에 적용되지는 않으므로 용례들을 기준으로 구분에 참고만 하도록 한다.

⑤ 부사의 끝음절

[제51항] 부사의 끝음절이 분명히 '이'로만 나는 것은 '-이'로 적고, '히'로만 나거나 '이'나 '히'로 나는 것은 '-히'로 적는다.

1. '이'로만 나는 것
   예 가붓이, 깨끗이, 나붓이, 느긋이, 둥긋이, 많이, 적이, 헛되이, 겹겹이, 번번이, 틈틈이
2. '히'로만 나는 것 예 극히, 급히, 딱히, 속히, 작히, 족히, 특히, 엄격히, 정확히
3. '이, 히'로 나는 것 예 솔직히, 가만히, 간편히, 나른히, 무단히, 쓸쓸히, 꼼꼼히, 심히, 열심히

참고 '-이'와 '-히'

- '-이'로 적는 경우: 첩어 혹은 준첩어(같은 글자 반복), 'ㅅ' 받침 뒤, 'ㅂ' 불규칙 용언의 어간 뒤, '-하다'가 붙지 않는 용언의 어간 뒤, 부사 뒤 예 간간이/겹겹이, 기웃이/뜨뜻이, 가벼이/괴로이, 같이/굳이, 곰곰이/더욱이
- '-히'로 적는 경우: '-하다'가 붙는 어근 뒤(단, 'ㅅ' 받침 제외) '-하다'가 붙는 어근에 '-히'가 결합한 부사에서 온 말 예 간편히, 공평히, 급급히, 꼼꼼히, 딱히, 정확히, 익히, 특히

⑥ 어미의 표기

[제53항] 다음과 같은 어미는 예사소리로 적는다.

예 -(으)ㄹ거나(○)/-(으)ㄹ꺼나(×), -(으)ㄹ걸(○)/-(으)ㄹ껄(×)

다만, 의문을 나타내는 다음 어미들은 된소리로 적는다.

예 -(으)ㄹ까?, -(으)ㄹ꼬?, -(스)ㅂ니까?

⑦ 접미사의 표기

[제54항] 다음과 같은 접미사는 된소리로 적는다.

예 귀때기, 볼때기, 판자때기, 뒤꿈치, 팔꿈치, 이마빼기, 코빼기, 객쩍다, 겸연쩍다

⑧ 구별해야 할 표기

[제55항] 두 가지로 구별하여 적던 다음 말들은 한 가지로 적는다.

예 맞추다(입을 맞춘다, 양복을 맞춘다)(○)/마추다(×)

뻗치다(다리를 뻗친다, 멀리 뻗친다)(○)/뻐치다(×)

[제56항] '-더라, -던'과 '-든지'는 다음과 같이 적는다.

1. 지난 일을 나타내는 어미는 '-더라, -던'으로 적는다. 예 지난 겨울은 몹시 춥더라.
2. 물건이나 일의 내용을 가리지 아니하는 뜻을 나타내는 조사와 어미는 '(-)든지'로 적는다.

예 가든지 오든지 마음대로 해라.

[제57항] 다음 말들은 각각 구별하여 적는다.

단어	예시
가름	둘로 가름
갈음	새 책상으로 갈음하였다.
거름	풀을 썩인 거름
걸음	빠른 걸음
거치다	영월을 거쳐 왔다.
걷히다	외상값이 잘 걷힌다.
그러므로(그러니까)	그는 부지런하다. 그러므로 잘 산다.
그럼으로(써)	그는 열심히 공부한다. 그럼으로(써) 은혜에 보답한다.
노름	노름판이 벌어졌다.
놀음(놀이)	즐거운 놀음
느리다	진도가 너무 느리다.
늘이다	고무줄을 늘인다.
늘리다	수출량을 더 늘린다.
다리다	옷을 다린다.
달이다	약을 달인다.
다치다	부주의로 손을 다쳤다.
닫히다	문이 저절로 닫혔다.

닫치다	문을 힘껏 닫쳤다.
마치다	벌써 일을 마쳤다.
맞히다	여러 문제를 더 맞혔다.
목거리	목거리가 덧났다.
목걸이	금목걸이, 은목걸이
바치다	나라를 위해 목숨을 바쳤다.
받치다	우산을 받치고 간다.
받히다	쇠뿔에 받혔다.
밭치다	술을 체에 밭친다.
반드시	약속은 반드시 지켜라.
반듯이	고개를 반듯이 들어라.
부딪치다	차와 차가 마주 부딪쳤다.
부딪히다	마차가 화물차에 부딪혔다.
부치다	편지를 부친다, 논밭을 부친다, 회의에 부치는 안건
붙이다	우표를 붙인다, 책상을 벽에 붙였다, 흥정을 붙인다.
시키다	일을 시킨다.
식히다	끓인 물을 식힌다.
아름	세 아름 되는 둘레
알음	전부터 알음이 있는 사이
앎	앎이 힘이다.
안치다	밥을 안친다.
앉히다	윗자리에 앉힌다.
어름	두 물건의 어름에서 일어난 현상
얼음	얼음이 얼었다.
이따가	이따가 오너라.
있다가	돈은 있다가도 없다.
저리다	다친 다리가 저린다.
절이다	김장 배추를 절인다.
조리다	생선을 조린다. 통조림, 병조림
졸이다	마음을 졸인다.
주리다	여러 날을 주렸다.
줄이다	비용을 줄인다.
하노라고	하노라고 한 것이 이 모양이다.
하느라고	공부하느라고 밤을 새웠다.
–느니보다(어미)	나를 찾아오느니보다 집에 있거라.
–는 이보다(의존 명사)	오는 이가 가는 이보다 많다.

-(으)리만큼(어미)	나를 미워하리만큼 그에게 잘못한 일이 없다.
-(으)ㄹ 이만큼(의존 명사)	찬성할 이도 반대할 이만큼이나 많을 것이다.
-(으)러(목적)	공부하러 간다.
-(으)려(의도)	서울 가려 한다.
-(으)로서(자격)	사람으로서 그럴 수는 없다.
-(으)로써(수단)	닭으로써 꿩을 대신했다.
-(으)므로(어미)	그가 나를 믿으므로 나도 그를 믿는다.
(-ㅁ, -음)으로(써)(조사)	그는 믿음으로(써) 산 보람을 느꼈다.

4 띄어쓰기

'띄어쓰기'는 '한글 맞춤법' 안에 있는 규정이다. 하지만 하나의 독립된 문제 유형으로 출제되고 있으므로 해당 규정들을 따로 떼어 정리하는 것이 좋다.

(1) 조사

[제41항] 조사는 그 앞말에 붙여 쓴다. 예 꽃이, 꽃마저, 꽃밖에, 꽃에서부터, 꽃으로만, 꽃이나마, 꽃이다

(2) 의존 명사

[제42항] 의존 명사는 띄어 쓴다.

예 아는 것이 힘이다 / 나도 할 수 있다 / 먹을 만큼 먹어라 / 아는 이를 만났다 / 네가 뜻한 바를 알겠다 / 그가 떠난 지가 오래다

[주요] 대표적인 의존 명사들은 정리해 두는 것이 좋다. 다음은 대표적인 의존 명사들이다.

① **들**: '들'이 '남자들, 학생들'처럼 복수를 나타내는 경우에는 접미사이므로 앞말에 붙여 쓰지만, '쌀, 보리, 콩, 조, 기장 들을 오곡(五穀)이라 한다'와 같이, 두 개 이상의 사물을 열거하는 구조에서 '그런 따위'라는 뜻을 나타내는 경우에는 의존 명사이므로 앞말과 띄어 쓴다. 이때의 '들'은 의존 명사 '등(等)'으로 바꾸어 쓸 수 있다.

② **뿐**: '뿐'이 '남자뿐이다, 셋뿐이다'처럼 체언 뒤에 붙어서 한정의 뜻을 나타내는 경우는 조사로 다루어 붙여 쓰지만 '웃을 뿐이다, 만졌을 뿐이다'와 같이 용언의 관형사형 뒤에 나타날 경우에는 의존 명사이므로 띄어 쓴다.

③ **대로**: '대로'가 '법대로, 약속대로'처럼 체언 뒤에 붙어 '그와 같이'라는 뜻을 나타내는 경우에는 조사이므로 붙여 쓰지만 '아는 대로 말한다, 약속한 대로 하세요'와 같이 용언의 관형사형 뒤에 나타날 경우에는 의존 명사이므로 띄어 쓴다.

④ **만큼**: '만큼'이 '중학생이 고등학생만큼 잘 안다, 키가 전봇대만큼 크다'처럼 체언 뒤에 붙어 '앞말과 비슷한 정도로'라는 뜻을 나타내는 경우에는 조사이므로 붙여 쓰지만 '볼 만큼 보았다, 애쓴 만큼 얻는다'와 같이 용언의 관형사형 뒤에 나타날 경우에는 의존 명사이므로 띄어 쓴다.

⑤ **만**: '만'이 '하나만 알고 둘은 모른다, 이것은 그것만 못하다'처럼 체언에 붙어서 한정 또는 비교의 뜻을 나타내는 경우에는 조사이므로 붙여 쓰지만 '떠난 지 사흘 만에 돌아왔다, 세 번 만에 시험에 합격했다'와 같이 시간의 경과나 횟수를 나타내는 경우에는 의존 명사이므로 띄어 쓴다.

⑥ 지: '집이 큰지 작은지 모르겠다, 어떻게 할지 모르겠다'의 '지'는 어미 '-(으)ㄴ지, -ㄹ지'의 일부이므로 붙여 쓰지만 '그가 떠난 지 보름이 지났다, 그를 만난 지 한 달이 지났다'와 같이 시간의 경과를 나타내는 경우에는 의존 명사이므로 띄어 쓴다. 이와 비슷한 예로 '듯'은 용언의 어간 뒤에 쓰일 때에는 어미이므로 '구름에 달이 흘러가듯'과 같이 앞말에 붙여 쓰지만, 용언의 관형사형 뒤에 쓰일 경우에는 의존 명사이므로 '그가 먹은 듯'과 같이 앞말과 띄어 쓴다.

⑦ 차: '차(次)'가 '인사차 들렀다, 사업차 외국에 나갔다'처럼 명사 뒤에 붙어 '목적'의 뜻을 더하는 경우에는 접미사이므로 붙여 쓰지만 '고향에 갔던 차에 선을 보았다, 마침 가려던 차였다'와 같이 용언의 관형사형 뒤에 나타날 때는 의존 명사이므로 띄어 쓴다.

⑧ 판: '판'이 '노름판, 씨름판, 웃음판'처럼 쓰일 때는 합성어를 이루므로 붙여 쓰지만 '바둑 두 판, 장기를 세 판이나 두었다'와 같이 수 관형사 뒤에서 승부를 겨루는 일을 세는 단위를 나타낼 때는 의존 명사이므로 띄어 쓴다.

(3) 단위성 의존 명사

[제43항] 단위를 나타내는 명사는 띄어 쓴다.

예 한 개/차 한 대/금 서 돈/소 한 마리/옷 한 벌/열 살/조기 한 손/연필 한 자루/버선 한 죽/집 한 채/신 두 켤레/북어 한 쾌

다만, 순서를 나타내는 경우나 숫자와 어울려 쓰이는 경우에는 붙여 쓸 수 있다.

예 두시 삼십분 오초/제일과/삼학년/육층/1446년 10월 9일/2대대/16동 502호/제1실습실/80원/10개/7미터

참고 원칙과 허용

- 연월일, 시각 등은 붙여쓰기가 허용된다.
  예 이천이십 년 오 월 이십 일(원칙)/이천이십년 오월 이십일(허용),
  여덟 시 오십구 분(원칙)/여덟시 오십구분(허용)
- 아라비아 숫자 뒤 단위성 명사는 붙여쓰기가 허용된다.
  예 2 시간(원칙)/2시간(허용), 20 병(원칙)/20병(허용)

(4) 숫자 표기

[제44항] 수를 적을 때에는 '만(萬)' 단위로 띄어 쓴다.

예 십이억 삼천사백오십육만 칠천팔백구십팔/12억 3456만 7898

참고 금액을 적을 때는 변조 등의 사고를 방지하기 위해 붙여 쓰는 것이 관례이다.

예 일금: 삼십일만오천육백칠십팔원정
돈: 일백칠십육만오천원

(5) 열거하는 말

[제45항] 두 말을 이어 주거나 열거할 적에 쓰이는 다음의 말들은 띄어 쓴다.

예 국장 겸 과장/열 내지 스물/청군 대 백군/책상, 걸상 등이 있다

[제46항] 단음절로 된 단어가 연이어 나타날 적에는 붙여 쓸 수 있다.

예 좀더 큰것/이말 저말/한잎 두잎

(6) 보조 용언

[제47항] 보조 용언은 띄어 씀을 원칙으로 하되, 경우에 따라 붙여 씀도 허용한다.

예 불이 꺼져 간다(원칙)/불이 꺼져간다(허용), 비가 올 듯하다(원칙)/비가 올듯하다(허용)

• 대표적인 보조 용언: 듯하다, 만하다, 법하다, 성싶다, 척하다.

다만, 앞말에 조사가 붙거나 앞말이 합성 용언인 경우, 그리고 중간에 조사가 들어갈 적에는 그 뒤에 오는 보조 용언은 띄어 쓴다.

예 잘도 놀아만 나는구나!/책을 읽어도 보고……./네가 덤벼들어 보아라.

※ 앞말이 합성어인 경우 외에 앞말이 파생어인 경우에도 보조 용언은 띄어 써야 한다.

예 공부해 보아라.(○)/공부해보아라.(×)

(7) 이름의 표기

[제48항] 성과 이름, 성과 호 등은 붙여 쓰고, 이에 덧붙는 호칭어, 관직명 등은 띄어 쓴다.

예 서화담(徐花潭)/채영신 씨/최치원 선생/충무공 이순신 장군/이충무공/박동식 박사

다만, 성과 이름, 성과 호를 분명히 구분할 필요가 있을 경우에는 띄어 쓸 수 있다.

예 남궁억/남궁 억, 독고준/독고 준, 황보지봉/황보 지봉

[제49항] 성명 이외의 고유 명사는 단어별로 띄어 씀을 원칙으로 하되, 단위별로 띄어 쓸 수 있다.

예 대한 중학교(원칙)/대한중학교(허용), 한국 대학교 사범 대학(원칙)/한국대학교 사범대학(허용)

(8) 전문 용어

[제50항] 전문 용어는 단어별로 띄어 씀을 원칙으로 하되, 붙여 쓸 수 있다.

예 만성 골수성 백혈병(원칙)/만성골수성백혈병(허용), 중거리 탄도 유도탄(원칙)/중거리탄도유도탄(허용)

하나 더 알아보기! 띄어쓰기 정리

① 띄어쓰기: 단어는 띄어 써야 한다. 의존 명사 역시 단어이므로 띄어 써야 한다.
② 붙여쓰기: 조사, 어미, 접사는 붙여 쓴다. 조사는 단어이지만 붙여 쓴다.
③ 띄어쓰기 혹은 붙여쓰기: 본용언과 보조 용언은 경우에 따라 붙여쓰기를 허용한다. 원칙으로는 띄어 쓰는 것이 맞지만 본용언이 '-아/-어'로 끝나거나, 대표적인 보조 용언이 뒤를 따를 때는 붙여 쓰는 것을 허용하고 있다.

5 외래어 표기법

'외래어 표기법'은 육군부사관 시험에 출제되었던 유형이다. 한 번이라도 출제가 된 개념에 대해서는 학습이 필요하므로 간단하게 규정들을 제시하고자 한다. 하지만 이 규정만으로는 모든 문제를 풀기는 어려우므로 평소 자주 쓰이는 외래어는 숙지해 두어야 한다.

[제1항] 외래어는 국어의 현용 24 자모만으로 적는다.

국어에 없는 외국어 음을 적기 위하여 별도의 문자를 만들지 않는다.

[제2항] 외래어의 1음운은 원칙적으로 1기호로 적는다.

※ 'F'의 경우 'ㅍ, ㅎ'으로 소리 날 수 있지만, 'ㅍ'으로 적는다.

예 패밀리, 필름, 파이팅, 프리킥, 프라이, 판타지, 플랫폼, 필터, 피날레

[제3항] 받침에는 'ㄱ, ㄴ, ㄹ, ㅁ, ㅂ, ㅅ, ㅇ'만을 쓴다.

[제4항] 파열음 표기에는 된소리를 쓰지 않는 것을 원칙으로 한다.

예 gas-가스(까스×), gasoline-가솔린(까솔린×), dam-댐(땜×), bus-버스(뻐스×), bond-본드(뽄드×), Paris-파리(빠리×)

그러나 일본어, 중국어, 동남아권 등에서 유래한 외래어 중에는 된소리를 쓰는 예외가 많이 존재한다.

예 파르티잔, 조끼, 히로뽕/필로폰, 마오쩌둥, 샤쓰/셔츠, 푸껫(○)/푸켓(×), 호찌민(○)/호치민(×)

[제5항] 이미 굳어진 외래어는 관용을 존중하되, 그 범위와 용례는 따로 정한다.

예 라디오, 카메라, 바이올린, 비타민 등

6 높임법

'높임법'은 화자가 어떤 대상이나 상대에 대하여 높고 낮음을 표현하는 방식으로, 대상에 따라 주체 높임법, 객체 높임법, 상대 높임법으로 나누어진다.

(1) 주체 높임법

주체 높임법은 문장의 주체인 주어를 높이는 것으로, 직접 높임과 간접 높임으로 나눠 설명할 수 있다.

① 직접 높임

㉠ 주체를 가리키는 주어 뒤에 높임을 나타내는 조사 '께서'와 접미사 '-님'을 붙여 높이는 방법

㉡ 서술어에 선어말 어미 '-(으)시-'를 붙여 높이는 방법

㉢ '진지, 드시다, 잡수시다, 계시다, 편찮으시다, 돌아가시다' 등 높임 어휘를 사용하여 높이는 방법

예 아버지가 밥을 먹었다. → 아버지께서 진지를 드셨다.

② 간접 높임

㉠ 높임 대상인 주체의 신체, 소유물, 친분 관계, 성품이나 심리 등에 선어말 어미 '-시-'를 붙임으로써 표현하며, 주로 서술절에서 나타난다.

예 우리 할머니께서는 귀가 밝다. → 우리 할머니께서는 귀가 밝으시다.

㉡ 높여야 할 대상과 밀접한 관계를 갖고 있는 경우에만 높일 수 있다.

㉢ 간접 높임에는 높임을 나타내는 특수 어휘를 사용할 수 없다.

예 교감 선생님의 말씀이 계시겠습니다. → 교감 선생님의 말씀이 있으시겠습니다.

참고 간접 높임을 잘못 사용하는 경우

높이지 말아야 할 것을 높여 표현함으로써 잘못된 높임법을 구사하는 경우가 있다. 이러한 경우를 묻는 문제가 많으므로 확인해 두는 것이 좋다. 예를 들어 '요청하신 제품이 나오셨습니다.'의 경우, '제품'은 대상과 밀접한 관계가 없으므로 높여서는 안 된다. 잘못된 과도한 높임법의 사용인 것이다. 이를 고치면 '요청하신 제품이 나왔습니다.' 정도가 될 것이다. 일상생활에서 자주 쓰는 '포장이세요?'의 경우에도 '-시-'는 말을 듣고 있는 상대방을 높이는 것이 아닌 '포장'이라는 단어를 높이는 것이므로 '포장해 드릴까요?' 정도로 고쳐야 한다.

하나 더 알아보기! **압존법 – 주체 높임의 제약**

압존법은 문장의 주체가 화자보다는 높지만, 청자보다 낮은 지위에 있을 경우 청자에 맞춰 높임법을 사용할 수 없는 경우를 이른다. 예를 들어 청자가 할아버지이고, 문장의 주체가 아버지일 때 주체가 화자인 나보다 높기에 본래는 높여야 하지만 청자인 할아버지께서 주체인 아버지보다 높기 때문에 높임법을 사용할 수 없는 것이다. 압존법에 따르면 '할아버지, 아버지가 오셨습니다'가 아닌 '할아버지, 아버지가 왔습니다.'로 표현해야 한다.
다만, 2011년 국립국어원의 '표준 언어 예절'에서는 주체가 청자보다 직위가 낮더라도 높여 부르는 것을 인정함을 발표하였다. '할아버지, 아버지가 오셨습니다.'도 인정이 된다는 것이다. 이것은 압존법이 폐지된 것이 아니라 일상생활에서 자주 쓰이는 표현을 인정한 것이므로, 문제에 적용할 때는 상대적 접근이 필요하다.
더불어 기억해야 할 사항은 압존법은 가족이나 사제 지간에서 사용하는 것으로 직장이나 사회에서는 적용하지 않는다는 것이다.

(2) 객체 높임법

문장에서의 객체인 목적어 혹은 부사어를 높이는 방법으로, 높임을 나타내는 특수 어휘를 사용하는 경우가 많다. 예를 들어 '나는 선생님에게 과일을 주었다.'의 경우, 부사어인 '선생님'을 높여야 하므로 높임 부사격 조사인 '께'와 '주다'의 높임 특수 어휘인 '드리다'를 사용하여 '나는 선생님께 과일을 드렸다.'로 고쳐야 한다. 대표적인 특수 어휘로 '드리다, 모시다, 뵈다(뵙다), 여쭈다(여쭙다)'가 있다.

① 객체 높임법의 실현 방법
  ㉠ 체언에 부사격 조사 '께'를 붙여 높이는 방법
  ㉡ 특수 어휘 '드리다, 모시다, 뵙다, 여쭈다(여쭙다)'를 붙여 높이는 방법
  예 선생님을 만나 뵙게 되어 영광입니다./내일 준비물을 선생님께 여쭤 보자.
    → 4개의 특수 어휘가 사용되면 객체 높임법을 사용한 것이니, 필수적으로 암기해 두자.

(3) 상대 높임법

상대 높임법은 주체 · 객체 높임법과는 달리 화자의 말을 듣고 있는 청자를 높이거나 낮추는 것이므로 모든 문장에서 구사된다. 상대 높임법은 다른 높임법에서 사용한 조사, 선어말 어미, 특수 어휘가 아닌 종결 어미를 통해 실현되는데, 크게 격식체와 비격식체로 구분하여 설명할 수 있다.

문장의 유형	비격식체		격식체			
	해체	해요체	해라체	하게체	하오체	하십시오체
평서형	–아/–어	–아요/–어요	–다	–네, –세	–오	–(습)니다
의문형	–아/–어	–아요/–어요	–느냐, –냐, –니, –지	–나, –는가	–오	–습니까
명령형	–아.–어, –지	–아요/–어요	–아라/–어라	–게	–오, –구려	–보시오
청유형	–아/–어	–아요/–어요	–자	–세	–ㅂ시다	–십시다* –시지요*
감탄형	–군/–어	–군요	–구나, –어라	–구먼	–구려	–

*'–십시다'는 '하십시오'체에 해당하지만 격의 없는 상대에게 쓰이기 때문에 실제 언어생활에서는 '–시지요'를 '하십시오'체 자리에 사용하는 경우가 많은 편이다. 따라서 일부 문법 교과서에서는 '–시지요'를 '하십시오'체로 소개하기도 한다. 한편 '–시지요'의 경우 보조사 '요'를 취한 것으로 보아 '해요'체로 구분하는 견해도 있다. 여기서 유의해야 할 점은 상대 높임법이 실현되는 형태는 종결 어미로만 구분할 수는 없다는 것이다. 형태가 똑같지만 상황에 따라서 달라질 수 있다.

7 잘못된 문장

(1) 문장 성분의 호응

① **주어와 서술어의 호응**: 주어와 서술어는 문장이 성립하기 위한 필수 성분으로, 하나의 문장은 적어도 주어 하나와 서술어 하나를 갖추고 있어야 한다(단, 문맥상 의미가 통할 때는 생략 가능).

예 내가 지각한 이유는 어제 늦잠을 잤다.(×) / 내가 지각한 이유는 어제 늦잠을 잤기 때문이다.(○)

→ 서술어 '잤다'는 주어 '이유는'과 호응하지 않아 어색하므로 고쳐야 한다.

② **목적어와 서술어의 호응**: 타동사가 서술어인 경우에는 반드시 목적어가 필요하며, 여러 문장이 결합할 때도 목적어와 호응하는 서술어는 모두 밝혀 주어야 한다.

예 재은이는 저녁에 커피와 밥을 먹었다.(×) / 재은이는 저녁에 커피를 마시고, 밥을 먹었다.(○)

→ 서술어인 '먹었다'는 목적어 '밥을'과는 호응하지만, '커피'와는 호응하지 않으므로 고쳐야 한다.

③ **부사어와 서술어의 호응**: 국어에는 특정 부사어가 특정 서술어와 호응하는 경우가 있는데, 그 관계가 매우 고정적이라는 특징이 있다.

구분	예
부정어와 호응	여간, 별로, 일절, 전혀, 조금도, 절대로, 그다지, 결코, 좀처럼 ~아니다, 않다, 없다/~치고 ~것 없다/비단 ~아니다 예 민수는 기분이 별로 좋다.(×) / 민수는 기분이 별로 좋지 않다.(○) → 부사어 '별로'는 부정의 서술어와 호응해야 하므로 적절한 표현으로 고쳐야 한다.
의문 표현과 호응	설마, 누가, 오죽(이나), 얼마나, 뉘라서, 도대체, 대관절, 어찌, 하물며, 아무려면 ~랴?, ~이냐?, ~까?, ㄴ가?
양보적 표현과 호응	비록 ~일지라도(~만, ~더라도)/설령(설사, 설혹, 가령) ~ㄹ지라도(~고 하더라도, ~다손 치더라도)/하다못해 ~라도
가정적 표현과 호응	만약(만일, 가령) ~ㄴ다면(~라면)/혹시 ~거든(~면)/아마 ~ㄹ 것이다
당위적 표현과 호응	모름지기, 마땅히, 응당 ~해야 한다
기타	왜냐하면 ~ 때문(까닭)이다/아무리 ~해도/마치 ~같다/차라리 ~ㄹ지언정(~ㄹ망정)/드디어 ~하다/~를 ~듯이 한다/부디 ~하여라(하십시오)/실로 ~하다(이다)/기껏 ~해야/~에 따르면, ~라고 한다/바야흐로 ~려 한다

(2) 중의적 표현

중의적이란 하나의 문장이 둘 이상의 의미로 이해될 수 있는 표현을 가리킨다. 정확한 의미 전달에서 문제가 생길 수 있으므로 고쳐 써야 한다.

① **어휘적 중의성**: 문장 속에 사용된 단어의 의미가 여러 가지로 해석되어 중의성이 발생하는 경우를 이른다.

예 배가 보인다. → 탈것인 배(선박)가 보인다./신체의 일부인 배가 보인다./과일의 하나인 배가 보인다.

② **구조적 중의성**: 문장을 구성하는 문장 성분들 사이의 관계에서 중의성이 발생하는 경우를 이른다.

예 귀여운 그녀의 동생을 만났다. → 귀여운, 그녀의 동생을 만났다./그녀의 귀여운 동생을 만났다.

→ 수식의 범위에 따른 중의성이 있는 문장이다. '귀여운' 사람이 그녀인지, 그녀의 동생인지 정확하지 않으므로 의미를 명확하게 해 주어야 한다. 우리말에서 쉼표는 바로 뒤 성분을 꾸밀 수 없으므로 귀여운 뒤에 쉼표를 찍어 주면 귀여운 대상이 동생에 국한되어 중의성을 해소할 수 있다. 또는 수식어의 위치를 변경하여 중의성을 해소할 수 있다.

예 나는 철수와 영희를 만났다. → 나는 철수와 영희, 두 사람을 만났다./나는 철수와 함께 영희를 만났다.

→ 조사 '와/과'의 연결 관계에 따른 중의성이 있는 문장이다. '나'가 만난 대상이 '철수와 영희'인지, '나와 철수'가 '영희'를 만난 것인지 명확하지 않다. 그러므로 정확한 설명이 가능한 성분들을 삽입하여 중의성을 해소해야 한다.

예 남편은 나보다 영화를 더 좋아한다. → 내가 영화를 좋아하는 것보다 남편이 더 영화를 좋아한다./남편은 나와 영화 중 영화를 더 좋아한다.

→ 비교 대상에 따른 중의성이 있는 문장이다. 나와 영화를 비교하는 것인지, 내가 영화를 좋아하는 정도와 남편이 영화를 좋아하는 정도를 비교하는 것인지 불분명하므로 구체적인 정보를 제공하여 중의성을 해소해야 한다.

예 손님이 다 오지 않았다. → 손님이 다 오지는 않았다.

→ 부정 표현에 의한 중의성이 있는 문장이다. 부정문에 수량을 나타내는 '다, 모두, 많이, 조금' 등의 부사어가 쓰이면 중의적으로 해석될 수 있다. 손님이 한 명도 오지 않았다는 것인지, 손님이 일부만 왔다는 것인지 알 수 없다. 이 경우는 보조사를 추가하여 중의성을 해소할 수 있는데 보조사 '는'을 넣으면, 손님이 일부만 왔다는 내용을 정확하게 전달할 수 있다.

(3) 우리말답지 않은 문장 표현

우리말답지 않은 문장 표현	고쳐야 하는 이유	고쳐 쓴 표현
그 사람은 선각자에 다름 아니다.	일본어 번역 투	그 사람은 선각자나 다름없다.
학생 회의에 있어 진지하게 참여하는 것이 중요하다.	일본어 번역 투	학생 회의에 진지하게 참여하는 것이 중요하다.
그는 그녀와의 만남을 시작하였다.	일본어 조사를 직역한 표현	그는 그녀와 만나기 시작하였다.
내일 아침에 회의를 갖도록 하자.	영어의 'have a meeting'을 직역한 표현	내일 아침에 회의하자.
불조심은 아무리 강조해도 지나치지 않는다.	영어의 'it is not much to ~'를 직역한 표현	불조심은 늘 강조해야 한다.
나는 중대장님의 소식을 창현이로부터 들었다.	영어의 'from'을 직역한 표현	나는 중대장님의 소식을 창현이에게 들었다.
이 사건은 한 제보자에 의해 알려졌다.	영어의 수동태 문장을 직역한 표현	이 사건은 한 제보자가 알렸다.
이 창문은 잘 열려지지 않는다.	피동의 의미를 갖는 '-리-'와 '-어지다'가 겹쳐 사용된 이중 피동	이 창문은 잘 열리지 않는다.

1 독해법

자주 나오는 이론

육군부사관 시험은 독해 문제가 중요하다.

(1) 화제

글에서 다루고자 하는 대상이나 내용을 '화제'라고 하는데, 화제는 대개 한 편의 글에서 반복적으로 나타난다. 글이 전개됨에 따라 화제에 대한 글쓴이의 생각이나 주장이 심화·발전되는데, 이것이 곧 주제와 직결된다. 따라서 글에서 '화제'를 찾는 것은 글의 핵심을 파악하는 가장 빠른 방법이다.

(2) 중심 문장

문단은 여러 문장을 하나의 주제 아래 묶은 글의 단위로, 여러 문단이 연결되어 하나의 글이 이루어진다. 따라서 제시된 글의 내용에 따라 나누어진 문단마다 중심 문장을 찾는 것이 정확한 독해를 할 수 있는 방법이다. 일반적으로 하나의 문단은 하나의 중심 문장과 하나 이상의 뒷받침 문장으로 구성된다. 일반적이거나 추상적·포괄적 내용이 담긴 문장이 중심 문장일 가능성이 높고, 문단에 따라 중심 문장이 보이지 않을 때에는 문장의 의미를 종합하여 중심 문장을 만들어 내야 한다.

(3) 접속어

독해에서 접속어는 중요한 힌트가 된다. 접속어는 문장과 문장, 문단과 문단을 연결할 뿐만 아니라 읽는 이가 문장 간의 관계 또는 문단 간의 관계를 파악하는 데 중요한 역할을 한다. 따라서 다양한 접속어의 성격을 파악한 후 독해에 임한다면 글의 핵심을 비교적 쉽고 정확하게 파악할 수 있을 것이다.

① 중요도: 앞＜뒤

구분	관련 접속어
역접	그러나, 하지만, 그래도, 그렇지만, 반면에 등
인과	따라서, 그래서, 그리하여, 그러므로, 왜냐하면 등
요약	요컨대, 이처럼, 결국, 한마디로 등
강조, 부연	다시 말하면, 즉, 바꿔 말하면 등
전환	그런데, 한편, 그러면 등

② 중요도: 앞＞뒤

구분	관련 접속어
예시	예컨대, 이를테면, 가령, 말하자면 등
비유	비유컨대, 마치 ~처럼/같이 등

③ 중요도: 앞＝뒤

구분	관련 접속어
대등	또한, 그리고 등

(4) 문단의 구조

문단은 주제문에 따라 두괄식, 중괄식, 미괄식으로 구분한다. 문단의 대부분이 두괄식 아니면 미괄식의 구조를 취하기 때문에 정말 시간이 부족한 경우에 한하여 문단의 처음과 끝만 봐도 무방하다.

(5) 문단 간의 관계

하나의 주제 아래 여러 문장이 묶여 하나의 문단을 이루듯이, 한 편의 글은 여러 문단이 연결되어 이루어진다. 따라서 글의 핵심 내용을 정확하게 정리하기 위해서는 문장 간의 관계와 각 문장의 기능, 성격들을 파악하는 것이 좋다. 제시문이 비교적 길다면, 문단 간의 관계를 파악하여 글의 구조를 정확하게 이해하는 것이 중요하다. 아래의 설명들은 '문장'에도 적용이 가능하다.

① **주지(主旨) 문단**: 글의 주제와 직접 관계되는 중심 문단을 말한다. 보조 문단에 의해 그 내용이 뒷받침된다.

② **보조(補助) 문단**: 주지 문단의 내용을 드러내기 위해 구성되는 보조적 기능의 문단을 말한다.

㉠ 도입(導入) 문단
- 글을 쓰는 목적 · 과제 등을 제시하는 문단
- 논의 방향, 논의 범위, 논의 목적 등만 소개되고 구체적인 논의는 등장하지 않는다.
- 포괄적이고 추상적인 내용으로 문단이 끝나는 경우가 많다(뒤이어서 구체적인 내용이 전개될 것을 예고하기 위함).

㉡ 전개(展開) 문단
- 앞 문단의 내용을 보다 넓게 펼쳐가는 문단
- 도입된 논제나 설명의 대상을 구체화하는 문단
- 논제나 중심 대상에 대한 구체적인 설명이나 주장 등이 펼쳐진다.
- 화제에 대해 필자가 말하고자 하는 관점이나 내용이 분명해진다.
- 논점에 대한 핵심적인 개념이나 주장이 하나씩 열거, 상술된다.

㉢ 요약(要約) 문단
- 결론을 맺거나 글을 마무리하는 문단
- 전개되었던 중심 내용들을 요약, 종합하여 주제를 정리하는 문단
- 논제가 해결되어 주제가 제시되거나 설명된 내용이 정리되어 주제가 제시된다.
- 필자의 관점이 분명해진다.

③ **이 외의 문단의 기능**

㉠ 전제 문단: 주장을 이끌어 내기 위한 논거 따위를 조건으로 제시하는 문단
㉡ 상술 문단: 앞 문단의 내용을 보다 자세히 풀어 말하는 문단
㉢ 예시 문단: 예를 들어 보여 주는 문단
㉣ 첨가 · 부연 문단: 앞에 진술된 내용을 보충하는 문단
㉤ 연결 문단: 두 문단 사이의 내용을 자연스럽게 이어 주는 문단
㉥ 강조 문단: 내용을 특히 강조하기 위해 의도적으로 나누어 놓은 문단

2 내용 전개 방식

서술 방식	개념
지정	'A는 B이다.' 형식으로 화제의 속성을 밝힘. 글쓰기에서 가장 많이 활용되는 방식 예 5월은 계절의 여왕이다.
정의	'A는 B이다.' 형식으로 '지정'과 달리 화제의 본질적인 개념을 규정하는 방식 예 사랑이란 어떤 사람이나 존재를 몹시 아끼고 귀중히 여기는 마음이다.
분류	대상을 일정한 기준에 따라 구분하여 설명하는 방식 예 언어 활동은 기본적으로 말하고, 듣고, 읽고, 쓰는 네 가지로 구분한다.
분석	대상을 구성 요소별로 나누어 설명하는 방식 예 혈액은 고형 성분인 혈구와 액체 성분인 혈장으로 구성되어 있다.
비교	두 대상의 공통점을 견주어 설명하는 방식 예 축구와 야구는 공으로 하는 스포츠이다.
대조	두 대상의 차이점을 견주어 설명하는 방식 예 문자 언어는 종이에 연필로 쓴 것과 같은 '기록'이기 때문에 음성 언어에 비해 시간과 공간의 제약을 훨씬 덜 받는다.
과정	어떤 일의 시작에서부터 끝까지를 진행 과정에 따라 설명하는 동태적 서술 방식 예 칠교를 만드는 방법은 아주 간단하다. 두꺼운 종이를 가로, 세로 각 10cm 크기로 오려낸다. 그리고 그 위에 2.5cm의 정사각형을 16개 그린 다음, 선을 따라 잘라서 7조각을 내면 된다.
예시	구체적인 사례를 들어 설명하는 방식 예 음성 언어의 단점을 보완해 주는 매체로 전화, 라디오, 텔레비전 등이 있다.
열거	의미상 연관이 있는 사실을 하나하나 늘어놓는 방식으로 2개 이상의 구체적인 진술 나열 예 제가 좋아하는 과일은 딸기, 복숭아, 블루베리, 청포도입니다.
인과	원인을 들어 결과를 설명하는 동태적 방식 예 남자는 남자다운 것이, 여자는 여자다운 것이 바람직하고 당연한 것이라 여겨져 왔고, 이로 인해 여성은 남성에 비해 크고 작은 차별과 불평등 속에서 살아왔다.
인용	명언, 명구(名句), 격언, 속담, 타인의 말 등을 따와 설명하는 방식 예 니체는 말했다. "신은 죽었다."
서사	시간 개념을 전제로 사물, 행동, 사건의 추이를 표현하는 동태적 방식으로, 주로 소설에서 인물의 행동이나 사건의 전개 과정을 이야기할 때 사용하며 비문학 지문에도 사용됨 예 기원전 4세기경에 철기가 보급되기 시작하여 기원전 1세기경에는 철기가 널리 보급되었다.
묘사	배경, 분위기, 사물이나 인물 등을 감각적으로 표현하는 방식으로, 주로 문학 작품에 사용되고 비문학 지문에도 사용됨 예 운동장이 끝나는 곳에 펼쳐진 강물의 색깔은 볼 때마다 다르다. 지금은 녹색 비단을 잘 다려 펼쳐 놓은 것 같다.
유추	두 개의 사물이 여러 면에서 비슷하다는 것을 근거로 다른 속성도 유사할 것이라 미루어 추측하는 방식 예 인생은 짧지 않다. 그리고 결국 혼자 가는 것이 인생이다. 그런데 마라톤도 긴 거리를 혼자 달리는 힘든 경기이다. 따라서 인생도 힘든 여정이라 할 수 있다.

참고 정태적 방식과 동태적 방식

- 정태적 방식: 시간적 순서를 고려하지 않는 논리적인 구성 방식 예 정의, 열거, 예시, 인용, 비교, 대조 등
- 동태적 방식: 시간적 순서를 고려한 방식 예 서사, 인과, 과정 등

Ⅳ. 논리

1 논증

대상과 논제에 대한 필자의 의견과 주장을 논거를 갖추어 증명하는 방식으로, 대표적으로 연역 논증과 귀납 논증이 있다.

(1) 연역 논증

연역 논증은 전제들이 결론을 필연적인 방식으로 뒷받침하는 것을 말한다. 그래서 연역 논증의 경우 전제들이 모두 참이라면 결론은 무조건 참이 되며, 반대로 결론이 거짓이라면 전제 중 최소 하나는 반드시 거짓이 된다.

예 모든 인간은 죽는다.
소크라테스는 인간이다.
그러므로 소크라테스는 죽는다.

'소크라테스는 죽는다.'라는 결론에 이르기까지 이미 전제 속에 소크라테스에 대한 정보와 인간의 죽음에 대한 정보가 포함되어 있으므로 전제가 참이면 결론 또한 반드시 참이 된다.

(2) 귀납 논증

귀납 논증은 전제들이 결론을 개연적인 방식으로 뒷받침하는 것을 말한다. 그래서 전제가 모두 참이라고 해서 결론이 반드시 참이지는 않다. 거짓일 가능성을 배제할 수 없다.

예 인간인 소크라테스는 죽는다.
인간인 아인슈타인은 죽는다.
인간인 하이데거는 죽는다.
⋮
그러므로 모든 인간은 죽는다.

지금까지는 모든 인간이 죽었지만 사실 모든 인간이 죽었다는 사실은 확인하기 어렵다. 나아가 앞으로 죽지 않는 인간이 나타날 가능성도 있다. 그러므로 개별적인 전제들이 많으면 많을수록 귀납 논증의 결론이 참일 가능성은 높여 줄 수 있으나, 결론이 반드시 참임을 이끌어 낼 수는 없다.

① **일반화**: 개별적인 사례들에 비추어 나머지도 같다고 추론하여 결론에 이르는 방법
② **통계적 귀납 추론**: 어떤 집합의 일부 구성 요소를 관찰하여 그 전체 집합에 대해서 결론을 내리는 추론 방법
③ **인과적 귀납 추론**: 대상의 일부 현상들이 지닌 원인과 결과 관계를 인식하여 이를 바탕으로 결론을 이끌어 내는 추론 방법
④ **유비 추론**: 두 대상의 유사성을 바탕으로 나머지 요소들의 동일성을 추론하는 방법

참고 연역법이나 귀납법을 위반할 때 생기는 오류

- 전건 부정의 오류: 가언적 삼단 논법에서, 대전제의 전건을 부정하는 소전제를 바탕으로 결론을 내리는 데서 발생하는 오류

예 만일 p이면 q이다. p이다. 그러므로 q이다.
→ 이러한 논증 형식은 타당하다. 그러나 다음의 형식은 타당하지 않다.
만일 p이면 q이다. p가 아니다. 그러므로 q가 아니다.
→ 이러한 논증 형식은 타당하지 않다. 즉, '전건 부정의 오류'를 범하고 있다.

- 후건 긍정의 오류: 가언적 삼단 논법에서, 대전제의 후건을 긍정하는 소전제를 바탕으로 결론을 내리는 데서 발생하는 오류
  예 만일 p이면 q이다. q이면 p이다.
- 선언지 긍정의 오류: 배타적인 것을 포괄적으로 오인함으로써 생기는 오류이다.
  예 p나 q이다. p가 아니다. 그러므로 q이다.
  → 이러한 논증 형식은 타당하다. 그러나 다음의 형식은 타당하지 않다.
  p나 q이다. p이다. 그러므로 q는 아니다.
- 반드시 참인 명제: 논증에서 반드시 참인 명제를 '대우 명제'라고 부름
  예 만일 p이면, q이다. q가 아니면, p가 아니다.
  → 위의 형식으로 정리할 수 있으며 이는 반드시 참이므로 문제에서 반드시 참인 논증을 고르라고 한다면 대우 명제를 적용해서 푸는 것이 좋다.

(3) 변증법적 논증

보통 변증법이라고 하면 헤겔의 논리를 말하는 것으로, 대립되는 견해를 통합해 내는 논증 방식을 말한다. 두 개의 대립되는 개념 A(정)와 B(반)가 있을 때, A가 성립하면 B가 성립하지 못하고, B가 성립하면 A가 성립하지 못할 때, A, B를 모두 버리고, 새로운 개념(합)을 이끌어 내는 것이다.

예 환경을 보전하자(정). 개발을 하자(반). 환경 보전과 조화를 이루는 개발을 추구하자(합).

2 논증의 오류

(1) 관련성의 오류

① 힘(위협, 공포)에 호소하는 오류

힘을 통해서 상대를 위협함으로써 자신의 주장에 동의하도록 하는 오류이다. 힘에 호소하는 논증은 합리적 논증을 포기하는 것이다. 강한 나라가 약한 나라에 행하는 여러 종류의 횡포도 여기에 해당된다고 볼 수 있다.

예 • 1968년 푸에블로호가 북한에 의하여 납북된 후, 선장은 북한 당국이 그에게 "자백하라, 그렇지 않으면 당신이 보는 앞에서 승무원들을 모조리 사살하겠다."라고 위협했을 때, 스파이 활동을 시인하고 말았다.
• 만약, 네가 내 말을 듣지 않는다면 유산을 한 푼도 물려주지 않겠다.

② 사람에게 호소하는 오류

사람에게 호소하는 오류는 주장하는 내용에 대한 정확한 비판을 하는 것이 아니라 그 주장을 하는 사람 및 그 사람과 관련된 것을 공격하기 때문에 다른 종류의 논리적 오류와 구별된다. 따라서 내용에 관한 것을 확인하기보다는 그 사람의 배경을 논리적 결함으로 찾는지 확인하면 된다. 또한 피장파장의 오류(논점일탈의 오류)와 정황적 논증의 오류(특수 환경 공격의 오류)의 경우, 상대방에 대한 '역공격' 여부에 따라 구별하면 되는데, 상대방에 대해 역공격을 하는 오류는 '피장파장의 오류'이다.

㉠ 인신공격의 오류(욕설적 논증)

어떤 주장 자체를 비난하는 것이 아니라, 그런 주장을 하는 사람을 공격하는 오류이다. 그 사람의 사생활, 도덕성, 성격, 지적 능력 등을 공격함으로써 그 사람의 주장을 무력화하려는 데에서 발생한다. 또는 그 사람이 처한 주변 상황, 직업, 국적, 정치적 입장, 출생지 등을 문제 삼아 공격하기도 한다.

예 • 이번에 발표된 신제품의 기술 개발을 그 나라에서 했다니 보나마나 고장이 많은 제품이 될 거야. 그 나라는 우리나라보다 후진국이니까.
• 어니스트 헤밍웨이가 쓴 '노인과 바다'가 퓰리처상을 받았다는 것은 이해가 안 돼. 그는 결혼 후의 사생활이 안 좋았다는 소문이 있거든.

ⓛ 피장파장의 오류(논점일탈의 오류)
상대방의 주장에 대하여 주장 자체를 따지는 것이 아니라 그 말을 한 사람의 과거 경험을 논거로 꺼내 논점을 흐리는 오류이다. 다시 말해 어떠한 논점에 유사한 잘못을 저질렀던 상대방의 이력을 끄집어내어 주의를 돌리고 자신의 잘못을 감추려는 오류이다.

예 • 아빠도 매일 핸드폰 게임 하면서 왜 나한테 하지 말라고 해?
• 너 요즘 왜 이렇게 덜렁거리고 실수를 많이 하니? / 너도 예전에 실수 많이 했잖아!

ⓒ 정황적 논증의 오류(특수 환경 공격의 오류, 연좌의 오류)
논쟁을 할 때 상대방의 주장이 아니라 상대방이 처해 있는 상황을 상대방의 주장이 틀렸다는 근거로 사용하는 데에서 발생하는 오류이다. 주장하는 사람의 과거 이력, 소속(소속된 집단의 성격), 지적 수준, 사상, 인종적 배경 등을 비난에 대한 근거로 사용함으로써 상대의 주장이 잘못되었다고 주장하는 것이다. 그러나 어떤 개인이나 집단의 지지한다는 사실이 그 주장이나 행위의 정당성에 영향을 미치지는 않는다. 이를 '특수 환경 공격의 오류'라고도 하며 '연좌의 오류'라고도 한다.

예 • 대학도 안 나온 사람인데, 그 사람의 말을 믿을 수가 있을까?
• 그 소설에서는 교훈을 얻을 수 없을 것 같아. 왜냐하면 황인종이 쓴 소설이기 때문이야.

③ 무지로부터의 논증

어떤 명제가 참 또는 거짓이라는 것이 증명되지 않았다는 것을 근거로 해서 그 명제를 거짓 또는 참이라고 논증하는 오류이다. 어떤 명제가 참 혹은 거짓으로 증명되지 않는다는 사실은 우리가 그 명제를 증명하거나 혹은 반박할 능력이 없다는 것을 증명할 뿐이다.

예 • 이제까지 그 누구도 UFO의 존재를 증명하지 못했다. 그러므로 UFO는 존재하지 않는다.
• 신은 존재한다. 왜냐하면 존재하지 않는다고 증명한 사람이 없기 때문이다.

④ 허수아비 공격의 오류

상대방의 주장을 격파하기 쉬운 입장으로 재구성해서 비판하는 오류이다. 원래의 상대방 주장과 재구성된 주장은 사실상 별개의 것이기 때문에 재구성된 허수아비를 공격해서 쓰러뜨린 것에 불과하다. 상대방이 '내 주장은 그런 얘기가 아니다.'고 반박할 수 있는 경우가 이에 해당한다.

예 • 김 의원은 여성할당제 실시에 대해 반대 의견을 주장한다. 그는 여자들은 집에만 있으라고 하는 것이다. 이건 정말 받아들일 수 없다.
• (광산 도시 태백을 관광 도시로 만들자는 제안에 대하여) 찬성자: 우리는 이 도시를 거대한 관광 도시로 만들어야 지역 경제를 10년 안에 살릴 수 있습니다. - 반대자: 당신은 이 도시에 돈 많은 사람들이 드나드는 골프장을 만들어 생태계를 파괴하자는 말입니까?

⑤ 발생학적 오류

어떤 사상, 사람, 관행, 제도 등의 원천이 어떤 속성을 갖고 있기 때문에 그것들이 그러한 속성을 갖고 있다고 추론하는 것을 말한다. 어떤 대상이 어디서, 어떻게 기원하게 되었는가는 그것 자체의 가치나 특성과는 관련성이 없다.

예 • 국민의료보험제도는 원래 사회주의 국가에서 유래한 것이기 때문에 철폐해야 한다.
• 유도는 일본에서 시작되었으므로 유도를 배우면 왜색에 물들기 쉽다.

⑥ 원천봉쇄의 오류(우물에 독 뿌리기)

자신의 주장에 대한 반박을 원천적으로 봉쇄하는 오류이다. 즉 우물에 독을 뿌려서 아무도 물을 못 마시게 하듯이, 원천적으로 반론의 가능성 자체를 없애 버리는 오류이다. 상대방으로 하여금 자기 주장에 대한 반론을 제기할 수 없도록 한다.

예 제 주장에 찬성하지 못하시는 분은 애사심이 없는 분이 분명합니다.

⑦ 연민 · 동정에의 호소

상대방으로부터 동정심을 유발하여 자기의 주장을 받아들이게 하는 오류이다.

예 판사님! 저에게는 아프신 홀어머니와 어린 자식들이 있습니다. 제가 감옥에 가면 아프신 어머니께서 아이들을 돌보셔야 합니다. 제발 선처를 부탁드립니다.

⑧ 군중(대중)에의 호소

군중의 심리를 자극해서 사람들이 자기의 결론에 동조하도록 하는 오류이다. 또한 많은 사람들이 그것에 동조했기 때문에 혹은 그렇게 하는 것이 옳다고 여기고 있으므로 당신도 그렇게 해야 한다고 주장하는 오류이다.

예 • 이 영화는 좋은 영화임이 틀림없어. 벌써 4주째 예매율 1위야.
• 아빠, 휴대 전화 사 주세요. 우리 반 애들은 모두 갖고 있단 말이에요.

⑨ 잘못된 권위에 호소하는 오류

흔히 자신의 견해나 주장을 강화하기 위해 권위자나 기관 등을 인용하는데, 이때 인용되는 권위자나 기관이 주장과 관련이 없을 때 생기는 오류이다. 권위자나 전문가는 자신의 영역에서 인정받는 것이므로, 무조건적인 신뢰감을 형성하지는 않는다.

예 이번에 발생한 경제 문제를 해결하기 위하여 우리는 아인슈타인의 견해를 받아들여야만 한다. 왜냐하면 그는 노벨상 수상자이기 때문이다.

⑩ 우연의 오류(원칙 혼동의 오류)

일반적인 규칙이나 사실을 특수하거나 예외적인 경우, 우연한 상황에 적용하는 오류이다.

예 거짓말을 하는 것은 죄악이다. 그러므로 의사가 환자에게 거짓말을 하는 것도 당연히 죄악이다.

⑪ 성급한 일반화의 오류(역우연의 오류)

특수한 경우에만 참인 것을 일반적으로 타당한 원리나 규칙으로 삼아서 일반적인 경우에까지 적용시키는 오류이다. 즉 우연, 특수, 예외를 일반화하는 오류이다. 우리가 흔히 '편견'이라고 부르는 것에 해당한다.

예 • 하나를 보면 열을 안다고, 너 지금 행동하는 걸 보니 형편없는 애구나.
• 전쟁 중 용의자의 전화를 도청함으로써 적의 간첩망을 적발하였다. 그러므로 당국은 모든 용의자의 전화를 도청해야 한다.

⑫ 인과적 오류(거짓 원인의 오류, 원인 오판의 오류)

어떤 두 사건이 우연히 일치할 때, 한 사건이 다른 사건의 원인이라고 주장하는 경우, 또는 한 사건이 앞서 발생했다고 해서 전자가 후자의 원인이라고 잘못 추론하는 오류이다.

예 검은 고양이가 내 앞을 가로질러 갔다. 그리고 5분 후에 나는 자동차 사고를 당했다. 따라서 내 사고는 그 검은 고양이 때문이다.

⑬ 논점 일탈의 오류

논점에서 벗어나서 논점과 관련성이 없는 주장을 할 때 생겨나는 오류를 말한다. 논의를 벗어나면 횡설수설할 가능성이 높다.

예 누가 잘했든 잘못했든 그렇게 싸우고만 있을 거야? 그렇게 할 일이 없으면 공부나 해!

⑭ 복합 질문의 오류

둘 이상의 질문을 동시에 하면서 하나의 질문인 양 보이게 하여 상대방을 질문자의 의도대로 이끌어 갈 때 생기는 오류이다. 수사관들이 유도 심문을 할 때 자주 사용하는 오류이기도 하다. 수사관이 용의자에게 "당신은 훔친 돈을 모두 탕진했습니까?"라고 물으면서 "예", "아니요"로 답할 것을 강요하면 복합 질문의 오류를 범하는 것이다. "예", "아니요" 어느 쪽으로 대답해도 돈을 훔친 것이라고 인정하게 되기 때문이다.

예
- 형사가 피의자에게 다음과 같은 질문을 했다. "당신이 어제 거기에 간 시간은 3시였지?"
- 이제 거짓말 안 할 거지?

⑮ 흑백 사고의 오류

양 극단의 가능성만 있고 다른 가능성은 없다고 생각함으로써 생기는 오류이다.

예
- 내 부탁을 거절하다니, 넌 나를 싫어하는구나.
- 자본주의를 부정한다고요? 그럼 당신은 공산주의자이군요.

⑯ 의도 확대의 오류

어떠한 행위가 의도하지 않은 결과를 유발할 경우, 결과를 의도된 행위라고 간주하는 오류이다.

예 아니, 그 사람을 벌금 3만 원만 받고 풀어 줘요? 그 사람을 피하려다가 차가 충돌해서 두 사람이나 죽었는데, 그런 살인자를 가만 놔두는 법이 어디 있어요?

⑰ 잘못된 유비 추론(잘못된 비유의 오류)

어떤 것을 유사한 것에 비유하여 설명하거나 정당화할 때, 그 유사성이 별로 크지 않을 때 생기는 오류이다.

예
- 컴퓨터와 사람은 유사한 점이 많아. 그러니 컴퓨터도 사람처럼 감정을 느낄 거야.
- 동물들은 자기와 같은 종류의 동물들하고만 산다. 늑대와 양이 함께 살 수 있을 리 없다. 그러니 부자와 가난뱅이도 같은 도시에서 살 수 없다.

⑱ 선결 문제 요구(순환 논증)의 오류

어떤 주장을 논증함에 있어서 바로 그 논증하는 주장과 동의어에 불과한 명제를 논거로 삼을 때 범하는 오류이다.

예 그 놈은 나쁜 놈이니 사형을 당해야 해. 사형을 당하는 것을 보면 나쁜 놈이야.

⑲ 말 앞에 수레 놓는 오류

어떤 일의 앞뒤 순서를 뒤바꿈으로써 범하게 되는 오류로, 대부분 인과관계가 뒤바뀌는 경우에 해당한다.

예 꼼짝 말고 손들어!

⑳ 사적 관계에 호소하는 오류

정(情) 때문에 논지를 받아들이게 되는 오류, 상대와의 친분을 근거로 주장을 받아들이게 하는 오류이다.

예 • 저 그 윤진숙이라구요. 언니, 지금 저를 내치신다면 전 앞으로 어떻게 살아가라는 거죠?
• 이번 선거에 네가 힘을 보태 줄 거라고 믿어. 우린 친구잖아.

(2) 애매성의 오류

① 애매어의 오류

동일한 단어가 여러 가지 의미로 사용될 때 생기는 오류이다.

예 • 모든 죄인은 감옥에 가야 한다. 인간은 모두 죄인이다. 따라서 모든 인간은 감옥에 가야 한다.
• 꼬리가 길면 잡힌다. 다람쥐는 꼬리가 길다. 그러므로 다람쥐는 잡힌다.

② 강조의 오류

문장의 한 부분을 강조하는 데서 생기는 오류이다. 또한 다른 사람의 말을 전체 문맥에서 이해하지 않아 오해를 살 여지가 있을 때, 일부만을 떼어 인용함으로써 그 본래의 뜻을 잘못 전달하는 것도 강조의 오류라고 한다. 이 경우는 특히 '탈맥락적 인용의 오류'라고 부른다.

"밤늦게 친구들하고 술 마시고 고래고래 소리 지르면서 돌아다니지 마라!"라는 말에서 '밤늦게'라든가, '친구들하고', '술 마시고', '고래고래 소리 지르면서', '돌아다니지 마라!' 가운데 어느 하나만을 강조할 때 생기는 오류이다.

예 "밤늦게 친구들하고 술 마시지 마라.", "그럼, 낮에는 마셔도 돼요?"

③ 결합·합성의 오류

부분이나 개별적 요소들이 지닌 성질이나 특성을 전체 또는 부분의 집합에도 지니고 있다고 추론할 때 생기는 오류이다. 전체를 부분의 총합으로 보는 데서 오는 오류인데, 부분의 특성이 꼭 전체로 옮겨 가지는 않는다.

예 그 나라 사람들은 모두 도덕적이고 친절하다. 그러므로 그 국가도 도덕적이고 친절할 것이다.

④ 분할의 오류

결합의 오류와 반대되는 오류이다. 전체나 집합이 지닌 성질이나 특성을 부분이나 개별적 요소들도 지니고 있다고 추론할 때 생기는 오류이다.

예 • 3학년 4반은 전교에서 수학 성적을 가장 잘 받았다. 그러므로 그 반 학생들은 모두 수학을 잘할 것이다.
• 미국은 경제 강국이니 그 미국인은 부자일 것이다.

⑤ 은밀한 재정의의 오류

단어나 구의 의미를 자의적으로 바꾸어 추론하는 오류이다. 즉 다른 사람들은 모르고 자기만 알고 있는 정의 때문에 발생하는 오류이다.

예 너는 왜 아침에 운동을 하지 않니? 너는 참 게으르구나(아침에 운동을 하지 않는 것을 '게으름'이라고 자의적으로 재정의함).

3 논리 퀴즈

최근 육군부사관 시험에서 등장하기 시작한 문제 유형이다. 논리 퀴즈에는 몇 가지 유형이 있으므로 출제되는 유형에 맞게 접근해야 한다.

(1) 순서, 위치 파악 및 원인 파악 문제

이러한 유형의 문제는 주어진 정보와 조건을 바탕으로 X축과 Y축으로 표를 그리고 ○, ×로 표시하여 추론하는 것이 좋다.

개념확인 예제

다음 [보기]를 통해 장염의 원인이 된 음식을 고르면?

보기

회사원 1은 감자조림, 김치, 호박볶음, 달걀말이를 먹었고 장염이 걸렸다.
회사원 2는 호박볶음, 달걀말이, 어묵볶음을 먹었고 장염이 걸렸다.
회사원 3은 감자조림, 김치, 달걀말이를 먹었고 장염이 걸리지 않았다.
회사원 4는 감자조림, 달걀말이를 먹었고 장염이 걸리지 않았다.

① 감자조림 ② 김치 ③ 호박볶음 ④ 달걀말이 ⑤ 어묵볶음

위의 자료를 바탕으로 섭취한 음식물과 장염 발생의 상관관계를 확인하기 위해 주어진 정보와 조건을 표로 나타내면 다음과 같다.

구분	섭취한 음식물					장염 발생
	감자조림	김치	호박볶음	달걀말이	어묵볶음	
회사원 1	○	○	○	○	×	○
회사원 2	×	×	○	○	○	○
회사원 3	○	○	×	○	×	×
회사원 4	○	×	×	○	×	×

위의 표에 따라 호박볶음을 먹은 회사원 1, 2는 장염이 발생했고, 호박볶음을 먹지 않은 회사원 3, 4는 장염이 발생하지 않았다는 것을 확인할 수 있으므로 장염의 원인은 ③이 된다. 다른 위치와 순서 문제들도 주어진 정보와 조건을 바탕으로 위와 같이 표를 그려서 풀면 된다.

(2) 반드시 참인 명제 고르기

이러한 유형은 주어진 조건을 가지고 반드시 참인 명제를 찾는 것으로 '대우명제'라고 한다.

예
- 'p이면 q이다.'의 명제를 치환하면 '~q는 ~p이다.'가 성립한다.
- 'p이면 ~q이다.'의 명제를 치환하면 'q는 ~p이다.'가 성립한다.

※ '~p'는 'p가 아니다.', '~q'는 'q가 아니다.'를 의미한다.

이 문제는 주어진 조건들을 치환하여 보면 조건들 중에서 반드시 참인 명제를 고를 수 있다. 여기에서 조건들을 간단한 부호로 바꾸어 푸는 것이 좋다.

개념확인 예제

다음 [보기]를 바탕으로 바르게 추론한 것을 고르면?

보기

- 빨강을 좋아하는 사람은 파랑을 좋아한다.
- 노랑을 좋아하는 사람은 빨강을 좋아하지 않는다.
- 파랑을 좋아하는 사람은 주황을 좋아하지 않는다.

① 빨강을 좋아하는 사람은 주황을 좋아하지 않는다.
② 주황을 좋아하지 않는 사람은 파랑을 좋아한다.
③ 빨강을 좋아하지 않는 사람은 노랑을 좋아하지 않는다.
④ 노랑을 좋아하지 않는 사람은 파랑을 좋아하지 않는다.
⑤ 파랑을 좋아하지 않는 사람은 주황을 좋아한다.

'빨강 : A, 파랑 : B, 노랑 : C, 주황 : D'로 간단하게 표시하고 반드시 참인 명제를 찾으면 된다.

A → B ⇒ ~B → ~A
C → ~A ⇒ A → ~C
B → ~D ⇒ D → ~B

치환된 명제를 가지고 반드시 참인 명제를 찾으면, 'A→B→~D, D→~B→~A'이다. 따라서 선택지 중 참은 'A→~D'로 추론할 수 있는 ①이 정답이다. 다른 명제 문제들도 주어진 조건들을 위와 같이 치환하여 확인하면 된다.

STEP ❷ 유형 훈련 문제

정답과 해설 ▶ P.24

01 다음 글의 빈칸 ㉠, ㉡에 들어갈 단어가 바르게 연결된 것을 고르면?

> • 어떤 일의 중요한 내용을 콕 집어내는 것을 '(㉠)을/를 찌르다'라고 한다. 이는 과녁의 중앙을 뜻하는데, 천으로 된 과녁의 한가운데와 가죽으로 만든 과녁의 한가운데를 합친 말이다.
> • 이러지도 저러지도 못하는 형편을 일컬을 때 우리는 흔히 (㉡)이라는 표현을 쓴다. 이 표현은 삼국지의 조조로부터 유래하는데, 먹기에는 양이 적고 버리기에는 아까운 '닭의 갈빗대'를 의미한다.

	㉠	㉡
①	정곡	계륵
②	중심	사족
③	핵심	반측
④	목표	불망
⑤	표적	전전

02 다음 글의 ㉠ : ㉡의 관계와 가장 유사한 관계인 것을 고르면?

> 기후(氣候)는 오랜 기간 동안의 평균적인 날씨이다. 일반적으로 30년간의 평균을 이용한다. 날씨는 ㉠ 일시적인 기상 현상을 나타내는 것에 비해, 기후는 ㉡ 지속적이고 평균적인 기상 현상을 나타낸다. 기후는 곳에 따라 다르며, 시간이 흐르면서 변하기도 한다. 최근에는 지구 온난화로 기후가 점점 변화하고 있다.

① 군중 : 무리
② 농후 : 희박
③ 산소 : 질소
④ 너와집 : 귀틀집
⑤ 아시아 : 몽골

03 **띄어쓰기가 옳지 않은 것을 고르면?**

① 눈이 많이 쌓였는걸!
② 내가 바라는 걸 너는 알고 있지?
③ 날이 흐린걸 보니 곧 비가 오겠네.
④ 그만하면 훌륭하던걸 뭐.
⑤ 우리 학교는 작은 학교일망정 역사는 오래되었다.

04 **다음 밑줄 친 ㉠과 관련 있는 것을 고르면?**

> 대중의 언어생활에 막대한 영향을 미치는 방송 언어에서도 잘못된 표현을 어렵지 않게 찾아볼 수 있다. 방송에서 ㉠"우리 모두 내일 오전 10시에 회의를 갖도록 하자."라든지, "지금 중부 지방의 날씨는 맑고 있습니다." 같은 일기 예보, 혹은 "불조심은 아무리 강조해도 지나치지 않는다." 등의 표현은 우리말이 적절하게 사용되지 않고 있음을 보여 준다.

① 어휘의 의미 혼동
② 잘못된 외래어 사용
③ 비표준어 사용
④ 잘못된 존대법 사용
⑤ 우리말답지 않은 표현

05 **논리적으로 타당한 추론을 고르면?**

① 컴퓨터 사양이 좋으면 프로그래머들이 작업하기 수월하다. 민호는 좋은 사양의 컴퓨터를 가지고 있으므로, 좋은 프로그램을 만들 수 있다.
② 나는 사랑에 빠지면 꽃을 좋아한다. 요즘 나는 꽃이 좋아졌으므로 사랑에 빠졌음을 알 수 있다.
③ 등산을 하면 건강이 좋아진다. 수빈이는 등산을 열심히 하지 않았다. 그러므로 수빈이는 건강이 좋아지지 않는다.
④ 랍스터가 비싸지 않으면 많이 먹을 것이다. 하지만 랍스터는 비싸므로 많이 먹지 못한다.
⑤ 경수가 물건을 훔쳤다면 경찰에게 붙잡혔을 것이다. 경수는 경찰에 붙잡히지 않았다. 그러므로 경수는 물건을 훔치지 않았다.

06 다음 밑줄 친 ㉠과 가장 유사한 의미로 쓰인 것을 고르면?

> 리플은 유희적 성격도 강해서 본 글의 내용과 무관하게 "앗싸 1등이다."라고만 ㉠ 달고 가는 사람들도 있다.

① 저기 국기를 달고 있는 사람이 우리 형이다.
② 그 여자는 한 무리의 아이들을 달고 나타났다.
③ 그 남자는 차에 장신구를 주렁주렁 달고 다닌다.
④ 작품에 제목을 달고 나니 제법 그럴 듯해 보였다.
⑤ 한문 원문에 토를 달고 나니 읽기가 훨씬 수월하다.

07 다음 글의 [가]~[라]를 흐름에 맞게 바르게 나열한 것을 고르면?

> [가] 부안 갯벌은 서해안에 발달한 갯벌로서 다양한 해양 생물의 산란 서식지이며 어업인들의 삶의 터전으로 많은 혜택을 주어 왔다. 그러나 최근 축제식 양식과 육상에서부터의 오염원 유입 등으로 인한 환경 변화가 감지되었고 체계적인 이용 관리 방안이 지속적으로 요구되어 왔다.
> [나] 정부는 전라북도 부안 갯벌 약 11.8km^{2}를 '습지보전법'에 의한 '습지보호지역'으로 지정 고시한다고 3일 밝혔다. 우리나라에서 일곱 번째 습지보호지역으로 지정되는 부안 갯벌은 칠면초, 나문재와 같은 다양한 식물이 서식하고 천연 기념물인 황조롱이와 멸종 위기종을 포함한 46종의 바다새가 서식하는 등 생물 다양성이 풍부하며 보호 가치가 큰 지역으로 나타났다.
> [다] 정부는 이번 습지보호지역으로 지정된 부안 갯벌을 람사르 습지로 등록할 계획이며, 올해부터 2021년까지 제2차 연안습지 기초 조사를 실시하여 보전 가치가 높은 갯벌뿐만 아니라 훼손된 갯벌에 대한 관리도 강화해 나갈 계획이다.
> [라] 습지보호지역으로 지정되면 이 지역에서 공유수면 매립, 골재 채취 등의 갯벌 훼손 행위는 금지되나, 지역 주민이 해오던 어업 활동이나 갯벌 이용 행위에는 특별한 제한이 없다.

① [가] – [나] – [다] – [라]
② [가] – [다] – [나] – [라]
③ [나] – [라] – [가] – [다]
④ [나] – [가] – [라] – [다]
⑤ [다] – [가] – [나] – [라]

08 **다음 글을 읽고 다양한 문화권 출신인 학생들의 학습을 증진시키기 위한 가장 적절한 방법을 고르면?**

외적인 요인을 통한 동기 부여의 부정적인 영향은 다양한 문화권 출신의 학생들에게서 입증되어 왔다. 우리는 다양한 문화에 걸쳐 있는 사람들이 그들의 주된 목표가 외적이기보다는 내적일 때 삶에 더 큰 만족감을 표현할 가능성이 있다는 리차드 라이언의 주장에 동의한다. 또 다른 연구 결과는 사람들이 어떤 외적인 보상을 얻기 위해 명시적으로 어떤 학습 활동을 한다면 그 보상을 보장해 주는 가장 덜 힘든 방식을 추구한다는 것이다. 외적인 보상을 통제하는 체제를 가진 지배적인 가르침이 학습의 질을 낮추는 원인이 될 수도 있다는 증거가 있기 때문에, 내적인 요인을 통한 동기 부여 이론에 기초를 둔 교수법을 사용하는 것이 문화적으로 다양한 학생들의 학습을 증진시키는 더 합리적이고 효과적인 접근법인 것 같다.

① 학생들에게 학교 성적과 직업과의 상관관계를 보여 준다.
② 학생들에게 우리를 위해 고생하시는 부모님을 생각하며 공부하라고 조언한다.
③ 학생들에게 공부를 열심히 하면 금전적인 풍요로움을 누릴 수 있다고 말해 준다.
④ 학생들에게 몇 년 후에 어느 대학에 가 있을지를 상상하며 공부하라고 독려한다.
⑤ 학생들에게 공부를 하는 과정 속에서 느낄 수 있는 즐거움이 무엇인지 찾아보라고 한다.

09 **밑줄 친 단어의 쓰임이 옳지 <u>않은</u> 것을 고르면?**

① '신데렐라 증후군'은 신데렐라처럼 왕자와의 운명적인 만남이 있을 것이라고 믿는 <u>현상</u>을 일컫는다.
② '노블레스 오블리주'는 높은 사회적 지위에 <u>상응</u>하는 도덕적 의무를 뜻한다.
③ '저항성 녹말'은 우리 몸의 소화 효소에 의해 <u>분석</u>되지 않는 녹말이다.
④ '봉이 김선달'은 두둑한 배포에 수려한 외모까지 갖춘 <u>희대</u>의 천재 사기꾼을 중심으로 한 이야기이다.
⑤ '오컴의 면도날'은 어떤 현상을 설명할 때 필요 이상의 가정과 개념들은 면도날로 베어 낼 <u>필요</u>가 있다는 뜻으로 쓰인다.

10 다음 글의 제목으로 가장 적절한 것을 고르면?

> 코로나19의 지역 감염이 확산됨에 따라 감염병 위기경보 수준이 '경계'에서 '심각'으로 격상됐다. 이처럼 전염병 위기 단계가 높아지면 무엇이 달라질까?
>
> 전염병 위기경보 수준은 '관심', '주의', '경계', '심각'의 4단계로 나뉘며 단계별로 정부의 대책이 달라진다. 해외에서 신종 감염병이 발생하여 유행하거나 국내에서 원인 불명 감염병이 발생하면 '관심' 단계의 경보가 발령된다. '관심' 단계에서 질병관리본부는 대책반을 운영하여 위기 징후를 포착한다. 국내에서 원인불명 감염병이 제한적으로 전파되면 '주의' 단계가 된다.
>
> 국내로 유입된 해외의 신종 감염병이 제한적으로 전파되거나 국내에서 발생한 원인 불명 감염병이 지역 사회로 전파되면 '경계' 단계로 올라간다.
>
> 끝으로 해외의 신종 감염병이 국내에서 지역 사회 전파 및 전국 확산을 일으키거나 국내 원인 불명 감염병이 전국적으로 확산되면 가장 높은 단계인 '심각' 단계로 격상된다.

① 코로나19 감염 확산에 따른 대응 방안
② 감염병 위기경보 단계 상향에 따른 국민 행동 수칙 변화
③ 시간에 따른 감염병 위기경보 단계의 변화
④ 감염병 위기경보 단계별 특징
⑤ 코로나19의 심각성을 알리는 방법

STEP ③ 실전 연습 문제

25문항 / **20분**

• 맞힌 개수 ______개 • 풀이 시간 ______분 **정답과 해설** ▶ P.26

01 **밑줄 친 부분의 맞춤법이 옳은 것을 고르면?**

① 요리를 만드는 방법은 잡지 가정난에 실려 있다.
② 그는 관심 있는 기사를 달달이 스크랩해 두었다.
③ 집안 형편이 넉넉치 않아 나는 어찌할 도리가 없었다.
④ 그는 다음 달 사흗날에 돌아오겠다는 말을 하고 떠났다.
⑤ 작은 문 옆에 차가 드나들 수 있을 만큼 넙따란 문이 나왔다.

02 **다음 밑줄 친 내용과 가장 유사한 의미로 쓰인 것을 고르면?**

이래서는 투자금의 본전도 빠지지 않겠다.

① 그렇게 일하면 네 하루 일당이나 빠지겠니?
② 900원은 1,000원에서 100원이 빠지는 셈이구나.
③ 벽에 못이 빠져서 시계를 걸 수 없다.
④ 환기를 했더니 겨우 고기 냄새가 빠졌다.
⑤ 운동을 열심히 했더니, 군살이 빠졌다.

03 **밑줄 친 단어의 쓰임이 옳지 않은 문장을 고르면?**

① 그는 설움에 받쳐 울음이 터져 나왔다.
② 마을 이장이 경운기에 받혀 한동안 병원에 입원했다.
③ 새 공책에 책받침을 받쳐 필기를 하니 기분이 좋다.
④ 쟁반에 커피를 받치고 조심조심 걸어야 한다.
⑤ 몸과 마음을 받쳐 충성을 다할 것을 굳게 다짐합니다.

04 다음 글에 나타난 상황에 맞는 적절한 한자 성어를 고르면?

아이들은 동틀 녘에 할머니 댁에 도착하였다. 그들은 한 해의 이맘때면 할머니의 옥수수 수확을 돕기 위해 모였고, 그에 대한 보답으로 할머니는 진수성찬을 아이들에게 차려 주었다. 아이들은 모두 활기가 넘쳤으나, 샐리는 아니었다. 그녀는 더위와 먼지를 몹시 싫어했기 때문에 옥수수 밭에서 일하는 것을 싫어했다. 다른 아이들이 각자 자루를 들고 노래를 부르며 밭으로 향할 때 그녀는 아무 말 않고 앉아 있었다. 그들은 들판에 도착해서 즐겁게 일하기 시작했다. 곧이어 샐리도 자신의 자루를 가지고 그들과 합류했다. 오전 중반쯤 할머니는 얼음처럼 차가운 레몬에이드와 복숭아 파이를 가지고 왔다. 간식을 다 먹은 뒤에, 아이들은 자신들의 자루가 터질 때까지 계속 일을 했지만, 덥고 짜증나기 시작한 샐리는 그저 할머니의 선물을 빨리 받아 떠나고 싶었다. 그녀는 자루를 두 번 채웠지만, 다른 아이들은 세 번째 자루를 곡물 창고로 나르고 있었다. 그때 샐리는 한 가지 묘안이 떠올랐다. 그녀는 자루를 더 가볍게 만들고 일의 속도를 내기 위해, 마지막 자루를 옥수수 줄기로 재빨리 채웠다. 샐리는 곡물 창고에 가장 먼저 도착했고, 할머니는 그녀에게 마지막에 가져온 짐을 한쪽에 놓고 그 위에 그녀의 이름을 쓰라고 했다. 할머니는 다른 아이들에게도 똑같이 하도록 했다. 그러고 나서 아이들은 모두 할머니께서 차려 주신 맛있는 점심을 즐겼다. 점심 식사 후 할머니께서는 “난 너희들이 일을 도와주어 너무도 기쁘단다. 너희들 모두 마지막에 가져온 자루를 선물로 집에 가져가도 된단다.”라고 말씀하셨다. 아이들은 기뻐서 환호했고, 고마움에 기꺼이 그녀에게 감사하다고 말했으며, 자신들의 자루를 들어 올려 집으로 가져갔다. 그러나 샐리는 몹시 실망했다. 그녀의 자루에는 쓸모없는 옥수수 줄기 외에는 아무것도 없었기 때문이다. 그러나 그녀는 자신도 무거운 짐을 가지고 가는 체하면서 먼 길을 걸어 집으로 갔다.

① 고진감래(苦盡甘來)
② 살신성인(殺身成仁)
③ 설상가상(雪上加霜)
④ 전화위복(轉禍爲福)
⑤ 부화뇌동(附和雷同)

05 다음 글을 읽고 ㉠의 '감동받은 사람들'을 비판하기 위한 속담으로 적절한 것을 고르면?

> 어떤 이들은 자기가 획득한 모든 것, 이를테면 지난날 성공했던 사례, 자신의 매력적인 성품, 사회적 지위, 연고 관계, 외모와 차림새 등을 떠올림으로써 용기를 다잡기도 한다. 한마디로, 그들은 머릿속에서 자신의 값을 매겨 놓고 그것을 토대로 대화에 임해서 자신의 성품을 꾸민다.
> ㉠ 이런 면에 능통한 사람은 사실상 많은 사람들을 감동시킬 수 있다. 물론 그것들은 대부분 그의 허세와 듣는 이들의 판단력 결함에서 나온 것이지만 말이다.

① 등치고 간 내먹는다.
② 말 한마디에 천 냥 빚을 갚는다.
③ 빛 좋은 개살구이다.
④ 바늘 도둑이 소도둑 된다.
⑤ 내 코가 석 자다.

06 밑줄 친 부분의 표기를 고친 것으로 옳지 않은 것을 고르면?

① 그는 몇일 동안 아무 말이 없었다. → 며칠
② 그녀는 한숨을 내쉬며 넉두리 같은 혼잣말을 했다. → 넋두리
③ 지난 주 전세집을 얻기 위해 공인중개사 사무소를 돌아다녔다. → 전셋집
④ 예산을 대충 걷잡아서 말하지 말고 구체적으로 뽑아 보시오. → 겉잡아서
⑤ 그는 입이 커서 웃을 때면 윗잇몸까지 다 드러나 보였다. → 웃잇몸

07 다음 밑줄 친 내용이 의미하는 바로 가장 적절한 것을 고르면?

> 드디어 몇 달 만에 그 문서는 다리를 건너왔다.

① 미리 손쓸 기회를 빼앗기다.
② 끊어진 관계를 다시 맺어 통하게 되다.
③ 상대편과 관련을 짓기 위하여 중간에 다른 사람을 넣다.
④ 중간에 다른 사람을 통하거나 두 대상을 연결해 주다.
⑤ 말이나 물건 따위가 어떤 한 사람을 거쳐 다른 사람에게 넘어가다.

08 밑줄 친 단어 중 표준어 규정에 따라 바르게 표기된 것을 고르면?

① 창사 30돐을 맞이하여 축하 공연이 있겠습니다.
② 이 자리를 빌어 감사의 말씀을 전합니다.
③ 노새는 수탕나귀와 암말을 교배시켜 태어난 동물이다.
④ 아이가 토끼같이 깡충깡충 뛰는 모양이 귀엽다.
⑤ 나의 바램은 군인으로 임관하는 것이다.

09 다음 글의 빈칸에 들어갈 속담으로 적절한 것을 고르면?

> 최근 연극과 영화계의 무명 배우 두 명이 생활고에 지쳐 외롭게 생을 마쳤다. 이에 따라 '최고은 법'으로 불리는 예술인 복지법의 실효성에 대한 비판의 목소리가 커졌다. 그러자 한국 예술인 복지재단은 부랴부랴 1인당 최대 300만 원씩 3,500여 명을 지원하는 '창작 준비금 지원 사업'을 실시한다고 발표하였다. 원래 올해 예산으로 책정되어 있었지만 정부 내 이견으로 지금까지 집행되지 않다가 이제야 집행되는 것이다.
> 그러나 창작 준비금 지원에 대해서도 예술계는 (　　　　　　　　　　)라며 비판하고 있다. 한국 예술인 복지 재단 자체가 예술가에 대한 정부의 시혜적 지원 시스템으로 운영되다 보니 모든 예술가들이 이를 보편적으로 이용할 수 없기 때문이다. 그래서 예술인 복지를 사회 보장 시스템으로 해결해야 한다는 지적도 제기되었다.

① 평안 감사도 저 싫으면 그만이다.
② 밑 빠진 독에 물 붓기
③ 오뉴월 겻불도 쬐다 나면 서운하다.
④ 빈대 잡으려다 초가삼간 다 태운다.
⑤ 언 발에 오줌 누기

10 **다음 글의 빈칸에 들어갈 말로 가장 적절한 것을 고르면?**

흐름을 조정하는 인간의 시스템은 기계적인 시스템보다 즉각적인 반응에 더 민감하다. 여러분이 적신호에 걸려 도로 위에서 기다려야 하는데, 자신의 차선에는 차가 붐비지만 교차되는 차선에는 차가 한 대도 없을 때가 있지 않았는가? 경찰이라면 즉시 그 상황을 보고 일시적인 필요에 맞게 교통 방향의 흐름을 조정할 것이다. 회의의 엄격한 규칙에도 같은 방식이 적용된다. 참가자들이 정해진 순서대로만 발언하게 되면 건설적인 대화가 진행되기 어렵다. 이때 (   )인 인간의 시스템은 누군가가 그 회의를 오랫동안 지배하게 두지 않으면서 집단 내 개인들의 순간순간의 욕구에 맞추어 회의를 진행할 수 있을 것이다. 분명 네 명이 넘는 사람들이 모인 회의는 균형 잡힌 대화의 흐름을 유지해 줄 지도자를 필요로 한다.

① 합리적인 결정자　② 섬세한 중재자　③ 친절한 지도자
④ 지적인 관리자　⑤ 예리한 관찰자

11 **다음 글의 빈칸 ㉠~㉤에 들어갈 단어를 순서대로 바르게 나열한 것을 고르면?**

호남고속철도 오송~광주 구간은 2009년에 (㉠)을 시작해 2016년에 (㉡)되었다. 광주~목포 구간은 오송~익산 구간 완공 전에 공사에 들어가 2017년까지 (㉢)할 (㉣)이다. 호남고속철도 정차역은 오송, 남공주, 익산, 정읍, 광주, 목포 등 6곳이며, 사업비는 10조 5,000억 원이 (㉤)된다.

① 준공 – 완공 – 마감 – 계획 – 유입
② 준공 – 완공 – 마감 – 계획 – 투입
③ 준공 – 착공 – 개통 – 예정 – 유입
④ 착공 – 완공 – 개통 – 예정 – 투입
⑤ 착공 – 준공 – 마감 – 계획 – 투자

12 다음 글에 나타나는 논리적 오류와 유사한 오류를 범하고 있는 것을 [보기]에서 모두 고르면?

'△△'는 반드시 읽어야 합니다. 이 책에는 미래의 삶에 유익한 내용이 담겨 있습니다. 이는 이미 많은 사람들이 보증해 주었는데, 지난 분기에 베스트셀러 1위를 차지한 것으로도 알 수 있습니다. 더욱이 방송 출연으로 유명하신 '○○○ 교수'도 추천한 책이라고 합니다.

보기

㉠ 설문 조사 결과 85%의 사람들이 외계인의 존재를 믿고 있으므로, 외계인은 존재한다.
㉡ '인간은 평생 자기 뇌의 10%만 쓰고 죽는다.'라고 아인슈타인이 말했다. 그러므로 이는 명백한 사실이다.
㉢ 칼로 상처를 내는 것은 범죄 행위이다. 외과 의사는 칼로 상처를 낸다. 그러므로 외과 의사는 범죄자이다.
㉣ 판사님, 피고인이 무죄라는 증거가 없으므로 피고인은 유죄입니다.

① ㉠, ㉡ ② ㉠, ㉢ ③ ㉠, ㉣
④ ㉡, ㉢ ⑤ ㉢, ㉣

13 다음 글의 제목으로 가장 적절한 것을 고르면?

높은 휘발유세는 자동차를 사용함으로써 발생하는 다음 문제에 대한 교정적 역할을 수행한다. 첫째, 휘발유세는 사람들의 대중교통 이용을 유도하고, 자가용 사용을 억제하여 교통 혼잡을 줄여 준다. 둘째, 교통사고 발생 시 대형 차량이나 승합차가 중소형 차량에 비해 치명적인 피해를 줄 가능성이 높다. 이때 휘발유를 많이 소비하는 대형 차량을 운전하는 사람에게 보다 높은 휘발유세를 치르게 함으로써 교통사고 위험에 대한 간접적인 비용을 징수하는 효과를 가진다. 셋째, 휘발유세는 휘발유의 소비를 억제함으로써 대기 오염을 줄이는 데 기여한다.

① 높은 휘발유세의 용도
② 높은 휘발유세의 정당성
③ 높은 휘발유세의 배경
④ 휘발유세의 지속적 인상
⑤ 대기 오염 감소를 위한 방법

14 다음 글의 내용과 일치하지 않는 것을 고르면?

휴보의 자연스러운 동작에 숨은 비밀

인간의 다리는 모든 방향으로 움직일 수 있기 때문에, 넘어지려는 쪽으로 다리를 재빨리 움직여 몸의 무게 중심을 잡아 균형을 유지한다. 마찬가지로 로봇도 자연스럽게 걷기 위해서는 무게 중심을 잘 잡아야 한다. 휴보는 이를 위해 발바닥 센서를 이용한다. 이 센서는 무게가 발목으로 충분히 이동을 했는지, 발바닥 어디에 무게 중심이 있는지를 측정하고, 또한 발이 땅에 닿는 것과 양발이 비틀린 정도를 감지한다. 센서가 감지한 모든 정보는 가슴에 있는 메인 컴퓨터에 보내지고, 컴퓨터는 이 정보를 바탕으로 몸 전체의 무게 중심을 조절한다.

인간의 생활 공간은 3~5° 정도의 기울기를 갖고 있다. 이는 인간에게는 사소한 것이지만 로봇에게는 넘어질 수도 있는 중요한 문제이다. 휴보의 경우에는 몸 전체의 기울기를 감지하는 센서가 배꼽에 있다. 인간은 몸의 기울기를 감지하는 전정 기관이 귀에 있지만, 휴보는 배꼽에 있는 셈이다.

인간은 관절, 인대, 근육 덕분에 각 관절이 자유롭게 움직이지만, 휴보는 총 41개의 모터로 인간처럼 고개를 까딱이거나 팔을 접을 수 있고, 손가락도 구부릴 수 있다. 또한 감속기로 모터의 힘을 조절해 자칫 뚝뚝 끊어질 수 있는 움직임을 부드럽고 유연하게 만든다.

① 로봇은 자연스럽게 걷기 위해서 발바닥 센서를 이용한다.
② 발바닥 센서가 감지한 모든 정보는 가슴에 있는 메인 컴퓨터로 보내진다.
③ 휴보의 경우에는 몸 전체의 기울기를 감지하는 센서가 배꼽에 있다.
④ 인간은 관절, 인대, 근육 덕분에 각 관절을 자유롭게 움직일 수 있다.
⑤ 휴보는 감속기로 모터의 힘을 조절해 고개를 까딱이거나 팔을 접을 수 있다.

15 다음 글을 읽고 난 후의 반응으로 적절하지 않은 것을 고르면?

> 우리나라의 건강보험 보장성은 60%대 수준으로 OECD 평균인 80%보다 상당히 낮은 편이다. 반면에 가계의 의료비 직접 부담 비율은 36.8%(OECD 평균은 19.6%)로 국민이 부담하는 의료비가 선진국에 비해 매우 높은 편이다. 이는 낮은 보장성 때문에 재난적 의료비 등이 발생하여 국민이 빈곤에 처할 위험에 크게 노출되어 있음을 의미한다.
>
> 이에 대한 보호 장치 마련을 위해 정부는 2017년 8월에 건강보험 보장성 강화 대책을 발표·추진해 오고 있다. 시행 2년 동안 아동·청소년을 위한 충치 예방(치아홈 메우기)·충치 치료, 여성을 위한 난임 시술, 노인을 위한 임플란트와 틀니 등에 대해 건강보험을 적용·확대하여 왔다. 그 외에도 선택 진료비 폐지, 상급·종합병원 2~3인실, 상복부 초음파(간, 담낭, 비장, 췌장), 2019년에는 하복부 초음파, 한방 추나 요법, 두경부 MRI 검사 등에 건강보험을 적용하였다. 조만간 상급병실(병원급 2~3인실), MRI(복부, 흉부, 안면) 등에도 건강보험이 확대 적용될 예정이다.
>
> 정부의 보장성 확대 노력으로 인하여 전 국민의 건강보험 보장률이 65%에 달할 것으로 추정되는 등 많은 성과를 이루었다. 하지만 의료비 부담을 완화해 준다는 측면에서 국민들의 호응을 이끌어 낼 수는 있으나, 아직도 의료비 부담에 병원을 마음대로 가지 못하는 국민들이 많이 있는 실정이며, 보장성 강화와 함께 의료 현장에서는 신설되는 비급여 항목이 늘어나는 이른바 풍선 효과가 발생하고 있다. 고령화 속도가 세계 1위인만큼 좀 더 실효성 있는 보장성 강화 대책을 마련할 필요가 있다.

① 우리나라의 경우 각 가정에서 의료비에 많은 비용을 지출하는 편이었군.
② 우리나라는 저출산 문제의 해결과 관련한 의료 보장을 우선으로 확대해 왔군.
③ 아파서 병원에 갈 경우 예전에 비해 건강보험 적용을 받을 수 있는 항목이 다양해졌군.
④ 우리나라는 노인을 위한 병원을 많이 설립할 필요가 있겠군.
⑤ 우리나라는 건강보험 보장 확대가 단계적으로 이루어졌군.

16 다음 [보기]에서 ㉠~㉣에 들어갈 고유어가 바르게 짝지어진 것을 고르면?

> 보기
>
> • 탁보는 엉거주춤하고 서서 점을 쳐 본다. (㉠) 삼동네에서 알아주는 마누라이다 보니 어디에 감췄을지 막연하다.
> • 꺽정이가 발로 (㉡) "어서 일어서라!" 하고 꾸짖었다.
> • 나는 (㉢) 매점 유리창 속에 고운 종이에 싼 먹을 것을 바라보며 군침을 삼켰지만 그것을 받아먹긴 싫었다.
> • 도저히 가망 없어 보이던 방죽 쌓는 일이 (㉣) 이어져 나가더니 마침내 완성되었다.

	㉠	㉡	㉢	㉣
①	직신거리기로	헛헛해 하며	의뭉스러워해서	시나브로
②	의뭉스럽기로	직신거리며	헛헛해서	시나브로
③	시나브로	직신거리며	의뭉스러워해서	헛헛이
④	직신거리기로	의뭉스러워하며	헛헛해서	시나브로
⑤	시나브로	의뭉스러워하며	직신거려져서	헛헛이

17 다음 글의 빈칸에 들어갈 내용으로 가장 적절한 것을 고르면?

> 인간 유전자 프로젝트가 많은 사람에게 희망을 안겨 준 것이 사실이지만 턱없이 과장된 기사도 눈에 띈다. 그러한 예로 어느 기사에 '당신의 아이는 출산 후 정확히 2년 6개월 15일째 되는 날 심장 판막증에 걸릴 것이며, 30세 때 간염, 65세 때 간암에 걸릴 것입니다. 하지만 유전자 치료를 통해 완쾌될 것이니 걱정할 필요 없습니다.'라고 산부인과 의사가 아기를 받아 들고 이야기해 줄 날이 멀지 않았다는 내용이 있는데, 이는 사실상 불가능한 일이다. 왜냐하면 (   ) 질병의 발생은 영양 상태 등 주위의 환경에 영향을 받으므로 점쟁이식 예측은 불가능하다.

① DNA 정보만으로 특정 형질이 나타나는 것을 단언할 수는 없지만
② DNA 정보가 장차 어떤 형질이 나타날지를 알려 주는 것은 사실이지만
③ DNA 정보가 예측한 내용들에 오차가 있을 확률이 높은 것은 사실이지만
④ DNA 정보가 인간의 성장과 발육에 대해 알려 주는 것은 사실이긴 하지만
⑤ DNA 정보가 제공하는 내용들을 의심할 만한 과학적 근거는 뚜렷이 없지만

18 **다음 글을 읽고 밑줄 친 ㉠의 문맥적 의미로 가장 적절한 것을 고르면?**

> 옛날의 독서는 눈으로 읽지 않고 소리 내어 읽는 것이었다. 아이들은 서당에서 낭랑하게 목청을 돋우고 가락에 맞추어 책을 읽었다. 선생은 좌우로 몸을 흔들고, 학생은 앞뒤로 흔들며 책을 읽었다. 책을 읽는 낭랑한 목소리는 듣는 이의 마음을 상쾌하게 한다. 그렇게 읽다 보면 그 가락이 저도 모르는 사이에 뇌리에 스며들어, 뜻을 모르고도 글을 외울 수 있었다. ㉠ 의미는 소리에 뒤따라 왔다.
>
> 알베르토 망구엘의 『독서의 역사』를 읽어 보니 중세 유럽에서도 책은 무조건 소리를 내서 읽었다고 한다. 암브로시우스가 묵독하는 것을 본 아우구스티누스는 상당한 충격을 받았던 것으로 전해진다. 눈으로만 읽는 묵독은 그 비밀스러움 때문에 요사스럽게 보이기까지 했던 모양이다. 경전을 읽을 때 신성함을 유지하려면 문장의 가락에 맞춰 몸을 흔들고 입을 크게 벌려 소리 내어 성스러운 단어들을 읽어야 한다고 이들은 믿었다. 그래야만 책장에 쓰인 죽어 있던 단어들이 날개를 달고 훨훨 날아올라 의미화된다고 여겼다.
>
> 이제 책 읽는 소리는 뚝 그쳤다. 한글을 갓 깨친 어린아이들이나 떠듬떠듬 소리를 내어 글을 읽는다. 소리를 내어 상쾌한 리듬을 느끼며 읽을 만한 글이 더 이상 없기 때문일까?

① 독서는 눈이 아니라 소리로 이해한다.
② 낭독과 동시에 의미가 이해되었다.
③ 낭독을 하면 의미를 이해하기 어려워진다.
④ 낭독을 하여 외우다 보면 의미는 저절로 이해되었다.
⑤ 의미보다 소리가 더욱 중요하다.

19 다음 글을 읽고 제시한 사례로 적절하지 않은 것을 고르면?

> 과학자들은 멕시코의 유카탄 반도에서 지름이 180km나 되는 커다란 운석 구덩이의 연대를 측정했는데, 이 운석 구덩이의 생성 연대가 공룡이 멸종한 시기와 일치한다는 사실을 확인하였다. 하지만 운석이 지구와 충돌하면서 생긴 직접적 충격으로 인해 공룡을 비롯한 수많은 종이 갑자기 멸종된 것이라고 보기는 어려우며, 그 충돌 때문에 발생한 2차적 영향들이 있었을 것으로 짐작하고 있다. 거대한 구덩이가 생길 정도의 파괴력이면 물리적 충격은 물론 지구의 대기를 비롯한 생존 환경에 장기간 엄청난 영향을 주었을 것이고, 그로 인해 공룡들이 멸종되었을 수 있다는 결론을 내린 것이다.

① 운석과의 충돌은 반대쪽에도 엄청난 반사 충격파를 전달하여 전 지구적인 화산 활동을 초래하였을 것이다.

② 운석과의 충돌은 지구의 공전 궤도에 변화를 주어, 밤낮의 길이가 변화함에 따라 생명체의 정상적인 생체 활동이 불가능해졌을 것이다.

③ 운석 충돌로 발생한 먼지가 지구 대기를 완전히 뒤덮어 햇빛이 차단되었고, 따라서 기온이 급속히 내려갔을 것이다.

④ 운석과의 충돌은 지구에 엄청난 타격을 주어 그 충격파가 고스란히 생명체에 전달되었을 것이다.

⑤ 운석 충돌의 충격으로 대륙의 형태가 변함에 따라, 다른 대륙에서 옮겨 온 질병과 기생충이 기존의 생명체에 치명적으로 작용하였을 것이다.

20 다음 글의 '영화 편집'에 대한 설명으로 적절하지 않은 것을 고르면?

영화에서 편집이란, 기본적으로 촬영 현장에서 찍어 온 필름들을 순서에 맞게 이어 붙이면서 불필요한 필름을 제거하는 일이다. 영화는 불가피하게 시공간의 생략을 필요로 한다. 편집의 규칙은 시공간의 연속성을 보장하고 어떠한 의식적인 노력 없이도 관객이 영화를 쉽게 이해하도록 만들기 위한 목적으로 생겨났다.

먼저 180도 규칙이란, 찍고자 하는 피사체의 윗면에 가상의 180도 선을 긋고 처음에 위치했던 카메라가 특별한 이유 없이 그 선을 넘어가서는 안 된다는 규칙이다. 예를 들어, 마주 보고 있는 두 사람을 찍을 때 A라는 인물은 오른편에 앉아 있고, B라는 인물은 왼편에 앉아 있었는데, 180도 규칙을 지키다가 어느 순간 그 선을 넘어 A를 찍었다면 A는 왼편에 앉아 오른편을 바라보고 있는 것으로 나타날 것이다. 그러면 관객은 'A가 자리를 바꿔 앉았나?'라는 착각을 할 수도 있다.

다음으로 '동선의 일치 규칙'이란, 화면에 등장한 인물이 왼쪽에서 오른쪽으로 움직였다면 그다음 화면에서 비록 다른 장소라 할지라도 같은 방향으로 가는 것처럼 찍어야 관객이 동선에 혼란을 느끼지 않는다는 것이다. 이 규칙은 차가 달리는 장면에서 흔히 적용된다. 처음에 오른쪽에서 왼쪽으로 차의 진행 방향을 잡았다면 그 방향으로의 움직임은 계속 지켜져야 한다.

또 한 가지 '동작 컷 규칙'이 있다. 예컨대 주인공이 방을 나가는 것을 표현하려고 할 때, 행위를 하려는 바로 그 순간만을 포착하는 것이다. 말하자면 주인공이 의자에서 몸을 일으키는 순간 멈추고 이제 막 문고리를 잡으려는 손을 보여 준다면 그 사이 공간을 통과하는 모습이 생략되어도 자연스럽게 느껴진다.

관객은 자신의 존재를 등장인물들에게 들키지 않은 상태로 그들의 사적인 삶의 면면을 훔쳐보는 즐거움을 누린다. 그래서 등장인물이 촬영 중에 카메라를 쳐다보는 것을 피하려 한다. 등장인물이 카메라를 쳐다본다는 것은 카메라의 위치에 관람하고 있는 관객의 시선과 마주친다는 의미이고, 그렇게 되면 관객은 불편해질 뿐만 아니라 자신이 보는 것이 꾸며진 허구의 세계, 단지 영화일 뿐이라는 것을 깨닫게 되어 즐거움이 줄어들 것이다. 따라서 등장인물은 카메라를 0도로 직시하지 않고, 카메라에서 5도 정도 비낀 곳에 시선을 두어야 하며 이것이 영화 편집의 '5도 규칙'이다.

① 등장인물의 행위를 생략하기 위해 순간 포착을 활용한다.
② 화면에 등장하는 인물이 취하는 움직임의 방향을 일정하게 한다.
③ 시공간의 연속성을 보장하고 관객이 영화를 쉽게 이해할 수 있게 해야 한다.
④ 등장인물은 시선을 여러 곳에 두지 않고 카메라를 직시하거나 5도 정도 비껴 둔다.
⑤ 카메라가 이유 없이 피사체 윗면에 그어 둔 가상의 180도 선을 넘어가서는 안 된다.

21 **다음 밑줄 친 ㉠~㉤ 중 글의 중심 문장으로 가장 적절한 것을 고르면?**

> 삼칠일 관습은 여자가 아기를 낳은 후 21일 동안 문을 꼭 닫고 뜨거운 방에서 지내는 관습이다. 옛날부터 한국 사람들은 출산 후 산모나 아기가 찬바람을 쐬면, 뼈에 바람이 든다고 생각하여 이 풍속을 지켜 왔는데, 일부 농촌에서는 아직도 매우 철저하게 지키고 있다. 그런데 더운 방에 누워 있으면, 몸이 더워지고 땀이 많이 나서 몸에 수분이 모자라게 된다. ㉠ 이때 산모는 물을 마셔서 더운 몸을 식히고 모자라는 수분을 보충한다. ㉡ 그러나 갓 태어난 아기는 스스로 체온을 조절하고 모자라는 수분을 보충할 수 없다. ㉢ 아기에게 수분이 부족하면 탈수증과 전해질 불균형이 일어나고, 혈액 순환이 제대로 되지 않으면 경련, 급성 신부전증, 패혈증이 일어나며, 피부가 짓무르고, 체중이 줄어드는 일들이 발생한다. ㉣ 소아과 의사들은 갓 태어난 아기에게 알맞은 환경이 섭씨 20~22도에 습도 50~70%의 통풍이 잘 되는 곳이라고 말한다. 따라서 ㉤ 관계 당국은 삼칠일 풍속을 절대적으로 지키는 농촌 지역 주민들이 이 풍속을 버리도록 계몽 활동을 해야 할 것이다.

① ㉠ ② ㉡ ③ ㉢
④ ㉣ ⑤ ㉤

22 **다음 글의 ㉠~㉤을 수정한 내용으로 옳지 않은 것을 고르면?**

> 협상 종결 후 국민건강보험공단 측은 브리핑을 통해 대한의사협회와의 협상을 타결하지 못한 데 대해 아쉬움을 ㉠ 들어냈다. 이번 협상에서 공단은 당초 예상보다 적은 밴딩에 우선 재정위원회 소위원회를 설득하는 데 상당한 노력을 한 것으로 보인다. 이에 전 유형 결렬이라는 초유의 사태가 벌어질 수 있다는 가능성이 제기되었지만, 의협을 제외한 모든 단체가 계약서에 ㉡ 서명되었다. ○○○ 이사는 "모두 ㉢ 알다시피 초기에 주어진 밴딩 폭에서 가입자와 공급자 간 눈높이가 많이 컸고, 이를 줄이기 위해 노력을 많이 하였다. 밤을 ㉣ 세며 재정소위 위원들과 여러 차례 회의를 했다. 그 결과 최종 밴딩을 가지고 7개 단체 중 6개 단체와 계약을 체결했고, 1개 단체만 결렬됐다." 라고 말하였다. 2020년 평균 ㉤ 인상율이 지난해보다 낮아진 것에 대해서는 "건강보험 재정 건정성을 원하는 가입자들의 뜻에 따라 보수적인 결정이 있었다."라고 말하였다.

① ㉠ 들어냈다 → 드러냈다
② ㉡ 서명되었다 → 서명하였다
③ ㉢ 알다시피 → 알다싶이
④ ㉣ 세며 → 새우며
⑤ ㉤ 인상율 → 인상률

23 다음 글의 [가]~[마]를 흐름에 맞게 바르게 나열한 것을 고르면?

> 돌고래는 주기적으로 물 밖에 고개를 내밀어 항상 경계를 늦추지 않는 습성이 있어요. 그런데도 돌고래들은 어떻게 수면 부족에 시달리지 않을까요?
>
> [가] 연구팀은 돌고래들이 한순간도 편히 쉴 수 없는 상황에서 잠을 못 잔 사람처럼 시각과 청각이 무뎌지는지를 실험했어요.
>
> [나] 연구팀은 돌고래들이 잠을 잘 때도 뇌의 한쪽은 깨어 있기 때문에 이러한 일이 가능하다고 설명했어요.
>
> [다] '삐삐~' 하는 배경음 사이에 경고음을 불규칙하게 섞여 들려주었지요. 돌고래들은 5일이 지난 뒤에도 여전히 처음처럼 경고음에 민감하게 반응했답니다.
>
> [라] 그래서 돌고래들은 잠을 자면서도 짝을 찾거나 포식자를 알아차릴 수 있다고 하네요.
>
> [마] 시각적인 자극이 섞여 있는 좀 더 복잡한 실험에서도 돌고래들은 여전히 정확하게 반응했어요.

① [가] – [나] – [다] – [마] – [라]
② [가] – [나] – [마] – [다] – [라]
③ [가] – [다] – [나] – [마] – [라]
④ [가] – [다] – [마] – [나] – [라]
⑤ [가] – [마] – [나] – [다] – [라]

[24~25] 다음 글을 읽고 질문에 답하시오.

[가] 『뉴욕 타임스』와 『워싱턴 포스트』를 비롯한 미국의 많은 신문은 선거 과정에서 특정 후보에 대한 지지를 표명한다. 전통적으로 이 신문들은 후보의 정치적 신념, 소속 정당, 정책을 분석하여 자신의 입장과 같거나 그것에 근접한 후보를 선택하여 지지해 왔다. 그러나 근래 들어 이 전통은 적잖은 논란거리가 되고 있다. 신문이 특정 후보를 지지하는 행위가 과연 바람직한지 등과 관련하여 근본적인 의문이 제기되고 있는 것이다.

[나] 신문의 특정 후보 지지가 유권자의 표심에 미치는 영향은 생각보다 강하지 않다는 것이 학계의 일반적인 시각이다. 이 현상을 '선별 효과 이론'과 '보강 효과 이론'으로 나누어 설명할 수 있다.

[다] '선별 효과 이론'에 따르면, 개인은 미디어 메시지에 선택적으로 노출되고, 그것을 선택적으로 인지하며, 선택적으로 기억한다. 예를 들어, '가' 후보를 싫어하는 사람은 '가' 후보의 메시지에 노출되는 것을 꺼려할 뿐만 아니라, 그것을 부정적으로 인지하고, 그것의 부정적인 면만을 기억하는 경향이 있다. 한편 '보강 효과 이론'에 따르면, 미디어의 메시지는 개인의 태도와 의견을 보강하는 차원에 머무른다. 가령, '가' 후보의 정치 메시지는 '가' 후보를 좋아하는 사람에게는 긍정적인 태도를 강화시키지만, 그를 싫어하는 사람에게는 부정적인 태도를 강화시킨다. 이 두 이론을 종합해 보면, 신문의 후보 지지 선언이 유권자의 후보 선택에 크게 영향을 미치지 못한다는 것을 알 수 있다.

24 [가]~[다]의 논지 전개 방식을 [보기]에서 모두 고르면?

보기

㉠ 사례를 통해 논란이 되는 화제를 이끌어내고 있다.
㉡ 이론을 활용하여 주장을 뒷받침하고 있다.
㉢ 상반된 두 주장을 비판하고 제3안을 제시하고 있다.
㉣ 통념을 제시한 후 이를 반박하며 전개하고 있다.
㉤ 사례를 제시하여 독자의 이해력을 높이고 있다.

① ㉠, ㉡, ㉢　② ㉠, ㉡, ㉤　③ ㉠, ㉢, ㉣
④ ㉠, ㉢, ㉤　⑤ ㉠, ㉣, ㉤

25 [다]를 뒷받침할 수 있는 사례로 적절하지 <u>않은</u> 것을 고르면?

① 요즘 단발머리가 유행이라고 방송에 나오는데, 민영이는 긴 생머리를 유지하고 있어.
② 가십을 다루는 기사에서 내가 좋아하는 배우가 바람둥이라고 했지만, 난 여전히 그가 좋아.
③ 어제 뉴스에서 남녀 공용 화장실 강도 사건을 보도했어. 그래서인지 오늘 모두들 공용 화장실 가는 걸 무서워했어.
④ 선거 방송에서 '가' 후보가 '나' 후보를 이길 것이라고 예측했지만, 난 여전히 '나' 후보가 당선될 것 같아.
⑤ 엄마가 다큐멘터리를 보여 주면서 게임을 하면 집중력이 떨어진다며 잔소리를 하셨어. 하지만 우리 학교 전교 1등도 게임을 하니까 나도 계속 게임을 해도 괜찮을 거야.

04 | 자료해석

고득점 학습전략

유형 CHECK

❶ 수의 규칙을 찾는 수열 추리 유형
❷ 비율 및 비례식 유형
❸ 거리 · 속력 · 시간, 농도, 나이 등 응용계산 방정식 유형
❹ 경우의 수와 확률을 다루는 통계 유형
❺ 표와 그래프에 대한 계산 및 해석 유형

학습방법

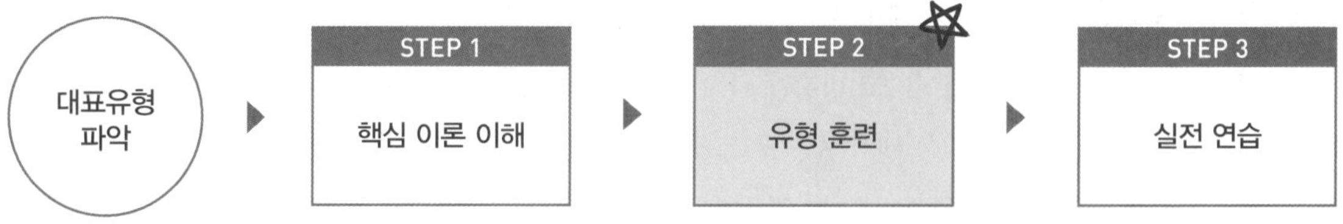

영역정복 TIP

육군부사관 자료해석 영역의 최근 특징은 기존의 농도나 속력 등의 응용계산 유형에 복합적인 상황이 결합되어 출제되고 있다는 점이다. 표와 그래프를 계산 및 해석하는 문제 또한 단순 계산이나 자료해석이 아닌, 여러 상황이 결합되어 출제되고 있는 만큼 각 유형에 대한 기초 학습과 접근법을 습득한 후 여러 유형의 문제를 연습하는 것이 중요하다.

대표유형

❶ 수열

일정한 규칙으로 문자를 나열할 때, 빈칸에 들어갈 문자로 옳은 것을 고르면?

ㄴ ㄷ ㅁ ㅇ ㅍ ㅅ ( )

① ㅂ ② ㅈ ③ ㅋ ④ ㅎ

빈틈없는 유형분석

수열에서 빈번하게 출제되는 유형인 문자 수열 문제이다. 문자로 나타낸 수열의 경우 머리로 계산하는 것보다 표를 작성해 놓고 숫자와의 관계를 확인하면서 푸는 것이 풀이 시간과 실수를 줄이는 방법이다.

속시원한 문제해결

ㄱ	ㄴ	ㄷ	ㄹ	ㅁ	ㅂ	ㅅ
1	2	3	4	5	6	7
ㅇ	ㅈ	ㅊ	ㅋ	ㅌ	ㅍ	ㅎ
8	9	10	11	12	13	14

문자를 숫자로 치환하면 2, 3, 5, 8, 13, 21(14+7), ( )이다. 위의 규칙은 피보나치수열로, 앞의 두 항의 합으로 이루어진 것을 확인할 수 있다. 따라서 13+21=34=14+14+6이므로 빈칸에 들어갈 문자는 'ㅂ'이다.

정답 ①

↑ 1점 더 올리기

수열은 규칙만 발견하면 바로 답을 찾을 수 있는 유형이기 때문에 평소에 연습을 많이 하면 쉽게 풀이가 가능하다. 그러나 규칙이 보이지 않는다면 다음 문제로 넘어간 후 시간이 남으면 다시 풀이한다.

❷ 비율 · 비례식

다음 [표]는 육군 유급지원병 특기별 모집계획 인원이다. 전체 모집계획 인원에 대한 중형차량운전병의 비중을 고르면?(단, 비중은 소수점 첫째 자리에서 반올림한다.)

[표] 육군 유급지원병 특기별 모집계획 인원 (단위: 명)

군사특기	모집계획 인원
K계열전차조종	8
장갑차조종	9
155mm 자주포병	4
k−9 자주포조종	7
무선장비운용/정비	5
중형차량운전	79
견인차량운전	9
차량부대정비	17

① 55% ② 57%

③ 59% ④ 61%

빈틈없는 유형분석

비율을 구하는 문제는 기준량과 비교하는 양이 각각 무엇인지를 파악하여, 이를 바탕으로 식을 세울 수 있어야 한다. 비율은 기준량에 대한 비교하는 양의 크기이므로 비율(%)$=\frac{\text{비교하는 양}}{\text{기준량}}$으로 식을 세우고 정확하게 계산하는 연습을 한다.

속시원한 문제해결

모집계획 인원의 합은 8+9+4+7+5+79+9+17=138(명)이다. 따라서 중형차량운전병의 비중은 $\frac{79}{138}\times 100 ≒ 57(\%)$이다.

정답 ②

❸ 방정식

길이가 360m인 KTX와 길이가 200m인 새마을호가 철교를 완전히 통과하는 데 KTX는 30초, 새마을호는 25초가 걸렸다. 두 열차가 같은 속력으로 철교를 지났다고 할 때, 열차의 속력을 고르면?

① 30m/s　　② 32m/s

③ 35m/s　　④ 39m/s

빈틈없는 유형분석

자료해석 영역에서 가장 많이 출제되는 유형으로, 거리 · 속력 · 시간을 구하는 응용계산 유형이다. 철교의 길이가 xm, 열차의 길이가 ym일 때, 이 열차가 철교를 완전히 통과하는 거리는 철교의 길이와 열차의 길이를 합한 $(x+y)$m임을 기억해야 한다.

속시원한 문제해결

철교의 길이를 xm라 할 때, KTX와 새마을호 두 열차가 철교를 완전히 통과하려면 각각 $(360+x)$m, $(200+x)$m를 달려야 한다.

이때 두 열차의 속력이 같으므로 속력$=\frac{거리}{시간}$를 이용해 식을 세우면 다음과 같다.

$\frac{360+x}{30}=\frac{200+x}{25}$

$1,800+5x=1,200+6x$

$\therefore x=600$

따라서 철교의 길이는 600m로,

KTX 속력은 $\frac{360+600}{30}=\frac{960}{30}=32$(m/s), 새마을호 속력은 $\frac{200+600}{25}=\frac{800}{25}=32$(m/s)이므로 두 열차의 속력은 32m/s이다.

정답 ②

1점 더 올리기

속력$=\frac{거리}{시간}$임을 기억하고 발문을 읽고 묻는 내용을 미지수로 정한다.

❹ 통계

남자 6명, 여자 2명이 한 줄로 서서 등산을 하려고 한다. 양 끝에 남자가 오게 줄을 섰을 때, 여자끼리 이웃하여 설 확률을 고르면?

① $\frac{1}{2}$

② $\frac{1}{3}$

③ $\frac{1}{4}$

④ $\frac{2}{3}$

빈틈없는 유형분석

경우의 수와 확률은 기본적으로 경우의 수를 구하는 것이 기본이다. 계산의 난도가 높지는 않지만 일일이 세면 시간이 많이 소요되므로 순열과 조합 등을 이용하여 빠르게 풀 수 있도록 공식을 숙지한다. 순열, 조합을 잘 활용한다면 복잡해 보이는 문제도 한 줄의 식으로 해결할 수 있다.

속시원한 문제해결

- 남자 6명 중 2명이 양 끝에 서는 경우의 수: ${}_6P_2=6\times5$(가지)
- 남자 2명을 제외한 나머지 6명이 일렬로 서는 경우의 수: $6!=6\times5\times4\times3\times2\times1$(가지)

그러므로 양 끝에 남자가 서게 줄을 서는 경우의 수는 ${}_6P_2\times6!=(6\times5)\times(6\times5\times4\times3\times2\times1)=21,600$(가지)이다.

여자끼리 이웃할 경우의 수는 여자 2명을 1명으로 생각하고 일렬로 배열한 후, 여자 둘이 자리를 바꿀 수도 있으므로 두 사람이 줄을 서는 방법의 수를 곱해야 하므로 $5!\times2!=(5\times4\times3\times2\times1)\times(2\times1)=240$(가지)이다.

그러므로 양 끝에 남자가 오게 줄을 서고 여자끼리 이웃하는 경우의 수는 ${}_6P_2\times5!\times2!=(6\times5)\times(5\times4\times3\times2\times1)\times(2\times1)=7,200$(가지)이다.

따라서 양 끝에 남자가 오게 줄을 섰을 때, 여자끼리 이웃하여 서는 확률은

$\frac{{}_6P_2\times5!\times2!}{{}_6P_2\times6!}=\frac{(6\times5)\times(5\times4\times3\times2\times1)\times(2\times1)}{(6\times5)\times(6\times5\times4\times3\times2\times1)}=\frac{1}{3}$이다.

정답 ②

❺ 표 · 그래프 해석

다음 [표]는 학생 40명의 두 차례에 걸친 수학 수행평가 성적을 나타낸 것이다. 이에 대한 설명으로 옳지 않은 것을 고르면?

[표] 학생 40명의 수학 수행평가 성적 (단위: 명)

2차(점) \ 1차(점)	60	70	80	90	100	합계
100			2	2	2	6
90		2	4	4		10
80		(　)		6		12
70		4	4			8
60	2	2				4
합계	2	(　)	10	(　)	2	40

① 1차 성적과 2차 성적이 같은 학생은 12명이다.
② 1차 성적에서 70점을 받은 학생은 14명이다.
③ 1차 성적보다 2차 성적이 더 좋은 학생 수는 16명이다.
④ 1차 성적과 2차 성적이 모두 70점 이하인 학생은 전체 학생의 30%이다.

빈틈없는 유형분석

자료해석 영역에서 출제 비중이 증가하고 있는 표 · 그래프 해석 문제 중 표 해석 유형이다. 제시된 표를 파악하고, 이를 바탕으로 계산도 해야 하기 때문에 다른 유형들에 비해 시간이 많이 든다. 특히 비율을 구하는 공식 $\left(\frac{\text{일부분}}{\text{전체}}\times100\right)$까지도 알고 있어야 정답을 찾을 수 있다.

속시원한 문제해결

1차 성적과 2차 성적이 모두 70점 이하인 학생은 2+2+4=8(명)이고 전체 학생 수가 40명이므로 $\frac{8}{40}\times100=20$(%)이다.

오답 피하기

① 1차 성적과 2차 성적이 같은 학생은 60점이 2명, 70점이 4명, 80점이 0명, 90점이 4명, 100점이 2명으로 모두 12명이다.
② 먼저 1차에서 70점, 2차에서 80점의 성적을 받은 학생은 12−6=6(명)이다. 따라서 1차 성적이 70점인 학생은 2+6+4+2=14(명)이다.
③ 1차 성적보다 2차 성적이 더 좋아진 학생 수는 2+6+2+4+2=16(명)이다.

정답 ④

↑ 1점 더 올리기

비율(%)$=\frac{\text{일부분}}{\text{전체}}\times100$이고, 이를 변형하면 일부분$=\frac{\text{전체}\times\text{비율}}{100}$임을 기억해 두는 것이 좋다.

STEP ❶ 핵심 이론

I. 응용 계산

1 수열과 수열의 합

(1) 일자형 수열

① 등차수열: 일정한 수를 더해가는 수열 예 1, 4, 7, 10, 13, …: 3씩 증가하는 수열

② 등비수열: 일정한 수를 곱해가는 수열 예 5, 15, 45, 135, 405, …: 3씩 곱해지는 수열

③ 계차수열: 항과 항 사이의 차이가 수열인 수열

예 2, 3, 5, 8, 12, 17, …
(차: 1 2 3 4 5)

④ 사칙연산의 혼합 형태: +, −, ×, ÷의 연산이 두 개 이상 반복하는 수열

예 2, 6, 12, 16, 32, …
(+4 ×2 +4 ×2)

⑤ 건너뛰기 수열: 연속적인 수열이 아니라 건너뛰면서 진행되는 수열

예 1, 5, 3, 10, 5, 20, 7, …
(+2 +2 +2 / ×2 ×2)

(2) 문자 수열

문자로 이루어진 수열로 문자가 수의 역할을 한다.(5의 배수인 EJOTY, 마차를 암기해야 한다.)

수	1	2	3	4	5	6	7	8	9	10	11	12	13	14	15	16	17	18	19	20
영문	A	B	C	D	E	F	G	H	I	J	K	L	M	N	O	P	Q	R	S	T
자음	ㄱ	ㄴ	ㄷ	ㄹ	ㅁ	ㅂ	ㅅ	ㅇ	ㅈ	ㅊ	ㅋ	ㅌ	ㅍ	ㅎ						
모음	아	야	어	여	오	요	우	유	으	이										
수	21	22	23	24	25	26														
영문	U	V	W	X	Y	Z														

개념확인 예제

일정한 규칙으로 문자를 나열할 때, 빈칸에 들어갈 문자로 옳은 것을 고르면?

A　B　D　G　K　P　(　　)

① U　② V　③ W　④ X

해설

A=1, B=2, D=4, G=7, K=11, P=16이므로 1, 2, 4, 7, 11, 16, …인 계차수열이다. 항과 항 사이의 차이는 +1, +2, +3, +4, +5, …이므로 빈칸에 들어갈 문자는 16+6=22에 해당하는 V이다.

정답 ②

(3) 수열의 합

① 등차수열의 합: 첫째 항 a, 항수 n, 공차 d, 끝항 l이 주어진 경우

$$S_n=\frac{n\{2a+(n-1)d\}}{2}=\frac{n(a+l)}{2},\ (l=a+(n-1)d)$$

예 $1+4+7+10+13+16+19+22+25+28=\frac{10(1+28)}{2}=145$

② 등비수열의 합: 첫째 항 a, 항수 n, 공비 r이 주어진 경우

$$S_n=\frac{a(r^n-1)}{r-1}=\frac{a(1-r^n)}{1-r}$$

예 $3^0+3^1+3^2+3^3+3^4+3^5+3^6=\frac{1(3^7-1)}{3-1}=\frac{2,187-1}{2}=1,093$

(4) 자연수의 거듭제곱의 합

① $\sum_{k=1}^{n}k=1+2+3+\cdots\cdots+n=\frac{n(n+1)}{2}$

예 $1+2+3+\cdots+100=\frac{100(100+1)}{2}=5,050$

② $\sum_{k=1}^{n}k^2=1^2+2^2+3^2+\cdots\cdots+n^2=\frac{n(n+1)(2n+1)}{6}$

예 $1+4+9+16+25+36+49+64+81+100=\frac{10(10+1)(20+1)}{6}=385$

③ $\sum_{k=1}^{n}k^3=1^3+2^3+3^3+\cdots\cdots+n^3=\left\{\frac{n(n+1)}{2}\right\}^2$

예 $1+8+27+64+125+216+343+512=\left(\frac{8\times9}{2}\right)^2=1,296$

2 비율 — 자주 나오는 이론

(1) 비율: 기준량에 대한 비교하는 양의 크기$\left(=\frac{\text{비교하는 양}}{\text{기준량}}\right)$를 비의 값 또는 비율이라고 한다.

① B에 대한 A의 비=A : B

② 기준량은 B, 비교하는 양은 A('~에 대한'으로 표현되었던 수가 기준량이 되는 것)

예 부사관 지원자 500명 중 30명이 합격하였을 때, 합격자의 비율은 $\frac{30}{500}=0.06$이다.

(2) 백분율: 기준량을 100으로 환산하여 구하는 비율로 단위는 %이다.

① 비율을 백분율로 나타내기: 비율×100

예 $\frac{1}{5}\rightarrow\frac{1}{5}\times100=20(\%)$

② 백분율을 비율로 나타내기: 백분율÷100

예 $45\%\rightarrow45\div100=\frac{45}{100}=\frac{9}{20}$

개념확인 예제

다음 [보기]를 읽고 달러에 대한 원화의 환율을 고르면?(단, 환율은 1달러당 원화의 값이다.)

> **보기**
>
> 2015년 세계 여러 나라의 빅맥지수 조사에 따르면 한국의 빅맥 1개는 4,725원이고, 미국에서는 4.5달러이다. 빅맥의 가치는 어느 나라에서나 같다고 가정한다.

① 950원　　② 980.5원　　③ 1,010원　　④ 1,050원

해설

환율은 1달러에 대한 원화의 비율이므로 $\frac{\text{원화}}{\text{달러}}$이다. 따라서 빅맥의 가격으로 환율을 구하면 $\frac{4,725}{4.5}=4,725\div4.5=1,050$(원)이다.

3 비례식

(1) 비의 성질

① 비의 전항과 후항에 0이 아닌 같은 수를 곱하여도 비는 같다. **예** $2:3=(2\times2):(3\times2)$

② 비의 전항과 후항에 0이 아닌 같은 수를 나누어도 비는 같다. **예** $9:12=(9\div3):(12\div3)$

(2) 비례식의 성질: 내항의 곱과 외항의 곱은 같다.

예 $3:4=6:8 \rightarrow 3\times8=4\times6$

(3) 비례 배분: 전체를 주어진 비에 따라 배분하는 것

예 박 중사와 김 하사가 빵 15개를 2 : 3으로 나누어 가질 때,

박 중사는 $15\times\frac{2}{2+3}=6$(개), 김 하사는 $15\times\frac{3}{2+3}=9$(개)를 가지게 된다.

4 집합

(1) 집합: 특정한 조건에 맞는 원소들의 모임으로 기호는 { }이다.

① **원소나열법**: 집합 기호 { } 안에 원소들을 나열하는 방법

예 10 이하의 자연수의 모임: {1, 2, 3, ⋯, 10}

② **조건제시법**: 집합 기호 { } 안에 조건을 제시하는 방법

예 $\{x \mid x$는 8의 약수$\}$

③ $n(A)$: A라는 집합의 원소의 개수

④ 벤다이어그램: 집합 간의 상호 관계를 그림으로 표현한 것

예 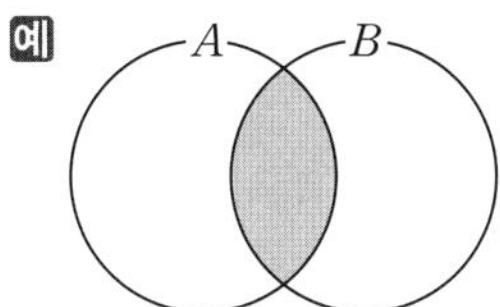

(2) 부분집합: 두 집합 A와 B가 있고 집합 A의 원소가 모두 집합 B의 원소가 될 때, 집합 A를 집합 B의 부분집합이라고 하며, $A \subset B$로 나타낸다.

예 $A=\{1, 2, 3\}$, $B=\{1, 2, 3, 4, 5\}$이면 $A \subset B$이다.

(3) 교집합: 집합 간에 공통으로 속하는 원소 전체로 이루어진 집합으로, 두 집합 A와 B의 교집합은 $A \cap B$ 또는 $B \cap A$로 나타낸다.

예 $A=\{1, 2, 4\}$, $B=\{2, 3, 4, 5\}$이면 $A \cap B=\{2, 4\}$이다.

(4) 합집합: 집합 A의 원소와 집합 B의 원소를 모두 합한 집합을 A와 B의 합집합이라 하며 $A \cup B$ 또는 $B \cup A$로 나타낸다.

예 $A=\{1, 2, 4\}$, $B=\{2, 3, 4, 5\}$이면 $A \cup B=\{1, 2, 3, 4, 5\}$이다.

(5) 전체집합: 제시되어 있는 집합을 모두 포함하는 집합으로, 기호는 U이다.

(6) 차집합: 두 집합 간의 공통 원소를 제외한 나머지 원소 전체로 이루어진 집합으로, A에 대한 B의 차집합은 $A-B$로 나타낸다.

예 $A=\{1, 2, 4\}$, $B=\{2, 3, 4, 5\}$이면 $A-B=\{1\}$이다.

(7) 여집합: $A \subset U$일 때, 전체집합에서 부분집합 A에 포함되지 않는 원소 전체로 이루어진 집합을 A의 여집합이라고 하며 A^C로 나타낸다.

예 $U=\{1, 2, 3, \cdots, 10\}$, $A=\{1, 3, 5, 7, 9\}$이면 $A^C=\{2, 4, 6, 8, 10\}$이다.

(8) 부분집합의 개수

① $n(A)=n$일 때, 집합 A의 부분집합의 개수$=2^n$개

② 전체 원소의 개수가 n개일 때, 특정한 원소 l개를 반드시 포함하는 부분집합의 개수$=2^{n-l}$개

예 $A=\{1, 2, 3, 4\}$이고, 부분집합 중 3, 4를 반드시 포함하는 부분집합은 $\{3, 4\}$, $\{1, 3, 4\}$, $\{2, 3, 4\}$, $\{1, 2, 3, 4\}$이다. 공식을 적용하여 구하면 $2^{4-2}=4$(개)이다.

③ 전체 원소의 개수가 n개일 때, 특정한 원소 m개를 원소로 갖지 않는 부분집합의 개수$=2^{n-m}$개

(9) 유한집합의 원소의 개수

① $n(A-B)=n(A)-n(A\cap B)=n(A\cup B)-n(B)$

② $n(A\cup B)=n(A)+n(B)-n(A\cap B)$

예 $n(A)=20$, $n(B)=15$, $n(A\cap B)=7$이면, $n(A\cup B)=20+15-7=28$이다.

③ $n(A\cup B\cup C)=n(A)+n(B)+n(C)-n(A\cap B)-n(B\cap C)-n(C\cap A)+n(A\cap B\cap C)$

5 배수와 약수

(1) 배수와 약수

① 배수: 어떤 정수의 몇 배가 되는 수로, 정수 a가 정수 b로 나누어질 때 a는 b의 배수이다.

예 6은 3의 배수이다.

② 약수: 어떤 정수를 나머지 없이 나눌 수 있는 정수를 원래의 수에 대하여 이르는 말

예 3은 6의 약수이다.

참고 **약수**

- 1은 모든 수의 약수이다.
- 자연수 a는 자기 자신인 a의 약수이면서 동시에 배수이다.

(2) 특수한 수의 배수 판정

① 2의 배수: 일의 자리 숫자가 0 또는 2의 배수인 수

② 3의 배수: 각 자리의 숫자의 합이 3의 배수인 수

③ 4의 배수: 끝의 두 자리가 00 또는 4의 배수인 수

④ 5의 배수: 일의 자리 숫자가 0 또는 5인 수

⑤ 9의 배수: 각 자리 숫자의 합이 9의 배수인 수

⑥ 6의 배수: 2의 배수이면서 3의 배수인 수

⑦ 12의 배수: 3의 배수이면서 4의 배수인 수

⑧ 15의 배수: 3의 배수이면서 5의 배수인 수

6 최대공약수와 최소공배수

(1) 최대공약수: 공약수 중에 가장 큰 수

① 최대공약수 구하기: 공약수로 나누어 주고, 나눈 수끼리 곱하여 구한다.

예 30과 84의 최대공약수 구하기

```
2 ) 30    84
3 ) 15    42
     5    14
```

따라서 30과 84의 최대공약수는 $2\times3=6$이다.

② 최대공약수 활용 문제

㉠ 일정한 양을 가능한 한 많은 사람에게 나누어 주는 문제

㉡ 직사각형을 가장 큰 정사각형 또는 가장 적은 수의 정사각형으로 빈틈없이 채우는 문제

㉢ 몇 개의 자연수를 모두 나누어 떨어지게 하는 가장 큰 자연수를 구하는 문제

(2) 최소공배수: 공배수 중에 가장 작은 수

① 최소공배수 구하기: 공약수로 나누고, 나눈 수 및 서로소가 된 수를 곱하여 구한다.(단, 2개 이상의 수가 나눠지는 경우에는 나눠지지 않는 수를 제외하고 나눈다.)

예 18, 10, 30의 최소공배수

```
2 ) 18   10   30
3 )  9    5   15
          ↓
5 )  3    5    5
     ↓
     3    1    1
```

따라서 18, 10, 30의 최소공배수는 $2 \times 3 \times 5 \times 3 \times 1 \times 1 = 90$이다.

② 최소공배수 활용 문제

㉠ 움직이는 간격이 다른 두 물체가 동시에 출발하여 다시 만나는 시점을 묻는 문제

㉡ 직육면체를 쌓아 가장 작은 정육면체를 만드는 문제

㉢ 몇 개의 자연수로 모두 나누어 떨어지는 가장 작은 자연수를 구하는 문제

개념확인 예제

가로가 36cm, 세로가 24cm인 직사각형 모양의 색종이를 이용하여 부대 행사에 사용할 정사각형의 종이를 만들려고 한다. 남는 부분 없이 잘라서 가장 큰 정사각형의 종이를 만든다고 할 때, 만들 수 있는 정사각형의 종이는 모두 몇 장인지 고르면?

① 4장 ② 5장 ③ 6장 ④ 7장

해설

가로 36cm, 세로 24cm인 색종이 1장으로 정사각형의 종이를 여러 장 만드는 것이므로 우선 가로와 세로의 길이가 같아야 하며, 그중 가장 큰 정사각형을 만들어야 하므로 최대공약수를 구해야 한다.

```
12 ) 36   24
      3    2
```

36과 24의 최대공약수는 12이다. 즉 남는 부분 없이 잘라서 만들 수 있는 가장 큰 정사각형의 한 변의 길이는 12cm이다. 가로를 12로 나누면 $36 \div 12 = 3$으로 3등분해야 하고, 세로를 12로 나누면 $24 \div 12 = 2$로 2등분해야 한다.
따라서 총 $3 \times 2 = 6$(장)을 만들 수 있다.

정답 ③

7 일반 연산과 대소 비교 — 자주 나오는 이론

(1) **일반 연산:** 사칙 연산 이외의 연산 방식으로 약속된 계산법에 의해 계산하는 방식이다.

예 $a \circ b = ab + a + b$일 때, $2 \circ 3 = 2 \times 3 + 2 + 3 = 11$이다.

개념확인 예제

$a \triangle b$=($a+b$)를 4로 나누었을 때의 나머지일 때, 16△15의 값을 고르면?

① 1 ② 2 ③ 3 ④ 4

해설

16△15는 16과 15를 더한 수를 4로 나눈 나머지이므로 이를 계산하면
(16+15)÷4의 몫은 7, 나머지는 3이다. 따라서 16△15=3이다.

 ③

(2) **대소 비교:** 직관적인 비교가 불가할 때에는 다음과 같은 3가지 방법을 이용하여 비교할 수 있다.

① $a-b>0 \rightarrow a>b$, $a-b=0 \rightarrow a=b$, $a-b<0 \rightarrow a<b$

② ($a>0$, $b>0$일 때) $a^2-b^2>0 \rightarrow a>b$, $a^2-b^2=0 \rightarrow a=b$, $a^2-b^2<0 \rightarrow a<b$

③ ($a>0$, $b>0$일 때) $\frac{a}{b}>1 \rightarrow a>b$, $\frac{a}{b}=1 \rightarrow a=b$, $\frac{a}{b}<1 \rightarrow a<b$

개념확인 예제

대소 비교가 옳지 <u>않은</u> 것을 고르면?

① $\frac{11}{15} > \frac{3}{5}$ ② $\sqrt{15} < 4$ ③ $\frac{9}{13} < 0.7$ ④ $3^2 < \sqrt{79}$

해설

① 두 수의 차를 통해 대소를 비교할 수 있다.
$\frac{11}{15}-\frac{3}{5}=\frac{11}{15}-\frac{9}{15}=\frac{2}{15}$, $\frac{2}{15}>0$이므로 $\frac{11}{15}>\frac{3}{5}$이다.

② 두 수 모두 양수이기 때문에 제곱의 차를 통해 대소를 비교할 수 있다.
$(\sqrt{15})^2-4^2=-1$, $-1<0$이므로 $\sqrt{15}<4$이다.

③ 두 수 모두 양수이기 때문에 두 수를 나눠서 대소를 비교할 수 있다.
$\frac{9}{13} \div \frac{7}{10} = \frac{9}{13} \times \frac{10}{7} = \frac{90}{91}$, $\frac{90}{91}<1$이므로 $\frac{9}{13}<0.7$이다.

④ 두 수 모두 양수이기 때문에 제곱의 차를 통해 대소를 비교할 수 있다.
$(3^2)^2-(\sqrt{79})^2=81-79=2$, $2>0$이므로 $3^2>\sqrt{79}$이다.

정답 ④

8 지수 법칙

$a>0$, $b>0$이고 m, n이 실수일 때, 다음과 같은 지수 법칙이 성립한다.

① $a^m \times a^n = a^{m+n}$

② $a^m \div a^n = \begin{cases} (m>n) & a^{m-n} \\ (m=n) & 1 \\ (m<n) & \dfrac{1}{a^{n-m}} \end{cases} \qquad \left(a^0=1,\ a^{-n}=\dfrac{1}{a^n}\right)$

③ $(a^m)^n = a^{mn}$

④ $(ab)^n = a^n b^n$

⑤ $\left(\dfrac{b}{a}\right)^n = \dfrac{b^n}{a^n}$

⑥ $a^{\frac{m}{n}} = \sqrt[n]{a^m}$

9 경로와 최단 거리

(1) **경로:** 특정한 두 지점을 연결하는 점과 선으로 이루어져 있으며, 일반적으로 특정한 두 지점과 중간에 지나는 점을 같이 표시한다. 예를 들어 A에서 출발하여 B를 거쳐 C로 가는 경로라면 ABC와 같이 표현한다. 일반적으로 한 번 지나간 길은 다시 지나지 않는다.

개념확인 예제

다음 [보기]는 동아리 회원 A~J 간의 전화번호 인지 상황을 나타낸 것이다. A가 I에게 연락을 취하려고 할 때 반드시 거쳐야 하는 회원을 고르면?

보기

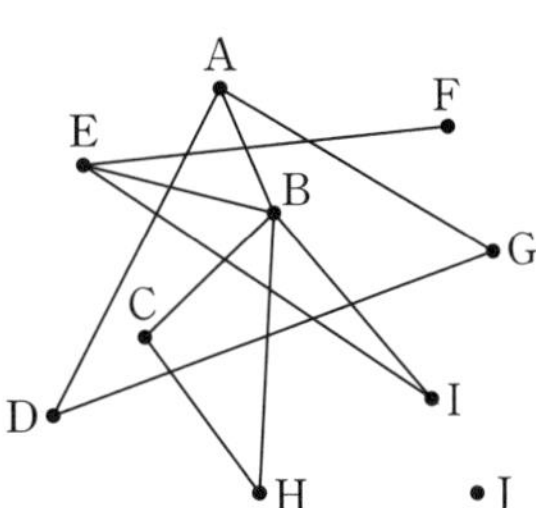

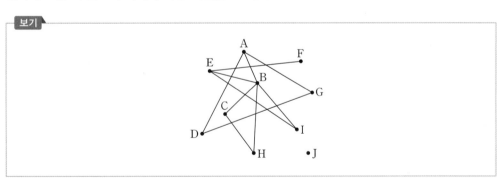

※전화번호를 알고 있으면 선이 연결되어 있고, 모르면 선이 연결되어 있지 않음

※전화번호를 모르는 상황에서 연락을 할 때에는 전화번호를 알고 있는 다른 회원을 통하여 연락함

① B ② D ③ F ④ H

해설

A에서 출발하여 I로 가는 경로는 ABI, ABEI, ADGABI, …… 등이 있는데 모든 경우에 반드시 B를 거쳐야 한다.

정답 ①

(2) 최단 거리: 두 지점을 연결할 때, 도달할 수 있는 가장 짧은 거리를 말한다. 일반적으로 최단 거리의 경우의 수를 구할 때 경로와 경로가 만나는 지점에, 시작점부터 해당 지점까지 경로의 수를 적는다.

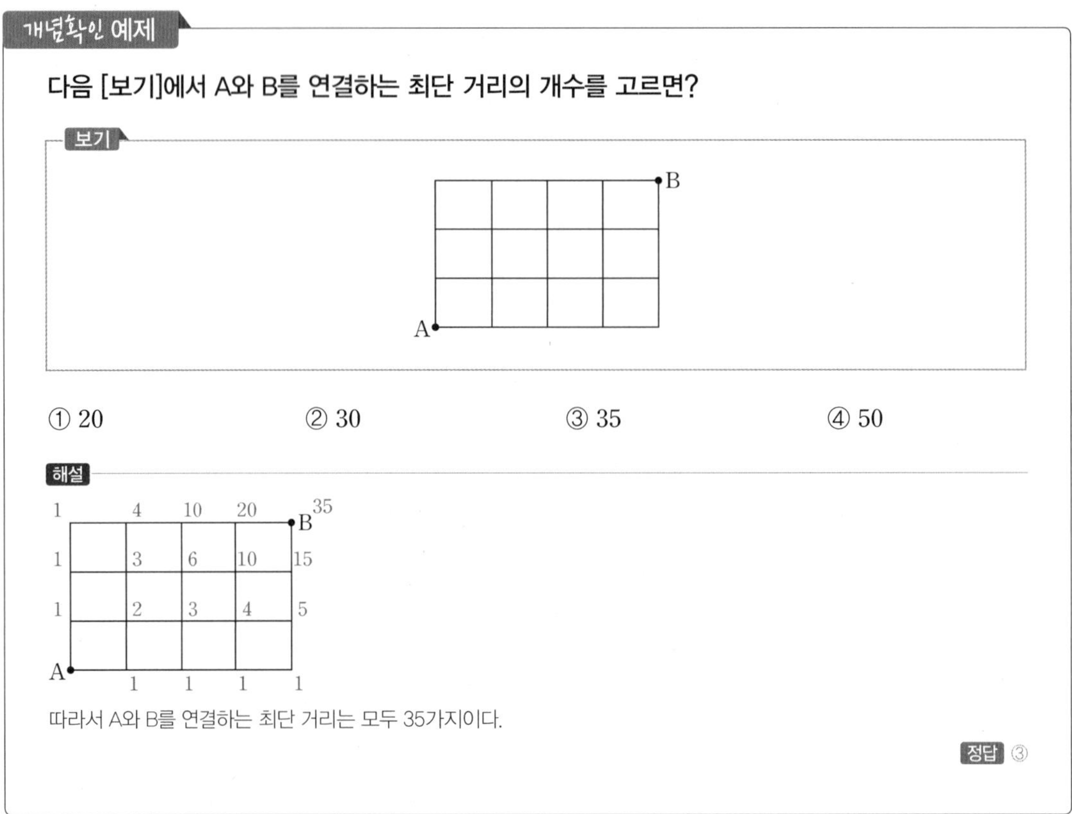

개념확인 예제

다음 [보기]에서 A와 B를 연결하는 최단 거리의 개수를 고르면?

보기

① 20　　② 30　　③ 35　　④ 50

해설

따라서 A와 B를 연결하는 최단 거리는 모두 35가지이다.

정답 ③

10 방정식 자주 나오는 이론

(1) 거리 · 속력 · 시간

속력은 단위 시간당 움직인 거리를 의미한다. 즉, 속력$=\frac{거리}{시간}$이다.

① 거리$=$속력$\times$시간

② 속력$=\frac{거리}{시간}$

③ 시간$=\frac{거리}{속력}$

개념확인 예제

김 상사가 시속 5km로 4시간 동안 걸었을 때, 김 상사가 걸은 거리를 고르면?

① 10km ② 15km ③ 20km ④ 25km

거리=속력×시간이므로 5×4=20(km)이다.

③

(2) 농도

용액에 들어 있는 용질의 정도를 의미한다. 일반적으로는 %로 나타낸다.

① 소금물의 농도(%)=$\frac{\text{소금의 양}}{\text{소금물의 양}}\times 100$, 소금물의 양=물의 양+소금의 양

② 소금의 양=소금물의 양×농도

개념확인 예제

소금물 200g에 15g의 소금이 들어 있다고 할 때, 이 소금물의 농도를 고르면?

① 5% ② 6.5% ③ 7% ④ 7.5%

해설

농도=$\frac{\text{소금의 양}}{\text{소금물의 양}}\times 100$이므로 $\frac{15}{200}\times 100=7.5$(%)이다.

정답 ④

(3) 시계

시침과 분침이 이루는 각도를 이용하여 답을 구하는 문제가 주로 출제된다.

① 시침: 분당 0.5°씩 움직인다.(시침은 60분 동안 30°씩 움직인다.)

② 분침: 분당 6°씩 움직인다.(분침은 60분 동안 360°씩 움직인다.)

③ 풀이법: 시침과 분침의 차이를 이용하여 구한다.

④ 주의점: 분침은 각 시간 12시 정각에서 출발하고, 시침은 해당 시간에서 시작한다.

예 4시 10분의 시침과 분침의 각도를 구하면, 시침은 4시에서 시작하므로 시침 각도는 (30×4)+(0.5×10)=125(°)이고, 분침 각도는 6×10=60(°)이다.

(4) 나이

과거와 현재, 현재와 미래의 나이를 비교한다. 일반적으로 구하고자 하는 것을 미지수로 놓고 식을 세운다.

개념확인 예제

2022년 아버지의 나이는 42세, 아들의 나이는 12세이다. 아버지의 나이가 아들의 나이의 3배가 되는 것은 몇 년 후인지 고르면?

① 3년 ② 5년 ③ 6년 ④ 8년

해설

구하고자 하는 것을 x로 놓고 식으로 나타내면 $42+x=3\times(12+x)$이다. $42+x=36+3x$이므로 $2x=6 \rightarrow x=3$이다. 따라서 3년 후에 아버지의 나이는 아들의 나이의 3배가 된다.

 ①

(5) 원가 · 정가 · 할인가

① 원가: 원래의 가격

② 정가: 원가에 이익을 더한 가격

원가$=x$, 이익률$=r\%$일 때, 정가$=x\times\left(1+\frac{r}{100}\right)$

③ 할인가: 정가에 할인률을 적용한 가격

원가$=x$, 이익률$=r\%$, 할인율$=r'\%$일 때, 할인가$=x\times\left(1+\frac{r}{100}\right)\times\left(1-\frac{r'}{100}\right)$

개념확인 예제

원가가 5,000원인 전자 시계에 20%의 이익을 붙여 판매하다가 잘 팔리지 않아 10% 할인하여 판매하였다. 이때 할인가를 고르면?

① 5,000원 ② 5,200원 ③ 5,400원 ④ 5,500원

해설

할인가는 $5{,}000\times\left(1+\frac{20}{100}\right)\times\left(1-\frac{10}{100}\right)=5{,}000\times1.2\times0.9=5{,}400$(원)이다.

정답 ③

(6) 날짜 · 요일

일주일이 7일이므로 날짜에서 7로 나눈 나머지로 요일을 알 수 있다.

개념확인 예제

2022년 6월 1일이 수요일일 때, 2022년 9월 12일의 요일을 고르면?

① 월요일 ② 화요일 ③ 수요일 ④ 목요일

해설

9월 12일은 6월 1일의 103일 후이다. 103을 7로 나눈 나머지는 5이다. 따라서 9월 12일은 6월 1일의 5일 뒤인 6월 6일과 요일이 같으므로, 2022년 9월 12일은 월요일이다.

정답 ①

(7) 일률

① 전체 일의 양, 단위 시간(초, 분, 시간)당 한 일의 양, 일한 시간으로 구분한다.
전체 일의 양=단위 시간당 한 일의 양×일한 시간

② 일반적으로 전체 일의 양을 '1'로 놓는다.

③ 일한 시간을 미지수로 놓는다.

개념확인 예제

배수로 작업을 할 때 김 이병은 3시간이 걸리고, 최 상병은 2시간이 걸린다. 두 병사가 동시에 일을 할 때 이 일을 끝내는 데 필요한 시간을 고르면?

① 1시간 ② 1시간 5분 ③ 1시간 7분 ④ 1시간 12분

해설

김 이병은 1시간에 $\frac{1}{3}$만큼의 일을 하고, 최 상병은 1시간에 $\frac{1}{2}$만큼 일을 한다고 할 때, 두 병사가 동시에 일을 하면 시간당 $\frac{1}{3}+\frac{1}{2}=\frac{5}{6}$만큼 일을 할 수 있다.

전체 일의 양을 1이라고 하면 일한 시간$=\frac{\text{전체 일의 양}}{\text{시간당 한 일의 양}}$이므로, 일한 시간은 $1\div\frac{5}{6}=1\times\frac{6}{5}=\frac{6}{5}$(시간)이다.

따라서 배수로 작업을 끝내는 데 1시간 12분이 걸린다.

정답 ④

11 부등식

(1) **부등식**: 두 수 또는 두 식을 부등호로 연결한 식

(2) 문제 유형은 방정식 문제와 비슷하나 등호(=)가 아닌 부등호($>$, $<$, $\geq$, $\leq$)를 사용한다는 점과 방정식은 특정한 값이 답이 되지만, 부등식은 범위가 나온다는 점이 다르다.

개념확인 예제

소금물 200g의 농도가 10% 이상이 되려면 소금의 양은 최소 몇 g 이상이 되어야 하는지 고르면?

① 12g ② 15g ③ 20g ④ 25g

해설

소금의 양을 xg라고 하면 $\frac{x}{200}\times 100\geq 10$이므로, $\frac{x}{2}\geq 10$, $x\geq 20$이다.

따라서 소금의 양은 최소 20g 이상이 되어야 한다.

정답 ③

Ⅱ. 확률과 통계

1 평균과 표준편차

(1) **변량:** 자료 하나하나를 나타냄

(2) **평균:** 자료의 특징을 설명해 주는 대푯값의 하나로 전체 변량들을 더하고 전체 개수로 나눠준 것

$$\text{평균}=\frac{\text{전체 변량들의 합}}{\text{전체 개수}}$$

(3) **편차:** 변량에서 평균의 값을 뺀 값

편차=변량−평균

(4) **분산:** 편차의 제곱의 평균

(5) **표준편차:** 분산의 양의 제곱근($\sqrt{\text{분산}}$), 분산과 의미하는 바가 같다. 상대적으로 표준편차가 크다는 의미는 편차의 절댓값이 크다는 것이다. 즉, 이는 변량과 평균 간의 차이가 크다는 것이므로 변량들이 평균으로부터 멀리 떨어져 있으며 자료의 수치가 고르지 못하고 변화 폭이 크다.

2 경우의 수와 확률

(1) 합의 법칙과 곱의 법칙

① 합의 법칙: 두 사건 A와 B가 동시에 일어나지 않을 때, 사건 A가 일어나는 경우의 수를 m가지, 사건 B가 일어나는 경우의 수를 n가지라고 하면, 사건 A 또는 B가 일어나는 경우의 수는 $(m+n)$가지이다.

개념확인 예제

주사위 1개를 던질 때, 3 이하의 수가 나오거나 5 이상의 수가 나오는 경우의 수를 고르면?

① 3가지 ② 4가지 ③ 5가지 ④ 6가지

해설

3 이하이면서 동시에 5 이상일 수는 없으므로 합의 법칙을 이용하여 경우의 수를 구하면 3 이하인 경우의 수 3가지, 5 이상인 경우의 수 2가지이므로 3+2=5(가지)이다.

정답 ③

② 곱의 법칙: 사건 A가 일어나는 경우의 수가 m, 그 각각에 대하여 사건 B가 일어나는 경우의 수가 n이면, 두 사건 A와 B가 동시에 일어나는 경우의 수는 $(m\times n)$가지이다.

개념확인 예제

3종류의 빵과 4종류의 음료수가 있을 때, 빵과 음료수를 하나씩 고를 수 있는 경우의 수를 고르면?

① 12가지　② 15가지　③ 18가지　④ 20가지

해설

동시에 또는 순서대로 일어나는 사건이므로 두 사건의 경우의 수를 곱하면 3×4=12(가지)가 나온다.

정답 ①

(2) 순열과 조합

① 순열

㉠ 순열의 정의: 서로 다른 n개에서 중복되지 않고 r개를 택하여 일렬로 나열한 것을 n개의 원소에서 r개를 택하는 순열이라고 한다.

$_{n}\mathrm{P}_{r}=n\times(n-1)\times(n-2)\times\cdots\times(n-r+1)$

예 $_{5}\mathrm{P}_{3}=5\times4\times3=60$

㉡ n의 계승: 서로 다른 n개에서 n개를 선택하여 일렬로 나열한 경우의 수

$n!={}_{n}\mathrm{P}_{n}=n(n-1)\times(n-2)\times\cdots\times3\times2\times1$

이처럼 1에서 n까지의 자연수를 곱한 것을 n의 계승이라고 한다.

예 $3!=3\times2\times1=6$

② 조합

㉠ 조합의 정의: 서로 다른 n개에서 r개를 택하는 경우의 수, 순열과 달리 r개를 택하는 순서는 구분하지 않는다.

$_{n}\mathrm{C}_{r}={}_{n}\mathrm{C}_{n-r}$

㉡ 조합의 수: 서로 다른 n개에서 r개를 택하는 경우의 수

$_{n}\mathrm{C}_{r}=\dfrac{_{n}\mathrm{P}_{r}}{r!}=\dfrac{n\times(n-1)\times(n-2)\times\cdots\times(n-r+1)}{r\times(r-1)\times\cdots\times3\times2\times1}$

예 $_{5}\mathrm{C}_{3}=\dfrac{_{5}\mathrm{P}_{3}}{3!}=\dfrac{5\times4\times3}{3\times2\times1}=\dfrac{60}{6}=10$

(3) 이웃하여 세우는 경우의 수

① 이웃하여 세우는 경우의 수 구하기

㉠ 이웃하는 것을 하나로 묶어서 일렬로 세우는 경우의 수를 구한다.

㉡ 묶음 안에서 자리를 바꾸는 경우의 수를 구한다.

㉢ ㉠과 ㉡의 경우의 수를 곱한다.

개념확인 예제

남자 A, B, C 3명과 여자 X, Y 2명을 일렬로 세울 때, 여자끼리 이웃하게 되는 경우의 수를 고르면?

① 24가지 ② 36가지 ③ 48가지 ④ 60가지

해설

여자끼리 이웃하여 세우는 경우 여자들은 이웃하므로 1명으로 생각한다. 따라서 순서를 고려할 대상은 4명이 되므로 4명을 일렬로 세우는 경우 4!이다. 다만, 여자끼리는 자리를 바꾸어 서도 이웃하는 것에는 변함이 없으므로 자리를 바꾸는 경우의 수는 2!이다. 따라서 여자끼리 이웃하게 되는 경우의 수는 $4!\times 2!=48$(가지)이다.

정답 ③

② 이웃하지 않게 세우는 경우의 수 구하기

㉠ 이웃해도 되는 것을 먼저 나열한다.

㉡ 나열한 것들의 사이사이나 양 끝에 이웃하지 않아야 하는 것들을 나열한다.

개념확인 예제

남자 A, B, C 3명과 여자 X, Y 2명을 일렬로 세울 때, 여자끼리는 이웃하지 않게 세우는 경우의 수를 고르면?

① 36가지 ② 48가지 ③ 64가지 ④ 72가지

해설

먼저 이웃해도 되는 남자 3명을 일렬로 나열하는 경우는 3!이다. 여자 2명을 남자 3명의 사이사이나 양 끝에 세울 수 있으므로 여자가 설 수 있는 자리는 4곳이다. 4곳 중 2곳을 택해야 하므로 ${}_4P_2$이다. 따라서 여자끼리 이웃하지 않게 세우는 경우의 수는 $3!\times {}_4P_2=(3\times 2\times 1)\times(4\times 3)=6\times 12=72$(가지)이다.

정답 ④

(4) 자연수의 개수

① 0을 포함하지 않는 경우

0이 아닌 서로 다른 한 자리의 숫자가 하나씩 적힌 n장의 카드 중에서

㉠ 2장을 뽑아 만들 수 있는 두 자리 자연수의 개수: ${}_nP_2=n(n-1)$

㉡ 3장을 뽑아 만들 수 있는 세 자리 자연수의 개수: ${}_nP_3=n(n-1)(n-2)$

개념확인 예제

1, 2, 3, 4가 적힌 4장의 카드 중 2장을 뽑아 만들 수 있는 두 자리 자연수의 개수를 고르면?

① 8개 ② 10개 ③ 12개 ④ 14개

해설

4장의 카드 중 2장을 뽑아 만들 수 있는 두 자리 자연수는 ${}_4P_2=4\times 3=12$(개)이다.

정답 ③

② 0을 포함하는 경우

0을 포함한 서로 다른 한 자리의 숫자가 하나씩 적힌 n장의 카드 중에서

㉠ 2장을 뽑아 만들 수 있는 두 자리 자연수의 개수: $(n-1)\times(n-1)$

※ 10의 자리에는 0이 올 수 없으므로 $(n-1)$이 된다.

㉡ 3장을 뽑아 만들 수 있는 세 자리 자연수의 개수: $(n-1)\times(n-1)\times(n-2)$

※ 100의 자리에는 0이 올 수 없으므로 $(n-1)$이 된다.

개념확인 예제

0, 1, 2, 3이 적힌 4장의 카드 중 2장을 뽑아 만들 수 있는 두 자리 자연수의 개수를 고르면?

① 9개 ② 12개 ③ 14개 ④ 16개

해설

10의 자리에는 0이 올 수 없고, 1의 자리에는 10의 자리에 온 수 이외의 수만 올 수 있으므로 $(4-1)\times(4-1)=3\times3=9$(개)이다.

정답 ①

(5) 확률

① **수학적 확률**: 어떤 시행에서 사건 A가 일어날 가능성을 수의 값으로 나타낸 것, $\mathrm{P}(A)$라고 한다.

예 주사위 1개를 던졌을 때 3의 배수가 나올 확률은 전체 경우의 수 6가지 중 3의 배수 2가지가 나올 확률이므로 $\mathrm{P}(A)=\frac{2}{6}=\frac{1}{3}$이다.

② **통계적 확률**: 수치의 확률이라고 하며, 통계 자료를 보고 기준량(분모), 비교하는 양(분자)으로 구분하여 확률을 구한다.

예 20세 인구 15만 명 중에 40년 뒤에도 생존하고 있는 인구가 10만 명일 경우라면 확률은 $\frac{10만}{15만}=\frac{2}{3}$이다.

③ **기하학적 확률**: 도형의 확률이라고 하며, 일반적으로 전체 길이에서 차지하는 비중, 전체 넓이에서 차지하는 비중 등으로 확률을 구한다.

④ **조건부 확률**: A가 일어났다는 가정하에 B가 일어날 확률, 사건 A라는 사건이 먼저 일어났으므로 분모는 $\mathrm{P}(A)$, 분자는 A라는 사건이 일어나고 B가 일어나야 하므로 $\mathrm{P}(A\cap B)$이다.

기호는 $\frac{\mathrm{P}(A\cap B)}{\mathrm{P}(A)}$이다.

Ⅲ. 도형

1 도형의 성질

(1) 삼각형

① 정삼각형

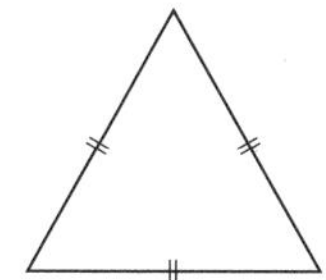

㉠ 정의: 세 변의 길이가 같은 삼각형

㉡ 특징: 세 내각의 크기는 모두 60°

㉢ 넓이: 한 변의 길이가 a일 때, $\frac{\sqrt{3}}{4}a^2$

② 이등변삼각형

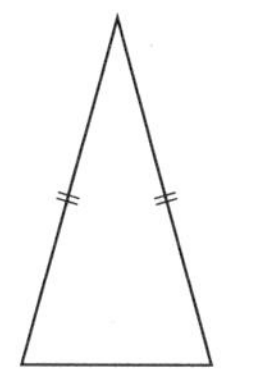

㉠ 정의: 두 변의 길이가 같은 삼각형

㉡ 특징: 두 변에 대한 대각의 크기가 같다.

㉢ 넓이: $\frac{1}{2}$×밑변×높이

③ 직각삼각형

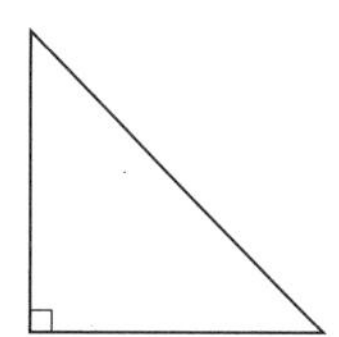

㉠ 정의: 한 내각의 크기가 90°인 삼각형

㉡ 특징: 대각이 90°인 변을 빗변이라 하며, 빗변의 길이의 제곱은 다른 두 변의 길이의 제곱의 합과 같다.

㉢ 넓이: $\frac{1}{2}$×가로×세로

(2) 사각형

① 사다리꼴

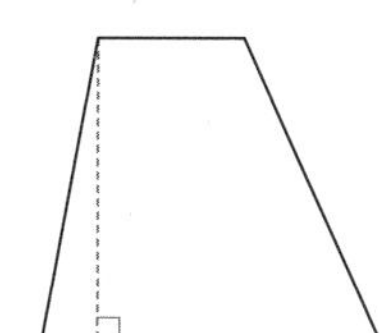

㉠ 정의: 한 쌍의 대변이 평행인 사각형

㉡ 넓이: $\frac{1}{2}$×(윗변+아랫변)×높이

② 평행사변형

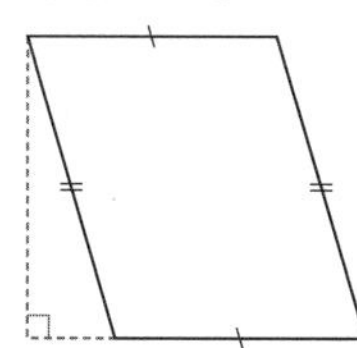

㉠ 정의: 두 쌍의 대변이 각각 평행인 사각형

㉡ 특징: 대변의 길이가 같다, 대각의 크기가 같다, 두 대각선은 서로 이등분한다.

㉢ 넓이: 밑변×높이

③ 직사각형

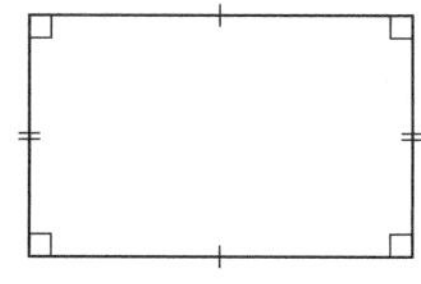

㉠ 정의: 네 내각의 크기가 90°인 사각형

㉡ 특징: 평행사변형의 특징을 가지며, 대각선의 길이가 같다.

㉢ 넓이: 가로×세로

④ 마름모

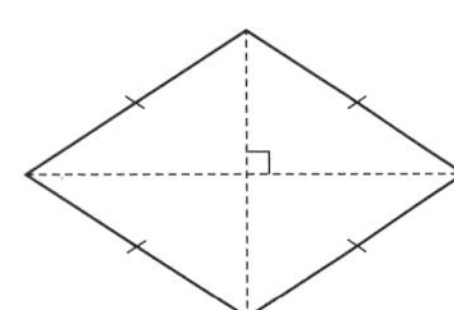

㉠ 정의: 네 변의 길이가 같은 사각형

㉡ 특징: 평행사변형의 특징을 가지며, 대각선은 직교한다.

㉢ 넓이: $\frac{1}{2}\times$두 대각선의 곱

⑤ 정사각형

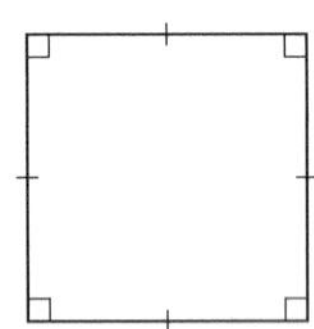

㉠ 정의: 네 변의 길이가 같고, 네 내각의 크기가 같은 사각형

㉡ 특징: 직사각형과 마름모의 특징을 동시에 가진다.

㉢ 넓이: 가로$\times$세로

(3) 기타

① 대각선의 총 개수: n각형일 때, $\frac{n(n-3)}{2}$

예 정육각형의 대각선의 총 개수는 $\frac{6\times3}{2}=9$(개)이다.

② 원의 넓이: 반지름이 r일 때, πr^2

예 반지름이 2cm인 원의 넓이는 $\pi\times2^2=4\pi$이다.

③ 부채꼴의 호의 길이: 반지름이 r이고 중심각의 크기가 θ일 때, $2\pi r\times\frac{\theta}{360°}$

예 반지름이 2이고, 중심각의 크기가 90°인 부채꼴의 호의 길이는 $2\times\pi\times2\times\frac{90°}{360°}=\pi\times4\times\frac{1}{4}=\pi$이다.

④ 부채꼴의 넓이: 반지름이 r이고 중심각의 크기가 θ일 때, $\pi r^2\times\frac{\theta}{360°}$

예 반지름이 3이고, 중심각의 크기가 60°인 부채꼴의 넓이는 $\pi\times3^2\times\frac{60°}{360°}=\pi\times9\times\frac{1}{6}=\frac{3}{2}\pi$이다.

2 블록

눈에 보이지 않는 블록을 예측하여 판단하는 유형의 문제가 출제되기도 한다.

예

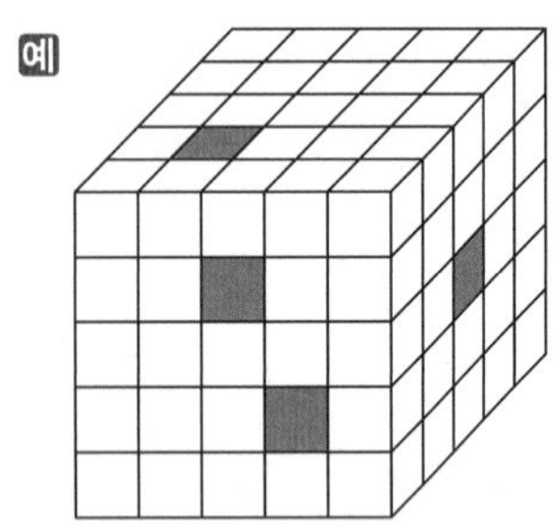

Q. 다음의 블록은 검은색이 칠해진 부분은 해당 줄의 모든 블록이 검은색으로 칠해져 있다. 흰색 블록의 개수를 구하면?

A. 전체 정육면체의 개수는 가로 5개, 세로 5개, 높이 5개 총 $5\times5\times5=125$(개)이다. 검은색으로 칠해진 정육면체의 최대 개수는 반대편까지 검은색으로 칠해져 있을 때이므로 $4\times5=20$(개)이고, 반대로 흰색 정육면체의 최소 개수는 $125-20=105$(개)이다.

IV. 기본 표 해석

1 단순 계산 유형

단순 계산 유형은 표에 주어진 항목들을 사칙 연산 등을 통해 계산하는 것이고, 일반적으로 빈칸 채우기와 비율 구하기 등의 문제가 출제된다.

개념확인 예제

다음 [표]는 서울특별시와 의정부시의 4월과 8월의 평균 기온을 나타낸 것이다. 4월 의정부시의 평균 기온은 서울특별시의 평균 기온에 비하여 몇 ℃ 낮은지 고르면?

[표] 서울특별시와 의정부시의 평균 기온

(단위: ℃)

구분	4월	8월
서울특별시	15.7	29.8
의정부시	12.2	28.4

① 3.5℃　② 4.4℃　③ 5.6℃　④ 6.0℃

해설

4월 의정부시의 평균 기온은 12.2℃이고, 서울특별시의 평균 기온은 15.7℃이다. 따라서 15.7−12.2=3.5(℃)이므로 4월 의정부시의 평균 기온은 서울특별시에 비해 3.5℃ 낮다.

정답 ①

2 단순 비교 유형

단순 비교 유형은 표에 나타낸 항목 간의 비교를 하는 문제이다. 일반적으로 대소 관계나 항목 간의 순위 매기기 등이 문제로 출제된다.

개념확인 예제

다음 [표]는 2018년부터 2021년까지 A기업의 수출액에 관한 자료이다. 2018~2021년 동안 1건당 수출액이 가장 컸던 해를 고르면?

[표] 2018~2021년 수출액 (단위: 건, 천만 원)

구분	2018년	2019년	2020년	2021년
건수	217	197	418	360
수출액	625.2	813.7	1,399.9	1,634.1

① 2018년 ② 2019년 ③ 2020년 ④ 2021년

해설

- 2018년 건당 수출액: $\frac{625.2}{217} \fallingdotseq 2.88$(천만 원)
- 2019년 건당 수출액: $\frac{813.7}{197} \fallingdotseq 4.13$(천만 원)
- 2020년 건당 수출액: $\frac{1,399.9}{418} \fallingdotseq 3.35$(천만 원)
- 2021년 건당 수출액: $\frac{1,634.1}{360} \fallingdotseq 4.54$(천만 원)

따라서 1건당 수출액이 가장 큰 해는 2021년이다.

정답 ④

3 단순 추세 유형

단순 추세 유형은 일반적으로 해당 기간 수치의 증가, 감소, 순위 변동 등을 묻는 문제가 출제된다.

개념확인 예제

다음 [표]는 A학교 학생의 월별 도서관 이용 현황이다. 이에 대한 설명으로 옳은 것을 [보기]에서 모두 고르면?(단, 학교의 전체 남학생 수는 600명, 여학생 수는 550명이며, 인원수 변동은 없다.)

[표] A학교 학생의 월별 도서관 이용 현황

(단위: 명)

구분	9월	10월	11월	12월
남학생	460	535	500	562
여학생	330	450	471	512
전체	790	985	971	1,074

보기

㉠ 9월부터 12월까지 전체 학생의 월별 도서관 이용 학생 수는 계속 증가하였다.
㉡ 도서관 이용 학생 수가 두 번째로 많은 달은 10월이다.
㉢ 남학생의 매월 도서관 이용자 수는 증가하였다.
㉣ 9월과 12월을 비교했을 때 성별 도서관 이용률의 증가폭은 여학생이 남학생보다 크다.

① ㉠, ㉡　② ㉠, ㉢　③ ㉡, ㉢　④ ㉡, ㉣

해설

㉠ 11월에 한 차례 감소하였다. (×)
㉡ 도서관 이용자 수는 10월에 985명으로 두 번째로 많았다. (○)
㉢ 남학생의 도서관 이용률은 11월에 한 차례 감소하였다. (×)
㉣ 9월의 도서관 이용률은 여학생이 $\frac{330}{550}=0.6$, 남학생이 $\frac{460}{600}≒0.77$이고, 12월의 도서관 이용률은 여학생이 $\frac{512}{550}≒0.93$, 남학생이 $\frac{562}{600}≒0.94$이다. 따라서 도서관 이용률의 증가폭은 여학생이 0.33, 남학생이 0.17로 여학생의 도서관 이용률 증가폭이 더 크다. (○)

정답 ④

4 단순 정보 유형

단순 정보 유형은 표를 보고 선택지 내용의 옳고 그름을 판단하는 문제가 주로 출제된다.

개념확인 예제

다음 [표]는 2020년 나라별 국토 면적 및 인구 밀도에 관한 자료이다. 이에 대한 설명으로 옳지 않은 것을 고르면?

[표] 2020년 나라별 국토 면적 및 인구 밀도 (단위: km^2, 명/km^2)

구분	국토 면적	인구 밀도
베트남	377,000	341
미국	9,629,000	29
독일	551,000	123
스페인	243,000	146
호주	7,700,000	2

※ 인구 밀도 $=\frac{\text{인구수}}{\text{국토 면적}}$

① 국토 면적이 가장 넓은 나라는 미국이다.
② 국토 면적 $1km^2$당 가장 적은 인구가 사는 나라는 호주이다.
③ 베트남은 스페인보다 국토 면적이 $134,000km^2$ 더 넓다.
④ 독일은 국토 면적 $1km^2$당 146명이 산다.

해설

① 미국의 국토 면적은 $9,629,000km^2$로 가장 넓다. (○)
② 인구 밀도가 가장 낮은 나라는 2명/km^2인 호주이다. (○)
③ 베트남의 국토 면적은 $377,000km^2$이고 스페인의 국토 면적은 $243,000km^2$이다. 따라서 $377,000-243,000=134,000(km^2)$이므로 베트남은 스페인보다 국토 면적이 $134,000km^2$ 더 넓다. (○)
④ 독일은 $1km^2$당 123명이 산다. (×)

정답 ④

V. 심화 표 해석

1 표 해석의 접근 순서

(1) 제목

어떠한 표를 해석하게 되는지를 정확하게 알아야 전략을 세울 수 있다.

예 표의 주제가 '연도별 A기업의 매출액'이라고 한다면 가장 많이 등장하는 것은 추세 문제이다. 따라서 추세 문제임을 어느 정도 예측하고 들어갈 수 있다.

(2) 단위

간혹 표에 있는 단위와 선택지에 있는 단위가 서로 다를 수 있으므로 유의해야 한다.

예 1km=1,000m, 1kg=1,000g, 1L=1,000mL 등

(3) 가로축과 세로축의 구성 성분

가로축과 세로축의 구성 성분에 따라 문제에서 묻는 것이 어느 축에 관련된 것인지를 파악할 수 있다.

(4) 표의 구성상의 특징

표 해석의 가장 핵심으로 표에 있는 항목 하나하나를 보는 것이 아니라 증가·감소의 추세, 순위 변동 등의 특징을 찾아가며 파악해야 한다.

(5) 각주

표 해석은 일반적으로 제시된 모든 자료를 사용하지는 않는다. 하지만 각주의 경우에는 이용하지 않을 것이라면 제시하지 않는 것이 일반적이므로, 제시된 각주는 유의해서 보아야 한다.

예 $\text{노령화 지수}=\frac{\text{65세 이상의 인구수}}{\text{14세 이하의 인구수}}$

2 자료의 계산

(1) 어림산

표 해석의 주된 목적은 자료를 얼마만큼 효율적으로 해석하느냐에 달려 있다. 따라서 정확한 계산이 필요한 문제도 출제되지만 문제에 따라 효율적인 계산을 위하여, 제시된 자료를 구하고자 하는 값과 크게 차이가 나지 않게 변형하는 것도 필요하다.

예 $\frac{103}{499} \fallingdotseq \frac{1}{5}=0.2$

(2) 분수

$\frac{1}{2}$, $\frac{1}{3}$, $\frac{1}{4}$, ……: 출제자는 문제를 낼 때에 어떤 특정한 분수의 분모, 분자의 수를 더하거나 빼서 원하는 분수로 만들게 된다. 때문에 많이 쓰이는 분수의 대략적인 값을 알면 빠른 판단이 가능하다.

$\frac{1}{2}=0.5$, $\frac{1}{3}\fallingdotseq 0.33$, $\frac{1}{4}=0.25$, $\frac{1}{5}=0.2$, $\frac{1}{6}\fallingdotseq 0.167$, $\frac{1}{7}\fallingdotseq 0.14$, $\frac{1}{8}=0.125$, $\frac{1}{9}\fallingdotseq 0.11$, ……

(3) 기준

기준이 되는 수를 찾아 대소 비교를 한다.

예 $\frac{25}{425}$, $\frac{120}{270}$, $\frac{16}{400}$이 있을 때 $\frac{16}{400}=\frac{1}{25}$를 기준으로 놓고 계산하면 상대적으로 빨리 대소 비교를 할 수 있다.

$\frac{25}{425}$와 $\frac{16}{400}$ 중에서 $\frac{16}{400}=\frac{1}{25}$이고, $\frac{25}{425}=\frac{1}{17}$이므로 분모의 숫자가 더 작은 $\frac{25}{425}$가 $\frac{16}{400}$보다 큰 수이다.

개념확인 예제

다음 [표]는 2017년부터 2020년까지의 사설 경비 업체에서 설치한 3가지 상품 A, B, C에 관한 자료이다. 2016년 설치한 상품의 수가 2,990개였을 때, 2017년에서 2020년까지 전년 대비 사설 경비 업체가 설치한 상품의 증가율이 가장 높은 해를 고르면?

[표] 상품 A, B, C의 설치 현황 (단위: 개)

구분	2017년	2018년	2019년	2020년
A	20	19	19	17
B	1,538	1,428	1,402	1,714
C	1,562	1,541	1,444	1,850

① 2017년 ② 2018년 ③ 2019년 ④ 2020년

해설

- 2017년 전년 대비 증가율: $\frac{(20+1,538+1,562)-2,990}{2,990}\times100=\frac{130}{2,990}\times100\fallingdotseq4(\%)$
- 2018년과 2019년은 설치된 전체 상품의 수가 전년에 비해 오히려 감소했기 때문에 계산할 필요가 없다.
- 2020년 전년 대비 증가율: $\frac{(17+1,714+1,850)-(19+1,402+1,444)}{19+1,402+1,444}\times100=\frac{3,581-2,865}{2,865}\times100$

$=\frac{716}{2,865}\times100\fallingdotseq25(\%)$

따라서 전년 대비 사설 경비 업체가 설치한 상품의 증가율이 가장 높은 해는 2020년이다.

정답 ④

3 자료의 내용

(1) 실수와 비율

① 실수

표에서 제시된 값이 실수인 경우, 사칙 연산을 이용해 각각의 수치를 직접 비교해 보거나 비율로 변형해서 해석하는 문제가 출제된다.

㉠ 실수 자료의 추세

예 기업의 매출액은 2000년부터 꾸준히 증가하고 있다.

㉡ 실수 자료의 직접 비교 및 사칙 연산

예 2000년에 A기업의 매출액은 같은 해 B기업의 매출액보다 얼마나 더 많은가?

㉢ 실수 자료의 비율로의 변형

예 A기업의 2000년 매출액은 전년 대비 몇 % 증가했는가?

② 비율

표에 제시된 값이 비율인 경우, 비율 간의 대소 비교를 묻는 문제가 출제된다. 단, 기준량이 다를 때에는 실수의 대소 비교가 불가능하다.

(2) 변화율

① 변화율$=\frac{\text{변화량}}{\text{기준량}}\times 100(\%)$, 변화율의 대소 비교는 절댓값으로 판단한다.

② 변화율은 증가율과 감소율로 구분할 수 있다. 증가율은 변화율의 부호가 (+)이든 (−)이든 상관없다. 양수는 절댓값이 클수록, 음수는 절댓값이 작을수록 증가율이 크다. 반면에 감소율은 변화율의 부호가 (−)일 때를 말한다.

예 [표] 기업별 4분기 성장률 (단위: %)

구분	A	B	C	D
성장률	3	6	−2	−4

증가율이 큰 순서: 증가율은 양수는 절댓값이 클수록, 음수는 절댓값이 작을수록 증가율이 크다. 따라서 B → A → C → D이다.

감소율이 큰 순서: 감소율은 변화율의 부호가 (−)일 때이므로 C, D기업이 해당되며 절댓값이 클수록 감소율도 크다. 따라서 D → C이다.

변화율이 큰 순서: 변화율의 대소 비교는 절댓값으로 판단하므로, 절댓값이 큰 성장률의 기업부터 순서대로 찾으면 된다. 따라서 B → D → A → C이다.

STEP ❷ 유형 훈련 문제

정답과 해설 ▸ P.30

01 일정한 규칙으로 수를 나열할 때, 빈칸에 들어갈 수로 옳은 것을 고르면?

1 2 4 7 11 ( ) 22

① 15 ② 16 ③ 17 ④ 18

02 A, B, C, D의 생일이 다음 [조건]을 모두 만족시킬 때, C의 생일을 고르면?

조건

- A, B, C, D의 생일은 모두 5월이다.
- A, B, C, D의 생일은 모두 같은 요일이다.
- 생일이 빠른 순서대로 나열하면 A, B, C, D이다.
- A, B, C, D 생일의 날짜를 모두 더하면 78일이다.

① 5월 21일 ② 5월 23일
③ 5월 24일 ③ 5월 26일

03 2020년 아버지의 나이는 43세이고 아들의 나이는 12세이다. 아버지의 나이가 아들의 나이의 2배보다 3살이 더 많아지는 것은 몇 년도인지 고르면?

① 2034년 ② 2035년
③ 2036년 ④ 2037년

04 어느 중학교의 작년 전체 학생 수는 800명이었다. 올해는 작년에 비하여 남학생 수는 5% 증가하고, 여학생 수는 3% 감소하여 전체 학생 수가 총 16명 증가하였다. 이 중학교의 올해 여학생 수를 고르면?

① 270명
② 284명
③ 291명
④ 300명

05 8%의 설탕물 200g에서 xg의 설탕물을 퍼내고, 퍼낸 만큼의 물을 부었다. 그 후 다시 2%의 설탕물 120g을 넣었더니 3%의 설탕물 320g이 되었다. x의 값을 고르면?

① 30
② 50
③ 90
④ 110

06 정국이와 지민이가 매달 받는 용돈의 비는 4 : 3이고, 한 달 동안 지출의 비는 7 : 5이다. 한 달 동안 지출하고 남은 용돈이 두 사람 모두 2,000원이라 할 때, 정국이가 매달 받는 용돈을 고르면?

① 12,000원
② 14,000원
③ 16,000원
④ 18,000원

07 S중학교의 학생 수가 작년에 비해 4% 증가하여 올해 780명이 되었을 때, 작년의 학생 수를 고르면?

① 732명 ② 740명
③ 748명 ④ 750명

08 다음 [그래프]는 정규직과 비정규직의 임금에 관한 자료이다. 이에 대한 설명으로 옳지 <u>않은</u> 것을 고르면?

[그래프] 정규직과 비정규직의 임금 비교 (단위: 만 원)

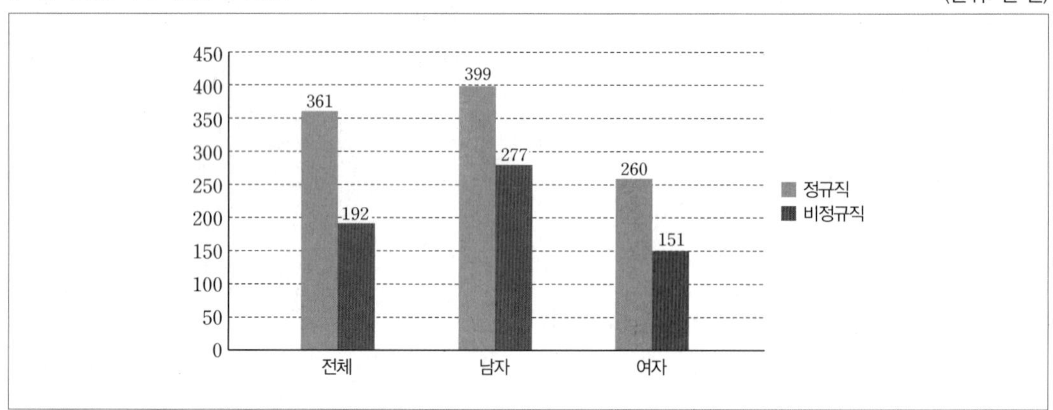

① 전체에서 정규직에 대한 비정규직의 임금 비율은 50%를 넘는다.
② 정규직과 비정규직 모두 남자의 임금이 여자의 임금보다 높다.
③ 남자의 비정규직에 대한 정규직의 임금 비율은 150%를 넘지 않는다.
④ 여자의 정규직에 대한 비정규직의 임금 비율은 남자보다 높다.

[09~10] 다음 [표]는 A, B, C, D 4대의 자동차별 속성과 연료 종류별 가격에 관한 자료이다. 이를 바탕으로 질문에 답하시오.

[표1] 자동차별 속성

구분	사용 연료	최고 속력 (km/h)	연비 (km/L)	연료탱크 용량 (L)	신차 구입 가격 (만 원)
A	휘발유	200	10	60	2,000
B	LPG	160	8	60	1,800
C	경유	150	16	50	2,500
D	휘발유	180	20	45	3,500

[표2] 연료 종류별 가격

연료 종류	리터당 가격(원/L)
휘발유	1,700
LPG	1,000
경유	1,800

조건

- 자동차의 1년 주행 거리는 20,000km임
- 운행 거리 = 연비 × 연료탱크 용량
- 이자율은 0%로 가정하고, 신차 구입은 일시불로 함

09 연료탱크를 완전히 채웠을 때 추가 주유 없이 가장 긴 거리를 운행할 수 있는 자동차를 고르면?

① A　　② B　　③ C　　④ D

10 10,000km의 거리를 운행하는 데 연료비가 가장 많이 드는 차를 고르면?

① A　　② B　　③ C　　④ D

STEP ❸ 실전 연습 문제

20문항 / **25분**

• 맞힌 개수 ______개 • 풀이 시간 ______분 **정답과 해설** ▶ P.31

01 현재 형의 저금통에는 40,000원이 들어 있고, 동생의 저금통에는 30,000원이 들어 있다. 다음 주부터 매주 형과 동생은 일정 금액씩을 저금하기로 하였는데, 동생은 형의 1.5배를 저금하기로 하였다. 25주 후에 형과 동생의 저금액이 같아진다고 할 때, 동생이 저금한 금액을 고르면?

① 800원 ② 900원

③ 1,000원 ④ 1,200원

02 다음 문자와 숫자가 일정한 규칙에 따라 배열되어 있을 때, 빈칸에 들어갈 문자를 고르면?

F 1 7 H 15 W ( ) 61

① I ② J

③ K ④ L

03 A제품의 가격이 한국에서는 6,500원이고, 미국에서는 5.5달러일 때 1달러에 대한 원화의 환율을 고르면?(단, 십 원 미만은 절사한다.)

① 950원 ② 980원

③ 1,100원 ④ 1,180원

[04~05] 다음 [표]는 2016~2020년의 A지역 도서관 현황을 정리한 것이다. 이를 바탕으로 질문에 답하시오.

[표1] 도서관 수와 좌석 수 추이

(단위: 개, 천 석)

구분	2016년	2017년	2018년	2019년	2020년
도서관 수	42	40	46	48	49
좌석 수	15.0	14.5	16.2	18.5	19.6

[표2] 장서 수와 연간 이용자 수 추이

(단위: 천 권, 천 명)

구분	2016년	2017년	2018년	2019년	2020년
장서 수	3,882	3,548	3,625	3,891	4,299
연간 이용자 수	10,015	10,746	7,614	9,813	9,135

04 2019년 장서 수의 전년 대비 증가율과 2019년 도서관 수의 전년 대비 증가율의 차이를 고르면?(단, 소수점 둘째 자리에서 반올림한다.)

① 3%p
② 3.5%p
③ 4%p
④ 4.5%p

05 2020년의 도서관 수, 좌석 수, 장서 수, 연간 이용자 수 중에서 전년 대비 증가율이 가장 큰 항목을 고르면?(단, 소수점 둘째 자리에서 반올림한다.)

① 도서관 수
② 좌석 수
③ 장서 수
④ 연간 이용자 수

06 일정한 속력으로 달리는 열차가 있다. 이 열차가 1,200m 길이의 터널을 지나가는 데는 75초가 걸리고, 300m 길이의 철교를 지나가는 데는 25초가 걸린다. 이 열차의 길이를 고르면?

① 120m
② 150m
③ 180m
④ 210m

07 다음 [표]는 사회복무요원 소집 현황에 대한 자료이다. 이에 대한 설명으로 옳지 않은 것을 고르면?

[표] 사회복무요원 소집 현황

(단위: 명, %)

구분		2014년	2015년	2016년	2017년
합계	인원수	24,629	25,401	29,095	30,615
국가기관	인원수	2,724	2,638	2,865	2,813
	비율	11.1	10.4	9.9	9.2
지방자치단체	인원수	10,917	10,893	11,418	11,591
	비율	44.3	42.9	39.2	37.9
공공단체	인원수	3,973	4,693	5,154	5,588
	비율	16.1	18.5	17.7	18.2
사회복지시설	인원수	7,015	7,177	9,658	10,623
	비율	28.5	28.2	33.2	34.7

① 공공단체의 사회복무요원 인원수는 꾸준히 증가하고 있다.
② 2017년 사회복무요원 인원수의 전년 대비 증가율이 가장 큰 곳은 공공단체이다.
③ 2014년 대비 2017년에 사회복무요원 인원수가 가장 적게 증가한 곳은 국가기관이다.
④ 지방자치단체 사회복무요원 인원수의 비중은 매년 감소하고 있다.

[08~09] 다음 [표]는 우리나라 수도권 아파트의 평균 매매 가격 변동률에 관한 자료이다. 이를 바탕으로 질문에 답하시오.

[표] 수도권 아파트의 평균 매매 가격 변동률 (단위: %)

지역	2009년	2010년	2011년	2012년	2013년
서울	−4.2	−3.8	2.3	2.5	3.2
의정부	−0.3	−0.1	0.5	0.9	0.7
인천	0.6	0.4	3.4	3.6	4.1
수원	1.8	−1.6	−0.9	1.3	2.1

※ 매매 가격 변동률은 매년 12월 31일을 기준으로 가격을 산정하여 1년 뒤에 가격의 변동률을 구한 것이다.

08 2011년 12월 31일 서울 아파트의 평균 매매 가격이 3억 2천만 원일 때, 2012년의 평균 매매 가격을 고르면?

① 3억 2,250만 원
② 3억 2,500만 원
③ 3억 2,800만 원
④ 3억 3,000만 원

09 주어진 자료에 대한 설명으로 옳지 않은 것을 고르면?

① 네 지역 중 아파트 매매 가격 변동률이 가장 큰 지역은 서울이다.
② 의정부는 네 지역 중 평균 매매 가격 변동률이 가장 작은 지역이다.
③ 인천의 아파트는 2013년에 매매 가격이 가장 높다.
④ 수원의 아파트는 2010년에 가장 낮은 매매 가격을 보이고 있다.

10 6%의 소금물과 8%의 소금물을 1 : 2의 비로 섞은 후, 물을 80g 더 부었더니 4%의 소금물이 되었다. 이때, 6% 소금물의 양을 고르면?

① 16g ② 24g
③ 30g ④ 32g

11 다음 [표]는 2020년 ○○시 공무원의 재임 기간 및 출신 지역별 인원수를 정리한 자료이다. 재임 기간이 2년 미만인 공무원 중 영남 출신은 최소 몇 명인지 고르면?

[표1] 2020년 ○○시 공무원의 재임 기간에 따른 인원수

(단위: 명)

재임 기간	인원수
1개월 미만	5
1개월 이상 3개월 미만	45
3개월 이상 6개월 미만	46
6개월 이상 1년 미만	59
1년 이상 1년 6개월 미만	122
1년 6개월 이상 2년 미만	115
2년 이상 3년 미만	65
3년 이상 4년 미만	43
6년 이상	39
합계	539

[표2] 2020년 ○○시 공무원의 출신 지역별 인원수

(단위: 명)

지역	영남	호남	기타	합계
인원	297	218	24	539

① 45명 ② 78명
③ 120명 ④ 150명

12 다음 [그래프]는 2016년 1월 제주도의 월~토(25일)의 하루 평균 기온을 조사한 누적도수 그래프인데 일부가 찢어져 보이지 않는다. 하루 평균 기온이 9℃ 이상인 날이 전체의 20%일 때, 9℃ 이상 11℃ 미만인 계급의 도수를 고르면?

[그래프] 2016년 1월 제주도의 하루 평균 기온

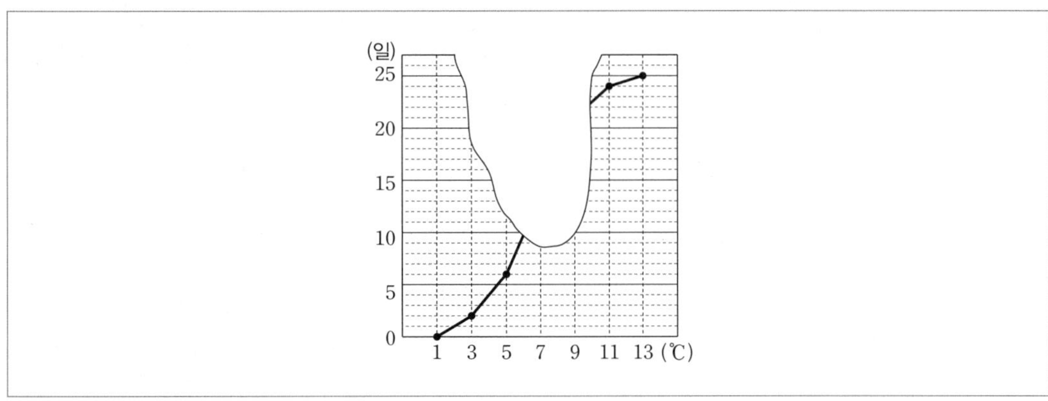

① 3일 ② 4일

③ 5일 ④ 6일

13 다음 자료를 바탕으로 [보기]에서 밑줄 친 ㉠의 연도를 고르면?

간지(干支)란 십천간과 십이지신을 서로 조합한 것을 이르는 말로 연도를 표시하는 데 이용된다. 십천간과 십이지신을 조합하면 갑자, 을축, 병인, …, 임신, 계유, 갑술, 을해, …, 임술, 계해의 60가지가 나오므로, 각 간지가 60년을 주기로 반복된다.

[표] 십천간과 십이지신

십천간	갑	을	병	정	무	기	경	신	임	계		
십이지신	자	축	인	묘	진	사	오	미	신	유	술	해

보기

임진왜란 이후 정권을 잡은 북인은 계해년(1623) 인조반정에 의하여 몰락하게 되고 붕당 정치는 서인과 남인의 대결로 심화되었다. 두 차례의 예송과 경신환국을 거치면서 집권을 계속하던 서인은 이른바 ㉠ <u>기사환국</u>으로 물러나고 남인이 다시 등용되었다.

① 1649년 ② 1659년

③ 1669년 ④ 1689년

14 다음 [표]는 어느 수험생의 영어 성적표 중 일부이다. 듣기 영역의 응시자 전체 평균 점수를 고르면?

[표] 어느 수험생의 영어 성적표

(단위: 점)

구분	듣기(100점 만점)	읽기(50점 만점)
원점수	89	40
T점수	50	52

※ $T점수=\frac{(원점수-응시자\ 전체\ 평균)}{표준편차}\times 10+50$

① 87점 ② 89점
③ 91점 ④ 93점

15 다음 [그래프]는 2014~2020년 어느 지역의 교통사고 부상자 수를 조사하여 나타낸 자료이다. 이에 대한 설명으로 옳은 것을 [보기]에서 모두 고르면?

[그래프] 2014~2020년 교통사고 부상자 수

(단위: 명)

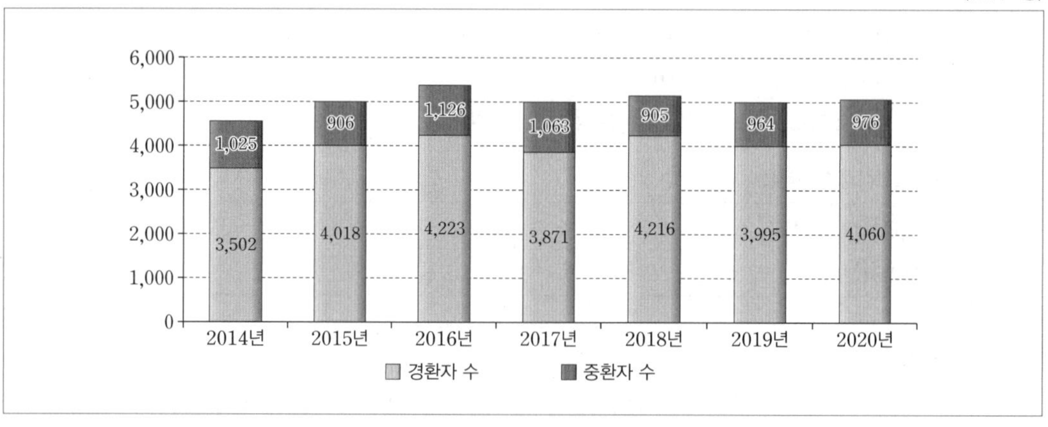

보기
㉠ 2020년의 경환자 수는 중환자 수의 4배 이상이다.
㉡ 교통사고 부상자 수가 가장 많은 해는 2016년이다.
㉢ 2015년 중환자 수는 2016년 중환자 수보다 220명 더 적다.
㉣ 경환자 수가 가장 많은 해는 2018년이다.

① ㉠, ㉡, ㉢ ② ㉠, ㉡, ㉣
③ ㉠, ㉢, ㉣ ④ ㉠, ㉡, ㉢, ㉣

16 다음은 어느 집단의 개인별 몸무게에 따른 상대도수 분포표이다. 이 집단의 전체 인원수가 될 수 있는 것을 고르면?

계급(kg)	35 이상 ~ 40 미만	40 이상 ~ 45 미만	45 이상 ~ 50 미만	50 이상 ~ 55 미만	55 이상 ~ 60 미만	합계
상대도수	$\frac{1}{8}$	$\frac{1}{4}$		$\frac{1}{6}$	$\frac{1}{3}$	1

① 20명　　② 30명
③ 36명　　④ 48명

17 다음은 학생 40명의 몸무게에 따른 도수분포표이다. 몸무게가 60kg 미만인 학생이 전체의 75%일 때, 60kg 이상 70kg 미만인 학생은 몇 명인지 고르면?

계급(kg)	도수
30 이상 40 미만	2
40 이상 50 미만	11
50 이상 60 미만	
60 이상 70 미만	
70 이상 80 미만	3
합계	40

① 4명　　② 7명
③ 9명　　④ 11명

18 다음 [표]는 우재가 시급 10,000원인 주말 아르바이트를 할 때의 급여와 아르바이트를 하면서 생기는 피로도를 비용으로 환산하여 정리한 것이다. 이에 대한 설명으로 옳은 것을 고르면?

[표] 급여와 피로도 비교

(단위: 원)

구분	1시간	2시간	3시간	4시간	5시간
급여(이익)	10,000	20,000	30,000	40,000	50,000
피로도(비용)	6,000	13,000	22,000	33,000	46,000

※ 순이익=이익−비용

※ 순이익이 가장 큰 경우를 선택했을 때를 합리적이라고 본다.

① 우재는 하루에 4시간 일하는 것이 가장 합리적이다.

② 일하는 시간과 순이익은 일정한 상관관계를 갖는다.

③ 우재가 1시간 더 일할 때, 추가로 발생하는 비용은 항상 일정하다.

④ 우재가 아르바이트로 하루에 최대로 얻을 수 있는 순이익은 8,000원이다.

19 형과 동생이 집에서 동시에 출발하여 공원에서 만나기로 하였다. 형은 자전거를 타고 분당 180m의 속력으로, 동생은 도보로 분당 60m의 속력으로 달렸다. 형이 20분 먼저 도착하였을 때, 집에서 공원까지의 거리를 고르면?

① 1.5km

② 1.6km

③ 1.8km

④ 2km

20 다음 [표]는 어떤 학급 학생들의 수학 성적에 대한 상대도수 분포표의 일부분이다. 이에 대한 설명으로 옳지 않은 것을 고르면?

[표] 학생들의 수학 성적

(단위: 명)

성적	학생 수	상대도수	누적도수
60점 이상 70점 미만	8	A	
70점 이상 80점 미만	B		
80점 이상 90점 미만	16	0.40	C
90점 이상 100점 미만	D	0.15	
합계	E	1	

① A의 값은 0.2이다.

② C의 값은 34이다.

③ 학급의 전체 학생 수는 40명이다.

④ 수학 성적이 10번째로 높은 학생이 속하는 계급은 70점 이상 80점 미만이다.

2 교시

상황판단검사 직무성격검사

01 상황판단검사

02 직무성격검사

01 | 상황판단검사

상황판단검사 **완전정복**

군 선발 평가 과목 중 상황판단검사(Situational Judgement Test, SJT)는 지원자의 판단 능력을 측정하기 위해 군 직무 중 지원자가 직면할 수 있는 상황에 대하여 여러 가지 대안을 제공하고 이 중 가장 적절한 대안을 선택하는 방식의 검사이다.

최근 직무와 관련하여 충분히 당면할 수 있는 상황에서의 판단능력과 위기대처능력이 요구됨에 따라 이에 적합한 인재를 선발하기 위한 방법 중 하나로 상황판단검사를 많이 활용하는 추세이다.

이 검사는 지원자들에게 실제 군 직무 상황에서 선택할 수 있는 대응책을 제시하고, 지원자가 해당 상황에 직면했을 때 가장 할 것 같은 행동과 가장 하지 않을 것 같은 행동을 각각 선택하게 함으로써 지원자의 직무 타당도를 평가할 수 있다.

상황판단검사에 대한 정답은 공개되지 않으므로, 명확한 정답을 제시하는 것은 불가능하다. 그러나 본서에서는 기출문제를 복원 · 분석하여 정답에 근접할 수 있는 풀이 TIP을 제공한다.

상황판단검사 **목적**

군 상황판단검사는 군대라는 특수한 조직의 직무 상황 속에서 초급간부로서 적합한 자질과 역량을 가졌는지 검증하기 위하여 개발되었다. 또한 인지능력평가에 반영하지 못하는 상황판단능력과 위기관리능력 및 지휘 · 통솔 능력, 가치관이나 리더십 등 다양한 역량을 측정할 수 있다. 상황판단검사는 실제 현직에서 근무하고 있는 장교나 부사관의 참여와 검증을 통해 상황 시나리오와 대응책이 개발되었고 충분히 발생 가능한 상황들로 이루어져 있기 때문에 준거 타당도가 높다.

상황판단검사 **지시문 유형**

상황판단검사에서 주로 사용되는 지시문 유형은 지식형 지시문(Knowledge Instrument)과 행동경향형 지시문(Behavioral Tendency Instrument)으로 구별된다. 지식형 지시문은 응답자에게 어떠한 행동이 가장 최선(Best)의 대안인지 혹은 최악(Worst)의 대안인지 묻는 형식이며, 행동경향형 지시문은 주어진 상황에서 가장 해야 할 것 같은(Most Likely) 행동과 가장 하지 말아야 할 것 같은(Least likely) 행동을 선택하게 하는 형식이다. 서로 다른 지시문 형태에 따라 상황판단검사의 구성 개념과 타당도가 달라질 수 있다.

상황판단검사 빈출 군사 기초 지식

(1) **계급**

① **병**: 이병 < 일병 < 상병 < 병장

② **부사관**: 하사 < 중사 < 상사 < 원사

③ **장교**

㉠ 위관급: 소위 < 중위 < 대위

㉡ 영관급: 소령 < 중령 < 대령

㉢ 장성급: 준장 < 소장 < 중장 < 대장

(2) **제대**

제대	분대	소대	중대	대대	연대	사단	군단	야전군
규모	약 10명	약 30명	약 100명	약 500명	약 2,000명	약 1만 명	약 4만 명	약 12만 명
지휘자	분대장	소대장	중대장	대대장	연대장	사단장	군단장	군사령관
계급	상병~병장	소위~중위	대위~소령	소령~중령	대령	준장~소장	중장	대장
인사권	×	×	○	○	○	○	○	○

① **분대**: 9~10명 내외로 조직되며, 군대 조직 중에서 가장 최소 규모로 편성된 조직이다. 주로 분대장은 상병~병장의 병사가 맡지만, 신임 하사가 맡는 경우도 있다. 분대장은 분대원의 특이 사항을 분대원들로부터 보고 받은 뒤 소대장에게 보고하고, 소대장으로부터 분대원들에 대한 지시 사항을 전달받아 분대원들에게 전파한다. 분대는 가장 하위 제대이지만, 정찰 등 특수한 상황에 따라 2~5명으로 구성된 '조'나 '반'으로 나뉠 수도 있다.

② **소대**: 통상적으로 3개의 분대와 통신병, 부소대장, 소대장으로 구성되어 있다. 30~35명 내외로 조직되며, 소대장은 소대 전체를 지휘한다. 소대장은 소위~중위가 맡으며, 상황에 따라 부사관이 맡기도 한다. 부소대장은 소대장을 보좌하며, 소대장 부재 시 소대장의 임무를 대신한다. 부소대장은 통상 부사관이 맡는다.

③ **중대**: 보통 3개의 소대와 중대본부로 이루어지며, 중대본부는 중대장, 행정보급관, 통신병 등 간부와 병으로 구성된다. 중대장은 대위~소령이 맡으며, 상황에 따라 중위가 대리하는 경우도 있다. 통상 100~130명 내외의 인원으로 구성된다. 행정보급관은 통상 상사가 맡으며, 중대장을 보좌하고 중대 내의 각종 물자 관리, 보급 및 병력 관리 등의 임무를 수행한다. 중대장 이상 지휘자를 지휘관이라고 칭하며, 중대장 이상 지휘관에게는 인사권이 있다.

④ **대대**: 통상 3개의 중대와 본부중대, 대대본부(지휘소)로 편성되며, 대대장은 소령~중령이 맡는다. 단독으로 작전 수행이 가능한 최소 단위 제대이다. 보통 500여 명 안팎의 인원으로 구성되며, 대대장은 휘하에 참모를 둘 수 있다. 참모는 대대장을 보좌하며, 각 분야(인사, 정보, 작전, 군수)에 대한 업무를 담당하고, 대대장에게 조언한다.

(3) 인사권

중대급 이상 제대의 지휘관이 가지고 있는 인사 권한을 말하며, 진급권, 징계권, 휴가권, 표창 권한 등 직속 부하에 대한 인사를 결정할 수 있는 권한이다. 지휘관 외에는 인사권을 행사할 수 없으므로, 간부라 하더라도 병 인사에 관해서는 직접 지시를 할 수 없으며, 보고와 건의를 통해서 행사하여야 한다.

(4) 장교와 부사관의 관계

부사관은 장교의 권위와 계급을 존중하고, 장교로부터 신뢰를 받도록 임무를 수행해야 하며, 특히 직속 상관의 명령에 절대 복종하여야 한다. 장교는 부사관의 연륜과 군 경험을 인정하여 인격체로 대우하여야 한다. 부사관은 장교가 본연의 역할 수행에 전념하도록 조언 및 조력하고, 장교는 부사관의 역할을 이해하고 부사관이 능력을 발휘할 수 있도록 지원하며, 장교와 부사관 모두 상호 존중과 신뢰를 유지해야 한다.

① 소대급에서의 관계

소대급에서 소대장과 부소대장은 지휘자와 부지휘자의 관계이다. 부소대장은 소대장과 의견이 상치된다고 해서 소대장과 다른 지시를 내리거나 소대원들 앞에서 소대장에 대해 불평해서는 안 되며, 충성심을 가지고 성실하게 조력해야 한다. 아울러 부소대장은 소대의 제반 문제를 소대장과 상의하며 언제라도 소대 지휘를 담당할 수 있다는 자세로 소대장을 헌신적으로 조력해야 한다.

② 중대급에서의 관계

중대급에서는 중대장과 행정보급관의 관계이다. 중대장과 행정보급관의 관계는 지휘관과 업무담당관의 관계이다. 행정보급관은 세부적인 실행자 역할을 분담하여 수행하고, 분담된 업무를 수행하는 데 모든 권한을 갖는다. 행정보급관은 위임된 업무의 결과에 대하여 책임을 진다. 중대장은 행정보급관을 중대의 최고 전문가로 인정하고 행정보급관은 중대장의 지시를 적극 구현한다.

③ 대대급에서의 관계

대대급에서는 대대장과 주임원사의 관계이다. 대대장과 주임원사의 관계는 지휘관과 참모의 관계이다. 주임원사는 대대장이 지휘 업무에 참고할 수 있도록 부대 활동을 조언하고, 병사와 부사관 관련 업무를 보좌하며, 대대장의 지휘 활동의 연장선상에서 훈련 및 각종 명령 이행 상태를 대대장을 대신하여 확인하는 등 업무를 보좌한다. 대대장은 주임원사를 병·부사관의 대표자로 인식하고, 그 위상을 존중하며 주임원사의 건의 내용은 적극 수용한다.

상황판단검사 **중요 기준**

(1) 규정과 방침을 준수한다.

군에서 요구하는 간부의 인재상은 규정과 방침을 준수하고, 전투력을 보전·향상시키며, 비전투 손실을 막을 수 있는 인재이다.

(2) 불법적인 명령은 명령으로서 효력이 없다.

간부는 병사와 달리 스스로 판단하고 조치할 수 있도록 권한과 책임이 부여된다. 상관의 명령이라고 하여 무조건적으로 따르기 전에 합법적이고 합리적인 명령인지를 스스로 판단하고 만약 불법적인 명령이라면 보고와 건의를 통해 바로잡을 수 있는 용기도 필요하다.

(3) '선보고 후조치'를 명심한다.

상황이 위급하거나 즉시 조치를 해야 하는 경우를 제외하고는, 통상 상관에게 먼저 보고하고 조치하여야 한다. 보고 체계는 군대에서 가장 중요한 절차임을 명심해야 한다.

(4) 얼차려 및 징계는 최소한으로 한다.

규정 위반 등 부하의 일탈이나 잘못에 대하여 적절한 징계는 필요하지만, 이전에 원인을 파악하려는 노력과 사전 예방이 더욱 중요하다. 특히 부하의 행동이 마음에 들지 않거나 태도가 불량하다고 해서 얼차려 등을 남발하는 것은 피해야 한다.

(5) 책임 회피·포기 등은 하지 않는다.

업무 실수 등 본인의 잘못에 대한 책임을 다른 사람에게 전가하거나 핑계를 대는 것은 가장 바람직하지 않은 행동이다. 또한 부하의 능력이 부족하거나 부하에 대한 주변의 평가가 좋지 않다고 해서 다른 부대로 전출시키거나 포기하는 행동은 리더로서 자질이 부족하다고 평가될 수 있다.

예시문제 맛. 보. 기

● 다음 상황을 읽고 제시된 질문에 답하시오.

당신은 부소대장이다. 체육 활동 시간에 모두들 나와서 축구·농구 등 체육 활동을 하는데 막사 앞 계단에 얼마 전 전입 온 신병이 혼자 앉아 있다. 심한 비만에 평소 체력도 약해서 달리기를 못할 정도로 허약한 병사인데 체육 활동 시간만 되면 이렇게 앉아 구경만 한다. 단체 구기 종목을 시켜 보았는데 놀림거리가 되자 더더욱 참여하지 않게 되었다. 마음 같아서는 당신이 직접 참여하여 같이 운동을 시키고 싶지만 강제로 시키기도 힘들 것 같아 고민을 하고 있다.

이 상황에서 당신은 어떻게 하겠는가?

이 상황에서 당신이 ⓐ 가장 할 것 같은 행동은? (　　　　　)

ⓑ 가장 하지 않을 것 같은 행동은? (　　　　　)

번호	선택지
①	해당 신병을 불러 운동의 중요성을 알려 주고 체력 단련을 유도한다.
②	평소 체력이 부족한 인원들을 따로 선발하여 같이 운동을 시킨다.
③	체육 시간에 참여하지 않으므로 그 시간에 다른 작업을 시켜 부대에 적응하도록 유도한다.
④	쉬운 운동부터 부소대장이 같이 참여하여 적응할 수 있도록 하고 칭찬해 주어 자신감을 키운다.
⑤	다이어트가 먼저라 생각해 식사 외의 음식을 조절하고, 야간에 간식을 먹지 못하게 하고 운동을 시킨다.
⑥	체육 활동 대신 교육 훈련을 혹독하게 시켜 체력이 증진되도록 한다.

예시문제 해설

제시문 이해하기

'체력이 약하여 부대 내에서 소외되고 있는 부하를 어떤 방식으로 지휘할 것인가'에 대한 상황에서 리더십과 소통능력을 파악하는 문제이다.

풀이 TIP

간부는 체력이 저조하거나 자존감이 약하여 부대 생활에 적응하지 못하는 부하에게 늘 관심을 기울이고, 해당 부하가 부대에 잘 적응할 수 있도록 도와주어야 한다. 특히 소대장, 부소대장 등 초급 지휘자의 경우에는 부하들과 함께 밀접하게 생활하며 동고동락하는 자세가 필요하다. 체력이 저조하거나 능력이 부족하다고 해서 강압적인 방식으로 지휘하는 것은 부하를 더욱 소외시키는 결과를 초래할 수 있음을 염두에 두어야 한다.

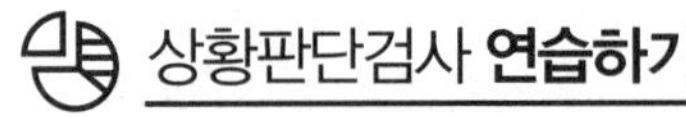

풀이 TIP ▶ P.34

[01~15] 다음 상황을 읽고 제시된 질문에 답하시오.

01

새로 막 임관한 소위가 당신의 소대장으로 근무하게 되었다. 당신의 소대는 병사들의 평균 나이가 타 부대보다 높은 편이었는데, 새로 온 소위는 대부분의 병사보다 나이가 어렸다. 성격 또한 온순한 편이라 고참 병사들이 소위의 말에 잘 따르지 않는 경우가 많았다. 그는 나름대로 병사들과 어울리거나, 장교로서 권위를 세우고자 노력했지만 병사들의 태도는 달라지지 않았다. 부대에서 선임중사로 근무하고 있던 당신은 상명하복이 무너질까 고민이다.

이 상황에서 당신은 어떻게 하겠는가?

이 상황에서 당신이 ⓐ 가장 할 것 같은 행동은? (　　　　)
ⓑ 가장 하지 않을 것 같은 행동은? (　　　　)

번호	선택지
①	소대원들을 집합시켜 군대는 계급이 우선이라는 것을 일깨워 준다.
②	소대장에게 자신감을 가지고 소대원들을 통제하도록 충고해 주고 옆에서 도와준다.
③	소대원들이 소대장에게 공개 사과하고 진술서를 작성하도록 한다.
④	소대원들에게 소대장의 좋은 점과 리더십에 관한 얘기를 해 준다.
⑤	소대원들을 모두 모아놓고 얼차려를 부여하고 본보기로 몇몇 병사들을 징계한다.
⑥	소대원들 앞에서 전보다 더 깍듯하게 소대장에게 예의를 갖추고 충성심을 보여서 병사들이 얕보지 않도록 한다.
⑦	상급자에게 보고한 후 지시를 받는다.

02

당신은 부소대장이다. 소대에 얼마 전 신병이 들어왔다. 그는 초반에는 밝은 성격으로 임무도 열심히 하며 적응을 잘하는 것처럼 보였으나, 얼마 지나지 않아 선임병과 사소한 일로 다툼을 벌였다. 선임병은 일 처리 능력이 뛰어나서 간부들 사이에서 인정을 받고 있었고, 평판도 좋은 사람이었다. 이 때문에 그 다툼 이후 부대에서는 선임병을 감싸고 신병을 따돌리는 분위기다. 이로 인해 신병은 적응하는 데 힘들어하고 있다.

이 상황에서 당신은 어떻게 하겠는가?

이 상황에서 당신이 ⓐ 가장 할 것 같은 행동은? (　　　　)

ⓑ 가장 하지 않을 것 같은 행동은? (　　　　)

번호	선택지
①	선임병을 불러 신병에게 관심을 갖고 먼저 다가갈 것을 권유한다.
②	다른 소대원들의 의견을 들어 본 후 함께 이야기할 수 있는 시간을 마련해 오해를 푼다.
③	상황의 원인과 과정을 확인하고 대원들에게 잘못된 부분을 설명한 후, 같은 일이 발생하지 않도록 교육한다.
④	선임병과 신병을 화해시키고 선임병이 신병에 대해 부대원들에게 좋게 이야기할 수 있게 부탁한다.
⑤	신병에게 많은 관심을 보이고 도와주지만, 개선되지 않을 때는 전출시킨다.
⑥	신병을 제외한 대원들과 사적인 자리를 만들어 신병이 잘 적응할 수 있도록 도와 달라고 부탁한다.

03

> 당신은 A소대 부소대장으로 차주에 있을 대대 전술 훈련을 위해 병사들에게 훈련 간 개인 임무에 대해서 교육을 하라는 소대장의 지시를 받았다. 그러나 계속된 훈련으로 지친 소대원들은 또 힘든 훈련이 시작되는 것에 매우 힘들어 하는 표정이 역력하다.
>
> 이 상황에서 당신은 어떻게 하겠는가?

이 상황에서 당신이 ⓐ 가장 할 것 같은 행동은? (　　　　)

ⓑ 가장 하지 않을 것 같은 행동은? (　　　　)

번호	선택지
①	훈련은 전시 상황과 같으므로 실전처럼 생각하라며 병사들을 독려한다.
②	계속된 훈련에 피로가 많이 쌓여 있으므로 중대장에게 보고하여 교육을 나중으로 미뤄달라고 부탁한다.
③	어차피 해야 할 것이므로 빨리 끝내고 쉴 수 있도록 간단하게 교육을 마친다.
④	병사들에게 교육 후에 휴식을 약속하고, 맡은 교육 임무를 완수한다.
⑤	소대장에게 보고하여 이번 훈련을 미룰 수 있도록 상급 부대에 건의한다.
⑥	지친 병사들은 쉬게 하고 훈련이 가능한 병사들만 훈련을 시킨 후 훈련을 한 병사들에게만 포상 휴가 등의 혜택을 부여한다.
⑦	소대장의 명령은 무조건 이행해야 하므로, 병사들의 피로는 고려하지 않는다.

04

팀장인 당신은 전술 훈련에 참가한 소대원들을 이끌고 지형 정찰 임무를 수행하는 도중 길을 잃었다. 대대에서 요구한 작전 지역의 정찰을 마치고 새로운 집결지로 집결해야 하는 시간은 다 되어 가는데, 길을 잃은 대원과 간부들은 모두 당황해하며 사기가 저하된 상태이다.

이 상황에서 당신은 어떻게 하겠는가?

이 상황에서 당신이 ⓐ 가장 할 것 같은 행동은? (　　　　)

ⓑ 가장 하지 않을 것 같은 행동은? (　　　　)

번호	선택지
①	소대원들을 안심시킨 후 신체 건강한 간부와 병사로 팀을 구성하여 지형을 정탐하도록 하고, 체력이 저하된 인원들은 집결지로 이동시킨다.
②	지형지물을 이용해 방향을 탐지한 후, 가장 가까운 도로로 이동하여 지나가는 차량에 부탁하여 집결지까지 이동한다.
③	상급 부대에 상황을 이야기하여 여유 시간을 더 확보한 후, 천천히 계속 진행한다.
④	스마트폰을 사용하고 있는, 연락이 용이한 간부들 중 몇몇을 여러 곳으로 정찰 보내 길을 찾는다.
⑤	지도상에 나와 있는 지점 중 길을 잃기 전의 지점으로 돌아가서 새로 길찾기를 시작한다.
⑥	상부에 현 상황을 보고하고 부대로 복귀할 것을 건의한다.
⑦	부대원들에게 현재 상황을 알리고, 잠시 휴식을 취한 후 다시 진행하여 함께 해결하자고 한다.

05

당신은 A부대 소속 부사관이었으나, 인사발령으로 인해 B부대로 전출을 가게 되었다. 다음 주부터 출근하면 되는데, A부대장이 그동안 휴가도 제대로 못가고 고생했다며 쉬고 차주부터 B부대로 출근하라고 배려해줘서 수요일까지만 출근하게 되었다. 이 때문에 목요일부터 일요일까지 모처럼 휴가를 갈 수 있게 되었다. 그런데 B부대 소속 부사관으로부터 연락이 와서 B부대의 부사관이 부족하여 훈련을 하는데 차질이 생겼다며, 하루 빨리 당신이 왔으면 하는 상황이라고 한다.

이 상황에서 당신은 어떻게 하겠는가?

이 상황에서 당신이 ⓐ 가장 할 것 같은 행동은? ( )

ⓑ 가장 하지 않을 것 같은 행동은? ( )

번호	선택지
①	B부대로 바로 출근하여 업무를 인수 받은 후, 추후에 휴가를 갈 수 있도록 조치해달라고 한다.
②	새로 옮기는 부대의 상황을 이해하고 바로 출근하여 훈련에 참가한다.
③	하루라도 휴식을 취하고 다음 날 B부대로 출근한다.
④	A부대에서도 쉬지 못했기 때문에 충분히 휴식을 취한 후, 원래 일정대로 출근한다.
⑤	B부대장에게 연락하여 본인이 정말 필요한 상황이면 출근하겠다고 한다.
⑥	아직 A부대 소속이기 때문에 갈 수 없다고 B부대 소속 부사관에게 말한다.

06

> 1소대 부소대장인 당신은 중대의 공용화기 시범 교육을 기획하라는 임무를 받고 준비하고 있다. 모든 부대원들과 함께 아이디어를 내고 기획해야 하는 임무이므로, 같은 중대 2, 3소대 소대원들의 협조가 꼭 필요한 상황이다. 그러나 2, 3소대의 소대원들은 자신의 소대장이 아니라는 생각에 당신의 말을 무시하며, 지시 사항을 잘 따르지도 않는다. 게다가 소대장들은 훈련 파견 및 경계 지원으로 부대에 없어 도움을 청하기 어려운 상태다.
>
> 이 상황에서 당신은 어떻게 하겠는가?

이 상황에서 당신이 ⓐ 가장 할 것 같은 행동은? (　　　　　)

ⓑ 가장 하지 않을 것 같은 행동은? (　　　　　)

번호	선택지
①	우리 모두 같은 중대원임을 호소하고 설득하여 소속감과 일체감을 불어넣는다.
②	중대장에게 명단을 제출하여 잘하고 못한 소대원에 따라 그들이 속한 소대에 불이익이나 이익을 준다고 이야기한다.
③	타 소대원 중 주요 몇 명을 잘 구슬려 분위기를 유도한다.
④	타 소대원들에게 간식 등의 포상을 제공한다.
⑤	모든 인원을 소대 분류 없이 통합하고, 계급별로 집단을 나누어 임무를 수행하도록 한다.
⑥	다른 부대의 시범 교육 사례 등을 통해 잘 되어 있는 것을 그대로 적용하고 임무를 마친다.
⑦	타 소대 분대장들의 자부심과 자존심을 자극하여 휘하 병사들까지 참여하도록 유도한다.

07

당신이 소대장으로 근무하는 소대의 A병장이 전역을 앞두고 기념할 만한 물건을 마련하고자 소총 사격장에서 몰래 보통탄 5발을 숨겼다가 당신에게 적발되었다.

이 상황에서 당신은 어떻게 하겠는가?

이 상황에서 당신이 ⓐ 가장 할 것 같은 행동은? (　　　　)

ⓑ 가장 하지 않을 것 같은 행동은? (　　　　)

번호	선택지
①	곧 전역할 병사이므로 보통탄을 회수하고 훈계 정도로 마무리한다.
②	해당 병사를 불러 병장이 모범을 보이지 않은 것에 대해 강하게 경고하고, 다른 병사들의 본보기로 얼차려를 부여한다.
③	중대장에게 보고하고 규정대로 처리하여 징계 위원회에 회부한다.
④	동일 사례가 일어나지 않도록 전 병력에 대한 정신 교육을 실시한다.
⑤	상관에게 보고하여 반성할 때까지 해당 병사의 전역을 미룬다.
⑥	곧 전역하므로 추억이 되도록 1발 정도만 가져가도록 한다.
⑦	해당 병사를 크게 꾸짖고, 총기 탄약 일제 점검을 실시한다.

08

부임한 지 얼마 되지 않은 소대장은 부대 업무가 낯설고 어렵지만 교범과 규정대로 임무를 수행하려고 노력하고 있다. 당신은 5년 차의 부소대장으로 부대 내 모든 훈련 업무를 능숙하게 해내며 인정받는 사람이다. 그런데 소대장이 실습 계획표를 검토하던 중 이상한 점을 발견했다고 한다. 교범에 있는 내용의 절반가량이 생략되었음을 지적하며 보고서를 다시 작성하라고 지시한다. 당신의 방식은 부대의 실정에 따른 것이어서 수정이 필요치 않다고 판단된다.

이 상황에서 당신은 어떻게 할 것인가?

이 상황에서 당신이 ⓐ 가장 할 것 같은 행동은? (　　　　)

ⓑ 가장 하지 않을 것 같은 행동은? (　　　　)

번호	선택지
①	중대장에게 보고하여 어떻게 하면 좋을지 조언을 구해 본다.
②	교범대로 할 것을 고려한다.
③	비슷한 경험을 했을 수 있는 인접 부대 고참에게 조언을 구한다.
④	소대장을 설득하고 협력하여 보고서를 다시 작성한다.
⑤	부대 관례이므로 융통성을 부리는 것을 소대장에게 건의한다.
⑥	책임이 나에게 있는 것이므로 나 혼자 그냥 보고서를 수정한다.

09

소대원들과 추계 진지 공사에 나간 당신은 일주일째 작업을 하고 있다. 그런데 같이 작업을 하는 선임 중사는 자신의 소대원들에게만 편한 일을 시킨다. 이것을 알고 있는 소대원들도 불만이 많고, 당신도 불공평한 일 분배에 어려움을 느낀다.

이 상황에서 당신은 어떻게 하겠는가?

이 상황에서 당신이 ⓐ 가장 할 것 같은 행동은? (　　　　)

ⓑ 가장 하지 않을 것 같은 행동은? (　　　　)

번호	선택지
①	중대장에게 가서 상황을 설명하고, 시정을 요청한다.
②	군인은 맡은 임무에 충실해야 하기 때문에 불만 없이 일한다.
③	소대원들에게 간식을 사 주고 조금만 참고 일을 마무리하자고 달랜다.
④	선임 중사에게 직접 말해서 작업의 어려움을 설명한다.
⑤	소대원들의 작업을 중지시키고 선임 중사의 지시를 거부한다.
⑥	상급자의 부적절한 행동에 대해서 상급 부대에 정식으로 보고한다.
⑦	소대원들에게 하는 척만 하고 실제로는 느슨하게 업무를 실시하도록 조치한다.

10

당신은 교관 업무와 함께 교육생 관리 업무를 담당하고 있는 부사관이다. 모처럼 휴가를 내고 가족들과 쉬고 있던 어느 날 밤, 늦은 시각에 부대에서 고열을 증상으로 하는 전염병 의심 사고가 발생하였다. 야간 업무를 수행하던 당신의 부하인 교관들과 조교들이 당황하여 휴가 중인 당신에게 연락을 취하였다.

이 상황에서 당신은 어떻게 하겠는가?

이 상황에서 당신이 ⓐ 가장 할 것 같은 행동은? (　　　　)

ⓑ 가장 하지 않을 것 같은 행동은? (　　　　)

번호	선택지
①	조교들에게 담당자로서의 역할을 인식시키고 알아서 처리할 것을 종용한다.
②	전화로 사고 소식을 부서장 및 상황실에 보고하여 지시에 따른다.
③	군의관에게 연락하여 현장으로 가도록 지시한 후 추후 상황을 보고받는다.
④	유선으로 상부에 사전 보고하고, 환자 이송을 요청한 후 쉰다.
⑤	모처럼 얻은 휴가이므로 휴가를 즐긴다.
⑥	바로 부대로 복귀하여 상황을 살피고 상부에는 보고 없이 조용히 처리한다.
⑦	내가 있을 때 일어난 상황이 아니므로 당직 사관에게 책임을 묻는다.

11

당신은 임관 후 부소대장으로 전입을 오게 되었다. 부대 생활에 적응을 하던 중 당신은 중대 내 A상병을 비롯한 일부 선임병들이 후임병을 구타하는 모습을 보게 되었다. 이러한 실태를 소대장에게 보고하여 잘못을 바로잡을 것을 건의하였으나, 소대장은 우리 소대의 뛰어난 임무 수행 능력은 강한 군기에서 나오는 것이라며 눈감아 줄 것을 종용한다. 그러나 당신이 본 상황과 구타 사유가 과도한 처사임이 분명한 상황이다.

이 상황에서 당신은 어떻게 하겠는가?

이 상황에서 당신이 ⓐ 가장 할 것 같은 행동은? ( )

ⓑ 가장 하지 않을 것 같은 행동은? ( )

번호	선택지
①	본인이 직접 A상병 등 선임 병사들을 불러 이유를 불문하고 얼차려를 부여한다.
②	A상병 등을 불러 구타한 이유를 물어 보고 다시는 이런 일이 발생하지 않도록 따끔하게 주의를 준다.
③	구타를 당한 후임병들에게 사과하게 한 후 그냥 눈감아 준다.
④	중대장에게 보고하여 실태를 정확히 알리고 군사 재판에 회부하여 제대로 처벌받도록 한다.
⑤	구타를 가한 선임병들을 세워둔 후 반대로 후임병들이 때릴 수 있도록 한다.
⑥	후임병들에게 헌병대나 상급 부대로 신고할 수 있도록 방법을 알려 준다.
⑦	소대장의 의도대로 부하들의 군기를 위해서 아무런 조치를 취하지 않는다.

12

> 현재 부소대장 임무를 수행하고 있는 당신은 평소 소대장과 마찰이 많은 편이다. 예를 들어 훈련 시 당신은 재빠르게 의사를 결정하고 행동하는 편인데, 소대장은 신중하지만 느리게 의사를 결정하는 편이다. 이 때문에 당신의 소대원들이 다른 소대원들보다 불이익을 당하는 경우가 많다. 그래서 당신은 소대장과의 관계 개선을 통해 소대원들이 불이익을 당하는 경우를 없애야 한다고 생각하고 있다.
>
> 이 상황에서 당신은 어떻게 하겠는가?

이 상황에서 당신이 ⓐ 가장 할 것 같은 행동은? (　　　　)

ⓑ 가장 하지 않을 것 같은 행동은? (　　　　)

번호	선택지
①	소대장과 편하게 이야기할 수 있는 다른 소대장들에게 조언을 구한다.
②	소대장과의 면담을 통해 현재의 의사 결정 속도를 빠르게 해 달라고 솔직히 부탁한다.
③	소대장의 관점에서 생각하여 지휘 의도를 최대한 맞춰 보려고 노력한다.
④	내 생각대로 먼저 시행한 후 결과를 최대한 좋게 산출하여 소대장이 내 능력을 알 수 있게끔 보여 준다.
⑤	저녁 식사 기회나 술자리를 마련하여 어려움을 소대장에게 호소하고 관계 개선을 도모한다.
⑥	그냥 현재 상황을 받아들이고 변화를 꾀하지 않는다.
⑦	의사 결정이 내려오기 전까지 움직이지 않고, 소대장의 지시가 내려온 후에만 움직여서 소대장 스스로 문제를 깨달을 수 있도록 한다.

13

당신의 부대에는 당신을 포함해 열 명 정도의 하사가 있으며, 선후배 간의 기강이 철저한 편이다. 어느 날 후배가 당신에게 찾아와 선배인 A중사가 종종 욕설을 하고 인격적으로 무시하는 심한 말을 해서 매우 힘들다고 고민을 털어 놓았다. 그러나 당신의 경험상 선배인 A중사는 당신에게 욕설을 하거나 힘들게 했던 일이 전혀 없었다.

이 상황에서 당신은 어떻게 할 것인가?

이 상황에서 당신이 ⓐ 가장 할 것 같은 행동은? (　　　　　)

ⓑ 가장 하지 않을 것 같은 행동은? (　　　　　)

번호	선택지
①	후배에게 참으라고 이야기하고 힘내라고 격려해 준다.
②	A중사에게 후배가 힘들어한다고 이야기한다.
③	후배에게 A중사가 이유 없이 그럴 사람이 아니라는 것을 인식시키고 후배가 잘못한 것이 없는지 그 이유를 같이 찾아본다.
④	A중사와 후배가 진솔한 이야기를 나눌 수 있는 자리를 마련해 준다.
⑤	후배에게 A중사보다 높은 부사관에게 보고하고 자문을 받도록 충고한다.
⑥	후배에게 A중사에게 되도록 맞추라고 이야기한다.
⑦	A중사가 좋아하는 음식을 같이 먹거나 운동 등을 같이하며 친해지라고 조언한다.

14

당신은 부소대장으로, 이번에 소대원들을 데리고 교육을 하게 되었다. 그런데 평소 교육 시 고참 소대원들이 힘든 훈련을 꺼리고 요령을 피워 훈련에 어려움을 겪고 있었다. 이번에도 마찬가지로 상당수의 소대원이 몸이 아프다고 호소하며, 환자로 대우해 열외시켜 달라고 요구하고 있다.

이 상황에서 당신은 어떻게 할 것인가?

이 상황에서 당신이 ⓐ 가장 할 것 같은 행동은? ( )

ⓑ 가장 하지 않을 것 같은 행동은? ( )

번호	선택지
①	열외 인원에 대해서는 포상 대상에서 제외하거나 얼차려를 부여한다.
②	의무병에게 진료 확인을 하게 하여 진짜 환자를 제외한 후 나머지 인원으로 훈련을 한다.
③	실제 전장이라고 생각하고 자신을 이겨 보라며 용기를 주어 훈련에 임할 수 있도록 한다.
④	거짓말임을 알기 때문에 무시하고 훈련을 강행한다.
⑤	중대장이나 소대장에게 보고 후 조치한다.
⑥	솔선수범하여 모범을 보여서 병사들로 하여금 자발적으로 따르게 한다.
⑦	상급자에게 문의해서 부대 훈련 주기를 느슨하게 조절하도록 요청한다.

15

당신은 부소대장이다. 당신의 상관인 소대장은 다른 소대장들과 비교했을 때, 기술적·전술적 측면 등 여러 면에서 능력이 낮다. 그는 종종 임무 수행과 관계가 없는 지시를 내리며, 임무 수행 시에도 비효율적인 업무 처리 방식을 고집하곤 한다. 그로 인해 부대원들의 불만 사항도 종종 들리곤 한다.

이 상황에서 당신은 어떻게 할 것인가?

이 상황에서 당신이 ⓐ 가장 할 것 같은 행동은? (　　　　)

ⓑ 가장 하지 않을 것 같은 행동은? (　　　　)

번호	선택지
①	일단 지시한 일에 대해서는 수행한 후 나중에 소대장에게 고충을 말하고, 잘못된 점을 이야기해 준다.
②	소대장에게 더 효율적인 업무 처리 방식을 건의하여 받아들이도록 설득한다.
③	소대장과 자리를 마련해서 속마음을 털어놓는다.
④	비효율적인 지시에 대해서 그 자리에서는 일단 수긍하지만 실행하지 않는다.
⑤	중대장이나 상급 간부에게 보고하여 조치한다.
⑥	일단 그 자리에서는 지시에 수긍한 후, 지시와 다르지만 나만의 효율적인 방법으로 업무를 처리한다.
⑦	임무 수행을 하는 것처럼 하며 소대장에게 넌지시 일을 떠넘긴다.

02 | 직무성격검사

직무성격검사 완전정복

육군부사관 시험의 직무성격검사는 수험자가 군 간부로서 보편적인 업무를 수행함에 있어 적합한가를 알기 위해, 다양한 질문을 통하여 성격을 파악하는 검사이다. 직무성격검사는 평가에 따른 배점은 없지만 면접 시 참고가 되는 중요한 검사이다. 다른 평가에서 아무리 좋은 결과를 얻었더라도, 정서적인 측면에서 부적합하다고 판단되면 탈락시킬 정도로 직무성격검사의 중요도가 점점 높아지는 추세이다. 그렇기 때문에 배점이 없다고 하여 무심코 찍거나, 대충 답변할 시에는 부적격 판정으로 육군부사관 시험에 불합격할 수 있다. 처음부터 끝까지 신중하고 성실하게 답변하는 것이 검사에 임하는 올바른 자세이다.

직무성격검사 수검요령

(1) 평소 가지는 생각에 따라 자연스럽게 답하기

직무성격검사의 문항들은 평소 겪을 수 있는 내용들로 이루어져 있다. 짧은 진술문 형태로 구성되어 있는 질문들에 대해 평가라고 생각하지 말고 솔직하고 자연스럽게 답한다.

(2) 수검 전날 지나친 음주 또는 과도한 운동은 피하기

육체적인 피로는 검사에 영향을 미친다. 무의식적으로 현재 몸 상태와 마음 상태가 답변에 반영되기 때문에 당일 최고의 컨디션을 위해서 전날은 충분히 휴식을 취하여 안정된 심신 상태로 검사에 임하는 것이 좋다.

(3) 일관성 있게 답변하기

질문에 답하다 보면 유사한 질문을 많이 보게 된다. 질문에 대해 일관성 있는 태도로 답변해야 결과의 신뢰도가 높아지기 때문에 최대한 답변에 일관성을 유지해야 한다. 다만 일관성 있는 답변에 대해 지나치게 강박을 가질 필요는 없다.

(4) 질문에 대해서 너무 깊게 생각하지 않기

질문을 읽고 질문이 의미하는 바에 대해 너무 깊게 생각하다 보면, 본인이 생각한 답변의 의미에서 다소 벗어날 가능성이 있다. 가벼운 마음으로 질문을 읽고 떠오르는 대로 답변하도록 한다.

(5) 모든 문항에 답변하기

애매한 질문이라도 답을 하지 않으면 안 된다. 모든 문항에 답한다는 생각으로 질문을 건너뛰지 않고 바로 답을 체크하도록 한다. 중간에 질문을 건너뛰면 나중에 건너뛴 부분을 잊고 답안지를 제출하거나 시간이 모자라서 빈칸을 채우지 못하는 상황이 생길 수 있다.

[001~180] 다음 질문을 읽고 본인이 해당되는 것을 고르시오.

번호	내용	전혀 그렇지 않다	그렇지 않다	보통이다	그렇다	매우 그렇다
001	혼자 일하는 것이 편하다.	①	②	③	④	⑤
002	자기주장이 강하다.	①	②	③	④	⑤
003	다른 사람과 어울리기 힘들다.	①	②	③	④	⑤
004	다른 사람과 어울릴 필요가 없다고 생각한다.	①	②	③	④	⑤
005	다른 사람이 잘못된 행동을 하면 기분이 나쁘다.	①	②	③	④	⑤
006	혼자 결정하는 것을 두려워한다.	①	②	③	④	⑤
007	내가 판단해서 맞은 적이 없다고 생각한다.	①	②	③	④	⑤
008	모든 일은 내가 판단하는 게 맞다고 생각한다.	①	②	③	④	⑤
009	규율을 철저히 지켜야 한다.	①	②	③	④	⑤
010	나의 주변은 항상 정돈되어 있다.	①	②	③	④	⑤
011	주변이 깨끗하면 마음이 불편하다.	①	②	③	④	⑤
012	생각이 많다.	①	②	③	④	⑤
013	불안감에 잠을 못 이룬다.	①	②	③	④	⑤
014	나만의 시간이 반드시 필요하다.	①	②	③	④	⑤
015	계획적인 것을 좋아한다.	①	②	③	④	⑤
016	계획대로 안 되면 화가 난다.	①	②	③	④	⑤
017	기존의 틀을 바꾸는 것을 좋아한다.	①	②	③	④	⑤
018	새로운 사항을 빠르게 받아들인다.	①	②	③	④	⑤
019	기존에 있는 틀을 바꾸는 것을 두려워한다.	①	②	③	④	⑤
020	모임에서 주도적으로 행동하는 편이다.	①	②	③	④	⑤
021	모임에서 '나'라는 사람이 부각되지 않았으면 한다.	①	②	③	④	⑤
022	일이 생겼을 때 정확히 판단하고 행동한다.	①	②	③	④	⑤
023	일이 생겼을 때 판단하고 행동하는 것이 힘들다.	①	②	③	④	⑤
024	모임과 같은 조직 생활이 즐겁다.	①	②	③	④	⑤
025	모임과 같은 조직 생활은 불필요한 일이라고 생각한다.	①	②	③	④	⑤
026	모임에서 다양한 일을 해 보고 싶다.	①	②	③	④	⑤
027	책임감 있는 일을 하는 것을 즐긴다.	①	②	③	④	⑤
028	책임지는 일을 하고 싶지 않다.	①	②	③	④	⑤
029	다른 사람의 말을 잘 들어 준다.	①	②	③	④	⑤

030	다른 사람의 말을 듣고 싶지 않다.	①	②	③	④	⑤
031	나와 의견이 다른 사람과 이야기하고 싶다.	①	②	③	④	⑤
032	나와 의견이 다른 사람과는 말도 섞기 싫다.	①	②	③	④	⑤
033	다수의 의견을 절대적으로 존중한다.	①	②	③	④	⑤
034	나의 의견은 소수의 의견에 속하는 경우가 많다.	①	②	③	④	⑤
035	모임에 관련된 일을 최우선으로 처리한다.	①	②	③	④	⑤
036	할 일은 미루지 않고 그때그때 처리하는 편이다.	①	②	③	④	⑤
037	예시가 없으면 일을 하기 힘들다.	①	②	③	④	⑤
038	모임에서 나의 의견을 내는 것이 두렵지 않다.	①	②	③	④	⑤
039	나의 의견을 누가 무시할까 봐 두렵다.	①	②	③	④	⑤
040	친한 사람이 있어야만 모임에 참여한다.	①	②	③	④	⑤
041	나와 친한 사람이 다른 사람과 친해지는 것이 싫다.	①	②	③	④	⑤
042	나는 감정 기복이 심하다.	①	②	③	④	⑤
043	나는 우유부단하다.	①	②	③	④	⑤
044	다른 사람이 나를 어떻게 보는지 항상 신경 쓴다.	①	②	③	④	⑤
045	나는 종종 자기 자랑을 한다.	①	②	③	④	⑤
046	내가 힘들게 한 일을 다른 사람이 알아줬으면 한다.	①	②	③	④	⑤
047	내가 속한 모임, 분야에서 언젠가는 최고가 되고 싶다.	①	②	③	④	⑤
048	남에게 칭찬받는 것이 당연하다고 생각한다.	①	②	③	④	⑤
049	남에게 칭찬하는 것에 인색하다.	①	②	③	④	⑤
050	착한 사람이라는 말을 자주 듣는다.	①	②	③	④	⑤
051	사적인 일로 공적인 일을 그르쳐 본 적이 없다.	①	②	③	④	⑤
052	나와 생각이 다른 사람과 어울리고 싶다.	①	②	③	④	⑤
053	어떤 일에 대해 나만의 확고한 생각이 있다.	①	②	③	④	⑤
054	명확하게 일을 처리한다.	①	②	③	④	⑤
055	나는 융통성이 없다.	①	②	③	④	⑤
056	다른 사람 험담을 하지 않는다.	①	②	③	④	⑤
057	누군가가 험담하는 것을 듣고 싶지 않다.	①	②	③	④	⑤
058	친구가 다른 사람 험담을 하면 동조해 주는 편이다.	①	②	③	④	⑤
059	모임에서 직책을 맡고 싶다.	①	②	③	④	⑤
060	다른 사람의 의견을 듣고 정리하는 것을 좋아한다.	①	②	③	④	⑤
061	내가 하지 않아도 되는 일도 나서서 한다.	①	②	③	④	⑤
062	일이 많으면 힘들지만 그것을 즐긴다.	①	②	③	④	⑤

063	어떤 일이든 즐겁게 할 수 있다.	①	②	③	④	⑤
064	나는 낙천적이다.	①	②	③	④	⑤
065	나는 다른 사람의 단점보다는 장점을 찾으려고 노력한다.	①	②	③	④	⑤
066	다른 사람을 보고 내가 우월하다고 생각할 때가 있다.	①	②	③	④	⑤
067	어떤 것에 대해 아는 척할 때가 있다.	①	②	③	④	⑤
068	내가 한 것이 틀렸어도 더 당당하게 소리친다.	①	②	③	④	⑤
069	일정을 무리하게 잡다가 시킨 일을 마무리하지 못한 적이 있다.	①	②	③	④	⑤
070	무슨 일이든 메모하는 습관이 있다.	①	②	③	④	⑤
071	아는 사람과 만나는 것이 처음 보는 사람과의 만남보다 불편할 때가 있다.	①	②	③	④	⑤
072	보수를 받는 일을 했을 때 나에게 손해가 나는 것을 참을 수 없다.	①	②	③	④	⑤
073	내가 손해를 보더라도 해야 할 일은 마친다.	①	②	③	④	⑤
074	손해가 나는 일이면 하지 않는다.	①	②	③	④	⑤
075	일을 완벽히 끝내지 않으면 화가 난다.	①	②	③	④	⑤
076	일을 완벽하게 하려다가 제때 끝내지 못한 적이 있다.	①	②	③	④	⑤
077	일을 완벽히 마무리하려고 노력한다.	①	②	③	④	⑤
078	누군가로부터 나의 일에 대해 지적을 받으면 기분이 상한다.	①	②	③	④	⑤
079	누군가 내가 하고 있는 일을 지적하면 그 일을 하기가 싫어진다.	①	②	③	④	⑤
080	일을 할 때 항상 옆에 봐주는 사람이 있어야 한다.	①	②	③	④	⑤
081	모든 일을 불평 없이 잘한다는 말을 가끔 듣는다.	①	②	③	④	⑤
082	시간이 빌 때 무엇을 해야 할지 모르겠다.	①	②	③	④	⑤
083	취미 생활이 없다.	①	②	③	④	⑤
084	주변에서 나의 능력을 과소평가한다.	①	②	③	④	⑤
085	나는 다른 사람보다 능력이 떨어지는 것 같다.	①	②	③	④	⑤
086	알고 있는 것들을 잘 활용하지 못한다는 소리를 가끔 듣는다.	①	②	③	④	⑤
087	같은 실수를 반복한다.	①	②	③	④	⑤
088	한번 시작한 일은 끝까지 한다.	①	②	③	④	⑤
089	눈치가 빠르다.	①	②	③	④	⑤
090	말보다 행동이 중요하다고 생각한다.	①	②	③	④	⑤
091	다른 사람으로부터 영향을 쉽게 받는 편이다.	①	②	③	④	⑤

092	한번 아니다 싶은 것은 죽어도 아니다.	①	②	③	④	⑤
093	혼자보다 여럿이 일하는 것이 편하다.	①	②	③	④	⑤
094	일을 할 때 기존 방식에 따라 일을 마친 후 문제점을 제기하고 대안을 찾는다.	①	②	③	④	⑤
095	일을 할 때 문제점이 보이면 나에게 맞게 바꿔서 문제를 해결하고 통보한다.	①	②	③	④	⑤
096	약속이나 해야 할 일을 가끔 까먹는다.	①	②	③	④	⑤
097	혼자보다 여럿이 일했을 때 성과가 더 좋았다.	①	②	③	④	⑤
098	나의 의견만이 맞는 답이다.	①	②	③	④	⑤
099	뜻대로 되지 않으면 쉽게 좌절한다.	①	②	③	④	⑤
100	나는 '적당히'를 모른다.	①	②	③	④	⑤
101	하기 싫은 일은 뒤로 미뤄 두는 편이다.	①	②	③	④	⑤
102	내가 일에 대해 설명을 하면 다들 잘 알아듣는다.	①	②	③	④	⑤
103	계획해서 진행하는 일보다 즉흥적으로 처리하는 것이 더 많다.	①	②	③	④	⑤
104	모임에서 사람들이 나를 믿고 잘 따른다.	①	②	③	④	⑤
105	무엇을 해도 인정을 잘 받는 편이다.	①	②	③	④	⑤
106	모임에서 하는 행사에 빠지지 않고 참여한다.	①	②	③	④	⑤
107	변동이 많은 상황에서 당황하지 않고 일을 해결할 수 있다.	①	②	③	④	⑤
108	묻는 말에 대해 생각하고 답한다.	①	②	③	④	⑤
109	모임에서 의사 결정 시 상황과 변수를 모두 고려하여 결정을 한다.	①	②	③	④	⑤
110	모임에서 개인의 편의를 위해 규칙, 규율을 바꾸지 않는다.	①	②	③	④	⑤
111	주변 사람들에게 가끔 냉정하다는 소리를 듣는다.	①	②	③	④	⑤
112	모임에서 문제가 생길 때 나를 찾아와 도움을 구한다.	①	②	③	④	⑤
113	다른 사람과 협동하여 하는 일을 잘 하는 편이다.	①	②	③	④	⑤
114	손해가 나는 일이면 하지 않는다.	①	②	③	④	⑤
115	열심히 일을 하다가도 갑자기 그 일을 하기 싫어질 때가 있다.	①	②	③	④	⑤
116	다른 사람이 잘못된 행동을 하면 바로 지적해 준다.	①	②	③	④	⑤
117	잘못된 지시라도 우선 그 일을 이행한다.	①	②	③	④	⑤
118	한번 결정한 것은 잘 바꾸지 않는다.	①	②	③	④	⑤
119	일에 대한 아이디어가 많다.	①	②	③	④	⑤
120	일하는 것에 있어 나이는 중요하지 않다고 생각한다.	①	②	③	④	⑤

121	공과 사의 구분을 명확히 한다.	①	②	③	④	⑤
122	어떠한 것에 대해 크게 실망하지 않는다.	①	②	③	④	⑤
123	발표할 때 떨지 않는다.	①	②	③	④	⑤
124	새로운 일에 대한 두려움이 없다.	①	②	③	④	⑤
125	사람을 끌어당기는 힘이 있다는 말을 가끔 듣는다.	①	②	③	④	⑤
126	잘나가는 사람들과 어울리고 일하고 싶다.	①	②	③	④	⑤
127	친절하다, 착하다는 말을 자주 듣는다.	①	②	③	④	⑤
128	논리보다 감정을 중시하는 경우가 많다.	①	②	③	④	⑤
129	일에 대해 변명하지 않는다.	①	②	③	④	⑤
130	일이 생겼을 때 판단하고 행동하는 것이 힘들다.	①	②	③	④	⑤
131	능력이 흥미보다 중요하다.	①	②	③	④	⑤
132	흥미가 있는 일이라도 상황이 되지 않으면 포기한다.	①	②	③	④	⑤
133	시켜서 하는 일이라도 마음에 들 때까지 하는 편이다.	①	②	③	④	⑤
134	할 일은 미루지 않고 그때그때 처리하는 편이다.	①	②	③	④	⑤
135	모임을 위해 나를 희생할 준비가 되어 있다.	①	②	③	④	⑤
136	자기주장만을 강요하는 사람을 보면 어떻게 해야 할지 모르겠다.	①	②	③	④	⑤
137	일을 하다가 다른 지시가 떨어지면 새로운 지시부터 처리한다.	①	②	③	④	⑤
138	일을 하기 전 준비 과정이 반드시 필요하다.	①	②	③	④	⑤
139	나는 수동적이다.	①	②	③	④	⑤
140	나는 임기응변에 능하다.	①	②	③	④	⑤
141	좋은 아이디어라도 여러 번 검토한 후에 시행한다.	①	②	③	④	⑤
142	남들이 꺼려하는 일도 나서서 하는 편이다.	①	②	③	④	⑤
143	다수가 못하는 일을 하고 싶다.	①	②	③	④	⑤
144	다른 사람에게 나를 소개하는 것을 좋아한다.	①	②	③	④	⑤
145	남을 위해 일하고 싶다.	①	②	③	④	⑤
146	모든 일에 만족하는 법이 없다.	①	②	③	④	⑤
147	목소리가 큰 편이다.	①	②	③	④	⑤
148	복잡한 일을 풀어 가는 것을 즐긴다.	①	②	③	④	⑤
149	권력을 손에 넣고 싶다.	①	②	③	④	⑤
150	참을성이 강하다는 말을 가끔 듣는다.	①	②	③	④	⑤
151	나는 열정적인 사람이다.	①	②	③	④	⑤
152	나는 감정을 잘 숨기는 사람이다.	①	②	③	④	⑤

153	일에 대한 자부심이 강하다.	①	②	③	④	⑤
154	내가 다른 사람보다 일을 못한다는 이야기를 들으면 화를 참을 수 없다.	①	②	③	④	⑤
155	규칙적인 생활을 한다.	①	②	③	④	⑤
156	단체를 믿지 않는다.	①	②	③	④	⑤
157	남보다 나를 먼저 생각한다.	①	②	③	④	⑤
158	남에게 너무 의존한다는 말을 들어 본 적이 있다.	①	②	③	④	⑤
159	지나치게 현실적이라는 말을 가끔 듣는다.	①	②	③	④	⑤
160	상처를 쉽게 받는다.	①	②	③	④	⑤
161	나도 모르게 충동구매를 하는 경우가 많다.	①	②	③	④	⑤
162	부탁을 잘 거절하지 못한다.	①	②	③	④	⑤
163	선의의 거짓말은 자기변명일 뿐이라고 생각한다.	①	②	③	④	⑤
164	일을 할 때 안정감을 중시한다.	①	②	③	④	⑤
165	다른 사람을 미워해 본 적이 없다.	①	②	③	④	⑤
166	결과가 예상되지 않으면 일을 시작하지 않는다.	①	②	③	④	⑤
167	소문은 소문일 뿐이라고 생각한다.	①	②	③	④	⑤
168	산만하다는 소리를 자주 듣는다.	①	②	③	④	⑤
169	지금까지도 생각나는 일이 있다.	①	②	③	④	⑤
170	남에게 피해가 가는 일은 되도록 하지 않으려고 노력한다.	①	②	③	④	⑤
171	때로는 과정보다는 결과가 중요하다.	①	②	③	④	⑤
172	나는 주위의 모든 것들이 가끔 귀찮다고 여겨질 때가 있다.	①	②	③	④	⑤
173	일에 대한 권리는 존중되어야 한다.	①	②	③	④	⑤
174	해야 할 일이 분명하지 않으면 하기 싫다.	①	②	③	④	⑤
175	능력을 활용할 수 있는 일을 하고 싶다.	①	②	③	④	⑤
176	아무리 하고 싶은 일이라도 전망이 없으면 시작하지 않는다.	①	②	③	④	⑤
177	나는 주위에 다양한 분야에서 일하는 사람들이 많다.	①	②	③	④	⑤
178	나는 위기 대처 능력이 좋은 편이다.	①	②	③	④	⑤
179	미래에 대한 구체적인 계획이 있다.	①	②	③	④	⑤
180	실패가 있는 성공은 성공이라고 할 수 없다고 생각한다.	①	②	③	④	⑤

ENERGY

인생은 자전거를 타는 것과 같습니다.
균형을 잡으려면 계속해서 움직여야만 합니다.

– 알버트 아인슈타인(Albert Einstein)

3 교시

인성검사

01 | 인성검사

인성검사 **완전정복**

미네소타 다면적 인성검사(MMPI: Minnesota Multiphasic Personality Inventory)는 개인의 성격, 정서, 적응 수준 등을 다차원적으로 평가하기 위해 개발된 자기 보고형 성향 검사이다. 육군은 직무성격검사 외에 다면적 인성검사를 추가적으로 실시함으로써 정신 건강 상태를 보다 신뢰성 있고 효율적으로 진단·평가하여 부사관 선발 시 반영하고 있으며, 검사 결과에 대해 면접 시 추가 자료로 활용하여 심리적으로 문제가 있다고 판단되면 최종 선발에 제한을 두고 있다. 그렇기 때문에 올바른 수검 자세와 태도로 진지하게 응해야 한다.

실제 육군부사관 시험에는 인성검사가 338문항이 출제된다. 본서에서는 수험생들이 유형을 파악하며 실전과 같이 연습할 수 있도록 567문항을 모두 수록하였다. 연습이 되지 않은 상태에서 수많은 문항을 쉬지 않고 풀면 집중력이 흐트러져 인성검사에 성실하게 응하지 못할 수 있으므로, 반드시 실전과 같은 상황에서 연습해 보도록 한다.

인성검사 **특징**

MMPI는 본래 정신건강의학과 치료를 받는 환자들을 진단·평가할 목적으로 미국에서 개발되었다. 오늘날에는 진단·평가뿐만 아니라 일반인들의 성격 특성, 정서적인 적응 수준 등을 측정할 목적으로 사용되고 있으며, 더 나아가 심리 상담, 인사 선발, 법적 자문 등 여러 분야에서 사용되고 있다.

1943년에 최초로 제작된 원판 MMPI가 40여 년간 사용되어 오다가 시대적 변화와 흐름에 맞게 개정되어 1989년부터는 총 567문항으로 이루어진 MMPI-2를 사용하였으나, 최근 육군부사관 인성검사가 '567문항/70분'에서 '338문항/50분'으로 변경되었다. 따라서 변경된 기준에 맞춰 연습해 보도록 한다.

인성검사를 통해서 수검자의 전반적인 적응 수준, 현재 증상, 정서 및 행동, 주요 욕구, 환경 및 대인 지각, 자기 개념, 감정 조절, 대처 및 방어 기제, 대인 관계, 심리적 강점 및 약점 등을 해석한다. 또한 무응답, 반응 누락, 이중 표기 등도 결과에 반영되므로 무성의한 답변은 피해야 한다.

인성검사 **척도**

구분	척도명	약자	척도 번호
타당도 척도	무응답	?	–
	비전형	F	–
	부인	L	–
	교정	K	–
기본 임상 척도	건강 염려증	Hs	1
	우울증	D	2
	히스테리	Hy	3
	반사회성	Pd	4
	남성성–여성성	Mf	5
	편집증	Pa	6
	강박증	Pt	7
	조현증(정신분열증)	Sc	8
	경조증	Ma	9
	내향성	Si	0

인성검사 **연습하기**

[001~567] 다음 질문을 읽고 본인이 해당되는 것을 고르시오.

번호	문항	그렇다	아니다
001	나는 늘 이기고 싶다.		
002	내가 아는 사람이라도 다 좋아하지 않는다.		
003	내 영혼은 가끔 육신을 떠난다.		
004	누군가 내 것을 빼앗으려고 한다.		
005	최근 화가 많이 난다.		
006	나의 죄는 용서받을 수 없을 것 같다.		
007	사람들은 남의 일에 별 관심이 없다.		
008	법은 엄격히 집행되어야 한다고 생각한다.		
009	내가 하는 일은 대부분 성공할 것으로 본다.		
010	우리 아버지는 좋은 분이셨다.		
011	나의 성생활이 만족스럽다.		
012	사람들에게 진실을 납득시키려면 토론을 많이 해야 한다.		
013	나는 가끔 쓸모없는 사람이라고 느낄 때가 있다.		
014	가끔 어린아이로 돌아갔으면 한다.		
015	나도 모르게 걱정하고 있을 때가 많다.		
016	식욕이 없다.		
017	머리가 자주 아프다.		
018	종종 통증을 느낄 때가 있다.		
019	우울할 때가 많다.		
020	일에 대한 능률이 오르지 않으면 죄책감을 느낀다.		
021	무슨 일이든 시작하기 힘들다.		
022	항상 기운이 없고 몸이 나른하다.		
023	인생은 살 만한 가치가 있다고 생각한다.		
024	한 가지 일에 집중하기 어렵다.		
025	안절부절못하며 한 자리에 오래 앉아 있지 못할 때가 있다.		
026	나는 옳지 않은 일을 하는 사람과도 친하게 지낼 수 있다.		
027	무슨 일을 하려고 하면 손이 떨릴 때가 많다.		
028	처음 만난 사람과 이야기하기 힘들다.		
029	내가 왜 그렇게 화내고 토라졌는지 나 스스로도 알 수 없는 때가 많다.		
030	지금 가장 힘든 것은 나 자신과의 싸움이다.		

031	법적 문제를 일으키는 경우는 전혀 없다.		
032	수줍음을 타지 않았으면 좋겠다.		
033	때때로 집을 몹시 떠나고 싶을 때가 있다.		
034	아무도 나를 이해하지 못하는 것 같다.		
035	남들보다 더 민감한 것 같다.		
036	성에 관한 생각에 시달리지 않았으면 좋겠다.		
037	내가 옳다고 믿는 것은 지켜야 할 필요성이 있다.		
038	누군가 나를 향해 음모를 꾸미고 있는 것 같다.		
039	실내에 있으면 불안하다.		
040	분명 남들이 내 말을 하고 있을 것이다.		
041	산다는 것은 나에게는 긴장의 연속이다.		
042	건강에 대해서 걱정하는 일이 별로 없다.		
043	나는 이용하기 쉬운 사람을 이용하는 것은 비난하지 않는다.		
044	학교 다닐 때 나는 문제아 중 한 명이었다.		
045	때로는 아주 쉽게 결정을 내릴 수 있을 것 같은 기분이 든다.		
046	사람들은 종종 나를 실망시킨다.		
047	비난받거나 꾸지람을 들으면 몹시 속상하다.		
048	나는 이상하고 기이한 생각을 가지고 있다.		
049	내가 무엇을 했는지 기억하지 못하는 경우도 있다.		
050	가족 중 누가 범법 행위를 하더라도 별로 신경 쓰지 않을 것 같다.		
051	내가 꼭 나쁜 짓을 할 것만 같다.		
052	친한 친구가 실패하더라도 나와는 상관없다.		
053	집안 사람들과 말다툼하는 일이 거의 없다.		
054	나는 모두가 규칙을 지켜야 하는 단체 생활을 견디기 힘들다.		
055	나를 아는 대부분의 사람들이 나를 좋아한다.		
056	최근 이유 없이 지칠 때가 있다.		
057	직업은 단지 먹고살기 위한 수단일 뿐이다.		
058	가정이나 학교에서 혼나 본 적이 없다.		
059	나는 어떤 상황이든 빨리 적응한다.		
060	오늘 해야 할 일을 다음 날로 미룰 때가 있다.		
061	한 가지 일에 집중을 못한다.		
062	내가 무능하다고 느낄 때가 많다.		
063	나는 계급 체계가 부담스럽고 적응하기 힘들다.		
064	나는 겁이 많다.		

065	나는 주위 사람들과 잘 지낼 자신이 있다.		
066	죽고 싶다는 생각을 많이 한다.		
067	나는 훌륭한 사람이 되길 희망한다.		
068	주위 사람들은 나같은 성격을 좋아하지 않는다.		
069	문장을 읽어도 잘 이해되지 않는다.		
070	나는 망설이다가 손해를 보는 경우가 많다.		
071	학교 가는 것을 좋아했다.		
072	나는 단체 의견이라도 타협하기가 싫다.		
073	나는 눈치가 빠르다.		
074	나는 다른 사람에게 인정받고 싶다.		
075	요즘 버틸 힘이 없다.		
076	또래의 모임에 끼어들기 어렵다.		
077	최근 눈물이 많아졌다.		
078	단체 생활에서는 다른 사람과 경쟁하기보다 협동이 중요하다고 생각한다.		
079	나는 누군가에겐 필요한 존재이다.		
080	나는 거의 모든 사람들을 두려워한다.		
081	나는 이유 없이 짜증을 낸다.		
082	외로움을 자주 느낀다.		
083	내 말의 의도를 상대방이 이해하지 못할 때가 많다.		
084	벌려 놓은 일이 너무 많아 감당하기 힘들다.		
085	나의 이익을 위해서라면 다른 사람을 속일 수 있다.		
086	나의 머리는 항상 생각으로 가득 차 있다.		
087	나만큼 사회생활을 잘 하는 사람도 없다.		
088	모르는 사이에 몸에 상처가 나 있는 경우가 많다.		
089	쉬지 않고 계속 일해야 뒤쳐지지 않는다고 생각한다.		
090	최근 악몽에 시달린 적이 있다.		
091	과거의 안 좋은 기억이 최근까지도 나를 괴롭히고 있다.		
092	가끔 내 안에 다른 인물들이 사는 것 같다.		
093	최근 친한 사람과 안 좋은 일이 있었다.		
094	가족과 심하게 싸운 적이 있다.		
095	화가 나더라도 분출하지 못한다.		
096	주위 사람들로부터 스트레스를 많이 받는다.		
097	마음이 여리다.		
098	사람들과 깊은 관계를 거의 갖지 못한다.		

099	여행을 가면 충분히 즐기고 온다.		
100	집안 사정이 갑자기 안 좋아졌다.		
101	사무적인 일보다는 활동적인 일을 더 좋아한다.		
102	주위에서 일어나는 일에 관심이 많다.		
103	단체 생활의 경험이 많다.		
104	멈춰야 할 때를 안다.		
105	무언가를 하고 있지 않으면 불안하다.		
106	너무 솔직해서 남에게 지적을 받은 적이 있다.		
107	충동구매를 자주 한다.		
108	자기주장이 뚜렷한 사람이 좋다.		
109	실수를 했을 때 오래도록 기억에 남아 괴롭다.		
110	나는 낙천적이다.		
111	나는 의지가 약하다는 소리를 자주 듣는다.		
112	나는 임기응변에 능하다.		
113	주어진 일만 하는 편이다.		
114	나는 자유로운 편이다.		
115	계획에 없는 일은 하지 않는다.		
116	대가가 없는 일은 부당한 일이라고 생각한다.		
117	어떠한 일이 생기더라도 판단하고 해결하는 데 능하다.		
118	실패하더라도 도전한다.		
119	약속을 어기지 않는다.		
120	나는 보수적인 편이다.		
121	모임에서 주로 직책을 맡는 편이다.		
122	감정이 없다는 말을 자주 듣는다.		
123	물건을 사려고 하면 망설이게 된다.		
124	주변 사람들이 나에 대해 어떻게 생각할지 지레짐작하고 걱정한다.		
125	예의가 없다는 말을 들어 본 적이 있다.		
126	모든 관계는 소중하다고 생각한다.		
127	사적인 일과 공적인 일을 철저히 나눌 수 있다.		
128	문제가 있는 사람에게 이야기하지 못하고 다른 사람에게 말한다.		
129	허세가 있다는 말을 가끔 듣는다.		
130	문제의 원인을 잘 파악한다.		
131	사람들을 관찰하는 것을 좋아한다.		
132	가끔 소리를 지르고 싶을 때가 있다.		

133	나는 감정 조절이 힘들다.		
134	나는 여유롭지 못하다.		
135	생각이 많아 잠을 못 이룬다.		
136	감정을 숨기지 못한다.		
137	시간이 생기면 무언가를 하기보다 생각에 잠기는 편이다.		
138	모임, 단체 활동을 남들만큼 잘할 자신이 없다.		
139	사랑받지 못할까 봐 언제나 불안하다.		
140	작은 소리에도 민감하게 반응한다.		
141	여럿이 있을 때보다 혼자 있을 때 더 즐겁다.		
142	사람들과 함께 있고 싶어서 모임에 가입한다.		
143	나는 욕구를 참지 못할 때가 있다.		
144	내가 옳다고 생각하는 것은 지켜야 한다고 생각한다.		
145	여러 사람과 있는 것보다는 한두 사람과 있을 때 즐겁다.		
146	모두가 즐거운데 나만 즐겁지 않을 때가 있다.		
147	나는 행동하는 게 남들보다 조금 느리다.		
148	내가 무엇을 했는지 모를 때가 많다.		
149	나는 남이 하는 일에 관심이 없다.		
150	여럿이 있으면 무슨 이야기를 해야 할지 모르겠다.		
151	주위 사람들은 내가 사고를 칠까 봐 걱정한다.		
152	나는 무미건조한 삶을 살고 있다.		
153	나는 어떠한 일이든지 모범적으로 마칠 자신이 있다.		
154	혼잣말을 할 때가 많다.		
155	가출해 본 적이 있다.		
156	내가 선택한 것임에도 후회한 적이 많다.		
157	잘난 체하는 사람을 보고 뒷말을 한 적이 있다.		
158	자신감이 없다.		
159	내 주위에 사람이 많으면 피곤하다.		
160	최근 들어 집이 싫어질 때가 많다.		
161	나는 활동적이다.		
162	최근 들어 좌절감을 느낄 때가 많다.		
163	친한 사람이 내게 고민을 털어놓으면 짜증난다.		
164	미래를 생각하면 답답하다.		
165	나를 이해해 주는 사람이 없다.		
166	나는 의욕이 있는 사람이다.		

167	나는 사회에서 내가 부각되지 않기를 원했다.		
168	최근 눈물이 많아졌다.		
169	과거 일어났던 싸움의 주된 원인은 나에게 있었다.		
170	과거 기억들 중 대부분은 생각하기 싫다.		
171	나는 상사가 되면 지도를 잘할 수 있다.		
172	자살을 구체적으로 계획해 본 적 있다.		
173	나를 사랑하는 사람이 없어도 상관없다.		
174	내가 다른 사람을 도와주면 손해는 내가 본다.		
175	다른 사람에게 말을 해야 할 때 불안해진다.		
176	어떠한 것이든 부정적인 생각이 먼저 든다.		
177	남들보다 걱정거리가 많다.		
178	세상 돌아가는 일에 관심이 없다.		
179	부당한 일을 당하면 반드시 보복한다.		
180	다들 나를 쳐다보는 것 같아서 두렵다.		
181	나는 스트레스를 잘 받는 성격이다.		
182	가끔 주체할 수 없을 정도로 화가 난다.		
183	지하철에서 자리를 잘 양보한다.		
184	일이 주어지면 밤을 새서라도 마무리한다.		
185	자존심이 센 편이다.		
186	사람을 대할 때 편견 없이 대하려고 노력한다.		
187	가끔 두통이 심할 때가 있다.		
188	주로 모임에서 리더가 된다.		
189	거짓말을 해 본 적이 전혀 없다.		
190	자주 입맛이 없다.		
191	소설 속 주인공이 되어 보고 싶다.		
192	남을 기다리는 것에 익숙하다.		
193	언제나 평온함을 잃지 않는다.		
194	사람들을 재미있게 해 주는 것을 좋아한다.		
195	마음 먹으면 세상에 못할 일은 없다.		
196	가끔 모든 것에 싫증이 날 때가 있다.		
197	책임감이 강한 편이다.		
198	가능성이 낮더라도 도전하는 편이다.		
199	사람이 많은 곳을 좋아한다.		
200	약속 시간에 늦은 적이 한 번도 없다.		

201	이성보다는 감성이 중요하다고 생각한다.		
202	사소한 걱정에 밤을 지새우곤 한다.		
203	혼자보다는 사람들과 함께 일하는 것이 좋다.		
204	세상에는 나쁜 일보다 좋은 일이 많다고 생각한다.		
205	일단 하겠다고 마음 먹으면, 무조건 한다.		
206	누구에게나 대화를 걸 수 있다.		
207	단순하다는 말을 자주 듣는다.		
208	매사에 공격적인 편이다.		
209	공감을 잘 하는 성격이다.		
210	남보다는 내가 중요하다.		
211	조용한 분위기는 견디기 힘들다.		
212	나는 부정적으로 생각하는 편이다.		
213	누군가에게 지적받는 것은 참기 힘들다.		
214	당사자가 없는 곳에서 그를 험담한 적이 있다.		
215	다양한 사람을 만나는 것을 좋아한다.		
216	내가 시작한 일은 남에게 맡기기 불안하다.		
217	나는 순발력이 좋은 편이다.		
218	남들이 하는 것은 나도 꼭 해야 한다.		
219	분석적이라는 말을 자주 듣는다.		
220	나는 낯선 곳에서도 잘 잔다.		
221	언제나 최악의 상황을 생각한다.		
222	기분에 따라 즉흥적으로 행동한다.		
223	나는 혼자 일하는 것이 좋다.		
224	규칙적으로 생활한다.		
225	상대가 누구든 내 주장을 하는 편이다.		
226	기회는 능력과 상관없이 모두에게 주어져야 한다.		
227	낙천적이라는 말을 자주 듣는다.		
228	나는 욕심이 많다.		
229	내색하지 않지만 마음이 상할 때가 종종 있다.		
230	속마음을 잘 내비치지 않는 편이다.		
231	스스로를 다른 사람보다 뛰어나다고 생각한다.		
232	신중히 생각하고 행동한다.		
233	가만히 있는 것보다는 움직이는 것을 좋아한다.		
234	모르는 사람과 대화하는 일은 피곤하다.		

235	나는 똑똑한 편이라고 생각한다.		
236	일을 실행하기 전, 다양하게 생각해 본다.		
237	인간관계가 넓은 편이다.		
238	항상 약속 시간보다 늦게 도착한다.		
239	오래된 취미 생활이 있다.		
240	어떤 일을 하든 깊이 고민한다.		
241	모르는 사람과 대화하는 것은 어렵다.		
242	내가 이유 없이 벌 받을 때가 있는 것 같다.		
243	법에 위반되는 일은 한 번도 하지 않았다.		
244	낯가림이 심한 편이다.		
245	어렵더라도 중요한 일을 맡는 것이 좋다.		
246	나는 스스로를 불행하다고 생각한다.		
247	지나치게 계획적인 여행은 재미가 없다.		
248	파티 분위기를 좋아한다.		
249	일에 대한 욕심이 많다.		
250	새로운 일에 대한 도전을 즐기는 편이다.		
251	사람들의 시선이 두려울 때가 있다.		
252	감정에 치우쳐 일을 그르친 적이 있다.		
253	한번 시작하면 끝을 보고야 만다.		
254	작은 일이라도 계획을 세워서 진행한다.		
255	가끔 아주 나쁜 꿈을 꾼다.		
256	시원시원한 성격이라는 말을 자주 듣는다.		
257	선물을 받는 것보다 주는 것이 편하다.		
258	성격이 활발하다는 말을 자주 듣는다.		
259	중요한 일을 맡는 것이 즐겁다.		
260	해야 할 일을 미루지 않는다.		
261	나는 반드시 성공할 것이다.		
262	성격이 급한 편이다.		
263	의견 대립이 있을 때, 조율을 잘 한다.		
264	세상에서 내가 제일 불행한 것 같다.		
265	주변 사람에게 관심이 많다.		
266	맡은 일에는 끝까지 책임지려고 한다.		
267	항상 최고가 되기 위해 노력한다.		
268	쉽게 싫증을 느끼는 편이다.		

269	새로운 사람을 만나는 것은 정말 어려운 일이다.		
270	융통성이 없다는 말을 가끔 듣는다.		
271	격렬하게 운동하는 것이 좋다.		
272	어려운 일은 웬만하면 피하고 싶다.		
273	쉽게 포기하지 않는다.		
274	벼락치기를 하는 경우가 많다.		
275	항상 일찍 일어나고 일찍 잔다.		
276	억울한 일은 참지 못한다.		
277	남에게 피해를 입힌 적이 없다.		
278	생각보다 행동이 앞서는 편이다.		
279	세상에는 행복한 사람보다 불행한 사람이 많다.		
280	이것저것 생각하다 기회를 놓친 적이 많이 있다.		
281	너무 많은 일을 벌여서 수습하지 못하는 경우가 있다.		
282	사고 관련 뉴스를 보면 나에게도 사고가 닥칠 것 같아 불안하다.		
283	여러 사람 앞에서 말하는 것을 즐긴다.		
284	사람이 많으면 기운이 빠진다.		
285	나는 긍정적으로 생각하는 편이다.		
286	벼락치기보다는 꾸준히 하는 것이 적성에 맞다.		
287	남들의 이목을 끌고 싶은 충동이 있다.		
288	반드시 성공하고 싶다.		
289	남의 부탁을 잘 거절하지 못한다.		
290	포기하지 않고 노력하고 있다는 사실이 중요하다.		
291	성공적으로 살아가려면 이상을 가져야 한다.		
292	마음 상하는 일이 있어도 참으려고 노력한다.		
293	모든 사람에게 인정받고 싶다.		
294	가끔 내가 정말 필요한 존재인지 생각한다.		
295	누가 나의 일에 이러쿵저러쿵 말하는 것이 싫다.		
296	업무 외의 일이 주어져도 의욕적으로 할 것이다.		
297	그때그때 상황에 따른 대처가 용이하다.		
298	여행의 묘미는 예상치 못한 곳에서 생긴다.		
299	정이 많고 따뜻하다는 말을 많이 듣는다.		
300	친구의 의견에 따라 나의 견해가 종종 바뀐다.		
301	남에게 지는 것은 자존심 상하는 일이다.		
302	꾸준히 운동을 한다.		

303	학창 시절, 그렇게 눈에 띄는 학생은 아니었다.		
304	내가 나를 생각해도 참 융통성이 없다.		
305	고집이 센 편이다.		
306	쉽게 타협하지 않고 내 방식대로 끝까지 해 본다.		
307	새로운 사람과 관계를 맺고 싶지 않다.		
308	아침에 일찍 일어나는 것은 너무 어려운 일이다.		
309	이기고 싶어서 억지를 부린 적이 있다.		
310	나는 비관적인 편이다.		
311	시작한 일은 무리를 해서라도 끝낸다.		
312	현실성보다는 가능성에 비중을 둔다.		
313	주변에 특이한 사람들이 많다.		
314	자율과 규율 중 자율적으로 움직이고 싶다.		
315	무엇이든 한번 시작하면 끝을 본다.		
316	내 말투나 음성은 언제나 일정한 편이다.		
317	약간의 위법도 해서는 안 된다고 생각한다.		
318	주관이 없다는 말을 가끔 듣는다.		
319	신문의 사회면 기사를 보는 것을 좋아한다.		
320	주위 친구들이 가끔 나를 흉보는 것 같다.		
321	가끔씩 이유 없이 울적할 때가 있다.		
322	주변이 소란스러운 것을 싫어한다.		
323	시끄러운 것이 너무 조용한 것보다 낫다.		
324	가장 힘든 것은 나 자신과의 싸움이다.		
325	잠을 이기는 것은 정말 힘들다.		
326	항상 솔직하기 위해 노력한다.		
327	의견을 내기보다는 따르는 편이다.		
328	다양한 경험을 쌓는 것이 중요하다고 생각한다.		
329	과거에 즐거운 추억이 많다.		
330	가끔 소화가 잘 되지 않는다.		
331	나보다 불행한 사람을 보며 안도하곤 한다.		
332	말을 뱉기 전에 항상 생각한다.		
333	나는 고지식한 편이다.		
334	말이 느린 사람을 보면 답답하다.		
335	매사가 다 귀찮을 때가 있다.		
336	알려지지 않은 새로운 방법으로 일하는 편이다.		

337	공동 업무의 실패는 모두 내 탓이라고 생각한다.		
338	낯선 사람을 만나면 무슨 말을 해야 할지 모르겠다.		
339	약속을 밥 먹듯이 깨는 사람과는 사귀지 않는다.		
340	항상 느긋하게 여행하는 편이다.		
341	내 이름이 널리 알려지면 좋겠다.		
342	늦잠을 자고 늦게 일어나는 편이다.		
343	가끔 주체할 수 없을 정도로 울고 싶을 때가 있다.		
344	의외로 중요한 결정을 쉽게 내리곤 한다.		
345	나의 성과를 알아주었으면 좋겠다.		
346	꾸준히 운동을 하는 편이다.		
347	낙천적인 성격이 좋은 것만은 아니라고 생각한다.		
348	시간대별로 계획을 짜서 일을 진행한다.		
349	나는 겁이 많은 편이다.		
350	힘들어도 잘 내색하지 않는다.		
351	새로운 일을 시작할 때 설렘을 느낀다.		
352	안에서 하는 일보다는 밖에서 하는 일이 좋다.		
353	가끔 나 자신이 멍청하다고 여겨질 때가 있다.		
354	지나치게 신중한 탓에 기회를 놓친 적이 있다.		
355	학창 시절 선생님 말씀을 어겨 본 적이 없다.		
356	항상 정직하기 위해 노력한다.		
357	나는 자주 외롭다.		
358	나는 문화생활을 즐기는 편이다.		
359	울적한 마음에 일이 제대로 되지 않을 때가 있다.		
360	생각이 너무 많아서 밤을 샌 적이 있다.		
361	쉬운 일도 어렵게 생각하는 경향이 있다.		
362	나는 두 가지 이상의 일도 동시에 처리할 수 있다.		
363	창의적이라는 말을 자주 듣는다.		
364	낙천적이라는 말을 자주 듣는다.		
365	항상 자기 계발을 위해 노력한다.		
366	걱정을 사서 하는 성격이다.		
367	감정을 잘 숨기지 못하는 편이다.		
368	남에게 화를 잘 못 낸다.		
369	평소 활동적인 취미를 즐긴다.		
370	외국어를 배우는 것을 좋아한다.		

371	인터넷 등에 떠도는 온갖 말들은 소문일 뿐 별로 궁금할 것이 없다.		
372	잘못이 생기면 그 사정에 대해 이해하는 편이다.		
373	넓은 교제보다 좁은 교제를 한다.		
374	시간만 있다면 집에서 공상을 즐기고 싶다.		
375	언제나 신중히 생각하고 행동한다.		
376	한 번 내린 결정은 바꾸지 않는다.		
377	모두가 싫증을 내는 상황에서도 참고 열심히 하는 편이다.		
378	어떠한 일이든 빨리 시작해야 다른 사람을 이길 수 있다.		
379	독창적이라는 말을 많이 듣는다.		
380	분석하고 조사하는 것에 자신이 있다.		
381	남을 기다리기보다는 기다리게 하는 편이다.		
382	여름보다는 겨울이 좋다.		
383	한 달에 한두 번 설사를 한다.		
384	나만 행복하다면 다른 사람의 의견은 중요하지 않다.		
385	버스보다는 지하철이 좋다.		
386	항상 겉모습에 신경을 쓴다.		
387	공사장 인근을 걷다 보면 위에서 무엇인가 떨어질까 봐 걱정된다.		
388	나는 다혈질이다.		
389	휴가는 세부적인 일정까지 세우고 움직인다.		
390	작은 일에도 쉽게 우울해진다.		
391	바다를 보면 뛰어내리고 싶어진다.		
392	나는 조금 예민한 편이다.		
393	처음 만난 사람과도 이야기가 잘 통한다.		
394	어디에서든 조용히 생활하는 것이 좋다.		
395	항상 긴장한 채로 일을 한다.		
396	아침부터 이유 없이 기분 좋은 날이 있다.		
397	가끔 우울함을 달래기 힘들 때가 있다.		
398	남의 기분이나 감정에 별 관심이 없다.		
399	휴식을 취할 때는 아무도 없는 곳에서 쉬고 싶다.		
400	어떠한 일이든 빨리 시작해야 다른 사람을 이길 수 있다.		
401	어디론가 떠나고 싶은 충동을 자주 느낀다.		
402	가끔 울음이나 웃음을 참지 못할 때가 있다.		
403	지난 일에 대해 후회할 때가 있다.		
404	경쟁하는 것에 익숙하다.		

405	일을 완벽히 마무리했어도 한 번 더 검토해 본다.		
406	스스로를 재치있다고 생각한다.		
407	새로운 일에 대한 도전을 즐기는 편이다.		
408	뉴스를 자주 본다.		
409	나와 생각이 다른 사람의 의견도 귀 기울여 듣는다.		
410	몇몇이 반대를 한다고 하더라도 내 의도대로 행하는 편이다.		
411	건강이 최고라고 생각한다.		
412	나는 집단보다 개인의 이익을 우선시한다.		
413	유명한 명소보다 남들이 잘 모르는 곳에 여행가는 것을 좋아한다.		
414	걱정이 많은 편이다.		
415	갑자기 식은땀이 날 때가 있다.		
416	인생의 즐거움은 예상치 못한 곳에서 온다고 생각한다.		
417	나는 개성적인 편이다.		
418	성격이 급하다는 말을 자주 듣는다.		
419	다른 사람의 감정에 종종 이입되곤 한다.		
420	무언가를 배우는 것을 좋아한다.		
421	정부 부처의 장관이 되고 싶다는 꿈을 가진 적이 있다.		
422	좀 피곤하더라도 동시에 많은 일을 진행할 수 있다.		
423	무계획적인 여행을 즐기는 편이다.		
424	타인의 충고를 듣고 나면 모든 일이 내 탓인 것 같다.		
425	나는 자존감이 높은 편이다.		
426	어떠한 일에 대한 비전을 세우고 시작한다.		
427	책을 자주 읽는다.		
428	무슨 일을 하든 주위로부터 리더라는 말을 듣고 싶다.		
429	운동경기를 할 때면 수비보다는 공격을 한다.		
430	나의 생활에 만족한다.		
431	다른 사람들이 무엇을 하든 관심 없다.		
432	작은 일에도 기분이 쉽게 좋아진다.		
433	내 주장을 잘 굽히지 않는 편이다.		
434	쉽게 포기하지 않는다.		
435	우연히 아는 사람을 만나면 나도 모르게 피하게 된다.		
436	거짓말을 잘 못하는 성격이다.		
437	무슨 일이든 잘할 수 있다는 자신감이 있다.		
438	무엇인가를 생각한다는 것은 즐거운 일이다.		

439	스트레스를 조절하기 힘들다.		
440	새로운 시도를 해 보는 것을 좋아한다.		
441	그저 그런 인생을 살고 싶지는 않다.		
442	나는 개인보다 집단의 이익을 우선시한다.		
443	몸이 좀 힘들 때가 있다.		
444	인생을 살아가는 데 있어 목표는 중요하다.		
445	나는 조심스러운 성격이다.		
446	내가 아는 것을 설명하기를 좋아한다.		
447	낯선 사람과는 대화하기 힘들다.		
448	다른 사람의 이해를 받지 못해도 상관없다.		
449	10년 후의 구체적인 계획이 있다.		
450	가끔 내가 왜 이럴까 자책할 때가 있다.		
451	기분에 따라 즉흥적으로 행동한다.		
452	매사에 긍정적으로 생각하려고 노력한다.		
453	상황이 발생하면 어떻게 대처할지 직감적으로 판단하는 편이다.		
454	새해가 되면 새해 다짐과 목표를 꼭 적는다.		
455	가끔 현실과 동떨어진 생각을 할 때가 있다.		
456	항상 기운이 없다.		
457	여유를 가지고 생활한다.		
458	사람들 앞에 나서서 무엇인가를 한다는 것은 힘든 일이다.		
459	불쌍한 사람을 보면 도와주고 싶다.		
460	어디론가 떠나고 싶은 충동을 자주 느낀다.		
461	처음 사람들을 만나면 나도 모르게 긴장하게 된다.		
462	방 안에 혼자 있을 때 가장 편안함을 느낀다.		
463	정리되지 않은 것은 견딜 수 없다.		
464	하고 싶은 일은 망설이지 않고 시행한다.		
465	주위 친구들이 나를 흉보는 것 같다.		
466	결점을 지속적으로 지적당하면 스트레스를 받는다.		
467	술자리를 좋아한다.		
468	사람이 많은 곳을 좋아한다.		
469	나는 남들보다 멍청하다고 생각한다.		
470	조용하다는 이야기를 많이 듣는다.		
471	항상 친구들에게 먼저 연락한다.		
472	내 의견을 상대방에게 강하게 주장하는 편은 아니다.		

473	어떠한 일을 진행하든 꼼꼼히 생각하는 경우가 많다.		
474	어려워 보이는 목표부터 달성한다.		
475	부정적인 피드백이라도, 나에게 도움이 되면 감사하게 여긴다.		
476	어느 곳에 소속된다는 것은 불편한 일이다.		
477	나의 일상은 재미있는 일로 가득 차 있다.		
478	일에서도 인간관계를 중요하게 생각한다.		
479	대상을 잘 관찰하는 편이다.		
480	사려가 깊다는 말을 많이 듣는다.		
481	과정이 중요하다 하더라도 성공하지 못한 과정은 의미가 없다고 생각한다.		
482	중요한 가족 모임이 있는 날에는 회식에 빠질 수 없다.		
483	지하철보다 버스가 좋다.		
484	나는 완고한 편이라고 생각한다.		
485	앞으로 진행할 일을 정리해 두지 않으면 불안하다.		
486	가만히 있지 못하는 성격이다.		
487	시작만 해 놓고 제대로 끝내지 않은 일이 몇 가지 있다.		
488	여러 사람이 지켜보면 긴장이 되고 불안하다.		
489	사람이 친절을 베푸는 데에는 모두 이유가 있다고 생각한다.		
490	매일 보던 물건도 가끔은 다르게 보인다.		
491	계획적으로 하루하루를 산다.		
492	독특한 사람을 좋아한다.		
493	아무리 바빠도 끼니는 챙겨 먹는다.		
494	물건을 어디에 두었는지 잘 기억하지 못한다.		
495	시끄러운 장소를 싫어한다.		
496	일을 시작할 때, 항상 주변이 정리되어 있어야 한다.		
497	스트레스를 잘 받지 않는 성격이다.		
498	미래에 큰 꿈이 있다.		
499	수줍음을 많이 탄다.		
500	내가 잘하는 일보다는 좋아하는 일을 하고 싶다.		
501	내 한계에 부딪혀 보고 싶다.		
502	한번 시작했으면 끝을 보는 성격이다.		
503	감정을 다스리는 데 능숙하다.		
504	내가 손해를 보더라도 주변 사람에게 양보하는 편이다.		
505	생색을 잘 내지 않는 성격이다.		
506	일상에서 즐거움을 잘 찾아내는 편이다.		

507	매사에 진지하지 못하다는 말을 들은 적이 있다.		
508	새로운 시도를 하는 것이 두렵다.		
509	나에 대해 관심이 쏠리는 것이 즐겁다.		
510	가끔 아주 나쁜 생각을 하기도 한다.		
511	남들보다 걱정거리가 많다.		
512	누구 앞에서든 기죽지 않는다.		
513	유쾌하다는 말을 자주 듣는다.		
514	힘들어도 내색하지 않는 편이다.		
515	대규모보다는 소규모 모임이 좋다.		
516	어디론가 떠나고 싶은 충동을 느낀다.		
517	나는 우유부단한 편이다.		
518	일을 시작하기 전에 한번 확인해 보고 한다.		
519	친구의 말에 따라 내 의견이 바뀌곤 한다.		
520	쉽게 포기하지 않는다.		
521	꼭 출세하여 보란 듯이 살고 싶다.		
522	새로운 일에 도전하는 것이 좋다.		
523	벼락치기를 하는 경우가 많다.		
524	때때로 집을 떠나고 싶을 때가 있다.		
525	여유를 갖고 일하는 것이 좋다.		
526	불쌍한 사람을 보면 도와주고 싶다.		
527	과학과 수학을 좋아한다.		
528	모든 책임은 나에게 있다고 생각한다.		
529	항상 최고가 되려고 한다.		
530	남들보다 뒤처지는 것은 참을 수 없다.		
531	맡은 일은 끝까지 하려고 한다.		
532	낯선 환경에 잘 적응하는 편이다.		
533	꼼꼼하다는 말을 많이 듣는다.		
534	팀워크가 필요한 일을 잘 한다.		
535	내 일에 누군가 간섭하는 것을 싫어한다.		
536	한번 흥분하면 쉽게 가라앉지 못한다.		
537	남들과 다른 방법으로 일하고 싶다.		
538	가끔 짓궂은 장난을 치곤 한다.		
539	말하기 전 충분히 생각하는 편이다.		
540	나는 예민한 편에 속한다.		

541	가끔 배가 아프다.		
542	감정을 잘 드러내는 편이다.		
543	다른 나라 문화를 접하는 것은 즐겁다.		
544	여럿이보다 혼자 일하는 것이 편하다.		
545	많이 움직인다는 소리를 듣는 편이다.		
546	새로운 일을 시작하는 것은 용기를 필요로 한다.		
547	스스로를 참을성이 강하다고 생각한다.		
548	지시를 받는 것보다 하는 것이 좋다.		
549	모임에 나가는 것이 귀찮다.		
550	인생은 타이밍이라고 생각한다.		
551	다른 사람을 쉽게 믿지 않는다.		
552	남에게 피해를 입힌 적이 없다.		
553	의견을 토론할 때, 항상 먼저 제시하는 편이다.		
554	말을 할 때 제스처가 큰 편이다.		
555	잘 당황하지 않는 성격이다.		
556	외국에서 살아보고 싶다.		
557	스스로 다른 사람보다 행복하다고 느낀다.		
558	불의를 보면 참지 못한다.		
559	신중한 사람이라는 말을 자주 듣는다.		
560	일에 대한 욕심이 많은 편이다.		
561	정이 많다는 말을 자주 듣는다.		
562	나는 항상 자기 계발을 추구한다.		
563	다른 사람들의 감정 변화에 민감하다.		
564	뭐든 시작하면 끝을 봐야 직성이 풀린다.		
565	나는 지금 힘들다.		
566	나는 욕심덩어리이다.		
567	밤에 자주 잠을 설친다.		

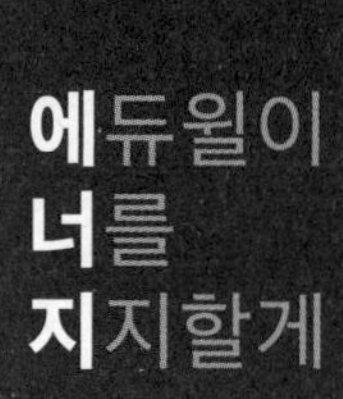

네가 세상에서 보고자 하는 변화가 있다면,
네 스스로 그 변화가 되어라.

– 마하트마 간디(Mahatma Gandhi)

파이널
모의고사

[수험자 유의사항]

1. 시험이 시작되기 전 문제지를 넘기지 마세요.
2. 종료 시간을 정확히 인지할 수 있도록 타이머를 설정하고 진행해 주세요.
3. 시험 시간은 OMR카드 마킹 시간을 포함한 시간입니다.
4. 시험지는 반드시 순서대로 풀어주세요.

[평가요소 및 시간]

구분	공간능력	지각속도	언어논리	자료해석
문항(개)	18	30	25	20
시간(분)	10	3	20	25

※ 〈정답과 해설〉 뒤에 있는 OMR카드를 활용하여 직접 마킹하면서 풀어보기 바랍니다.

파이널 모의고사 1회

공간능력

18문항/10분

정답과 해설 ▶ P.37

[01~05] 다음 조건을 참고하여 제시된 입체 도형의 전개도로 알맞은 것을 고르시오.

※ 입체 도형을 전개하여 전개도를 만들 때, 전개도에 표시된 그림(예: ▮, ◢ 등)은 회전의 효과를 반영함. 즉 본 문제의 풀이과정에서 보기의 전개도상에 표시된 '▮'와 '▬'은 서로 다른 것으로 취급함.

※ 단, 기호 및 문자(예: ☎, ♤, ♨, K, H)의 회전에 의한 효과는 본 문제의 풀이과정에 반영하지 않음. 즉 입체 도형을 펼쳐 전개도를 만들었을 때에 '☎'의 방향으로 나타나는 기호 및 문자도 보기에서는 '☎' 방향으로 표시하며 동일한 것으로 취급함.

01

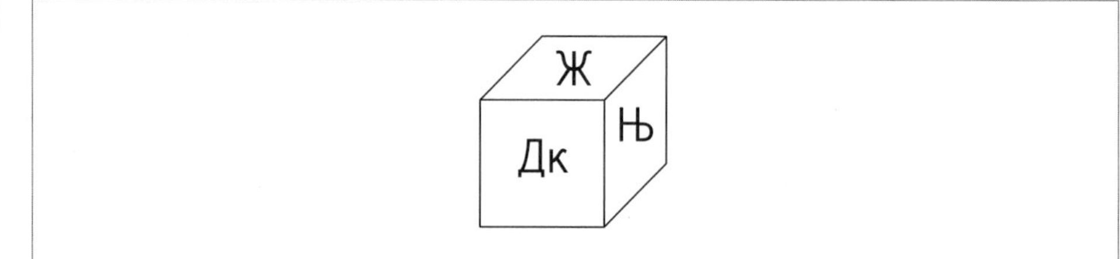

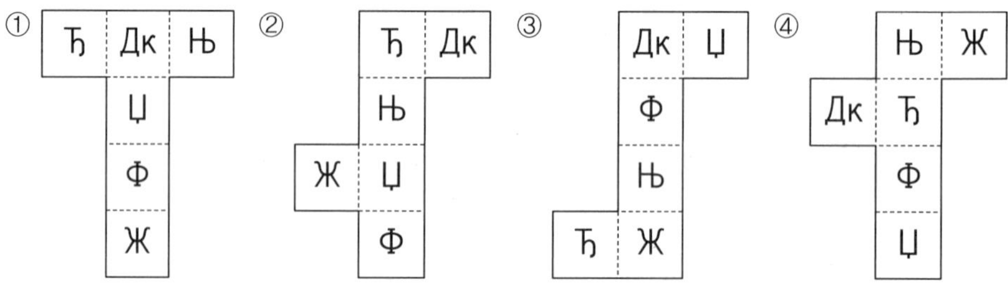

02

LL
00

① 77 TT 00 33 LL

② LL 00 33 77 TT

③ TT LL 77 33 00

④ 00 LL 77 33 TT

03

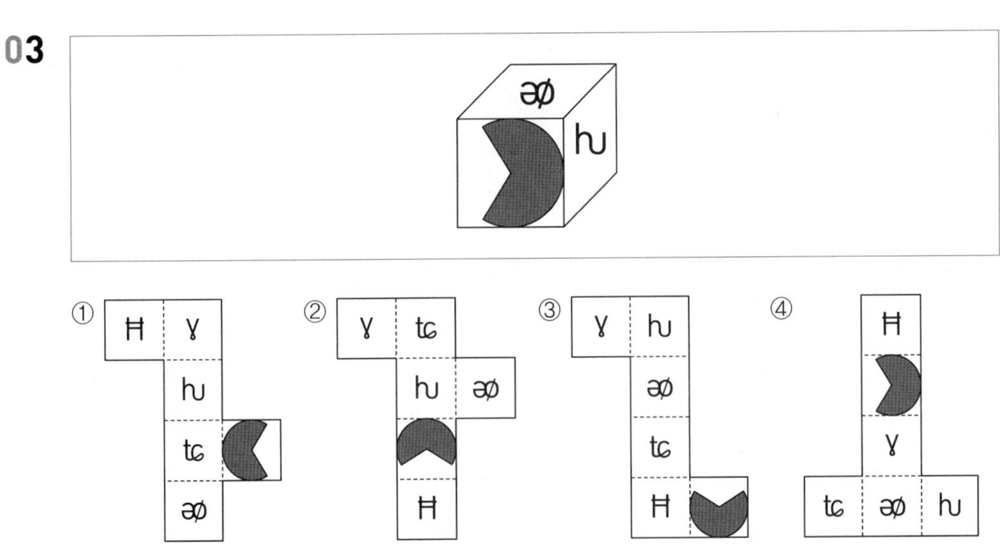

04

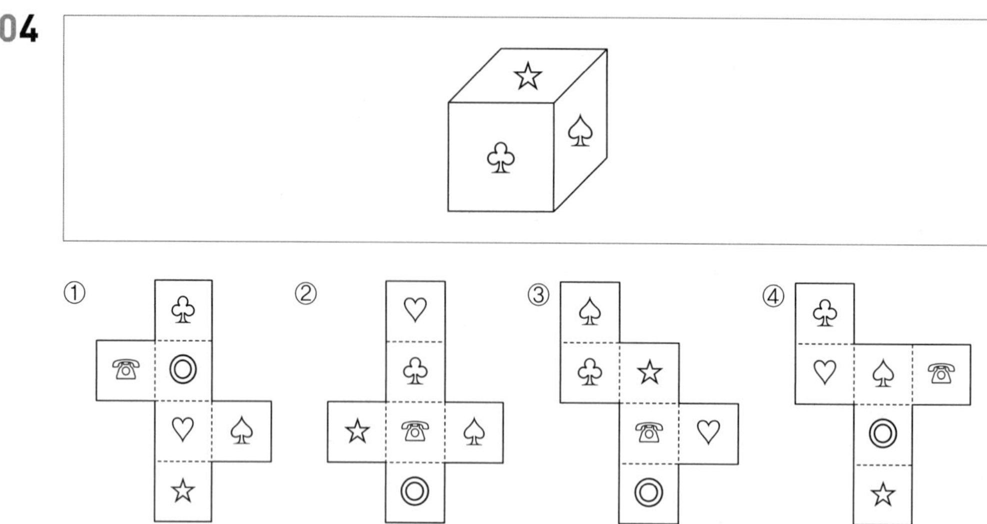

05

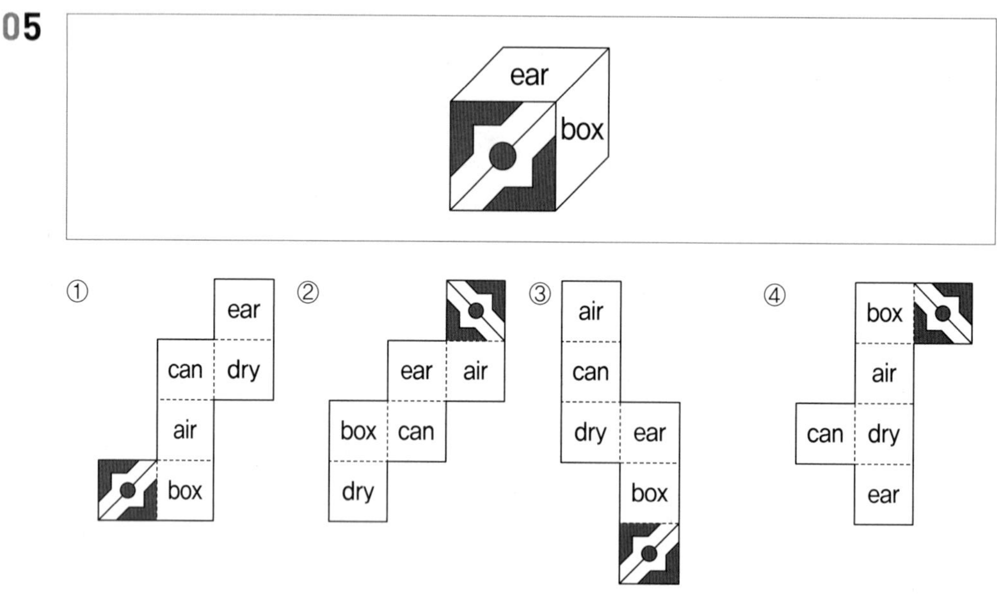
ear
box
①
ear
can
dry
air
box
②
ear
air
box
can
dry
③
air
can
dry
ear
box
④
box
air
can
dry
ear

[06~10] 다음 조건을 참고하여 제시된 전개도로 만든 입체 도형에 해당하는 것을 고르시오.

※ 전개도를 접을 때 전개도상의 그림, 기호, 문자가 입체 도형의 겉면에 표시되는 방향으로 접음.

※ 전개도를 접어 입체 도형을 만들 때, 전개도에 표시된 그림(예: ▌▐, ◢ 등)은 회전의 효과를 반영함. 즉 본 문제의 풀이과정에서 보기의 전개도상에 표시된 '▌▐'와 '▬'은 서로 다른 것으로 취급함.

※ 단, 기호 및 문자(예: ☎, ♤, ♨, K, H)의 회전에 의한 효과는 본 문제의 풀이과정에 반영하지 않음. 즉 전개도를 접어 입체 도형을 만들었을 때에 '☎'의 방향으로 나타나는 기호 및 문자도 보기에서는 '☎' 방향으로 표시하며 동일한 것으로 취급함.

06

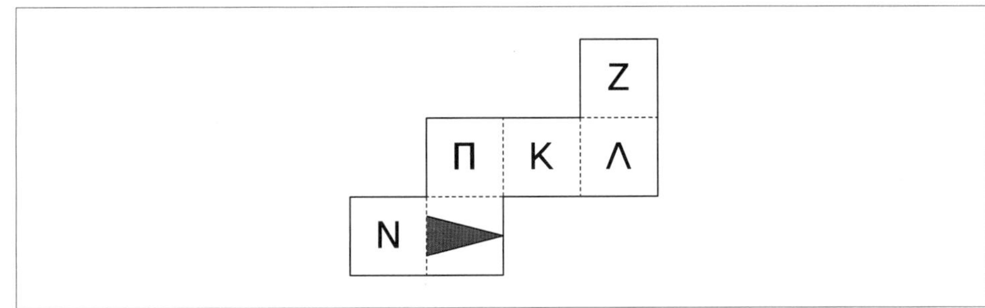

① 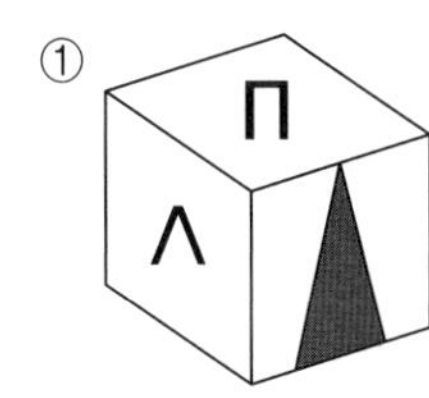

② 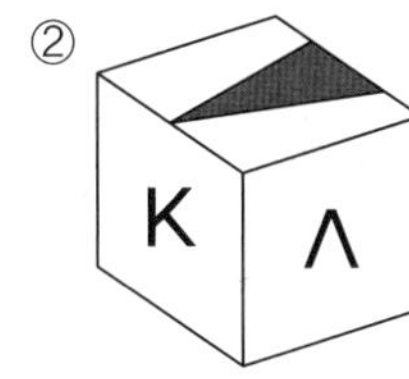

③ 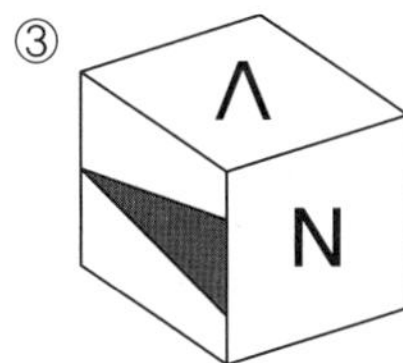

④ 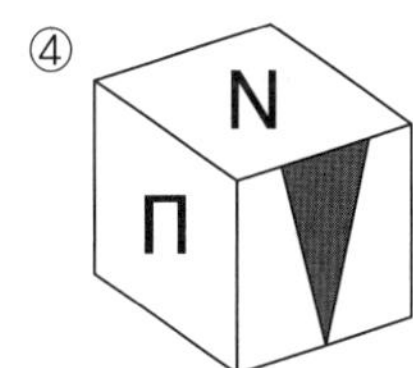

07

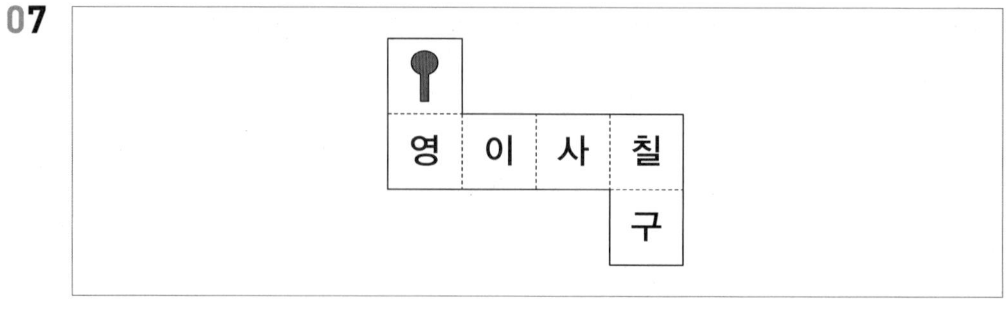
영
이
사
칠
구

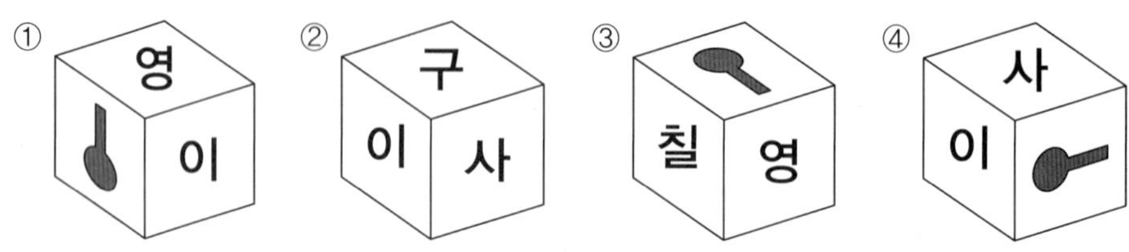
①
영
이
②
구
이
사
③
칠
영
④
사
이

08

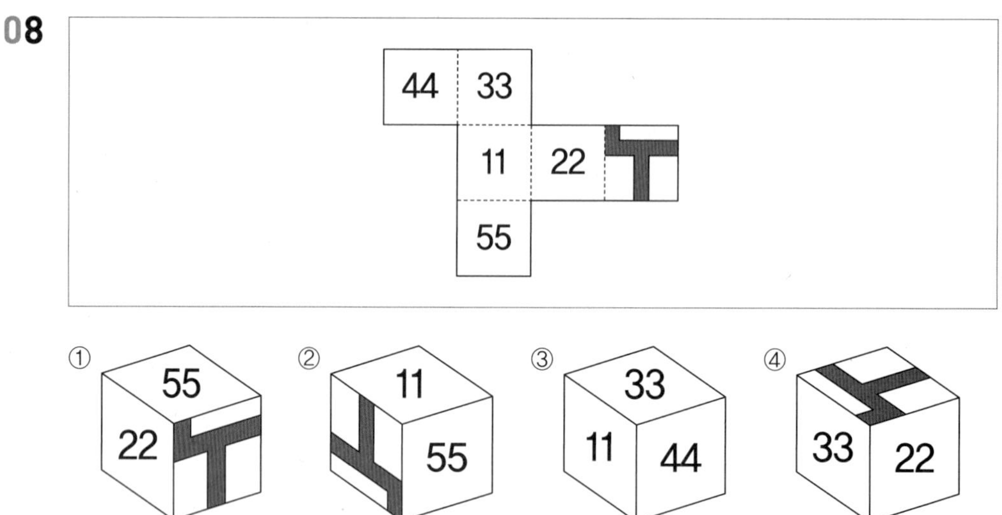
44
33
11
22
55
①
55
22
②
11
55
③
33
11
44
④
33
22

09

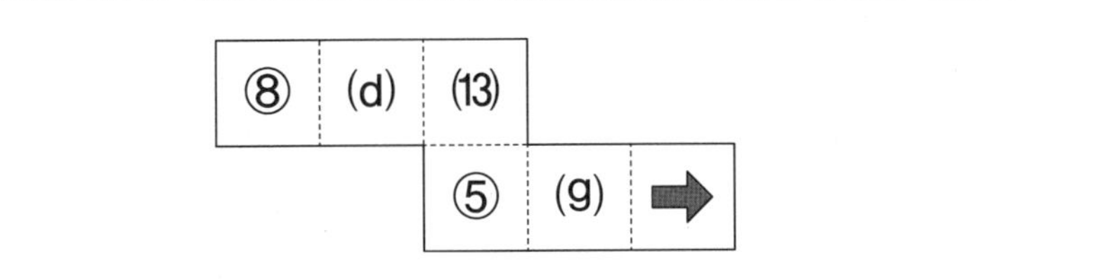

① 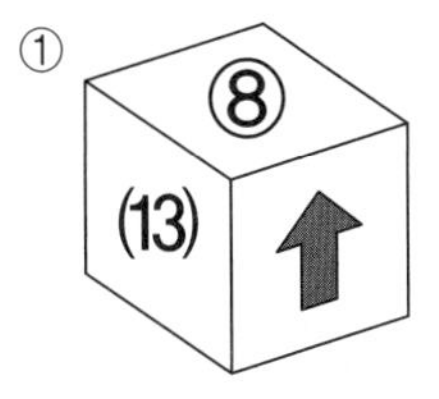

② 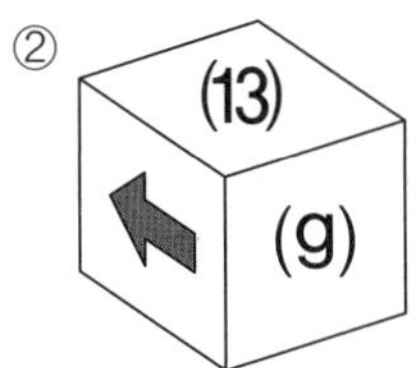

③ 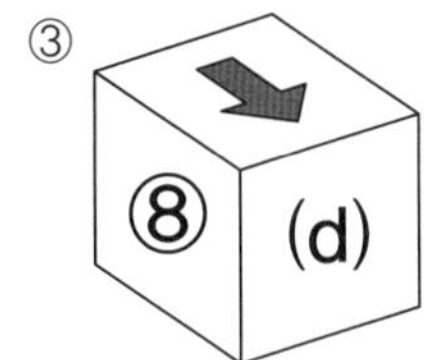

④ 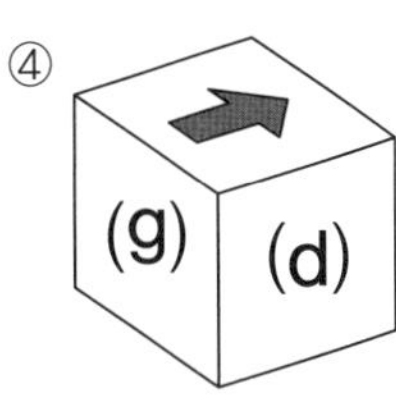

10

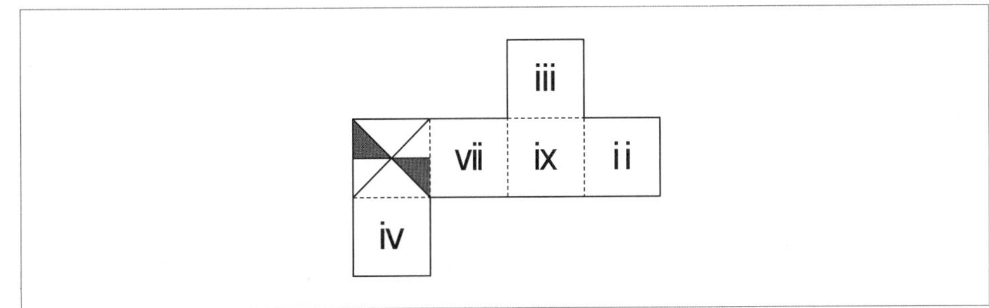

① 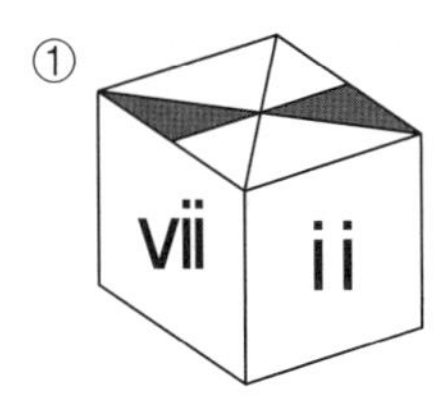

② 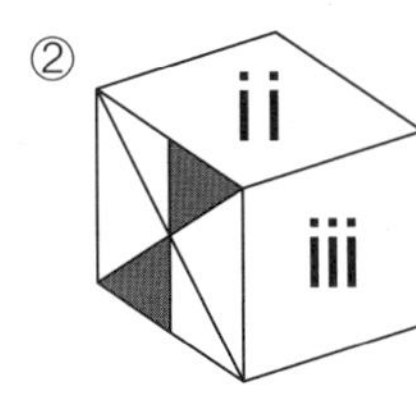

③ 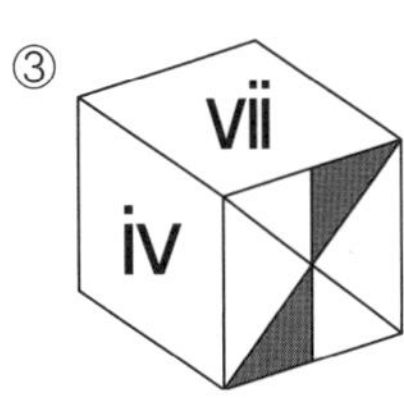

④ 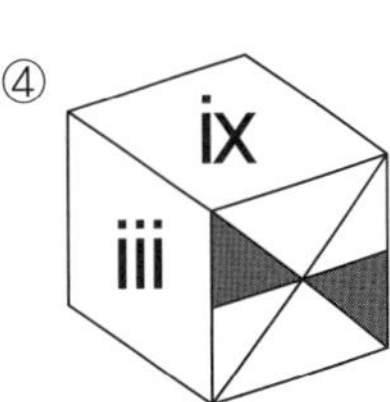

[11~14] 다음 그림과 같이 쌓기 위해 필요한 블록의 개수를 고르시오.

11

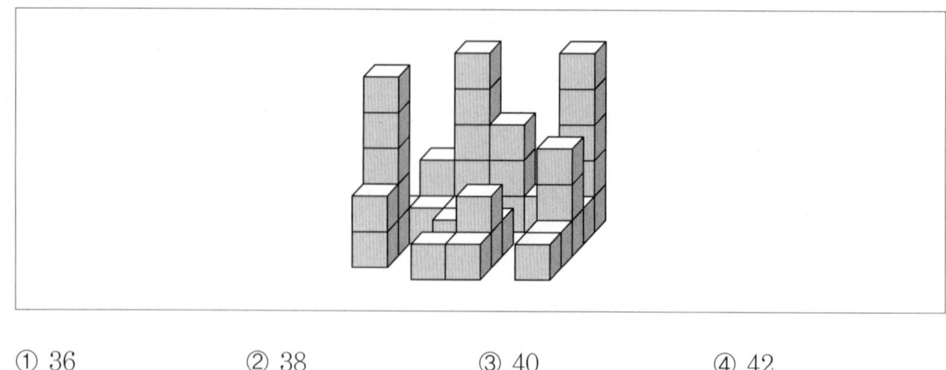

① 36 ② 38 ③ 40 ④ 42

12

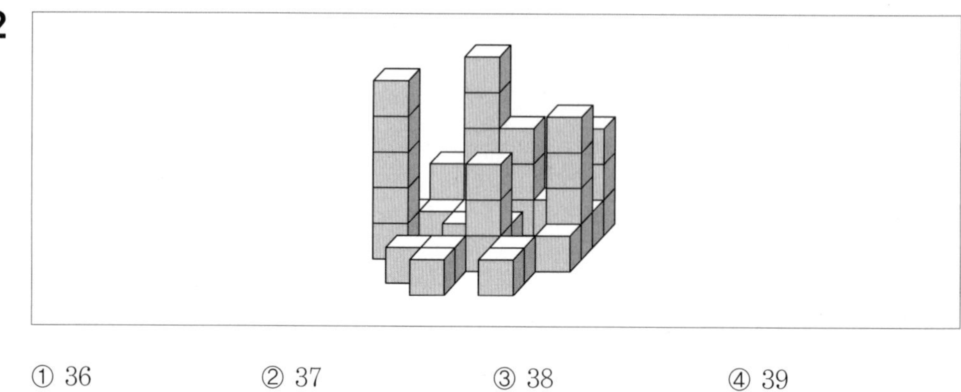

① 36 ② 37 ③ 38 ④ 39

13

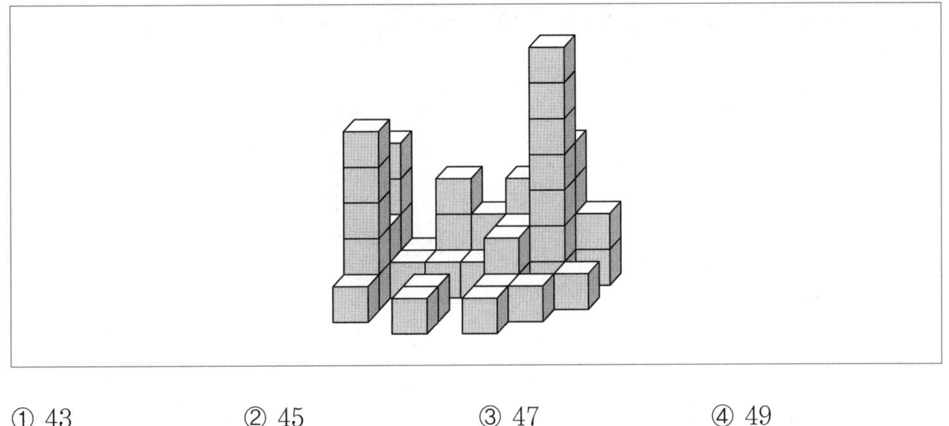

① 43 ② 45 ③ 47 ④ 49

14

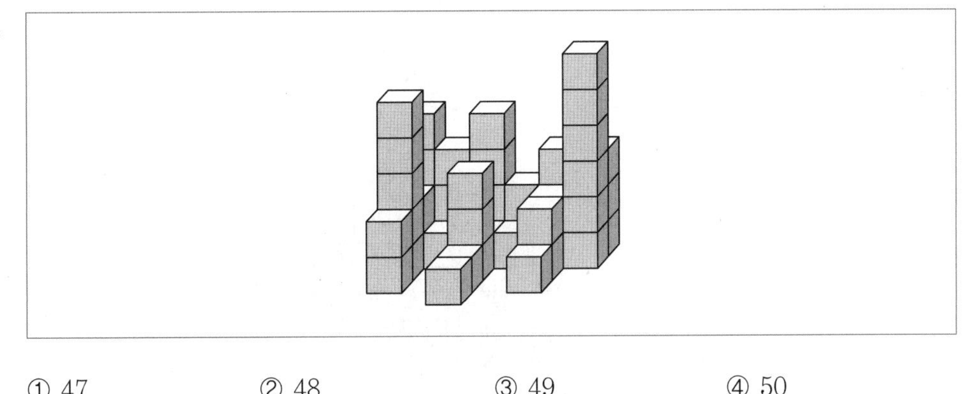

① 47 ② 48 ③ 49 ④ 50

[15~18] 다음 블록을 화살표 방향에서 바라볼 때의 모양을 고르시오.

15

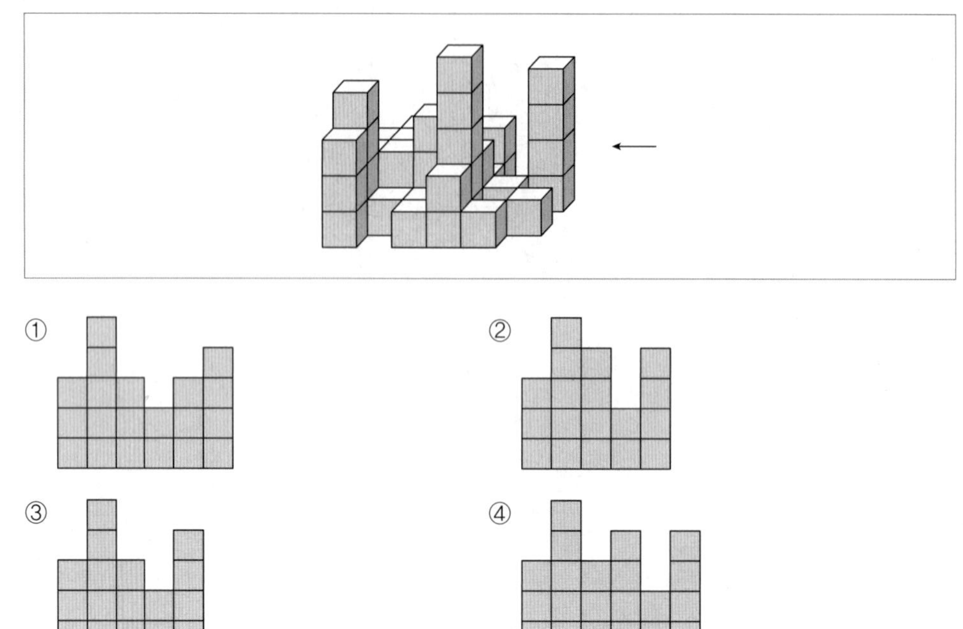

16

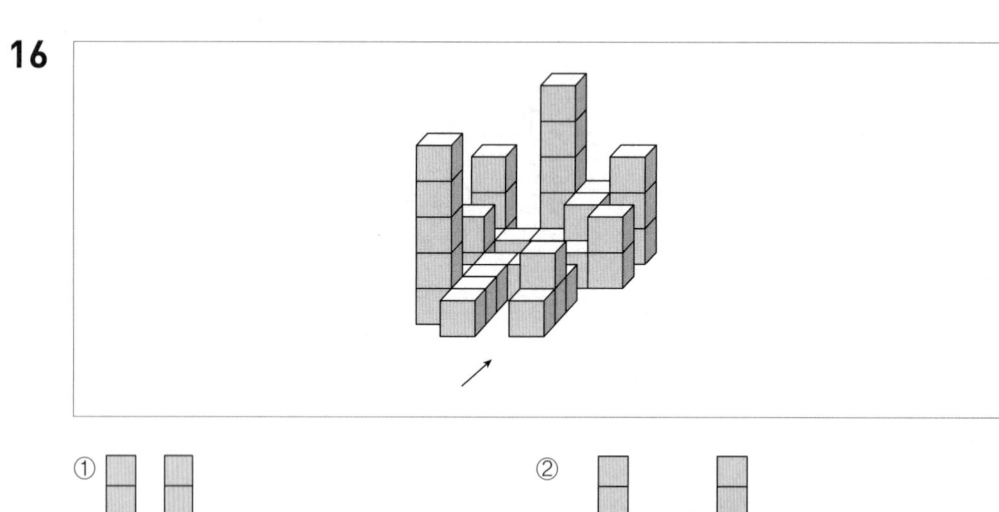

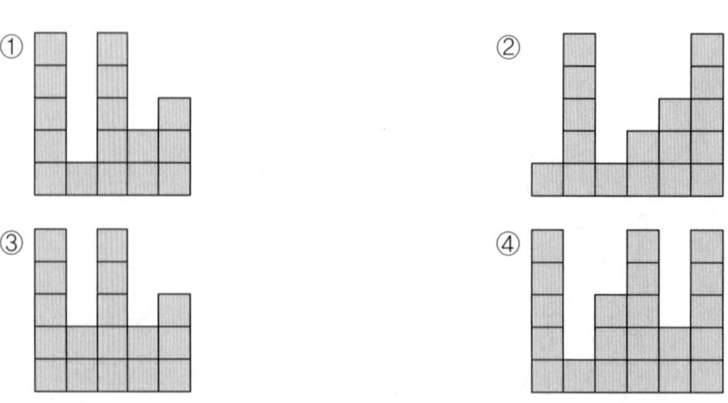

17

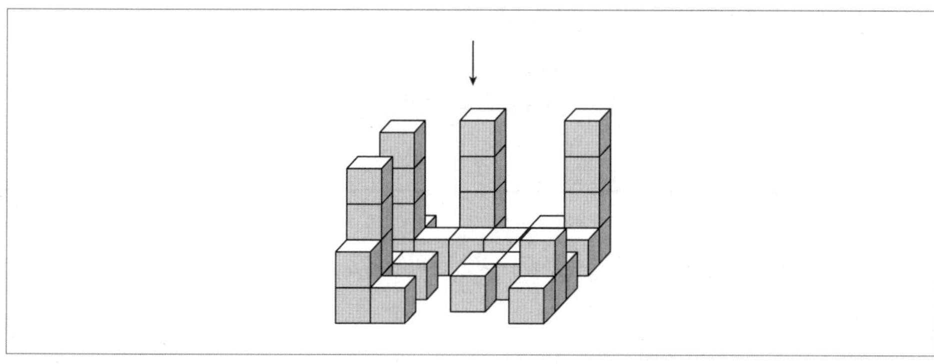

① 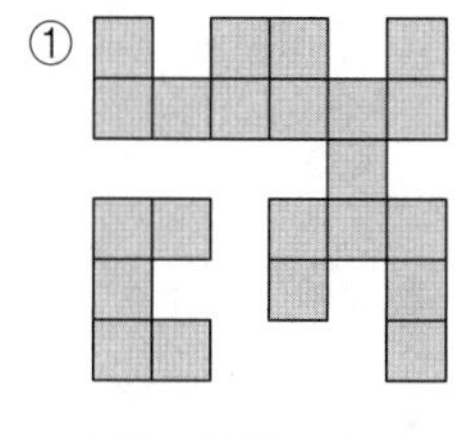

② 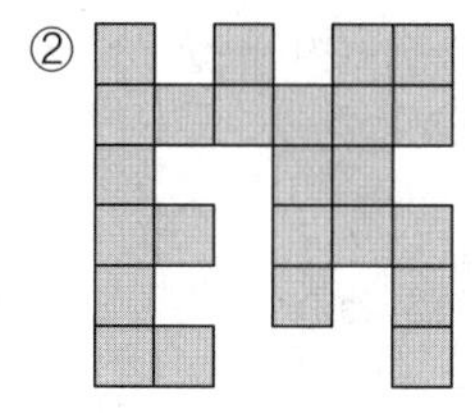

③ 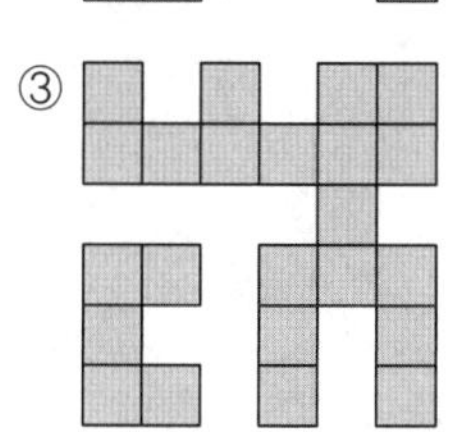

④ 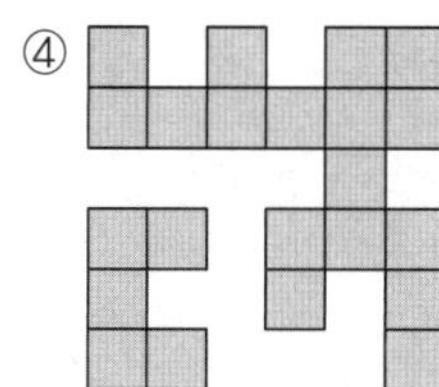

18

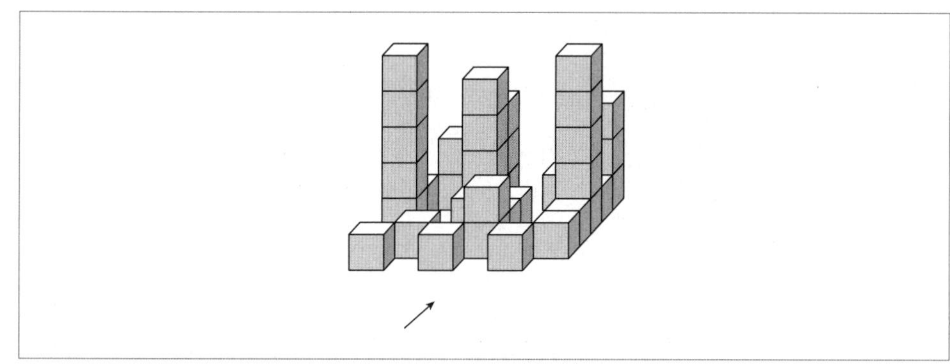

① 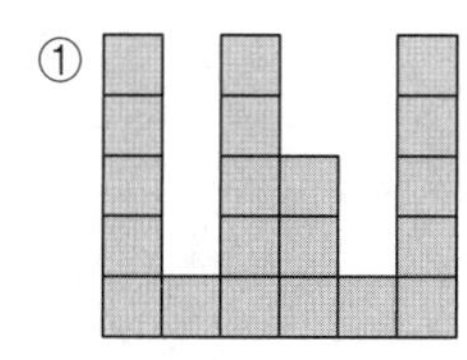

② 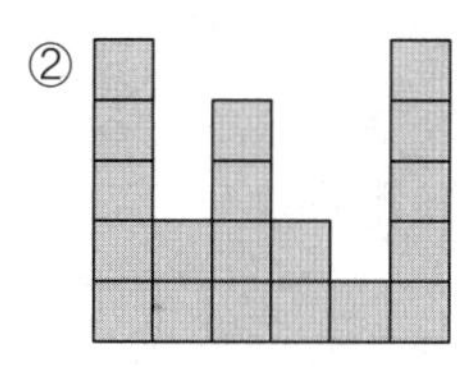

③ 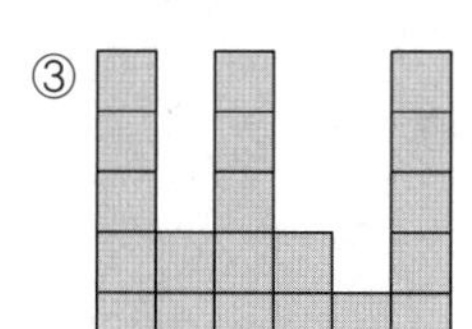

④ 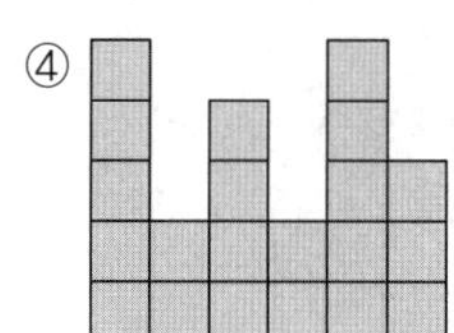

파이널 모의고사 1회

지각속도

30문항/3분

정답과 해설 ▶ P.39

[01~05] 다음 [보기]를 보고 제시된 문자가 알맞게 치환되었는지 판단하시오.

보기

미국 = A3	프랑스 = B5	호주 = E9	스페인 = Q7	독일 = W6
일본 = J8	필리핀 = S2	중국 = L4	캐나다 = R1	한국 = P0

01

프랑스 캐나다 일본 중국 – B5 R1 J8 L4

① 맞음 ② 틀림

02

미국 한국 일본 독일 – A3 P0 B5 W6

① 맞음 ② 틀림

03

스페인 필리핀 호주 한국 – Q7 S2 E9 P0

① 맞음 ② 틀림

04

일본 캐나다 미국 독일 – J8 R1 A3 P0

① 맞음 ② 틀림

05

호주 스페인 한국 중국 – E9 Q7 P0 L4

① 맞음 ② 틀림

[06~10] 다음 [보기]를 보고 제시된 문자가 알맞게 치환되었는지 판단하시오.

보기

@$ = td	&! = qw	%(= af	#$ = ko	)# = dk
^^ = op	&@ = dd	^* = wm	@@ = fw	&% = re

06

&! ^* ^^)# = qw wm op ko

① 맞음 ② 틀림

07

%(&% #$ ^^ = af re ko op

① 맞음 ② 틀림

08

@@ &@ @$ #$ = fw dd td ko

① 맞음 ② 틀림

09

^* %(^^ &% = wm af op re

① 맞음 ② 틀림

10

^^ &!)# &@ = op dd dk dd

① 맞음 ② 틀림

[11~15] 다음 [보기]를 보고 제시된 문자가 알맞게 치환되었는지 판단하시오.

보기

82 = ●	30 = ▽	27 = ◎	75 = ★	48 = ↔
16 = Å	59 = ∬	03 = ¥	93 = ÷	40 = ※

11

40 59 75 16 – ※ ∬ ★ ▽

① 맞음 ② 틀림

12

30 27 93 82 – ▽ ◎ ÷ ●

① 맞음 ② 틀림

13

75 16 48 59 – ★ Å ↔ ∬

① 맞음 ② 틀림

14

82 03 59 40 – ● ↔ ∬ ※

① 맞음 ② 틀림

15

48 93 82 27 – ↔ ÷ ● ※

① 맞음 ② 틀림

[16~20] 다음 [보기]를 보고 제시된 문자가 알맞게 치환되었는지 판단하시오.

보기

i = 나무	Ⅷ = 구름	Ω = 비	Ⅱ = 바람	Ⅺ = 번개
∧ = 햇님	θ = 땅	Σ = 꽃	Ⅳ = 달	π = 별

16

θ Ω Ⅳ Ⅷ – 땅 비 달 번개

① 맞음 ② 틀림

17

i ∧ Ⅺ θ – 나무 햇님 번개 땅

① 맞음 ② 틀림

18

Σ π Ⅷ Ω – 꽃 달 구름 비

① 맞음 ② 틀림

19

Ⅺ Ω ∧ Ⅳ – 번개 꽃 햇님 달

① 맞음 ② 틀림

20

∧ Σ Ⅺ i – 햇님 꽃 번개 바람

① 맞음 ② 틀림

[21~25] 다음 [보기]를 보고 제시된 문자가 알맞게 치환되었는지 판단하시오.

보기

月 = ㅂㄴ	乙 = ㅁㄹ	夂 = ㅇㄱ	力 = ㅎㅁ	石 = ㄹㅂ
川 = ㄴㅂ	山 = ㅌㅋ	内 = ㅍㅂ	弓 = ㅋㅅ	人 = ㅈㅍ

21

川 弓 山 力 – ㄴㅂ ㅋㅅ ㅌㅋ ㅎㅁ

① 맞음 ② 틀림

22

弓 乙 石 人 – ㅋㅅ ㅁㄹ ㄹㅂ ㅈㅍ

① 맞음 ② 틀림

23

人 山 内 夂 – ㅈㅍ ㅌㅋ ㅍㅂ ㅇㄱ

① 맞음 ② 틀림

24

乙 月 石 川 – ㅁㄹ ㅂㄴ ㄹㅂ ㄴㅂ

① 맞음 ② 틀림

25

石 乙 力 内 – ㄹㅂ ㅁㄹ ㅎㅁ ㅂㄴ

① 맞음 ② 틀림

[26~30] 왼쪽의 문자가 몇 번 제시되는지 고르시오.

26

ㅂ	반짝반짝 작은 별 아름답게 비치네 동쪽 하늘에서도 서쪽 하늘에서도 반짝반짝 작은 별

① 6 ② 7 ③ 8 ④ 9

27

S	ASFTJWDDSAFGFSSHYJWFDDGFSJUKDFBGSJWRDFCSSQEFGFHTRSYWVGHSADDGFBGGFRKDFGF

① 10 ② 11 ③ 12 ④ 13

28

&	@#%&!@#&()^%#!!@#$%^&*(%#!!#%#@#$%!!#%#&@#!!#%$%^$%^&!#%%#!!@#%$%^$@#

① 5 ② 6 ③ 7 ④ 8

29

9	10239857392350012304816490382614367348532047834635218795402373622237461741230482

① 2 ② 3 ③ 4 ④ 5

30

㉡	㉠㉢㉧㉨㉡㉡㉣㉭㉩㉫㉢㉧㉦㉪㉡㉬㉡㉭㉩㉫㉩㉡㉫㉢㉦㉡㉪㉣㉡㉭㉩㉫㉢㉠㉢㉧㉧㉦㉪㉩

① 5 ② 6 ③ 7 ④ 8

파이널 모의고사 1회

언어논리

25문항/20분

정답과 해설 ▸ P.40

01 밑줄 친 단어의 쓰임이 옳은 것을 고르면?

① 그는 원고를 심사 기준에 맞췄다.
② 그는 적장의 어깨를 화살로 맞췄다.
③ 아이에게 그렇게 비를 맞추니 감기에 걸렸지.
④ 너라면 그 문제의 답을 맞출 수 있었을 텐데.
⑤ 어린 꼬마들에게는 주사를 맞추기가 어렵다.

02 밑줄 친 고유어의 의미가 적절하지 않은 것을 고르면?

① 옆 사람에게 일의 갈무리를 부탁했다.
→ 일을 처리하여 마무리함.
② 그는 음식을 갖고 계속 가탈을 부렸다.
→ 이리저리 트집을 잡아 까다롭게 구는 일.
③ 그는 보기와는 다르게, 말과 행동이 무람없는 사람이다.
→ 부끄러워하여 삼가고 조심하는 데가 있다.
④ 아이는 자신의 뜻대로 되지 않을 것 같자, 몽니를 부렸다.
→ 받고자 하는 대우를 받지 못할 때 내는 심술.
⑤ 낙엽이 시나브로 날려 발밑에 쌓이고 있었다.
→ 모르는 사이에 조금씩 조금씩.

03 본말과 준말이 모두 표준어로 옳게 짝지어진 것을 고르면?

① 무우 – 무
② 외우다 – 외다
③ 또아리 – 똬리
④ 수두룩하다 – 수둑하다
⑤ 뱀 – 배암

04 밑줄 친 단어의 표준 발음으로 옳지 않은 것을 고르면?

① 보름에는 달이 밝다. [박따]
② 아버지는 시를 읊고 계셨다. [읍꼬]
③ 떠나는 그를 위해 송별연을 열었다. [송:벼련]
④ 벌써 논일에 나선 사람들이 보였다. [노닐]
⑤ 고장이 난 차 한 대가 갓길에 서있다. [가:낄]

05 밑줄 친 부분이 어법상 가장 적절한 것을 고르면?

① 저 넓고 거칠은 광야로 가자.
② 집에 가노라고 전화를 받지 못했다.
③ 차츰 작업량을 늘리는 것에 모두가 찬성한다.
④ 시간 내에 도착하려면 가능한 빨리 가야 합니다.
⑤ 이 지역은 농사짓기에 적합하지 않는 척박한 땅이다.

06 띄어쓰기가 옳은 것을 고르면?

① 고향을 떠난지 삼 년이 되었다.
② 김 사장은 쓸데 없이 돌아다녔다.
③ 보잘것 없는 일로 큰 다툼이 일어났다.
④ 이 일은 쉽게 끝나지 않을듯하다.
⑤ 그는 밖으로 나가면서 까지도 시끄럽게 떠들었다.

07 효(孝)와 관계된 사자성어가 아닌 것을 고르면?

① 風樹之歎(풍수지탄)
② 髀肉之嘆(비육지탄)
③ 陸績懷橘(육적회귤)
④ 昏定晨省(혼정신성)
⑤ 反哺之孝(반포지효)

08 밑줄 친 내용이 [보기]의 ㉠과 가장 유사한 의미로 쓰인 것을 고르면?

> **보기**
>
> 부딪친 ㉠ 자리에 상처가 났다.

① 자리가 사람을 만든다.
② 구멍난 자리를 깔끔하게 메웠다.
③ 그는 적성에 맞는 자리를 구하고 있다.
④ 책상에 컴퓨터를 놓을 자리가 없다.
⑤ 앉을 자리를 보고 앉아야 한다.

09 다음 글의 ㉠에 대한 설명으로 적절하지 않은 것을 고르면?

> 근래에는 열 수송의 효율성을 높이기 위해 상변화 물질을 활용하는 방식을 개발하고 있다. 상변화란 물질의 상태를 고체, 액체, 기체로 분류할 때 주변의 온도나 압력 변화에 의해 어떤 물질이 이전과 다른 상태로 변하는 것을 의미하는데, 얼음이 물이 되거나 물이 수증기가 되는 것 등이 이에 해당한다. 예를 들어 비커에 일정량의 얼음을 넣고 가열하면 얼음의 온도가 올라가게 되고, 섭씨 0도에 도달하면 얼음이 물로 변하기 시작하여 비커 속에는 얼음과 물이 공존하게 된다.
>
> 이러한 상변화에는 열이 수반되는데, 이를 '㉠ 잠열'이라고 한다. 물질의 온도 변화로 나타나지 않는 숨어 있는 열이라는 뜻이다. 앞의 예를 다시 보자. 비커 속 얼음이 모두 물로 변할 때까지는 온도가 올라가지 않고 계속 0도를 유지하는데, 이는 비커에 가해진 열이 물질의 온도 변화가 아닌 상변화에 사용되었기 때문이다.
>
> 잠열은 물질마다 그 크기가 다르며, 일반적으로 물질이 고체에서 액체가 되거나 액체에서 기체가 될 때, 또는 고체에서 바로 기체가 될 때에는 잠열을 흡수하고 그 반대의 경우에는 잠열을 방출한다. 한편 비커를 계속 가열하여 얼음이 모두 녹아 물이 된 후에는 다시 온도가 올라가기 시작한다. 이렇게 얼음의 온도가 올라가거나 물의 온도가 올라가는 것처럼 온도 변화로 나타나는 열을 '현열'이라고 한다.

① 물질마다 크기가 각기 다르다.
② 물질의 온도 변화로 나타나지 않는다.
③ 물질의 상변화가 일어날 때 흡수되거나 방출된다.
④ 상변화하고 있는 물질의 현열을 증가시키는 역할을 한다.
⑤ 이것이 흡수되는 상태를 눈으로 확인할 수 있다.

10 다음 글의 중심 내용으로 가장 적절한 것을 고르면?

국가 간 폭력을 도덕적 차원으로 승화시키는 방법은 각기 국가들 간의 이해관계를 초월하여 공정한 입장을 담보할 수 있는 새로운 공동체에 이러한 폭력을 일임하는 것이다. 이 방법은 국가 간의 수많은 이견과 충동을 해소해준다. 국제연맹은 이 원칙을 국제 관계에 확대 · 적용한 것이다.

하지만 강대국과 약소국이 한데 어울리는 국제 공동체가 공정하리라 기대하기는 어렵다. 더구나 국제 공동체의 권한은 압도적인 것이라 할 수 없기 때문에 개별 국가들의 '힘에 대한 의지'를 제대로 통제하지 못한다.

이처럼 국제 관계의 현실을 고려해 볼 때 국가들끼리 '현상 유지'를 목적으로 평화를 유지한다 하더라도, 정의롭지 못한 힘의 논리가 평화적 방법에 의해 개편될 수 있으리란 증거도 없다.

① 국제 관계는 개별 국가들의 이해관계를 조정할 수 있는 공동체에 맡겨야 한다.
② 폭력을 폭력적이지 않은 방법으로 해결하는 것이 역사의 교훈이다.
③ 국제 공동체는 약소국에 대한 강대국의 권한을 약화시킴으로써 평화를 달성할 수 있다.
④ 현실주의적인 입장에서 국제 질서는 힘의 역학 관계에 따라 달라진다.
⑤ 국제연맹 체계는 결국 공정성을 담보로 하는 확고하고 공정한 체계라 할 수 있다.

11 밑줄 친 내용 중 옳게 쓰인 것을 고르면?

① 정처 없이 <u>헤메이는</u> 내 마음
② 그는 <u>새벽녁</u>에 일하러 나갔다.
③ 약을 먹은 효과가 <u>금세</u> 나타났다.
④ 오늘은 우리 아기의 첫 <u>돐</u>이다.
⑤ 내 앞에서 자랑을 하는 친구를 보니 <u>부화</u>가 났다.

12 다음 ㉠~㉤ 중 [보기]의 문장이 들어갈 위치로 가장 적절한 곳을 고르면?

보기

이처럼 현대 사회에서 소외가 심화되어 갈수록 더욱 우리에게 필요한 것은 자원봉사이며, 우리가 자원봉사를 하려는 것도 함께 사는 사회를 만들기 위해서이다.

현대 사회는 과거에 우리가 지켜온 많은 것들을 잃어가고 있다. (㉠) 과거에는 이웃에게 서로 도움을 주던 두레, 계, 향약 등의 미풍양속이 있었다. 그러나 현대인은 이웃의 어려움을 함께 하기는커녕 이웃에 누가 사는지도 모르는 실정이다. (㉡) 자원봉사의 기본 정신은 인간이 가진 능력과 자원을 활용하여 사랑의 공동체를 만들어 나가자는 데 있다. (㉢) 우리의 도움을 필요로 하는 곳에 도움의 손길을 내밀어, 도움을 필요로 하는 기쁨의 손을 잡는 것이다. (㉣) 자원봉사는 인간의 자유 의지를 나타내는 라틴어 '볼룬투스(voluntus)'에서 나온 말이다. 이는 자원봉사가 어떤 권위에도 지배받지 않는 자유로운 활동이며, 대가를 전제로 하지 않는 순수한 활동임을 의미한다. (㉤)

① ㉠ ② ㉡ ③ ㉢
④ ㉣ ⑤ ㉤

13 다음 글에 대한 설명으로 적절하지 않은 것을 고르면?

> 대부분의 수컷 동물은 난자보다 작은 정자를 만든다. 그런데 이례적으로 큰 정자를 가진 동물이 있다. 초파리의 한 종(Drosophila Bifurca)은 수컷의 몸길이가 3mm가량이지만 정자는 그 20배인 6cm에 가깝다.
>
> 이 초파리의 거대 정자는 성 선택의 결과이다. 큰 정자를 만드는 수컷이 암컷으로부터 선택을 받기 때문이다. 이 초파리 암컷은 8cm에 이르는 거대한 정자 저장 기관이 있다. 이 암컷의 저장 기관이 길어지면서 정자의 길이도 길어진 것이다.
>
> 큰 정자를 생산하는 수컷은 작은 정자를 만드는 수컷보다 유전적으로 우월하다. 정자가 커지면서 그것을 만드는 데 많은 에너지가 들고, 그런 정자를 비축하는 데는 한계가 있으므로 작고 허약한 수컷은 몇 번의 짝짓기로 정자가 동나지만, 크고 건강한 수컷은 그런 부담이 적다.

① 초파리 수컷의 몸집에 비례하여 정자의 크기도 커진다.
② 초파리 수컷은 정자의 크기로 유전적 우월함을 과시한다.
③ 초파리 수컷의 정자가 거대해진 이유는 성 선택의 결과라고 할 수 있다.
④ 초파리 암컷의 정자 저장 기관 길이에 따라 초파리 수컷 정자의 길이가 길어졌다.
⑤ 초파리 암컷의 정자 저장 기관은 수컷의 몸집보다 훨씬 크다.

14 다음 [보기]에 제시된 논리적 오류와 같은 오류를 범하고 있는 것을 고르면?

> **보기**
>
> 수진이는 옷을 많이 산다. 그러므로 수진이는 옷 가게가 이익을 많이 남기는 것을 바란다.

① 저는 실업자로 가족을 먹여 살리기 위해 어쩔 수 없이 도둑질을 한 것이니 한 번만 용서해 주시기 바랍니다.
② 옆집 미영이는 상당히 미인이었는데 일찍 죽었다. 그러므로 미인은 박명하다.
③ 제정신을 가진 사람이라면 우리의 제안을 반대할 수는 없을 것입니다.
④ 철수가 무단 횡단을 하는 바람에 지나가던 차가 철수를 피하면서 사람을 치었다. 고로 철수는 살인자이다.
⑤ 경기가 좋아지면 반드시 불황기를 탈출할 수 있다.

15 **다음 글을 읽고 알 수 있는 내용으로 적절하지 <u>않은</u> 것을 고르면?**

서양의 풍경화를 눈여겨보면, 화면 밖에 반드시 관찰자가 있고 주위 풍경을 측량하듯이 바라보는 차갑고 단조로운 시선이 있다. 자연 풍경을 그렸다고 하지만 어디까지나 그 앞에 있는 인간이 모든 풍경의 기준점이다.

우리의 옛 산수화는 산수 자체가 주인공이다. 사람은 주인공인 산을 소중히 한가운데 모셔 두고서 여러 시점에서 산수의 다양한 실제 모습에 접근하려 한다. 산수화의 목적은 자연 형상과 거기서 우러나는 기운까지 담아내는 것이다. 애초에 산이란 것이 하나의 숨 쉬는 생명체라면 그것은 자연과 인간의 상호 양보를 전제로 하는 동양의 고차원적 인본주의, 즉 삼원법에 의해서만 충분히 표현된다.

옛 그림의 삼원법은, 얼핏 생각하기에 다양한 시각이 뒤섞여 있으니 작품 전체가 매우 이상하게 보임직하다. 그러나 오히려 옛 산수화를 보면 마음이 평온하다. 그것은 서양의 투시 원근법상의 논리로부터 슬그머니 벗어난, 많고 자잘한 여백이 경물과 경물 사이를 매개하기 때문이다.

① 서양의 투시에는 화면 밖 관찰자의 냉철하고 사실적인 관점이 드러난다.
② 삼원법은 다양한 각도를 구현함으로써 차원 높은 논리성을 얻게 된다.
③ 산수의 기운이 투영된 여백은 유의미한 매개 기능으로 설명할 수 있다.
④ 산수를 유기체적 관점에서 보게 되면 원근법이 다채롭게 나타날 수 있다.
⑤ 우리 옛 산수화는 풍경의 기준점을 하나로 상정하기 어렵다.

16 다음 글의 내용과 적절하지 않은 관용적 표현을 고르면?

> 우리말 표현 중에는 신체어와 동작어를 결합하여 특별한 문맥적 의미를 나타내는 경우가 있다. 이러한 표현은 대개 관용적 표현이기 때문에 정확한 의미 파악을 위해서는 문맥뿐만 아니라 관용 어구 자체에 대한 배경지식이 필요하다.

① 눈이 시다.
② 손을 내밀다.
③ 머리가 크다
④ 입을 씻다
⑤ 발이 아프다.

17 다음 [가]~[라]를 흐름에 맞게 바르게 나열한 것을 고르면?

> 조선 왕릉은 공간의 위계를 만들어 능침 공간의 독창성을 드러낸다.
> [가] 조선 왕릉은 지면의 높이 차이를 만들고 제향 공간과 능침 공간의 조망 범위를 다르게 함으로써 공간의 위계를 조성하였다.
> [나] 중계에는 어두운 사후 세계를 밝히는 장명등, 문신 형상의 석인상, 석마 등을, 하계에는 무신 형상의 석인상, 석마 등을 두었다.
> [다] 왕릉에서 왕의 공간은 상계, 신하의 공간은 중계와 하계로, 영역별로 다양한 석물이 배치되었다.
> [라] 상계의 봉분에는 불교적 장식 요소를 새겨 넣은 병풍석과 난간석을 둘렀다.

① [가] – [나] – [라] – [다]
② [가] – [다] – [라] – [나]
③ [다] – [가] – [라] – [나]
④ [다] – [라] – [나] – [가]
⑤ [라] – [가] – [다] – [나]

18 다음 글에서 ㉠~㉢에 들어갈 말로 가장 적절한 것을 고르면?

> 보통 공간과 장소를 서로 다른 개념으로 이해하는데, 추상적인 성격을 띠는 '공간'(space)에 가치를 부여하면 '장소'(place)가 된다. 이러한 장소는 개인과 집단에 정체성과 안정감을 부여한다.
>
> (㉠) 특정 요인 때문에 그동안 맺고 있던 '장소'와의 진정한 애착 관계가 허물어지는, 이른바 '장소 상실(placelessness)'이 발생할 수 있다. (㉡) 처음 방문한 관광지에서 느끼듯이 오랜만에 찾은 고향에 새로 생긴 특정 공간을 대하면서 두려움이나 불쾌감 등을 느끼게 될 때, 장소 상실의 감정은 더욱 심화된다.
>
> (㉢) 오늘날은 다양한 교통수단을 통하여 공간의 상품화 현상이 확대되고 있다. 자본의 개입으로 공간의 상품화가 추진되면서, 가치가 부여된 기존의 '장소'는 추상적 '공간'으로 변형되고 있다. 결국 인간은 자신만의 '장소'를 잃어버리고 자아 정체성의 위기를 경험하게 된다.

	㉠	㉡	㉢
①	그런데	가령	역시
②	그런데	특히	한편
③	그리고	특히	그렇지만
④	그래서	역시	그러므로
⑤	그래서	혹시	그러나

19 다음 글을 바탕으로 추론한 내용으로 적절하지 <u>않은</u> 것을 고르면?

단어의 의미와 유래를 통해 단어에 담긴 언중의 인식과 시대상을 짐작할 수 있다. 『서유견문』(1895)에 나오는 '원어기(遠語機)'는, 영어의 'telephone'에 해당하는 단어로 '말을 멀리 보내는 기계'라는 뜻이다. 오늘날의 '전화기(電話機)'가 '전기를 통해 말을 보내는 기계'라는 뜻과 비교해 보면 '원어기'는 말을 '멀리' 보낸다는 점에, '전화기'는 말을 '전기로' 보낸다는 점에 초점을 맞춘 단어이다. 이처럼 대상을 어떻게 인식하느냐에 따라 그것을 표현하는 단어는 달라지기도 한다.

개화기 사전에 등장하는 '소젓메쥬(소젖메주)'는 '치즈'에 대응하는 단어이다. 된장의 재료인 '메주'라는 일상의 단어를 통해 새로운 대상을 인식했음을 보여 준다. 『가례언해』(1632)의 '총각(總角)'은 '머리를 땋아 갈라서 틀어 맴'을 이르는 말이었으나 오늘날에는 '결혼하지 않은 성년 남자'를 뜻한다. 특정한 행위를 나타내던 단어가 이와 관련된 사람을 지시하는 말로 의미가 변한 것이다. 여기에서 남자도 머리를 땋아 묶었던 과거의 관습을 짐작할 수 있다. 또한 '부대찌개' 역시 한국 전쟁 이후 미군 부대에서 나온 재료로 찌개를 끓였던 것에서 유래한 단어라는 점에서 시대의 흔적을 담고 있다.

① '참살이[well-being]'는 '소젓메쥬'처럼 일상의 단어로 새로운 대상을 인식한 예이다.
② '사랑하다'는 중세 때 '생각하다'의 의미도 함께 있었지만 현재 그 의미가 사라진 것은, '총각'과 유사하다.
③ '양반'은 신분의 구분이 있었던 사회의 모습을 엿볼 수 있다는 점에서 시대의 흔적을 담고 있다.
④ '아침밥'은 '때'에, '볶음밥'은 '요리 방법'에 초점을 둔 단어라는 점에서, 이들은 서로 다른 인식이 반영되었다.
⑤ '어리다'가 중세에는 '어리석다'의 의미로 쓰였지만 현재는 '나이가 적다'의 의미로 쓰이고 있으므로, '총각'과 유사하다.

20 다음 글의 필자가 표현하고자 하는 것으로 적절한 것을 고르면?

읍의 서문 밖에 장터가 있었다. 장날에 생선 파는 어떤 사람이 2,500전을 잃어버렸는데, 돈을 찾아보았으나 찾지 못했고 붙들어 따져 볼 만한 사람도 없었다. 마침 읍의 군교(軍校)가 장터 북쪽에 있는 작은 골목을 지나가는데, 어떤 사람이 옷자락에 무거운 것을 싸고, 고개를 숙인 채 앞을 향해 가고 있었다.

군교가 묻기를,

"무엇을 안고 가시오?"

"대추입니다."

"그럼 대추 한 개만 주시오."

"제사에 쓸 거라서…."

"제사에 쓴다고 어찌 한 개도 맛보지 못한단 말이오?"

급히 다가가 손으로 뒤지니 돈이었다.

"이게 대추냐?"

"좀 조용히 하세요. 반을 드릴게요."

군교가 포박하여 그를 원님에게 보여드리니, 원님은 생선 장수에게 돈을 돌려주었고 돈을 훔친 자에게는 곤장 20대로 벌하였다. 돈을 훔친 자는 풀려 나와 웃으면서 말하였다.

"평지에서도 다리가 부러질 수 있구나. 큰장에만 출입한지 십여 년이나 되었어도 실수 한 번 없었는데, 사람을 부끄러워 죽고 싶게 만드네. 내일은 의령 장날이니, 지금 간다면 제때에 도착할 수 있을 거야."

그리고는 큰 걸음으로 갔다.

– 이옥(李鈺: 1760–1812)의 시투(市偸)

① 군교의 역할
② 도둑의 습성
③ 원님의 올바른 판결
④ 도둑이 활개를 치는 장터
⑤ 원님과 군교의 정의로움

21 다음 글에서 알 수 있는 것을 고르면?

> 1651년에 러시아는 헤이룽강 상류 지역에 진출하여 알바진성을 쌓고 이를 군사 기지로 삼았다. 다음 해 러시아군은 그 강과 우수리강이 합류하는 지점에 이르러 새로 군사 기지를 건설하려 했다. 청은 그 소식을 접하고 즉시 북상해 러시아군과 교전했으나 화력에 압도당하여 패배하였다.
>
> 이에 청은 조선에 파병을 요청했고, 조선은 변급이라는 장수를 파견하였다. 변급의 부대는 두만강으로 북상하여 청군과 함께 배에 올라 강을 타고 이동하였다. 그 무렵 기지를 출발한 러시아 함대는 알바진과 우수리강 하구 헤이룽강의 지류 입구로 접어들어 며칠 동안 남하하고 있었다. 양측은 의란이라는 곳에서 만나 싸웠다. 연합군은 청군이 러시아 함대를 유인하고, 조선군이 강변의 산 위에서 숨어 있다가 적이 나타나면 사격을 가하는 전법을 택했다. 작전대로 조선군이 총탄을 퍼붓자 러시아 함대는 큰 피해를 입고 퇴각하였다. 패배한 러시아군은 알바진으로 후퇴하였다.

① 청의 부대는 알바진에서 러시아군과 교전하였다.
② 변급의 부대는 두만강을 건너가 러시아군과 싸웠다.
③ 청의 부대는 산 위에 대기하다가 러시아 함대를 사격하여 승리했다.
④ 변급의 부대가 러시아군과 만나 싸운 장소는 러시아 영토이다.
⑤ 청군의 화력은 러시아군의 화력보다 월등히 좋았다.

22 다음에서 설명하는 음운 변동의 유형이 가장 다양하게 나타나는 것은?

> 음운 변동의 유형에는 대치, 탈락, 첨가, 축약이 있다.

① 열역학[열려칵]
② 앓는다[알른다]
③ 부엌문[부엉문]
④ 결단력[결딴녁]
⑤ 늑막염[능망념]

23 다음 글이 나오기 위한 궁극적인 질문으로 가장 적절한 것을 고르면?

> 현실적으로 지표의 면적과 두 지점 간의 거리, 지표의 전체적인 형상, 그리고 방위 등 모든 요소를 만족시켜 주는 지도는 있을 수 없다. 모든 조건들을 만족시키는 것은 지구의 실제 모습을 정확하게 축소하여 만든 지구본뿐이다. 따라서 우리가 지도 제작의 원리와 의도를 인지하고 있다는 것은 지도가 왜곡된 정보를 제공할 수 있다는 사실을 아는 것과 같다. 이러한 사실은 지도 이용자들이 갖는 지도에 대한 맹목적인 믿음에 건전한 회의를 품는 계기를 마련해준다. 그러므로 지도가 어떠한 관점에서 만들어졌는가를 이해하는 것이 중요하며, 이러한 지도를 대상으로 혹은 도구로 이용하는 사회 각 분야의 사람들은 지도의 왜곡과 오류를 감안하여 지도를 읽을 수 있어야 한다.

① 지도가 왜곡되는 이유는 무엇인가?
② 지도를 만들 때 주의해야 하는 점은 무엇인가?
③ 지도가 우리 일상생활에서 어떻게 사용되고 있는가?
④ 지도를 읽는 능력을 갖추어야 하는 이유는 무엇인가?
⑤ 지도 대신 지구본을 사용해야 하는 이유는 무엇인가?

24 다음 글의 ㉠~㉢에 들어갈 말로 적절한 것을 고르면?

> '미래의 석유'로 불리는 수소 에너지에 세계의 관심이 증폭되고 있다. 그런데 수소 에너지의 실용화까지는 몇 가지 넘어야 할 중요한 산이 있다.
>
> 먼저, 수소를 얼마나 값싸게 얻을 수 있느냐의 문제다. 물에서 수소를 얻기 위해서는 전기 분해를 해야 하는데, 이 효율을 얼마나 높이느냐에 따라 에너지의 (㉠)이 결정된다.
>
> 또 하나 수소와 산소를 결합해 전기를 생산하는 연료 전지의 (㉡) 문제다. 충분한 전기를 얻기 위해서는 연료 전지의 크기가 커질 수밖에 없다. 따라서 수소의 실용화를 위해서는 *경박단소(輕薄短小) 작업이 필수적이다.
>
> 마지막으로 수소 저장의 (㉢) 문제다. 수소는 잘 알려진 대로 폭발의 위험성이 있기 때문에 이를 달리는 자동차에 가능한 한 많은 양을 싣고 안전하게 운반하는 것이 중요하다.
>
> *경박단소: 가볍고 얇고 짧고 작음

	㉠	㉡	㉢
①	효율성	안전성	경제성
②	안전성	효율성	경제성
③	경제성	안전성	효율성
④	안전성	효율성	경제성
⑤	경제성	효율성	안전성

25 다음 글에서 알 수 없는 것을 고르면?

> 현존하는 한국 범종 중에서 신라 범종이 으뜸이다. 신라 범종으로는 상원사 동종, 성덕대왕 신종, 용주사 범종이 있으며 모두 국보로 지정되어 있다. 이 가운데 에밀레종이라 알려진 성덕대왕 신종은 세계의 보배라 여겨진다.
>
> 한국 범종은 종신(鐘身)이 작고 종구(鐘口)가 벌어져 있는 서양 종보다 종신이 훨씬 크다는 점에서는 중국 범종과 유사하다. 또한 한국 범종은 높은 종탑에 매다는 서양 종과 달리 높지 않은 종각에 매단다는 점에서도 중국 범종과 비슷하다. 하지만 중국 범종은 종신의 중앙 부분에 비해 종구가 나팔처럼 벌어져 있는 반면, 한국 범종은 종구가 항아리처럼 오므라져 있다. 또한 한국 범종은 중국 범종에 비해 지상에 더 가까이 땅에 닿을 듯이 매단다.

① 한국 범종 중 세 개가 국보로 지정되어 있다.
② 한국과 중국 범종은 종신 중앙의 지름이 종구의 지름보다 크다.
③ 한국 범종은 중국 범종보다 종구가 좀 더 좁은 형태이다.
④ 서양 종은 한국과 중국 범종보다 지상에서 높게 단다.
⑤ 한국 범종은 서양 종에 비해 중국 범종과 공통점이 더 많은 편이다.

파이널 모의고사 1회

자료해석

20문항/25분

정답과 해설 ▶ P.44

01 어느 공장에서는 작년에 제품 A, B를 모두 합하여 500상자를 생산하였다. 올해에는 제품 A의 생산량이 14% 감소하고, 제품 B의 생산량이 6% 증가하여 전체 생산량이 6% 감소하였을 때, 올해 제품 A의 생산량을 고르면?

① 200상자 ② 212상자
③ 258상자 ④ 300상자

02 제조팀 6명과 영업팀 4명의 총 10명 중 3명을 뽑아서 팀을 만들려고 한다. 이때 제조팀 2명과 영업팀 1명을 뽑을 확률을 고르면?

① $\frac{1}{4}$ ② $\frac{1}{3}$
③ $\frac{2}{5}$ ④ $\frac{1}{2}$

03 다음은 민식이네 고등학교 1학년 학생들의 국어 성적을 나타낸 히스토그램이다. 국어 성적이 70점 이상 80점 미만인 학생들은 전체의 몇 %를 차지하는지 고르면?

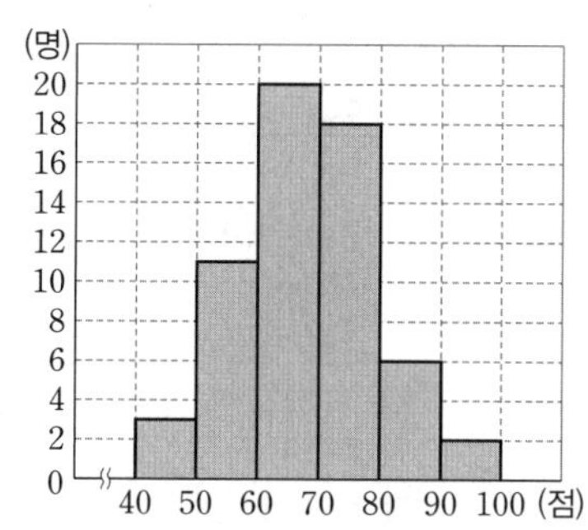

① 15% ② 20%
③ 25% ④ 30%

04 다음 [그래프]는 성진이네 고등학교 2학년 학생들의 여름 방학 중 봉사 활동 시간에 대한 상대도수 분포이다. 봉사 활동 시간이 6시간 미만인 학생이 20명일 때, 2학년 전체 학생 수는 몇 명인지 고르면?

[그래프] 봉사 활동 시간 상대도수 분포

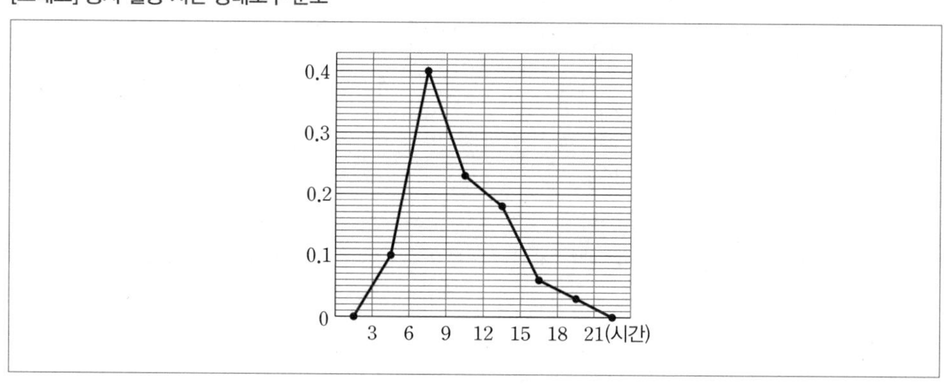

① 175명 ② 200명
③ 250명 ④ 350명

05 다음 [보기]는 4개의 건물 A, B, C, D의 높이에 대한 설명이다. 가장 높은 건물과 가장 낮은 건물의 높이의 차를 고르면?

보기

- 건물 B는 건물 A보다 높이가 $\frac{43}{5}$m 낮다.
- 건물 C는 건물 B보다 높이가 $\frac{21}{2}$m 높다.
- 건물 D는 건물 C보다 높이가 4m 높다.

① 7 ② $\frac{19}{2}$ ③ 11 ④ $\frac{29}{2}$

06 다음 [표]는 주요 해운 선진국의 지배선대 현황에 대한 자료이다. 이에 대한 설명으로 옳은 것을 [보기]에서 모두 고르면?

[표] 주요 해운 선진국의 지배선대 현황 (단위: 척)

구분	2017년		2018년		2019년		2020년	
	국적선	외국적선	국적선	외국적선	국적선	외국적선	국적선	외국적선
그리스	712	4,015	686	4,164	688	4,238	651	4,354
일본	815	3,316	820	3,280	852	3,332	855	3,447
중국	2,809	2,447	2,987	2,676	3,832	2,856	4,081	3,000
한국	706	908	709	916	722	908	723	895

보기

㉠ 2020년 일본의 외국적선은 전년 대비 3% 이상 증가했다.
㉡ 2019년의 조사 국가 모두 전년 대비 국적선과 외국적선이 증가했다.
㉢ 조사기간 동안 매년 국적선과 외국적선의 합은 중국이 가장 크고, 한국이 가장 작다.
㉣ 조사기간 동안 그리스의 연평균 국적선은 700척 이상이다.

① ㉠, ㉡ ② ㉠, ㉢
③ ㉠, ㉣ ④ ㉡, ㉢

07 다음 [표]는 BB평가원이 직원들의 복지 증진을 위해 운영하는 프로그램의 평가 점수이다. 주어진 [표]와 [조건]을 바탕으로 BB평가원에서 운영할 프로그램을 고르면?

[표] 프로그램별 점수

(단위: 점)

분야	프로그램명	전문가 점수	직원 점수
체육	수영	20	33
인문	영어 회화	33	21
체육	요가	37	38
음악	기타	31	27
미술	명화 그리기	25	34
인문	중국어	35	30
연극	연출 노트	18	25
음악	우쿨렐레	20	35

조건

- 전문가와 직원은 후보로 선정된 프로그램을 각각 40점 만점으로 평가하였다.
- 전문가 점수와 직원 점수의 반영 비율을 3 : 2로 적용하여 합산한 후, 하나밖에 없는 분야에 속한 프로그램에는 취득 점수의 30%를 가산점으로 부여한다.
- BB평가원은 가장 높은 점수를 받은 프로그램을 최종 선정하여 운영한다.

① 수영　　② 기타
③ 영어 회화　　④ 요가

08 다음 [그래프]는 수진이네 반 학생들의 통학 시간을 조사하여 나타낸 히스토그램의 일부이다. 통학 시간이 30분 이상인 학생이 전체의 60%일 때 옳지 <u>않은</u> 내용을 고르면?

[그래프] 수진이네 반 학생들 통학 시간

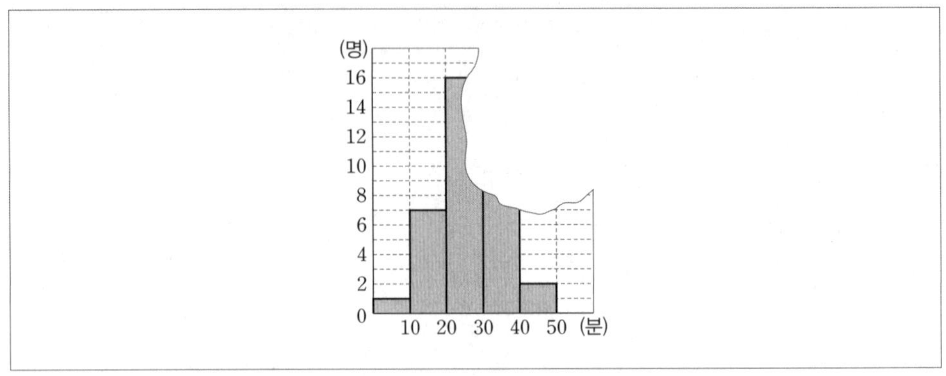

① 계급의 개수는 5이다.

② 통학 시간이 30분 이상인 학생 수는 36명이다.

③ 수진이네 반 전체 학생 수는 60명이다.

④ 30분 이상 40분 미만의 계급의 상대도수는 0.35이다.

09 다음은 ○○기업에서 제조하는 제품 A, B의 매출액 현황에 관한 연례 보고서의 내용 중 일부이다. 2021년 12월 제품 B의 매출액이 100억 원일 때, 2022년 6월 제품 B의 매출액은 얼마인지 고르면?

[보고서]

우리 ○○기업은 4차 산업혁명 시대에 맞게 반도체 생산 및 설비 투자를 지속적으로 해왔습니다. 제품 A는 제품 B에 비해 매출액이 저조하긴 하지만, 앞으로 투자 설비를 증설해 나갈 계획이므로, 향후 매출액은 증가할 것으로 예상됩니다. 다음은 제품 A와 제품 B에 대하여 2022년 1월부터 6월까지의 6개월간 전월 대비 매출액 증감률 현황입니다.

구분	제품 A	제품 B
1월	5%	10%
2월	10%	5%
3월	4%	−20%
4월	15%	25%
5월	20%	0%
6월	12%	100%

① 214억 원 ② 220억 원 ③ 224억 원 ④ 231억 원

[10~11] 다음은 연도별 A기업의 정규직 신규채용 현황에 관한 자료이다. 이어지는 질문에 답하시오.

[표] A기업 정규직 신규채용 현황

(단위: 명)

구분	2013년	2014년	2015년	2016년	2017년
정규직 총 신규채용 인원	1,605	1,503	2,103	2,828	3,361
시간선택제(전일제 환산)	0	14	22	20	0
시간 선택제(인원수)	0	29	44	41	0
청년	710	719	965	1,338	1,549
여성	229	187	251	301	396
장애인	17	6	11	15	15
비수도권 지역인재	350	311	480	703	927
이전지역 지역인재	61	51	110	124	245
고졸 인력	238	186	220	286	229

※ 중복 응답은 없었다.

10 주어진 자료에 대한 설명으로 옳은 것을 고르면?

① 정규직 신규채용은 2014년부터 2017년까지 전년 대비 증가하였다.
② 정규직 신규채용 중 여성의 비율은 2017년보다 2013년이 더 높다.
③ 2017년 정규직 신규채용 중 장애인의 비율은 1% 이상이다.
④ 정규직 신규채용 중 매년 고졸 인력이 이전지역 지역인재보다 많다.

11 2015년 정규직 총 신규채용 인원 중에 여성의 비율을 고르면?(단, 소수점 첫째 자리에서 반올림한다.)

① 9% ② 12%
③ 16% ④ 21%

12 다음 [표]는 연도별 아르바이트 근무 현황에 대한 자료이다. 이에 대한 설명으로 옳은 것을 고르면?

[표] 연도별 아르바이트 근무 현황 (단위: 시간, 원)

구분	2014년	2015년	2016년	2017년	2018년
주당 평균 근로시간	24.0	19.5	21.0	20.4	20.1
평균 시급	6,100	6,500	7,000	7,600	9,300
한 달 평균 소득	660,000	570,000	643,000	698,000	841,000

① 2018년의 평균 시급은 2014년의 약 1.3배이다.
② 2016~2018년 동안 전년 대비 주당 평균 근로시간은 계속해서 감소하고 있다.
③ 조사 기간 중 주당 평균 소득이 가장 적은 해는 2014년이다.
④ 2016년에 일주일 동안 아르바이트를 하면 평균적으로 147,000원의 소득을 올릴 수 있다.

13 성냥개비를 사용하여 정사각형을 만들고 있다. 정사각형을 321개 만들 때 필요한 성냥개비의 총 개수를 고르면?

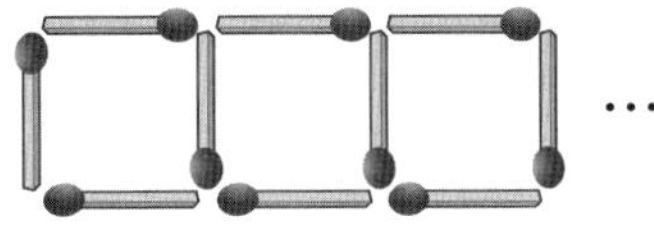

① 963개
② 964개
③ 966개
④ 967개

14 로봇 AI 행사에서 추첨 선물을 나누어 주기 위해 스티커와 초콜릿, 사탕, 볼펜을 샀다. 추첨 선물 중 불량품을 교환하기 위해 영수증을 꺼냈더니 얼룩져서 알아보기 힘든 상태였다. 이때 구입한 볼펜의 개수를 고르면?

영수증			
품목	단가(원)	수량(개)	금액(원)
스티커	300		
초콜릿	700		2,800
사탕		8	2,400
볼펜	1,000		
합계		23	12,000
위 금액을 정히 영수함.			

① 2개　　② 3개　　③ 4개　　④ 5개

15 백화점에서 18,000원인 와인을 15% 할인, 40,000원인 양주를 8% 할인해서 판매한다고 한다. 와인과 양주 각 1병씩을 동시에 살 때, 총 몇 %를 할인받은 것과 같은지 고르면?(단, 소수점 첫째 자리에서 반올림한다.)

① 9%　　② 10%
③ 11%　　④ 12%

16 다음 [표]는 공공부문의 일자리 형태별 일자리 수에 대한 자료이다. 이에 대한 설명으로 옳은 것을 고르면?

[표] 공공부문의 일자리 형태별 일자리 수 현황 (단위: 만 개)

구분		2017년	2018년	2019년	2020년
일반정부	중앙정부	77.7	78.9	82.3	85.0
	지방정부	127.0	126.7	135.2	147.7
	사회보장기금	3.7	4.1	4.5	4.8
공기업	비금융공기업	32.1	32.8	35.4	36.3
	금융공기업	2.6	2.6	2.7	2.8

① 2020년 일반정부 일자리 수에서 지방정부 일자리 수가 차지하는 비중은 약 65%이다.

② 2019년 일반정부 일자리 수의 전년 대비 증가량은 15.3만 개이다.

③ 2018년 일자리 수는 비금융공기업이 금융공기업보다 29.2만 개 더 많다.

④ 제시된 기간 동안 매년 중앙정부 일자리 수는 비금융공기업 일자리 수의 2배 이상이다.

17 다음은 어느 정거장에서 정차하는 버스 9대의 배차 시간과 각 버스를 기다리는 승객 수에 대한 산점도이다. 이에 대한 설명으로 옳은 것을 고르면?

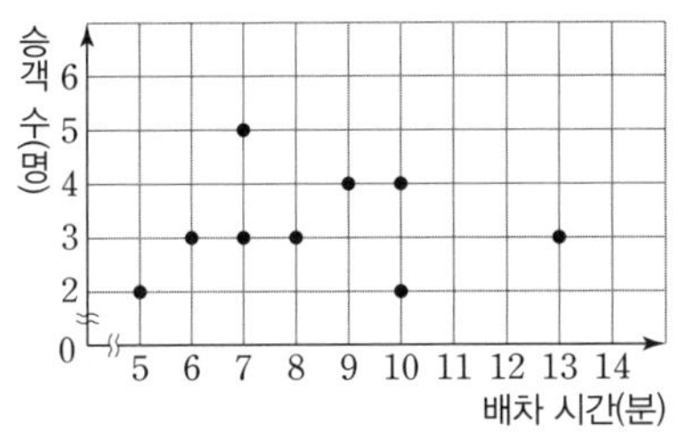

① 배차 시간이 10분인 버스는 2대이고, 이 버스들을 기다리는 승객은 각각 2명, 4명이다.

② 배차 시간이 가장 긴 버스를 기다리는 승객은 1명이다.

③ 배차 시간이 가장 짧은 버스를 기다리는 승객은 1명이다.

④ 배차 시간이 길수록 기다리는 승객도 많은 경향이 있다.

18 다음 [표]는 우리나라의 암별 발생률을 나타낸 자료이다. 이에 대한 설명으로 옳은 것을 고르면?

[표] 우리나라의 암별 발생률

(단위: %)

구분	2014년	2015년	2016년	2017년	2018년	2019년	2020년
위암	31.5	30.6	28.8	25.5	23.9	24.0	24.3
간암	24.1	23.9	23.0	21.4	20.0	20.7	21.3
폐암	14.4	17.0	18.8	19.4	20.6	22.1	24.4
대장암	4.5	4.6	5.6	6.3	7.0	7.9	8.9
유방암	1.7	1.9	1.9	2.2	2.1	2.4	4.9
자궁암	7.8	7.5	7.0	6.1	5.6	5.6	5.6

① 우리나라 사람에게 가장 많은 암으로 알려지던 위암, 간암은 점차 감소하는 추세를 보이고 있다.

② 폐암의 발생률은 계속적으로 증가하고 있으며 2014년 대비 2020년 발생률의 증가율이 가장 높다.

③ 지난 2014년에 비해서 2020년에 발생률이 증가한 암은 폐암, 대장암, 유방암이다.

④ 2020년에는 위암으로 인한 사망자 수가 가장 많으며 이러한 추세는 계속 지속될 것으로 보인다.

[19~20] 다음 [표]는 A지역의 난방설비별 연료 소비량에 대한 자료이다. 이를 바탕으로 질문에 답하시오.

[표] 난방설비별 연료 소비량 (단위: TOE)

난방설비 \ 연료	연탄	석유류	도시가스	전력	열에너지	임산연료	합계
중앙난방	–	292.5	734.2	216.4	–	–	1,243.1
지역난방	–	0.7	174.9	350.4	1,383.3	–	1,909.3
도시가스 보일러	–	86.6	9,934.0	2,129.5	–	–	12,150.1
석유 보일러	62.3	3,366.5	12.3	1,016.0	–	0.1	4,457.2
LPG 보일러	–	1,141.2	7.0	146.1	–	–	1,294.3
전기 보일러 및 전기 온돌	–	104.2	26.1	279.8	–	–	410.1
연탄 아궁이 및 연탄 보일러	424.4	55.9	0.4	45.6	–	–	526.3
재래식 아궁이	–	12.1	–	9.8	–	0.6	22.6
기타	–	22.1	0.1	18.6	–	2.9	43.6
합계	486.7	5,081.8	10,889	4,212.2	1,383.3	3.6	22,056.6

19 주어진 자료에 대한 설명으로 옳지 않은 것을 고르면?

① 가장 많이 사용되는 난방설비는 도시가스 보일러이다.
② 석유 보일러에서 두 번째로 많이 소비되는 연료는 전력이다.
③ 재래식 아궁이의 연료 중 임산연료가 차지하는 비중은 2% 이상이다.
④ 전체 연료 소비량 중 전력이 차지하는 비율은 약 21%이다.

20 연탄 아궁이 및 연탄 보일러에 가장 많이 쓰이는 연료가 전체 해당 연료 중 연탄 아궁이 및 연탄 보일러에 사용하는 비중을 고르면?

① 87.2%　② 88.5%
③ 88.7%　④ 90.2%

파이널 모의고사 2회

공간능력

18문항/10분

정답과 해설 ▸ P.47

[01~05] 다음 조건을 참고하여 제시된 입체 도형의 전개도로 알맞은 것을 고르시오.

※ 입체 도형을 전개하여 전개도를 만들 때, 전개도에 표시된 그림(예: ▮, ◢ 등)은 회전의 효과를 반영함. 즉, 본 문제의 풀이과정에서 보기의 전개도상에 표시된 '▮'와 '▬'은 서로 다른 것으로 취급함.

※ 단, 기호 및 문자(예: ☎, ♤, ♨, K, H)의 회전에 의한 효과는 본 문제의 풀이과정에 반영하지 않음. 즉 입체 도형을 펼쳐 전개도를 만들었을 때에 '☏'의 방향으로 나타나는 기호 및 문자도 보기에서는 '☎' 방향으로 표시하며 동일한 것으로 취급함.

01

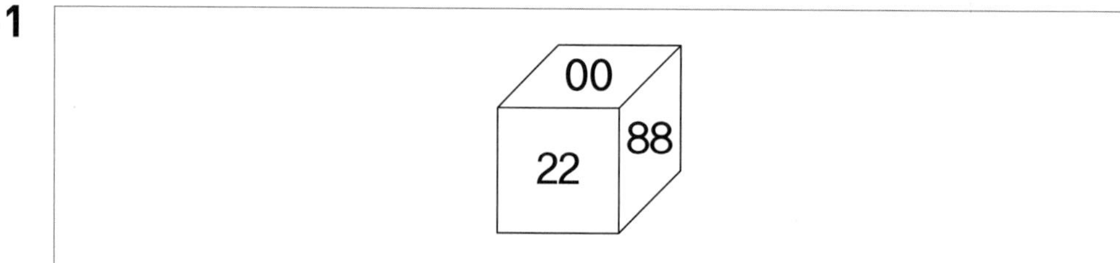

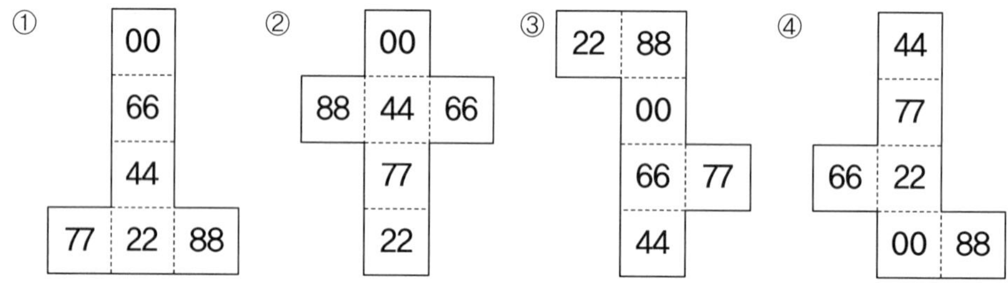

02

대
민

① 국 대 한 민 장

② 한 국 민 장 대

③ 대 민 장 한 국

④ 대 장 한 국 민

03

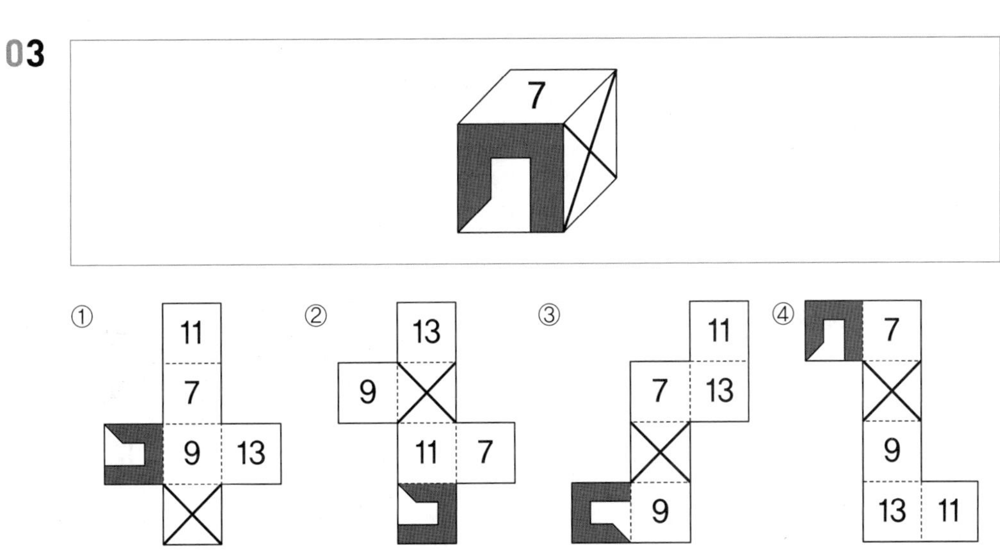

04

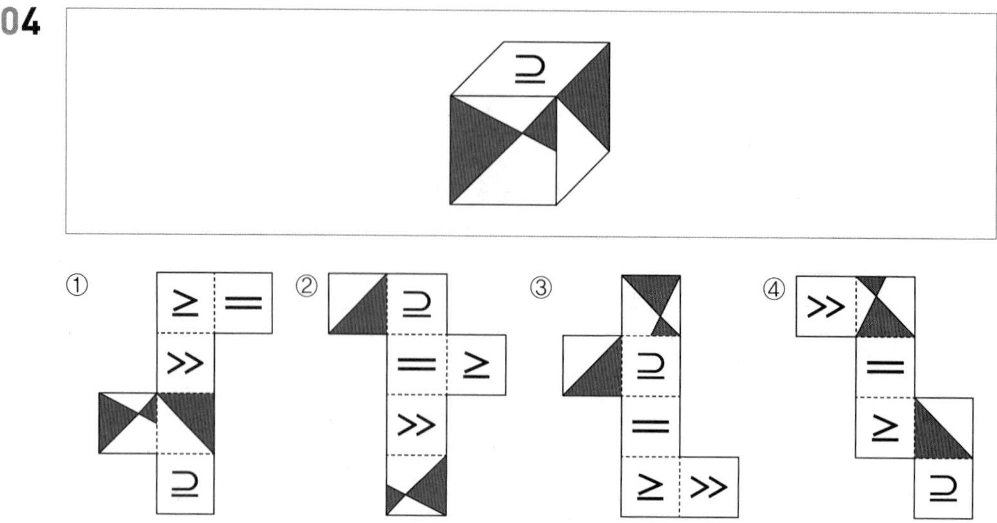

05

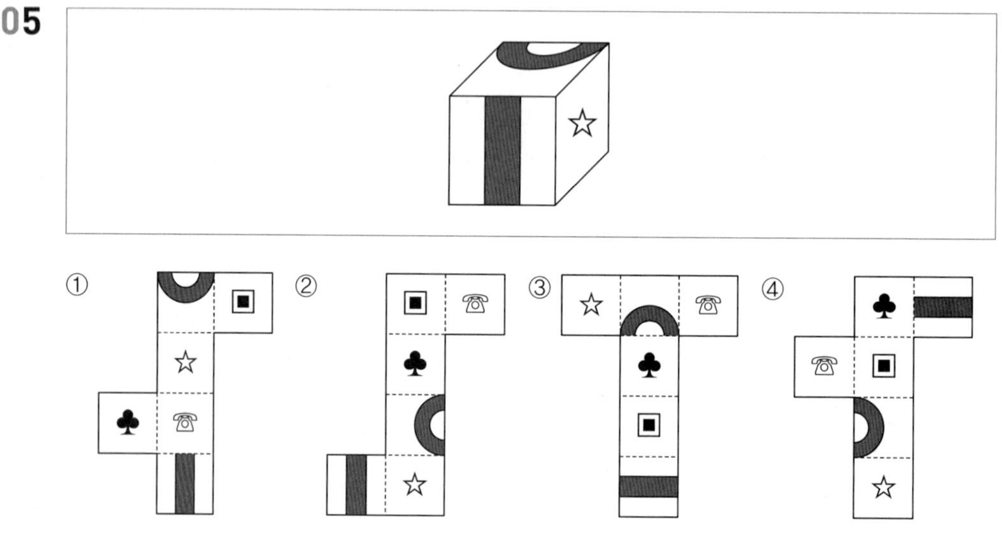

[06~10] 다음 조건을 참고하여 제시된 전개도로 만든 입체 도형에 해당하는 것을 고르시오.

> ※ 전개도를 접을 때 전개도상의 그림, 기호, 문자가 입체 도형의 겉면에 표시되는 방향으로 접음.
> ※ 전개도를 접어 입체 도형을 만들 때, 전개도에 표시된 그림(예: ▮, ◢ 등)은 회전의 효과를 반영함. 즉, 본 문제의 풀이과정에서 보기의 전개도상에 표시된 '▮'와 '▬'은 서로 다른 것으로 취급함.
> ※ 단, 기호 및 문자(예: ☎, ♤, ♨, K, H)의 회전에 의한 효과는 본 문제의 풀이과정에 반영하지 않음. 즉 전개도를 접어 입체 도형을 만들었을 때에 '☎'의 방향으로 나타나는 기호 및 문자도 보기에서는 '☎' 방향으로 표시하며 동일한 것으로 취급함.

06

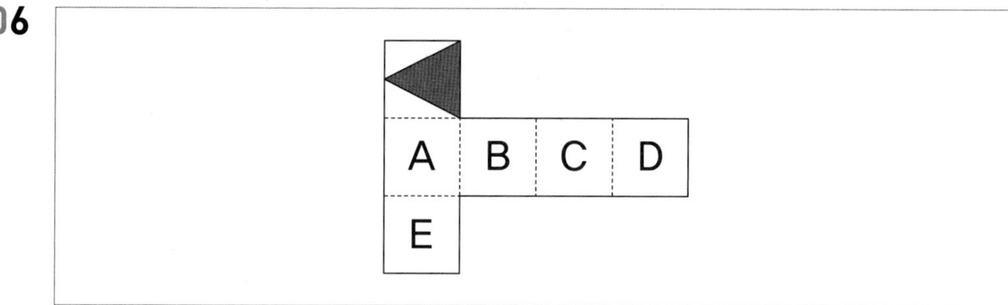

① 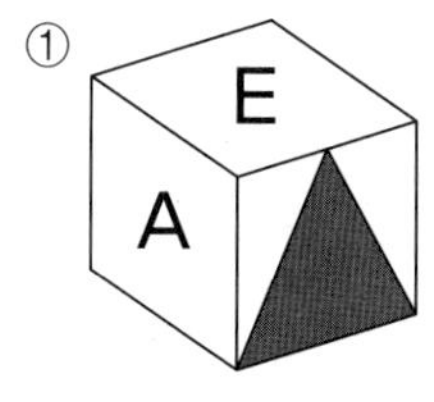

② 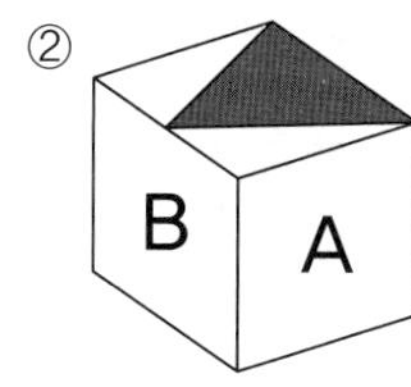

③ 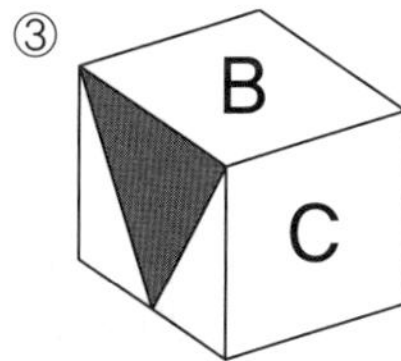

④ 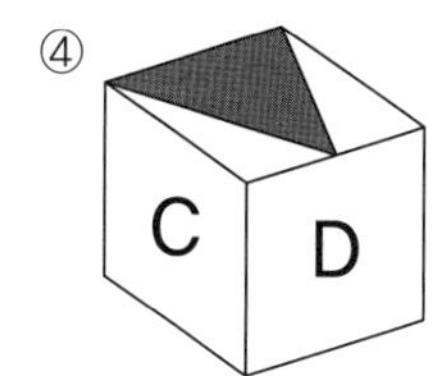

07

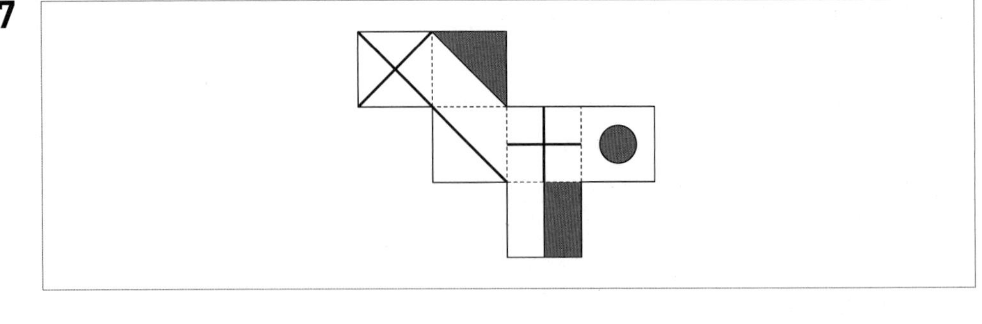

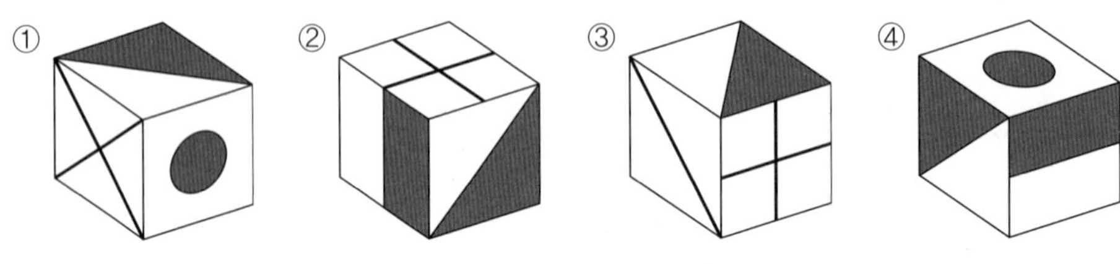

08

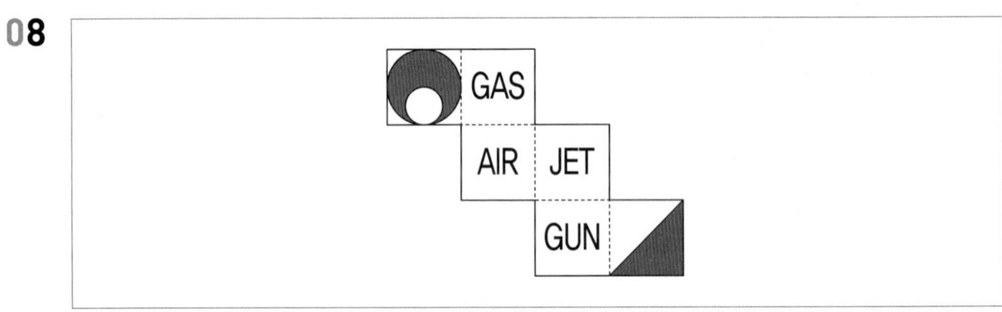

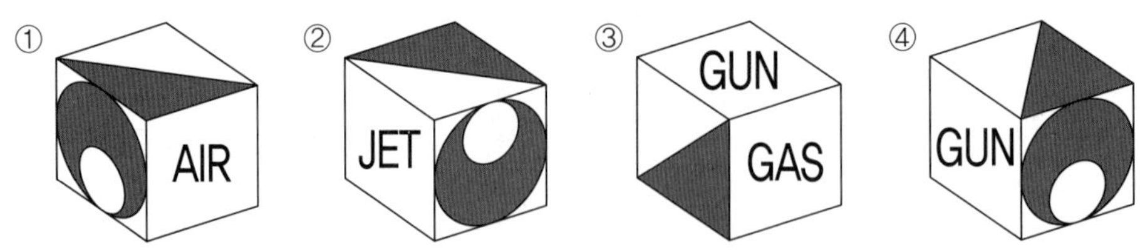

09

체리
포도 수박
딸기

① 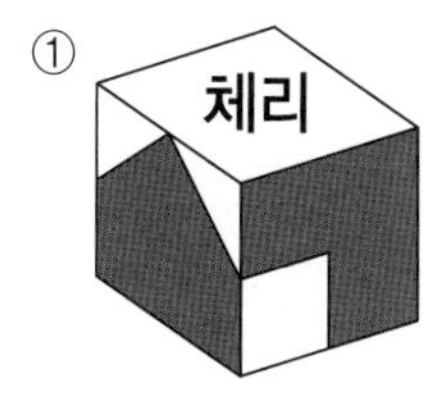

② 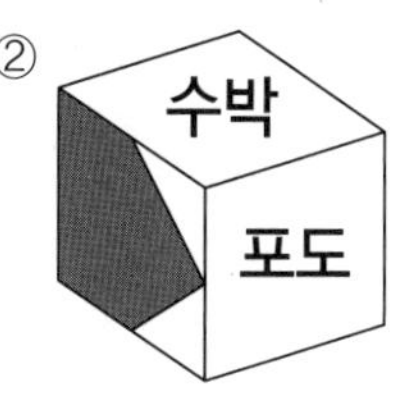

③ 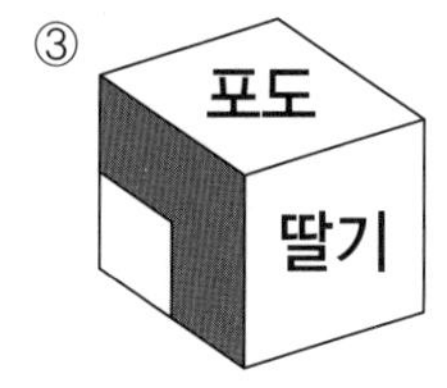

④ 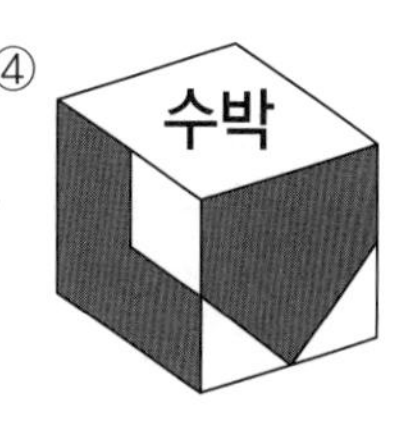

10

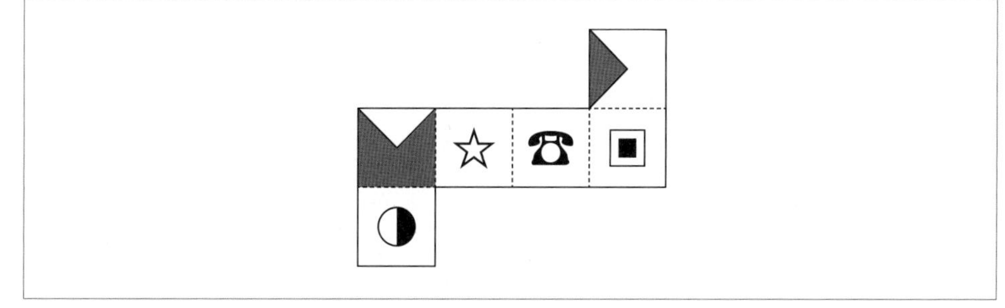

① 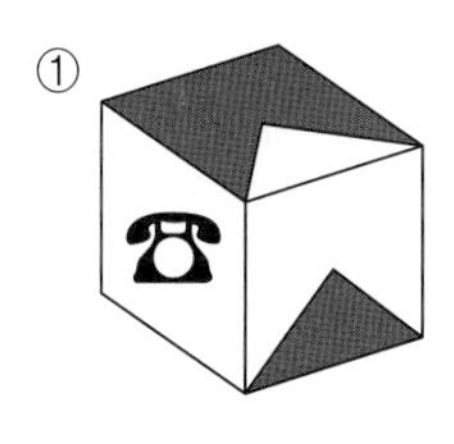

② 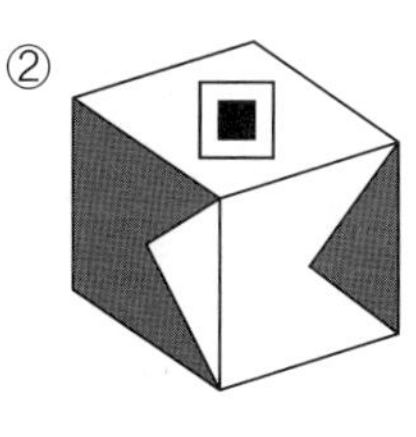

③ 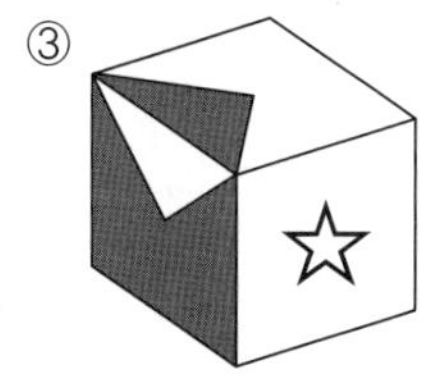

④ 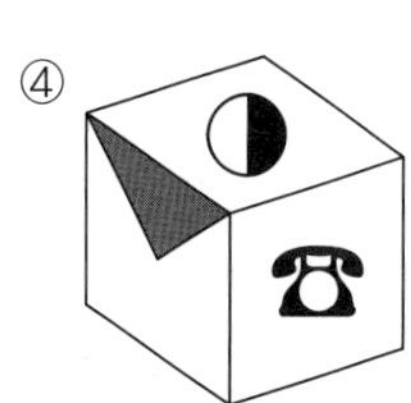

[11~14] 다음 그림과 같이 쌓기 위해 필요한 블록의 개수를 고르시오.

11

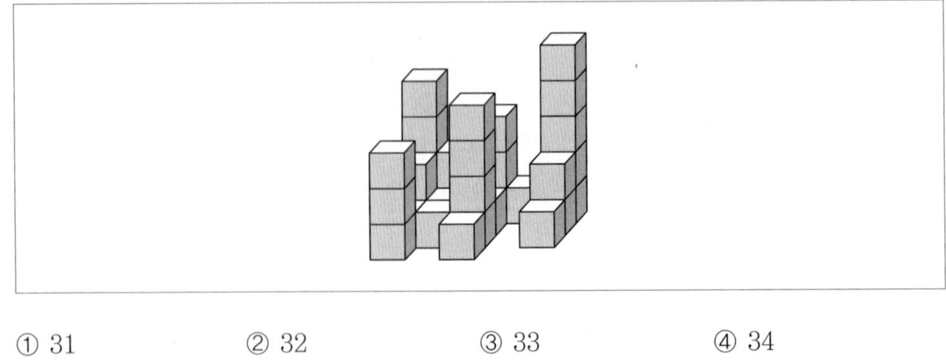

① 31 ② 32 ③ 33 ④ 34

12

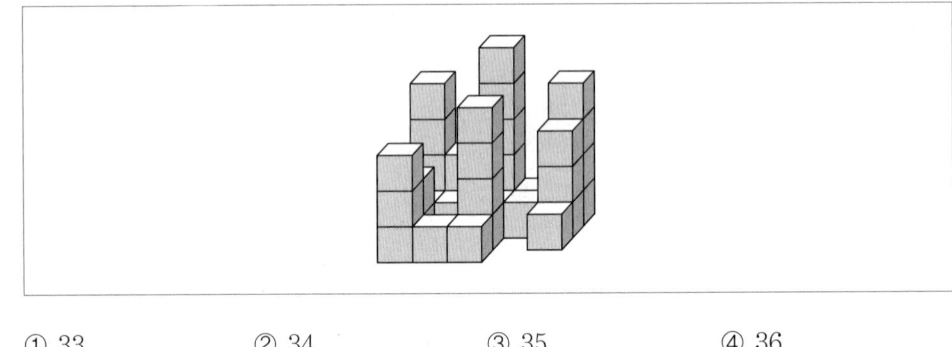

① 33 ② 34 ③ 35 ④ 36

13

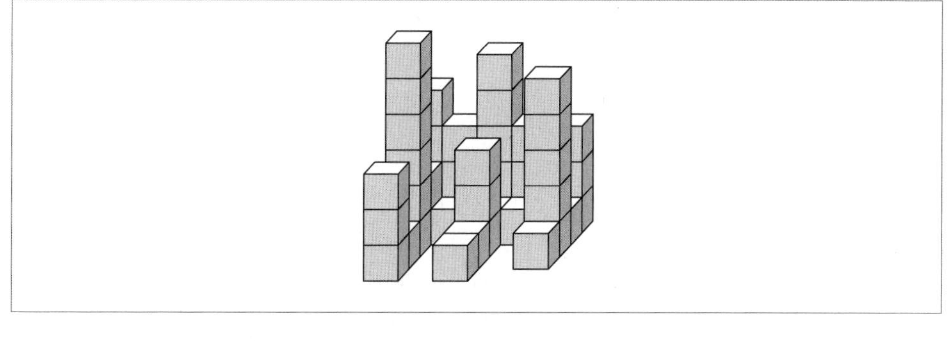

① 44 ② 45 ③ 46 ④ 47

14

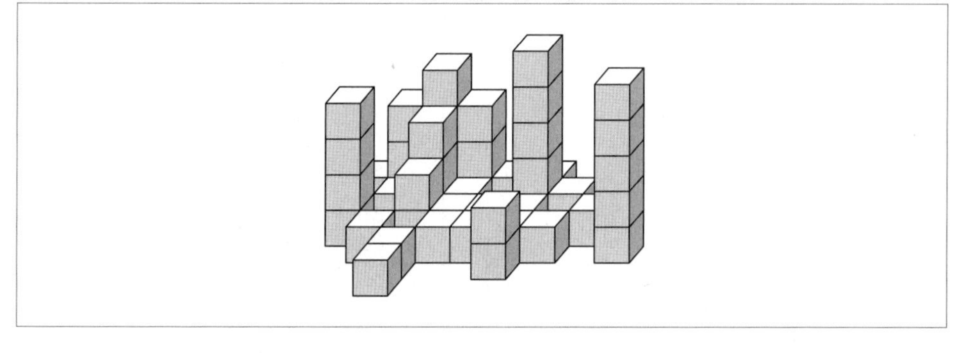

① 45 ② 46 ③ 47 ④ 48

[15~18] 다음 블록을 화살표 방향에서 바라볼 때의 모양을 고르시오.

15

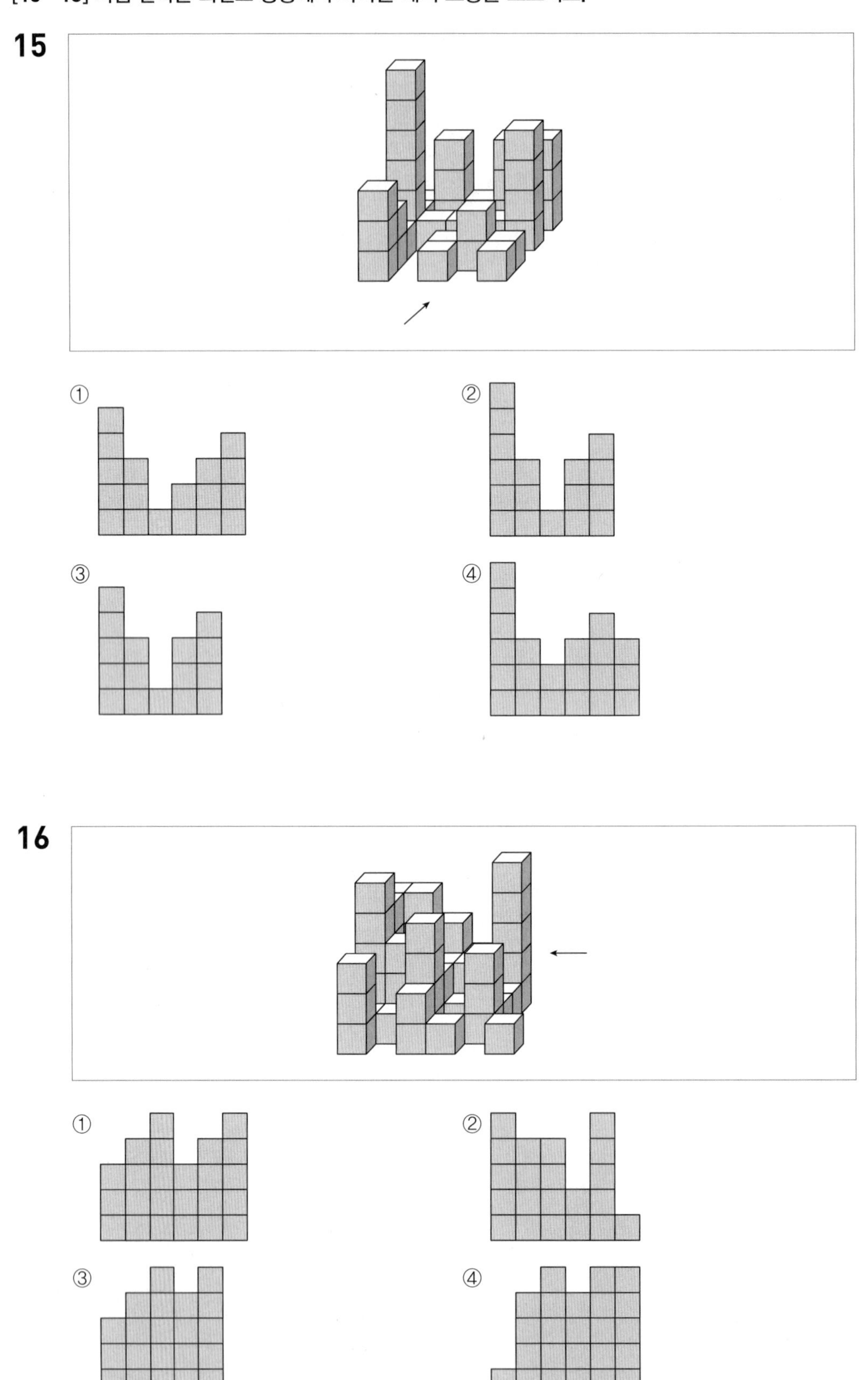

17

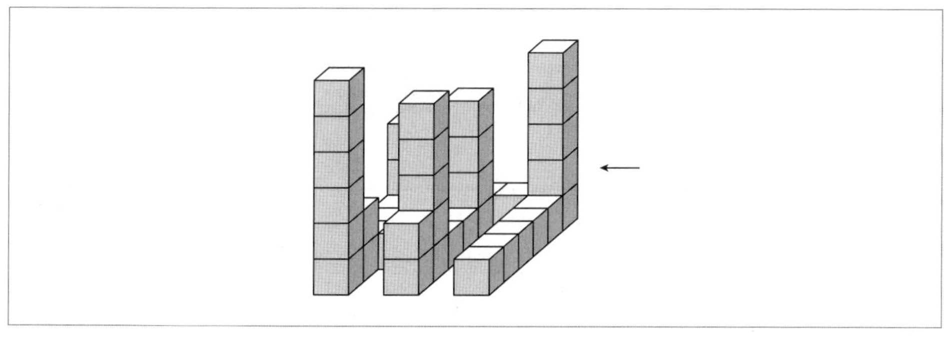

① 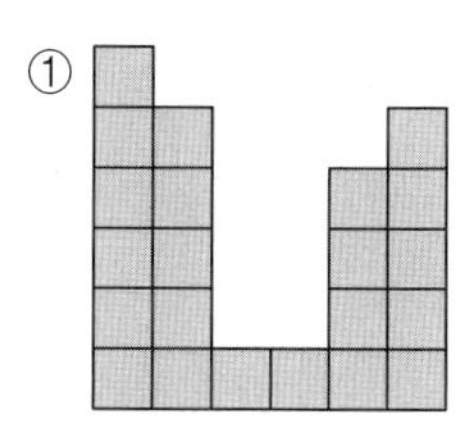

② 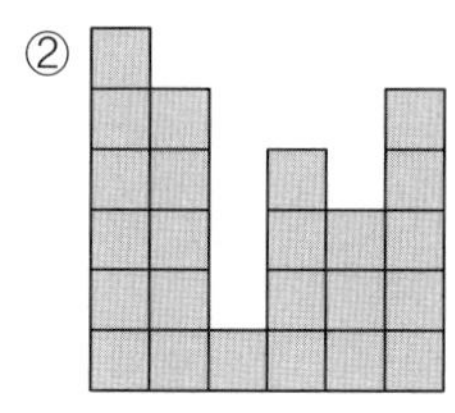

③ 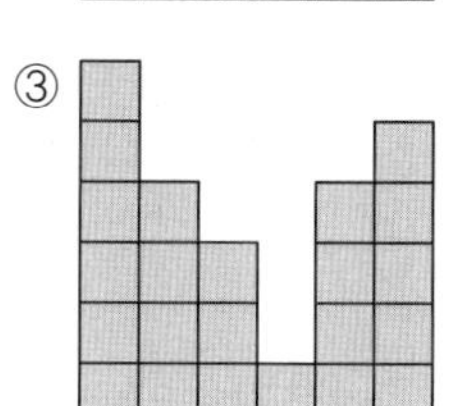

④ 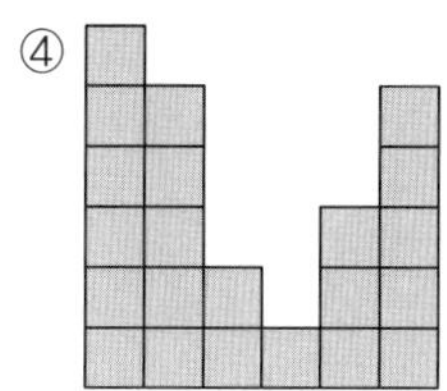

18

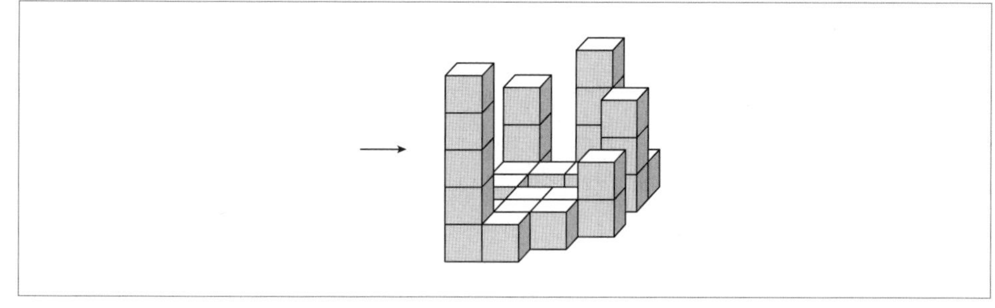

① 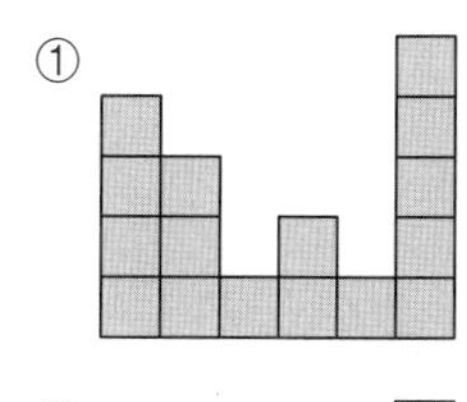

② 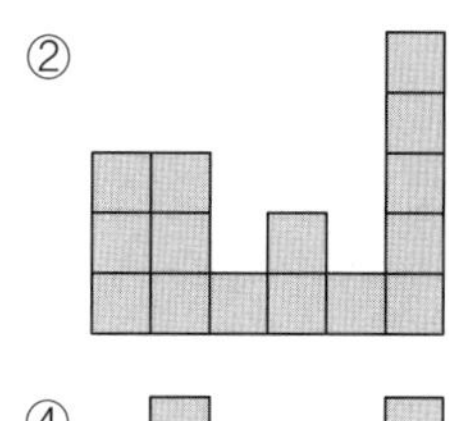

③ 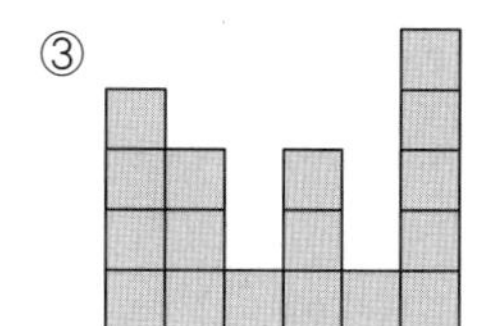

④ 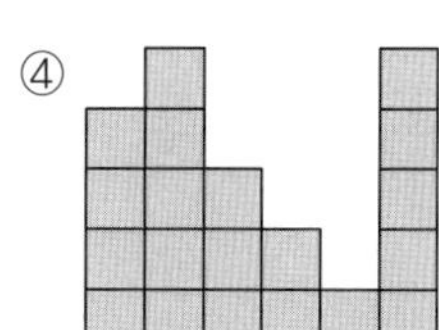

파이널 모의고사 2회

지각속도

30문항/3분

정답과 해설 ▶ P.49

[01~05] 다음 [보기]를 보고 제시된 문자가 알맞게 치환되었는지 판단하시오.

보기

㊃ = 乙	㊁ = 女	㊋ = 刀	㊄ = 弓	㊍ = 支
㊊ = 十	㊎ = 巳	㊂ = 力	㊌ = 尸	㊀ = 方

01 ㊋ ㊊ ㊌ ㊄ – 刀 十 尸 方

① 맞음　② 틀림

02 ㊌ ㊎ ㊍ ㊃ – 尸 巳 支 乙

① 맞음　② 틀림

03 ㊀ ㊄ ㊁ ㊎ – 方 弓 女 巳

① 맞음　② 틀림

04 ㊁ ㊍ ㊂ ㊀ – 女 支 力 刀

① 맞음　② 틀림

05 ㊂ ㊃ ㊊ ㊋ – 力 乙 十 刀

① 맞음　② 틀림

[06~10] 다음 [보기]를 보고 제시된 문자가 알맞게 치환되었는지 판단하시오.

보기

心 = ❢❣	忄 = ❤❥	戈 = ❡❦	戸 = ✱✲	歹 = ✶✷
皿 = ✿❀	目 = ❁❂	⺌ = ❥❉	片 = ✻✽	爿 = ✫✩

06

心 忄 歹 ⺌ – ❢❣ ❤❥ ✶✷ ❥❉

① 맞음 ② 틀림

07

戸 戈 目 片 – ✱✲ ❥❉ ❁❂ ✻✽

① 맞음 ② 틀림

08

歹 目 片 忄 – ✶✷ ❁❂ ✻✽ ❤❥

① 맞음 ② 틀림

09

皿 戸 忄 爿 – ✿❀ ✱✲ ❤❥ ✫✩

① 맞음 ② 틀림

10

爿 心 戈 皿 – ✫✩ ❢❣ ❡❦ ✶✷

① 맞음 ② 틀림

[11~15] 다음 [보기]를 보고 제시된 문자가 알맞게 치환되었는지 판단하시오.

보기

HK = i	BR = ii	UD = iii	NU = iv	AI = vi
IS = v	TJ = xii	HL = xi	MB = viii	GK = vii

11

NU HK IS MB – iv i v viii

① 맞음 ② 틀림

12

AI BR TJ GK – vi ii xii i

① 맞음 ② 틀림

13

HK UD HL IS – i iii xi v

① 맞음 ② 틀림

14

BR TJ MB NU – ii xii vii iv

① 맞음 ② 틀림

15

UD GK AI HL – iii vii vi xi

① 맞음 ② 틀림

[16~20] 다음 [보기]를 보고 제시된 문자가 알맞게 치환되었는지 판단하시오.

보기

성게 = 92	맛조개 = 29	전복 = 34	가리비 = 91	바지락 = 51
홍합 = 54	참굴 = 68	고둥 = 72	멍게 = 47	소라 = 24

16

고둥 성게 소라 전복 – 72 92 24 34

① 맞음 ② 틀림

17

홍합 멍게 바지락 맛조개 – 54 47 51 29

① 맞음 ② 틀림

18

참굴 가리비 고둥 전복 – 68 91 72 24

① 맞음 ② 틀림

19

성게 소라 바지락 참굴 – 92 24 51 68

① 맞음 ② 틀림

20

맛조개 홍합 가리비 멍게 – 29 54 92 47

① 맞음 ② 틀림

[21~25] 다음 [보기]를 보고 제시된 문자가 알맞게 치환되었는지 판단하시오.

보기

⦫ = ☞	⦯ = ☜	⦩ = ◈	⦬ = ☎	⦮ = ☟
⦝ = ♣	⦞ = ⊙	⦣ = ▣	⦤ = ☏	⦢ = ☝

21

⦫ ⦯ ⦤ ⦞ – ☞ ☜ ☏ ⊙

① 맞음 ② 틀림

22

⦝ ⦩ ⦣ ⦢ – ♣ ◈ ☟ ☝

① 맞음 ② 틀림

23

⦩ ⦞ ⦬ ⦣ – ◈ ⊙ ☎ ☞

① 맞음 ② 틀림

24

⦢ ⦤ ⦯ ⦝ – ☝ ☏ ☜ ♣

① 맞음 ② 틀림

25

⦬ ⦣ ⦫ ⦮ – ☎ ▣ ☞ ☟

① 맞음 ② 틀림

[26~30] 왼쪽의 문자가 몇 번 제시되는지 고르시오.

26

s	Dig where the gold is unless you just need some exercise.

① 4　② 5　③ 6　④ 7

27

99	99425349945934539493453459943499434537343994534994345434345378994323137453789943

① 7　② 8　③ 9　④ 10

28

♒	♋♌♍♎♏♉♒♊♒♑♐♓er&♈☸ॐ♒♑♏♎♍♋♊♉♈♓♒♊♌♍♎♐♑♒♓er&♒♓er♊♌&×♒♓✓♈✓&♈♓♒♑♐♏♎♍♎♏♌♊♌♒♓♋

① 7　② 8　③ 9　④ 10

29

ㄴ	할 말이 없을 때에는 가만히 있으라. 진정한 열정이 느껴질 때, 꼭 해야 할 말이 있을 때 그것을 정열을 다해 말하라.

① 3　② 4　③ 5　④ 6

30

Φ	$\Phi\Phi\underline{\Phi}\overline{\Phi}\Phi\overline{\Phi}\overline{\Phi}\underline{\Phi}\underline{\Phi}\overline{\Phi}\Phi\underline{\Phi}\underline{\Phi}\underline{\Phi}\overline{\Phi}\underline{\Phi}\Phi\underline{\Phi}\overline{\Phi}\Phi\Phi\underline{\Phi}\overline{\Phi}\Phi\Phi\Phi\Phi\underline{\Phi}\underline{\Phi}\overline{\Phi}\Phi\overline{\Phi}\overline{\Phi}\Phi\underline{\Phi}\underline{\Phi}\underline{\Phi}\overline{\Phi}\overline{\Phi}\underline{\Phi}\underline{\Phi}\Phi\Phi\underline{\Phi}\overline{\Phi}\underline{\Phi}\overline{\Phi}\underline{\Phi}\underline{\Phi}\overline{\Phi}\underline{\Phi}\Phi\Phi\underline{\Phi}\overline{\Phi}\overline{\Phi}\Phi\underline{\Phi}\Phi\Phi\underline{\Phi}\overline{\Phi}\Phi\overline{\Phi}\overline{\Phi}\underline{\Phi}$

① 20　② 21　③ 22　④ 23

파이널 모의고사 2회

언어논리

25문항/20분

정답과 해설 ▸ P.50

01 다음 빈칸에 들어갈 한자 성어로 적절한 것을 고르면?

> 부채위기를 해결하겠다고 나선 유럽 국가들의 움직임이 당장 눈앞에 닥친 위기 상황만을 모면하려는 태도여서 안타깝다. 이것은 유럽중앙은행(ECB)의 대차대조표에서 명백한 정황이 드러난다. ECB에 따르면 지난해 말 대차대조표의 자금이 8,700억 유로를 기록해 사상 최고치를 기록했다. 2개월 전과 비교해도 350억 유로가 늘어난 수치이다. 문제는 ECB의 장부가 대폭 부풀어 오른 배경이다. 유로존 주변국의 중앙은행은 채권을 발행해 이를 담보로 ECB에서 자금을 조달한다. 이렇게 ECB의 자금을 손에 넣은 중앙은행은 정부가 발행한 국채를 사들인다. 이는 금융 시장에서 '팔기 힘든' 국채를 해결하기 위한 (　　　　　　)인 셈이다.

① 오비이락(烏飛梨落)
② 임시변통(臨時變通)
③ 연목구어(緣木求魚)
④ 십년감수(十年減壽)
⑤ 적반하장(賊反荷杖)

02 다음 중 외래어 표기가 옳지 않은 것이 모두 몇 개인지 고르면?

메뉴		
레모네이드	사과 주스	커피
슈림프 스파게티	랍스터	피자
딸기 셔벗	빵과 잼	케이크

① 1개
② 2개
③ 3개
④ 4개
⑤ 없음

03 높임법의 사용이 옳지 않은 것을 고르면?

① 우리 할아버지께서는 치아가 아프시다.
② 교수님은 두 살 된 따님이 있으시다.
③ 선생님, 제 이야기 좀 들어 주십시오.
④ 교장 선생님의 훈화 말씀이 있으시겠습니다.
⑤ 고객님, 주문하신 상품이 나오셨습니다.

04 다음 밑줄 친 단어와 가장 유사한 의미로 사용된 것을 고르면?

> DNA는 세포의 핵 안에서 유전 정보를 저장하는 물질로, 뉴클레오티드라고 하는 기본 단위가 사슬처럼 연결된 중합체이다. 뉴클레오티드는 당, 인산과 염기로 구성되는데, 이 중 인산은 음이온이므로 DNA는 음전하를 띤다.

① 치마가 흘러내리지 않게 허리에 띠를 띠었다.
② 그는 나이가 들면서 보수적 성격을 띠어 갔다.
③ 병사들은 중대한 임무를 띠고 적진에 들어갔다.
④ 그는 붉은빛을 띤 장미를 들고 교실에 나타났다.
⑤ 추천서를 띠고 회사를 찾아가라.

05 다음 밑줄 친 단어와 동일한 의미로 쓰인 것을 고르면?

> 이렇게 좋은 결과를 받게 될 줄은 몰랐다.

① 새해 복 많이 받으세요.
② 쌀을 팔아 술을 받아 왔다.
③ 병원에 가서 의사에게 진료를 받았다.
④ 그는 좌회전 신호를 받고 천천히 차의 속도를 높였다.
⑤ 물건을 받아다가 도시에서 팔면 이익이 배로 남는다.

06 문맥상 밑줄 친 부분과 공통으로 바꾸어 쓸 수 있는 단어로 가장 적절한 것을 고르면?

- 시장 건어물 가게 언저리는 제법 사람들이 몰리는 곳이다.
- 우리는 코스모스가 핀 길 가장자리를 쭉 따라 걸었다.
- 그 집 정원 테두리에는 알록달록한 색깔의 페인트로 칠해져 있었다.

① 출구(出口) ② 주변(周邊) ③ 절정(絕頂)
④ 회전(回轉) ⑤ 현상(現狀)

07 다음 중 맞춤법에 맞게 수정되지 않은 문장을 고르면?

① 너와 나의 스타일은 틀리다. → 너와 나의 스타일은 다르다.
② 두꺼운 허벅지를 얇게 만들고 싶다. → 굵은 허벅지를 가늘게 만들고 싶다.
③ 출석 회원의 과반수 이상이 찬성하였다. → 출석 회원의 과반수가 찬성하였다.
④ 오늘 출발 시간은 오전 여덟 시 정각이다. → 오늘 출발 시간은 오전 여덟 시이다.
⑤ 옷 사이즈가 적어서 못 입는 사람들이 많다. → 옷 사이즈가 작아서 못 입는 사람들이 많다.

08 다음 글의 빈칸에 들어갈 말로 가장 적절한 것을 고르면?

> 사회가 변하면 사람들은 그때까지의 생활을 그대로 받아들이지 못하고, 새로운 생활 양식에 적합한 새로운 언어를 필요로 하게 된다. 그 언어가 자연스럽게 생성되기를 기다릴 수도 있지만 일반적으로 사람들은 외국으로부터 그러한 개념의 언어를 빌려 오려고 한다. 기술이나 돈을 빌리는 것에 비하면 언어는 대가 없이 빌려 쓸 수 있으므로 제한 없이 외래어를 사용한다.
>
> 이처럼 (   ) 우리나라에 광복 이후 외래어가 넘쳐나게 된 것은 우리나라의 괄목상대할 만한 성장과 결코 무관하지 않다.

① 외래어의 증가는 사회의 폭발적인 성장과 함께 진행되었다.
② 외래어가 증가하면 범람한다는 비판을 받게 된다.
③ 새로운 언어는 사회의 변화를 이끌기도 한다.
④ 새로운 언어는 인간의 욕망을 표현하는 역할을 한다.
⑤ 사회가 급속도로 변하면 새로운 언어가 나타난다.

09 밑줄 친 부분을 같은 의미의 어휘로 바꾸어 쓴 것 중 적절하지 <u>않은</u> 것을 고르면?

① 가을이 되자 은행나무가 몹시 노랗다. → 샛노랗다.
② 그는 열심히 운동을 해서 건강을 다시 찾았다. → 되찾았다.
③ 그는 친구와 돈 문제로 심하게 싸웠다. → 싸움질했다.
④ 화가 난 그가 방을 나가며 방문을 쾅 치는 바람에 문이 세게 닫혔다. → 닫쳤다.
⑤ 그 학교는 생각했던 것보다 매우 크다.→ 커다랗다.

10 **다음 밑줄 친 ㉠의 문맥적 의미로 옳은 것을 고르면?**

> 현재의 상황에 문제가 있다는 점을 인식하고, 그 문제의 해결을 위해 새로운 주장을 해야 할 때가 있다. 이때 새로운 주장을 하는 사람은 자신의 주장이 왜 옳은지 타당한 근거를 들어 증명할 책임이 있다. 만일 주장에 대한 '㉠ 의미 있는 증거'를 제시하지 못하면, 상대방은 그 사람의 주장을 받아들이지 않을 것이다. 문제 상황에 대해 새로운 주장을 할 때는 무책임하게 자신의 주장만을 내세우는 것이 아니라 문제 상황, 대안의 실현 가능성 및 유익함에 대해 입증할 책임이 있음을 명심해야 한다.

① 관련성 있는
② 책임감이 있는
③ 기존의 것과는 다른
④ 문제를 해결할 수 있는
⑤ 타당하고 입증할 수 있는

11 **다음 글의 주제로 가장 적절한 것을 고르면?**

> 아프리카 남동부에서 사용되는 스와힐리어에서는 사람이 태어나면 일단 사물을 지칭하는 단어인 'kintu'라고 부르다가, 언어를 배우게 되면 비로소 인간을 뜻하는 'muntu'라고 부른다. 일부 영어권에서도 유아는 'it'이라고 지칭하다가 언어를 습득하고 난 후에야 'he'나 'she'라고 지칭한다. 이러한 예를 통해서 언어와 인간의 절대적인 관계를 확인할 수 있다.
>
> 인간의 생활과 더불어 생겨난 것이 문화이다. 문화는 언어를 통하여 유지되고, 언어는 그 자체가 문화이면서 새로운 문화를 창조하고 축적하는 수단이 된다. 우리말에는 '따비, 괭이, 쇠스랑, 삽, 종가래, 가래, 호미, 낫, 도끼' 등과 같은 농사 용어들이 발달되어 있다. 이는 우리 사회가 전통적으로 농경 문화를 가지고 있었음을 보여 준다. 에스키모어에는 '가루눈, 적은 눈, 큰 눈' 등을 구별하는 어휘가 있으며, 오스트레일리아어에는 모래와 관련된 어휘가 많이 발달되어 있다.

① 인간은 언어를 통해 사고한다.
② 언어는 그 사회의 문화를 반영한다.
③ 언어와 인간의 문화는 별개의 문제이다.
④ 인간은 언어를 배우기 전에는 인격이 없다.
⑤ 우리말은 다른 나라의 언어보다 많이 발전되어 있다.

12 다음 글의 [가]~[라]를 흐름에 맞게 바르게 나열한 것을 고르면?

[가] 또한 피의자들도 용기 있게, 이런 행위를 하는 수사 기관들을 상대로 손해 배상 청구 소송을 제기해야 합니다. 나중에 유죄 확정 판결을 받은 피의자라 하더라도 판결이 확정될 때까지는 무죄로 추정되며, 당연히 보호받아야 할 권리를 갖습니다.
[나] 우선 일선에 있는 수사 기관들은 공명심에 휩싸여 언론에 피의자들의 신체와 사생활을 함부로 넘겨주는 행위부터 당장 중단해야 합니다.
[다] 우리나라는 '무죄 추정의 원칙'을 채택하고 있지만 구석구석 '유죄 추정의 원칙'이 지배하고 있습니다. 이미 되돌리기에는 너무 멀리 와 있는지도 모르지만, 그렇다고 희망을 버려서는 안 되겠지요.
[라] 만약 이런 권리가 침해되었을 때, 소송 등을 통해 자기 권리를 찾는 것은 파렴치한 행위가 아니라 시민의 용기 있는 행동입니다.

① [가] – [나] – [다] – [라]
② [나] – [다] – [가] – [라]
③ [다] – [가] – [나] – [라]
④ [다] – [가] – [라] – [나]
⑤ [다] – [나] – [가] – [라]

13 다음 빈칸 ㉠에 들어갈 한자 성어로 적절한 것을 고르면?

혹은 김 첨지도 이 불길한 침묵은 짐작했는지도 모른다. 그렇지 않으면 대문에 들어서자마자 전에 없이, "이 난장맞을 년, 남편이 들어오는데 나와 보지도 안 해. 이 오라질 년!"이라고 고함을 친 게 수상하다. 이 고함이야말로 제 몸을 엄습해 오는 무시무시한 증을 쫓아 버리려는 (㉠)인 까닭이다.

① 동상이몽(同牀異夢) ② 허장성세(虛張聲勢) ③ 새옹지마(塞翁之馬)
④ 호가호위(狐假虎威) ⑤ 하석상대(下石上臺)

14 다음 글을 읽고 감정을 표현하는 가장 좋은 방법을 고르면?

때때로 사람들은 자신을 괴롭히고 있는 것이 무엇인지를 분명히 말하거나 드러내는 대신, 간접적으로 자신의 불쾌감을 표현한다. 어떤 사람은 거들먹거리거나 기저에 있는 적개심을 나타내는 방식으로 다른 동료들과 대화를 나눌 수 있다. 동료들 간에도 어떤 문제에 대해 토론을 할 때 기분 나쁜 주제가 등장하면 신속하게 화제를 바꾸거나 모호한 태도를 보이면서 토론을 그냥 막아버릴 수도 있다. 그러나 이처럼 간접적으로 짜증을 표현하는 방법은 좋은 방법이 아니다. 왜냐하면 간접적인 불쾌감의 표현은 그런 행동의 대상이 되는 사람에게 정확히 어떻게 반응해야 하는지에 대한 아이디어를 제공하지 않기 때문이다. 그들은 자신의 동료가 짜증이 나 있다는 것을 이해하지만 직접적인 표현이 없으므로 자신들이 문제 해결을 위해 무엇을 해야 하는지 전혀 알지 못한다.

① 무리한 부탁을 하는 친구에게 불쾌한 표정을 보여 준다.
② 기분 나쁜 주제에 대해 대화를 시작하면 다른 화제로 돌린다.
③ 나와 다른 생각을 강요하는 친구의 이야기를 못 들은 척한다.
④ 내 행동에 대해 오해하고 있는 친구에게 자초지종을 설명한다.
⑤ 친구와 의견 충돌할 것을 우려하여 시간을 두고 생각하기 위해 우선 자리를 피한다.

15 다음 글의 내용과 일치하지 않는 것을 고르면?

산호 화석에 나타난 미세한 성장선을 세면 산호가 살던 시기의 1년의 날수를 알 수 있다. 산호는 낮과 밤의 생장 속도가 다르기 때문에 하루의 변화가 성장선에 나타나고, 이를 세면 1년의 날수를 알 수 있는 것이다. 이런 방법으로 웰스는 약 4억 년 전인 중기 데본기의 1년이 지금의 365일보다 더 많은 400일 정도임을 알게 되었다. 1년의 날수가 줄어들었다는 것은 지구의 하루가 길어졌다는 말이 된다. 그렇다면 지구의 하루는 왜 길어지는 것일까? 그것은 바로 지구의 자전이 느려지기 때문이다.

① 산호는 낮과 밤의 생장 속도가 다르다.
② 4억 년 전의 지구의 1년은 지금의 1년 날수보다 길다.
③ 4억 년 전의 지구의 하루보다 지금의 하루가 더 짧다.
④ 지구의 하루 시간이 달라지는 것은 지구의 자전 때문이다.
⑤ 산호의 특성을 바탕으로 산호가 살던 시기의 1년의 날수를 알 수 있다.

16 다음 글의 [가]와 [나]의 관계로 옳은 것을 고르면?

[가] 빈부 격차 현상은 기본적으로 장기적인 불황과 고용 사정의 악화로 인해 저임금 근로자와 영세 자영업자들의 생업 기반이 무너진 탓에 심화되었다. 고소득층의 소비가 주로 해외에서 이뤄지기 때문에 내수 회복이나 서민 경제에 별 도움이 되지 않는다는 지적도 있다. 넘쳐흐르는 물이 바닥을 고루 적시는, 이른바 '낙수(落水, 트리클 다운) 효과'가 일어나지 않고 있다는 뜻이다.

[나] 과거의 실패를 거울삼아 저소득층 소득 향상을 통한 근본적인 빈부 격차 개선책을 제시하여 빈자에게 희망을 불어넣어야 한다. 그렇다고 고소득자와 대기업을 욕하거나 경원해서는 안 된다. 무엇보다 기업 투자와 내수 경기를 일으키는 일이 매우 중요하다. 그래야 일자리가 생기고 서민 소득도 늘어나게 된다. 세제를 통한 부의 재분배 정책을 추진할 필요가 있다. 세제만큼 유효한 부의 재분배 수단도 없다. 동시에 장기적인 관점에서 각 부문의 양극화 개선을 위해 경제 체질과 구조 개선을 서두르지 않으면 안 된다.

① 빈부 격차 심화 현상의 원인과 결과
② 빈부 격차 심화 현상의 원인과 해결책
③ 빈부 격차 심화 현상의 원인과 반성
④ 빈부 격차 심화 현상의 실태와 원인
⑤ 빈부 격차 심화 현상의 실태와 해결책

17 다음 글의 ㉠에 들어갈 핵심어를 고르면?

진정한 통일이라는 측면에서 중요한 것이 (㉠)이라고 할 수 있다. 이 점은 우리보다 먼저 통일을 이룩한 독일의 경우에 여실히 드러나고 있다. 1990년에 이어 정치적·경제적 통일을 이룬 독일은 아직도 서독 출신과 동독 출신 사이에 정서적 대립이 심화되고 있는 실정이다. 국내에서 계획한 강연에서 슈미트 전 독일 총리가 준 충고, 즉 "통일 과정에서는 무엇인가 희생하는 부분이 있을 수밖에 없다. 이에 대비하기 위해 정치적·경제적 문제 못지않게 이를 극복하려는 정신적 준비가 필요하다."라는 말을 했다.

① 심리적 통합　② 거리적 통합　③ 경제적 통합
④ 정치적 통합　⑤ 이념적 통합

18 다음 글의 빈칸에 들어갈 단어로 가장 적절한 것을 고르면?

> 주민들의 중심은 지역의 사업가들이며 그들의 관심은 지방 자치의 정책을 구성하고 지방 자치의 행정을 관리하는 데 있다. 지역의 사업가들은 지역 은행가, 여러 종류와 단계의 상인들, 부동산업자들, 지역 변호사들, 지역 성직자 등이다. 판매, 소송, 교회 사업 등 지역의 거래를 차지하는 사업가들은 보통 부동산 투기에서 약간의 지분을 얻으면서 시작한다. 이들이 하는 일은 금전상의 이익이라는 공통의 결속감과 공통점을 갖는다. 그리고 이들이 하는 사업은 보통 애향심, 공공심, 시민으로서의 자부심, 기타 등등의 이름 아래 가식적이 된다.
>
> (　　　　　)의 과시는 매우 지속적으로 유지되어 사업가들 대부분은 곧 자신들의 전문적인 일의 가치를 믿게 된다. 그 지역의 지속적인 성장에 따른 금전상의 이익은 이런 이유로 사업 거래의 규모, 인구, 공헌하는 농촌 사회, 또는 천연자원에 대한 어떤 칭찬할 만한 허위 진술도 공동체 모두를 위해서 쓰이는 것처럼 평가된다. 그리고 이런 사업을 진행하는 공동체의 어떤 구성원은 '영향력 있는 시민'으로, 공동체의 금전상 이익에 기여하는 정도에 따라 칭찬받을 시민으로 평가될 것이다.

① 이타심　② 자부심　③ 애향심
④ 공공심　⑤ 자비심

19 다음 ㉠~㉤ 중 글의 통일성을 해치는 문장을 고르면?

㉠ 수원 화성(華成)은 정조의 명을 받은 실학자 정약용 선생이 자신의 사상과 능력을 총동원해 만들어 낸 실용적이면서도 아름다운 성곽이다. ㉡ 정조는 사도 세자의 아들로, '죄인의 아들은 왕이 될 수 없다.'는 반대파의 견제에 항상 시달려야 했다. ㉢ 실생활에 유용한 도구와 효율적인 행정 체계를 중시했던 정약용은 거중기를 제작하였을 뿐만 아니라 공사 과정과 자재 현황을 일목요연하게 도표화하여 관리하였다. ㉣ 하지만 그의 가장 큰 후견인인 정조가 1800년에 갑자기 승하하자, 이듬해 신유사화가 일어났고 정약용은 유배 길에 올라야만 했다. 정약용이 유배에서 풀려나 고향인 마현으로 돌아온 것은 1818년 가을, 그의 나이 57세 때였다. ㉤ 그는 그 후로 세상을 뜰 때까지 고향에서 자신의 학문을 마무리하여 실학사상을 집대성하였다. 정약용이야말로 조선 시대 관념적 성리학의 시대적 후진성에서 깨어나 근대에 절실히 요구되는 과학적 실학사상을 연구한 선각자였다.

① ㉠ ② ㉡ ③ ㉢ ④ ㉣ ⑤ ㉤

20 다음 글의 뒤에 이어질 내용으로 적절하지 않은 것을 고르면?

손과 눈의 조응을 필요로 하는 운동은 단순히 명확히 보는 것보다 더욱 많은 것을 요구한다. 물론 좌우 2.0의 시력을 갖는 것은 분명 도움이 되지만 그것은 시작에 불과하다. 가장 중요한 것은 집중하는 능력이다. 일부 야구 선수들은 그들이 어떤 경지에 다다랐을 때 공이 느리게 움직이는 것처럼 보이거나 야구공이 비치볼과 같이 크게 보인다고 이야기한다. 그렇다면 어떻게 우리의 '운동 시각'을 발달시킬 수 있을까? 손과 눈의 조응을 향상시키는 가장 좋은 방법은 연습하는 것이다. 이와 관련해 테니스는 손과 눈의 조응을 향상시킬 수 있는 가장 좋은 활동 중의 하나이다. 또한 손과 눈의 조응과 추적 체계들은 일생의 초기에 결정된다. 이것이 바로 야구나 테니스와 같은 손과 눈 조응 유형의 운동을 우리 아이들이 접해야 하는 이유이다.

① 손과 눈의 조응을 위한 집중력 향상 방법
② 손과 눈의 조응을 향상시키는 또 다른 운동들의 예
③ 손과 눈의 조응 운동이 특별히 더 필요한 경우의 예
④ 손과 눈의 조응을 유년기에 접했을 때 달라지는 효과
⑤ 손과 눈의 조응과 사물을 명확히 보기 위해 요구되는 조건

21 다음 글의 내용과 일치하지 <u>않는</u> 것을 고르면?

> 지난 17일, 북한군이 11년 만에 대남 확성기 방송을 재개한 것으로 알려졌다. 우리 군이 북한의 비무장 지대(DMZ) 지뢰 도발에 대한 보복 조치로 대북 확성기 방송을 재개한 데 따른 맞불 작전으로 보인다.
>
> 앞서 북은 지난 2004년 남북 장성급 군사 회담을 열고 군사 분계선 지역에서의 선전 활동 중지 및 선전 수단 제거에 합의하며 상호 간 확성기 방송을 중단한 바 있다. 북한의 대남 방송 내용은 북한 체제 선전과 남측에 대한 비방이 주로 담겨 있는 것으로 알려졌다. 다만 북한의 대남 방송용 스피커의 출력이 약하고 노후하여 남측에서는 알아듣기 쉽지 않을 정도의 수준이라고 한다. 군 관계자는 "북한의 대남 확성기 방송은 대남 심리전 성격보다는 남측의 대북 방송을 북한군이나 일반 주민들이 듣지 못하도록 상쇄하기 위한 목적이 크다."라고 전했다.
>
> 우리 군은 대북 방송을 재개한 지난 일주일간 주로 국내외 뉴스와 날씨 정보, 가요 등을 방송했다. 김정은 북한 노동당 제1비서나 북한 체제에 대한 직접적 비방을 담은 내용은 내보내지 않은 것으로 전해졌다. 이와 관련하여 북한은 지난 14일 '전선서부지구사령부' 명의의 전통문을 통해 우리 측의 대북 확성기 방송 재개를 '무모한 군사적 도발 행위'로 규정하고 '우리와 맞설 용기가 있다면 전장에 나와 군사적 결판을 내자'라고 위협했다.

① 남한이 북한보다 먼저 확성기 방송을 재개하였다.
② 남한이 방송을 재개한 이유는 북한의 지뢰 도발 때문이다.
③ 북한과 남한의 방송은 모두 서로에 대한 직접적인 비방의 내용이 들어가 있다.
④ 북한의 방송은 시설 낙후로 제대로 들리지 않는다.
⑤ 북한의 방송은 심리전보다는 남한 방송에 대한 상쇄의 목적이 강하다.

22 다음 [보기]의 논증 구성에 대한 분석으로 옳은 것을 고르면?

보기

㉠ 문제는 선행학습이 본디 뜻과 달리 사용되면서 오히려 교육을 망치는 원흉으로 지적되고 있다는 사실이다.

㉡ 하지만 선행학습은 매우 중요하고 반드시 갖추어야 할 학습 능력이다.

㉢ 왜냐하면 선행학습은 미리 학습하는 것이 아니라 이전에 반드시 학습되어 있어야 하는 것이기 때문이다.

㉣ 이러한 선행학습은 학원이 아닌 학교에서 충실하게 다루어져야 한다.

㉤ 그런데 선행학습을 마치 공교육 붕괴의 원인으로 보고 책임을 외부 탓으로 돌리는 것은 너무 무책임하다.

① ㉠은 ㉢의 원인이다.
② ㉠은 ㉣의 결과이다.
③ ㉢은 ㉡의 이유이다.
④ ㉣은 ㉠의 결과이다.
⑤ ㉤이 전체의 주제이다.

23 다음 글에 대한 비판으로 적절하지 않은 것을 고르면?

사회보험은 국가가 사람들에게 전형적으로 나타나는 사회적 위험에 대비하도록 강제하는 것으로 개인의 선택과 관계없이 의무적으로 가입해야 하는 강제보험이다. 국민건강보험, 국민연금, 고용보험, 산업재해보험 등이 여기에 해당한다.

그런데 이 강제성이 바로 문제가 된다. 사회보험은 본인의 총액소득에 일정한 비율을 곱해서 보험료를 정하기 때문에 고소득자는 보험료가 높게 책정된다. 그렇다고 해서 연금 지급액이 동일한 비율로 상승하지는 않는다. 그래서 고소득자에게는 사회보험이 민간 보험보다 수익률이 낮다. 또 같은 혜택을 받는 국민건강보험료도 고소득자가 보험료를 더 내야 한다. 이처럼 사회보험에서 고소득자는 상대적 손실을 보게 되고 저소득자는 혜택을 보게 된다. 이와 더불어 사회보험은 보험 시장에 대한 국가의 부당한 개입이다.

① 사회보험이 강제성을 띠지 않으면 보험 재정의 파탄 위험성이 있다.
② 사회보험은 공동체 구성원 사이의 사회적 연대이므로 강제성이 정당화될 수 있다.
③ 실업과 같은 재해는 저소득자들에게 위험성이 더 높은데 민간 보험 회사들은 수익성을 이유로 상품을 제공하지 않는다.
④ 국민연금이나 국민건강보험은 공익성을 우선시해야 하므로 상업적 이익을 추구하는 민간 보험사에는 맡길 수 없다.
⑤ 국가는 개인들이 위험에 대처할 수 있는 안전망을 마련해야 하는 의무가 있고, 사회보험은 그 장치이므로 어느 정도의 강제성을 가질 수밖에 없다.

24 다음 글의 문맥을 고려하였을 때, ㉠~㉤ 중 [보기]의 문장이 들어갈 위치로 가장 적절한 것을 고르면?

> 관청은 국가의 사무를 집행하는 기관이다. 이곳에서 국가 또는 지방 공공 단체의 사무를 맡아 보는 사람을 공무원이라고 한다. (㉠) 1급에서 9급까지 등급이 구분되어 있는 이들은 국가가 주관하는 일정한 시험을 통해 선발된다. (㉡) 그리고 그 시험의 난이도나 중요도에 따라 동사무소, 구청, 시청, 정부 청사 등에서 근무하며, '동', '구', '시', '정부'라는 명칭을 통해 관청 역시 등급이 나뉘어 있음을 알 수 있다. 그렇다면 조선 시대에는 오늘날의 공무원이라고 부를 만한 사람들이 모여 나랏일을 처리한 관청으로 어떤 것이 있었을까? (㉢) 과거를 통해 선발되어 국가 일에 종사하는 사람들은 정1품에서 정9품까지 품계를 받았다. (㉣) 조선 시대 관청은 요즘에도 그렇듯이 서울뿐 아니라 지방에도 존재했다. 국가의 주요 관청이 수도에 집중되어 있다는 점은 오늘날과 다를 바 없었지만, 조선 시대에는 국왕이 거처하는 궁궐 안에 여러 관청이 있었다는 점이 확연히 달랐다. (㉤) 이들 관청은 궁궐을 소개하는 자료와 법전에 그 역할과 종사자들의 지위가 명확히 규명되어 있다.

보기

> 이들은 지위에 따라 여러 관청에 소속되었는데, 이는 관청 역시 품계가 있었음을 뜻한다.

① ㉠ ② ㉡ ③ ㉢ ④ ㉣ ⑤ ㉤

25 **다음 글의 중심 내용으로 가장 적절한 것을 고르면?**

그리스인은 물체와 그것의 두드러진 속성에 초점을 맞추느라 인과 관계의 근본적인 성질을 이해하지 못했다. 아리스토텔레스는 돌이 공중에서 떨어지는 것이 중력이라는 성질을 가지고 있기 때문이라고 설명했다. 또한 물에 던져진 나무 조각이 가라앉는 대신 뜨는 현상에 대해 아리스토텔레스는 나무가 '가벼움'이라는 성질을 가지고 있기 때문이라고 설명했다. 그 물체 밖에 있는 어떤 힘이 관련 있을지도 모른다는 가능성에 주의를 기울이지 않고, 초점을 모두 오로지 그 물체에 두었다. 그러나 중국인은 세계를 계속적으로 상호 작용하는 물질로 구성된 것으로 보았고, 그래서 그것을 이해하기 위해 전체적인 '장(場)', 즉 전체로서의 맥락이나 환경의 복잡성에 중점을 두고 현상을 이해하였다. 사건이 언제나 여러 힘이 작용하는 장에서 발생한다는 것은 중국인에게 직관적인 이해 방법이었을 것이다.

① 아리스토텔레스의 중력에 대한 해석
② 그리스인이 생각하는 물체와 그것의 속성
③ 중국인들이 생각하는 장(場)에 대한 개념
④ 문화적 차이에 따라 현상을 다르게 해석하는 관점
⑤ 돌의 무거운 성질과 나무의 가벼운 성질로 인해 달라지는 중력의 개념

파이널 모의고사 2회

자료해석

20문항/25분

정답과 해설 ▶ P.54

01 일정한 규칙으로 수를 나열할 때, 빈칸에 들어갈 수로 옳은 것을 고르면?

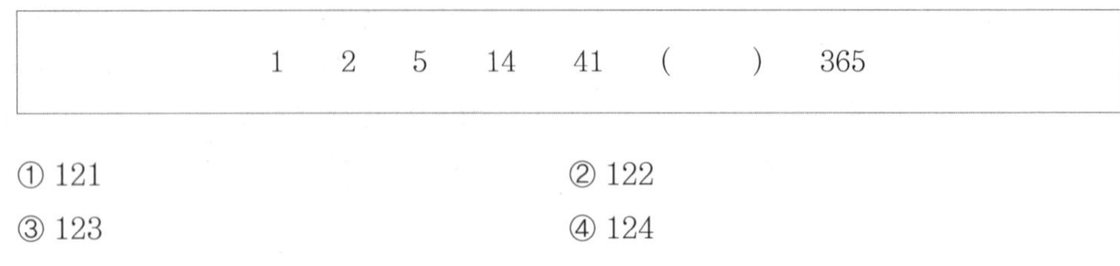

1　2　5　14　41　(　　)　365

① 121　② 122
③ 123　④ 124

02 다음은 어느 학급 학생들의 성적을 상대도수의 분포다각형으로 나타낸 것인데 일부가 보이지 않는다. 50점 이상 60점 미만의 학생이 6명일 때, 70점 이상 80점 미만인 계급에 속하는 학생 수를 고르면?

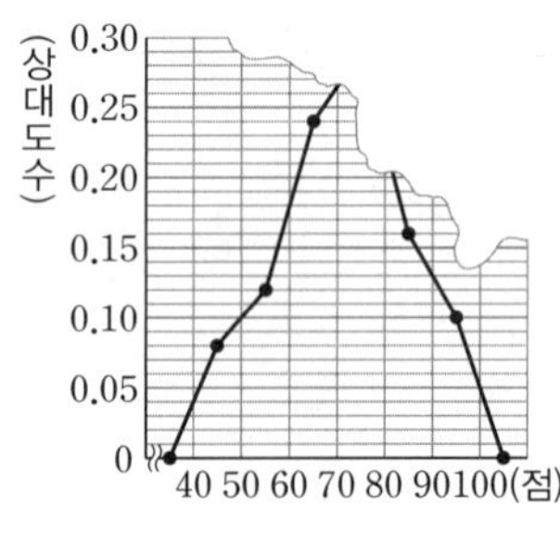

① 12명　② 15명
③ 16명　④ 18명

03 제품 A, B를 합하여 20,000원에 사서 A는 원가의 5할 이익을 붙여 팔고, B는 원가의 3할을 할인하여 팔았더니 8,000원의 이익이 발생하였다. 이때 A의 원가를 고르면?

① 14,500원　② 15,500원
③ 16,500원　④ 17,500원

04 다음 [표]는 대륙별 재외동포 현황에 대한 자료이다. 이에 대한 설명으로 옳지 않은 것을 고르면?

[표] 대륙별 재외동포 현황

(단위: 천 명)

구분		2009년	2011년	2013년	2015년	2017년
합계		6,822	7,175	7,013	7,186	7,431
동북아시아		3,249	3,618	3,467	3,442	3,367
	일본	913	913	893	856	819
	중국	2,336	2,705	2,574	2,586	2,548
남아시아태평양		461	453	486	511	558
북미		2,326	2,307	2,297	2,463	2,733
	미국	2,102	2,076	2,091	2,239	2,492
	캐나다	224	231	206	224	241
중남미		107	113	111	105	107
유럽		656	657	616	627	631
아프리카		9	11	11	12	11
중동		14	16	25	26	24

※ 동북아시아(한국, 일본, 중국), 북미(미국, 캐나다)

① 재외동포 수는 각 시기별로 동북아시아가 가장 많고, 북미, 유럽, 남아시아태평양, 중남미, 중동, 아프리카 순으로 많다.

② 조사 기간 동안 각 시기별 전체 재외동포 중 동북아시아 재외동포가 차지하는 비중은 50% 미만이다.

③ 2015년 대비 2017년에 재외동포 수의 증가율이 가장 큰 대륙은 북미이다.

④ 일본의 재외동포 수는 대체로 감소하고 있는 추세이다.

[05~06] 다음 [표]는 C병원의 여성 정직원 현황이다. 이어지는 질문에 답하시오.

[표] C병원의 여성 정직원 현황

(단위: 명, %)

구분	2014년	2016년	2018년	2020년
전체 정직원 수	267	276	279	281
여성 정직원 수	71	76	82	83
여성 정직원 비율	26.6	27.5	(　　)	29.5

05 주어진 자료의 빈칸에 들어갈 2018년 여성 정직원의 비율을 고르면?(단, 소수점 둘째 자리에서 반올림한다.)

① 29.1%　　② 29.2%
③ 29.3%　　④ 29.4%

06 주어진 자료에 대한 설명으로 옳지 않은 것을 고르면?

① 여성 정직원의 비율은 계속 증가하고 있다.
② 남성 정직원 수는 계속 줄어들고 있다.
③ 2016년, 2018년, 2020년 중 2년 전 대비 여성 정직원 수의 증가율이 가장 큰 해는 2018년이다.
④ 전체 정직원 수는 꾸준히 증가하고 있다.

[07~08] 다음 [표]는 전체 근로자의 사업체 규모별 임금총액 현황이다. 이어지는 질문에 답하시오.

[표] 전체 근로자의 사업체 규모별 임금총액 현황 (단위: 만 원)

구분	2013년	2014년	2015년	2016년	2017년
전체	2,837	2,904	2,991	3,106	3,207
광업	3,474	3,413	3,581	3,678	3,713
제조업	3,240	3,365	3,462	3,603	3,690
전기, 가스, 증기, 수도사업	5,519	5,527	5,825	6,300	6,281
건설업	2,312	2,377	2,432	2,507	2,624
도매 및 소매업	2,685	2,706	2,773	2,880	3,049
운수업	2,679	2,745	2,881	3,023	3,156
숙박 및 음식점업	1,483	1,514	1,547	1,570	1,626
출판업	3,820	3,783	3,852	3,978	4,122
금융 및 보험업	4,882	5,055	5,286	5,499	5,706
부동산업 및 임대업	2,111	2,148	2,255	2,383	2,446
전문, 과학 및 기술 서비스업	3,945	4,080	4,199	4,444	4,492
사업시설관리 서비스업	1,846	1,894	1,971	2,049	2,088
교육 서비스업	2,940	3,119	3,197	3,231	3,316
보건업 및 사회복지 서비스업	2,371	2,401	2,492	2,575	2,671
예술 및 스포츠	2,053	2,135	2,237	2,353	2,512
협회 및 단체	1,940	1,995	2,057	2,167	2,240

07 주어진 자료에 대한 설명으로 옳지 않은 것을 고르면?

① 매년 전기, 가스, 증기, 수도사업의 임금총액이 가장 높다.
② 매년 임금총액이 꾸준히 상승하는 사업은 총 13개이다.
③ 2017년 건설업 임금총액의 전년 대비 증가액은 협회 및 단체의 증가액의 2배 이상이다.
④ 2014년에 전체의 임금총액보다 낮은 사업은 10개 미만이다.

08 2013년 대비 2017년에 임금총액의 증가율이 가장 큰 사업을 고르면?

① 광업
② 운수업
③ 금융 및 보험업
④ 예술 및 스포츠

09 매시간 3,000L씩 물이 나오는 호스로 4시간 만에 가득 채워지는 수영장이 있다. 이 호스로 빈 수영장에 물을 채우기 시작한 지 30분 후에 수영장을 10분에 100L씩 채울 만큼의 비가 내려 수영장의 물이 동시에 채워진다고 할 때, 호스로 물을 채우기 시작한 때부터 수영장의 $\frac{3}{5}$만큼 물을 채우는 데 걸리는 시간을 고르면?

① 110분　② 120분
③ 125분　④ 130분

10 학교 강당에서 학생들이 의자에 앉으려고 한다. 한 의자에 5명씩 앉으면 14명이 남고, 7명씩 앉으면 의자 2개가 남는다고 한다. 이때 의자의 개수를 고르면?

① 11개　② 13개
③ 15개　④ 18개

11 우재네 반에서 A가수를 좋아하는 학생은 전체의 $\frac{1}{2}$, B가수를 좋아하는 학생은 전체의 $\frac{3}{5}$, 둘 다 좋아하는 학생은 B가수를 좋아하는 학생의 $\frac{1}{2}$, A가수와 B가수 모두 싫어하는 학생은 7명이다. 이때 전체 반 학생 수를 고르면?

① 35명　② 36명
③ 37명　④ 38명

12 3시와 4시 사이에 분침과 시침이 이루는 각의 크기가 150°인 경우가 2번 있다. 이때 두 시각의 차를 고르면?

① $\frac{120}{11}$분 ② $\frac{130}{11}$분

③ $\frac{210}{11}$분 ④ $\frac{230}{11}$분

13 다음 [표]는 어느 학급 학생 40명의 제기차기 기록을 도수분포표로 나타낸 것이다. 이 학급 전체 학생의 제기차기 평균 횟수를 고르면?

[표] 제기차기 횟수 도수분포표 (단위: 회)

계급	도수
0 이상 ~ 10 미만	3
10 이상 ~ 20 미만	7
20 이상 ~ 30 미만	10
30 이상 ~ 40 미만	( )
40 이상 ~ 50 미만	5
합계	40

① 28회 ② 30회

③ 32회 ④ 34회

14 다음 [표]는 ○○ 대학교의 학생회장 선거 투표율에 관한 자료이다. 2014년부터 2018년까지 5년간 투표에 참여하지 않은 학생은 총 몇 명인지 고르면?

[표] ○○ 대학교의 학생회장 선거 투표율 (단위: 명, %)

구분	2014년	2015년	2016년	2017년	2018년
전체 학생 인원	18,500	19,300	24,500	26,100	24,800
투표율	28	37	41	35	40

① 71,779명 ② 72,100명
③ 73,129명 ④ 73,100명

15 다음 [그래프]는 S고등학교 1학년 남녀 학생의 달리기 기록에 대한 각각의 상대도수 분포를 나타낸 것이다. 이에 대한 설명으로 옳은 것을 [보기]에서 모두 고르면?

[그래프] S고등학교 1학년 남녀 학생의 달리기 기록

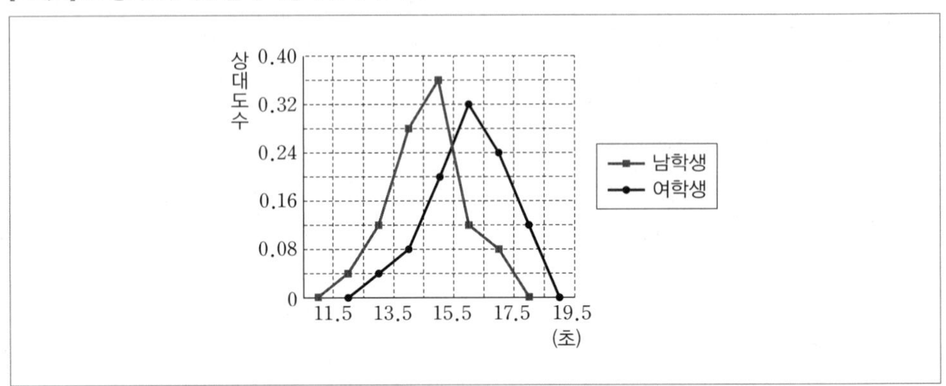

보기

㉠ 가로축과 각각의 그래프가 만드는 두 다각형의 내부 넓이는 같다.
㉡ 남학생이 총 200명이라면 그중 계급값이 15초인 학생은 72명이다.
㉢ 어느 여학생의 기록이 17.5초라면 그 여학생은 비교적 잘 달린다고 말할 수 있다.
㉣ 여학생 중 15.5초 미만의 기록을 가진 학생은 16%이다.
㉤ 여학생의 기록 중 도수가 가장 큰 계급의 계급값은 16초이다.

① ㉠, ㉡, ㉣ ② ㉠, ㉡, ㉤
③ ㉡, ㉢, ㉣ ④ ㉠, ㉡, ㉣, ㉤

16 다음 [표]는 주요 국가별 자국 영화 점유율을 나타낸 자료이다. 이에 대한 설명으로 옳지 않은 것은?

[표] 주요 국가별 자국 영화 점유율

(단위: %)

구분	2017년	2018년	2019년	2020년
한국	50.8	42.1	48.8	46.5
일본	47.7	51.9	58.8	53.6
영국	28.0	31.1	16.5	24.0
독일	18.9	21.0	27.4	16.8
프랑스	36.5	45.3	36.8	35.7
스페인	13.5	13.0	16.0	12.7
호주	4.0	3.8	5.0	4.5
미국	90.1	91.7	92.1	92.0

※ 유럽에는 영국, 독일, 프랑스, 스페인이 있다.

① 자국 영화 점유율에서 유럽 국가가 한국을 앞지른 해는 한 번도 없다.
② 2017~2020년 동안 자국 영화 점유율이 매년 꾸준히 상승한 국가는 없다.
③ 2017년 대비 2020년 자국 영화 점유율이 가장 많이 하락한 국가는 한국이다.
④ 2017~2020년의 자국 영화 점유율에서 2019년 점유율이 가장 높은 국가가 절반 이상이다.

17 다음 [그래프]는 55~79세 남녀 고령자의 일자리 선택 기준을 나타낸 것이다. 이에 대한 설명으로 옳은 것을 고르면?

[그래프] 고령자의 일자리 선택 기준 (단위: %)

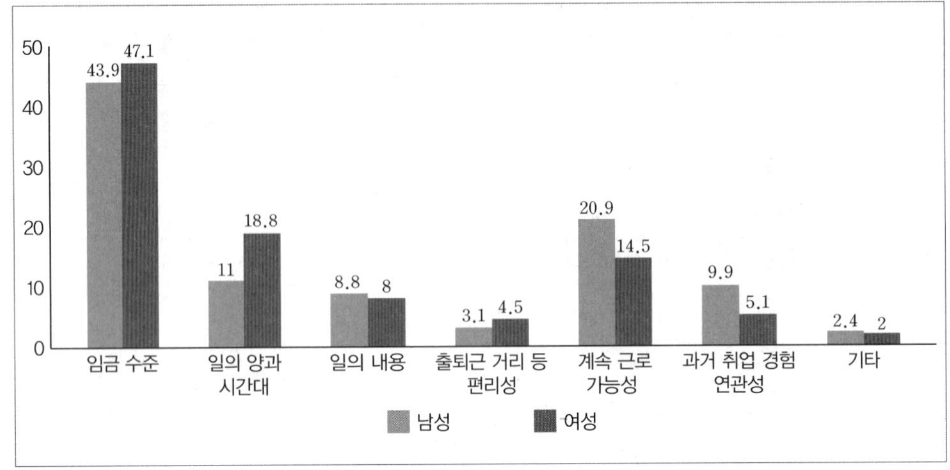

① 여성이 남성보다 일자리 선택 기준으로 임금 수준을 제시하는 비율이 더 낮았다.

② 여성이 남성보다 더 경제적 어려움을 겪고 있다.

③ 남성이 여성보다 더 과거 취업 경험을 활용하기를 원한다.

④ 일의 양에 관해서는 남성이 더 민감하다.

18 다음 [그래프]는 전국 고등학교 학생들의 진단평가 성적과 승호네 고등학교 학생들의 진단평가 성적을 조사하여 상대도수의 분포를 나타낸 것이다. 이에 대한 설명으로 옳지 않은 것을 고르면?

[그래프] 전국 고등학교 학생 및 승호네 고등학교 학생의 진단평가 성적 (단위: 명)

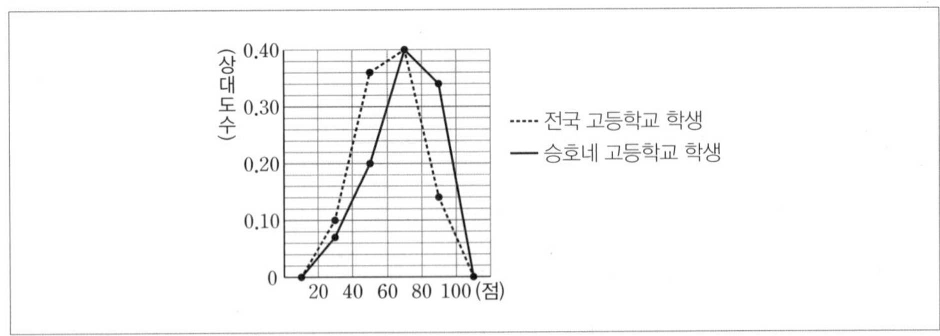

① 승호네 학교 학생들의 성적이 전국 학생들에 비해 높은 편이다.

② 전국 고등학교 학생들의 10%가 40점 미만이다.

③ 두 다각형의 넓이는 같다.

④ 성적이 60점 이상 80점 미만의 상대도수는 전국 고등학교 학생이 더 크다.

19 나영이가 1학기 동안 네 번 본 수학 성적은 a, b, c, d점이고, 1학기 수학 성적의 평균은 m점이었다. 2학기 동안 네 번 본 수학 성적이 각각 (2a−30), (2b−30), (2c−30), (2d−30)점일 때, 나영이의 2학기 수학 성적의 평균을 고르면?

① 2m(점) ② m−30(점)
③ 2m−30(점) ④ 2m−120(점)

20 다음 [그래프]는 2018년 연령대별 남녀 난청 환자 수를 나타낸 자료이다. 이에 대한 설명으로 옳은 것을 고르면?

[그래프] 연령대별 난청 환자 수

(단위: 명)

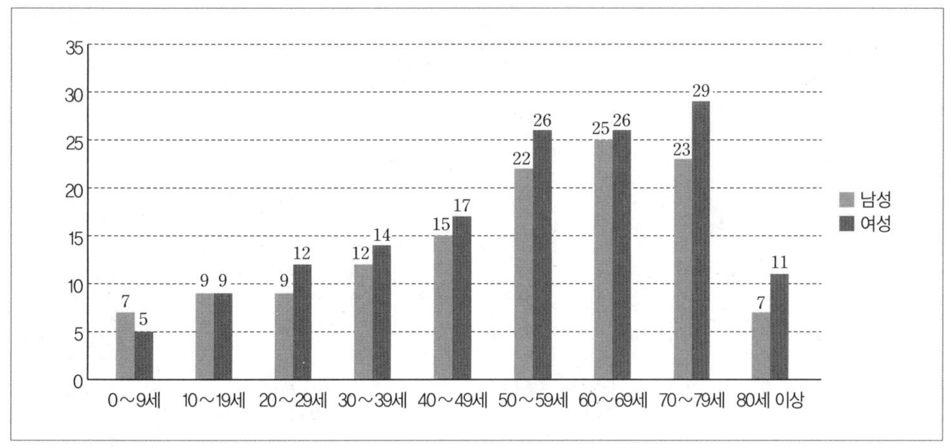

① 전 연령대에서 여성 환자의 수가 남성 환자의 수보다 많다.
② 남성과 여성 환자 수의 차이가 가장 큰 연령대는 70~79세이다.
③ 남성 환자와 여성 환자의 수는 모두 60~69세 이후부터 줄어들고 있다.
④ 60~69세 남성 환자 수는 80세 이상 남성 환자 수의 4배 이상이다.

파이널 모의고사 3회

공간능력

18문항/10분

정답과 해설 ▸ P.57

[01~05] 다음 조건을 참고하여 제시된 입체 도형의 전개도로 알맞은 것을 고르시오.

※ 입체 도형을 전개하여 전개도를 만들 때, 전개도에 표시된 그림(예: , 등)은 회전의 효과를 반영함. 즉, 본 문제의 풀이과정에서 보기의 전개도상에 표시된 ' '와 ' '은 서로 다른 것으로 취급함.

※ 단, 기호 및 문자(예: ☎, ♤, ♨, K, H)의 회전에 의한 효과는 본 문제의 풀이과정에 반영하지 않음. 즉 입체 도형을 펼쳐 전개도를 만들었을 때에 ' '의 방향으로 나타나는 기호 및 문자도 보기에서는 '☎' 방향으로 표시하며 동일한 것으로 취급함.

01

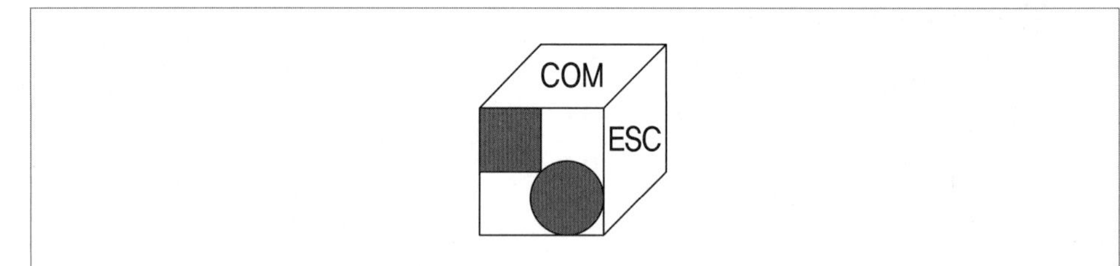

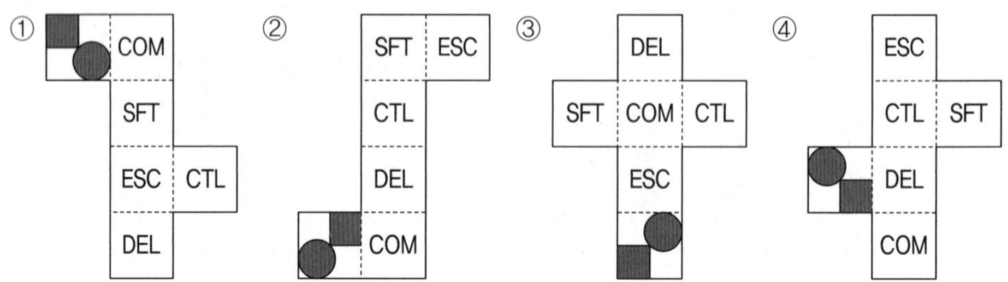

02

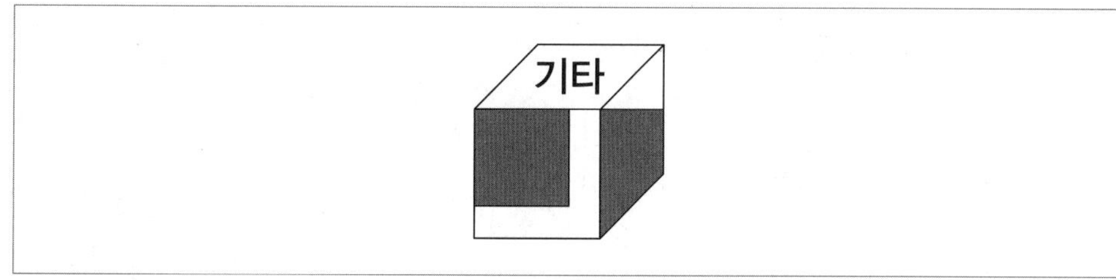

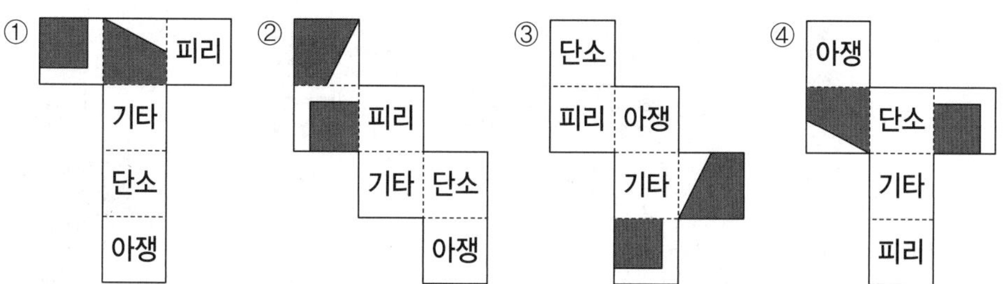

03

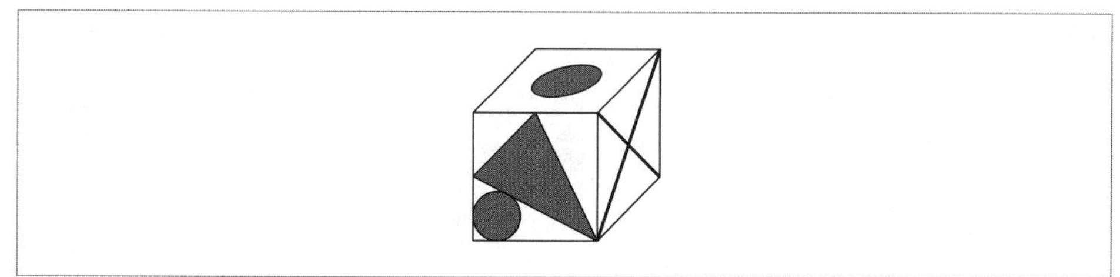

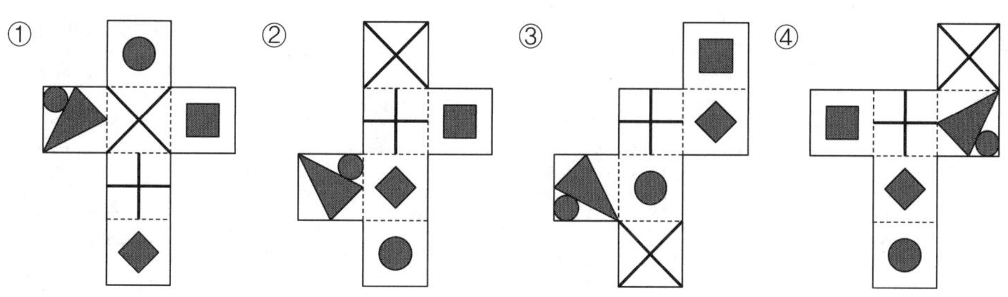

04

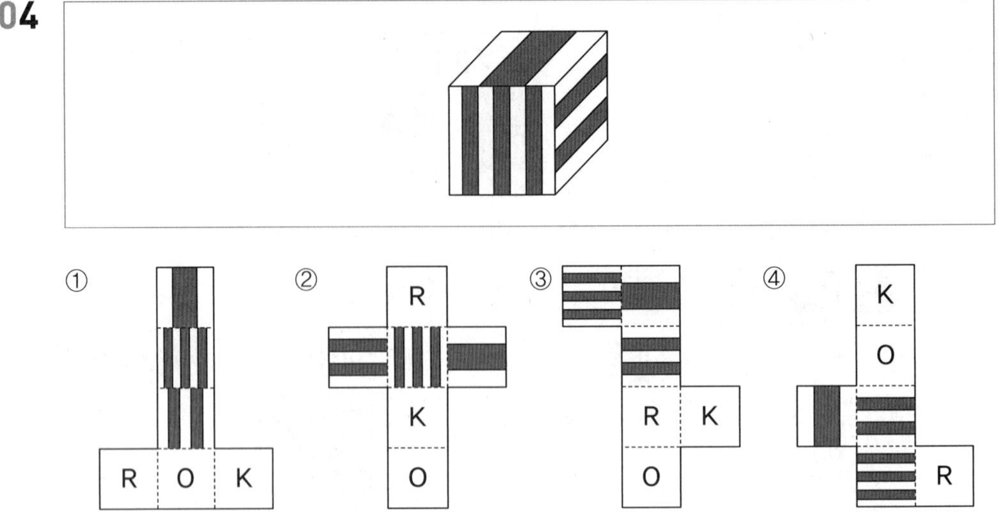

05

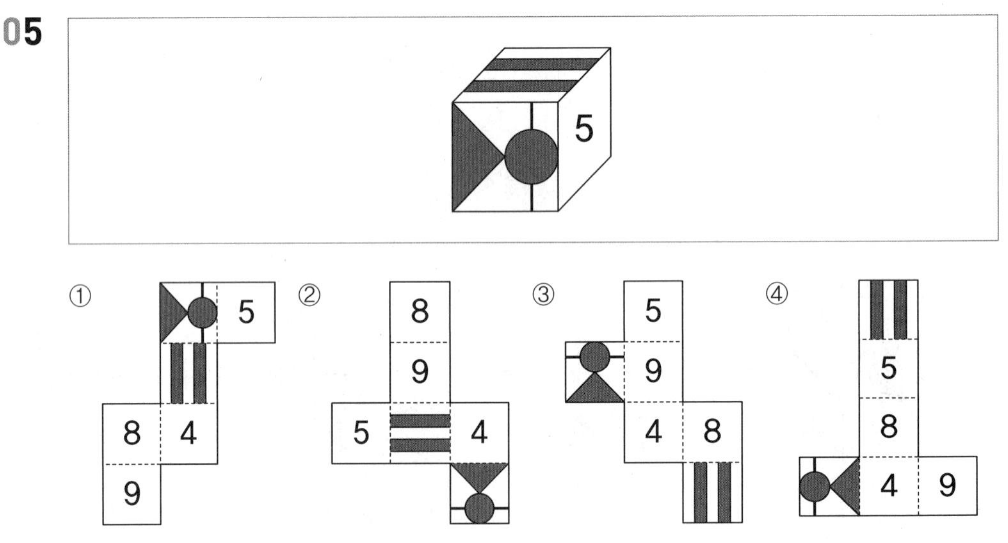

[06~10] 다음 조건을 참고하여 제시된 전개도로 만든 입체 도형에 해당하는 것을 고르시오.

※ 전개도를 접을 때 전개도상의 그림, 기호, 문자가 입체 도형의 겉면에 표시되는 방향으로 접음.

※ 전개도를 접어 입체 도형을 만들 때, 전개도에 표시된 그림(예: ▮, ◢ 등)은 회전의 효과를 반영함. 즉, 본 문제의 풀이과정에서 보기의 전개도상에 표시된 '▮'와 '▬'은 서로 다른 것으로 취급함.

※ 단, 기호 및 문자(예: ☎, ♤, ♨, K, H)의 회전에 의한 효과는 본 문제의 풀이과정에 반영하지 않음. 즉 전개도를 접어 입체 도형을 만들었을 때에 '☎'의 방향으로 나타나는 기호 및 문자도 보기에서는 '☎' 방향으로 표시하며 동일한 것으로 취급함.

06

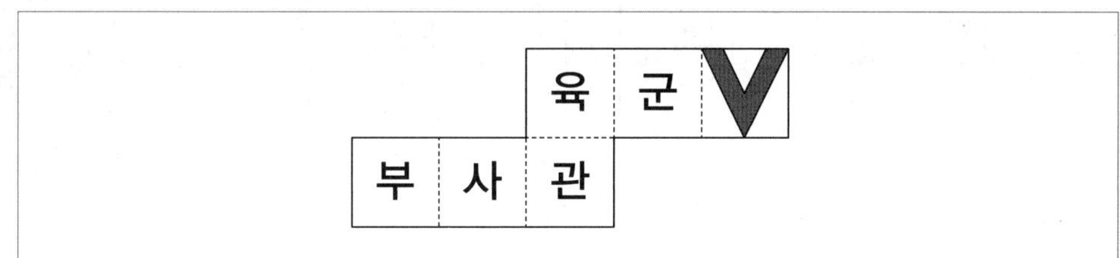

① 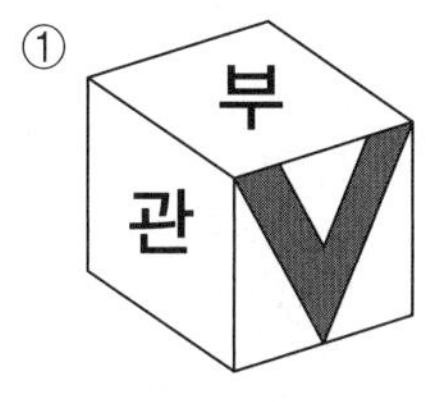

② 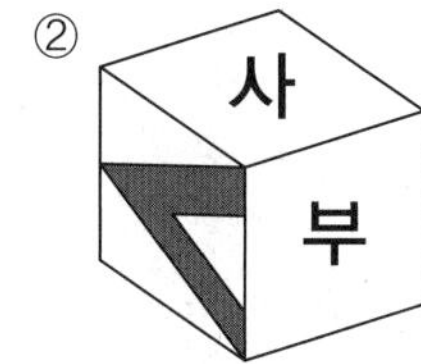

③ 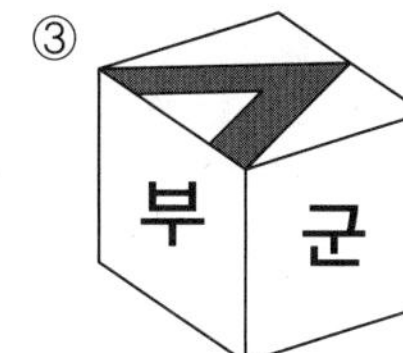

④ 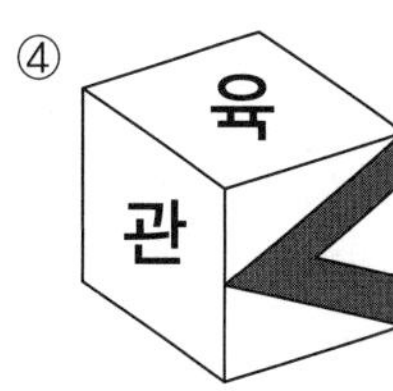

07

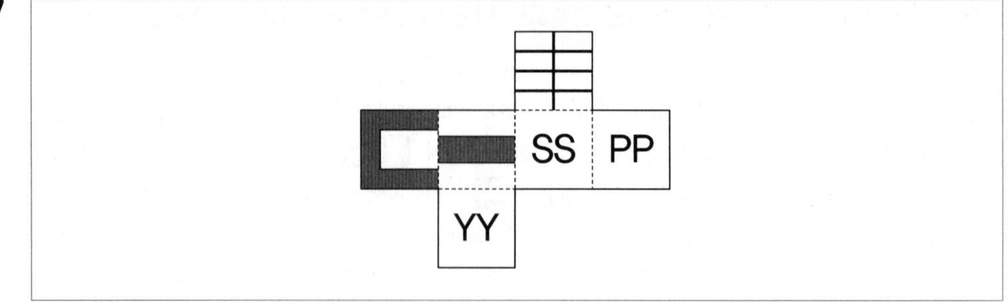

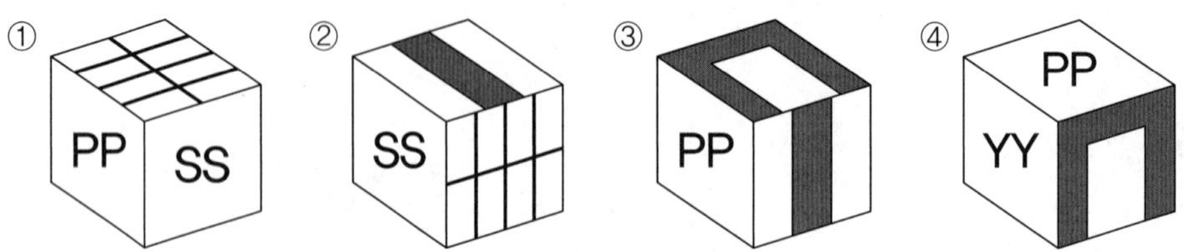

08

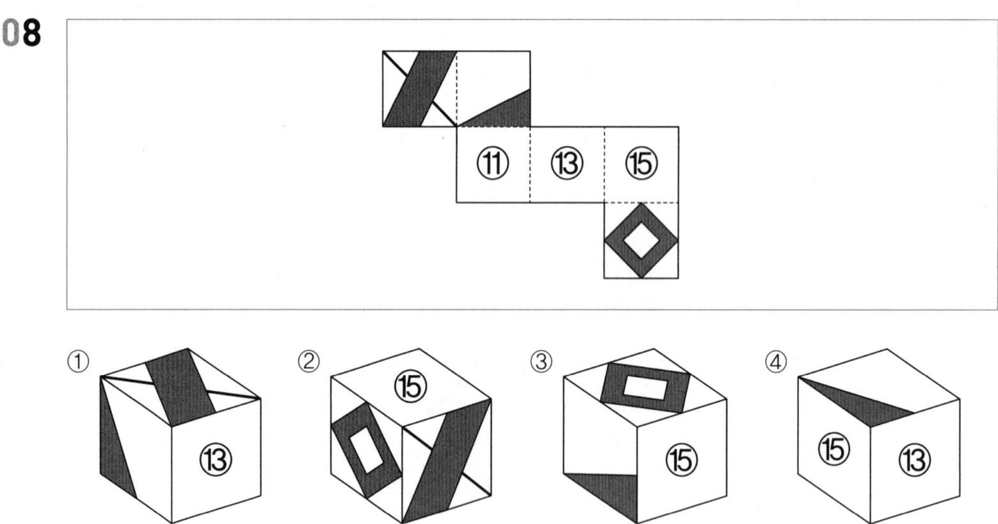

09

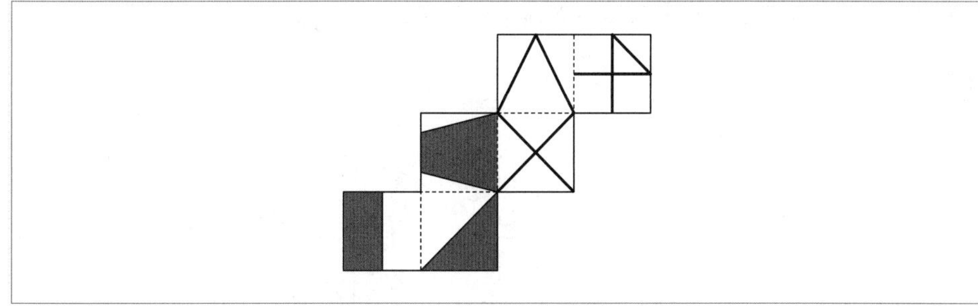

① 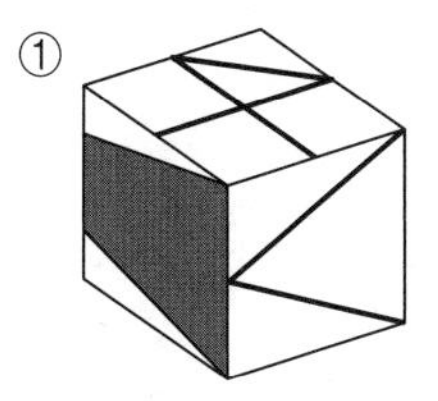 ② 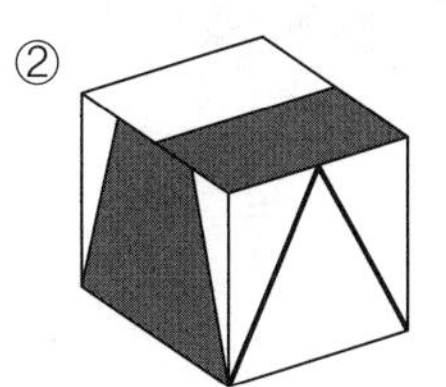 ③ 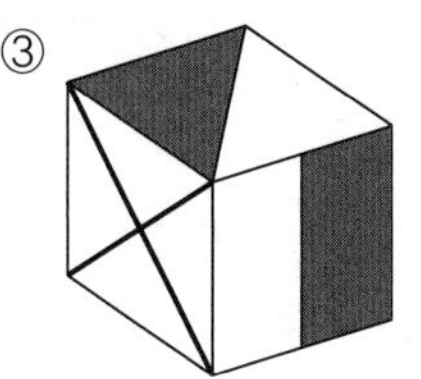 ④ 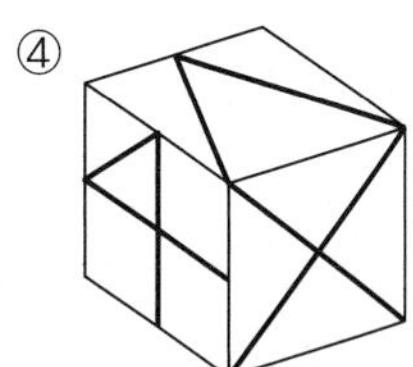

10

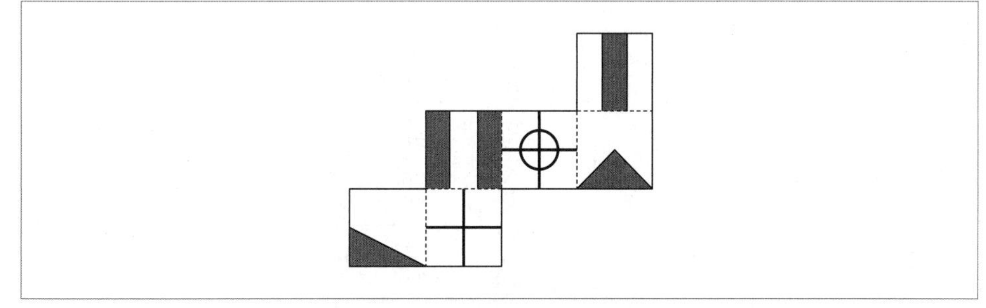

① 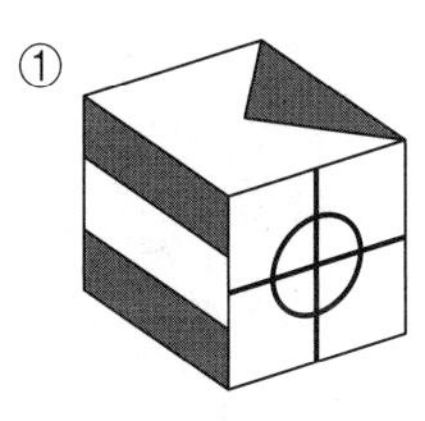 ② 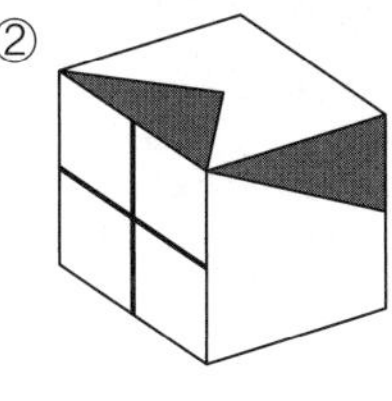 ③ 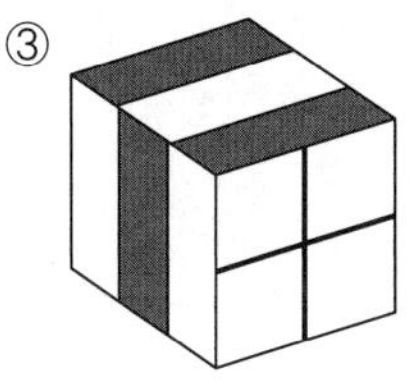 ④ 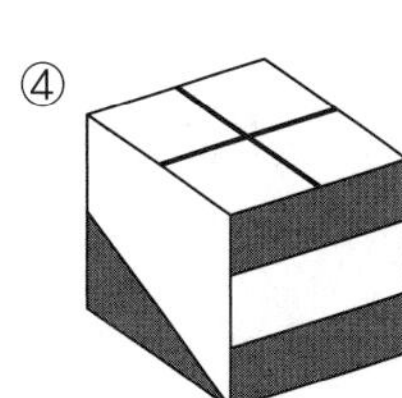

[11~14] 다음 제시된 그림과 같이 쌓기 위해 필요한 블록의 개수를 고르시오.

11

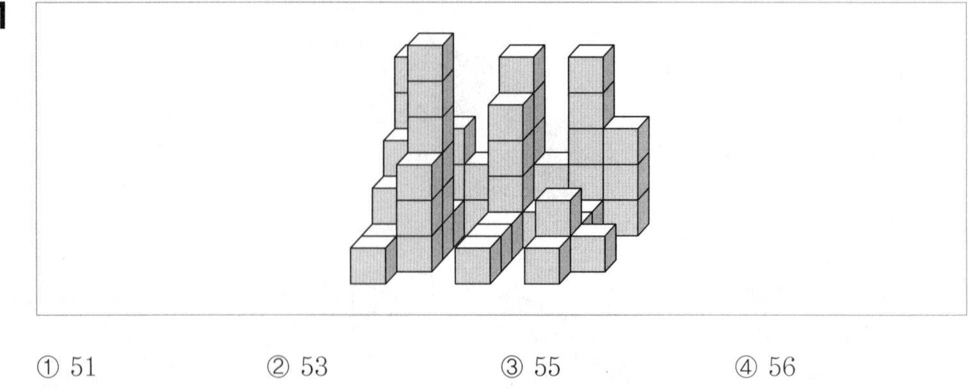

① 51 ② 53 ③ 55 ④ 56

12

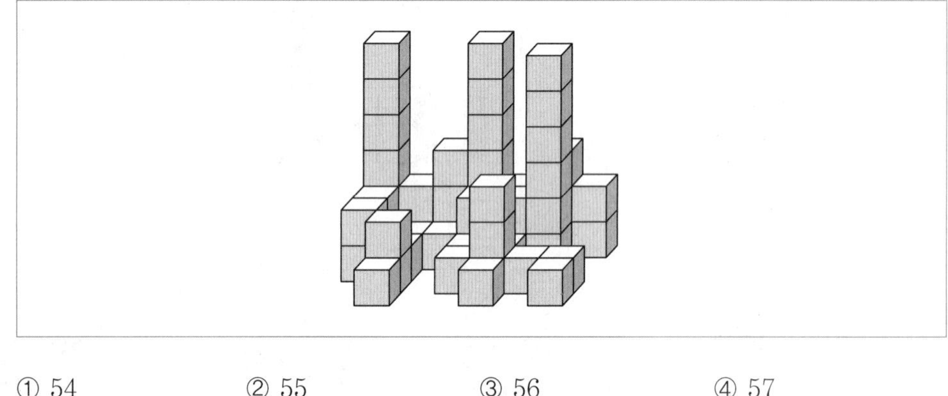

① 54 ② 55 ③ 56 ④ 57

13

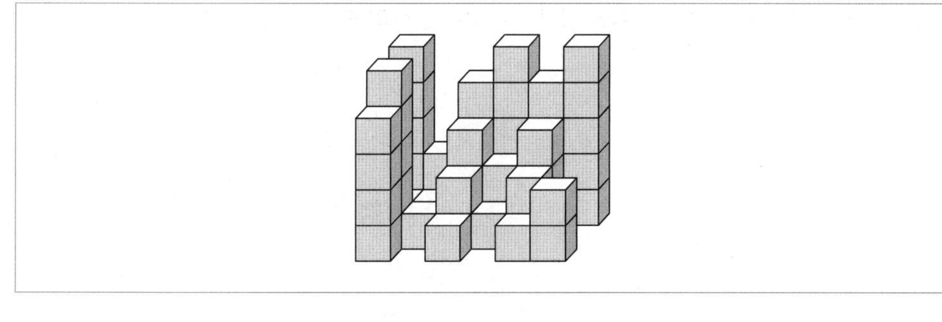

① 50　② 51　③ 53　④ 54

14

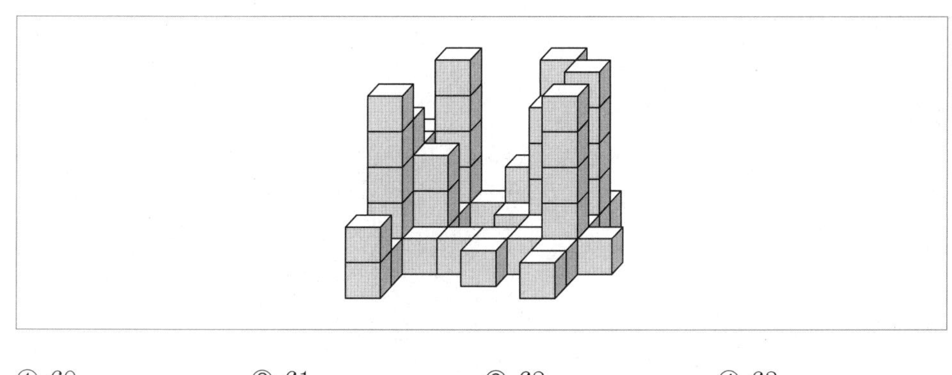

① 60　② 61　③ 62　④ 63

[15~18] 다음 제시된 블록을 화살표 방향에서 바라볼 때의 모양을 고르시오.

15

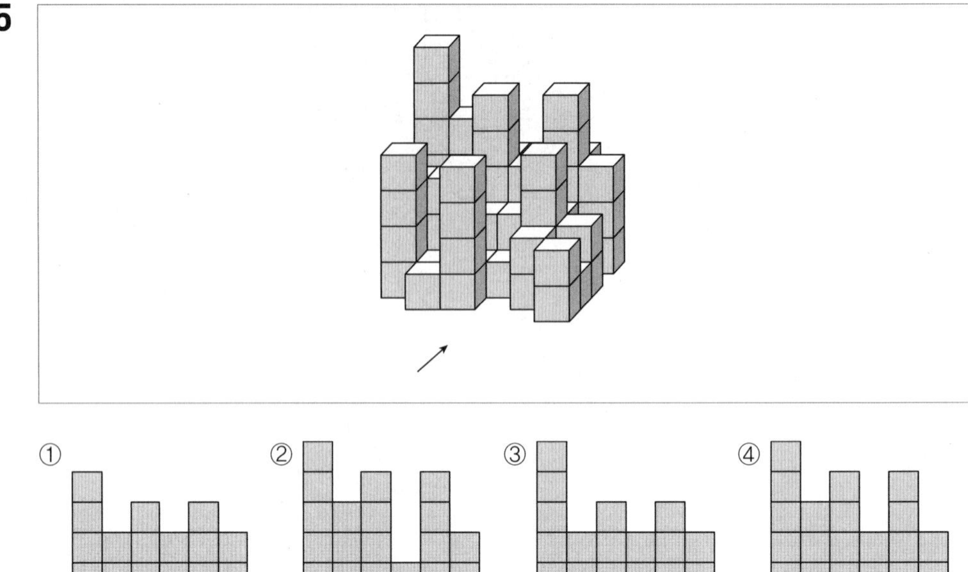

16

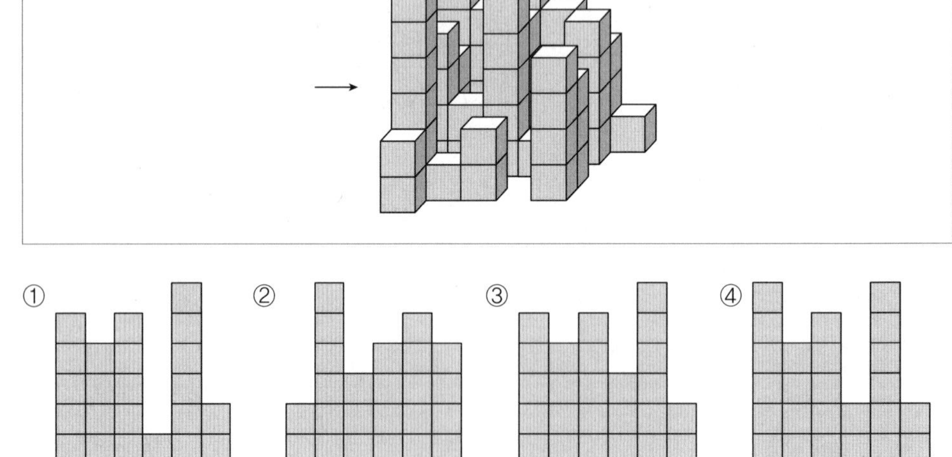

17

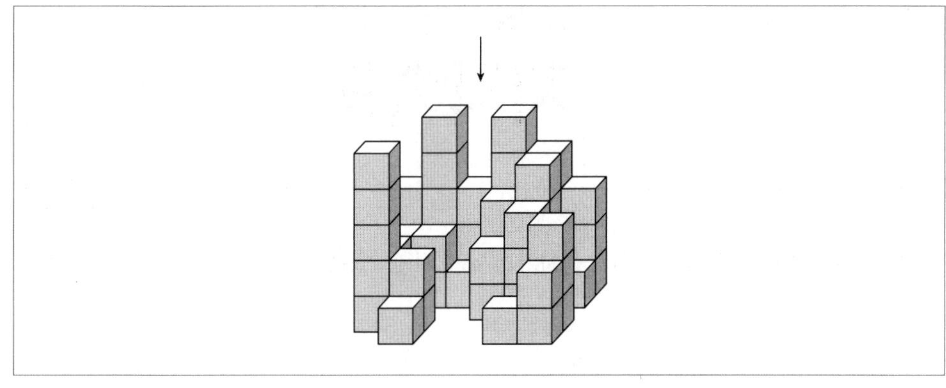

①

② 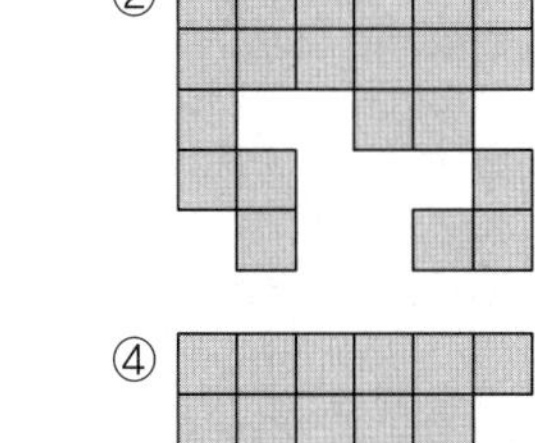

③ 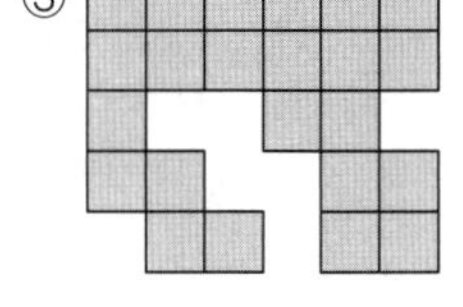

④

18

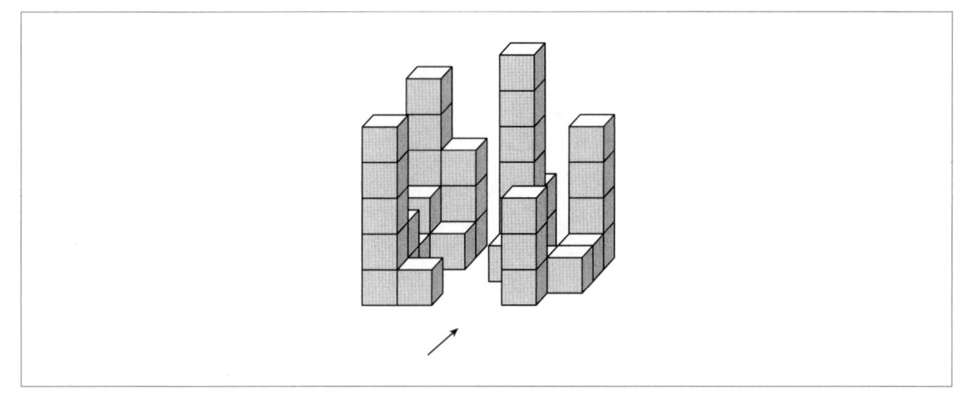

① ② ③ ④

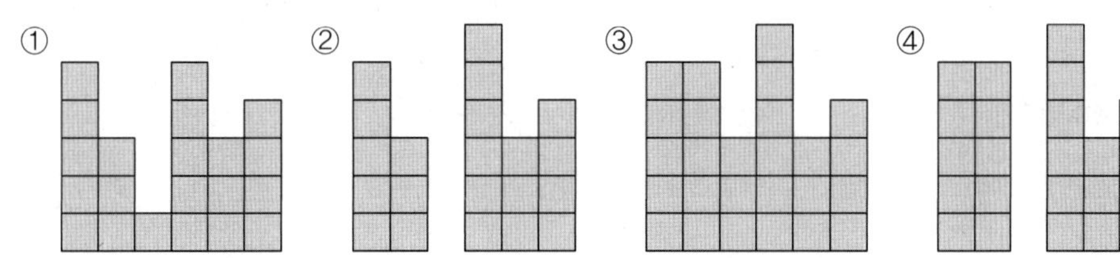

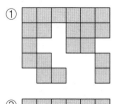

파이널 모의고사 3회

지각속도

30문항/3분

정답과 해설 ▸ P.59

[01~05] 다음 [보기]를 보고 제시된 문자가 알맞게 치환되었는지 판단하시오.

보기

∈ = B1s	⊂ = E6r	∪ = W2j	∧ = L9p	∋ = V7e
⊇ = Y8c	∩ = G3h	⊆ = K5i	⊃ = M4d	∨ = C0a

01

⊂ ∋ ∨ ∩ - E6r V7e C0a G3h

① 맞음 ② 틀림

02

∈ ⊆ ∪ ⊃ - B1s K5i L9p M4d

① 맞음 ② 틀림

03

∩ ∨ ⊇ ∧ - G3h E6r Y8c L9p

① 맞음 ② 틀림

04

⊃ ∋ ⊇ ⊂ - M4d V7e C0a E6r

① 맞음 ② 틀림

05

∪ ∈ ∧ ⊆ - W2j B1s L9p K5i

① 맞음 ② 틀림

[06~10] 다음 [보기]를 보고 제시된 문자가 알맞게 치환되었는지 판단하시오.

보기

리버풀 = 17	에버턴 = 15	레스터 = 39	토트넘 = 07	맨시티 = 63
아스널 = 42	뉴캐슬 = 23	팰리스 = 08	셰필드 = 46	노리치 = 81

06

토트넘 셰필드 에버턴 뉴캐슬 - 07 46 15 08

① 맞음 ② 틀림

07

아스널 맨시티 리버풀 뉴캐슬 - 42 63 17 23

① 맞음 ② 틀림

08

레스터 노리치 팰리스 토트넘 - 39 81 08 63

① 맞음 ② 틀림

09

에버턴 아스널 맨시티 셰필드 - 15 42 63 46

① 맞음 ② 틀림

10

팰리스 레스터 노리치 리버풀 - 08 46 81 17

① 맞음 ② 틀림

[11~15] 다음 [보기]를 보고 제시된 문자가 알맞게 치환되었는지 판단하시오.

보기

ПЛ = У	ξ3 = В	Эз = Ц	ωψ = φ	υν = σρ
σμ = D	Жж = Б	ёе = б	фФ = ы	йи = м

11

фФ ξ3 σμ Эз - ы σρ D Ц

① 맞음 ② 틀림

12

ωψ ёе йи Жж - φ б м В

① 맞음 ② 틀림

13

υν ПЛ Эз ωψ - σρ У Ц φ

① 맞음 ② 틀림

14

ξ3 йи ёе σμ - В м б D

① 맞음 ② 틀림

15

ПЛ фФ Жж υν - У ы φ σρ

① 맞음 ② 틀림

[16~20] 다음 [보기]를 보고 제시된 문자가 알맞게 치환되었는지 판단하시오.

보기

arm = ▼	foot = △	neck = ■	hand = ◇	leg = ●
head = ☆	toe = ◎	hair = □	lip = ▲	eye = ▽

16

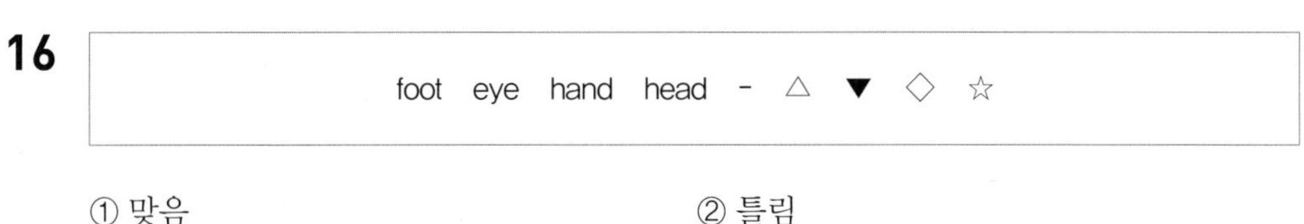

① 맞음 ② 틀림

17

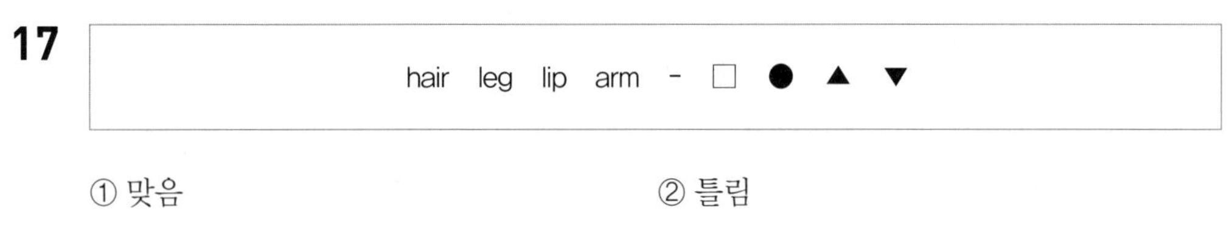

① 맞음 ② 틀림

18

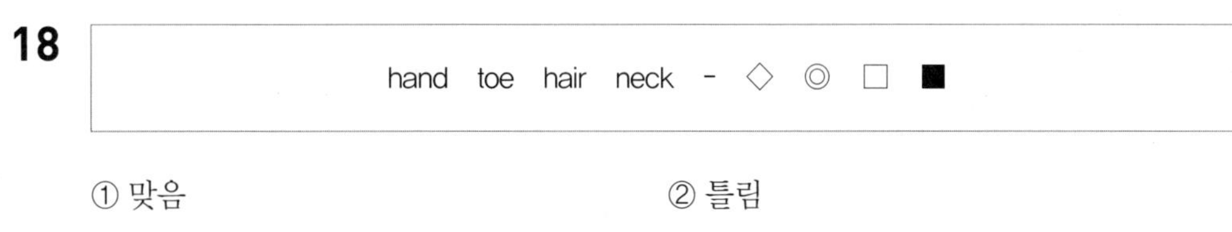

① 맞음 ② 틀림

19

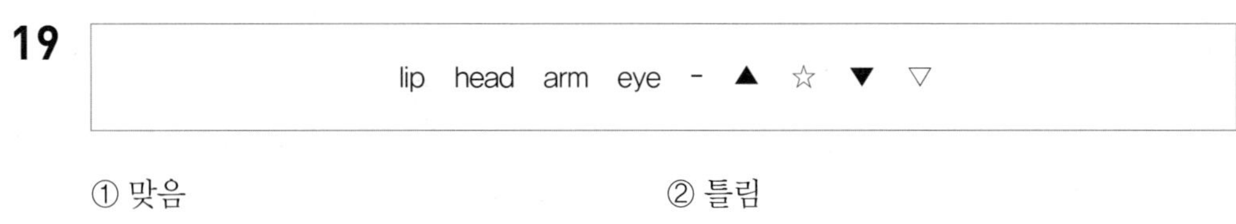

① 맞음 ② 틀림

20

toe foot neck leg - ◎ △ □ ●

① 맞음 ② 틀림

[21~25] 다음 [보기]를 보고 제시된 문자가 알맞게 치환되었는지 판단하시오.

보기				
◉ = ⁋ᑯ	❀ = ♭¶	☠ = ☭	♻ = ☿	❂ = ⌘
▣ = ⋗	△ = ∢	◪ = ∀	▲ = ♲	☬ = ⧗

21

◉ ♻ ❀ ☬ – ⁋ᑯ ☿ ♭¶ ⧗

① 맞음 ② 틀림

22

▲ ◪ ❂ △ – ♲ ∀ ⋗ ∢

① 맞음 ② 틀림

23

▣ ☠ ♻ ❂ – ⋗ ☭ ☿ ⌘

① 맞음 ② 틀림

24

△ ❀ ▲ ◉ – ∢ ♭¶ ♲ ⁋ᑯ

① 맞음 ② 틀림

25

☬ ▣ △ ☠ – ⧗ ⋗ ∀ ☭

① 맞음 ② 틀림

[26~30] 왼쪽의 문자가 몇 번 제시되는지 고르시오.

26

o	Surround yourself with only people who are going to lift you higher.

① 6 ② 7 ③ 8 ④ 9

27

⊂	⊓⊑⊔⊐⊒⊂⊅⊄⊈⊋⊉⊏⊆⊉⊅⊄⊂⊅⊇⊉⊊⊋⊓⊑⊔⊄⊃⊅⊈⊒⊈⊉⊂⊓⊑⊔⊐⊒⊂⊅⊄⊈⊉⊅⊄⊂

① 3 ② 4 ③ 5 ④ 6

28

Q	Never leave that 'till tomorrow which you can do today.

① 0 ② 1 ③ 2 ④ 3

29

曰	幺广犭牙攵月曰欠牙戈月扌毛斤忄戈⺌月欠月曰毛斤毋止牛⺮曰欠⺫氵戈月月曰歹文氏月止牛氏毛斤文曰月弋月曰欠月爻比殳曰欠

① 5 ② 6 ③ 7 ④ 8

30

5	787851053153283205432523582153546876842131254897435126212813513597684501546879221885313268 78

① 12 ② 13 ③ 14 ④ 15

파이널 모의고사 3회

언어논리

25문항/20분

정답과 해설 ▸ P.61

01 다음 밑줄 친 단어와 동일한 의미로 쓰인 것을 고르면?

> 상황을 엿보던 공격수는 이때다 싶어 골문으로 돌진하였다.

① 길동이는 그가 잠자는 모습을 창문으로 엿보고 있었다.
② 시합의 참가자들은 서로의 전략을 조금도 엿볼 수 없었다.
③ 장갑을 찾는 척하면서 어머니의 손을 슬쩍 엿보았다.
④ 나는 불편한 분위기를 피해 혼자 빠져나올 기회만 엿보고 있었다.
⑤ 그의 작품을 통해 당대의 생활상을 엿볼 수 있다.

02 다음 밑줄 친 단어와 동일한 의미로 쓰인 것을 고르면?

> 내가 길러 낸 제자들이 제 역할을 하는 것을 보면 가슴이 뿌듯하다

① 체력을 기르기 위해서 매일 아침 꾸준히 운동을 하고 있다.
② 나중을 위해서라도 평소에 절약하는 습관을 길러야 한다.
③ 그는 인상적으로 보이기 위해 일부러 콧수염을 길렀다.
④ 병을 기르면 치료하는 데 더 많은 시간이 필요하게 된다.
⑤ 여러 소양을 두루 갖춘 T자형 인재를 기르는 방안으로 융합 교육이 각광받고 있다.

03 복수 표준어가 아닌 것을 고르면?

① 살쾡이 – 삵
② 광주리 – 광우리
③ 애순 – 어린순
④ 눈꼬리 – 눈초리
⑤ 봉숭아 – 봉선화

04 부사어와 서술어의 호응이 자연스럽지 않은 것을 고르면?

① 그 점은 그다지 문제가 되지 않는다.
② 모름지기 학생은 공부를 하지 않아도 된다.
③ 아무리 생각해도 그 일은 별로 내키지 않는다.
④ 비록 미개한 존재일지라도 변화를 도모할 수 있다.
⑤ 비단 어제 오늘 일이 아니다.

05 다음 빈칸에 공통으로 들어갈 수 있는 단어를 고르면?

• (　　　)을/를 떼다. • (　　　)이/가 솟다. • (　　　) 값을 하다. • (　　　) 아래 진상 • (　　　)을/를 싸쥐다.

① 발
② 코
③ 손
④ 귀
⑤ 머리

06 밑줄 친 내용이 가장 적절하게 쓰인 것을 고르면?

① 나는 책상 위에 놓여진 책들 중에 되는대로 한 권을 뽑아 읽기 시작했다.
② 문이 꼭꼭 닫혀진 방 안에서 소리가 들렸다.
③ 양육비 감액 청구가 받아들여진 사례이다.
④ 태풍으로 인해 끊겨진 도로가 복구됐다.
⑤ 다시 풀려진 묶었던 머리를 나는 움직이지 않게 더 꽉 묶었다.

07 밑줄 친 단어의 쓰임이 옳은 것을 고르면?

① 나이가 지그시 든 노인이 널 기다리고 계셔.
② 반듯이 시간에 맞추어 오너라.
③ 그는 교통사고로 가족을 모두 잃고 홀몸이 되었다.
④ 교수님이 쓰신 머릿말을 읽고 있다.
⑤ 그는 심호흡을 하며 분을 삭혔다.

08 다음 ㉠~㉢의 밑줄 친 말 중 문맥상 적절한 것을 바르게 짝지은 것을 고르면?

- 그는 나에게 ㉠ (아는 체/알은체)하며 말을 걸었다.
- 빚쟁이들 ㉡ (등살/등쌀)에 먼 곳으로 야반도주하였다.
- 용무가 ㉢ (있으신/계신) 분은 연락 남겨 주세요.

	㉠	㉡	㉢
①	아는 체	등살	계신
②	아는 체	등쌀	계신
③	아는 체	등살	있으신
④	알은체	등살	있으신
⑤	알은체	등쌀	있으신

09 다음 글의 서술상 특징으로 가장 적절한 것을 고르면?

과거에는 개인이 자기가 살 집의 입지를 선정하고, 목수와 상호 합의하여 집을 지었다. 오랜 시간에 걸쳐 집들이 하나하나 들어차면서 마을이 생겨나고, 그 사이사이를 따라 길이 저절로 만들어졌다. 개인의 주거 공간을 한정하는 담과 담 사이에는 길과 공터가 있었는데, 전통 주거지의 길은 큰길에서 안길이 뻗어 나가고 또 그 길에서 샛길이 뻗어 나가는 식이었다. 사람들은 길이 곧게 뻗은 것을 흉하게 여겼는데, 특히 집으로 들어오는 길은 곧바로 보이지 않도록 구부러진 형태로 되어 있어야 길하다고 여겼다. 또한, 집이 큰길 옆에 있는 것 역시 꺼린 탓에 전통 마을의 집은 자연스레 실핏줄처럼 얽힌 불규칙한 길을 따라 자리하였다. 이런 까닭에 근대 이전의 전통 마을에는 항상 구부러지거나 꺾인 불규칙한 형태의 골목길이 존재했고, 도시를 포함한 전통 주거지의 가로 체계는 격자형(十자형)이 아닌 가지형(丁자형)으로 나타났다.

① 유명한 사람의 말을 인용하여 주장을 전개하고 있다.
② 시간의 흐름과 당대의 인식에 따라 길이 형성된 과정을 기술하고 있다.
③ 자문자답의 방식으로 논지를 확대하면서 길의 의미를 구체화하고 있다.
④ 핵심 개념을 정의하면서 길이 마을에 미친 영향을 기술하고 있다.
⑤ 일반적인 통념에 대해서 문제를 제기하면서 길에 대해 설명하고 있다.

10 다음 글의 ㉠에 대한 예시로 적절하지 않은 것을 고르면?

> 귀인이란, 특정한 행동이 발생한 원인을 추론하는 것을 의미한다. 귀인 이론에 따르면 사람들은 자신이 관찰할 수 있는 행동을 바탕으로 다른 사람의 태도나 의도를 추론하게 되는데, 이렇게 추론된 내용은 태도 변화의 선행 요인으로 인식된다. 이때, 개인이 특정 행동을 한 이유를 상황적인 측면에 따른 것이라고 귀인하는 것을 상황적 귀인이라고 하고, 반대로 개인의 내적이거나 기질적인 측면에 따른 것이라고 귀인하는 것을 ㉠ 기질적 귀인이라고 한다.

① 그는 어느 누구보다 부지런하므로 이번에 승진할 것이다.
② 신호를 무시하고 달리는 대부분의 운전자는 운전이 서투르기 때문에 그런 것이다.
③ 그가 연쇄 살인을 저지른 이유는 성격이 흉악하기 때문이다.
④ 성호가 어르신을 도와드린 것은 여자친구에게 잘 보이기 위해서이다.
⑤ 그가 봉사 활동을 한 것은 이타 정신이 투철하기 때문이다.

11 다음에 나타난 논리적 오류와 동일한 오류를 범하고 있는 것을 고르면?

> 독일과 싱가포르 등의 나라에서도 사교육이 활성화되고 있는 현상을 미루어 볼 때 사교육은 전 세계적인 현상이라고 할 수 있다.

① 신은 최고로 완전한 것이다. 완전성에는 존재도 포함된다. 그러므로 신은 존재한다.
② 이 약이 개발된 지 10년이 지났지만, 임상적으로 부작용의 사례 보고가 없습니다. 그러므로 이 약은 안전합니다.
③ 조사원이 DMZ의 자연환경을 조사한 후, 한반도는 자연이 잘 보존되고 있는 지역이라고 판단을 내렸다.
④ 사람들로부터 가장 신뢰를 주는 기업 1위를 한 회사의 제품이므로 믿을 만하다.
⑤ 시험 문제가 이상했다고 주장하는 수험생들은 시험 성적이 낮은 학생임이 틀림없다.

12 다음 중 관용 표현이 적절하지 않게 쓰인 것을 고르면?

① 낙숫물이 댓돌을 뚫는다는데, 계속 노력하면 꼭 좋은 성적을 받을 수 있을 거야.
② 아이고, 너같이 느려서야 뭘 하겠니? 갓 쓰고 나가자 파장하겠다.
③ 구운 게도 다리를 떼고 먹으라는데, 무슨 일이든 마음 놓지 말고 확실하게 하렴.
④ 설 쇤 무 같이 야무지고 똑똑하기가 아주 비할 데가 없어.
⑤ 김칫국부터 마신다고, 해 줄 사람은 생각지도 않는데 다 된 일로 알고 행동하는군.

13 주제문과 뒷받침 문장이 가장 긴밀하게 연결된 것을 고르면?

① 한옥의 지붕 모양에는 맞배 지붕, 우진각 지붕, 팔작 지붕 등의 기본형이 있다. 맞배 지붕은 지붕의 앞면과 뒷면을 서로 맞댄 모양이고, 우진각 지붕은 지붕면이 사방으로 경사를 짓고 있는 지붕 형식으로, 정면에서 보면 사다리꼴 모양이고 측면에서 보면 삼각형으로 되어 있다.
② 로봇은 인간의 편의와 복지를 위해 만들어졌다. 인간이 하기에는 너무 위험한 일을 도맡아 하는 로봇이 있는가 하면, 고도의 정밀한 작업을 한 치의 착오도 없이 해내는 로봇도 있다. 또 어떤 로봇은 환자를 돌보아 주기도 한다.
③ 말은 듣는 이에게 심리적 반응을 일으킨다. 대화를 할 때 주제에 어긋나는 말을 하게 되면, 흐름이 깨지게 되어 원활한 의사소통이 일어나지 않을 수 있다. 또한 상대방을 고려하지 않은 말투는 듣는 이에게 불쾌감, 소외감, 갈등, 미움 등 정서 파괴의 요인을 만들기도 한다.
④ 많은 청소년들이 연예인을 꿈꾸고 있다고 한다. 브라운관에서 빛나는 그들의 모습이 선망의 대상이 된 것이다. 청소년들의 올바른 직업관을 위해서는 건전한 여가 생활을 적극 장려해야 한다.
⑤ 독도는 우리 땅이다. 일본이 아무리 우겨도 독도는 우리 땅이다. 기록에도 노래에도 우리 땅이라고 하지 않았던가. 독도가 우리 땅인데, 이를 인정하지 않는 일본 사람들의 억지가 너무 심하다. 이러한 거짓말을 계속하는 일본인들은 반드시 그 대가를 받게 될 것이다.

14 다음 글을 통해 알 수 있는 내용으로 옳지 않은 것을 고르면?

정의로운 사회는 두 가지 원칙에 기반을 둔다고 존 롤스는 추론한다. 첫째, 개개인은 모든 사람에게 평등하게 주어진 가장 광범위한 체계의 권리와 자유를 가진다. 이 같은 권리와 자유에는 민주적 권리뿐만 아니라 표현, 양심, 평화적인 집회 등의 자유가 포함된다. 이 첫 번째 원칙은 절대적인 것이며, 다음의 두 번째 원칙을 위해서라도 결코 위배될 수 없다. 그러나 다양한 기본권들은 최대한의 권리를 획득하기 위해 상호 교환될 수 있다.

둘째, 경제적 · 사회적 불평등은 그것들이 사회 전체, 특히 사회에서 가장 혜택을 받지 못하는 구성원들에게 이득이 될 때만 정당화된다. 또한 경제적, 사회적으로 특권을 누리는 모든 지위는 모든 사람들에게 평등하게 열려 있어야 한다. 예를 들면 의사가 식료품점 점원보다 돈을 더 버는 것은, 만약 이것이 정반대일 경우라면 아무도 의사가 되기 위한 교육을 받지 않게 되고, 결국 식료품 점원은 의사의 치료를 받지 못하는 상황이 발생하게 된다는 가정하에서만 정당화된다. 따라서 의사가 봉급을 더 많이 받는 것은 의사에게 이득이 될 뿐만 아니라 의사의 치료를 받게 되는 식품점 점원을 포함하여 사회 모든 이들에게도 이득이 된다. 이와 같은 경제적 불평등은 모든 사회에 이득을 주고 모든 사회 구성원들을 보다 더 나은 상태에 이르게 한다. 공리주의자들과 달리, 롤스의 정의 이론은 일부 사람들의 더 많은 이익과 행복을 위하여 몇몇 사람들이 고통 받는 것을 용인하지 않는다.

① 롤스는 정의로운 사회에 대해 두 가지 원칙을 제시하였다.
② 권리와 자유의 평등 원칙은 절대적인 기본 전제에 해당한다.
③ 어떤 한 사람의 이익은 모든 사람의 이익이 되기도 한다.
④ 정의로운 사회는 모든 사람에게 동등한 기회를 열어 주어야 한다.
⑤ 정의로운 사회는 경제적 불평등을 점차 해소하여 평등한 사회로 가는 것이다.

[15~16] 다음 글을 읽고 질문에 답하시오.

[가] 양반은 상을 '올리라' 하지 않고 '들이라' 하며, 숭늉을 '가져오라' 하지 않고 '진지하라'라고 한다. 만일, 상을 '올리라' 하고 숭늉을 '가져오라' 하면, 그것은 양반 아닌 상민(常民)의 말이 된다. 즉, 상민의 표현 양식이 되고, 상민의 문체가 된다. 이러한 반상(班常)의 문체 차이는 무엇보다 높임법에서 잘 드러난다.

[나] (㉠) 다음과 같은 『흥부전』의 일절에도 잘 나타나 있다.
밥이 어떻게 중한 것이라고 밥상을 치셨소? 밥이라 하는 것이 나라에 오르면 수라요, 양반이 잡수시면 진지요, 하인이 먹으면 입시요, 제배에 먹으면 밥이오, 제사에는 진메이니, 얼마나 중한가요?

[다] 비단 계급이 아니더라도 문체의 차이는 존재했다. 우리 전통 사회는 남녀가 유별(有別)한 봉건적 사회였다. 그것도 조선조 이래 남존여비(男尊女卑)의 가족 제도와 사회 제도가 지배해 온 사회였다. 그리하여 남녀의 표현 양식에 차이가 생겼으며, 여성의 표현에 경어가 많이 쓰이게 되었다.

[라] 또한 『춘향전』에 보면, '*서울 봉사 갓틀진듸 문수하오 웨련만넌, 시골 봉사라 문복하오 하며 외고 가니*'란 구절이 보인다. 이는 서울 맹인은 "문수하오." 하는데, 남원 맹인은 "문복하오."라 한다는 말로, 지역에 따라 표현 양식이 다름을 단적으로 나타내 준 말이다.

15 [가]~[라]의 내용을 포괄하는 주제문으로 가장 적절한 것을 고르면?

① 문체는 지역에 따라 다르게 나타난다.
② 문체는 일정한 규칙이 없이 자유롭다.
③ 문체는 사회와 밀접한 관련성을 지닌다.
④ 우리말의 표현은 전통 사회와 현대 사회가 크게 다르다.
⑤ 우리말은 성별, 신분 등에 따른 구별이 존재한다.

16 [가]와 [나]의 내용을 볼 때, ㉠에 들어갈 내용으로 가장 적절한 것을 고르면?

① 식생활의 중요성을 깨닫게 하는 내용은
② 지난날의 생활상을 반영하고 있는 문체는
③ 전통 사회에서 의사소통이 안 되던 경우로는
④ 사회적 계층에 따라 표현 양식이 다르다는 것은
⑤ 전통 사회의 식생활 습관을 엿볼 수 있는 언어는

17 **다음 글의 ㉠~㉤ 중 글의 흐름상 삭제해야 할 문장을 고르면?**

> 사람들은 대개 수학이 어렵다고 한다. 하지만 나는 수학 시간이 재미있다. ㉠ 바로 수업을 재미있게 진행하시는 수학 선생님 덕분이다. 수학 선생님은 유머로 딱딱한 수학 시간을 웃음바다로 만들곤 한다. ㉡ 졸린 오후 시간에 뜬금없이 외국으로 수학여행을 가자고 하여 분위기를 부드럽게 만든 후 어려운 수학 문제를 쉽게 설명한 적도 있다. ㉢ 그래서 우리 학교에서는 수학 선생님의 인기가 시들 줄 모른다. ㉣ 그리고 수학 선생님의 아들이 수학을 굉장히 잘한다는 소문이 나 있다. ㉤ 내 수학 성적이 좋아진 것도 수학 선생님의 재미있는 수업 덕택이다.

① ㉠ ② ㉡ ③ ㉢
④ ㉣ ⑤ ㉤

18 **다음 글의 논증 구성을 바르게 분석한 것을 고르면?**

> ㉠ 두 가지 언어가 문화적으로 대등한 관계에 놓여 있지 않아서, 한 언어가 다른 언어로부터 여러 가지 어휘를 차용하는 일은 반드시 나쁜 일만은 아니다. ㉡ 국어만으로는 충족될 수 없는 여러 가지 표현을 외래어를 활용하여 나타낼 수 있고, 외래어의 유입으로 국어의 어휘는 더욱 풍부해질 수 있다. ㉢ 그런데 일어계 외래어는 모어(母語)인 국어를 쓰지 못하는 상황에서 일본어만을 쓰도록 강요당한 결과로 익히게 된 어휘이다. ㉣ 같은 외래어라고 하더라도 하루바삐 일어계 외래어를 될 수 있는 대로 쓰지 않도록 노력해야 한다고 주장하는 근거가 여기에 있다. ㉤ 일어계 어휘는 외래어로서가 아니라 외국어로서 너무나도 강하게 우리의 언어생활에 영향을 끼쳤다.

① ㉠과 ㉡은 ㉢의 뒷받침 문장이다.
② ㉠과 ㉡은 대조적 관계이다.
③ ㉣은 ㉠을 재진술한 것이다.
④ ㉤은 글 전체의 주지이다.
⑤ ㉢과 ㉤은 ㉣의 근거이다.

19 다음 밑줄 친 ㉠과 바꿔 쓸 수 있는 단어로 가장 적절한 것을 고르면?

> 주거지의 울타리는 우리의 범주를 규정하는 '영역 만들기'의 역할을 한다. 주택 단지 내부에 동질성을 지닌 사회 계층이 거주하는 것이 현대 주거지의 특징인데, 외부와 차별성을 갖는 고급 단지일수록 그 울타리가 견고하다. 그러나 단지 내부에서도 이웃과 만나기 위한 공간과 행위들은 찾아보기 어렵다. 좁은 공간에 수많은 세대가 다닥다닥 붙어 있어 겉으로는 삭막해 보이지만 일단 현관문만 열면 아늑한 주거 환경이 펼쳐진다. 반대로 현관문 하나만 잠그면 집 전체가 바깥세상과 완전히 격리된다. 가족만의 성역에는 누구라도 예고없이 방문할 수 없고, 이웃이나 친척이라도 안에서 문을 열어 주었을 때에만 집 안으로 들어올 수 있다. 이러한 특징은 현대인의 개인주의적 성향과 잘 ㉠ 맞아떨어진다.

① 고착한다　② 부합한다　③ 진작한다
④ 길항한다　⑤ 지향한다

20 다음 중 추론한 내용으로 적절하지 않은 것을 고르면?

① 모든 사람은 생각한다. 민호는 사람이다. 그러므로 민호는 생각한다.
② 수지는 가수이거나 연기자이다. 수지는 가수가 아니다. 그러므로 연기자이다.
③ 해외여행을 많이 하는 사람은 과소비하는 경향이 있다. 민지는 과소비하는 경향이 있으므로 해외여행을 많이 할 것이다.
④ 바닷가 사람들은 생선회를 즐겨 먹는다. 채아는 생선회를 즐겨 먹지 않으니 바닷가 사람이 아니다.
⑤ 영화를 좋아하는 사람은 음악을 좋아한다. 음악을 좋아하는 사람은 사진을 좋아한다. 따라서 영화를 좋아하는 사람은 사진을 좋아한다.

21 다음 글의 [가]~[마]를 흐름에 맞게 바르게 나열한 것을 고르면?

[가] 어느 날 건축가 김진애 선배가 골똘히 생각에 잠겨 있다가 툭, 한마디 던졌다. "제주 올레, 어때?"

[나] 주위 사람들에게 내가 왜 길을 만들려고 하는지, 내가 만들 제주 길에 어떤 풍경들이 펼쳐지는지를 입술이 부르트게 설명했다. 제주 걷는 길, 섬길, 제주 소로길……. 숱한 아이디어가 쏟아졌지만, 맘에 쏙 드는 건 없었다.

[다] 길을 만들기에 앞서서 길 이름부터 짓기로 했다. 이름은 곧 깃발이요 철학이기에, 제주가 지닌 독특한 매력을 반영하면서도 길에 대한 나의 지향점이 오롯이 담긴 이름이어야만 했다.

[라] 내가 구상하는 길은 실용적인 목적을 지닌 길이 아니다. 그저 그곳에서 놀멍, 쉬멍, 걸으멍 가는 길이다. 지친 영혼에게 세상의 짐을 잠시 부려놓도록 위안과 안식을 주는 길이다. 푸른 하늘과 바다, 싱그러운 바람이 함께하는.

[마] 귀가 번쩍 뜨였다. 대부분이 육지 출신이라서 그게 뭔 소리여, 의아한 눈치였지만 '올레'는 제주 출신인 내게는 참으로 친근하고 정겨운 단어였다. 자기 집 마당에서 마을의 거리길로 들고나는 진입로가 올레다.

① [가] – [마] – [나] – [다] – [라]
② [나] – [다] – [라] – [가] – [마]
③ [다] – [가] – [라] – [나] – [마]
④ [다] – [나] – [가] – [마] – [라]
⑤ [다] – [라] – [나] – [가] – [마]

22 다음 중 [보기]와 같은 성질의 표준어로 바르게 짝지어진 것을 고르면?

> 보기
> • 껍질: 물체의 겉을 싸고 있는 단단하지 않은 물질
> • 껍데기: 달걀이나 조개 따위의 겉을 싸고 있는 단단한 물질

① 쌉싸래하다 – 쌉싸름하다
② 먹을거리 – 먹거리
③ 뮛자리 – 뭇자리
④ 고운대 – 토란대
⑤ 마을 – 마실

23 '집중 호우로 인한 피해를 줄이기 위해 체계적인 방재 관리가 필요하다.'라는 주제로 글을 쓰기 위해 토의를 진행했다. 토의 내용으로 적절하지 <u>않은</u> 것을 고르면?

① 집중 호우의 피해를 줄이는 방법에 관한 글이지만 서론 부분에서는 집중 호우 피해의 실태 파악에 관한 내용을 넣는 것이 좋겠어.
② 집중 호우의 피해 실태 부분에서는 산사태와 그로 인한 토사의 유입 및 하천의 범람으로 인한 홍수 피해 모습에 대해 설명하는 것이 좋겠어.
③ 글의 본문에는 집중 호우 피해의 주요 원인에 대해서도 기술하는 것이 좋을 듯해. 그 내용으로 무분별한 개발로 인한 숲의 훼손, 하천 바닥과 주변 및 교량의 허술한 관리에 대한 내용을 넣자. 그리고 일시적 피해 복구에 급급한 재해 행정 관리의 허술함도 이야기하면 좋을 것 같아.
④ 본문에 집중 호우 피해를 줄이기 위한 대책도 넣으면 어떨까? 숲의 보전을 통해 산사태 및 토사의 유출을 방지하고, 하천 및 교량의 철저한 관리를 통해 범람을 방지해야 한다는 내용이지. 그리고 예방에 초점을 둔 재해 관련 행정 체계를 수립하자는 내용도 넣는 것이 좋겠어.
⑤ 결론 부분에는 주제에 맞게 집중 호우의 피해를 줄이는 것이 필요한 이유에 대해 설명하며 글을 마무리하는 것이 좋을 것 같아.

24 다음 글에 이어질 내용으로 적절하지 <u>않은</u> 것을 고르면?

제우스의 메신저이며 전령신인 헤르메스는 제우스의 명령대로 판도라를 프로메테우스의 동생 에피메테우스의 곁으로 데려갔다. 프로메테우스는 에피메테우스에게 절대로 제우스로부터 선물을 받지 말라고 충고하지만, 나중에 생각하는 사람인 에피메테우스는 형의 충고에도 불구하고 너무나 아름다운 인간 여성인 판도라에게 반해 아내로 삼는다.

판도라는 에피메테우스의 아내가 되어 지상에서 살게 되었다. 에피메테우스의 집에는 절대 열어 보지 말라고 한 제우스의 선물 상자가 있었는데, 판도라는 그 속에 무엇이 들었는지 점점 더 궁금해졌다. 호기심을 못 이긴 판도라는 결국 항아리 뚜껑을 열고 말았다. 그 순간 항아리 속에서 슬픔과 고통, 가난과 질병, 시기와 의심, 증오와 두려움 등 온갖 재앙이 빠져 나왔다.

깜짝 놀란 판도라는 재빨리 뚜껑을 닫았지만 때는 이미 늦었다. 제우스가 준 선물 상자는 재앙의 상자였던 것이다. 그때까지 지상의 인간들은 죽음을 부르는 병과 슬픔, 재난 등을 모르고 살았지만 이때부터 지상에 '악'과 '재난'이 생겨났고, 이는 인류의 증가와 더불어 점점 더 퍼져나갔다.

하지만 마지막 '희망'은 항아리의 밑바닥에 남아 있었다. 이로 인해 인간은 갖가지 불행과 고통 속에 항상 재난을 두려워하며 마지막으로 남은 희망만을 안고 살아가게 되었다고 한다. 여기서 희망은 희망이라는 재앙으로 이야기되기도 한다.

① 왜냐하면 현실의 고통을 감내하는 데는 도움을 주지만, 궁극적으로 현실의 문제를 해결해 주지는 않기 때문이다.

② 왜냐하면 약속된 미래가 실제로 성취되지 않았을 때는 가차 없이 자신을 파먹는 아픔이 되기 때문이다.

③ 왜냐하면 낙관주의로 포장된 희망은 근거 없는 희망, 절망의 다른 이름일 뿐이기 때문이다.

④ 왜냐하면 천국은 이제 가능성이 없으니 절망 속에 쾌락만이 현재의 아픔을 견딜 수 있는 유일한 것이기 때문이다.

⑤ 왜냐하면 희망이 오히려 화를 불러일으킬 수 있는 과대망상으로 생각될 수 있고, 오히려 헛된 희망이 미래를 다스릴 수 있다는 위험한 발상일 수 있기 때문이다.

25 다음 밑줄 친 (가), (나)에 해당하는 사례를 [보기]에서 골라 바르게 짝지은 것을 고르면?

개인의 합리성과 사회의 합리성은 병행할 수 있을까? 이 문제와 관련하여 고전 경제학에서는, 각 개인이 합리적으로 행동하면 사회 전체적으로도 합리적인 결과를 얻을 수 있다고 말한다. 물론 여기에서 합리성이란 '여러 가지 가능한 대안 가운데 효용의 극대화를 추구하는 방향으로 선택한다'는 의미의 경제적 합리성을 의미한다. 따라서 각 개인이 최대한 자신의 이익에 충실하면 모든 자원이 효율적으로 분배되어 사회적으로도 이익이 극대화된다는 것이 (가) 고전 경제학의 주장이다. 그러나 개인의 합리적 선택이 반드시 사회적인 합리성으로 연결되지는 못한다는 주장도 만만치 않다. 이른바 (나) '죄수의 딜레마' 이론에서는, 서로 의사소통을 할 수 없도록 격리된 용의자가 각각 개인 수준에서 가장 합리적으로 내린 선택이 오히려 집합적인 결과에서는 두 사람 모두에게 비합리적인 결과를 초래할 수 있다고 설명하고 있다. 즉 다른 사람을 고려하지 않고 자신의 이익만을 추구하는 개인적 차원의 합리성만을 강조하면, 오히려 사회 전체적으로는 비합리적인 결과를 초래할 수 있다는 것이다.

보기

㉠ 효율적인 식당 운영을 위해 야외 공간을 무자비로 확보하기 시작하자 시민들이 골목길을 다니기가 불편해졌다.

㉡ 청년들이 임대료를 적게 내기 위해 재래시장에서 가게를 열었더니 핫플레이스가 되어 많은 손님이 방문했다.

㉢ 환경오염 문제를 해결하기 위해 그 지역 단체들이 서로 협력하여 해결 방안을 모색하였다.

㉣ 사람들이 빨래를 말리기 위해 베란다 밖에 널어놓으면서 동네 외관이 보기 좋지 않게 되었다.

	(가)	(나)
①	㉠	㉢
②	㉠	㉣
③	㉡	㉠
④	㉡	㉢
⑤	㉢	㉡

파이널 모의고사 3회

자료해석

20문항/25분

정답과 해설 ▶ P.65

01 눈이 온 다음 날 또 눈이 올 확률은 20%이고, 눈이 오지 않은 다음 날 눈이 올 확률은 25%이다. 오늘이 1월 19일이고 눈이 왔다면, 3일 뒤인 22일에 눈이 오지 않을 확률을 고르면?

① $\frac{381}{500}$　　② $\frac{191}{250}$

③ $\frac{383}{500}$　　④ $\frac{96}{125}$

02 집에서 65km 떨어진 박물관까지 처음에는 시속 80km로 운전하다가 중간에 제한 속도가 바뀌어 시속 100km로 차를 몰았다. 박물관까지 45분 만에 도착하였을 때, 시속 80km로 운전한 거리를 고르면?

① 35km　　② 40km

③ 45km　　④ 50km

[03~04] 다음 [표]는 2020년 지역별 신체검사 결과 및 신체검사 불응에 대한 자료이다. 이를 바탕으로 질문에 답하시오.

[표] 2020년 지역별 신체검사 결과 및 신체검사 불응

(단위: 명)

구분	지역별 인구수	신체검사 결과						신체검사 불응
		합격	4급	5급	6급	7급	합계	
서울	6,652	2,236	3,138	695	55	528	6,652	0
부산	2,444	810	1,054	280	26	235	2,405	39
대구	2,601	896	1,180	326	14	185	2,601	0
경북	3,752	1,354	1,715	468	36	179	3,752	0
광주 · 전남	1,794	628	755	223	20	127	1,753	41
대전 · 충남	2,081	665	946	216	18	149	1,994	87
강원	460	154	205	55	5	33	452	8
충북	831	280	365	96	8	61	810	21
전북	1,092	354	510	111	8	79	1,062	30
경남	1,592	555	682	205	23	127	1,592	0
제주	382	116	171	56	2	37	382	0
인천	3,468	1,360	1,588	288	24	208	3,468	0
경기북부	1,962	585	933	195	13	196	1,922	40
강원영동	256	94	81	37	1	33	246	10
합계	29,367	10,087	13,323	3,251	253	2,177	29,091	276

※ 1~3급(합격), 4급(공익요원), 5급(전시근로역), 6급(면제), 7급(재신체검사)

03 주어진 자료에 대한 설명으로 옳지 않은 것을 고르면?

① 지역별로 신체검사를 받은 인원의 비중이 전체 검사자의 10%를 넘는 곳은 3곳이다.
② 모든 지역에서 4급 판정을 받은 인원의 수가 합격한 인원의 수보다 많다.
③ 신체검사 불응자가 가장 많은 지역은 대전 · 충남이다.
④ 전체 신체검사를 받은 인원 중 재신체검사를 받아야 하는 인원은 8% 미만이다.

04 각 지역별로 신체검사를 받은 인원 중 합격자의 비중이 가장 높은 지역을 고르면?

① 서울　② 경북　③ 제주　④ 인천

05 다음 [표]는 중학생 30명의 수학과 과학 성적에 대한 상관표이다. A+B+C+D의 값을 고르면?

[표] 수학과 과학 성적의 상관표

(단위: 명)

과학 \ 수학	50점 이상 60점 미만	60점 이상 70점 미만	70점 이상 80점 미만	80점 이상 90점 미만	90점 이상 100점 미만	합계
90점 이상 100점 미만			1	3	2	6
80점 이상 90점 미만			A	B		D
70점 이상 80점 미만		2	2	1		5
60점 이상 70점 미만		1	C	1		B−2
50점 이상 60점 미만	5	2	1			8
합계	5	5	D	10	2	30

① 17 ② 18
③ 19 ④ 20

06 농도가 6%인 소금물 150g이 있다. 이 소금물의 농도를 4%로 맞추기 위해 추가해야 하는 물의 양을 고르면?

① 75g ② 80g
③ 90g ④ 105g

07 다음 [표]는 ○○교육연구소에서 실시한 간부선발도구 모의고사 결과에 대한 자료이다. 항목별 응시생 중 커트라인을 통과하지 못한 불합격생의 비율이 가장 높은 것을 고르면?

[표] ○○교육연구소 간부선발도구 모의고사 결과

(단위: 명)

구분		합격	불합격
언어논리	장교	15	3
	항공준사관	16	4
	부사관	18	7
자료해석	장교	14	4
	항공준사관	17	3
	부사관	16	9

① 언어논리 – 장교
② 언어논리 – 부사관
③ 자료해석 – 장교
④ 자료해석 – 부사관

08 다음 [표]는 두유의 식품별 구성비를 나타낸 것이다. 두유에서 물과 기타 성분을 제거한 후 남은 구성 성분만으로 새로운 백분율을 구할 때, 지방 성분에 대한 백분율은 얼마인지 고르면?(단, 소수점 둘째 자리에서 반올림한다.)

[표] 두유의 식품별 구성비

(단위: %)

구분	비율
탄수화물	6.7
단백질	5.4
지방	3.2
기타	4.6
물	80.1
합계	100.0

① 약 18.4%
② 약 20.9%
③ 약 22.5%
④ 약 24.1%

09 다음 [표]는 네트워크를 구성하기 위하여 컴퓨터끼리 연결하는 그림을 나타낸 것이다. 컴퓨터가 7대일 때, 필요한 연결선의 개수를 고르면?

[표] 네트워크 구성 현황 (단위: 대, 개)

컴퓨터의 대수	2	3	4	…	7
연결선의 개수	1	3	6	…	
그림				…	

※ 설치된 모든 컴퓨터는 서로 1번씩 반드시 연결되어야 한다.

① 14개 ② 21개
③ 28개 ④ 35개

10 다음 [표]는 어느 배드민턴 중급반의 월별 남녀 회원 수를 나타낸 것이다. 전체 회원 수가 전월 대비 가장 많이 감소한 달을 고르면?

[표] 배드민턴 중급반의 월별 남녀 회원 수 (단위: 명)

구분	2월	3월	4월	5월	6월	7월
남자	42	39	44	40	34	36
여자	31	29	28	34	29	24

① 3월 ② 5월 ③ 6월 ④ 7월

11 현진이네 동아리 학생들이 캠핑을 하려고 한다. 텐트 1개에 5명씩 들어가면 4명이 텐트에 들어갈 수 없고, 6명씩 들어가면 텐트 수는 1개 줄고 마지막 텐트에는 2명만 들어가게 된다. 전체 학생 수가 a명, 총 텐트 개수를 b개라고 할 때, $a+b$의 값을 고르면?

① 80 ② 84 ③ 88 ④ 92

12 다음 [표]는 국립공원 내 사찰의 문화재 관람료에 관한 자료이다. 이에 대한 설명으로 옳은 것을 고르면?

[표] 국립공원 내 사찰의 문화재 관람료 비교 (단위: 원)

국립공원	사찰	2017년	2018년	2019년
지리산	쌍계사	1,800	1,800	1,800
	화엄사	2,200	3,000	3,000
	천은사	1,600	1,600	1,600
	연곡사	1,600	2,000	2,000
경주	불국사	0	500	4,000
	석굴암	0	500	4,000
	기림사	0	500	3,000
계룡산	동학사	1,600	2,000	2,000
	갑사	1,600	2,000	2,000
	신원사	1,600	2,000	2,000
한려해상	보리암	1,000	1,000	1,000
설악산	신흥사	1,800	2,500	2,500
	백담사	1,600	0	0
속리산	법주사	2,200	3,000	3,000
내장산	내장사	1,600	2,000	2,000
	백양사	1,800	2,500	2,500
가야산	해인사	1,900	2,000	2,000

① 문화재 관람료가 3년간 한 번도 변경되지 않은 사찰은 4곳이다.

② 관람료가 없었던 곳을 제외하고 문화재 관람료가 가장 큰 폭으로 상승한 곳의 전년 대비 증가율은 600%이다.

③ 설악산 국립공원 내 사찰에서는 2018년부터 문화재 관람료를 받지 않고 있다.

④ 2017년과 2018년에 문화재 관람료가 가장 높은 사찰은 동일하다.

13 A는 4로 나누면 3이 남고, 5로 나누면 4가 남고, 6으로 나누면 5가 남는 자연수 중 가장 작은 세 자리의 자연수이다. 이때 A를 고르면?

① 118　　② 119
③ 120　　④ 121

14 어떤 물건의 정가는 원가의 1.5배라고 한다. 그런데 물건이 팔리지 않아 20% 할인 행사를 하여 36,000원에 판매하고 있다. 이때 물건의 원가는 할인 가격보다 얼마나 더 싼지 고르면?

① 3,000원　　② 4,000원
③ 5,000원　　④ 6,000원

15 다음 [보기]의 대화 내용을 바탕으로 작년 남학생 수를 고르면?

보기

나현: 작년 전체 학생 수는 200명이었어.
민정: 올해는 작년에 비해 남학생이 15% 증가하였지.
혜빈: 아 그렇구나. 하지만 여학생은 작년에 비해 올해 10% 감소하였는걸.
예림: 올해 전체 학생 수는 작년에 비해 5명이 증가하였어.

① 100명　　② 105명
③ 110명　　④ 115명

16 다음 [보기]는 세계 보건 기구에서 제시한 초, 중, 고등학생의 비만도 공식이다. A학생의 키가 175cm이고 몸무게가 81kg일 때, 비만 정도를 고르면?

보기

$$비만도 = \frac{y}{(x-100)\times 0.9}\times 100$$

x: 키(cm), y: 몸무게(kg)

[표] 비만도에 따른 비만 정도

비만도	분류
95 미만	체중 미달
95 이상 120 미만	정상 체중
120 이상 130 미만	경도 비만
130 이상 150 미만	중도 비만
150 이상	고도 비만

① 체중 미달　② 정상 체중
③ 경도 비만　④ 중도 비만

17 일정한 규칙으로 수를 나열할 때, 빈칸에 들어갈 값을 고르면?

2　4　8　61　23　46　821　(　　)

① 652　② 1242
③ 1640　④ 2289

18 다음 [표]는 2020년 A헬스장의 연령별 운동 시간을 나타낸 것이다. 이에 대한 설명으로 옳지 <u>않은</u> 것을 고르면?

[표] 2020년 A헬스장의 연령별 운동 시간

(단위: 시간)

구분	월평균	평일	공휴일	토요일
10~19세	17.0	2.1	2.2	3.5
20~29세	20.1	2.6	3.3	3.8
30~39세	21.0	2.6	3.5	3.9
40~49세	21.0	2.6	3.5	3.9
50~59세	22.1	2.9	3.5	3.9
60세 이상	26.2	3.4	4.0	4.2

① 운동을 가장 많이 하는 연령은 60세 이상이다.

② 10~19세의 연령이 가장 적게 운동한다.

③ 모든 연령에서 평일보다 토요일이나 공휴일의 운동 시간이 짧다.

④ 연령대가 높아져도 운동 시간이 감소하지는 않는다.

[19~20] 다음 [표]는 인천의 연도별 교통사고에 대한 자료이다. 이를 바탕으로 질문에 답하시오.

[표] 인천의 연도별 교통사고

(단위: 건)

구분	2014년	2015년	2016년	2017년	2018년
인명 피해	3,200	3,005	4,523	5,118	4,935
사망	742	653	1,188	1,509	(나)
부상	2,458	2,352	(가)	3,609	3,972

※ 인명 피해 건수(건)=사망 건수+부상 건수

※ 사망률(%)$=\frac{\text{사망 건수}}{\text{인명 피해 건수}}\times 100$

19 (가)와 (나)의 차를 고르면?

① 2,142　② 2,256
③ 2,372　④ 2,490

20 교통사고 사망률이 가장 높은 연도를 고르면?

① 2014년　② 2015년
③ 2016년　④ 2017년

파이널 모의고사 4회

공간능력

18문항/10분

정답과 해설 ▸ P.68

[01~05] 다음 조건을 참고하여 제시된 입체 도형의 전개도로 알맞은 것을 고르시오.

※ 입체 도형을 전개하여 전개도를 만들 때, 전개도에 표시된 그림(예: ▮, ◪ 등)은 회전의 효과를 반영함. 즉, 본 문제의 풀이과정에서 보기의 전개도상에 표시된 '▮'와 '▬'은 서로 다른 것으로 취급함.

※ 단, 기호 및 문자(예: ☎, ♤, ♨, K, H)의 회전에 의한 효과는 본 문제의 풀이과정에 반영하지 않음. 즉 입체 도형을 펼쳐 전개도를 만들었을 때에 '☎'의 방향으로 나타나는 기호 및 문자도 보기에서는 '☎' 방향으로 표시하며 동일한 것으로 취급함.

01

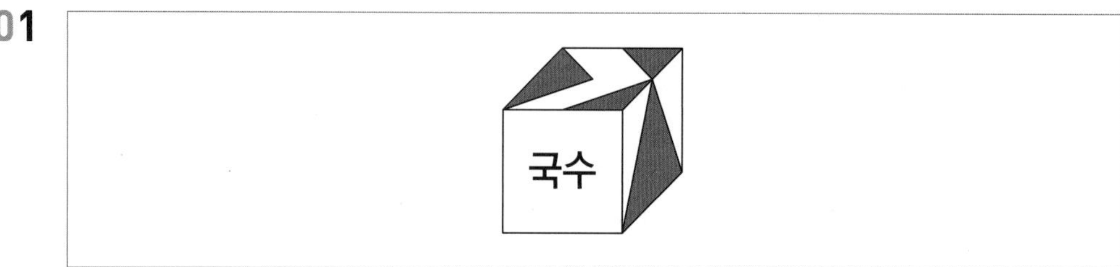

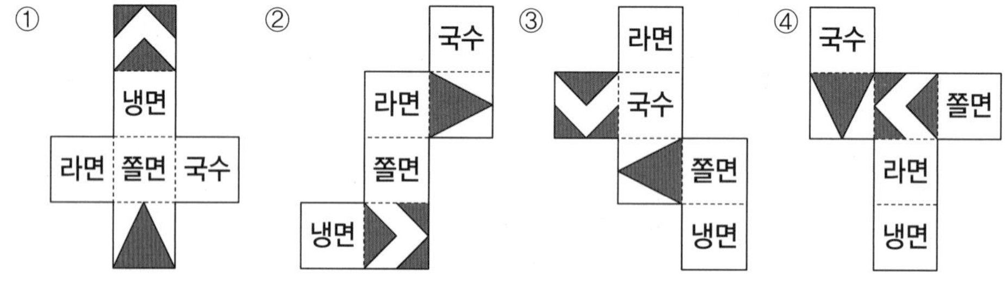

02

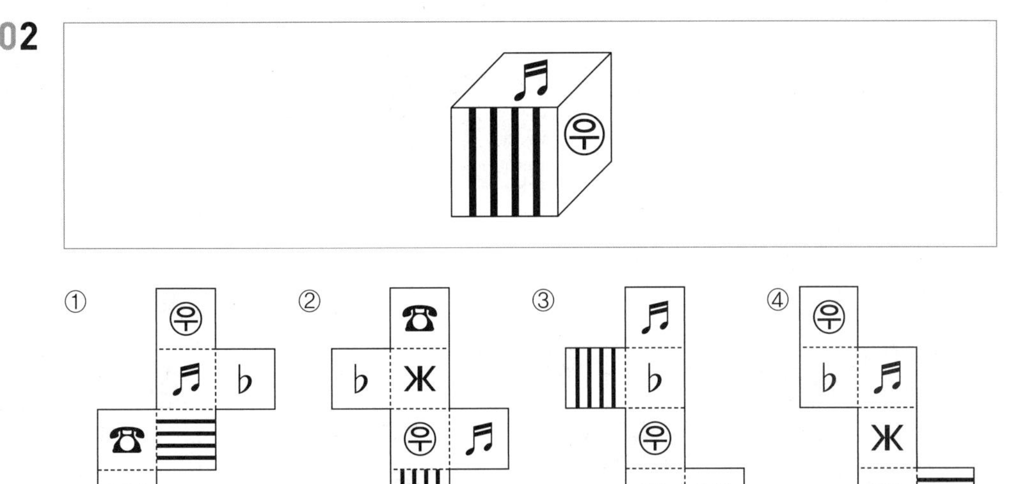

03

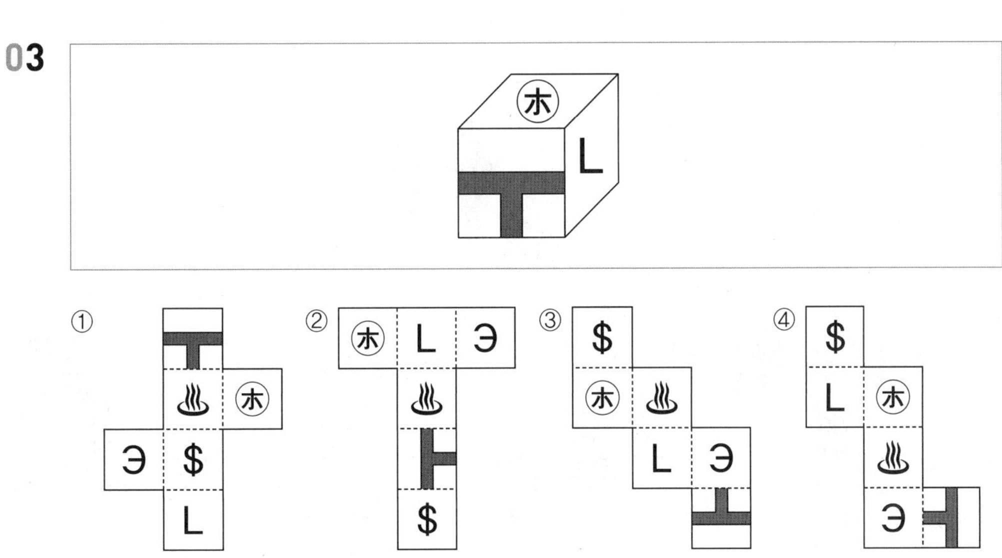

04

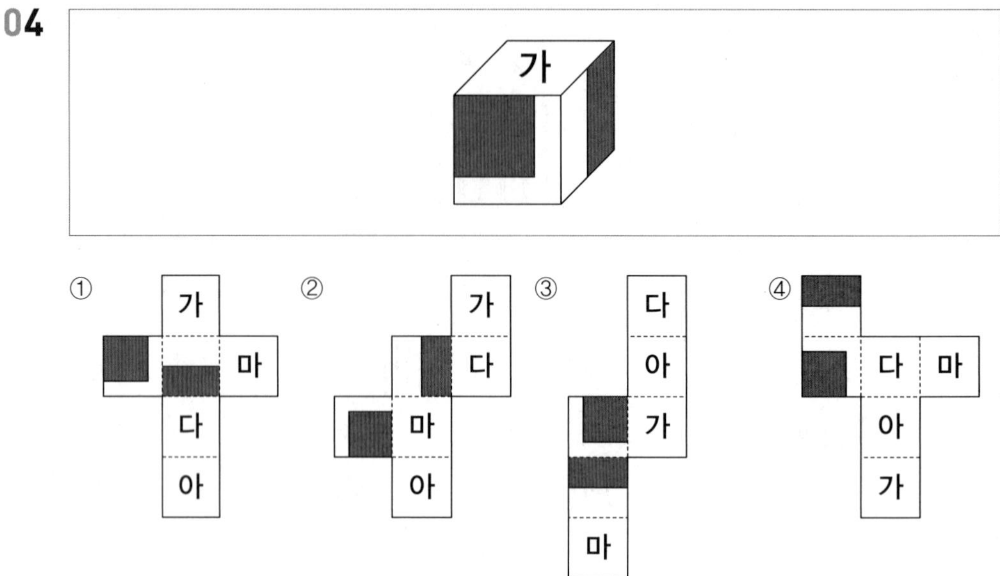

05

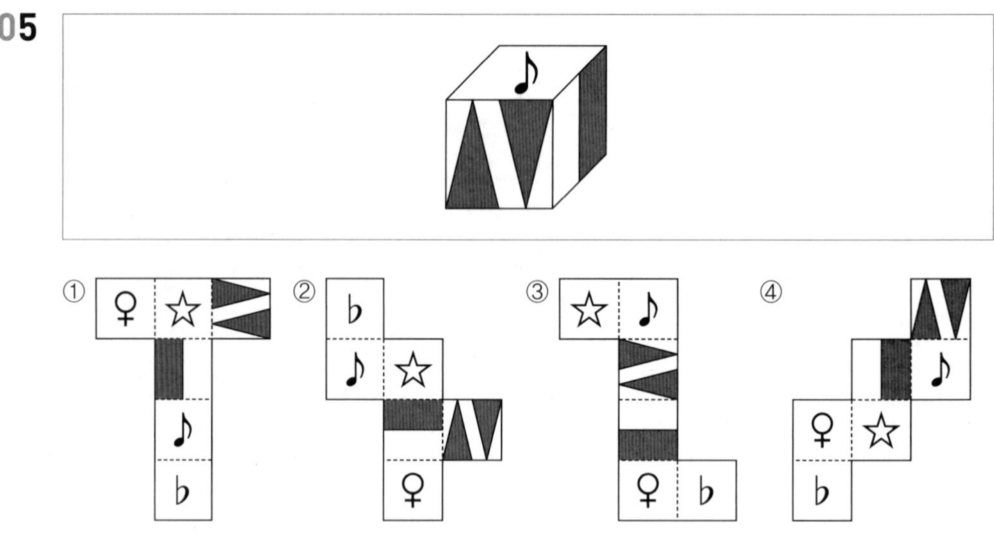

[06~10] 다음 조건을 참고하여 제시된 전개도로 만든 입체 도형에 해당하는 것을 고르시오.

> ※ 전개도를 접을 때 전개도상의 그림, 기호, 문자가 입체 도형의 겉면에 표시되는 방향으로 접음.
> ※ 전개도를 접어 입체 도형을 만들 때, 전개도에 표시된 그림(예: ▮, ◢ 등)은 회전의 효과를 반영함. 즉, 본 문제의 풀이과정에서 보기의 전개도상에 표시된 '▮'와 '▬'은 서로 다른 것으로 취급함.
> ※ 단, 기호 및 문자(예: ☎, ♤, ♨, K, H)의 회전에 의한 효과는 본 문제의 풀이과정에 반영하지 않음. 즉 전개도를 접어 입체 도형을 만들었을 때에 '☎'의 방향으로 나타나는 기호 및 문자도 보기에서는 '☎' 방향으로 표시하며 동일한 것으로 취급함.

06

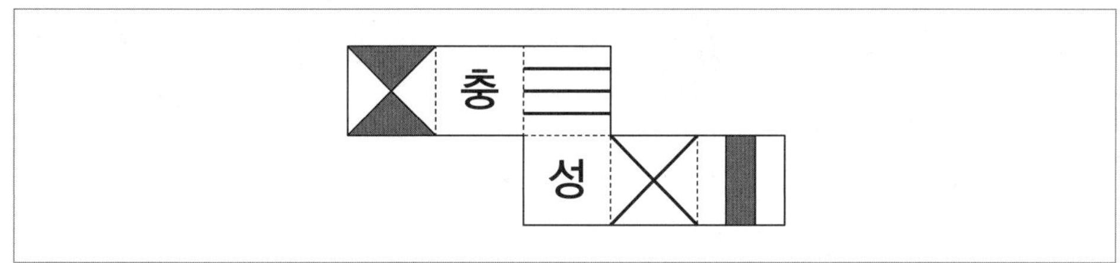

①
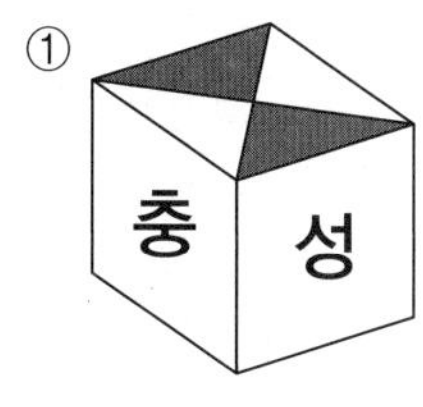

②
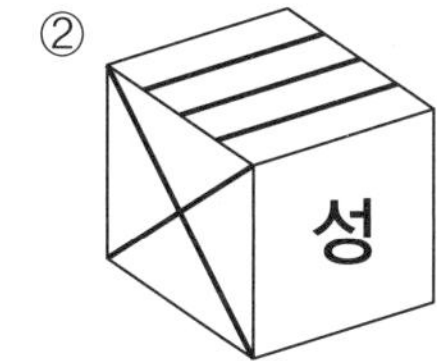

③
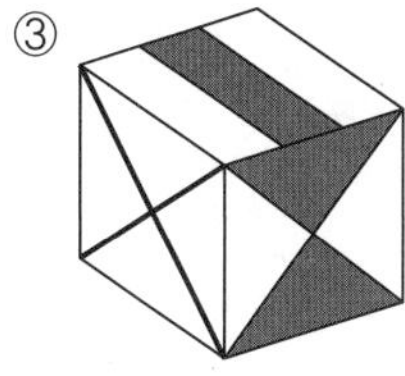

④

07

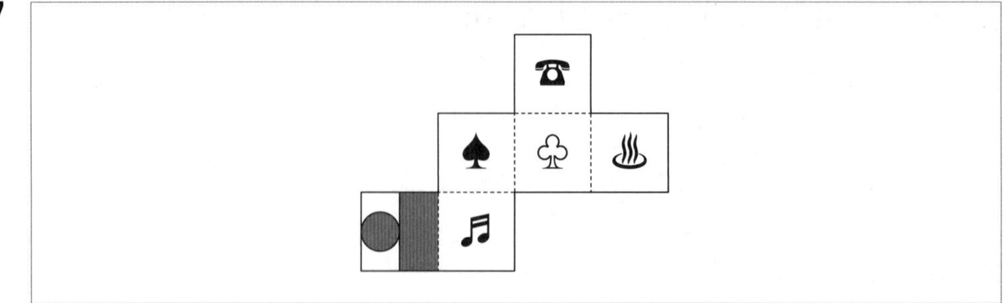

①
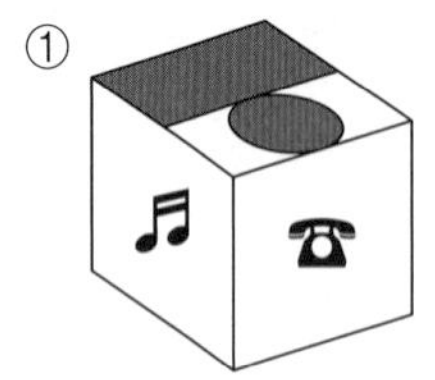
②
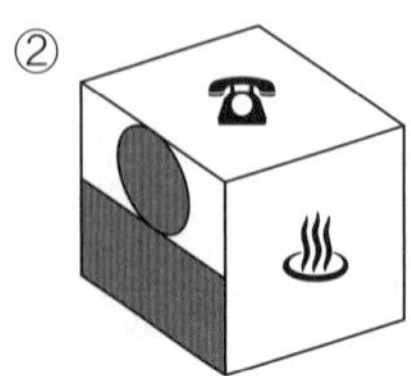
③
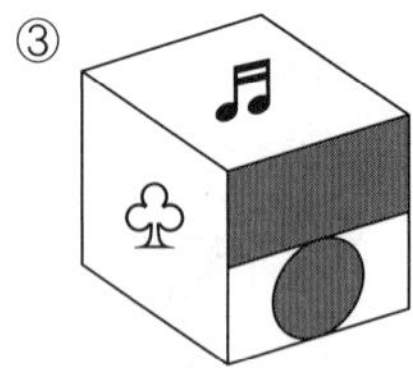
④
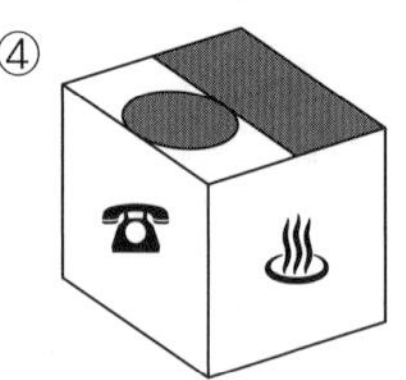

08

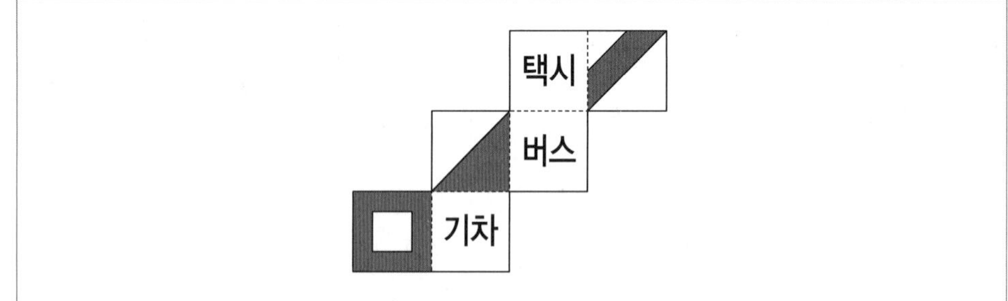

①

②
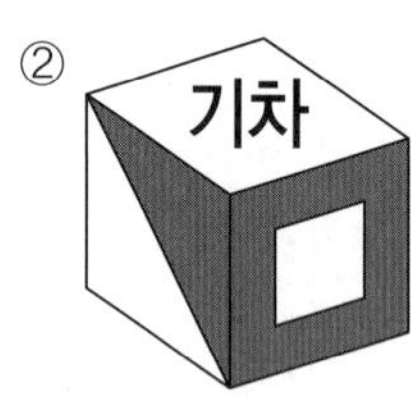

③
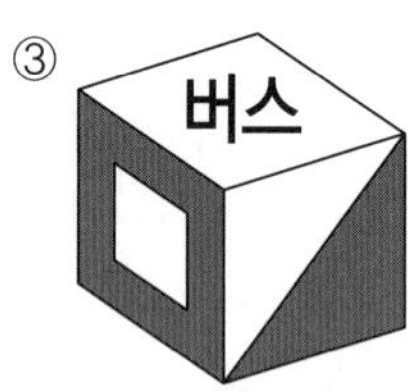

④
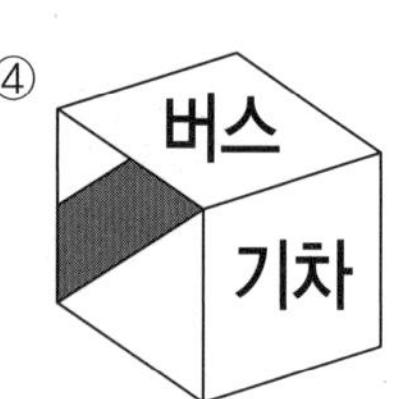

09

F2
C3 T4
S1

① F2 ② C3 ③ S1 ④ T4 C3

10

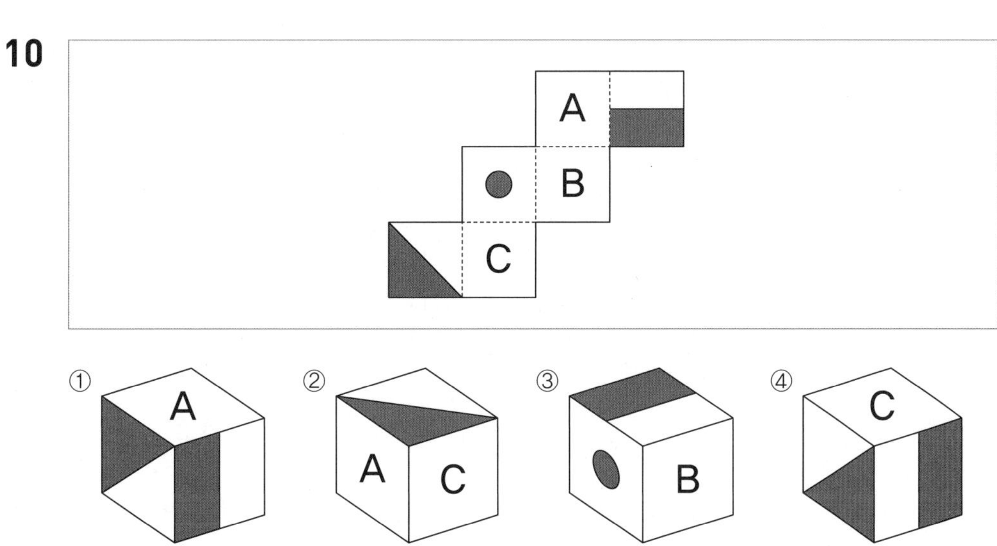

[11~14] 다음 제시된 그림과 같이 쌓기 위해 필요한 블록의 개수를 고르시오.

11

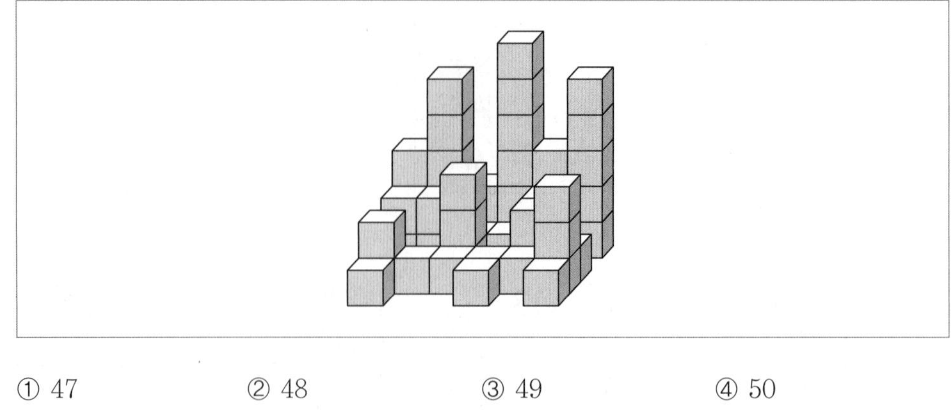

① 47 ② 48 ③ 49 ④ 50

12

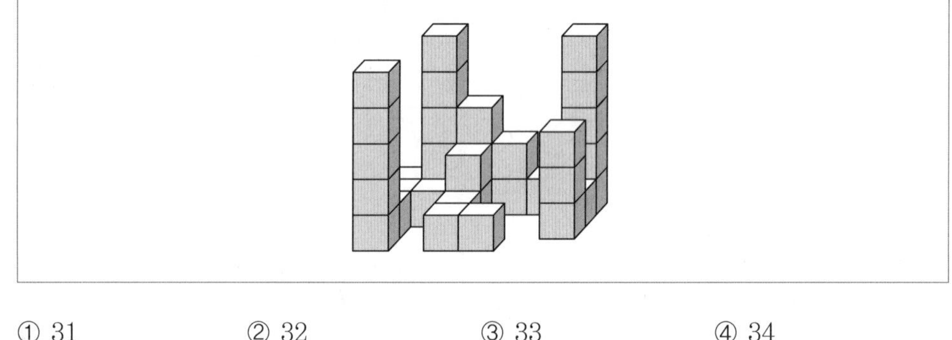

① 31 ② 32 ③ 33 ④ 34

13

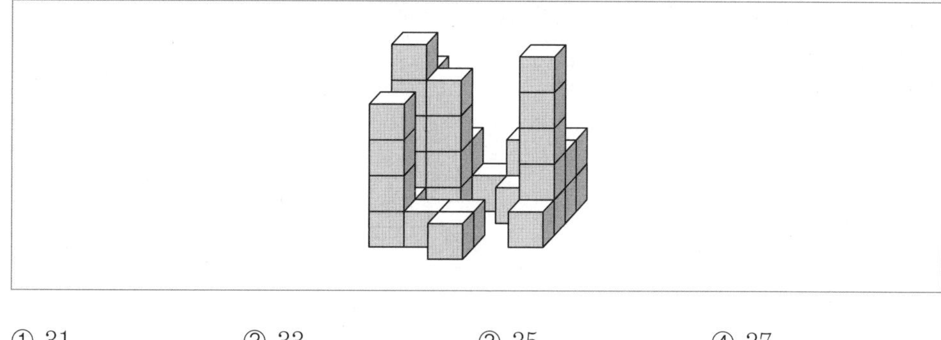

① 31　② 33　③ 35　④ 37

14

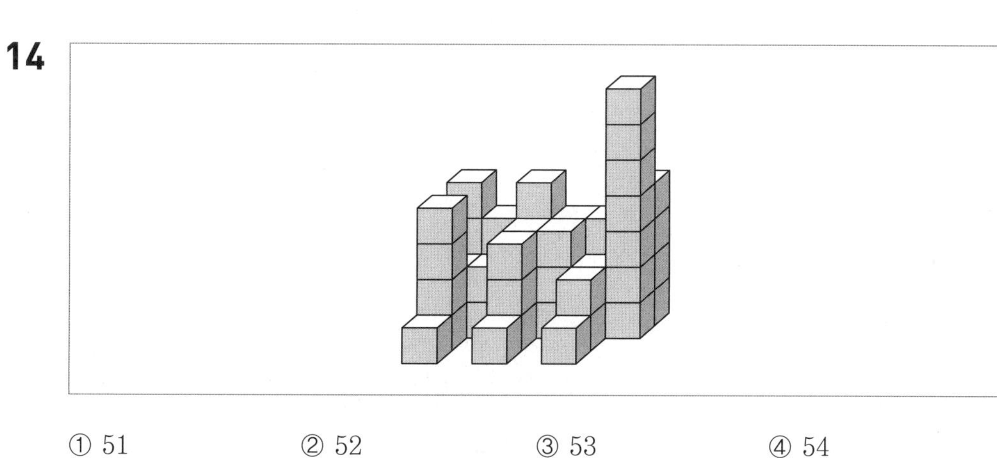

① 51　② 52　③ 53　④ 54

[15~18] 다음 제시된 블록을 화살표 방향에서 바라볼 때의 모양을 고르시오.

15

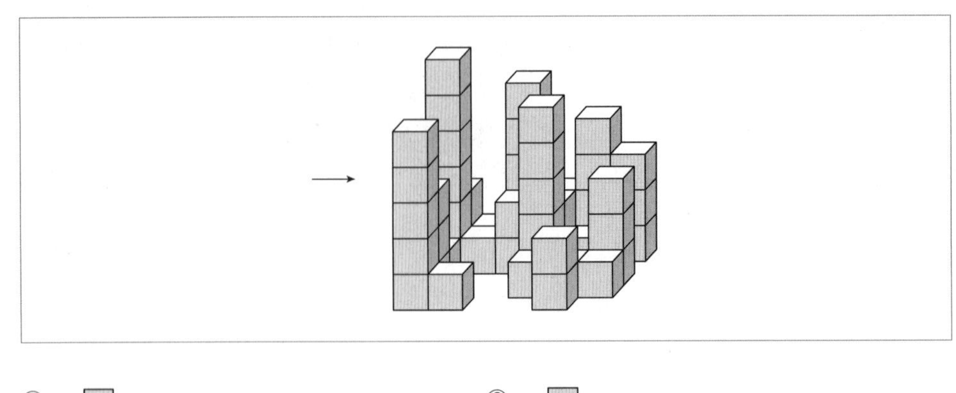

① 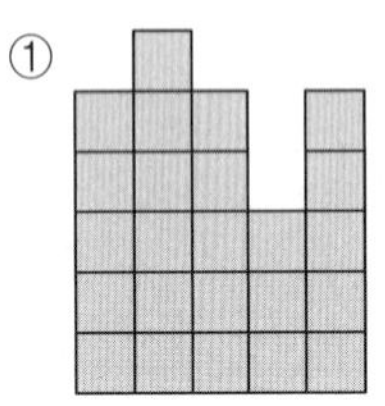

② 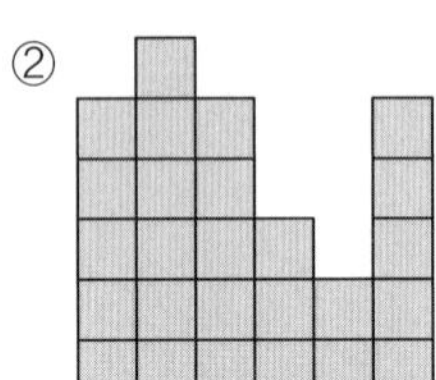

③ 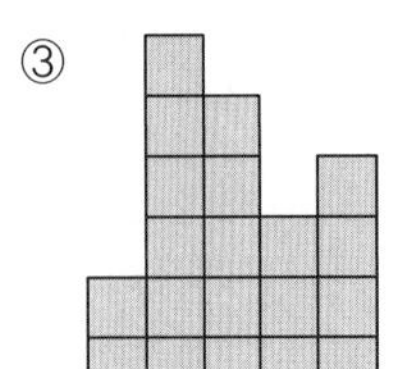

④ 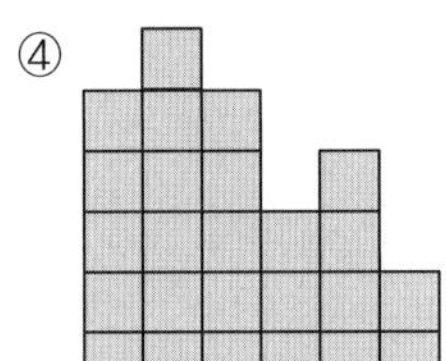

16

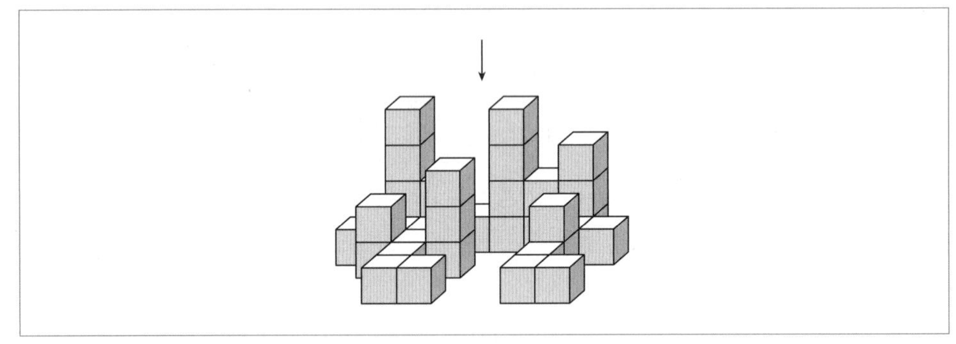

① 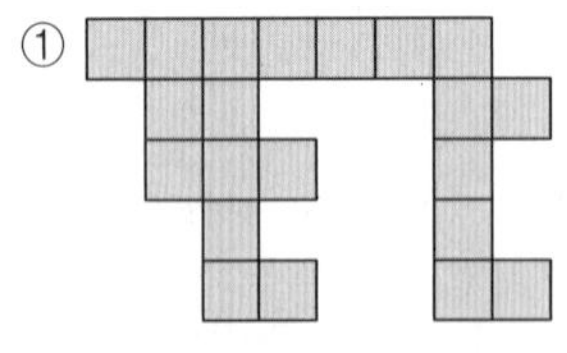

② 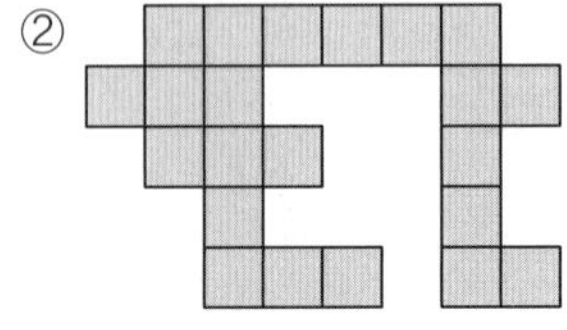

③ 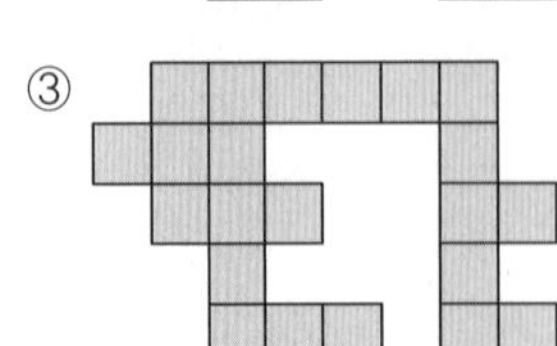

④ 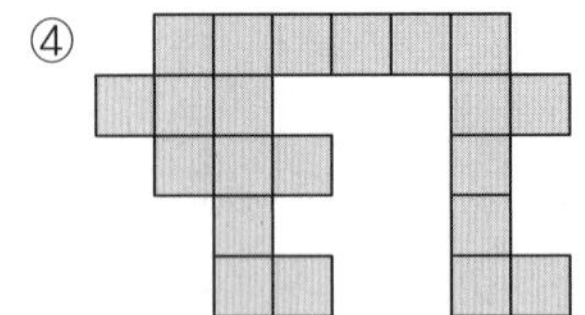

17

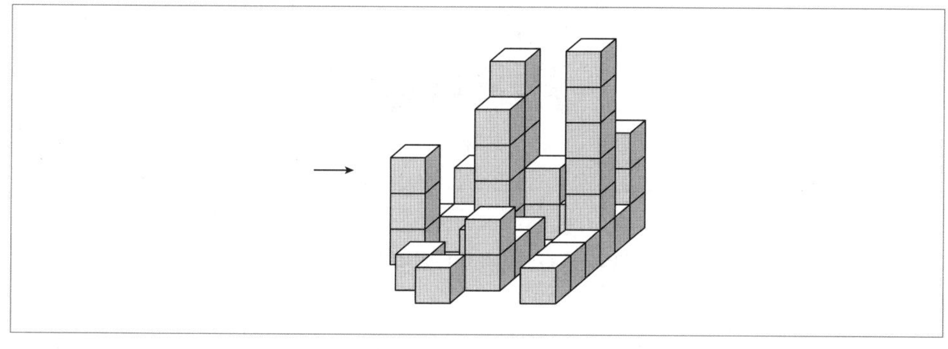

①
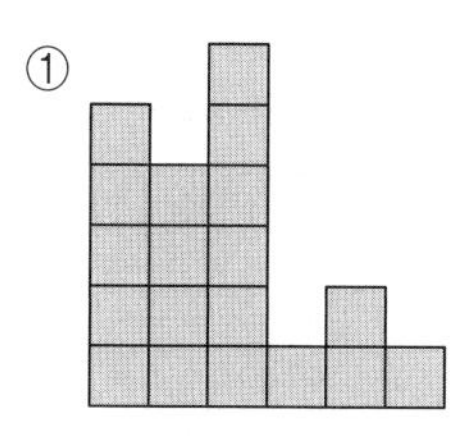

②
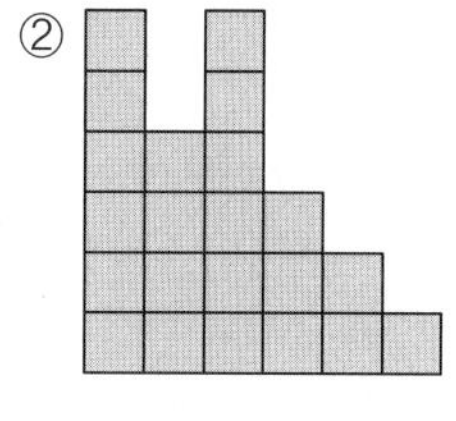

③
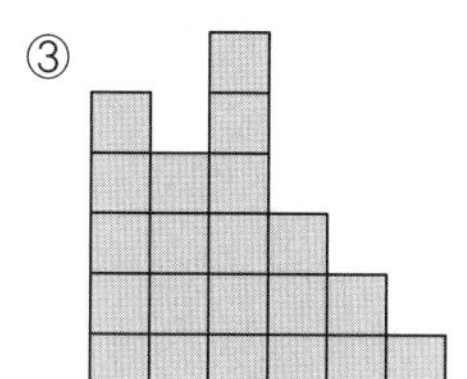

④
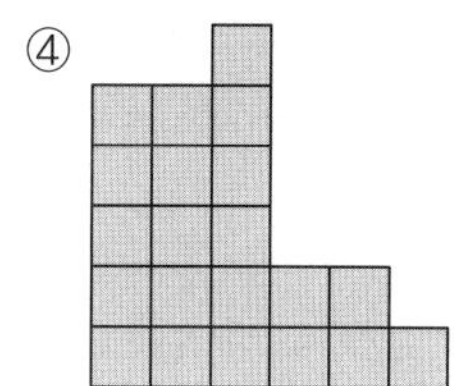

18

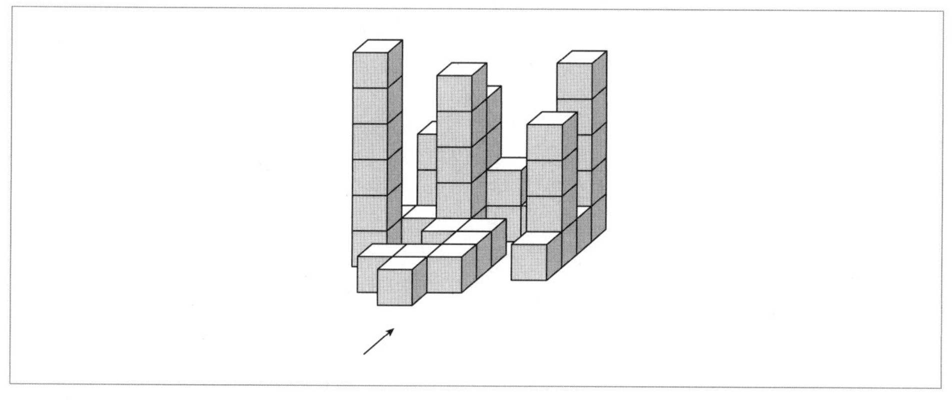

①
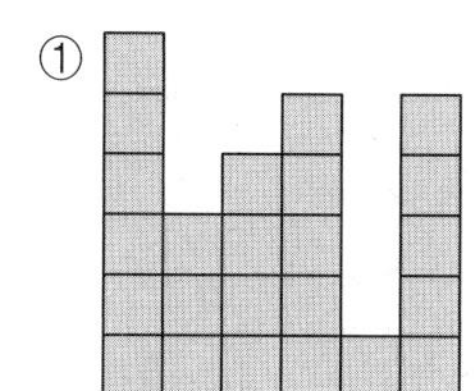

②
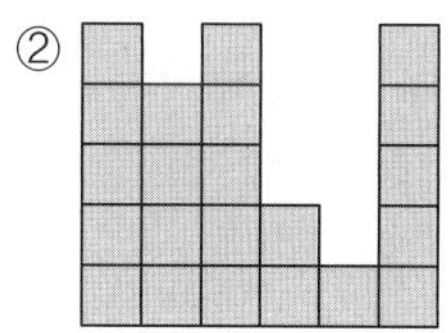

③
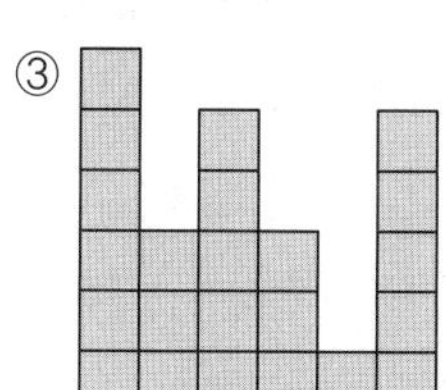

④
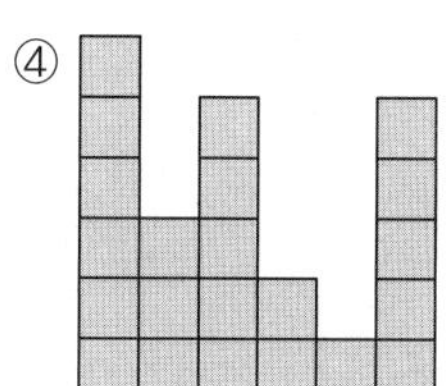

파이널 모의고사 4회

지각속도

30문항/3분

정답과 해설 ▶ P.70

[01~05] 다음 [보기]를 보고 제시된 문자가 알맞게 치환되었는지 판단하시오.

보기

子 = 🌀	丑 = ✺	寅 = ☼	卯 = ☁	辰 = ⛅
巳 = ⚐	午 = ☽	未 = ☃	申 = ☂	酉 = ϟ

01

辰 子 酉 未 - ⛅ 🌀 ϟ ☃

① 맞음 ② 틀림

02

申 巳 寅 卯 - ☂ ⚐ ☼ ☁

① 맞음 ② 틀림

03

酉 卯 午 丑 - ϟ ☁ ☽ ✺

① 맞음 ② 틀림

04

未 子 丑 巳 - ☃ 🌀 ☼ ⚐

① 맞음 ② 틀림

05

寅 申 午 辰 - ☼ ☂ ☽ ϟ

① 맞음 ② 틀림

[06~10] 다음 [보기]를 보고 제시된 문자가 알맞게 치환되었는지 판단하시오.

보기

Ⅲ4 = ♫	Ⅵ3 = ♬	Ⅸ7 = 𝅘𝅥𝅯	Ⅺ5 = 𝄢	Ⅱ2 = 𝄐
Ⅻ8 = ♪	Ⅹ6 = 𝅗𝅥.	Ⅳ1 = ǂ	Ⅷ9 = 𝄞	Ⅻ0 = ♩.

06

Ⅻ0 Ⅻ8 Ⅲ4 Ⅳ1 - 𝅗𝅥. ♪ ♫ ǂ

① 맞음 ② 틀림

07

Ⅹ6 Ⅷ9 Ⅸ7 Ⅵ3 - 𝅗𝅥. 𝄞 ♪ ♬

① 맞음 ② 틀림

08

Ⅵ3 Ⅳ1 Ⅺ5 Ⅻ8 - ♬ ǂ 𝄢 ♪

① 맞음 ② 틀림

09

Ⅺ5 Ⅲ4 Ⅷ9 Ⅱ2 - 𝄢 ♬ 𝄞 𝄐

① 맞음 ② 틀림

10

Ⅱ2 Ⅻ0 Ⅹ6 Ⅸ7 - 𝄐 ♩. 𝅗𝅥. 𝅘𝅥𝅯

① 맞음 ② 틀림

[11~15] 다음 [보기]를 보고 제시된 문자가 알맞게 치환되었는지 판단하시오.

보기

태조 = &€	정종 = Ǝ€	태종 = ℨ€	세종 = ȡc	문종 = 15点
단종 = 12点	세조 = 9点	예종 = ◁	성종 = ◀	중종 = ⇔

11

태조 세조 예종 중종 - &€ 9点 ◁ 15点

① 맞음 ② 틀림

12

문종 단종 정종 성종 - 15点 12点 Ǝ€ ◀

① 맞음 ② 틀림

13

태종 성종 문종 태조 - ℨ€ ◀ 15点 &€

① 맞음 ② 틀림

14

세종 문종 세조 단종 - ȡc 15点 9点 12点

① 맞음 ② 틀림

15

정종 예종 성종 세종 - Ǝ€ ◁ ◀ ℨ€

① 맞음 ② 틀림

[16~20] 다음 [보기]를 보고 제시된 문자가 알맞게 치환되었는지 판단하시오.

보기

양귀비 = ☮ 구기자 = 卌 백년초 = 𝍸 단풍마 = 丰 해당화 = ✕
백일홍 = 卐 봉선화 = 𝄋 보리수 = 干 천문동 = ☢ 금황성 = ঌ

16

백일홍 구기자 천문동 해당화 - 卐 卌 丰 ✕

① 맞음 ② 틀림

17

단풍마 금황성 봉선화 양귀비 - 丰 ঌ 𝄋 ☮

① 맞음 ② 틀림

18

천문동 보리수 구기자 단풍마 - ☢ 干 𝍸 丰

① 맞음 ② 틀림

19

금황성 해당화 백년초 봉선화 - ঌ ✕ 𝍸 𝄋

① 맞음 ② 틀림

20

백일홍 양귀비 백년초 보리수 - 卐 ☮ 𝍸 干

① 맞음 ② 틀림

[21~25] 다음 [보기]를 보고 제시된 문자가 알맞게 치환되었는지 판단하시오.

보기

헤라 = 4	제우스 = 44	헤베 = 8	라토 = 16	니케 = 12
팬 = 3	레아 = 32	티케 = 5	아폴론 = 7	아테나 = 6

21

헤라 제우스 아폴론 니케 - 4 44 7 6

① 맞음 ② 틀림

22

팬 레아 티케 헤베 - 3 32 5 12

① 맞음 ② 틀림

23

아테나 헤라 라토 레아 - 6 4 16 32

① 맞음 ② 틀림

24

니케 라토 제우스 티케 - 12 16 44 5

① 맞음 ② 틀림

25

아폴론 헤베 레아 팬 - 7 8 32 3

① 맞음 ② 틀림

[26~30] 왼쪽의 문자가 몇 번 제시되는지 고르시오.

26

⊂	∈⊃⊇⊂⊆∋⊇⊃∈⊃⊂⊆⊂∋⊃⊆∈⊇⊂⊆⊇∋⊃⊂∋⊃⊆∈⊇⊃⊂∋ ⊃∈⊃⊇⊂⊆∋⊆∈⊇⊃∋⊂

① 5 ② 6 ③ 7 ④ 8

27

9	913541354329413213254293543137819315843459048635432984338 123985234523584592351491535521393199358931593447135299

① 16 ② 17 ③ 18 ④ 19

28

ㅠ	사람을 판단하는 최고의 척도는 안락하고 편안한 시기에 보여주는 모습이 아닌, 도전하며 논란에 휩싸인 때 보여주는 모습이다. - 마틴 루터 킹 -

① 0 ② 1 ③ 2 ④ 3

29

특⃝	여⃝월⃝인⃝원⃝중⃝영⃝특⃝일⃝부⃝보⃝예⃝일⃝입⃝신⃝접⃝상⃝보⃝원⃝의⃝특⃝일⃝예⃝범⃝서⃝특⃝특⃝오⃝범⃝주⃝특⃝입⃝ 표⃝특⃝일⃝부⃝보⃝예⃝일⃝입⃝신⃝접⃝상⃝보⃝원⃝의⃝특⃝

① 7 ② 8 ③ 9 ④ 10

30

㈣	㈢㈩㊉㊂㈤㊇㊂㊇㊂㈡㈣㊅㊈㊁㊃㊆㊉㊆㊃㊀㈡㈣㈦㈩㈣㈧㈩㈣㈠㈥㈧㈣ ㈡㈦㈨㈥㈠㈢㈤㊅㊂㊇㊀㊈

① 4 ② 5 ③ 6 ④ 7

파이널 모의고사 4회

언어논리

25문항/20분

정답과 해설 ▸ P.72

01 다음 ㉠~㉢에 해당하는 단어가 바르게 짝지어진 것을 고르면?

단어	의미
㉠	곡식의 알이나 가루를 물에 끓여 익혀서 죽이나 메주 따위를 만들다.
㉡	물기가 조금 있는 고기나 약재, 곡식 따위를 물을 더하지 않고 타지 않을 정도로 볶아서 익히다.
㉢	양념을 한 고기나 생선, 채소 따위를 국물에 넣고 바짝 끓여서 양념이 배어들게 하다.

	㉠	㉡	㉢
①	쑤다	덖다	조리다
②	덖다	쑤다	졸이다
③	쑤다	덖다	달이다
④	졸이다	쑤다	조리다
⑤	조리다	덖다	달이다

02 다음 밑줄 친 ㉠ : ㉡의 관계와 가장 유사한 것을 고르면?

> 나무에 아주 ㉠친구가 없는 것은 아니다. ㉡달이 있고, 바람이 있고, 새가 있다. 달은 때를 어기지 아니하고 찾고, 고독한 여름 밤을 같이 지내고 가는, 의리 있는 다정한 친구이다.

① 구르다 : 뒹굴다　② 옥수수 : 강냉이　③ 성공 : 노력
④ 계승 : 단절　⑤ 동물 : 진돗개

03 다음 밑줄 친 ㉠과 바꾸어 사용할 수 있는 단어로 가장 적절하지 않은 것을 고르면?

> 우리는 모두 무언가를 물려받는다. 그것은 돈이나 재산이 될 수도 있고, 할머니의 웨딩드레스나 아버지의 공구세트 같은 집안의 가보인 물건일 수도 있다. 그 외에도 우리는 구체적이거나 유형적이지 않은, 심지어 우리가 완전히 인식할 수도 없는 것도 물려받는다. 그것은 일상적인 일을 하는 방식일 수도 있고, 특정한 문제를 해결하거나 도덕적 문제에 대해 결심을 내리는 스스로의 방법일 수도 있다. 또한 휴일을 지키거나 특정한 날에 소풍을 가는 전통을 지키는 방식일 수도 있다. 그것은 우리 사고에 중요하거나 중심이 되는 것이거나, 혹은 우리가 아주 오랫동안 무심코 ㉠ 받아들인 사소한 것일 수도 있다.

① 수용(受容)한　② 체화(體化)한　③ 수령(受領)한
④ 이해(理解)한　⑤ 흡수(吸收)한

04 맞춤법이 옳은 문장을 고르면?

① 올해 신입생 입학율이 저조했다.
② 어머니께서 김치를 담궈 주셨다.
③ 안개가 거쳐 잘 보이기 시작했다.
④ 물을 한번에 들이키고 일어섰다.
⑤ 민주는 오후 5시까지 시험을 치렀다.

05 띄어쓰기가 옳지 않은 것을 고르면?

① 요즘 부부간 갈등이 심화되었다.
② 언제 한번 찾아가 뵙고 싶습니다.
③ 시장에서 장을 안 보신대요.
④ 철수는 아직 대학교를 졸업하지 못 했다.
⑤ 헌 집으로 이사와서 새 집은 아니지만 우리의 집이다.

06 단위의 사용이 옳은 것을 고르면?

① 마늘 1접 → 마늘 20개
② 바늘 2쌈 → 바늘 48개
③ 북어 2쾌 → 북어 20마리
④ 생선 2두름 → 생선 20마리
⑤ 고등어 두 손 → 고등어 2마리

07 다음 [보기]의 ㉠~㉤에서 나타내는 논리적 오류로 적절하지 않은 것을 고르면?

보기

㉠ 담배가 암을 일으킨다는 확실한 증거는 없다. 따라서 정부의 금연 정책은 잘못되었다.
㉡ 머리카락 하나가 빠지면 대머리가 되지 않는다. 두 개가 빠져도, 100개가 빠져도 그렇다. 따라서 1만 개가 빠져도 대머리가 되지 않는다.
㉢ 여자는 남자보다 약하다. 따라서 여자는 오래 살지 못한다.
㉣ ××× 박사는 제정신을 가진 사람이 아니므로 그의 주장은 엉터리이다.
㉤ 피의자는 평소 사생활이 문란했고 마약을 복용한 전력도 있습니다. 따라서 살인 혐의로 기소돼야 합니다.

① ㉠: 무지의 오류
② ㉡: 결합의 오류
③ ㉢: 애매성의 오류
④ ㉣: 성급한 일반화의 오류
⑤ ㉤: 허수아비 공격의 오류

08 다음 글의 빈칸에 들어갈 내용으로 가장 적절한 것을 고르면?

> 걱정은 ( ) 걱정은 완벽한 시간 낭비이며, 당신의 머릿속에 너무 많은 잡동사니를 만들어 당신이 어떤 것에 관해 명확하게 생각할 수 없게 만든다. 따라서 당신이 스스로를 걱정하게 내버려 둘수록, 그 걱정들은 더더욱 잘못되어 간다. 걱정은 그렇게 몸에 밴 습관이 되기 때문에 그것을 피하기 위해서는 의식적으로 자신을 다른 방식으로 훈련해야 한다. 걱정을 하려고 할 때마다, 멈추고 당신의 생각을 바꿔라. 당신에게 일어나길 바라는 무언가에 좀 더 건설적으로 집중하여라. 그리고 이미 당신의 삶에서 일어난 멋진 일들에 대하여 깊이 생각하라. 그러면 더 멋진 일들이 당신 앞에 펼쳐질 것이다.

① 반드시 필요한 것이다.
② 판도라의 상자와 같다.
③ 고민을 자청하는 것이다.
④ 인간의 위대한 교사이다.
⑤ 고통을 빌려가는 사람이 지불하는 이자이다.

09 다음 ㉠, ㉡에 들어갈 접속어로 바르게 짝지어진 것을 고르면?

> 시대가 시대이니만큼 콘텐츠의 중요함은 새삼 강조할 필요가 없어 보인다. (㉠) 콘텐츠만 강조하는 것은 의미가 없다. 콘텐츠의 본질은 내용인데, 그 내용은 결국 미디어라는 형식이나 도구를 빌려 표현될 수밖에 없기 때문이다. (㉡) 아무리 우수한 콘텐츠를 가지고 있더라도 미디어의 발전이 없다면 콘텐츠는 표현의 한계를 가질 수밖에 없다.

	㉠	㉡
①	그러나	그러므로
②	또한	한편
③	그런데	즉
④	하지만	예를 들어
⑤	예를 들어	그리고

10 **다음 글의 빈칸에 공통적으로 들어갈 단어로 가장 적절한 것을 고르면?**

> "천사에게 뭘 자랑하고 싶은가?"라는 질문을 받았을 때, 사람들은 자유롭게 상상할 것이다. 그리고 천사가 하고 싶어 하면서도 할 수 없는 일, 그리워하면서도 하지 못하는 일을 들이대고 싶어 할 것이다. 그중 천사가 그리워하면서도 결코 하지 못하는 일이 하나 있다. 그것은 죽는 일, 곧 (　　　)의 경험이다. 인간은 자신의 (　　　)을 알고 자신의 죽음을 예기하는 유일한 동물이다. 그렇기 때문에 인간은 그 너머의 세계를 상상하고 미래를 계획하며 기억과 상상을 용접한다. 동물계 중 과거와 미래를 접목하는 동물계 유일의 시간 형식을 갖고 있다.

① 객관성　　② 유한성　　③ 영원성
④ 양면성　　⑤ 창조성

11 **다음은 '1인 가구 증가의 문제점과 대책'이라는 주제로 보고서를 작성하기 위한 개요이다. ㉠~㉤ 중 적절하지 <u>않은</u> 것을 고르면?**

> Ⅰ. 서론: 싱글족, 이혼 등의 증가로 1인 가구가 늘어나고 있는 현실
> Ⅱ. 본론
> 1. 원인
> • 결혼보다 일을 중시하는 가치관의 변화 ······ ㉠
> • 자녀 양육과 교육에 대한 경제적 부담감의 증가
> 2. 문제점
> • 저출산으로 인한 경제 성장의 둔화와 인구 절벽
> • 고령화 사회로 인한 노후 부양의 사회 문제 야기 ······ ㉡
> 3. 해결책
> • 싱글족을 대상으로 한 기업의 마케팅 강화 ······ ㉢
> • 결혼과 출산을 유도하는 세제 혜택 및 각종 지원 강화 ······ ㉣
> • 안정적인 가족 제도의 필요성에 대한 홍보 자료 배부
> Ⅲ. 결론: 실효성 있는 대책 마련의 필요성 ······ ㉤

① ㉠　　② ㉡　　③ ㉢　　④ ㉣　　⑤ ㉤

12 다음 글을 통해 추론할 수 있는 내용으로 가장 적절한 표현을 고르면?

디지털 혁명이 전국의 뉴스룸을 온통 뒤집어 놓고 있다. 25년 이상을 기자로 지내온 나는 6번 정도의 기술적 수명 주기를 겪었는데, 가장 극적인 변화는 최근 6년간 나타난 변화였다. 이는 내가 기자로 활동하면서 기술적 변화를 비일비재하게 겪었다는 것을 의미한다. 많은 시간을 뉴스 업계에 있으면서, 우리는 우리가 무엇을 하는지에 대한 생각을 가지고 있지 않다. 우리가 아침에 출근하면 누군가는 "세금 정책, 이민, 기후 변화에 대한 이야기를 써 주실 수 있어요?"라고 말한다. 그는 신문이 하루 한 번 마감할 때, 우리끼리 "기자는 아침에 배운 걸 밤에 가르치는 거지. 24시간 전에 우리 자신도 알지 못했던 주제에 대해 독자에게 알려 줄 내일 자 기사를 쓰는 거야."라고 말했다. 지금은 더 나아가서 지금 배운 것을 30분 뒤에 독자에게 가르쳐야 하는 수준이 되었다. 예를 들면, 나 역시 정치 관련 팟캐스트를 운영하고 있으며, 대통령 후보 전당 대회와 같은 건이 있을 때에는 어느 곳에서나 실시간 인터뷰를 진행하기 위해 팟캐스트를 사용한다. 나는 점점 더 각본 없이 일하고 있는 중이다.

① 디지털 혁명은 기자에게 다양한 선택을 할 수 있는 '종합 선물 세트'를 요구한다.
② 디지털 혁명은 기자에게 바로 데워 먹을 수 있는 '즉석 밥'을 요구한다.
③ 디지털 혁명은 기자에게 고도의 기술을 요구하는 '레고 맞추기'를 요구한다.
④ 디지털 혁명은 기자에게 언제 어디서나 연락할 수 있는 '휴대 전화'를 요구한다.
⑤ 디지털 혁명은 기자에게 새로움을 추구하는 '신제품'을 요구한다.

13 다음 글의 내용과 일치하지 않는 것을 고르면?

> 수학자들은 수학의 논리적 토대를 파고들었다. 덕분에 수보다 훨씬 더 근본적인 개념들, 가령 수리 논리학과 집합론을 발견해 냈다. 하지만 모든 수학 분야가 흘러나오는 주된 동기이자 출발점은 여전히 수의 개념이다.
>
> 수는 매우 단순하고 뻔한 것처럼 보이지만, 이런 겉보기에 속아서는 안 된다. 수로 하는 계산이 어려울 수 있으며, 올바른 수를 얻기 어려울 때도 있다. 설령 그렇더라도 수가 진정으로 무엇을 뜻하는지 이해하기보다는 그냥 수를 이용하는 것이 훨씬 더 쉽다. 수를 이용해 사물을 헤아리지만 그렇다고 수가 사물은 아니다. 컵 두 개를 손으로 잡을 수 있지만 '2'라는 수를 잡을 수는 없다는 말이다. 수는 기호로 표시되는데, 똑같은 수라도 문화가 다르면 다른 기호로 표시된다. 수는 추상적이다. 그럼에도 우리 문명은 수를 바탕으로 하여 세워졌으며 수 없이는 제대로 굴러가지 않을 것이다. 수는 일종의 정신적 구성물이다. 그런데도 우리는 마치 전 세계에 재앙이 닥쳐서 수를 생각할 인간이 깡그리 사라지더라도 수는 계속 남아 있을 듯이 여긴다.

① 똑같은 수라도 문자 체계에 따라 달리 표시된다.
② 수리 논리학과 집합론은 수보다 더 근본적인 개념들이다.
③ 모든 문명은 수의 도움을 받았으며, 수는 물질적 구성물이다.
④ 수학 분야의 주된 계기이자 시발점은 수의 개념이다.
⑤ 사람들은 수를 생각할 인간이 사라지더라도 수는 계속 존재할 것이라고 여긴다.

14 다음과 같은 오류를 범한 문장을 고르면?

> 유다의 배신이 꼭 나쁜 것만은 아니야. 유다의 배신으로 예수가 십자가를 통해 인류를 구원할 수 있었으니까.

① 감독관은 저입니다. 제 요구를 받아들이지 않으신다면 다음 분기 귀사와의 거래를 장담할 수 없습니다.
② 내가 이번에 실수한 건 맞아. 하지만 너도 날 지적할 정도로 성인군자는 아니잖아?
③ 빨리 자야지. 빨리 자지 않으면 착한 어린이가 아니란다.
④ 그는 여러 가수의 앨범을 사서 모으는 것을 좋아한다. 앨범을 구매하면 음반사가 이익을 남긴다. 따라서 그는 음반사의 성장에 관심이 있는 것이다.
⑤ 그게 1번인지 2번인지 그렇게 중요해? 그냥 우리 햄버거나 먹으러 가자.

15 **다음 글과 같은 답변이 나올 수 있는 질문으로 가장 적절한 것을 고르면?**

우리나라와 같은 집단주의 문화권에서 직장은 더 큰 집단에 대한 의무를 수행하는 것 같이 조금 더 큰 의미로 여겨진다. 이러한 상황에서 우리는 개인이 속한 업무 조직에 대한, 또는 그 조직을 구성하고 있는 사람들에 대한 사회적 의무감 때문에 한 직장에서 다른 직장으로 이동이 적을 것이라고 생각한다. 그러나 미국과 같은 개인주의 문화권에서는 한 직장을 떠나 다른 직장으로 이동하는 것이 쉬운 일로 여겨지는데, 이는 개인과 업무를 철저히 분리하기 때문이다. 미국 문화에서는 직장을 단순히 돈을 모으고 생계를 유지하는 수단으로 생각하는 경향이 있다. 때문에 새롭게 옮긴 다른 직장에서도 자신이 추구하는 목표를 쉽게 성취할 수 있다고 생각한다.

① 미국 문화권에서 직장의 의미는 무엇인가?
② 집단주의 문화권에서 사회적 의무감은 무엇인가?
③ 사람들이 직장을 이동하는 이유는 무엇인가?
④ 문화적 차이에 따른 직장의 의미는 무엇인가?
⑤ 우리가 이루어야 하는 직장 생활의 목표는 무엇인가?

16 **다음 글의 서술상 특징으로 옳은 것을 고르면?**

법은 필요악이다. 법은 우리의 자유를 막고 때로는 신체적 구속을 행사하는 경우도 있다. 이런 점에서 법은 달가운 존재가 아니며 기피와 증오의 대상이 되기도 한다. 그러나 법이 없으면 안전한 생활을 할 수 없다는 점에서 없어서는 안 될 존재이다.

이와 같이 법의 양면성은 울타리의 그것과 비슷하다. 울타리는 우리의 시야를 가리고 때로는 바깥출입의 자유를 방해한다. 그러나 낯선 사람의 눈총과 외부의 침입자로부터 안전하고 포근한 삶을 보장한다는 점에서 울타리는 우리에게 고마운 존재이다.

① 두 대상의 공통점을 근거로 내용을 전개하고 있다.
② 중심 화제를 기준에 따라 나누어 설명하고 있다.
③ 기존의 주장을 반박하는 방식으로 논지를 펼치고 있다.
④ 용어에 대한 정의를 통해서 논지에 대한 독자의 이해를 돕고 있다.
⑤ 예시와 열거 등의 설명 방법을 구사하여 주장의 설득력을 높이고 있다.

17 다음 글의 제목으로 가장 적절한 것을 고르면?

파행적 국어 교육도 심각한 반성을 할 때에 접어들었다. 광복한 지 벌써 반세기가 가까워오건만 아직 우리는 국민 용어의 통일 하나를 제대로 꾀하지 못하였다. 바꿔 말하면 공식적인 자리에서 공용어를 구사할 수 있도록 하는 국민 교육을 꾀하지 못한 것이다. 그뿐 아니라 음성 언어나 문자 언어에 있어 자기 의사를 제대로 표현하지 못하는 상황도 양산하였다. 이것은 지금까지 국어 교육을 포기하고 있었던 것이나 다름없다. 국어 교육이 하루빨리 정상 궤도에 접어들 수 있게 해야 한다.

① 국어 교육의 현황
② 국어 교육의 정상화
③ 국어 교육의 포기
④ 공용어 교육의 필요성
⑤ 국민 용어의 통일

18 다음 글을 읽고 추론한 내용으로 적절하지 않은 것을 고르면?

비만과 다이어트가 탈모에 영향을 미칠까? 건강한 모발은 우리가 섭취한 영양분을 바탕으로 두피 모세혈관을 통해서 산소와 영양분을 공급받으며 성장한다. 두피 모세혈관을 통해 영양분을 공급받기 때문에 콜레스테롤이 높아 혈액이 끈적거리고 혈관이 깨끗하지 않은 비만인 사람은 혈액의 흐름에 방해를 받아 모발에 공급되는 영양분과 산소가 부족해 탈모가 발생할 수도 있다. 올바르지 못한 다이어트는 모발의 영양 흡수율에도 영향을 미친다. 양질의 영양분이 모발로 가지 못해 모발이 푸석푸석하며 새로운 모발을 만들지 못하고 탈모를 유발한다. 급격한 음식 제한, 단식, 약물 복용 등은 우리 몸이 긴급 생존 방식을 선택하게 만든다. 그 결과 우리 몸은 신체의 항상성을 유지하기 위해 영양분을 생명과 직결된 호흡기, 심장, 뇌에 우선 공급하고 생명 유지와 관계없는 모발에는 영양분이 공급되지 않는다.

그러므로 올바른 식습관을 가지고 기초대사량을 올릴 수 있는 균형적인 운동을 병행하여 만병의 근원이 되는 비만으로부터 벗어난다면 탈모를 예방할 수 있다.

① 비만인 사람은 모두 탈모성 질환을 가지고 있다고 볼 수 있다.
② 부적절한 생활 습관을 개선하면 탈모 예방에 도움을 준다.
③ 모발의 성장과 상태는 우리가 섭취한 영양분에 영향을 받는다.
④ 혈액순환을 개선하면 모발에 양질의 영양분이 간다.
⑤ 우리의 건강을 위협하는 질병은 비만에서 시작한다.

19 다음 글의 ㉠~㉤ 중 [보기]의 문장이 들어갈 위치로 가장 적절한 것을 고르면?

전자 상거래는 상품과 서비스의 수요자와 공급자 모두에게 영향을 주고 있다. (㉠) 우선 수요 측면에서 보면, 소비자들은 종전보다 훨씬 빠르고 쉽게 자신이 원하는 상품을 고를 수 있다. (㉡) 웹상에서는 즉각적으로 가격을 비교할 수 있으며, 미처 알지 못했던 관련 상품에 관한 정보를 제공받을 수 있다. (㉢) 이런 방법으로 소비자들이 공급자에 대하여 상품에 대한 정보의 비대칭성을 극복하게 되었다. 게다가 공동 구매를 통하여 소비자는 가격에 대해서도 어느 정도의 협상력을 가지게 되었다.

공급 측면에서 보았을 때 가장 중요한 변화는 비용의 감소이다. (㉣) 부품의 구매에서부터 생산, 출하, 판매까지 모든 단계가 자동화되고 네트워크를 통해 관리된다. (㉤) 그 결과는 대부분 구매, 재고, 물류 비용 절감 효과로 나타난다. 정보 기술은 이렇게 절약을 통한 생산자의 경쟁력 제고를 가능케 하고 있다.

보기

무엇보다 제품 사양과 기능에 대한 훨씬 풍부한 설명이 가능하고 회사가 제공하지 못하는 실제 사용상의 특성에 대해서도 얼마든지 알 수 있다.

① ㉠ ② ㉡ ③ ㉢ ④ ㉣ ⑤ ㉤

20 다음 글의 [가]~[라]를 흐름에 맞게 바르게 나열한 것을 고르면?

> [가] 이것은 겨레의 흥망(興亡)과 말의 흥망이 기복(起伏)을 같이하는 역사적 사실을 보아도 잘 알 수 있다. 말의 인식은 자기를 깨치는, 곧 자각하는 일인 동시에 민족을 깨치는 일이요, 나아가서 민족을 결합하는 원동력이다.
>
> [나] 우리 겨레가 쓰는 말은 우리 겨레의 세계상을 담는 그릇이요, 우리 겨레의 공통적인 정신의 상징이다. 그러므로 말은 '겨레의 얼'이라고 한다.
>
> [다] 한 나라의 모든 사람의 공통 의식이 모이면 민족의식을 이룬다. 민족의식의 표현은 그 나라의 말로 나타난다. 따라서 각 민족이 쓰는 말에는 그 민족 나름대로의 세계상이 들어 있다.
>
> [라] 이와 같은 사실은 스위스의 언어학자 소쉬르도 밝혀, "말의 공통성이 곧 같은 혈족을 뜻하는 것은 아니지만, 같은 말은 공통적인 민족성을 나타내는 것이므로, 민족 통일을 이루는 데에 그것은 무엇보다도 우선한다."고 하였다.

① [나]-[가]-[다]-[라]
② [나]-[가]-[라]-[다]
③ [다]-[가]-[나]-[라]
④ [다]-[나]-[가]-[라]
⑤ [라]-[나]-[가]-[다]

21 다음 글의 밑줄 친 ㉠의 내용과 가장 가까운 것을 고르면?

> 이처럼 산업 혁명 이후 기계 문명이 발달하고 그에 힘입어 자본주의 시장 메커니즘이 사회를 전면적으로 지배하게 됨에 따라 근면과 속도가 강조되었다. 활동적인 삶이 지나치게 강조된 것에 대한 반작용으로, '의미 없는 부지런함'이 만연해진 세태에 대한 ㉠ <u>비판의 목소리</u>가 나타나 성찰에 의한 사색적 삶의 중요성을 역설하기도 하였다.

① 기계 기술은 정신보다 가치 있으며, 산업 현장은 그 자체로 위대하고 만족스럽다.
② 인간의 목표는 일하는 것이므로, 더 이상 할 일이 없다면 괴로움과 질곡에 빠지고 말 것이다.
③ 자극에 즉각적으로 반응하지 않고 여유롭게 삶의 의미를 되새기는 사유의 방법을 배워야 한다.
④ 나태는 죄악이다. 나태로움은 삶이 끝나는 순간 가장 후회되는 행동으로 기억될 것이다.
⑤ 인간은 유전자의 지배를 받는 존재로, 그들이 생각해 낸 전통과 가치 · 문화와 예술 · 법률과 윤리 등은 허구에 불과하다.

22 다음 글의 글쓴이가 말하고자 하는 바로 가장 적절한 것을 고르면?

> 중국 상하이의 ○○ 백화점에는 고급 브랜드의 입점부터 최적의 입지까지 현대 중국 소매 사업에서 성공하기 위한 모든 요소가 구비되어 있는 듯 보인다. 그러나 이러한 장점에도 불구하고, 경영진은 ○○ 백화점이 여전히 고객을 유치하기 위한 매력 요인이 부족하다는 입장이다. 이에 ○○ 백화점 경영진은 백화점 명품관 5층에서부터 1층까지 눈 깜짝할 사이에 도착할 수 있는 꼬불꼬불한 용 모양의 미끄럼틀을 다음 주에 공개할 예정이다. SNS 이용자들은 미끄럼틀 때문에 인명 사고가 나는 것은 아니냐고 반농담조로 걱정하고 있다. 하지만 ○○ 백화점 측은 앞으로 중국에서 백화점 매장 자체가 완전히 사라지는 것은 아니냐는 또 다른 걱정을 하고 있다. 무한한 공급원으로 보이던 중국 소비자는 온라인 매장의 증가와 더불어 명품을 구매하기 위해 해외 시장을 이용하고 있는 추세로, 더는 오프라인 매장에 방문하지 않고 있다. 그렇기 때문에 다른 방법으로 시간과 돈을 소비하려는 고객들을 위해 5층짜리 미끄럼틀을 활용하여 대형 공간의 용도를 재정비하는 것이 나쁜 시작은 아닐 것이다.

① 최근 기업 경영에서는 인터넷을 활용한 오프라인 활동이 중요해지고 있다.
② 기업 운영에 있어서 고객의 안전이 가장 중요하다.
③ 해외로 유출되는 고객을 관리해야 한다.
④ 백화점 매출을 증가시키기 위해서는 고객을 위한 대형 공간이 필요하다.
⑤ 기업 경영에서도 창의적인 발상이 중요하다.

23 다음 빈칸 ㉠~㉣에 들어갈 말을 순서대로 바르게 나열한 것은?

> • 막연한 (㉠)으로 사업을 하다가는 실패하기 쉽다.
> • 저에 대한 소개는 피아노 연주로 (㉡)을 하겠습니다.
> • 이 정도의 인원이 식사를 할 경우 (㉢)을 잘해야 낭비를 줄일 수 있다.
> • 차림새만 봐서는 여자인지 남자인지 (㉣)이 되지 않는다.

① 가늠 – 갈음 – 가늠 – 가름
② 가늠 – 갈음 – 가늠 – 갈음
③ 가늠 – 가늠 – 가름 – 갈음
④ 가름 – 가늠 – 가늠 – 갈음
⑤ 가름 – 갈음 – 가늠 – 가름

1회 2회 3회 파이널 4회 5회

24 **다음 글의 서술 방식과 같은 것이 사용된 것을 고르면?**

> 역사적으로 여성과 남성은 몸으로 결정되어 왔다. 여성과 남성은 성적·육체적으로 다르다. 자궁이 있는 여성은 월경을 하고 아이를 낳을 수 있는 반면, 남성은 자궁이 없지만 남성의 상징이 있다. 그런데 여성에게는 이 '있음'의 표시들이 여성성이나 모성이라는 이름으로 장구한 세월 동안 억압의 원인을 제공해 왔으며, 남성의 상징이 없다는 '없음'의 표시 역시 여성이 열등하다는 것을 입증하는 기제로 작용해 왔다. 다시 말해, 여성의 몸에 각인된 성차는 생물학적 차이를 열등한 것으로 개념화해 온 남성 중심의 역사를 보여 준다.

① 한국어는 터키어, 몽고어, 만주어와 함께 알타이 어족에 속하며, 핀란드어, 에스토니아어, 헝가리어 등은 우랄 어족에 속한다.

② 큰 통에 배추를 반으로 잘라 넣고, 배추에 굵은 소금을 뿌린 뒤 약간의 물을 부어 1시간 정도 절인 다음 다시 위아래를 두세 번 뒤적여 고루 절여지게 한다. 절인 배추는 꺼내 물이 빠지게 놔둔다.

③ 피의 55%는 단백질과 전해질, 그리고 수분으로 이루어진 혈장으로 구성되어 있고, 45%는 적혈구, 백혈구, 혈소판 등으로 이루어진 혈구 세포가 차지하고 있다.

④ 서양의 과학적 사고가 물체를 부분들의 구성으로 보고 그 요소들을 분석함으로써 본질 파악을 추구했다면, 동양은 요소들 간의 관련성에 초점을 두고 거기에서 가치와 의미를 찾았다.

⑤ 사회는 자동차와 같다. 자동차의 각 부품들이 제 기능을 해야만 정상적인 주행이 가능하듯, 우리 사회의 각 부문이 제 역할을 하였을 때 우리 사회도 원활하게 돌아간다.

25 다음 글의 '전통'에 해당하는 사례로 적절하지 않은 것을 고르면?

> '전통'이라는 말 앞에는 흔히 '유구한'과 같은 수식어가 따라붙는다. 우리는 시간의 안개 저 너머 까마득한 옛날의 선조들로부터 면면히 이어져 내려온 것이 전통이라고 생각한다. 따라서 전통이야말로 문화적 혈통의 부정할 수 없는 보증이며, 공동체 역사의 갖가지 이변을 이겨 낸 끈질긴 생명의 유전 인자이다. 그러나 이런 상식적 믿음과는 달리 전통의 상당수는 극히 최근에 형성된 것이거나 어떤 정치적 목적 아래 주도면밀하게 만들어진 창작물이다. 요컨대, 오늘날 우리가 보는 전통의 다수는 전통 사회의 유산이 아닌 근대의 산물인 것이다.

① 인도 사람들이 아주 오래 전부터 내려왔다고 믿는 현재의 카스트 제도는, 영국이 식민 통치 질서를 세우는 과정에서 종교 지도층인 브라만의 지위를 공고히 하여 왕권을 약화시키기 위한 장치였다.

② 상다리를 휘어지게 한 상 가득 차리는 '잔칫상'이 나타난 것은 일제 강점기부터이다. 이전까지 우리 선조들은 손님을 대접할 때 큰 상 하나로 대접하지 않고 조그만 소반에 음식을 담아 일인 한 상으로 대접하였다.

③ 남태평양의 트로브리안드 제도에서는 가치재(價値財)로 여기는 조개 목걸이와 조개 팔찌를 선물 형태로 주고받는데, 이는 사회적 위세와 명예를 얻기 위한 수단으로 활용된다.

④ 스코틀랜드의 전통 의상인 '퀼트'는 1707년 스코틀랜드가 잉글랜드에 병합되고 수십 년이 지난 뒤 잉글랜드 랭커셔 출신 제철업자 토머스 로린슨이 연료용 목재를 얻기 위해 스코틀랜드인들을 인부로 고용하면서 편하게 입을 옷으로 만든 것이다.

⑤ 영국은 화려하고 엄격한 왕실의 기념식을 유구한 역사를 가진 것으로 묘사하지만, 실은 100년 남짓한 최근의 산물이다.

파이널 모의고사 4회

자료해석

20문항/25분

정답과 해설 ▶ P.76

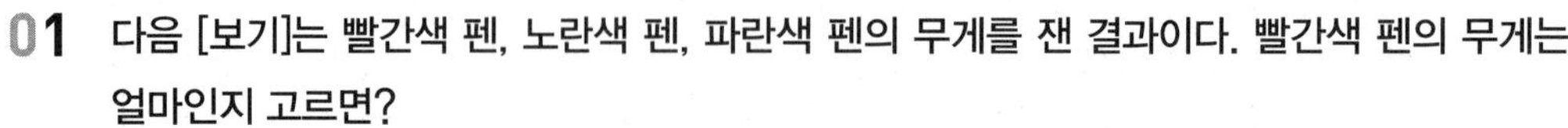

01 다음 [보기]는 빨간색 펜, 노란색 펜, 파란색 펜의 무게를 잰 결과이다. 빨간색 펜의 무게는 얼마인지 고르면?

보기
- 빨간색 펜과 노란색 펜을 함께 재면 24g이다.
- 빨간색 펜과 파란색 펜을 함께 재면 27g이다.
- 노란색 펜과 파란색 펜을 함께 재면 31g이다.

① 8g　② 10g　③ 12g　④ 14g

02 어느 학교 1학년, 2학년, 3학년의 학생 수의 비는 4 : 5 : 6이고, 학년별 여학생의 상대도수는 각각 x, y, z이다. 이 학교 전체 학생에 대한 여학생의 상대도수를 x, y, z에 대한 식으로 나타낸 것을 고르면?

① $\frac{4x+5y+6z}{15}$　② $\frac{4x+5x+6x}{15(x+y+z)}$　③ $15(x+y+z)$　④ $\frac{4x+5y+6z}{15(x+y+z)}$

03 십의 자리의 숫자가 3인 두 자리의 자연수에서 십의 자리의 숫자와 일의 자리의 숫자를 바꾸면 처음 수보다 36만큼 크다고 한다. 처음 수를 고르면?

① 36　② 63　③ 37　④ 73

[04~05] 다음 [표]는 학원 운영 주체별 자료에 관한 것이다. 이어지는 질문에 답하시오.

[표] 학원 운영 주체별 학원 수, 매출액, 비용 (단위: 개, 백만 원)

구분	프랜차이즈	개인 운영	법인 운영	계
학원 수	25,633	42,751	690	69,074
연간 매출액	3,231,900	4,312,500	212,700	7,757,100
연간 비용	2,145,600	2,943,500	180,400	5,269,500

※ 매출액(백만 원)=비용+순이익

04 프랜차이즈 학원의 순이익과 개인 운영 학원의 연간 순이익의 합을 고르면?

① 2,450,300백만 원
② 2,455,300백만 원
③ 2,460,300백만 원
④ 2,465,300백만 원

05 개인 운영 학원 1개당 발생하는 연간 순이익을 고르면?(단, 십만 원 이하는 버린다.)

① 약 3,000만 원
② 약 3,100만 원
③ 약 3,200만 원
④ 약 3,300만 원

06 다음 [표]는 서울 A구 초등학교에 대한 자료이다. 초등학교 학생 1명당 교원의 수가 가장 많은 연도를 고르면?

[표] 서울 A구 초등학교 현황

(단위: 개, 명)

구분	2014년	2015년	2016년	2017년
초등학교 수	23	23	23	23
초등학교 학생 수	17,408	16,760	16,242	18,112
초등학교 교원 수	1,114	1,087	1,161	1,130

① 2014년　② 2015년
③ 2016년　④ 2017년

07 다음 [표]는 우리나라의 성별에 따른 선거 투표율이다. 이에 대한 설명으로 옳은 것을 고르면?

[표] 성별에 따른 선거 투표율

(단위: %)

구분	대통령 선거				국회의원 선거				지방 선거			
	16대	17대	18대	19대	17대	18대	19대	20대	3회	4회	5회	6회
전체	70.8	63.0	75.8	77.2	60.6	46.1	54.2	58.0	48.9	51.6	54.5	56.8
남성	71.3	63.3	74.8	76.2	63.0	48.4	55.7	58.8	51.2	52.3	55.1	57.2
여성	70.3	63.1	76.4	77.3	59.2	44.3	53.1	57.4	51.4	51.9	54.7	57.2

※ 투표율이 높을수록 적극적인 참여를 의미한다.
※ 매년 투표 인원은 동일하다.

① 모든 선거에서 전체 투표율이 증가하고 있다.
② 3회 지방 선거에 투표한 유권자의 수가 18대 국회의원 선거에 투표한 유권자의 수보다 많다.
③ 국회의원 선거에서는 여성이 남성보다 조금 더 적극적으로 투표에 참여하였다.
④ 유권자들은 다른 선거에 비해 대통령 선거를 가장 중요한 선거로 생각하고 있을 것이다.

08 다음 문자가 일정한 규칙에 따라 배열되어 있을 때, 빈칸에 들어갈 문자를 고르면?

ㄱ　3　E　ㅅ　(　)

① 11　② H　③ 9　④ G

09 다음 [표]는 남녀 700명을 대상으로 인터넷 이용 동향을 조사한 결과이다. 이에 대한 설명으로 옳은 것을 [보기]에서 모두 고르면?

[표1] 성별 인터넷 이용 동향 조사 결과 (단위: 명)

구분	자주 이용한다	가끔 이용한다	이용하지 않는다	합계
남성	113	145	92	350
여성	99	175	76	350
합계	212	320	168	700

[표2] 연령별 인터넷 이용 동향 조사 결과 (단위: 명)

구분	자주 이용한다	가끔 이용한다	이용하지 않는다	합계
30세 미만	135	159	56	350
30세 이상	77	161	112	350
합계	212	320	168	700

보기

㉠ 인터넷을 자주 이용하는 사람은 30세 이상의 남성이 30세 미만의 남성보다 조금 더 많다.
㉡ 인터넷을 이용하는 사람은 남성보다 여성이 더 많다.
㉢ 인터넷을 이용하지 않는 사람은 여성보다 남성이 많으며, 30세 이상보다 30세 미만이 더 많다.

① ㉠　② ㉡　③ ㉢　④ ㉠, ㉢

[10~11] 다음 [표]는 A~D공장의 생산량에 관한 자료이다. 이어지는 질문에 답하시오.

[표] A~D공장의 생산량

(단위: 개)

구분	하루 총 생산량	1인당 생산량
A공장	4,500	90
B공장	X	60
C공장	2,304	Y
D공장	2,025	75

※ 단, 1인당 생산량은 하루를 기준으로 한다.

10 A공장과 D공장의 직원 수의 합을 고르면?

① 75명　② 77명
③ 79명　④ 81명

11 A공장과 B공장의 하루 총 생산량의 비는 3 : 4이고, C공장과 D공장의 직원 수의 비는 4 : 3일 때 X+Y의 값을 고르면?

① 6,032　② 6,064
③ 7,128　④ 7,256

12 **태형이는 기차와 배를 타고 서울에서 출발하여 제주도에 도착하였다. 이때 서울에서 목포까지는 시속 120km의 기차를 타고, 목포에서 제주까지는 시속 100km의 배를 탔다. 서울에서 제주도까지의 총 거리는 620km, 총 소요 시간은 5시간 30분이라고 할 때, 태형이가 목포에서 제주도까지 이동한 거리를 구하면?**(단, 중간에 갈아타는 데 걸린 시간과 거리는 무시한다.)

① 180km　　② 200km
③ 220km　　④ 240km

13 **형우는 마트에 가서 간식을 샀다. 그런데 집에 돌아와 보니 영수증의 일부가 잘 보이지 않았다. 형우가 산 빵의 개수를 고르면?**

[영 수 증]

품 목	가 격	수 량	금 액
빵	800 원		
음료수	500 원		
아이스크림	400 원		3,200 원
합 계		19	10,500 원

① 4개　　② 5개
③ 6개　　④ 7개

14 다음 [표]는 ○○년도 4월 3일 종가 기준으로 원/달러 환율이 전날에 비하여 얼마나 등락하였는지를 나타낸 것이다. 4월 3일에 원/달러 환율이 950원이었고, 우재는 4월 3일부터 4월 7일까지 매일 100달러씩 샀다. 이때 4월 3일을 기준으로 가장 이익인 날은 4월 a일이었고, 가장 손해인 날과 가장 이익인 날의 금액 차이는 b원이었다. $a\times b$를 고르면?

[표] 4월 3일 종가 기준 원/달러 환율의 전일 대비 등락 (단위: 원)

구분	4월 4일	4월 5일	4월 6일	4월 7일
일일 환율 등락	−4.0	+3.4	+2.2	−1.7

※ '+' 부호는 상승을, '−' 부호는 하락을 의미한다.

① 2,240
② 2,840
③ 3,050
④ 3,360

15 다음 [표]는 총 활동 기업 수 및 기업의 증가율 · 창업률 · 폐업률에 대한 자료이다. 이에 대한 설명으로 옳지 않은 것을 고르면?

[표] 총 활동 기업 수 및 기업의 증가율 · 창업률 · 폐업률 (단위: 천 개, %)

구분	2008년	2009년	2010년	2011년	2012년	2013년	2014년	2015년	2016년
총 활동 기업 수	4,908	5,032	5,147	5,305	5,379	5,377	5,559	5,554	5,776
증가율	3.8	2.5	2.3	3.1	1.4	0	3.4	−0.1	4
창업률	16.2	15.1	15	15.3	14.3	13.9	15.2	14.6	15.2
폐업률	13	13.2	12.6	12.9	13.8	12.4	14	11.5	−

※ 창업률(%)=(해당 연도 신생 기업 수÷직전 연도 총 활동 기업 수)×100
※ 창업한 기업은 해당 연도 총 활동 기업 수에 포함되고, 폐업한 기업은 포함되지 않는다.

① 2013년 이전까지 총 활동 기업 수는 꾸준히 증가했다.
② 전년 대비 창업률의 증가폭이 가장 큰 해는 2016년이다.
③ 폐업률이 가장 큰 해는 2014년이다.
④ 2007년의 총 활동 기업 수는 480만 개 미만이다.

[16~17] 다음 [표]는 △△ 전자의 각 제품별 판매량과 실제 매출액을 정리한 자료이다. 이어지는 질문에 답하시오.

[표] 제품별 판매량과 실제 매출액

(단위: 만 대, 억 원)

제품명	판매량	실제 매출액
냉장고	110	420
에어컨	100	308
김치냉장고	100	590
청소기	80	463
세탁기	80	435
살균건조기	80	422
공기청정기	75	385
전자레인지	60	356

※ 예상 매출액(억 원)=판매량×2+100

16 **실제 매출액과 예상 매출액의 차이가 가장 작은 제품과 가장 큰 제품이 바르게 짝지어진 것을 고르면?**

	차이가 가장 작은 제품	차이가 가장 큰 제품
①	에어컨	김치냉장고
②	전자레인지	청소기
③	냉장고	세탁기
④	에어컨	청소기

17 **주어진 자료의 제품들로 구성된 전체 실제 매출액에서 김치냉장고의 매출액이 차지하는 비율을 고르면?**(단, 소수점 둘째 자리에서 반올림한다.)

① 17.5%　　② 18.6%

③ 19.2%　　④ 21.3%

18 다음 [그래프]는 A도시 남성의 성인병과 비만에 대한 자료이다. A도시 남성 가운데 20%가 성인병이 있다고 하면, 이 도시에서 비만인 남성 중 성인병이 있는 남성의 비율을 고르면?

[그래프] A도시 남성의 성인병과 비만 비율

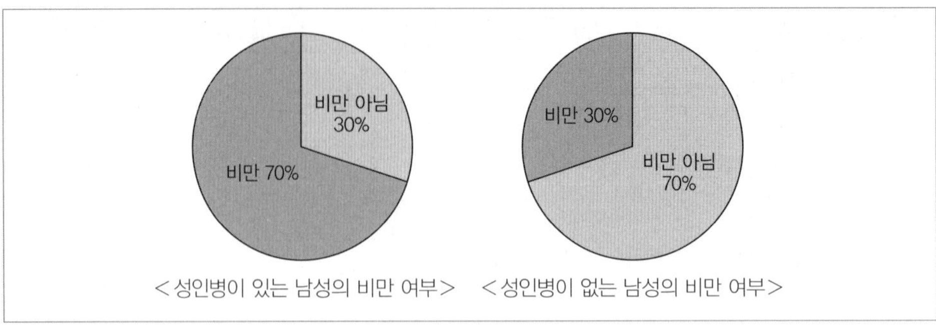

① 약 21%　　② 약 30%

③ 약 37%　　④ 약 53%

19 헌혈의 집에서 헌혈한 사람들에게 사탕을 3개씩 나누어 주었더니 40개가 남았고, 6개씩 나누어 주었더니 마지막 한 사람이 1개 이상 4개 미만으로 받았다고 할 때, 헌혈의 집에서 헌혈한 사람의 수는 최소 몇 명인지 고르면?

① 15명　　② 16명

③ 17명　　④ 18명

20 다음 [표]와 [그래프]는 어느 학급의 남녀 학생들의 제자리 멀리뛰기 기록에 대한 도수분포표와 도수분포표를 그래프로 나타낸 것이다. 이에 대한 설명으로 옳지 않은 것을 고르면?

[표] 제자리 멀리뛰기 기록 (단위: 명)

제자리 멀리뛰기 거리(cm)	학생 수	
	남자	여자
160 이상 170 미만	0	1
170 이상 180 미만	3	5
180 이상 190 미만	(A)	10
190 이상 200 미만	10	(B)
200 이상 210 미만	6	2
210 이상 220 미만	2	0

[그래프] 제자리 멀리뛰기 기록 (단위: 명, cm)

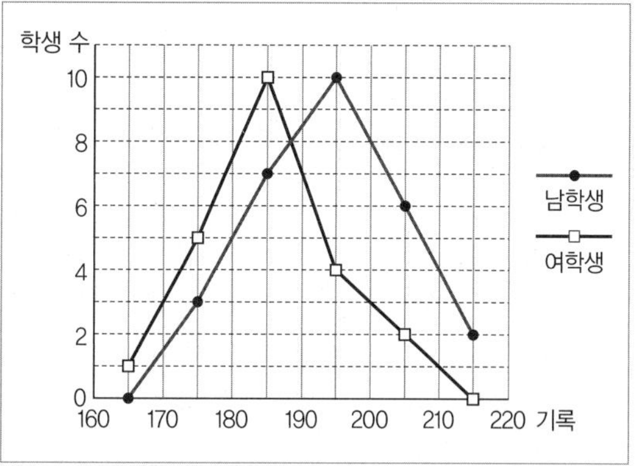

① A와 B를 더한 수는 11이다.

② 전체 학생의 48%가 190cm 이상을 뛰었다.

③ 남학생의 20%가 180cm 이상 190cm 미만을 뛰었다.

④ 남학생 중에서 190cm 이상을 뛴 학생 수는 여학생 중에서 180cm 이상을 뛴 학생 수보다 많다.

파이널 모의고사 5회

공간능력

18문항/10분

정답과 해설 ▸ P.79

[01~05] 다음 조건을 참고하여 제시된 입체 도형의 전개도로 알맞은 것을 고르시오.

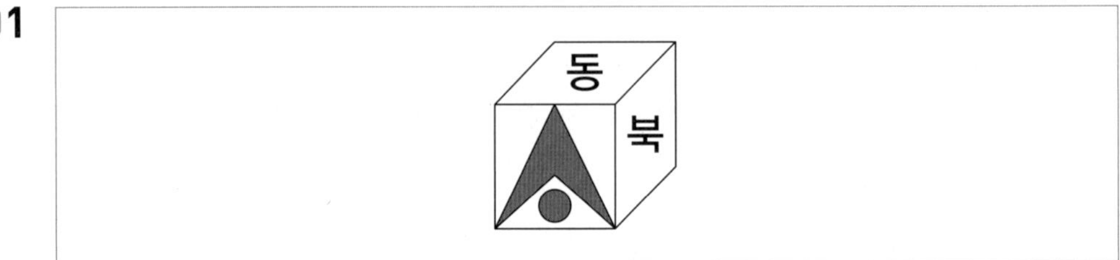
※ 입체 도형을 전개하여 전개도를 만들 때, 전개도에 표시된 그림(예: ▮, ◪ 등)은 회전의 효과를 반영함. 즉, 본 문제의 풀이과정에서 보기의 전개도상에 표시된 '▮'와 '▬'은 서로 다른 것으로 취급함.
※ 단, 기호 및 문자(예: ☎, ♤, ♨, K, H)의 회전에 의한 효과는 본 문제의 풀이과정에 반영하지 않음. 즉 입체 도형을 펼쳐 전개도를 만들었을 때에 '☎'의 방향으로 나타나는 기호 및 문자도 보기에서는 '☎' 방향으로 표시하며 동일한 것으로 취급함.

01

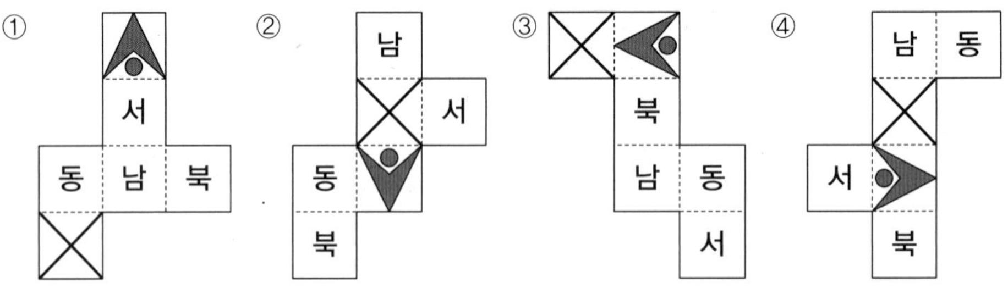
동
북
① 서 동 남 북
② 남 서 동 북
③ 북 남 동 서
④ 남 동 서 북

02

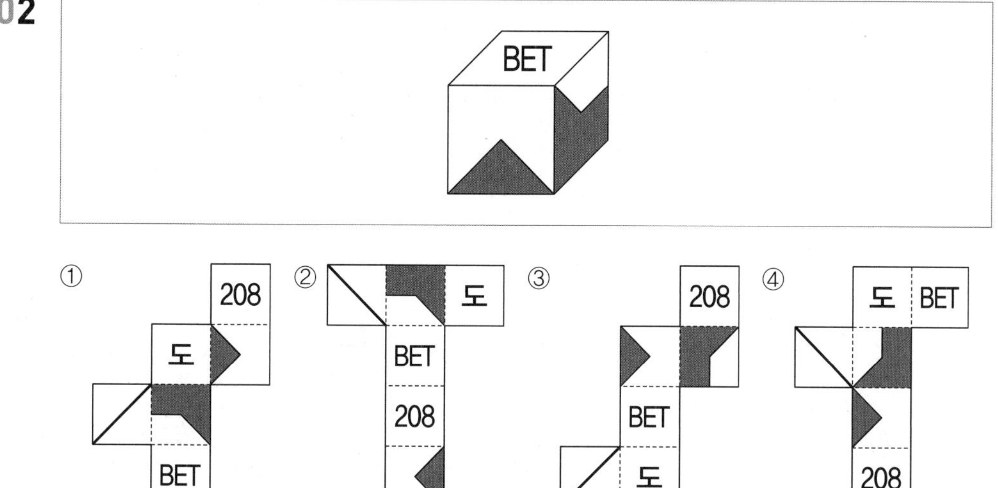

03

① 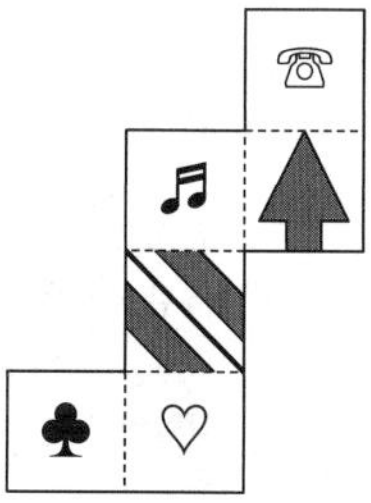 ② 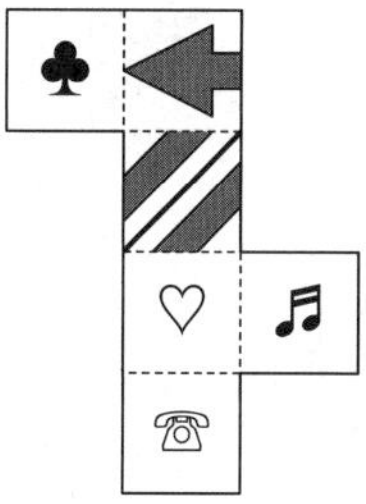 ③ 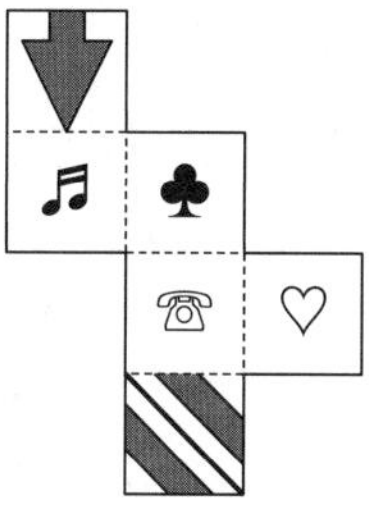 ④

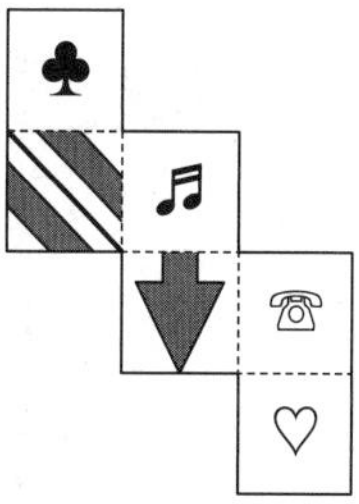

04

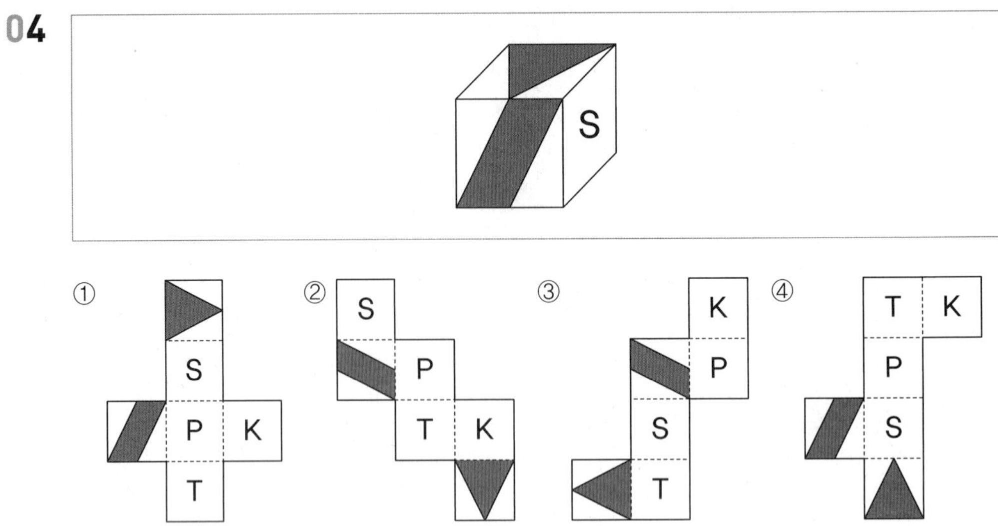

05

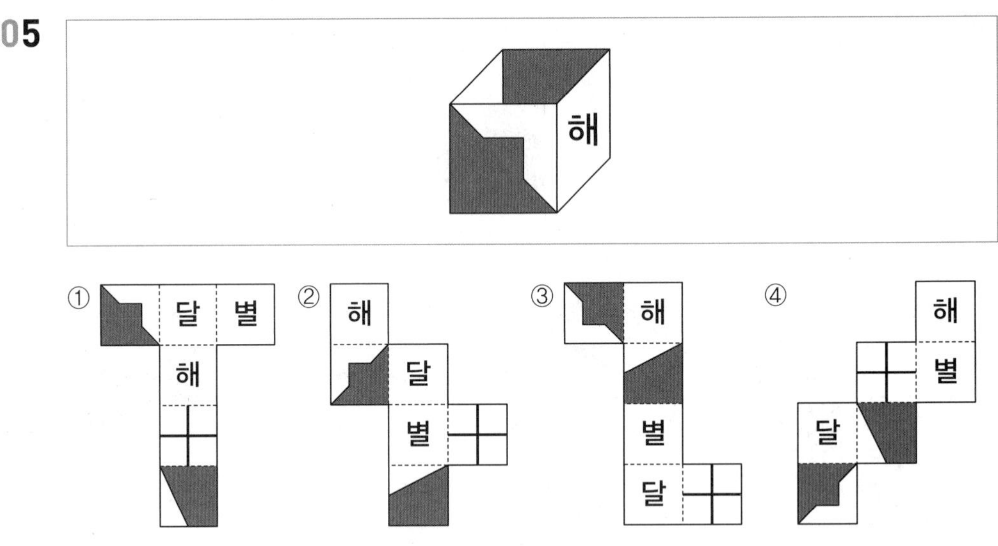

[06~10] 다음 조건을 참고하여 제시된 전개도로 만든 입체 도형에 해당하는 것을 고르시오.

> ※ 전개도를 접을 때 전개도상의 그림, 기호, 문자가 입체 도형의 겉면에 표시되는 방향으로 접음.
> ※ 전개도를 접어 입체 도형을 만들 때, 전개도에 표시된 그림(예: ▮, ◪ 등)은 회전의 효과를 반영함. 즉, 본 문제의 풀이과정에서 보기의 전개도상에 표시된 '▮'와 '▬'은 서로 다른 것으로 취급함.
> ※ 단, 기호 및 문자(예: ☎, ♤, ♨, K, H)의 회전에 의한 효과는 본 문제의 풀이과정에 반영하지 않음. 즉 전개도를 접어 입체 도형을 만들었을 때에 '☎'의 방향으로 나타나는 기호 및 문자도 보기에서는 '☎' 방향으로 표시하며 동일한 것으로 취급함.

06

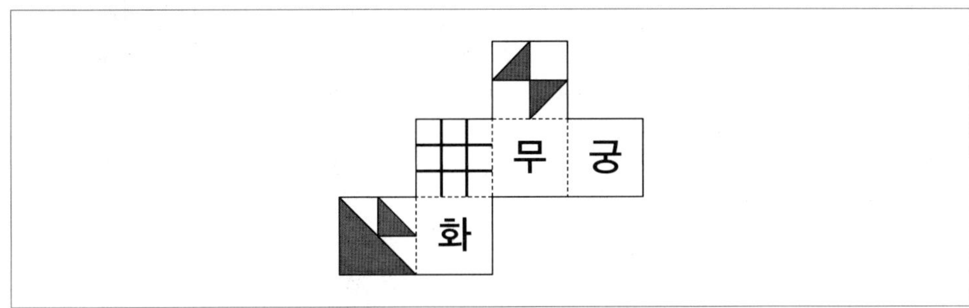

① 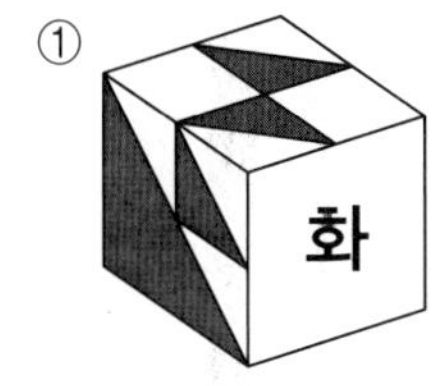

② 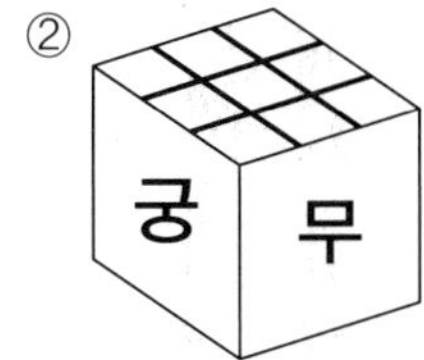

③ 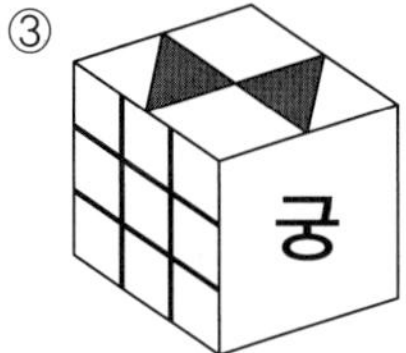

④ 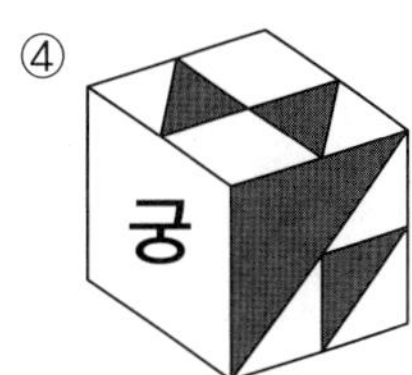

07

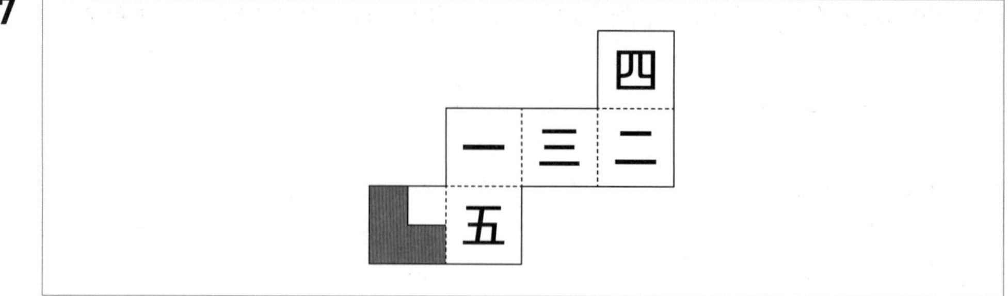

① 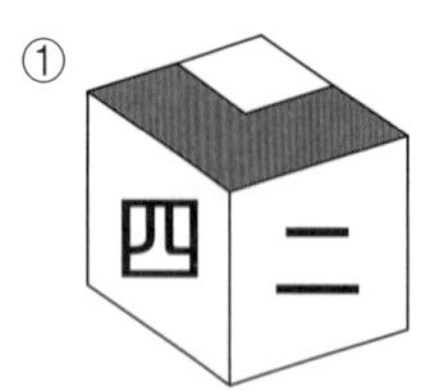

② 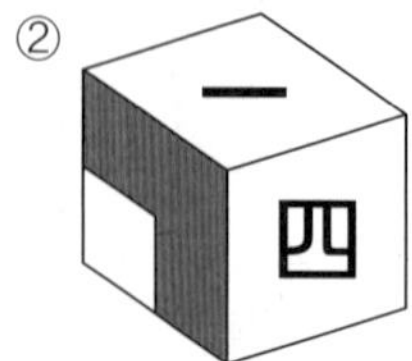

③ 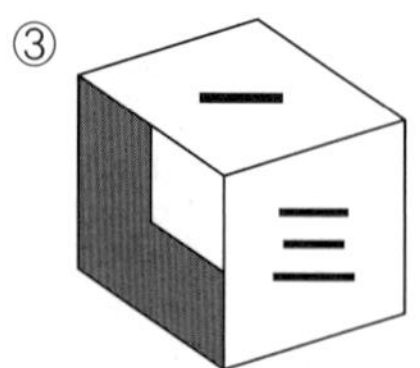

④ 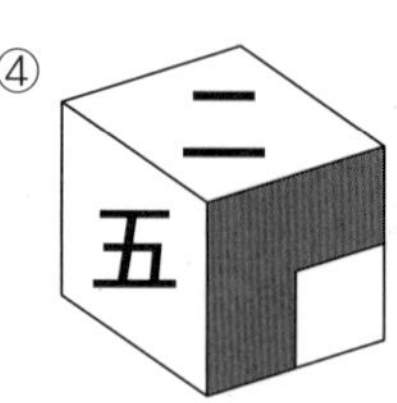

08

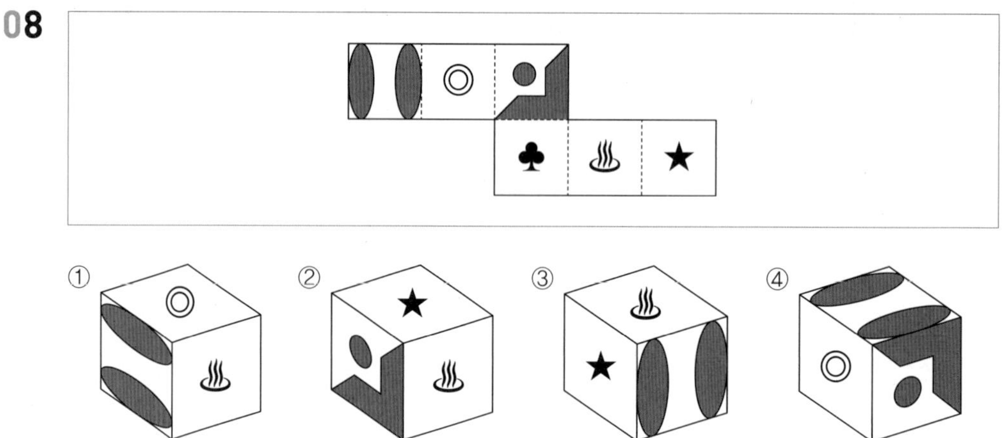

09

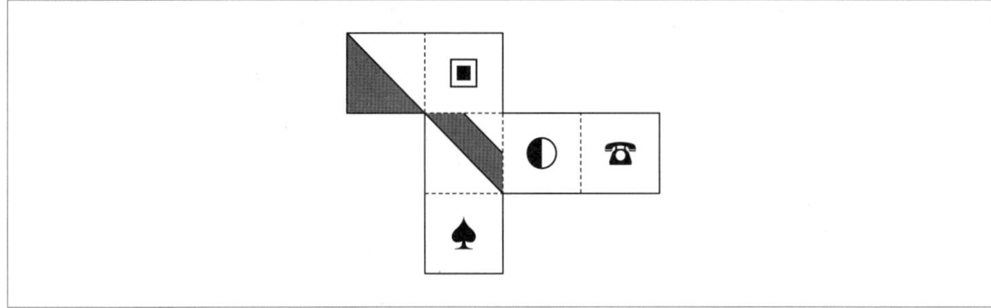

① 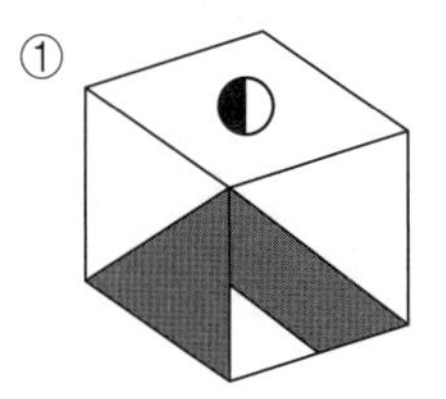
② 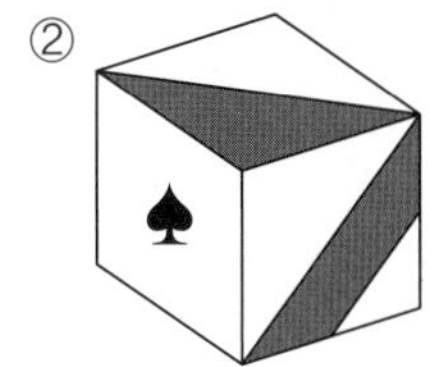
③ 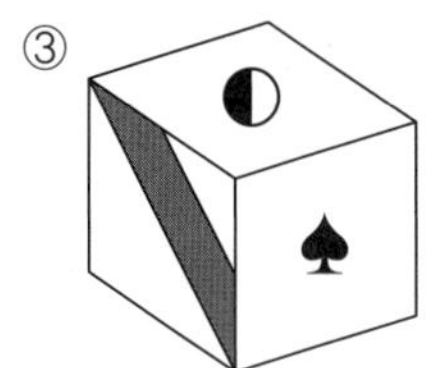
④ 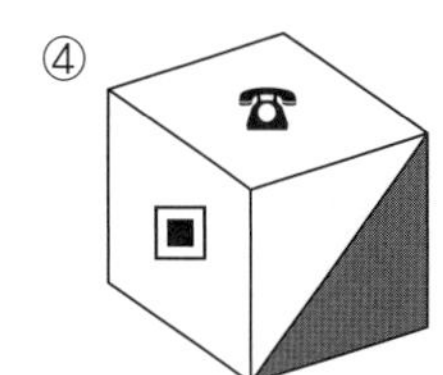

10

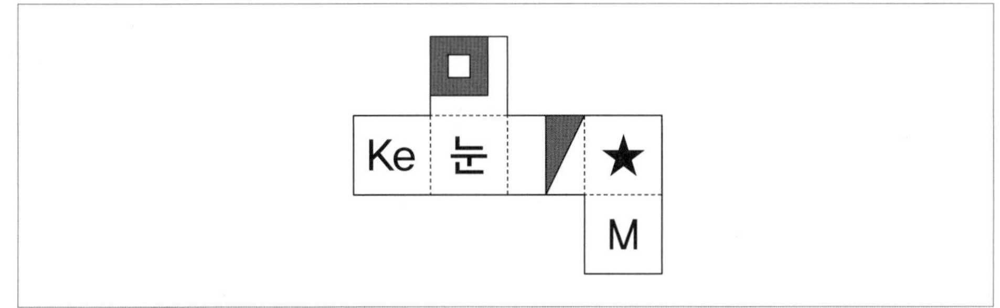

① 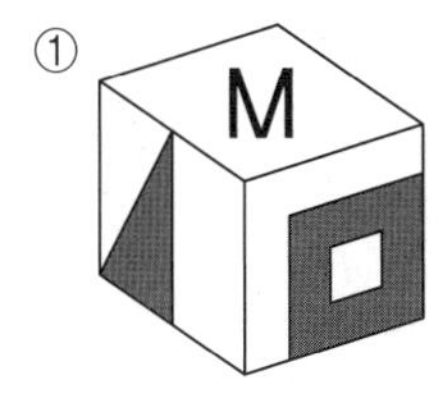

② 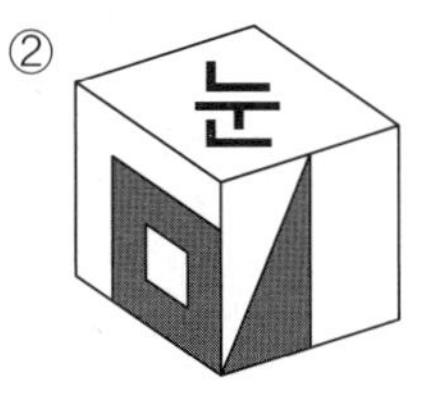

③ 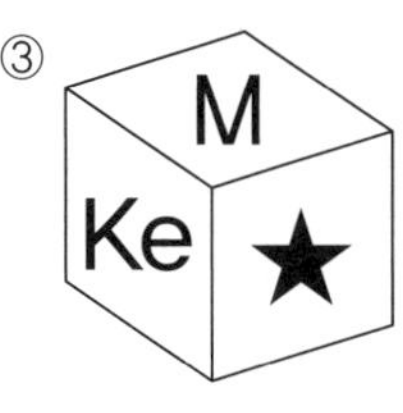

④ 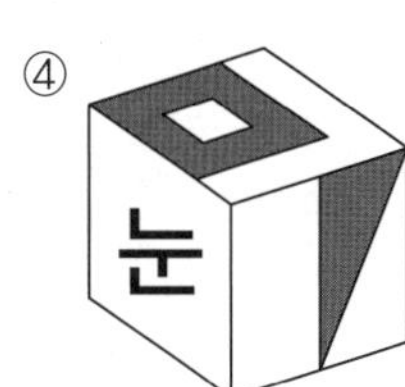

[11～14] 다음 제시된 그림과 같이 쌓기 위해 필요한 블록의 개수를 고르시오.

11

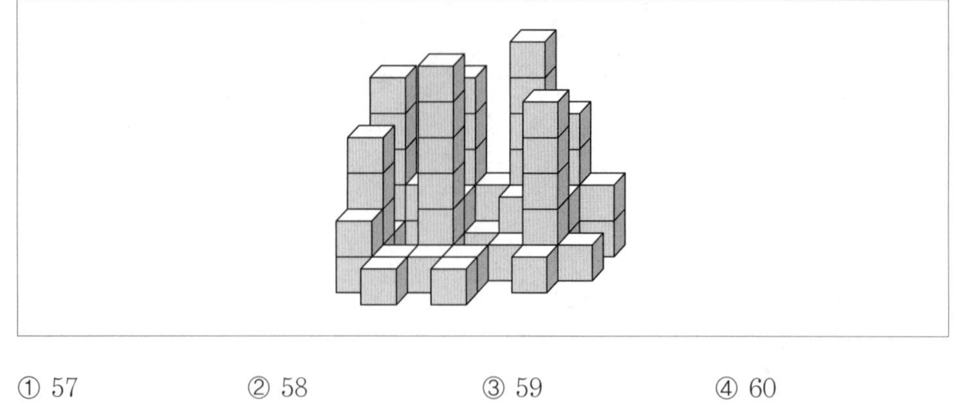

① 57　　② 58　　③ 59　　④ 60

12

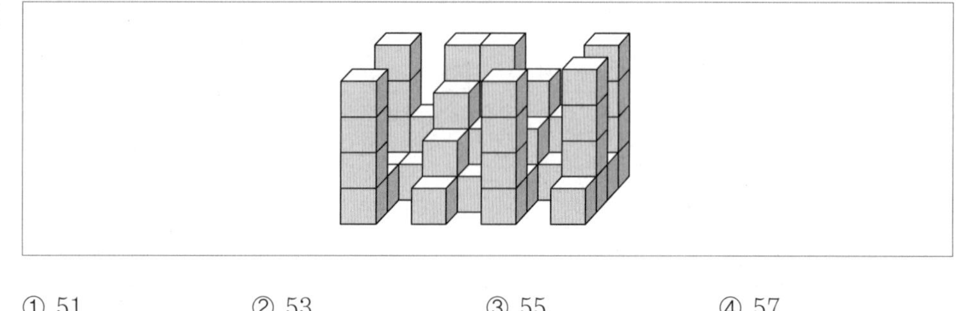

① 51　　② 53　　③ 55　　④ 57

13

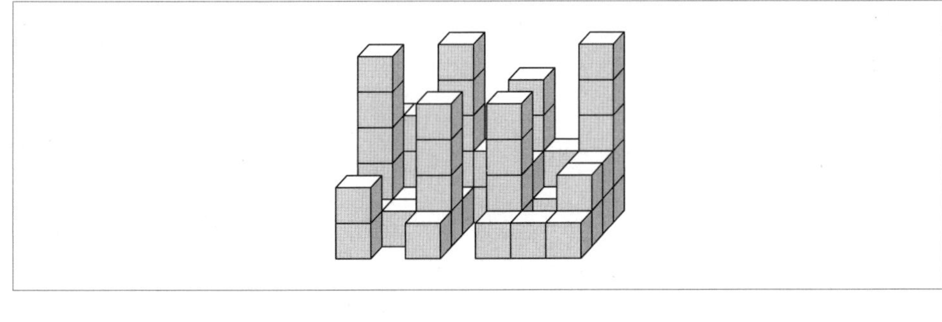

① 52 ② 53 ③ 54 ④ 55

14

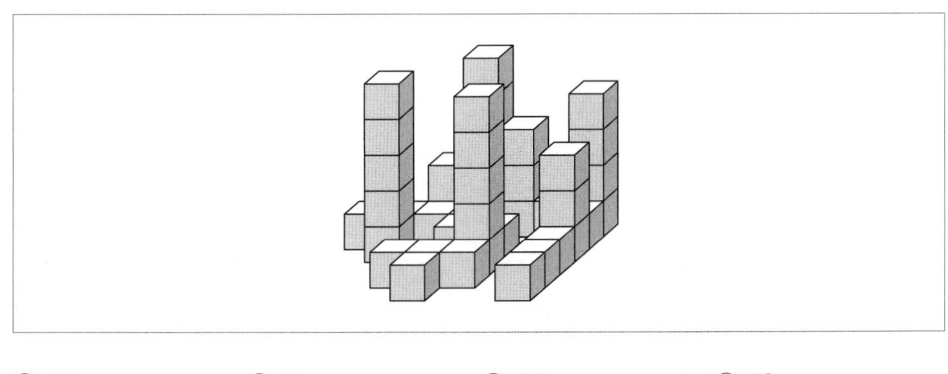

① 40 ② 41 ③ 42 ④ 43

[15~18] 다음 제시된 블록을 화살표 방향에서 바라볼 때의 모양을 고르시오.

15

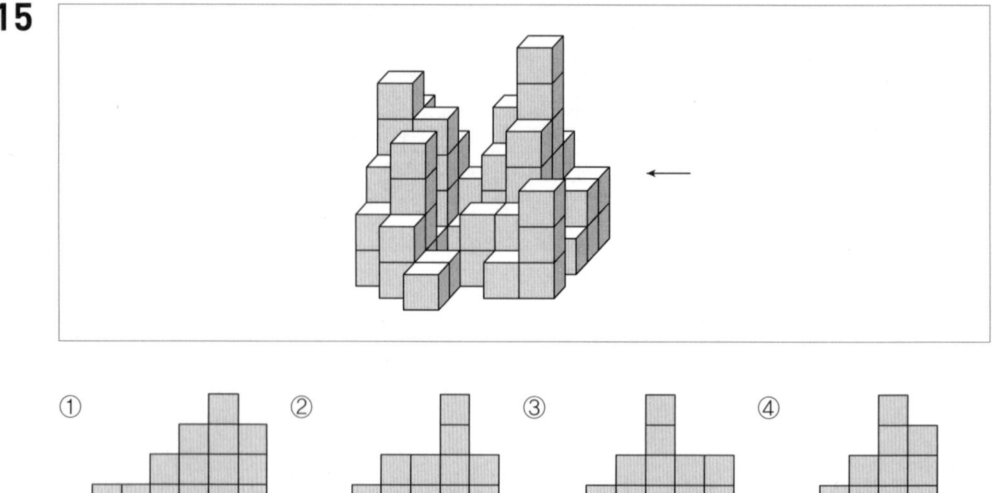

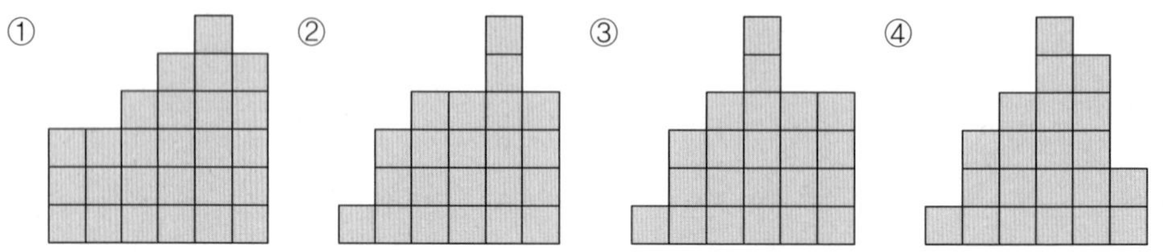

16

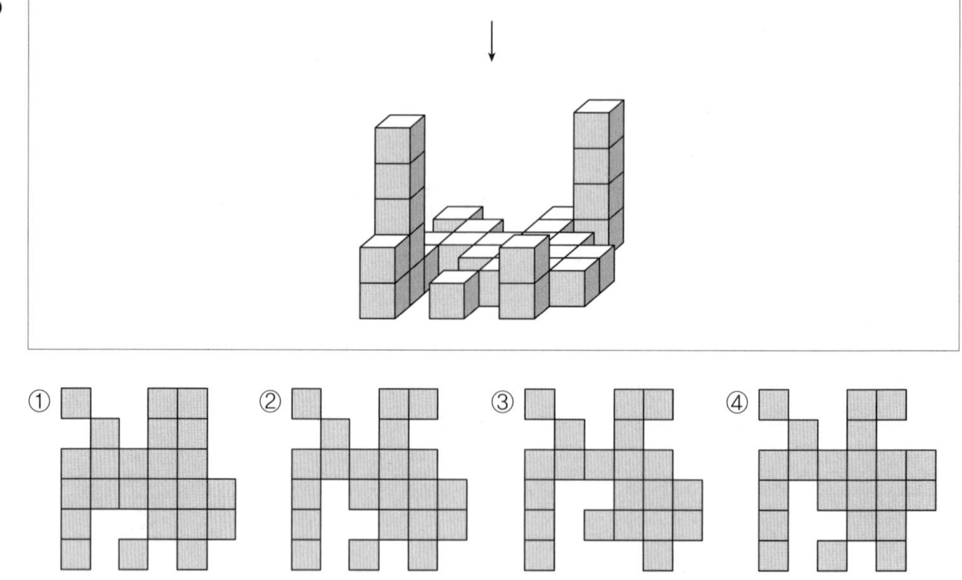

17

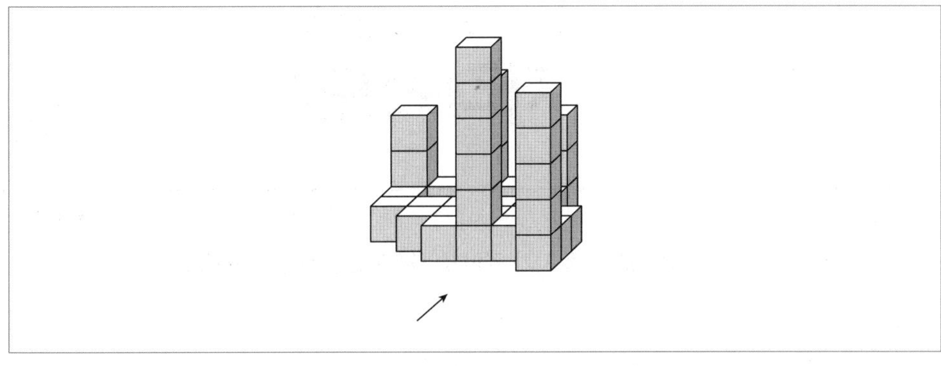

① 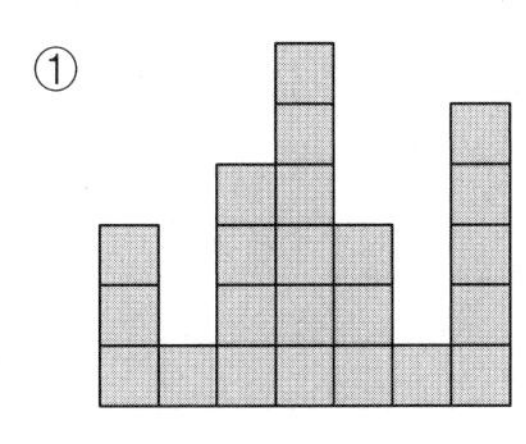

② 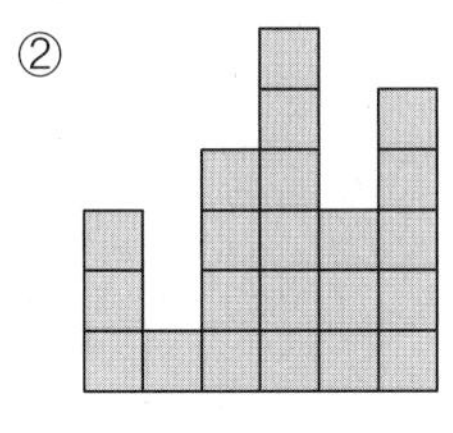

③ 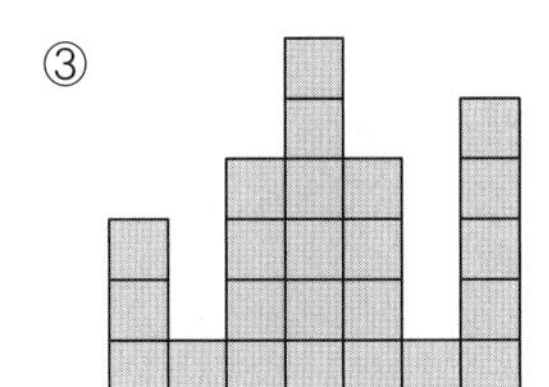

④ 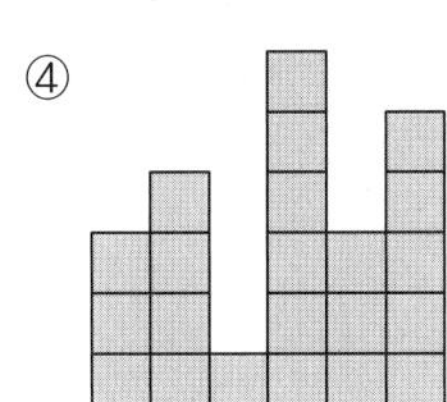

18

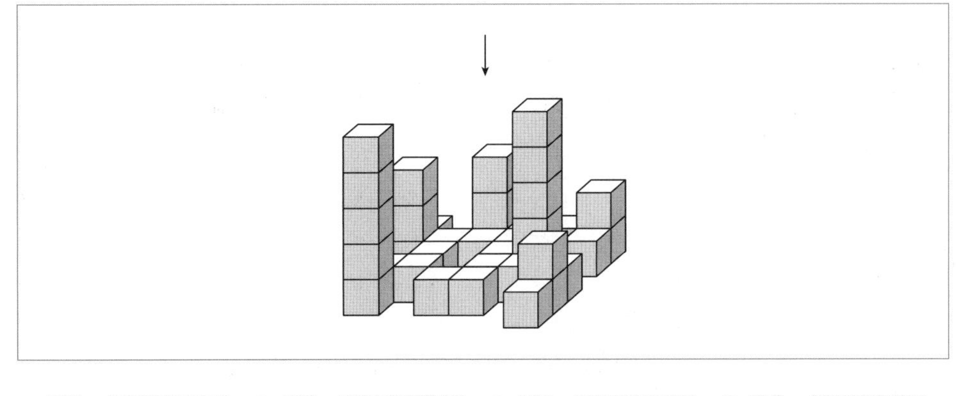

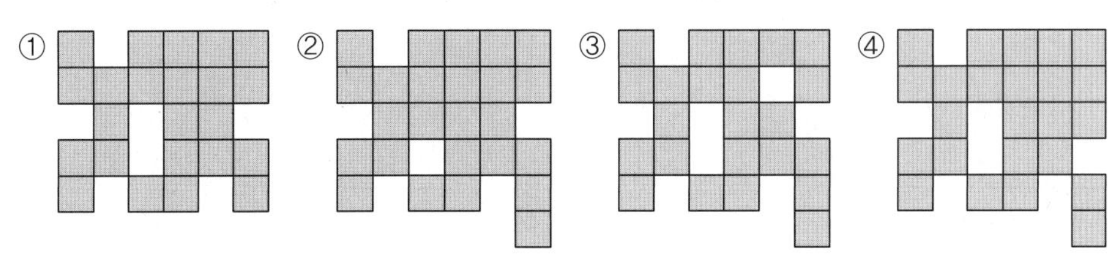

파이널 모의고사 5회

지각속도

30문항/3분

정답과 해설 ▶ P.81

[01~05] 다음 [보기]를 보고 제시된 문자가 알맞게 치환되었는지 판단하시오.

보기

10 = pA	30 = nA	50 = kA	80 = μF	20 = fm
70 = cm	90 = km	40 = Hz	60 = mg	100 = rad

01

40 70 60 20 - Hz cm μF fm

① 맞음 ② 틀림

02

10 40 80 70 - pA nA μF cm

① 맞음 ② 틀림

03

30 100 50 90 - nA rad kA cm

① 맞음 ② 틀림

04

100 60 20 70 - rad cm fm cm

① 맞음 ② 틀림

05

70 50 20 30 - cm kA fm nA

① 맞음 ② 틀림

[06~10] 다음 [보기]를 보고 제시된 문자가 알맞게 치환되었는지 판단하시오.

보기

え = ◁	ご = ▶	げ = ♤	し = ♠	せ = ♡
ぬ = ♥	び = ♧	ウ = ♣	イ = ☆	ホ = ★

06

び げ え ホ － ♧ ♤ ◁ ★

① 맞음　　② 틀림

07

え イ ぬ し － ◁ ☆ ♥ ♠

① 맞음　　② 틀림

08

ウ ホ げ び － ♣ ☆ ♤ ♧

① 맞음　　② 틀림

09

① 맞음　　② 틀림

10

び ご え イ － ♧ ▶ ◁ ♠

① 맞음　　② 틀림

[11~15] 다음 [보기]를 보고 제시된 문자가 알맞게 치환되었는지 판단하시오.

보기

R = 가동률	D = 가교	Q = 가용성	A = 가설	C = 가좌표
W = 가장	E = 가시거리	P = 가스	T = 가변익	H = 가상적

11

D T R H - 가교 가변익 가동률 가상적

① 맞음 ② 틀림

12

P W C R - 가스 가장 가좌표 가동률

① 맞음 ② 틀림

13

A H W Q - 가설 가변익 가장 가용성

① 맞음 ② 틀림

14

Q E C W - 가용성 가시거리 가좌표 가교

① 맞음 ② 틀림

15

R Q H A - 가동률 가용성 가상적 가설

① 맞음 ② 틀림

[16~20] 다음 [보기]를 보고 제시된 문자가 알맞게 치환되었는지 판단하시오.

보기

희망 = ⅳ	감사 = Ⅴ	용서 = ⅷ	자유 = Ⅹ	미소 = N
부탁 = Ⅲ	연인 = K	사랑 = Ⅻ	하늘 = ⅰ	호감 = Ⅵ

16

감사 희망 사랑 호감 - Ⅴ ⅳ ⅷ Ⅵ

① 맞음 ② 틀림

17

연인 미소 부탁 하늘 - K N Ⅲ ⅰ

① 맞음 ② 틀림

18

호감 용서 부탁 미소 - Ⅵ ⅷ Ⅲ N

① 맞음 ② 틀림

19

사랑 감사 미소 자유 - Ⅻ ⅳ N Ⅹ

① 맞음 ② 틀림

20

용서 부탁 호감 연인 - ⅷ Ⅲ Ⅵ Ⅴ

① 맞음 ② 틀림

[21~25] 다음 [보기]를 보고 제시된 문자가 알맞게 치환되었는지 판단하시오.

보기

㉰ = ③	㉳ = ⑥	㉮ = ⑨	㉵ = ①	㉲ = ⑤
㉴ = ②	㉻ = ⑦	㉱ = ④	㉶ = ⑩	㉯ = ⑧

21

㉰ ㉱ ㉯ ㉮ – ③ ④ ⑧ ④

① 맞음 ② 틀림

22

㉻ ㉮ ㉲ ㉴ – ⑦ ⑥ ⑤ ②

① 맞음 ② 틀림

23

㉱ ㉳ ㉰ ㉯ – ④ ⑥ ③ ⑧

① 맞음 ② 틀림

24

㉴ ㉵ ㉶ ㉳ – ② ① ⑧ ⑥

① 맞음 ② 틀림

25

㉵ ㉯ ㉰ ㉲ – ⑩ ⑧ ③ ⑤

① 맞음 ② 틀림

[26~30] 왼쪽의 문자가 몇 번 제시되는지 고르시오.

26

カ	テカハリツンテヨヱボテカツパギニカヱギテリツボ

① 1　　② 2　　③ 3　　④ 4

27

ㅗ	ㅔㅏ ㅓㅗㅕㅔㅏ ㅣㅠㅡㅐ ㅓ ㅣ ㅏ ㅘㅜㅗ ㅓㅛㅡㅗㅜㅘㅗㅑㅛㅏ ㅣㅠㅐㅓ ㅗㅡㅐㅗㅏㅘ

① 5　　② 6　　③ 7　　④ 8

28

⇩	⇨⇳⇯ ⬁⮝⇩➩➭⇯⇮ ⬁ ⇮⇩⇯⇮ ⇨⇳⇩⇳⇯ ⬁⬁ ⇯ ⬁⬁ ➩➭⇯⇮ ⇯⇩⇮

① 1　　② 2　　③ 3　　④ 4

29

㉢	㉠㉦㉢㉡㉥㉧㉭㉪㉢㉨㉣㉩㉬㉭㉢㉪㉥㉧㉧㉭㉩㉬㉥㉥㉢㉢㉧㉭㉩㉬㉢ ㉣㉬㉥

① 5　　② 6　　③ 7　　④ 8

30

2	1wer2rtg5rfgfd5dg3s1gd2s2g0f54s2e0g5dfg2sdgd52sfg5g3gh5gjd3h20d5gj gdf6005gh

① 7　　② 8　　③ 9　　④ 10

파이널 모의고사 5회

언어논리

25문항/20분

정답과 해설 ▸ P.83

01 띄어쓰기가 옳지 않은 것을 고르면?

① 그는 물 쓰듯 돈을 쓴다.
② 결혼 10년 차에 내 집을 장만했다.
③ 김치 맛이 예전보다 못 하다.
④ 이 책은 나에게 매우 유익한 책인 듯싶다.
⑤ 수십 년 만에 한국과 스페인 간의 무역 및 통상을 확대했다.

02 맞춤법이 옳지 않은 것을 고르면?

① 워크숍은 시들시들해져 가는 연극 학도의 탐구열을 진작하는 작업이다.
② 일찍 떠날려고 미리 준비를 해 두었다.
③ 하해와 같은 은혜를 잊지 않겠습니다.
④ 사람들은 그가 왜 야반도주를 했는지 모르겠다고 숙덕숙덕하였다.
⑤ 갑자기 끼어들어 사람을 놀래면 어떡해요.

03 발음 표기가 옳지 않은 것을 고르면?

① 앉다[안따]　② 훑다[훌따]　③ 밟다[밥:따]
④ 없다[업:따]　⑤ 닭다[닥따]

04 다음 [보기]의 로마자 표기를 통해 알 수 있는 규정으로 옳지 않은 것을 고르면?

보기

광희문 Gwanghuimun	독립문 Dongnimmun
거북선 Geobukseon	대관령 Daegwallyeong
알약 allyak	압구정 Apgujeong

① 전자(轉字)법이 아닌 전사(轉寫)법을 원칙으로 한다.
② 'ㄱ'은 어말에서 'k'로 표기한다.
③ 된소리되기는 로마자 표기에 반영하지 않는다.
④ 'ㅢ'가 'ㅣ' 소리로 나면 소리대로 적는다.
⑤ 'ㄹ'은 모음 앞에서는 'r'로, 자음 앞이나 어말에서는 'l'로 적고, 'ㄹㄹ'은 'll'로 적는다.

05 다음 빈칸에 들어갈 단어로 가장 적절한 것을 고르면?

A기업의 업무 처리 자동화 로봇은 매일 정해진 시간에 직원들에게 사내 메신저로 코로나19 진단검사 링크를 보낸다. 직원들의 답변이 돌아오면 데이터를 (　　　)해 직원들의 상태를 주의·경계·심각 등으로 나눈 뒤, 위험군 대상자를 발견하면 담당 부서장 또는 팀장에게 빠르게 전달한다

① 모집(募集)
② 나열(羅列)
③ 검사(檢査)
④ 취합(聚合)
⑤ 채집(採集)

06 다음 중 밑줄 친 단어와 바꾸어 쓸 수 없는 것을 고르면?

① 어쨌든 그날은 정말 잊지 못할 하루였다. → 아무튼
② 고향으로 간 그는 여태 아무 소식이 없었다. → 입때
③ 그는 일하는 시간이 많지 않은 만큼 보수가 적었다. → 만치
④ 그녀는 홑몸이 아닌데도 무리해서 장시간 여행을 했다. → 홀몸
⑤ 깊은 나무, 풀, 덩굴 등이 뒤엉켜 사람이 쉽게 드나들 수 없었다. → 넝쿨

07 다음 글의 빈칸에 들어갈 말로 가장 적절한 것을 고르면?

> 한국은행은 지난달 30일부터 이달 6일까지 국내 금융 기관 경영 전략·리스크 담당 부서장, 해외 금융 기관 한국 투자 담당자 등 총 68명을 대상으로 한국 금융 시스템 리스크 요인에 대해 설문 조사한 결과를 20일 발표했다.
> (　　　) 전체 응답자의 35%가 리스크 요인 1순위로 가계 부채 문제를 지적했다. 이어 북한 관련 지정학적 리스크(28%), 미국 연방 준비제도(Fed) 금리 인상 등 주요국 통화 정책 정상화(24%), 부동산 시장 불확실성(3%)이 뒤를 이었다.

① 이처럼　② 예를 들면　③ 이에 따르면
④ 그러므로　⑤ 이와 반대로

08 다음 [가], [나]의 독서 방법에 대한 반응으로 적절하지 <u>않은</u> 것을 고르면?

> [가] 내가 몇 년 전부터 독서에 대하여 깨달은 바가 무척 많은데, 마구잡이로 그냥 읽어 내리기만 한다면 하루에 백 번 천 번을 읽어도 읽지 않는 것과 같다. 무릇 독서하는 도중에 의미를 모르는 글자를 만나면 그때마다 널리 고찰하고 세밀하게 연구하여 그 근본 뿌리를 파헤쳐 글 전체를 이해할 수 있어야 한다. 날마다 이런 식으로 책을 읽는다면 수백 가지의 책을 함께 보는 것이 된다. 이렇게 읽어야 읽은 책의 의리(義理)를 훤히 꿰뚫어 알 수 있게 되는 것이니 이 점을 깊이 명심해라.
>
> [나] 이해할 수 있는 부분은 주의를 기울여 읽고, 금방 이해가 안 되는 부분은 멈추지 말고 그냥 넘어가라. 아무리 난해해도 계속 읽으면 곧 이해할 수 있는 부분이 나타날 것이다. 그러면 다시 이 부분을 집중해서 읽는 것이다. 이렇게 각주, 주석, 참고 문헌 등으로 빠져나가지 말고 끝까지 읽는다. 딴 데로 새면 길을 잃게 된다. 모르는 문제는 붙들고 있어 봤자 풀 수 없다. 다시 읽어야 훨씬 쉽게 이해할 수 있게 된다. 그러나 '일단 처음부터 끝까지' 읽고 나서 다시 읽어야 한다.

① [가]에 비해 [나]의 방법으로 읽으면 단어의 의미를 정확하게 파악할 수 있다.
② [가]의 글쓴이는 [나]의 방법으로 읽으면 책의 내용을 완전히 파악하기 어렵다고 본다.
③ [나]의 글쓴이는 [가]의 방법으로 읽으면 글의 핵심에서 벗어날 수 있다고 생각한다.
④ 동일한 책을 한 번 읽는데 걸리는 시간은 [가]의 방법이 [나]보다 훨씬 많이 든다.
⑤ [가]와 [나] 모두 책 내용의 온전한 이해를 목표로 한 독서를 지향한다.

09 고유어의 의미가 옳지 않은 것을 고르면?

① 진솔: 옷이나 버선 따위가 한 번도 빨지 않은 새것 그대로인 것
② 천둥지기: 빗물에 의하여서만 벼를 심어 재배할 수 있는 논
③ 집들이: 새로 집을 지었거나 이사한 집에 구경 겸 인사로 찾아보는 일
④ 흔전만전: 돈이나 물건 따위를 조금도 아끼지 아니하고 함부로 쓰는 듯한 모양
⑤ 애면글면하다: 몹시 힘에 겨운 일을 이루려고 갖은 애를 쓰다.

10 다음 밑줄 친 단어와 의미가 가장 유사한 것을 고르면?

> 정 차장은 말을 시망스럽게 해 다른 사람을 당황스럽게 한다.

① 짓궂다
② 어렵다
③ 천박하다
④ 실망스럽다
⑤ 불편하다

11 다음 중 복수 표준어로 옳지 않은 것을 고르면?

① 겸상 – 맞상
② 중신 – 중매
③ 철딱서니 – 철딱지
④ 못자리 – 묏자리
⑤ 민둥산 – 벌거숭이산

12 다음 글의 내용과 일치하는 것을 고르면?

해양 1평방 마일마다 플라스틱 46,000조각이 차지하고 있으며, 매년 적어도 1만 마리 이상의 바닷새와 십만 마리의 상어, 거북이, 돌고래, 고래가 플라스틱을 먹고 죽어간다. 또한, 최대 170종의 척추동물 및 무척추동물이 플라스틱 쓰레기를 섭취하고 있다. 플라스틱 쓰레기 중에서도 미세플라스틱은 더 문제이다. 미세플라스틱은 길이나 지름이 5mm 이하인 플라스틱을 의미한다. 국제자연보전연맹(IUCN)에 따르면 매년 바다에 유입되는 950만 톤의 플라스틱 쓰레기 중에서 약 15~31%를 미세플라스틱으로 분석하고 있다.

미세플라스틱은 매우 미세하여 수거가 어렵고 해양 생물들이 먹이로 오인하고 섭취할 수 있어서 해양 생태계의 건강성과 생산성을 낮출 수 있으며, 어류 섭취를 통해 인간의 건강에도 피해를 유발한다. 한국해양과학기술원의 조사에 따르면 경남 거제, 진해 바다 32곳의 1m^2당 미세플라스틱 오염도는 해외 평균보다 8배 높은 수준이다.

① 1평방 마일의 바다에는 약 1만 마리의 바다 생물이 서식한다.
② 최대 170종의 척추동물 및 무척추동물은 지름 5mm 이하인 플라스틱을 먹고 죽는다.
③ 미세플라스틱은 다행히 인간에게 피해를 주는 것은 아니다.
④ 바다에는 매년 적어도 약 143만 톤 이상의 미세플라스틱이 유입되는 것으로 추정된다.
⑤ 우리나라 전체 영해의 미세플라스틱 오염도는 해외 평균보다 8배 높다.

13 다음 글을 비판한 내용으로 적절하지 않은 것을 고르면?

> 우리는 TV나 신문 등을 통해 인간의 공격 행동과 관련된 사건들을 흔히 접한다. 공격 행동이란 타인에게 손상이나 고통을 주려는 의도와 목적을 가진 모든 행동을 의미하는데, 인간의 공격 행동에 대해 심리학자들은 여러 가지 견해를 제시하였다.
>
> 프로이트(Freud)는 '인간은 생존 본능을 지니고 있어서 자신의 생명을 위협받으면 본능적으로 공격 행동을 드러낸다'고 설명했다. 그리고 달라드(Dollard)는 '인간은 자신이 추구하는 목표를 획득하는 데에 간섭이나 방해를 받을 때 욕구 좌절을 느끼게 되고, 그로 인해 공격 행동을 드러낸다'고 보았다.

① 생존과 상관없이 공격 행동을 드러내는 경우가 종종 있다.
② 욕구 좌절을 경험하지 않더라도 공격 행동을 드러내는 경우가 있다.
③ 욕구 좌절을 경험한 사람이라고 해서 모두 공격 행동을 보이는 것은 아니다.
④ 인간의 공격 행동이 드러나는 데 인간의 내부적 · 인지적 요인이 작용할 수도 있다.
⑤ TV나 신문을 통해 접하는 공격 행동은 일반적인 일이 아니므로 공격 행동의 요인을 일반화시킬 수 없다.

14 **다음 글의 제목으로 가장 적절한 것을 고르면?**

> 전통적으로 미 개념은 크게 자연미와 예술미로 구분되었다. 자연미는 자연에서 발견되는 미를 가리키지만, 미학적으로는 예술미와 대립되는 개념으로 현실 생활에서 체험되는 미, 일부러 만들지 않은 미를 모두 가리킨다. 반면에 예술미는 예술 작품에 속하는 미로서, 인간이 미적 가치를 추구하려는 의도로 자연 소재를 가공하여 만들어낸 미를 가리킨다. 그리고 예술품 외에 기계 도구, 교통수단, 건물과 같이 기술에 의해 만들어진 것들에서 나타나는 미는 기술미라고 부른다. 기술미는 자연미와 예술미의 중간쯤 되는 미이다. 기술미는 사람이 만들어 낸 기능적·구성적 미라는 점에서는 예술미에 가깝지만, 쓰임새를 목적으로 한 것이지 창작자의 개성을 표현한 것은 아니라는 점에서 자연미와 공통된 성격을 갖는다. 이런 점에서 상품미는 전통적인 구분에서는 기술미에 속한다.

① 미의 종류와 특징
② 미의 개념과 가치
③ 미 개념의 변화 양상
④ 미 개념이 가진 한계
⑤ 전통적 미와 현대적 미의 차이점

15 **외래어 표기법에 대한 설명으로 적절하지 않은 것을 고르면?**

① 외래어의 지위를 얻지 못한 외국어에도 외래어 표기법이 그대로 적용된다.
② 된소리나 반모음 등을 배제하지 않고 표기에 반영한다.
③ 외국어의 자음 2개를 우리말의 자음 1개로 적을 수 없다.
④ 받침에는 'ㄱ, ㄴ, ㄹ, ㅁ, ㅂ, ㅅ, ㅇ'만을 쓴다.
⑤ 파열음 표기에는 된소리를 쓰지 않는 것을 원칙으로 한다.

16 다음 글의 [가]~[라]를 흐름에 맞게 바르게 나열한 것을 고르면?

[가] 브렉시트를 결정한 영국은 리스본 조약에 따라 유럽연합에 탈퇴를 통보하면서 2년간 탈퇴 협상을 벌이게 된다. 그 후 나머지 회원국의 동의 등을 거치면 탈퇴가 승인된다. 반면 그리스가 그렉시트를 결정하면 탈퇴에 관한 구체적인 규정이 없기 때문에 어떤 일이 벌어질지 예상하기 어렵다.

[나] 두 용어 모두 탈퇴라는 의미가 있지만, 어디서 탈퇴하느냐 하는 내용은 다르다. 유럽연합과 유로존은 포괄 범위가 다른데, 유럽연합은 유럽 28개국으로 구성된 정치, 경제 동맹으로 '단일 시장'을 추구함으로써 연합 국가들 사이에서는 노동, 상품, 서비스, 자본의 자유로운 이동을 보장한다. 유럽연합에는 애초에 탈퇴 조항이 없었지만, 2007년 리스본 조약을 맺으면서 50조에 탈퇴 조항을 추가하였다.

[다] 브렉시트는 영국과 탈출이 합쳐진 단어로, 영국이 유럽연합에서 탈퇴하는 것을 의미한다. 그렉시트는 그리스의 탈출이라는 신조어로 그리스가 유로화를 사용하는 유로존에서 탈퇴하는 것을 의미한다.

[라] 유로존은 유럽연합보다 한발 더 나아간 경제 통합체로 같은 통화인 유로를 사용한다. 이는 1999년 유럽연합 국가 중 11개국이 자국 통화를 버리고 유로를 사용하기로 하면서 출범했다. 유로존 국가들은 독자적인 통화정책이 없고, 유럽중앙은행이 결정하는 기준금리 등의 통화정책을 그대로 받아들였는데 유로존은 유럽연합과 달리 탈퇴 규정이 없다.

① [가] – [나] – [다] – [라]
② [나] – [다] – [라] – [가]
③ [다] – [라] – [가] – [나]
④ [다] – [나] – [라] – [가]
⑤ [라] – [나] – [다] – [가]

[17~18] 다음 글을 읽고 질문에 답하시오.

마당이 있는 집에 산다고 하면 다들 채소를 심어 먹을 수 있어서 좋겠다고 부러워한다. 나도 첫해에는 열무하고 고추를 심었다. 그러나 매일 하루 두 번씩 오는 채소 장수 아저씨의 단골이 되면서 채소 농사가 시들해졌고 작년부터는 아예 안 하게 되었다. 트럭에다 각종 야채와 과일을 싣고 다니는 순박하고 건강한 아저씨는 싱싱한 채소를 아주 싸게 판다. 멀리서 그 아저씨가 트럭에 싣고 온 온갖 채소의 이름을 외치는 소리가 들리면 뭐라도 좀 팔아 주어야 할 것 같아서 마음보다 먼저 엉덩이가 들썩들썩한다. 그런 내 마음을 아는지 아저씨도 손이 크다. 너무 많이 줘서, "왜 이렇게 싸요?" 소리가 절로 나올 때도 있다. 그러면 아저씨는 물건을 사면서 싸다고 하는 사람은 처음 봤다고 웃는다. 내가 싸다는 건 딴 물가에 비해 그렇다는 소리지 얼마가 적당한 값인지 알고 하는 소리는 물론 아니다.

트럭 아저씨는 다듬지 않은 채소를 넉넉하게 주기 때문에 그걸 손질하는 것도 일이다. 그러나 우리 식구들은 내 수고를 별로 달가워하지 않는 것 같다. 뒤란으로 난 툇마루에 퍼더버리고 앉아 흙 묻은 야채를 다듬거나 콩이나 마늘을 까는 건 내가 좋아서 하는 일이지 누가 시켜서 하는 건 아니다.

뿌리째 뽑혀 흙까지 싱싱한 ㉠ 야채를 보면 야채가 아니라 푸성귀라고 불러 주고 싶어진다. 손에 흙을 묻혀 가며 푸성귀를 손질하노라면 같은 흙을 묻혔다는 걸로, 그걸 씨 뿌리고 가꾼 사람들과 연대감을 느끼게 될 뿐 아니라 흙에서 낳아 자란 그 옛날의 시골 계집애와 현재의 나와 지속성까지를 확인하게 된다. 그것은 아주 기분 좋고 으쓱한 느낌이다. 어쩌다 슈퍼에서 깨끗이 손질되어 스티로폼 용기에 담긴 ㉡ 야채를 보면 공장의 자동 운반 장치를 타고 나온 공산품 같지, 푸성귀같지는 않다.

다들 조그마한 마당이 딸린 땅집 동네라 화초와 채소를 같이 가꾸는 집이 많다. 경제적인 이점은 미미하지만 청정 야채를 먹는 재미가 쏠쏠하다고 한다. 그것도 약간은 부럽지만 나에게는 대다수 보통 사람들이 먹고사는 대로 먹고사는 게 제일 속 편하고 합당한 삶일 듯 싶다. 무엇보다도 내 단골 트럭 아저씨에게는 불경기가 없었으면 좋겠다.

17 주어진 글의 내용과 일치하는 것을 고르면?

① '나'는 현재까지도 채소 농사를 짓고 있다.
② '나'는 트럭 아저씨의 채소 가격에 부담을 느낀다.
③ '나'의 동네는 화초와 채소를 같이 가꾸는 집이 많다.
④ 식구들은 채소를 다듬고 있는 '나'의 모습을 좋아한다.
⑤ '나'의 동네 사람들은 채소를 직접 내다 팔아 생계를 꾸린다.

18 ㉠과 ㉡에 대한 필자의 생각으로 적절한 것을 고르면?

① ㉠은 손질의 기쁨을 누릴 수 있다.
② ㉠은 직접 심고 키우는 보람을 느끼게 한다.
③ ㉡은 어린 시절의 '나'를 떠올리게 한다.
④ ㉡은 씨 뿌리고 가꾼 이들과 연대감을 갖게 한다.
⑤ ㉠은 과거의 좋지 않은 시절이 떠오르게 한다.

19 맞춤법에 맞지 <u>않는</u> 문장을 고르면?

① 은행에 적금을 부었다.
② 당면이 물에 붇어 부드러워졌다.
③ 시험 문제의 난이도를 조정하기가 쉽지 않다.
④ 운동장을 헤매며 설레던 학창 시절을 회상해 본다.
⑤ 역대 대통령 성대모사와 흘러간 유행가 모창이 그의 장기이다.

[20~21] 다음을 읽고 질문에 답하시오.

> 1970년대 이후부터 세계적으로 '적정기술(Appropriate Technology)'에 대한 활발한 논의가 있어 왔다. 넓은 의미로 적정기술은 인간 사회의 환경, 윤리, 도덕, 문화, 사회, 정치, 경제적인 측면들을 두루 고려하여 인간의 삶의 질을 향상시킬 수 있는 기술이다. 좁은 의미로는 가난한 자들의 삶의 질을 향상시키는 기술이다.
>
> 적정기술이 사용된 대표적 사례는 아바(Abba, M. B.)가 고안한 항아리 냉장고이다. 아프리카 나이지리아의 시골 농장에는 전기, 교통, 물이 부족하다. 이곳에서 가장 중요한 문제 중의 하나는 곡물을 저장할 시설이 없다는 것이다.
>
> 이를 해결하기 위해 그는 항아리 두 개와 모래흙 (　　㉠　　) 물로 채소나 과일을 장기간 보관할 수 있는 저온조를 만들었다. 이것은 물이 증발할 때 열을 빼앗아 가는 간단한 원리를 이용했다. 한여름에 몸에 물을 뿌리고 시간이 지나면 시원해지는데, 이는 물이 증발하면서 몸의 열을 빼앗아 가기 때문이다. 항아리의 물이 모두 증발하면 다시 보충해서 사용하면 된다.
>
> 적정기술은 새로운 기술이 아니다. 우리가 알고 있는 여러 기술 중의 하나로, 어떤 지역의 직면한 문제를 해결하는 데 적절하게 사용된 기술이다. 1970년 이후 적정기술을 기반으로 많은 제품이 개발되어 현지에 보급되어 왔지만 그 성과에 대해서는 여전히 논란이 있다. 이는 기술의 보급만으로는 특정 지역의 빈곤 탈출과 경제적 자립을 이룰 수 없기 때문이다. 빈곤 지역의 문제 해결을 위해서는 기술 개발 이외에도 지역 문화에 대한 이해와 현지인의 교육까지도 필요하다.

20 **주어진 글을 읽고 ㉠에 들어갈 접속어로 적절한 것을 고르면?**

① 그러나　　② 예를 들어　　③ 결론적으로
④ 그리고　　⑤ 마침내

21 주어진 글에서 '항아리 냉장고'와 유사한 사례로 가장 적절한 것을 고르면?

① 인공위성을 활용해 모르는 길을 쉽고 정확하게 찾아갈 수 있도록 한 내비게이션
② 엔진과 전기 모터를 상황에 따라 사용해 유해 가스를 적게 배출하도록 만든 자동차
③ 가운데가 빈 드럼통에 줄을 매달아 굴려 차량 없이도 많은 물을 옮길 수 있도록 한 물통
④ 발광 다이오드를 사용함으로써 두께를 줄이고 화질을 개선한 텔레비전
⑤ 인공지능(AI)을 기반으로 한 자율 주행 자동차

22 다음 글의 밑줄 친 ㉠과 사용상의 의미가 동일한 것을 고르면?

> 땅바닥을 골프채로 강하게 ㉠ 치거나 매트가 닳아 있는 환경에서 연습하게 되면 팔에 염증이 생긴다.

① 새들이 날개를 치며 하늘을 향해 날아갔다.
② 권투 경기에서는 상대의 하반신을 칠 수 없다.
③ 본부에 무전을 쳐서 사건 상황을 보고했다.
④ 벽시계가 11시를 치자 사람들이 모여들었다.
⑤ 그는 사고를 치고 경찰서에 들어갔다.

23 다음 글의 [가]~[라]를 흐름에 따라 순서대로 바르게 나열한 것을 고르면?

[가] 미세먼지의 가장 큰 원인은 중국발 황사다. 하지만 중국발 황사는 외교적 문제와 결부돼 있을 뿐 아니라 단기간에 해결되기 어렵다.

[나] 올 초부터 미세먼지의 심각성이 대두되면서 새 정부의 미세먼지 대책이 급물살을 타고 있다. 특히 경유차가 미세먼지 주범으로 거론되면서 정유 업계를 비롯한 기업들이 촉각을 곤두세우고 있다고 한다.

[다] 그래서 새 정부는 국내 미세먼지를 유발하는 요소들을 우선적으로 제거하는 데 초점을 맞추고 있다.

[라] 새 정부가 미세먼지 잡기에 시동을 건 것은 국민 건강을 위해서다. 역대 정부에서 미세먼지의 심각성을 인식하면서도 대책 마련엔 미온적이었던 점을 비춰 볼 때 새 정부의 적극적 해결 의지는 바람직하다.

① [가] – [라] – [나] – [다]
② [나] – [가] – [라] – [다]
③ [나] – [라] – [가] – [다]
④ [나] – [라] – [다] – [가]
⑤ [라] – [가] – [나] – [다]

24 다음 글을 요약한 내용으로 가장 적절한 것을 고르면?

방송 프로그램의 앞과 뒤에 붙어 방송되는 직접 광고와 달리 PPL(product placement)이라고 하는 간접 광고는 프로그램 내에 상품을 배치해 광고 효과를 거두려 하는 광고 형태이다. 간접 광고는 직접 광고보다 시청자가 리모컨을 이용해 광고를 회피하기가 상대적으로 어려워 시청자에게 노출될 확률이 더 높다.

광고주들은 광고를 통해 상품의 인지도를 높이고 상품에 대한 호의적 태도를 확산시키려 한다. 간접 광고에서는 이러한 광고 효과를 거두기 위해 주류적 배치와 주변적 배치를 활용한다. 주류적 배치는 출연자가 상품을 사용·착용하거나 대사를 통해 상품을 언급하는 것이고, 주변적 배치는 화면 속의 배경을 통해 상품을 노출하는 것인데 시청자들은 주변적 배치보다 주류적 배치에 더 주목하게 된다. 또 간접 광고를 통해 배치되는 상품이 자연스럽게 활용되어 프로그램의 맥락에 잘 부합하면 해당 상품에 대한 광고 효과가 커지는데 이를 맥락 효과라 한다.

① 간접 광고의 영향력
② 간접 광고와 직접 광고의 차이
③ 간접 광고가 방송에 끼치는 영향
④ 시청자가 간접 광고를 기피하는 이유
⑤ 간접 광고의 효과와 이를 높이기 위한 방법

25 다음 글의 논지 전개 방식에 대한 설명으로 가장 적절한 것을 고르면?

'제4의 물질 상태'라 일컬어지는 플라즈마(Plasma)란 매우 높은 온도에서 이온이나 전자, 양성자와 같이 전하를 띤 입자들이 기체처럼 섞여 있는 상태를 말한다. 플라즈마는 온갖 미래 첨단 기술의 원천을 제공하고 있다. 대표적인 예가 미래의 에너지로서의 이용 가능성인데, 핵융합 발전에 의한 초고온 플라즈마를 만들면 점점 고갈되어가는 화석 에너지를 대체할 유용한 자원이 될 것으로 기대된다. 또한 고온의 플라즈마를 빠르게 분출하는 플라즈마 엔진을 우주선에 탑재한다면, 훨씬 적은 양의 연료로 기존 우주선보다 10배나 빠른 속도를 낼 수 있어 화성 여행의 꿈을 이룰 수도 있다. 우리 주변의 일상생활 곳곳에서도 플라즈마 관련 기술이 적용된다. 대표적인 것이 PDP 텔레비전이다. 큰 화면에도 불구하고 두께는 매우 얇아서 벽걸이 텔레비전에 적합한 PDP는 형광등과 비슷한 원리로서, 플라즈마에 나오는 자외선을 이용하여 화면을 구현한다. 또한 플라즈마는 커다란 골칫거리인 각종 환경 문제를 해결하는 데에도 큰 역할을 할 것으로 기대된다. 고압 전류에 의해 플라즈마에서 발생하는 오존은 악취 성분을 분해하는 능력이 뛰어나서 에어컨, 공기 청정기, 탈취제 등으로도 이미 활용되고 있고, 자동차의 배기가스를 줄이는 데에도 이용될 수 있다.

① 대상의 변모 과정을 통시적 관점에서 고찰하고 있다.
② 대상의 개념을 정의하고 활용 분야와 가능성을 밝히고 있다.
③ 대상이 지닌 한계를 지적하며 이에 대한 개선을 요구하고 있다.
④ 구체적 사례를 통해 대상의 장점을 집중적으로 부각시키고 있다.
⑤ 설명 대상과 비슷한 대상을 비교하면서 설명 대상의 특징을 밝히고 있다.

파이널 모의고사 5회

자료해석

20문항/25분

정답과 해설 ▸ P.86

01 다음 [표]는 국가별 연구개발 예산의 연도별 변동 현황에 관한 자료이다. [조건]에 따라 A~E에 해당하는 국가들을 순서대로 바르게 나열한 것을 고르면?

[표] 국가별 연구개발 예산의 연도별 변동 현황 (단위: 백만 달러)

구분	A	B	C	D	E	영국	평균
1990년	4,735	4,675	7,809	274	33,319	7,110	8,557
1995년	9,847	7,212	9,144	418	52,141	6,726	14,248
2000년	15,547	13,267	14,334	1,026	63,810	8,629	19,435
2005년	22,077	26,574	17,337	2,574	68,791	8,903	24,376
2010년	14,998	30,476	12,067	2,793	78,664	9,936	24,822

조건

- 일본과 미국을 제외한 다른 나라들은 한 번도 국가별 연구개발 예산의 평균치를 넘지 못하였다.
- 2010년 프랑스와 독일의 연구개발 예산 수준은 서로 비슷하다.
- 일본과 독일의 연구개발 예산은 처음에는 비슷한 수준이었으나, 시간이 지날수록 격차가 벌어진다.
- 한국과 일본은 1990년 대비 2010년 연구개발 예산의 증가율이 아주 높은 편이다.

① 한국 – 일본 – 독일 – 미국 – 프랑스
② 한국 – 일본 – 미국 – 독일 – 프랑스
③ 독일 – 일본 – 프랑스 – 한국 – 미국
④ 독일 – 프랑스 – 미국 – 한국 – 일본

02 다음 [표]는 "여러분이 무단횡단을 하거나, 쓰레기를 버리다가 단속반에 적발되어 처벌을 받는다면 어떤 생각이 들겠습니까?"라는 여론 조사에 대한 2,500명의 응답 결과이다. 이에 대한 설명으로 옳은 것을 고르면?

[표] 여론 조사 응답 결과

(단위: %)

구분		법을 위반했으므로 처벌은 당연하다	재수가 없는 경우라고 생각한다	도덕적 비난은 받을 수 있으나 처벌은 지나치다
전체		57.1	10.3	32.6
학력	초졸 이하	66.0	6.9	27.1
	중졸	58.5	10.1	31.4
	고졸	54.9	10.3	34.8
	대학 재학 이상	54.4	10.6	35.0
연령	10대	41.1	17.0	41.9
	20대	56.0	10.4	33.6
	30대	56.8	9.5	33.7
	40대 이상	69.0	7.6	23.4

① 학력이 높을수록, 그리고 나이가 적을수록 준법 의식이 높을 것이다.
② 이 여론 조사의 결과는 우리나라 사람들의 준법 의식을 충분히 대표한다고 볼 수 있다.
③ '법을 위반했으므로 처벌은 당연하다'라고 응답한 사람의 수는 고졸자가 중졸자보다 더 많았다.
④ 학력이 높을수록 처벌보다는 도덕적인 차원에서 제재를 가하는 것이 바람직하다고 보는 경향이 있다.

03 10,000원으로 A급 커피 원두는 200g을 살 수 있고, B급은 400g을 살 수 있다면 A급과 B급을 3 : 2로 섞은 커피 원두는 10,000원에 몇 g을 살 수 있는지 고르면?

① 240g ② 250g ③ 275g ④ 300g

04 다음 [표]는 연도별 자원봉사 참여 현황에 대한 자료이다. 참여율이 두 번째로 높은 해의 전년 대비 성인 봉사자 수 증가율을 고르면?(단, 소수점 첫째 자리에서 반올림한다.)

[표] 연도별 자원봉사 참여 현황

(단위: 천 명, %)

구분	2015년	2016년	2017년	2018년	2019년	2020년
총 성인 인구수	35,744	36,786	37,188	37,618	38,038	38,931
성인 봉사자 수	1,621	2,103	2,548	3,294	3,879	4,634
참여율	4.5	5.7	6.9	8.7	10.2	11.9

① 약 16%　　② 약 18%
③ 약 21%　　④ 약 26%

05 다음과 같이 일정한 규칙으로 문자를 나열할 때, 빈칸에 들어갈 문자로 옳은 것을 고르면?

B E I N (　　)

① S　② T　③ U　④ V

06 다음 [표]는 연도별 해외 이민 현황을 조사한 자료이다. 이에 대한 설명으로 옳은 것을 고르면?

[표] 연도별 해외 이민 현황

(단위: 명)

구분	2008년	2009년	2010년	2011년	2012년	2013년	2014년	2015년
합계	20,946	22,425	21,018	22,628	15,323	8,718	7,367	7,131
미국	12,829	13,171	12,447	14,004	10,843	3,185	2,487	2,434
캐나다	2,075	3,483	2,721	2,315	1,375	457	336	225
호주	1,846	1,749	1,608	1,556	906	199	122	107
뉴질랜드	386	645	721	780	570	114	96	96
기타	3,810	3,377	3,521	3,973	1,629	4,763	4,326	4,269

① 전체 해외 이민자 수는 해마다 감소하고 있다.

② 기타를 제외한 4개국 이민자 수의 합은 2015년에 2012년 대비 80% 이상 감소했다.

③ 기타를 제외한 4개국의 2014년 대비 2015년 감소율이 가장 큰 나라는 캐나다이다.

④ 2009~2015년 중 호주 이민자의 전년 대비 감소폭이 가장 큰 해는 2012년이다.

07 다음과 같은 일정한 규칙에 따라 수를 배열할 때, 빈칸에 들어갈 수로 옳은 것을 고르면?

1	$\frac{3}{4}$	$\frac{9}{9}$	$\frac{27}{16}$	(　　)	$\frac{243}{36}$

① $\frac{9}{32}$　② $\frac{64}{46}$　③ $\frac{81}{25}$　④ $\frac{127}{27}$

08 다음 [표]는 주택용 전력 요금표이다. 6월 전력 사용량이 220kWh이었는데, 7월에는 에어컨 사용으로 사용 전력량이 130kWh가 늘었다고 한다. 7월 전력 요금은 6월 요금에 비해 얼마나 증가하였는지 고르면?

[표] 주택용 전력 요금표

기본요금(원/호)		전력량요금(원/kWh)	
100kWh 이하 사용	370	처음 100kWh까지	55
101~200kWh 사용	820	다음 100kWh까지	110
201~300kWh 사용	1,430	다음 100kWh까지	170
301~400kWh 사용	3,420	다음 100kWh까지	250
401~500kWh 사용	6,410	다음 100kWh까지	360
500kWh 초과 사용	11,750	500kWh 초과	640

※ 총 전력 요금(원)=기본요금+구간별 전력량요금의 합

① 28,090원 ② 28,390원 ③ 28,690원 ④ 28,990원

09 다음 [표]는 어느 학생의 월별 시험 성적이다. 이에 대한 설명으로 옳지 않은 것을 고르면?

[표] 월별 시험 성적 (단위: 점)

구분	1월	2월	3월	4월	5월	6월	7월	8월	9월	10월	11월	12월
국어	72	75	79	89	92	87	87	81	78	76	84	86
수학	93	97	100	100	82	84	85	76	89	91	94	84

① 두 과목 평균이 가장 높은 달은 4월이다.
② 두 과목 평균이 가장 낮은 달은 9월이다.
③ 6월은 5월에 비해 평균이 1.5점 떨어졌다.
④ 평균이 세 번째로 높은 달은 11월이다.

10 다음 [표]는 우리나라의 공공연구기관 기술 이전 추세에 관한 자료이다. 이에 대한 설명으로 옳지 않은 것을 고르면?

[표] 공공연구기관 기술 이전 추세

(단위: 건, 백만 원)

구분		2015년	2016년	2017년	2018년	2019년	2020년
공공연구소	기술 이전	951	1,358	2,407	1,919	2,004	2,683
	기술료	61,863	74,027	89,342	102,320	74,017	91,836
	건당 기술료	65.0	54.5	37.1	53.3	36.9	34.2
대학	기술 이전	629	715	1,070	1,293	1,646	1,576
	기술료	6,877	8,003	15,071	26,466	27,650	32,687
	건당 기술료	10.9	11.2	14.1	20.5	18.9	20.7
전체	기술 이전	1,580	2,073	3,477	3,212	3,650	4,259
	기술료	68,730	82,030	104,413	128,786	101,667	124,523
	건당 기술료	43.5	39.6	30.0	40.1	27.9	29.2

① 공공연구소와 대학의 기술이전 건수는 모두 꾸준히 증가해왔다.
② 건당 기술료는 매년 공공연구소가 대학에 비해 높았다.
③ 2020년 대학의 기술료는 2015년의 5배 미만이다.
④ 전체 건당 기술료가 가장 높은 해는 2015년이었다.

11 다음 [표]는 어느 대학의 모집 단위별 지원자 수 및 합격자 수를 나타낸 자료이다. 이에 대한 설명으로 옳지 않은 것을 고르면?

[표] 모집 단위별 지원자 수 및 합격자 수

(단위: 명)

모집 단위	남성		여성		합계	
	합격자 수	지원자 수	합격자 수	지원자 수	모집 정원	지원자 수
A	512	825	89	108	601	933
B	353	560	17	25	370	585
C	138	417	131	375	269	792
합계	1,003	1,802	237	508	1,240	2,310

※ 경쟁률=지원자 수÷모집 정원

① 총 지원자 수가 가장 많은 모집 단위는 A이다.
② 합격자 수가 가장 적은 모집 단위는 B이다.
③ 남성 합격자 수는 여성 합격자 수의 5배 미만이다.
④ 모집 단위 B의 경쟁률은 117 대 74이다.

12 다음 [표]는 2019년 전체 인구수 및 65세 이상 인구수에 대한 자료이다. 65세 이상 남성의 평균 나이는 75세이고, 65세 이상 여성의 평균 나이는 79세일 때, 65세 이상 인구의 평균 나이는 얼마인지 고르면?(단, 소수점 둘째 자리에서 반올림한다.)

[표] 2019년 전체 인구수 및 65세 이상 인구수 (단위: 명)

구분	2019년	
	전체 인구수	65세 이상 인구수
전체	52,880,293	8,003,418
남성	26,478,466	3,450,978
여성	26,401,827	4,552,440

① 77.3세 ② 77.9세 ③ 78.4세 ④ 78.9세

13 다음 [표]는 학과별 대학 진학 희망자 비율과 희망자 합격 비율을 나타낸 것이다. 이에 대한 설명으로 옳은 것을 [보기]에서 모두 고르면?

[표] 학과별 대학 진학 희망자 비율과 희망자 합격 비율

구분		국문학과	경제학과	법학과	기타	진학 희망자 수
A	대학 진학 희망자 비율	60%	10%	20%	10%	700명
	희망자의 합격 비율	20%	10%	30%	40%	
B	대학 진학 희망자 비율	50%	20%	40%	20%	500명
	희망자의 합격 비율	10%	30%	30%	30%	
C	대학 진학 희망자 비율	20%	50%	40%	60%	300명
	희망자의 합격 비율	35%	40%	15%	10%	
D	대학 진학 희망자 비율	5%	25%	80%	30%	400명
	희망자의 합격 비율	30%	25%	20%	25%	

※ 합격자 수=진학 희망자 수×대학 진학 희망자 비율×희망자 합격 비율
※ 학과별 대학 진학 희망자 비율은 중복 선택이 가능하다.

보기

㉠ B와 D 중 경제학과 합격자 수는 D가 더 많다.
㉡ A의 법학과 합격자 수는 40명보다 많고, C의 국문학과 합격자 수는 20명보다 적다.
㉢ 국문학과에 합격한 학생 수는 A－B－C－D 순으로 많다.

① ㉠ ② ㉡ ③ ㉢ ④ ㉡, ㉢

14 연속하는 3개의 짝수가 있다. 가장 작은 수의 두 배는 나머지 두 수의 합보다 6이 작다고 할 때 다음 짝수 중 이를 만족하는 가장 큰 수는 얼마인지 고르면?

① 10 ② 12 ③ 14 ④ 16

15 다음 [표]는 국가별 농업 현황이다. 이에 대한 설명으로 옳은 것을 고르면?

[표] 국가별 농업 현황 (단위: 만 ha, 만 명, 백 대, 백만 달러)

구분	A	B	C
국토 면적	2,677	3,779	5,804
경지 면적	93	465	570
종사자 수	18	175	1,260
트랙터	766	18,770	14
농산물 수출액	13,339	3,532	1,684
농산물 수입액	2,469	51,327	621

※ 무역 흑자액=농산물 수출액−농산물 수입액

① A는 B보다 경지율이 높다.
② A는 C보다 무역 흑자액이 많다.
③ B는 A보다 농산물 수출액이 많다.
④ C는 B보다 1인당 경지 면적이 넓다.

16 정가 2,100원인 펜을 20% 할인하여 팔았더니, 340원의 이익이 생겼다. 이 펜의 원가는 얼마인지 고르면?

① 1,340원 ② 1,500원
③ 1,630원 ④ 1,870원

17 다음 [표]는 어느 회사의 지역별 총직원 수와 여직원 수에 대한 자료이다. 이에 대한 설명으로 옳지 않은 것을 고르면?

[표] 지역별 총직원 수와 여직원 수 (단위: 명)

구분	수도권		수도권 외 지역	
	총직원 수	여직원 수	총직원 수	여직원 수
2013년	101,098	28,999	31,198	5,855
2014년	119,064	43,791	54,860	16,225
2015년	136,799	68,607	89,721	41,728
2016년	137,615	90,825	90,565	51,410

① 2014년부터 2016년까지 수도권의 총직원 수가 가장 적게 증가한 해는 2016년이다.

② 2014년부터 2016년까지 수도권 외 지역의 여직원 수가 가장 많이 증가한 해는 2014년이다.

③ 2013년에 비해 2016년 총직원 수는 수도권보다 수도권 외 지역의 총직원 수가 더 많이 증가했다.

④ 2014년부터 2016년까지 수도권 외 지역의 총직원 수가 가장 적게 증가했던 해에 수도권 외 지역의 여직원 비율이 가장 높았다.

18 다음 상황을 근거로 판단해 볼 때, A가 죽은 나이를 고르면?

> A는 자기 인생의 1/9은 유아로, 1/6은 소년으로, 1/8은 총각으로 살았다. 결혼 4년 후에 딸을 낳았고, 딸은 A가 죽기 3년 전에 먼저 죽었는데, 딸은 A 인생의 반을 산 셈이다.

① 68세 ② 72세 ③ 84세 ④ 90세

19 다음 [표]와 [보기]에 대한 설명으로 옳은 것을 고르면?

보기

갑은 주말을 이용하여 식당에서 아르바이트를 하고 있다. 수입은 시간당 5,000원이고, 일의 양에 따라 피곤함이라는 비용이 든다. 갑이 하루에 일할 수 있는 시간과 이에 따른 수입(편익) 및 피곤함(비용)의 정도를 각각 화폐 단위로 환산하면 아래와 같다.

[표] 아르바이트 시간에 따른 편익과 비용 (단위: 원)

시간	1	2	3	4	5
총편익	5,000	10,000	15,000	20,000	25,000
총비용	2,000	5,000	11,000	20,000	30,000

※ 순편익=편익−비용

① 갑은 하루에 4시간 일하는 것이 합리적이다.
② 갑의 아르바이트 시간과 순편익의 증가는 비례한다고 볼 수 없다.
③ 갑이 한 시간 더 일할 때, 추가로 발생하는 시간당 비용은 일정하다.
④ 갑이 한 시간 더 일할 때, 추가로 얻게 되는 순편익은 증가한다.

20 수학 시험에서 대한이는 93점, 민국이는 97점, 호국이는 100점을 받았다. 여기에 하늘이의 점수를 합쳐서 4명의 평균을 구했더니 97점이었다면 하늘이의 점수를 고르면?

① 96점 ② 97점 ③ 98점 ④ 99점

PECIAL

면접

01 | 면접

1 육군부사관 면접 이해

(1) 평가 방법 및 배점

구분	AI 면접(개별 면접)	대면 면접	
		제1면접장(발표 / 토론)	제2면접장(개별 면접)
평가내용	대인관계 기술 및 행동역량 평가	군인으로서의 가치관, 품성과 자질 평가	인성검사(심층)
방법	개인별 PC 또는 모바일 활용 인터넷 화상 면접 * 개인별 40분 소요	개인별 주제 발표 / 질의응답, 조별 토론 / 관찰평가	지원자 1명 대상 질의응답
장소	개인별 희망 장소	인재선발센터(충남 계룡시 소재)	
배점(50점)	10점	40점	합 · 불

※ AI 면접평가 미응시자는 배점(10점)에서 "0"점 부여

① AI(Artificial Intelligence) 면접평가 간 유의사항
- 개인 인터넷 메일로 AI 면접 관련 안내문이 발송되므로 인터넷 지원서 작성 시 정확한 인터넷 메일 주소를 입력하여야 한다.
- 미입력, 오기입력으로 평가관련 안내를 수신하지 못하여 발생하는 불이익은 개인이 책임을 져야 한다.
- 면접평가 기간 중에는 시간, 장소에 구애없이 PC 또는 모바일로 접속하여 응시가 가능하나, 면접평가 종료 임박 시간에는 다수 인원이 몰려 장애가 발생할 수 있다.

② 대면면접 평가 간 유의사항
- 인터넷 지원 접수 기간 동안 작성한 자기소개서를 대면 면접평가 자료로 활용한다(자기소개서 작성 시 출신학교 표시 금지).
- 인성검사는 필기평가 시 검사지를 작성하며, 검사 결과를 토대로 전문면접관이 심층 확인 후 합·불로 판정한다.
- 군 관련학과·학군단 후보생 제복, 고등학생 교복, 현역 등 전투복 착용은 금지되어 있다.
- 면접평가 전 1~3지망(희망특기) 외 타 특기 선발 방법을 안내하며, 희망자를 접수한다.
  - 2차 평가 응시자 중 1~3지망(희망 특기)을 선택해도 개인 희망 시 지원하지 않은 특기로 최종 심의를 통해 선발될 수 있음

(2) 면접 복장

면접 시 옷차림은 첫인상을 결정짓는 중요한 요소이다. 그렇다고 해서 반드시 정장을 입어야 하는 것은 아니다. 심하게 구겨지거나 청결하지 못한 정장 차림은 면접관의 눈을 찌푸리게 하기 때문에 오히

려 마이너스 요인이 될 수 있다. 최대한 깔끔하고 단정하게 입는 것이 중요하며, 정장이 없으면 면바지에 셔츠를 입고 가는 것도 상관없다. 하지만 상의를 빼서 입는다든지 색이 너무 화려한 옷은 피하도록 한다.

TIP 복장 점검 Check-List

구분	점검요소	확인
1	옷이 구겨지거나 더러운 곳은 없는가?	
2	옷 색깔이 너무 튀거나 화려한 것은 아닌가?	
3	옷 단추가 떨어지거나 덜렁거리는 곳은 없는가?	
4	바지나 치마가 너무 몸에 붙지 않는가?	
5	신발이 깨끗한가?	
6	양말은 발목 위까지 올라오는가?	
7	과도한 장식물(팔찌 · 발찌 등)을 착용하지 않았는가?	
8	머리는 너무 길지 않도록 단정하게 정리하였는가?	
9	손톱은 깨끗하게 정리하였는가?	
10	화장이 너무 진하지는 않은가?	

2 면접의 핵심 전략

(1) 면접의 당락을 결정짓는 첫인상

면접관과 처음 대면했을 때의 외모, 복장, 첫 질문에 대한 답변, 자기소개 등 면접관이 느끼는 첫인상에서 면접 점수의 70~80%가 결정된다. 그렇기 때문에 면접관과 마주할 첫인상에 대해서 철저하게 준비를 하여야 한다.

TIP 첫인상을 좋게 하려면?

- 면접 전날 거울을 보고 표정을 연습한다(답변하는 모습, 웃는 모습 등).
- 면접 시 긴장감을 느끼는 것은 당연하다. 하지만 너무 긴장하는 모습은 자신감이 떨어져 보일 수 있기 때문에 면접 전 심호흡을 크게 3~5회 정도 하여 마음을 안정시킬 수 있도록 한다.
- 목소리는 평소 대화할 때보다 한 톤 높여 크게 하고, 템포는 너무 빠르지 않도록 신경 쓰며 또박또박 말한다.

(2) 올바른 높임말 사용

군대에서는 상관에게 경어(높임말)를 사용한다. 그렇기 때문에 면접장에서 면접관에게 높임말 사용법을 모른다는 인상을 주게 되면 감점 요소가 될 수밖에 없다. 특히 친구들이나 또래가 많이 쓰는 은어, 비속어 등은 절대 금물이다. 본인만 알고 있는 전문적인 용어도 되도록 쉽게 표현할 수 있도록 한다. 답변이 끝났을 때는 "이상입니다."라고 붙여서 면접관에게 본인의 발표가 끝났음을 알리는 것이 좋다.

TIP 잘못된 답변 습관

- 엄마가(×) → 어머니께서(○)
- ~했는데 말입니다.(×) → ~했습니다.(○)
- ~해 봤었는데요.(×) → ~해 봤었습니다만.(○)
- ~인 것 같습니다.(×) → ~라고 생각합니다.(○)

(3) 질문의 요지 파악

무엇을 묻고 있는지, 무슨 이야기를 하고 있는지 정확한 의도와 내용을 간파해야 좋은 답변이 가능하다. 요지 파악이 되지 않았으면 그냥 넘어가거나 우물쭈물하지 말고 과감하게 "죄송하지만 다시 한 번 말씀해 주시겠습니까?"라고 정중히 요청한 다음, 질문의 의미를 충분히 이해하고 대답하도록 한다.

(4) 결론부터 말하고, 부연 설명을 간결하게 덧붙이는 형태의 답변

면접관의 질문에 답변을 할 때는 되도록 요지를 먼저 말하고, 이어서 부연 설명을 덧붙이는 형태로 하는 것이 바람직하다. 이때 부연 설명은 너무 장황하게 설명하여 불필요한 내용들이 포함되지 않도록 하며, 답변 시간이 너무 길어지지 않도록 간결하게 답변한다.

(5) 적극적이고 최선을 다해서 답변하는 자세

면접관의 어려운 질문에도 최대한 성의껏 답변하려고 노력하여야 한다. 모르는 질문이라도 묵묵부답으로 일관하거나 거짓이나 허황된 답변으로 은근슬쩍 넘어가려는 태도는 가장 피해야 할 자세이다. 준비하지 못한 질문을 받았을 때에는 "죄송합니다만, 질문에 대한 답변을 미처 준비하지 못하였습니다."와 같이 솔직하게 답변하고, "기회를 한 번 더 주시겠습니까?" 등 포기하지 않고 도전하려는 태도를 보이는 것이 좋은 방법이다.

(6) 다른 면접자의 발표나 답변에 경청하는 자세

본인이 발표하는 것만큼이나 중요한 것은 남이 발표할 때 경청하는 자세를 갖추는 것이다. 다른 사람이 발표하는 데 손을 만지작거리거나 시선을 다른 데로 두는 것은 면접관의 눈에 좋지 않은 모습으로 비춰진다. 답변이 상당히 궁색하게 느껴진다고 하더라도 웃거나 고개를 돌리지 않고 끝까지 듣는 진지함을 보여야 한다. 그리고 똑같은 질문을 본인에게 했을 때 먼저 발표한 면접자의 내용을 충분히 이해하여 그와 차별화된 답변을 순발력 있게 할 수 있어야 한다.

3 면접 시 유의 사항

(1) 면접 시간을 준수한다

군대에서 목표 시간 준수는 생명과도 같다. 절대로 면접 시간에 늦는 일이 없도록 한다.

(2) 면접장에서 만나는 군 관계자에게 먼저 인사한다

군대에서는 서로 모르는 상하 관계에서도 상호 경례를 하는 것이 관례이다. 지나가는 길에 군 관계자를 만나게 되면, 무심코 지나치는 것보다 먼저 "안녕하십니까?" 하며 인사하는 것이 예의다.

(3) 면접 순서를 기다리며 떠들거나 장난치지 않는다

면접실 밖에서 대기할 때 절대 큰소리로 웃거나 장난치는 일이 없어야 한다. 나로 인해 다른 면접자들까지 면접관에게 좋지 않은 인상을 줄 수 있다.

(4) 면접을 보는 동안 다리를 떨거나 손가락을 까딱거리는 등의 평소 습관에 주의한다

본인도 모르는 사이에 습관처럼 나오는 버릇들이 면접관의 눈에는 상당히 불안해 보일 수 있다. 잘못 대답했거나 모른다고 해서 혀를 내민다든지 머리를 긁는 등의 행동을 하는 것은 주위가 산만한 사람으로 비춰질 수 있으니 주의해야 한다.

(5) 통제에 잘 따른다

항상 귀를 기울이고 면접관 및 통제 간부의 지시에 잘 따라야 한다. 예를 들면 앉으라는 지시를 하지 않았는데 미리 판단하여 먼저 앉는다든지 면접이 끝나지 않았는데 먼저 자리에서 일어서는 등의 행동은 절대로 하지 말아야 한다.

(6) 정치적인 중립을 지킨다

군인은 어떠한 경우에라도 정치적인 중립성을 지켜야 한다. 정치적인 질문을 받더라도 편향된 의사 표현을 하지 않도록 주의한다.

4 면접 전 필수 준비 사항

(1) 1분 자기소개를 준비한다

자기소개는 면접에서 자주 묻는 질문이다. 면접장에 들어가기 전에 자신을 어떻게 PR할 것인지 1분 정도 말할 내용을 정리하는 것이 좋다. 특히 지원 동기에 대해서는 필히 생각을 정리해 놓을 필요가 있다.

(2) 실제로 말하면서 답변하는 연습을 최대한 많이 한다

많은 수험생이 기출 질문들에 대한 답변을 일일이 적고 그것을 외운다. 하지만 막상 면접장에서는 나오지 않거나 외운 것을 잊어버려서 더듬더듬 자신 없는 어투로 답변하기 일쑤다. 면접을 준비하면서 답변하는 연습을 가능한 한 많이 해야 실제 면접장에서의 실수를 줄일 수 있다.

(3) 최근 군과 관련된 이슈나 뉴스에 대해 검색한다

인터넷이나 신문 등 각종 매체에 게재되어 있는 군 관련 이슈들에 대해서 미리 알아 두면 예상치 못한 질문에 대비할 수 있다.

(4) 본인이 지원하고자 하는 분야(병과)에 대해 이해한다

본인이 지원한 병과의 업무나 기초적인 군사 지식에 대해서 알아 두는 것은 기본이며, 더 나아가 병과별 · 직책별 수행 임무에 대해 알고 있는 것도 필요하다.

5 최근 기출 면접 질문

(1) 기본 태도, 발음, 예절, 품성, 성장 환경, 지원 동기

대표 질문 핵심 POINT

[대표 질문 1] 자신이 육군부사관이 꼭 되어야만 하는 이유에 대해 말해 보시오.

[답변 Point] 지원 동기를 묻는 질문에 대한 답변에는 육군부사관에 지원하는 명확한 이유가 있어야 한다. 특히 해군·공군이 아닌 육군이 되고자 했던 이유에 대해서 설명할 필요가 있고, 지원하고자 하는 병과를 연관시켜 본인이 그동안 노력했던 점을 어필하는 것이 좋다.

[대표 질문 2] 본인 성격의 장단점은 무엇인가?

[답변 Point] 일반적으로 본인의 장점은 잘 설명하는 편이나, 단점에 대해서는 어떻게 답변을 해야 할지 고민하는 사람이 많다. 그렇다고 단점을 거짓으로 꾸미는 것은 진솔한 답변이 아니기에 좋은 점수를 받을 수 없다. 본인의 솔직한 단점을 말하되 단점을 극복하기 위해 노력했던 점과 그 노력을 통해 어떻게 개선되고 있는지에 대해서 언급하는 것이 좋은 답변 방법이다.

[대표 질문 3] 힘들거나 지치면 누구와 고민 상담을 하는가?

[답변 Point] 군 생활을 하면서 힘든 상황은 누구나 있을 것이다. 문제는 그러한 상황을 어떠한 마음가짐으로 극복할 것인가이다. 이러한 질문은 내성적이거나 소극적인 성격인지 파악하기 위한 것으로, 답변 시에 적극적인 태도로 문제를 극복하는 답변을 하는 것이 좋다.

기출 질문

- 자기소개를 해 보시오.
- 2지망, 3지망은 어느 병과에 지원하였는가?
- OO병과는 무슨 업무를 하는지 알고 있는가?
- [여성지원자] 남자들과 같이 생활하면서 체력이 좋아야 하는데 어떻게 생각하는가?
- 다른 지원자는 OO자격증이 있는데 왜 본인만 없는가?
- 부모님의 직업은 무엇인가?
- 장교 지원이 가능한데 왜 부사관으로 지원하였는가?
- 본인의 성격 중에 가장 아쉬운 부분은 무엇이라고 생각하는가?
- 본인의 학과와 다르게 이 병과에 지원한 이유는 무엇인가?
- 이번이 몇 번째 지원인가?
- 언제부터 부사관이 되고 싶었는가?
- 부사관의 역할이란 무엇인가?
- 그동안 무슨 운동을 했었는가?
- 살면서 최대 몇 Km까지 뛰어봤는가?
- 육군부사관에 대해서 어떠한 경로로 알게 되었는가?
- 육군부사관에 지원하면서 누군가에게 도움을 받았는가?

- 만약 장기 복무를 원한다면 어느 계급까지 희망하는가?
- 본인의 장점이 군에 어떻게 도움이 될 것 같은가?
- 본인이 생각하는 본인의 가장 큰 단점은 무엇이며, 어떻게 보완할 것인가?
- 존경하는 장군이 있는가?
- 좌향좌, 우향우, 뒤로돌아, 차려 자세를 해 보시오.
- 다음 글을 읽어 보시오(쓰인 글을 읽게 하여 발음, 발성 체크).
- 본인이 가장 가치 있다고 생각하는 것은 무엇인가?
- 어려운 일이 생겼을 때 주로 누구와 상의하는가?
- 인생을 살아오면서 가장 힘들었던 순간은 언제였는가? 또 어떻게 극복하였는가?
- 나의 인생에 가장 영향을 미친 인물은 누구인가?
- 우리나라 위인 중 존경하는 위인과 그 이유를 말해 보시오.
- 육군부사관에 지원했을 때 부모님께서는 어떻게 생각하셨는가?
- 왜 육군부사관에 지원하였는가?
- 언제부터 육군부사관이 되고 싶었는가?
- 나에게 부모님이란 어떤 존재인가?
- 육군부사관으로서 지녀야 할 덕목은 무엇인가?
- 육군부사관이 되면 이루고 싶은 꿈은 무엇인가?
- 고등학교 생활에서 가장 인상 깊었던 일 두 가지만 말해 보시오.
- 살면서 가장 잘했다고 생각하는 일은 무엇인가?
- 육군부사관이 되면 어떤 마음가짐으로 근무할 것인가?
- 지원한 병과가 하는 업무에 대해서 아는 대로 설명해 보시오.
- 우울하거나 포기하고 싶은 적은 없었는가?
- 자신을 뽑아야 하는 이유에 대해 말해 보시오.
- 좋아하는 스포츠가 있는가?
- 최근에 읽은 책의 줄거리와 느낀 점을 말해 보시오.
- 본인이 군 생활에 적합하다고 생각하는 이유는 무엇인가?
- 본인의 좌우명은 무엇인가?
- 만약 육군부사관에 임관한다면 훈련을 잘 견딜 수 있겠는가?
- 장기 복무에 대해 어떤 생각을 가지고 있는가?
- 인생에서 중요한 결정을 해야 할 일이 생긴다면 누구와 상담할 것인가?
- 평소 생각했던 육군부사관의 이미지를 말해 보시오.
- 대학을 진학하지 않고 부사관에 지원한 이유에 대해서 말해 보시오.
- 마지막으로 하고 싶은 말이 있는가?
- 면접장을 나가서 후회가 되지 않을 만큼 자신있게 말했다고 생각하는가?

- 자기소개서에 적힌 내용 중 그 경험 과정에서 기억에 남는 일이 있다면?
- 전공과 다른 일을 하였는데 전공과 관련이 있던 점이 무엇인가? 없다면 전공 지식을 살려서 일한 경험이 있는가?
- 본인의 버킷리스트 중 세 가지만 말해보시오.
- 지원자 나이가 다른 사람에 비해 많은 편인데, 매년 영장을 받을 때마다 입대에 대한 부담이 있었을 텐데 어떻게 해소했는가?
- 헌혈을 한 적이 있다고 적혀있는데 몇 회나 하였는가? 헌혈을 하게 된 계기는 무엇인가?
- 본인의 체력은 몇 등급인가? 체력적으로 힘들텐데 어떻게 극복하겠는가?
- 지금까지 살아오면서 친한 친구는 몇 명인가?
- 본인을 평가하면 100점 중 몇 점인가? 왜 그렇게 생각하는가?
- 어떤 일에 중독될 만큼 빠져본 적이 있는가?
- 여러 선택지가 놓여있을 때 본인은 선택을 잘하는 편인가?
- 대인관계에서 가장 중요하다고 생각하는 것은 무엇인가?
- 나에게 가장 소중한 것과 그 이유는 무엇인가?

(2) 국가관, 안보관, 역사의식, 대적관, 시민 의식

대표 질문 핵심 POINT

[대표 질문 1] **국가에 애국심을 느낄 때는 언제인가?**

[답변 Point] 거창한 내용보다는 일상에서 경험한 솔직한 답변을 하는 것이 바람직하며, 반드시 군대와 연관되지 않더라도 상관없다. 구체적인 경험을 에피소드 형식으로 소개하듯이 답변하는 것이 좋은 방법이다.

[대표 질문 2] **북한의 도발(천안함 침몰 사건, 연평도 포격 사건)에 대한 자신의 견해를 말해 보시오.**

[답변 Point] 정치적인 견해를 포함하지 않도록 유의하여야 하고, 군인의 입장에서 적의 도발이라는 것을 유념해야 한다. 적이 더 이상 도발하지 못하도록 강력한 방위태세를 갖추는 것이 우리 군이 가져야 할 자세이다.

[대표 질문 3] **6 · 25 전쟁에 대해서 말해 보시오.**

[답변 Point] 6 · 25 전쟁이나 천안함 등 북한의 도발과 관련된 사건에 대해 묻는 질문을 포함하여, 역사 왜곡 등 우리나라의 안보와 관련된 역사적인 사건에 대해 질문하기 때문에 중요한 역사적인 사건에 대해 숙지할 필요가 있으며, 답변 시 확고한 안보관이 있음을 어필해야 한다.

기출 질문

- 민주주의의 필요성에 대해 말해 보시오.
- 북한이 대화와 도발을 동시에 하는 의도가 무엇이라고 생각하는지 말해 보시오.
- 군대의 필요성에 대해 말해 보시오.
- 한 · 미 동맹의 필요성에 대해 말해 보시오.

- 북한 무인기에 대한 견해를 말해 보시오.
- 이라크 파병에 대한 본인의 견해를 말해 보시오.
- 북한의 군사적 전력에 대해 아는 대로 이야기하고 본인의 의견을 말해 보시오.
- '주적'이라고 하는 대상은 북한의 어떤 계층과 부류를 말하는 것이라고 생각하는지 말해 보시오.
- 남 · 북 통일이 될 경우 우리나라가 얻게 되는 득과 실에 대해 말해 보시오.
- 올바른 안보 의식을 가져야 하는 이유를 말해 보시오.
- 주한 미군의 필요성에 대해서 말해 보시오.
- 6 · 25 전쟁을 일으킨 나라는 어디라고 생각하는가?
- 군인 정신의 뜻에 대해 말해 보시오.
- 병역 비리에 관한 본인의 의견을 말해 보시오.
- 양심적 병역 기피에 대한 견해를 말해 보시오.
- 게임 중독에 대한 견해를 말해 보시오.
- 양성평등에 대한 자신의 견해를 말해 보시오.
- SOFA에 대해 말해 보시오.
- 천안함 사건에 대하여 자작극이라고 주장하는 단체가 있는데, 이에 대한 자신의 견해를 말해 보시오.
- NLL에 대한 자신의 견해를 말해 보시오.
- 일본이 독도를 자국 영토라고 주장하는 것에 대한 자신의 견해를 말해 보시오.
- 김정은에 대한 자신의 견해를 말해 보시오.
- 동북 공정에 대해서 남북이 어떻게 대처해야 하는지 말해 보시오.
- 영화 「연평해전」을 보고 느낀 점을 말해 보시오.
- 최근 금수저, 은수저라는 말이 있는데, 돈으로 계급이 나눠지는 것에 대한 자신의 견해를 말해 보시오.
- 북핵에 대한 자신의 견해를 말해 보시오.
- 주한 미군 철수에 대한 자신의 견해를 말해 보시오.
- 사회 및 군에서의 자살에 대한 자신의 견해를 말해 보시오.
- 저출산 문제에 대한 본인의 의견을 말해 보시오.
- 군이 존재하는 이유에 대해서 말해 보시오.
- [개인발표] 민주주의 국가에서 각자의 평등의 의미에 대해서 설명하시오.
- [단체토론] (형사미성년자) 촉법소년의 연령을 낮추어야 한다. vs 현행법 유지해야 한다.
- [개인발표] K컬쳐에 대해 대한민국 관점으로 작성 (키워드: 인권 보장, 자유)
- [토론발표] 18세 미만에게 투표권 주는 것에 대해 찬성한다. vs 반대한다.
- [개인발표] 4세대 전쟁에 관하여 한반도의 현재 상황과 연관 지어 본인의 생각을 말해보시오.

• [토론발표] 코로나19로 인해 제주도 관광객이 많이 몰려서 환경오염이 심해져 세금을 걷는 것에 대해 찬성한다. vs 반대한다.

(3) 리더십, 상황 대처, 결단력, 솔선수범, 자신감

대표 질문 핵심 POINT

[대표 질문 1] 리더십의 중요한 요소는 무엇인가?

[답변 Point] 리더십의 요소는 다양하기 때문에 어떤 요소가 가장 좋은 것이라고 할 수 없다. 따라서 본인이 생각하는 중요한 요소를 자신 있게 설명하는 것이 좋은 답변 방법이다. 예를 들어 리더십에서 중요한 요소를 소통이라고 생각한다면, 소통이 왜 중요한지에 대해서 근거를 제시하면서 본인이 그러한 리더십이 있다는 것을 설명하면 된다.

[대표 질문 2] 자신의 상관과 의사소통이 전혀 되지 않을 때, 이를 해결하기 위한 방안은 무엇인가?

[답변 Point] 위계질서가 철저한 군대에서는 상관의 명령이나 지시에 일방적으로 따라야 하는 경우가 많다. 당연히 본인보다 군 경험이 많은 상관의 의도를 존중해야 하지만, 그렇다고 부당한 지시나 불합리한 명령에 대해서 무조건 따르는 것은 옳지 않다. 인내심을 가지고 상관을 존중하면서 최대한 소통을 하려는 노력이 필요하다.

[대표 질문 3] 세월호 침몰 사건과 같은 상황이 본인에게 벌어졌을 때 어떻게 할 것인가?

[답변 Point] 리더로서 위기 상황에 당면했을 때 어떻게 상황을 극복할 것인지에 대해 묻는 질문으로, 상황을 해결하는 방법보다는 리더로서 어떠한 자세로 위기 상황에 대처할 것인지를 답변하는 것이 바람직하다.

기출 질문

• 자신의 상관이 근무를 태만히 하여 본인이 피해를 보고 있다. 이를 해결하기 위한 방안은 무엇인가?

• GOP 임 병장 총기 사건에 대한 문제 발생 원인이 무엇이라고 생각하는가?

• 자신의 근무 지역을 GOP와 집 근처 중 선택할 수 있다면 어떻게 할 것인가?

• 나이 어린 선임과 어떻게 지낼 것인가?

• 새로 전입 온 병사가 말을 듣지 않을 때 어떻게 할 것인가?

• 자신이 졸업한 학교를 자랑해 보시오.

• 리더로서 활동한 경험에 대해 말해 보시오.

• 소대원들 간 구타 사건 발생 시 소대장으로서 어떻게 할 것인가?

• 부하가 잘못했을 때 어떻게 처리할 것인가?

• 최근 스트레스를 받은 일은 무엇이며, 그 대처법은 무엇인가?

• 임관한다면 어떤 자세로 군 생활에 임할 것인가?

• 나이가 많은 부하 간부가 말을 잘 듣지 않을 때 어떻게 할 것인가?

- 동료 간부들이 나를 왕따시킬 때 어떻게 하겠는가?
- 상관이 어려운 업무를 지시했을 때 어떻게 대처하겠는가?
- 부하가 말을 안 들을 때, 또는 무시할 때 어떻게 대처하겠는가?(병 문제 대처 요령)
- 상관과 업무적인 일에서 의견 차이가 났을 때 어떻게 대처하겠는가?
- 오늘 아침에 본 인상 깊은 뉴스 두 가지에 대해 느낀 점을 말해 보시오.
- 계급의 필요성, 계급이 나뉘어 있는 이유가 무엇이라고 생각하는가?
- 평소 자신에게 비춰진 군의 이미지는 어떠한가?
- 입대하게 되었을 때 군에 바라는 것이 있다면 무엇인가?
- 리더십이란 무엇이라고 생각하는가?
- 국가 경쟁력을 높이려면 어떻게 해야 하는가?
- 부대를 이끌 때 어떻게 해야 대원들이 잘 따라올 것 같은가?
- 그리스와 로마의 병역 특권에 대한 이유를 말해 보시오.
- 본인이 생각하는 희생정신이란 무엇인가?
- (개인발표) 어느 중대장이 상병에게 대응사격 명령을 내렸다. 상병은 대응사격을 위해 포탄이 떨어지는 장소를 뚫고 자주포가 있는 곳으로 이동 중 포탄의 불길이 옮겨 붙었다. 그럼에도 불구하고 끝까지 자주포에 도달하여 대응사격을 하였다. 이 사건에서 얻을 수 있는 군인 정신은 무엇인가?
- (개인발표) 군 복무가 주는 혜택은 무엇인가?
- (개인발표) 우리나라가 주변 국가들로부터 잦은 침입을 받았음에도 막아낼 수 있었던 이유는 무엇인가?
- (집단토론) 대형매장에서는 저작권료를 내며 가요 등을 고객들을 위해 들려준다. 소매장에서도 저작권료를 지불해야 하는가?
- (집단토론) 외국인에게 삼겹살과 소주 또는 치킨과 맥주 중 어떤 것을 소개할 것인가?
- (집단토론) 당신은 개인화기 사격훈련 교관이다. 중대원들이 훈련을 하고 있지만 좀처럼 실력이 늘지 않는다. 이때 중대장이 중대 전투력 측정시 성적이 부진한 인원들을 휴가 처리하여 전투력 측정 명단에서 제외하라고 지시한다. 어떻게 대처할 것인가?(상관의 부당한 지시에 어떻게 대응할 것인가?)
- (집단토론) A학교에서 홈페이지를 개편하면서 학생들의 의견을 수렴할 수 있는 게시판을 만들고자 한다. 글 작성 권한을 익명으로 할 것인가? 실명으로 할 것인가?
- (집단토론) 자신이 관심병사인 것을 모르는 병사가 계급을 내세워 다른 병사들에게 부조리를 벌이고 있다. 그런데 이 병사가 자살을 할 가능성이 있어 다른 간부들이 묵인하는 상황이다. 어떻게 할 것인가?
- 남군과 같이 있을 때 여성차별을 당한다면 어떻게 할 것인가?

ENERGY

내가 꿈을 이루면
나는 누군가의 꿈이 된다.

– 이도준

여러분의 작은 소리
에듀윌은 크게 듣겠습니다.

본 교재에 대한 여러분의 목소리를 들려주세요.
공부하시면서 어려웠던 점, 궁금한 점,
칭찬하고 싶은 점, 개선할 점, 어떤 것이라도 좋습니다.

에듀윌은 여러분께서 나누어 주신 의견을
통해 끊임없이 발전하고 있습니다.

에듀윌 도서몰 book.eduwill.net
- 부가학습자료 및 정오표: 에듀윌 도서몰 → 도서자료실
- 교재 문의: 에듀윌 도서몰 → 문의하기 → 교재(내용, 출간) / 주문 및 배송

2023 에듀윌 육군부사관 통합 기본서

발 행 일	2022년 11월 25일 초판
편 저 자	서덕현, 강은총(군뜨), 백정민
펴 낸 이	권대호, 김재환
펴 낸 곳	(주)에듀윌
등록번호	제25100-2002-000052호
주 소	08378 서울특별시 구로구 디지털로34길 55 코오롱싸이언스밸리 2차 3층

www.eduwill.net
대표전화 1600-6700

2023 최신판

에듀윌 육군부사관

정답과 해설

에듀윌 육군부사관

통합 기본서

2023 최신판

에듀윌 육군부사관

정답과 해설

최신 기출유형 TEST

1 공간능력 P. 19~21

01	④	02	④	03	④	04	④

01 ④

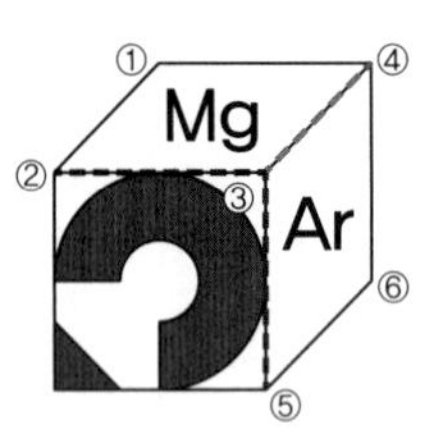

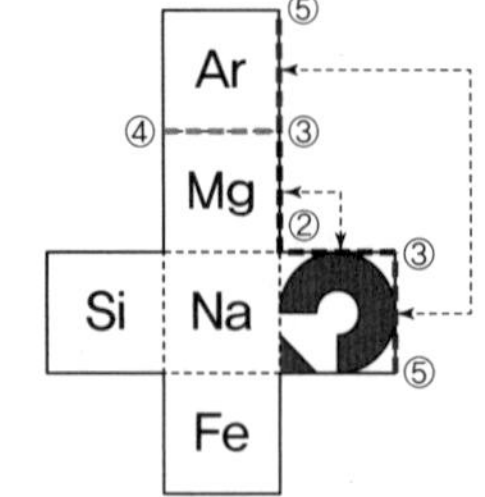

위의 그림에 따라 정답은 ④이다.

02 ④

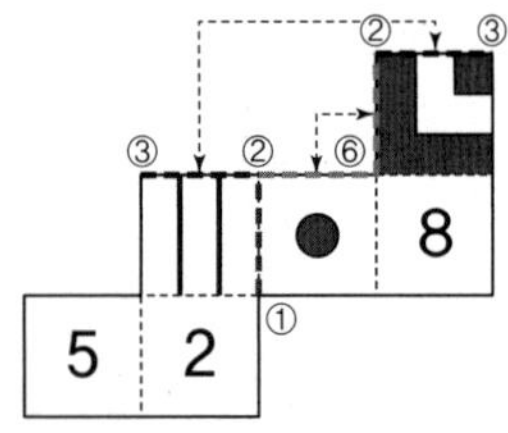

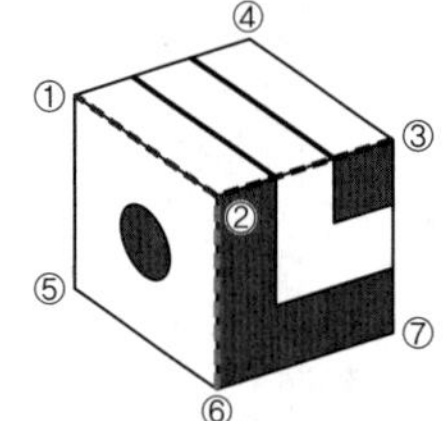

위의 그림에 따라 정답은 ④이다.

03 ④

왼쪽 열부터 차례대로 개수를 세어 더하면 14+9+3+5+11+7=49(개)이다.

04 ④

바라보는 방향에서 왼쪽 열부터 차례대로 층높이를 세면 5−2−5−2−4−2가 되므로, 정답은 ④이다.

2 지각속도 P. 22

01	①	02	①	03	②	04	①	05	②

01 ①

02 ①

03 ②

☹ ☑ ⛄ ☾ - ㅔ ㅒ ㅏ ㅑ

'☾ = ㅕ', '☯ = ㅑ'이므로 옳지 않다.

04 ①

05 ②

⛄ ʊ ☹ ☑ - ㅏ ㅣ ㅔ ㅕ

'☑ = ㅒ', '☾ = ㅕ'이므로 옳지 않다.

3 언어논리 P. 23~24

01	③	02	③	03	②	04	④

01 ③
'차마'는 '부끄럽거나 안타까워서 감히'를 의미하는 부사이다. 즉, '차마'는 부정어와 호응하는 부사이므로 ③은 어법에 맞는 자연스러운 문장이다.

오답 피하기

① 나는 도무지 그 일을 할 수 없다.
※ '도무지'는 '아무리 해도'를 의미하는 부사이므로 주로 부정을 나타내는 말과 함께 쓰인다.
② 어제는 비가 내리고 바람이 심하게 불었다.
④ 동생은 어제 큰아버지 댁에 갔다.
⑤ '언니는 나보다 영화를 좋아한다.'는 언니가 좋아하는 것이 나와 영화인 것과 언니와 나를 비교하여 영화를 좋아하는 정도를 나타낸 중의적 표현이다.

02 ③
달포는 한 달이 조금 넘는 기간을 의미한다.

03 ②
㉠은 본론의 '1. 양성 불평등의 원인' 중 '나. 실질적 양성평등에 대한 인식 부족'에 대응하는 대책에 해당한다. 그러므로 '실질적 양성평등에 대한 인식 부족'의 대책으로 적절한 것은 '교육을 통한 양성평등 의식 확립'이다.

04 ④
글쓴이는 강을 아홉 번 건넜던 경험을 소개하면서 사물에 대한 정확한 인식에 도달하려면 눈과 귀를 통해 외물에 영향을 받지 말아야 함과 사물을 이성적으로 바라볼 필요가 있다는 깨달음을 설명하고 있다.

4 자료해석 P. 25~26

01	④	02	③	03	④	04	②

01 ④
선희네 반 전체 학생 수를 구하면 $2+7+3+A+8+7=B$(명)이다. 따라서 A를 오른쪽으로 이항하면
$2+7+3+8+7=B-A \rightarrow B-A=27$(명)이다.

02 ③

C	
A	B

사각형의 규칙을 정리하면 $A \times B-2=C$이다.
- $4 \times 2-2=6$
- $5 \times 4-2=18$
- $6 \times 5-2=28$

따라서 $9 \times$(가)$-2=61 \rightarrow 9 \times$(가)$=63 \rightarrow$(가)$=7$이다.

03 ④
2010년 B국의 GDP는 9,300억 달러이고, 경제성장률이 7%이므로 2015년 B국의 성장한 GDP는 $9,300 \times 0.07=651$(억 달러)이다. 따라서 $9,300+651=9,951$(억 달러)임을 알 수 있다.
2015년 E국의 GDP가 7,700억 달러이고, 5년 전 대비 경제성장률이 10%이므로 E국의 2010년 GDP를 미지수 x억 달러라고 하면 $x \times 1.1=7,700 \rightarrow x=7,000$임을 알 수 있다.

04 ②
2015년 8,000억 달러였던 A국의 GDP가 2020년 코로나19로 인해 마이너스 경제성장률을 기록했다. 따라서 2020년 A국의 GDP는 $8,000 \times (100-5.5)\%=8,000 \times 94.5\%=7,560$(억 달러)이다.

1교시 01 공간능력

유형 훈련 문제 P. 40~43

01	③	02	②	03	②	04	③	05	②
06	③	07	④	08	②				

01 ③

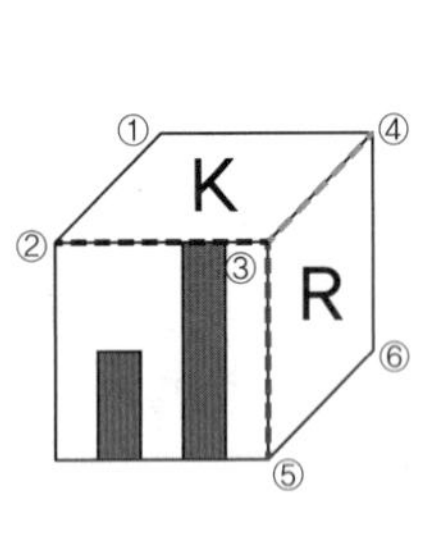

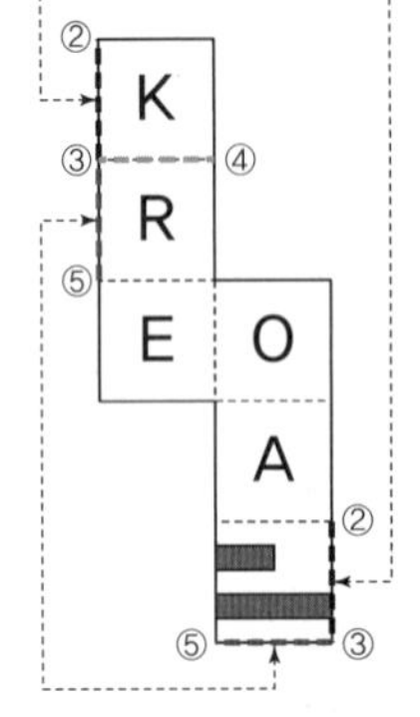

위의 그림에 따라 정답은 ③이다.

02 ②

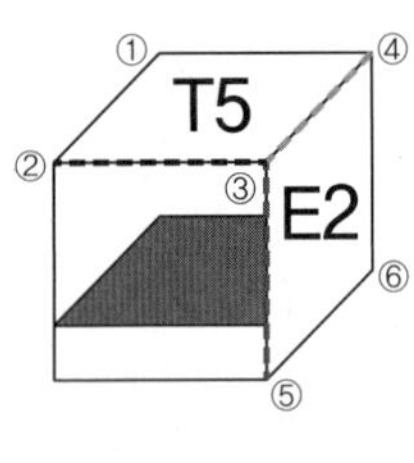

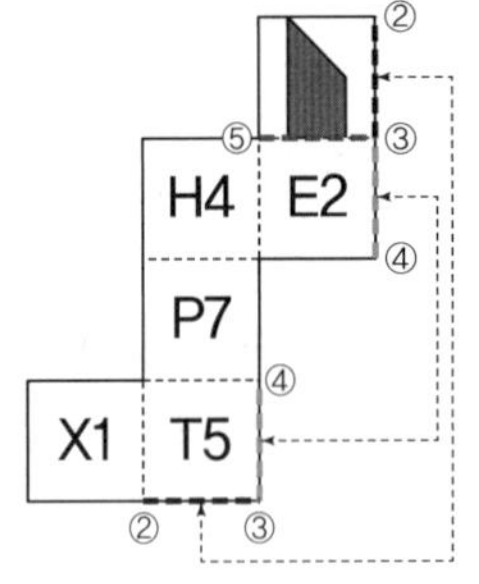

위의 그림에 따라 정답은 ②이다.

03 ②

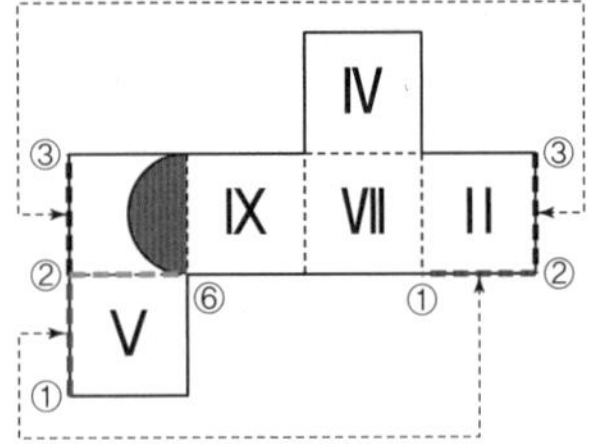

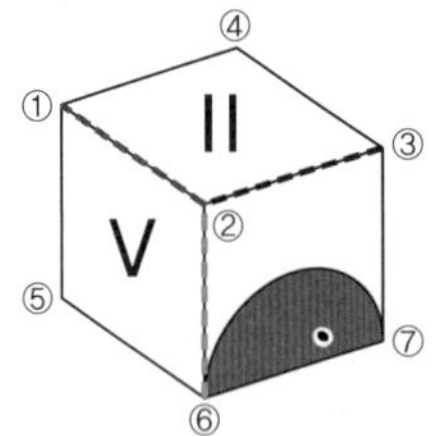

위의 그림에 따라 정답은 ②이다.

04 ③

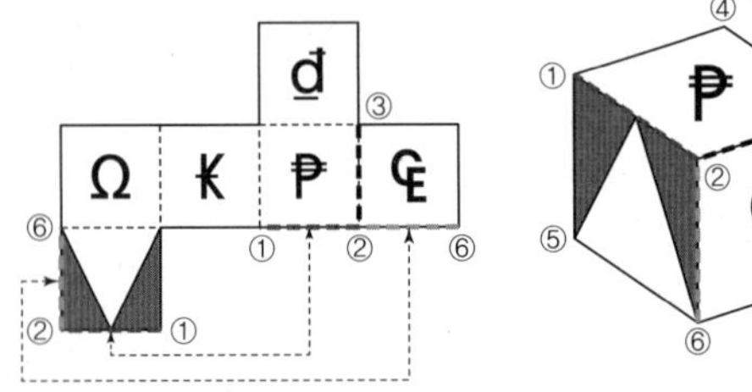

위의 그림에 따라 정답은 ③이다.

05 ②

왼쪽 열부터 차례대로 개수를 세어 더하면 12+8+7+11+3+9=50(개)이다.

06 ③

왼쪽 열부터 차례대로 개수를 세어 더하면 1+7+4+9+8+1+10=40(개)이다.

07 ④

바라보는 방향에서 왼쪽 열부터 차례대로 비어 있는 블록을 확인하여 비교하면 정답은 ④이다.

08 ②

바라보는 방향에서 왼쪽 열부터 차례대로 층높이를 세면 5-1-4-1-3-4-2가 되므로, 정답은 ②이다.

실전 연습 문제 P. 44~53

01	③	02	③	03	③	04	②	05	④
06	④	07	①	08	③	09	①	10	①
11	②	12	②	13	②	14	②	15	①
16	②	17	①	18	④				

01 ③

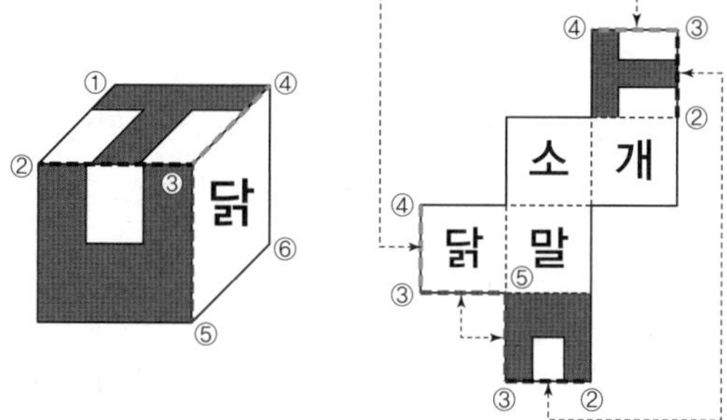

위의 그림에 따라 정답은 ③이다.

02 ③

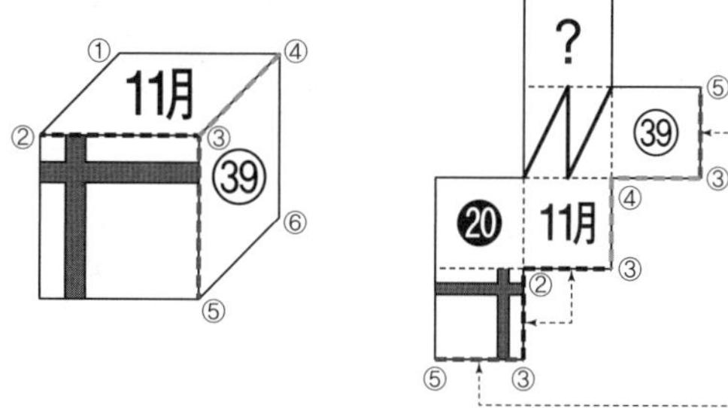

위의 그림에 따라 정답은 ③이다.

03 ③

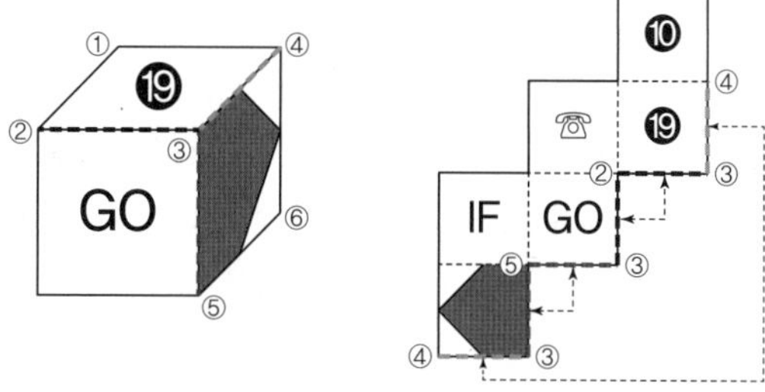

위의 그림에 따라 정답은 ③이다.

04 ②

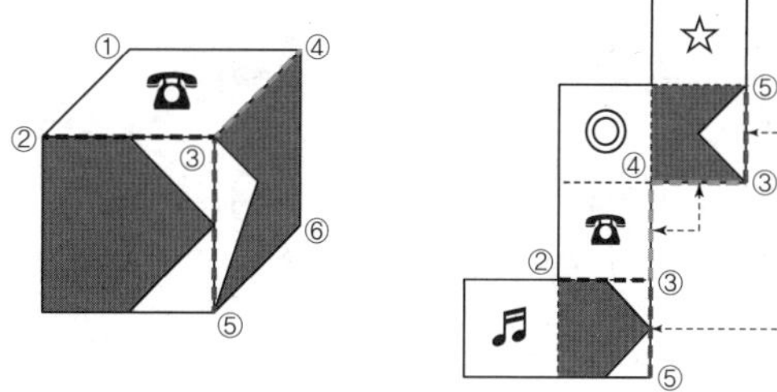

위의 그림에 따라 정답은 ②이다.

05 ④

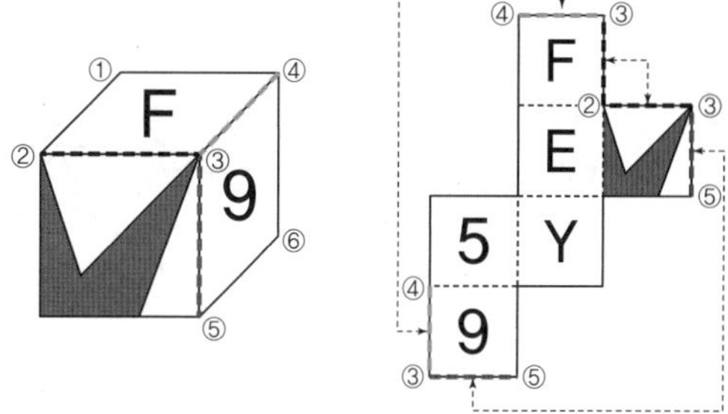

위의 그림에 따라 정답은 ④이다.

06 ④

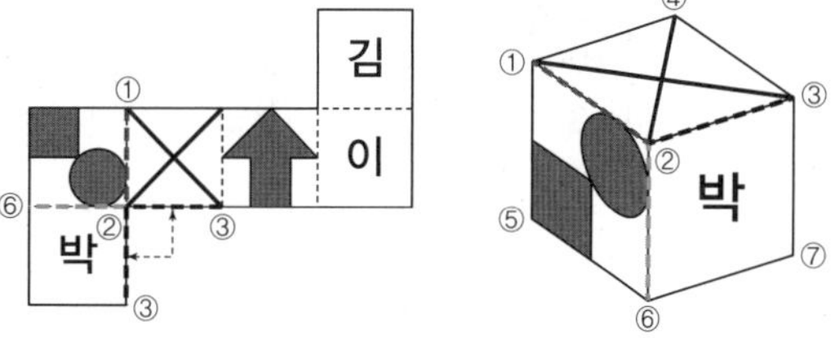

위의 그림에 따라 정답은 ④이다.

07 ①

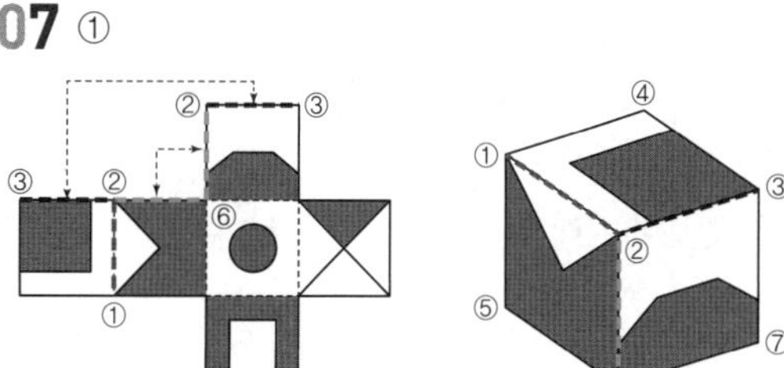

위의 그림에 따라 정답은 ①이다.

08 ③

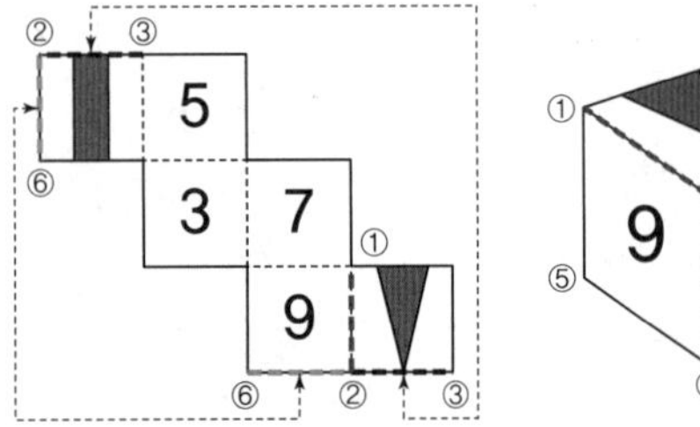

위의 그림에 따라 정답은 ③이다.

09 ①

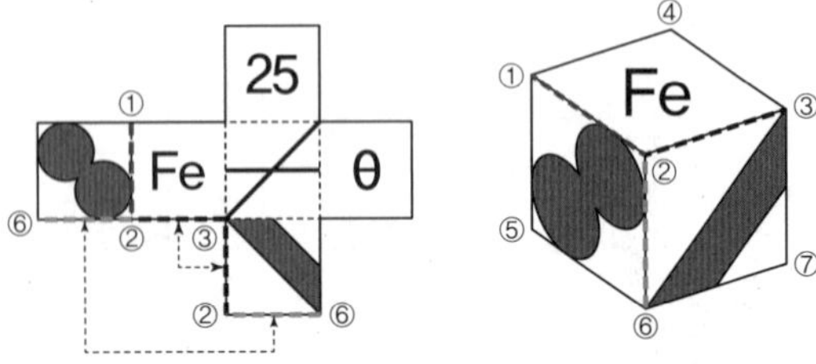

위의 그림에 따라 정답은 ①이다.

10 ①

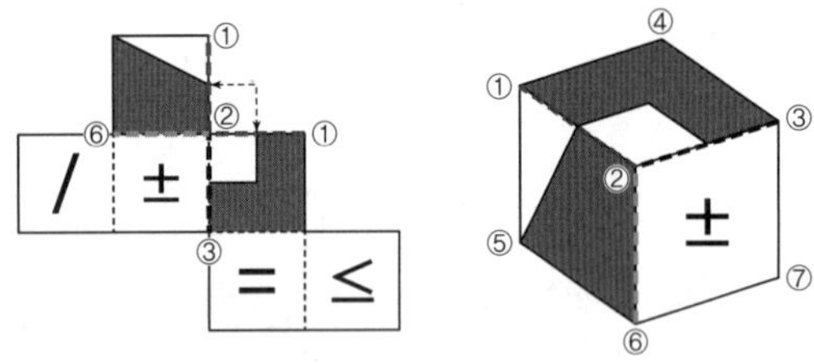

위의 그림에 따라 정답은 ①이다.

11 ②

왼쪽 열부터 차례대로 개수를 세어 더하면 16+4+8+3+9+11=51(개)이다.

12 ②

왼쪽 열부터 차례대로 개수를 세어 더하면 13+3+11+2+8+4+10=51(개)이다.

13 ②

왼쪽 열부터 차례대로 개수를 세어 더하면 19+6+6+7+9+6+2+8=63(개)이다.

14 ②

왼쪽 열부터 차례대로 개수를 세어 더하면 13+3+11+6+8+11=52(개)이다.

15 ①

바라보는 방향에서 왼쪽 열부터 차례대로 비어 있는 블록을 확인하여 비교해 보면 정답은 ①이다.

16 ②

바라보는 방향에서 왼쪽 열부터 차례대로 층높이를 세면 1−4−5−2−1−4가 되므로, 정답은 ②이다.

17 ①

바라보는 방향에서 왼쪽 열부터 차례대로 층높이를 세면 4−1−6−5−2−1이 되므로, 정답은 ①이다.

18 ④

바라보는 방향에서 왼쪽 열부터 차례대로 층높이를 세면 5−1−4−1−5−1−2가 되므로, 정답은 ④이다.

1교시 02 지각속도

유형 훈련 문제 1회 P. 57~59

01	②	02	②	03	①	04	②	05	②
06	①	07	②	08	①	09	②	10	①
11	①	12	②	13	①	14	②	15	①
16	①	17	①	18	①	19	①	20	①
21	①	22	②	23	②	24	①	25	②
26	②	27	④	28	③	29	①	30	④

01 ②

산 달 별 물결 - K Я Ж Ё

'물결 = Ш', '강 = Ё'이므로 옳지 않다.

02 ②

계곡 바다 해 강 - T Ҭ B Ё

'해 = A'이므로 옳지 않다.

03 ①

04 ②

바람 계곡 파도 산 - O T Э Ё

'산 = K', '강 = Ё'이므로 옳지 않다.

05 ②

파도 달 해 별 - Э Ш A Ж

'달 = Я', '물결 = Ш'이므로 옳지 않다.

06 ①

07 ②

★★ ◎◎ ◆◆ ※※ - 502 780 997 123

'◆◆ = 250', '☆☆ = 997'이므로 옳지 않다.

08 ①

09 ②

◎◎ ◆◆ ≪≪ §§ - 780 250 490 997

'§§ = 098', '☆☆ = 997'이므로 옳지 않다.

10 ①

11 ①

12 ②

2U3 A9C 8H4 L8K - GB MW THz kt

'L8K = Wb', 'D4S = kt'이므로 옳지 않다.

13 ①

14 ②

8H4 D4S 1V6 P5D - hPa kt cal kℓ

'8H4 = THz', '7C1 = hPa'이므로 옳지 않다.

15 ①

16 ①

17 ①

18 ①

19 ①

20 ①

21 ①

22 ②

코카스 말티즈 퍼그 요크 - ⊂ ⤫ ← ⇙

'요크 = ≺', '시츄 = ⇙'이므로 옳지 않다.

23 ②

시츄 비숑 포메 말티즈 - ⇙ ⇦ ↞ ⤫

'포메 = ⋞', '푸들 = ↞'이므로 옳지 않다.

24 ①

25 ②

시츄 불독 요크 비숑 - ⇙ ⋞ ≺ ⇦

'불독 = ⇇', '포메 = ⋞'이므로 옳지 않다.

26 ②

ㅖㅛㅕㅒㅖㅕㅗㅑㅒㅖㅣㅛㅡㅜㅠㅗㅛㅑㅜㅓㅖㅒㅗㅜㅛ (1 2 3 4)
ㅗㅕㅒㅑㅒㅗㅛㅕㅑㅒㅖㅣㅡㅜㅗㅑㅒㅛㅕㅑㅏ (5 6)

27 ④

⊂⊇∩⇔∈∧⇔⊃∋∧∝√∽=⇔⊆⊇⇔√∽⊃∋∧∩∝√ (1 2 3 4)
∽⇔√⊇∩∽⊃∋∧⇔∝√∽⊇∽√∧⊇∩√ (5 6)

28 ③

bberwtbrsbarbtbtbrwxsdbvsdkfafrbwrwbbrbgebywretyiwr (1 2 3 4 5 6)
tiiuebbgbbtbwtbwtbbbbtbsbtbrbstbstgb (7 8)

29 ①

☆★◎●★☆◇◆♣♧♡☆♤♠♥♧☆♥♡⊙♣♧♠♣♡ (1 2)
☆★○♠♥♧♥★●☆●◎◇◆♧♣♠♤☆ (3 4)

30 ④

군인은 정직하여야 하며, 명령의 하달이나 전달, 보고 및 통 (1 2 3 4 5)
보에는 허위 · 왜곡 · 과장 또는 은폐가 있어서는 아니된다. (6 7 8 9 10 11 12 13 14)

유형 훈련 문제 2회 P. 60~62

번호	정답	번호	정답	번호	정답	번호	정답	번호	정답
01	①	02	①	03	②	04	②	05	①
06	②	07	①	08	②	09	②	10	①
11	②	12	①	13	①	14	①	15	②
16	①	17	②	18	②	19	①	20	②
21	②	22	①	23	①	24	①	25	②
26	④	27	②	28	③	29	②	30	④

01 ①

02 ①

03 ②

수박 바나나 복숭아 사과 - 38 60 12 98

'바나나 = 25', '키위 = 60'이므로 옳지 않다.

04 ②

복숭아 사과 자두 포도 - 12 98 55 77

'포도 = 41', '체리 = 77'이므로 옳지 않다.

05 ①

06 ②

AW RU EP XG - mg GPa m/s am

'XG = kcal', 'JU = am'이므로 옳지 않다.

07 ①

08 ②

EP AW BN MC - ㎧ ㎎ ㏂ ㎪

'BN = ㎋', 'JU = ㏂'이므로 옳지 않다.

09 ②

BN XG OR RU - ㎋ ㎉ ㎲ ㎧

'RU = ㎬', 'EP = ㎧'이므로 옳지 않다.

10 ①

11 ②

ℌ ℋ ℉ ℎ - can who but her

'ℎ = you', '℔ = her'이므로 옳지 않다.

12 ①

13 ①

14 ①

15 ②

Ħ ∋ ℉ ℎ - the and not you

'℉ = but', 'ℊ = not'이므로 옳지 않다.

16 ①

17 ②

Ŧ ħ Ħ ß - 568 566 445 235

'ħ = 669', 'Đ = 566'이므로 옳지 않다.

18 ②

Đ Ƚ Æ Ø - 566 127 413 910

'Æ = 145', 'đ = 413'이므로 옳지 않다.

19 ①

20 ②

Ħ Ø Ƚ Ŧ - 445 910 145 568

'Ƚ = 127', 'Æ = 145'이므로 옳지 않다.

21 ②

♅ ☻ ♌ ♃ - ☀ ☊ ☍ ☂

'♌ = ☯', '♆ = ☍'이므로 옳지 않다.

22 ①

23 ①

24 ①

25 ②

♉ ♃ ☺ ☹ - ☢ ☂ ☉ ☊

'☹ = ☆', '☻ = ☊'이므로 옳지 않다.

26 ④

진실이 비록 흔치 않으나, 공급이 언제나 수요를 초과해
1 2 3 4
왔다.

27 ②

EFKFAAGPHKSMGFEPGNSCLVEMDLSMDOWMMGEP
1 2 3 4 5
SLFKQDERPWLSWQMDLWPEJGKDA
6

28 ③

자신의 부족한 점을 더 많이 부끄러워 할 줄 아는 이는 존경
1 2 3 4
받을 가치가 있는 사람이다.
5 6

29 ②

(9)(1)(5)(6)(2)(1)(4)(6)(5)(5)(9)(1)(4)(6)(9)(5)(1)(2)(1)(9)(5)(1)(6)(2)(1)(9)
1 2 3 4 5
(6)(2)(5)(4)(5)(2)(9)(4)(6)(2)(4)(5)(4)(5)
6

30 ④

LLASDLLAFLLSDFRTGLLCVBLLSFLLEFRLLAFRELLSD
1 2 3 4 5 6 7 8
GLLFBLLAFRLLRGLLAFFTRETGLLAFLLAFSRTGTDHLL
9 10 11 12 13 14 15
AFLLSRETGLLAFLLSFDETG
16 17 18

유형 훈련 문제 3회 P. 63~65

01	②	02	②	03	①	04	②	05	②
06	①	07	①	08	②	09	②	10	②
11	①	12	①	13	②	14	②	15	②
16	①	17	②	18	②	19	①	20	①
21	②	22	①	23	①	24	①	25	②
26	④	27	①	28	④	29	②	30	②

01 ②

전장 표적 가교 이함 - Ⅵ Ⅴ Ⅹ vii

'가교 = Ⅸ', '훈련 = Ⅹ'이므로 옳지 않다.

02 ②

가교 적치 표적 탑재 - Ⅸ Ⅰ Ⅴ viii

'탑재 = Ⅲ', '간선 = viii'이므로 옳지 않다.

03 ①

04 ②

격멸 표적 간선 이함 - Ⅻ Ⅴ viii Ⅲ

'이함 = vii', '탑재 = Ⅲ'이므로 옳지 않다.

05 ②

적치 가교 탑재 훈련 - Ⅰ Ⅸ viii Ⅹ

'탑재 = Ⅲ', '간선 = viii'이므로 옳지 않다.

06 ①

07 ①

08 ②

annoy move effect risky - 47 97 05 25

'effect = 13', 'frozen = 05'이므로 옳지 않다.

09 ②

output effect peak answer - 55 13 35 25

'answer = 66', 'risky = 25'이므로 옳지 않다.

10 ②

major risky frozen basket - 75 25 35 80

'frozen = 05', 'peak = 35'이므로 옳지 않다.

11 ①

12 ①

13 ②

ä ß ë Ë - 462 121 354 489

'ß = 248', 'Ü = 121'이므로 옳지 않다.

14 ②

Ô Ë Ç b - 684 489 746 812

'b = 277', 'Ä = 812'이므로 옳지 않다.

15 ②

Ä Ü ë Ý - 812 121 354 248

'Ý = 102', 'ß = 248'이므로 옳지 않다.

16 ①

17 ②

대전차 구축함 철갑탄 보급률 - ♨ ♮ ♧ ♯

'보급률 = ♬', '전자전 = ♯'이므로 옳지 않다.

18 ②

보급률 모의탄 전자전 전술탄 - ♬ ♫ ♯ ♩

'모의탄 = ♪', '관제소 = ♫'이므로 옳지 않다.

19 ①

20 ①

21 ②

CtC BdA FrO GpR - 주다 울다 풀다 사다

'GpR = 팔다', 'EaB = 사다'이므로 옳지 않다.

22 ①

23 ①

24 ①

25 ②

EaB EcM AsW CtC - 사다 풀다 놓다 주다

'EcM = 밀다', 'FrO = 풀다'이므로 옳지 않다.

26 ④

♭ ♬ ♩ ♭ ‡ ♪ † ¶ Ⓚ↖ ♩ ‡ ♬ † ¶ ♩ ♭ ♬Ⓚ↖ ♭ ‡ ♩ ♩ ♭ ↖
1 2 3
♩ ♬Ⓚ↖ ♪ Ⓚ ‡ ♩ ‡ ♪ ¶ ♩↖ ♭ ¶ Ⓚ↖ ♭ † ♩
4

27 ①

현역에 편입할 자나 응소한 예비군으로 보충선에서 병무청
1 2 3
과 군부대 간에 인계인수하는 것을 말함.
4 5

28 ④

⅞ ⅛ ⅝ ⅜ ⅙ ⅕ ⅘ ⅚ ⅞ ⅙ ⅔ ¾ ⅕ ⅚ ⅞ ⅚ ¾ ⅕ ⅞ ⅜ ⅙ ⅖ ¾ ⅕ ⅙
1 2 3

29 ②

✍✍✌👍☞👆☞✌👍☜👌✍👌☞☝👆🖐☞✌✍✍👍👎☝☞☝👆🖐☞✌✌👎👆
1 2 3 4
🖐👌✍👌👌☞☝✍👆🖐☞✌✍
5

30 ②

문벌귀족 고려중기 호족 6두품 공신의 출신으로 음서와 과
1 2 3 4
거를 통해 관직에 진출했다.
56 7

유형 훈련 문제 4회 P. 66~68

01	②	02	②	03	①	04	②	05	①
06	①	07	①	08	②	09	①	10	②
11	①	12	②	13	①	14	①	15	②
16	②	17	②	18	②	19	①	20	②
21	①	22	①	23	①	24	②	25	①
26	③	27	②	28	③	29	③	30	③

01 ②

갸걱 곯게 겻결 거걸 - efr cyu oop efr

'거걸 = kls', '갸걱 = efr'이므로 옳지 않다.

02 ②

갈개 걔갬 괌갤 갸걱 - add nbe agu efr

'괌갤 = dgu'이므로 옳지 않다.

03 ①

04 ②

공걺 거걸 간갬 겻결 - yop kls srt yop

'겻결 = oop', '공걺 = yop'이므로 옳지 않다.

05 ①

06 ①

07 ①

08 ②

(z)ⓘ (n)ⓩ (x)ⓠ (g)ⓖ - 260 126 862 416

'(g)ⓖ = 516', '(s)ⓒ = 416'이므로 옳지 않다.

09 ①

10 ②

(a)ⓐ (j)ⓥ (m)ⓗ (n)ⓩ - 625 998 372 126

'(m)ⓗ = 460', '(e)ⓚ = 372'이므로 옳지 않다.

11 ①

12 ②

하사 병장 일병 원수 - 312 914 516 813

'원수 = 117', '상병 = 813'이므로 옳지 않다.

13 ①

14 ①

15 ②

일병 상병 병장 중사 - 516 813 312 418

'병장 = 914', '하사 = 312'이므로 옳지 않다.

16 ②

☑ ☖ ☐ X - 🄼 🅈 🄰 🄾

'X = 🅄', '☒ = 🄾'이므로 옳지 않다.

17 ②

☗ ☔ ☑ ☒ - 🅆 🅈 🄼 🄾

'☔ = 🅁', '☖ = 🅈'이므로 옳지 않다.

18 ②

☕ ☐ ☖ X - 🄼 🄰 🅈 🅄

'☕ = 🄺', '☑ = 🄼'이므로 옳지 않다.

19 ①

20 ②

☒ ☐ ☔ ☗ - 🄾 🄼 🅁 🅆

'☐ = 🄰', '☑ = 🄼'이므로 옳지 않다.

21 ①

22 ①

23 ①

24 ②

[CapsLock] [Insert] [Esc] [PgDn] - W2d X7p N3g D9v

'[PgDn] = A1r', '[End] = D9v'이므로 옳지 않다.

25 ①

26 ③

성숙하다는 것은 다가오는 모든 생생한 위기를 피하지 않고 마주하는 것을 의미한다. (성(1) 숙(2), 것(3), 생(4) 생(5), 것(6))

27 ②

8ad72dgfbha4236825aafuks0528gfsagyhj75gtgargf412faf (1 2 34 5 6 7)

28 ③

✠☯⊞♐☼☸✠💧👌⊞✞♐☪⊞♉✞ॐ✍♏⊞♐☼♒ॐ⊞♒ ⊞⊞♒✍😐✈☝⊞⊞✞♏♒☼✞⊞♑👍⊞⊞⊞♐ (1 2 3 4 5 / 6 7 8 9 10 11 12 13)

29 ③

25789541236589778451569832159545789875135413 554215785313212121358854213543 (1 2 3 4 5)

30 ③

I cut it while handling the tools. (1 2 3)

유형 훈련 문제 5회

P. 69~71

01	①	02	②	03	②	04	②	05	②
06	②	07	①	08	①	09	②	10	②
11	①	12	①	13	①	14	②	15	②
16	①	17	②	18	①	19	②	20	①
21	①	22	②	23	①	24	②	25	②
26	①	27	④	28	④	29	①	30	①

01 ①

02 ②

경화루 교태전 강녕전 경복궁 - Z E C N

'강녕전 = R', '신무문 = C'이므로 옳지 않다.

03 ②

홍례문 근정문 자경전 항원정 - T U W C

'항원정 = A', '신무문 = C'이므로 옳지 않다.

04 ②

강녕전 자경전 경복궁 근정문 - R W N E

'근정문 = U', '교태전 = E'이므로 옳지 않다.

05 ②

교태전 신무문 강녕전 경복궁 - E C W N

'강녕전 = R', '자경전 = W'이므로 옳지 않다.

06 ②

③①⑧⑥ - ㄳ ㄺ ㅍ ㄷ

'⑥ = ㄸ'이므로 옳지 않다.

07 ①

08 ①

09 ②

⑤⑥③⑧ - ㄴㅈ ㄸ ㄴㅈ ㅍ

'③ = ㄱㅅ', '⑤ = ㄴㅈ'이므로 옳지 않다.

10 ②

⑨③④⑤ - ㄲ ㄱㅅ ㅂㅅ ㅉ

'⑤ = ㄴㅈ', '⑩ = ㅉ'이므로 옳지 않다.

11 ①

12 ①

13 ①

14 ②

Fan Num Are The - 更 公 固 京

'Num = 巨', 'Net = 公'이므로 옳지 않다.

15 ②

Are Who Num Elf - 乞 季 巨 介

'Are = 固', 'Try = 乞'이므로 옳지 않다.

16 ①

17 ②

⚀ ☰ ⚃ ⚀ - 박격포 표적 조명탄 관측소

'⚃ = 지상군', '☵ = 조명탄'이므로 옳지 않다.

18 ①

19 ②

☱ ⚃ ⚃ ☰ - 기관총 통신망 고폭탄 탄도

'☰ = 표적', '☷ = 탄도'이므로 옳지 않다.

20 ①

21 ①

22 ②

퓨 한 호 ☺ - 🖬 ❤ 💣 ▦

'☺ = ☎', '컴 = ▦'이므로 옳지 않다.

23 ①

24 ②

호 ☺ 호 퓨 - 💣 ✪ 🗁 🖬

'☺ = ☎', '글 = ✪'이므로 옳지 않다.

25 ②

컴 글 한 터 - ▦ ✪ ❤ ☎

'터 = ⊃', '☺ = ☎'이므로 옳지 않다.

26 ①

1de3fdgrfgb1fdgf46hgt6hjhjk1fdg6hgfnb11rfgvbn3
1 2 3 45

27 ④

(바)(파)(자)(하)(아)(파)(바)(가)(다)(라)(사)(자)(바)(가)(자)(파)(바)(가)(다)(라)(파)(아)(파)(바)
1 2 3
(가)(바)(아)(파)(가)(파)(바)(다)(라)(자)(라)(파)(파)(파)(가)(파)(바)(다)(라)(파)(가)(아)
4

28 ④

(2) (13) (8) (7) (16) (8) (5) (13) (15) (8) (7) (5) (7) (16) (8) (13) (8) (16) (11) (5) (7)
1 2 3 4 5
(13) (8) (13) (15) (7) (16) (5) (11) (16)
6

29 ①

ΛΔΕΖΗ V ΓΣΤ V ΓΣΥΧΛΔΛΔΕΖΗΔΕΣΣΧΡΠΔΕΗΛΔΕΖΚΛΕ
1 2 3 4 5
ΛΔΕΛΔΕΖΗ V ΓΣΔΕΛΔΤΛΔΕΖΗΥΛΔΠΔΗΚΛΧΛΔΕ V ΖΣΧΡ
6 7 8 9 10 11 12
ΓΣΔΕΕΖΣΧΡΠΔΕΛΡΔΠΔΗΚΛΖΣΧ
13 14

30 ①

ㅕɿ℁℀№ℛɿ⊐ℓℝ℧ℚ℞ℚ℆∋℃℁℀ℊℚ⅄ℙƐ℆₵
(1: ℁, 2: ℁)

℡ȜℝℚℍℋΞ℔ℓ℁℀ℛ⊐ℝ∋℆₵℅℁℁
(3: ℁, 4: ℁, 5: ℁)

유형 훈련 문제 6회

P. 72~74

01	②	02	①	03	②	04	①	05	①
06	①	07	①	08	②	09	②	10	①
11	①	12	②	13	②	14	①	15	①
16	①	17	①	18	①	19	①	20	①
21	①	22	②	23	①	24	②	25	①
26	③	27	③	28	②	29	③	30	④

01 ②

♀※ ¥ ☆ @$ £ ◎ - 크로톤 녹보수 관음죽 금전수

'@$ = 백량금', '%& = 관음죽'이므로 옳지 않다.

02 ①

03 ②

¥ ☆ Å▽ %& ※@ - 녹보수 떡갈잎 관음죽 금전수

'※@ = 벤자민', '£ ◎ = 금전수'이므로 옳지 않다.

04 ①

05 ①

06 ①

07 ①

08 ②

ㄹa7 ㅇn7 ㄷw2 ㅎf5 - 20 52 09 65

'ㄷw2 = 97', 'ㅂk8 = 09'이므로 옳지 않다.

09 ②

ㅋw9 ㄴq6 ㅁd1 ㅇn7 - 30 73 28 52

'ㄴq6 = 68', 'ㅊs6 = 73'이므로 옳지 않다.

10 ①

11 ①

12 ②

ㄗ ㄤ Й Ӂ - SH QH EK SK

'ㄤ = GO', 'ӛ = QH'이므로 옳지 않다.

13 ②

Ӂ ¥ ӵ ㄩ - SK RK WK DH

'ㄩ = FS', 'ㄘ = DH'이므로 옳지 않다.

14 ①

15 ①

16 ①

17 ①

18 ①

19 ①

20 ①

21 ①

22 ②

㉨㉦㉤㉩ - ▲◇○■

'㉦ = ◆', '㉪ = ◇'이므로 옳지 않다.

23 ①

24 ②

㉤㉡㉨㉦ - ○△■◆

'㉨ = ▲', '㉩ = ■'이므로 옳지 않다.

25 ①

26 ③

as scarce as truth is, the supply has always been in
1 2 3 4 5 6 7
excess of the demand.
89

27 ③

범복문오금대소복낮끝동복낮음복오비복소금남범
1 2 3 4 5
속귀복대도동서의복속
6 7

28 ②

우리나라의 사회봉사명령은 다양한 법적 근거에 의하여, 폭
1
넓은 대상자에 대하여 갖가지 형태로 집행되고 있다.
2 3 4 5

29 ③

every cloud has a silver lining.
1 2 3

30 ④

1년간의 행복을 위해서는 정원을 가꾸고, 평생의 행복을 원
1 2 3
한다면 나무를 심어라.
45 6

유형 훈련 문제 7회 P. 75~77

01	①	02	②	03	①	04	②	05	②
06	②	07	①	08	①	09	①	10	②
11	①	12	②	13	②	14	①	15	①
16	①	17	②	18	①	19	②	20	①
21	①	22	①	23	①	24	②	25	②
26	③	27	④	28	①	29	③	30	④

01 ①

02 ②

봉쥬르 보떼 메르시 쎄뚜 - op rp mp wo

'쎄뚜 = cu', '쉬퐁 = wo'이므로 옳지 않다.

03 ①

04 ②

쎄씨봉 보떼 마담 봉쥬르 - so rp pu rp

'봉쥬르 = op', '보떼 = rp'이므로 옳지 않다.

05 ②

쥬뗌므 메르시 쉬퐁 쎄씨봉 - kh mp pu so

'쉬퐁 = wo', '마담 = pu'이므로 옳지 않다.

06 ②

ㅇㅉ ㄴㅅ ㅍㄴ ㅈㅎ - ♨ ♤ ⊙ ♧

'ㅍㄴ = ◐', 'ㅋㅅ = ⊙'이므로 옳지 않다.

07 ①

08 ①

09 ①

10 ②

ㄲㅅ ㄹㄲ ㅂㄸ ㅊㅁ - ▩ ▨ ◈ ♨

'ㅊㅁ = ☎', 'ㅇㅉ = ♨'이므로 옳지 않다.

11 ①

12 ②

♁ ⚠ ☿ ⚥ - 꿨 꿓 꿍 꿎

'☿ = 꿸', '⚤ = 꿍'이므로 옳지 않다.

13 ②

☿ ⊶ ⚦ ⚤ - 꿜 꿩 꿋 꿉

'⚤ = 꿍', '⚢ = 꿉'이므로 옳지 않다.

14 ①

15 ①

16 ①

17 ②

30F 49B 79J 20A - □ ◉ ■ ◈

'79J = ▣', '23G = ■'이므로 옳지 않다.

18 ①

19 ②

24E 78P 54T 79J - ▲ ◐ ◎ ▣

'78P = ◑', '54N = ◐'이므로 옳지 않다.

20 ①

21 ①

22 ①

23 ①

24 ②

Ɵ9 Ø3 I7 У6 G˜5 - ⪢ ⪣ ʎ ⱱ ⪡

'У6 = ʎ', 'T8 = ⱱ'이므로 옳지 않다.

25 ②

ɦ0 У6 Ɵ9 Ø3 T8 - ⪡ ʎ ⪢ ⪣ ʎ

'T8 = ⱱ', 'Ʉ1 = ʎ'이므로 옳지 않다.

26 ③

모든 사람(1)으로(2)부터 사랑(3)받는 것이 중요한 것이 아니라(4) 사랑(5)하는 사람(6)으로(7)부터 사랑(8)받는 것이 인생의 행복이다.

27 ④

ㄲ ㄸ(1) ㄺ ㅃ ㄸ(2) ㄳ ㄶ ㄻ ㄼ ㅄ ㅆ ㄳ ㄶ ㄲ ㄸ(3) ㅆ ㅃ ㄳ ㄶ ㅄ ㅆ ㄳ ㅄ ㅄ ㅆ ㄸ(4) ㄲ ㅃ ㄶ ㄻ

28 ①

ΦΦ〒亞±(1)⊥亞Φ⊤〒亞ΦΦ亞±(2)⊤〒亞ΦΦ亞亞ΦΦ⊥亞⊤Φ亞±(3)⊤〒亞Φ〒亞±(4)⊥亞Φ⊤〒亞±(5)⊤

29 ③

♣♧◀♤♡▷◁▶♡♣♥▷◀♠♣♡♤▷♠♣▶◁▷▶♡
♣♥▷◀♠♣♡♤▷♠♤♡▷◁▶♡♣♣▶◁▷

30 ④

1364843213584321685432151321641201564321545

유형 훈련 문제 8회

P. 78~80

01	②	02	①	03	②	04	①	05	①
06	①	07	①	08	②	09	②	10	①
11	①	12	①	13	①	14	②	15	②
16	②	17	①	18	①	19	②	20	①
21	①	22	②	23	②	24	①	25	②
26	②	27	③	28	①	29	②	30	④

01 ②

ase dpg vpf drr - ◈0 △8 ♣9 ♥3

'vpf = ♡5', 'gto = ♣9'이므로 옳지 않다.

02 ①

03 ②

gto nfo kop lwq - ♣9 ☆9 ◎2 △8

'lwq = ■0', 'dpg = △8'이므로 옳지 않다.

04 ①

05 ①

06 ①

07 ①

08 ②

태국 스페인 독일 핀란드 - co uo ap mb

'핀란드 = hq', '헝가리 = mb'이므로 옳지 않다.

09 ②

네팔 브라질 헝가리 칠레 - se pr uo sp

'헝가리 = mb', '스페인 = uo'이므로 옳지 않다.

10 ①

11 ①

12 ①

13 ①

14 ②

138 482 291 284 - SEO PAK LEE CHO

'482 = EAN', '813 = PAK'이므로 옳지 않다.

15 ②

921 284 813 291 - RYU CHO PAK EAN

'291 = LEE', '482 = EAN'이므로 옳지 않다.

16 ②

음악 녹음 악보 가요 - げ ひ を む

'가요 = ゐ', '가사 = む'이므로 옳지 않다.

17 ①

18 ①

19 ②

음계 가수 가요 가사 - ぼ あ げ む

'가요 = ゐ', '음악 = げ'이므로 옳지 않다.

20 ①

21 ①

22 ②

ㅓ ㅕ ㅗ ㅛ - Ⅶ Ⅳ Ⅸ H

'ㅗ = Ⅹ', 'ㅜ = Ⅸ'이므로 옳지 않다.

23 ②

ㅑ ㅠ ㅗ ㅜ - Ⅲ Π Ⅹ Ⅸ

'ㅑ = Ⅱ', 'ㅣ = Ⅲ'이므로 옳지 않다.

24 ①

25 ②

ㅕ ㅓ ㅑ ㅠ - Ⅳ Ⅶ Ⅸ Π

'ㅑ = Ⅱ', 'ㅜ = Ⅸ'이므로 옳지 않다.

26 ②

16558912135034923052493156274932651068505
12 3 4 5 6 7 8

27 ③

교육이란 화를 내거나 자신감을 잃지 아니하고도 거의 모든
1 2 3 4 5 6
것에 귀 기울일 수 있는 능력이다.
78 9

28 ①

1877274397491275891832779182518972349827 1948
1 2 3 4
797291398479217294327950083408627 01392
5 6

29 ②

ΦΦΦ⍋⍋Φ ΦΦ⍋⍋ ⍭ ΦΦ⍋⍋Φ ΦΦ⍋⍋ ⍑ ⍊ Φ⊤⊥
1 2 3 4 5
Φ⊤⊥Φ⍋
6

30 ④

당신이 아무리 올바른 길 위에 서 있다고 해도 제자리에 가
1 2 3 4 5
만히 있는다면 어떤 목표도 이룰 수 없다.
67

유형 훈련 문제 9회 P. 81~83

01	②	02	②	03	②	04	①	05	②
06	①	07	②	08	①	09	①	10	②
11	①	12	①	13	①	14	①	15	②
16	①	17	②	18	①	19	①	20	②
21	①	22	①	23	②	24	①	25	②
26	④	27	①	28	④	29	①	30	②

01 ②

佳 加 干 江 - 과학 국사 물리 영어

'江 = 음악', '各 = 영어'이므로 옳지 않다.

02 ②

甘 加 艮 介 - 화학 국사 물리 수학

'艮 = 체육', '干 = 물리'이므로 옳지 않다.

03 ②

各 可 巨 佳 - 영어 역사 미술 수학

'佳 = 과학', '介 = 수학'이므로 옳지 않다.

04 ①

05 ②

巨 廿 可 介 - 미술 화학 역사 영어

'介 = 수학', '各 = 영어'이므로 옳지 않다.

06 ①

07 ②

sop elm woi ald - ij ŋ ħ đ

'ald = b', 'zpd = đ'이므로 옳지 않다.

08 ①

09 ①

10 ②

cou ald zpd hsu - ŧ b ø æ

'zpd = đ', 'qcn = ø'이므로 옳지 않다.

11 ①

12 ①

13 ①

14 ①

15 ②

尐 尔 未 寸 - 골프 수영 하키 축구

'未 = 양궁', '尘 = 하키'이므로 옳지 않다.

16 ①

17 ②

⌨ ⌘ ⚲ ♯ - 32 08 36 04

'⚲ = 96', '⌬ = 36'이므로 옳지 않다.

18 ①

19 ①

20 ②

⋙a⋘ ∟ ⚲ ⏲ - 00 12 96 24

'⋙a⋘ = 20', '⊕ = 00'이므로 옳지 않다.

21 ①

22 ①

23 ②

852 258 963 321 - 풍선 호두 마차 놀이

'321 = 만두', '369 = 놀이'이므로 옳지 않다.

24 ①

25 ②

369 258 852 456 - 놀이 호두 과자 설탕

'852 = 풍선', '789 = 과자'이므로 옳지 않다.

26 ④

13529752413642965165721346811674346164518
1 2 3 4

27 ①

ΧΘΓΣΔΛΠΞΡΣΤΥΦΧΨΩΣΦΠΠΞΡΘΓΣΦ
1 2 3 4
ΧΠΞΧΨΘΓΥΣΠΞΧΨ
5

28 ④

↗↖↓↑←↖↗→↓↖↗↙↘↙↖↑↘↘↙↙←↖↗↖↓↖↗
1 2 3 4 5 6 7
↑↑↖↗↑←↑↖→↗↑→↓→↓↖↑↖↗↑←↓↑→→↓
8 9 10 11
↖↑←↖↗↑→↓↑→↗→
12 13

29 ①

785612235489785623215423568989897854562123 56
1 2 3 4
5623212323545654787889898978785456 23
5 6 7 8

30 ②

(기호 나열)
1 2 3
4 5 6 7

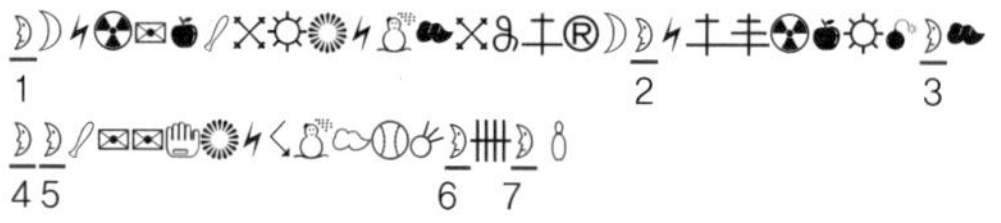

유형 훈련 문제 10회 P. 84~86

01	②	02	①	03	②	04	①	05	②
06	②	07	②	08	①	09	②	10	①
11	①	12	①	13	①	14	②	15	②
16	②	17	①	18	②	19	①	20	①
21	②	22	①	23	②	24	①	25	①
26	③	27	③	28	②	29	①	30	④

01 ②

人 ㅋ 口 里 - ㉣6 ㉮9 ㉯2 ㉰5

'里 = ㉣0', 'ㄹ = ㉰5'이므로 옳지 않다.

02 ①

03 ②

口 禾 十 里 - ㉯2 ㉱8 ㉲1 ㉣0

'十 = ㉳3', '力 = ㉲1'이므로 옳지 않다.

04 ①

05 ②

里 ㅋ 十 人 - ㉣0 ㉮9 ㉳3 ㉴4

'人 = ㉥6', '彡 = ㉴4'이므로 옳지 않다.

06 ②

Π Z xii Ⅻ - 좁쌀풀 절굿대 엉겅퀴 끈끈이

'Ⅻ = 곤드레', 'ix = 끈끈이'이므로 옳지 않다.

07 ②

iii Σ xii V - 장구채 참마 옥잠화 뻐꾹채

'xii = 엉겅퀴', 'i = 옥잠화'이므로 옳지 않다.

08 ①

09 ②

Ⅵ Σ Ⅻ Z - 가위풀 참마 곤드레 장구채

'Z = 절굿대', 'iii = 장구채'이므로 옳지 않다.

10 ①

11 ①

12 ①

13 ①

14 ②

固 告 沽 古 - 7940 2986 9682 1725

'古 = 1348', '尻 = 1725'이므로 옳지 않다.

15 ②

沽 叩 固 故 - 1348 5389 7940 4951

'沽 = 9682', '古 = 1348'이므로 옳지 않다.

16 ②

KFK ZPZ FKF AXA - ◐ ◓ ◩ ◨

'AXA = ◧', 'LPL = ◨'이므로 옳지 않다.

17 ①

18 ②

ZPZ XAX SOS FKF - ◓ ◑ ◪ ◩

'XAX = ◒', 'DOD = ◑'이므로 옳지 않다.

19 ①

20 ①

21 ②

♄ ♃ ♆ ♂ - 경주 포천 강릉 목포

'♃ = 대전', '♇ = 포천'이므로 옳지 않다.

22 ①

23 ②

♆ ♂ ♄ ♀ - 강릉 목포 경주 청주

'♀ = 부산', '♁ = 청주'이므로 옳지 않다.

24 ①

25 ①

26 ③

오래된 흑백 사진 한 장 빛바랜 시간 속에 사라진 별들의
1 2 3 4
이름 모를 비목 우리가 있는 이유
5 6 7 8 9

27 ③

☎✉♖♜☎♨✈⚖☎♄♋☪☎☹⛄☂☝♌☎☼☣
1 2 3 4 5
☤☎♆♈☎♗♣☎☥☎☂☕☙♗☹☹
6 7 8 9

28 ②

☆★○●▼◎●○★▼☆▽▼▲△■◆▼□◇▼◎◆□▼
1 2 3 4 5 6
●★☆▼★○●◎◇▼▽▼△▼■
7 8 9 10

29 ①

우리는 명예와 신의를 지키며 전우애로 굳게 단결한다.
1 2 3 4 5 6 7

30 ④

364758924036987451025366352110459862774123 21
1 2 3 4 5
8956325140785963284971232001 42
6 7 8

실전 연습 문제									P. 87~92
01	①	02	①	03	①	04	①	05	①
06	①	07	①	08	②	09	①	10	②
11	①	12	②	13	①	14	①	15	②
16	②	17	①	18	②	19	①	20	②
21	①	22	②	23	①	24	②	25	①
26	①	27	③	28	④	29	②	30	①

01 ①

02 ①

03 ①

04 ①

05 ①

06 ①

07 ①

08 ②

3ज़4 8द2 9त्त8 7ध4 - 뙤 뛔 뗑 뗘

'8द2 = 땡', '7ढ8 = 뛔'이므로 옳지 않다.

09 ①

10 ②

5ड6 7ध4 7ढ8 9त्त8 - 떰 뗘 뛔 땡

'9त्त8 = 뗑', '8द2 = 땡'이므로 옳지 않다.

11 ①

12 ②

456 856 742 694 – RLH AFS FKR IOP

'456 = LIS', '058 = RLH'이므로 옳지 않다.

13 ①

14 ①

15 ②

453 694 856 456 – LVF IOP GEF LIS

'856 = AFS', '234 = GEF'이므로 옳지 않다.

16 ②

CSR IPE JEB ICM – 논 높 놈 녹

'ICM = 놔', 'BDA = 녹'이므로 옳지 않다.

17 ①

18 ②

KIA DMZ CSR FSO – 놔 놋 논 놉

'KIA = 놓', 'ICM = 놔'이므로 옳지 않다.

19 ①

20 ②

BDA BSC KIA HUD – 녹 농 놈 놂

'KIA = 놓', 'JEB = 놈'이므로 옳지 않다.

21 ①

22 ②

qs qi qo qa - 丹 囪 呂 女

'qa = 來', 'qp = 女'이므로 옳지 않다.

23 ①

24 ②

qo qp qu qy - 呂 丹 奈 金

'qp = 女', 'qs = 丹'이므로 옳지 않다.

25 ①

26 ①

순간을 사랑하라. 그러면 그 순간의 에너지가 모든 경계를 넘
1 2 3
어 퍼져나갈 것이다.
4

27 ③

⌘⊽⏱⦰⌖◫∩☸□⌘⌬◺⌀#⌘⍟⍾ø⏱⌬⇨◺
1 2 3
⊳⌑♾⌓⌀♾⌛□⌘☸◎∩Φ⌖⌿⍾◎⍟⌘☸⌘
4 5 6
⎅◫☸⌘⎅♾⊽
7

28 ④

이 땅을 지키는 가장 든든한 힘, 국가 방위의 중심군! 바로
1 23 4 5
대한민국 육군입니다!
67 8 9

29 ②

ⓧⓙⓓⓚⓤⓡⓘⓚⓜⓝⓟⓛⓜⓑⓒⓘⓔⓓⓧⓚⓚⓜⓚⓔⓥ
1 2 3
ⓦⓢⓡⓧⓚⓦⓘⓚⓜⓞⓘⓤⓢⓥⓨⓜⓞⓘⓨⓜⓑⓒⓜⓞⓘ
4 5 6 7
ⓖⓨⓚⓟⓛⓘⓥⓦⓢ

30 ①

₱Pts₤฿₱₰₭£¥$₫฿₭₯₱₥₩฿₵₫₱₣Pts₩₥¤¥₭¥₮₱₮$₭
1 2 3
¥₱₮₯₵₮PtsRs₩₭₯₱Pts₤฿₱$¥¤₮₱₠₭€£₱₵¥฿₠Pts₱₰₮₱₠₤
4 5 6
₥¤₭

1교시 03 언어논리

유형 훈련 문제 P. 161~165

01	①	02	②	03	③	04	⑤	05	⑤
06	⑤	07	④	08	⑤	09	③	10	④

01 ①

㉠의 어떤 일의 중요한 내용을 콕 집어내는 것을 '정곡을 찌르다'라고 말한다. 여기서 천으로 된 과녁의 한가운데를 '정(正)'이라고 하고, 가죽으로 만든 과녁의 한가운데를 '곡(鵠)'이라 한다. ㉡의 이러지도 저러지도 못하는 형편은 '계륵(鷄肋)'이라고 한다.

02 ②

㉠ '일시적'과 ㉡ '지속적'은 반의 관계에 해당하므로, 그와 유사한 것은 ②이다.

- 농후: 맛, 빛깔, 성분 따위가 매우 짙음
- 희박: 기체나 액체 따위의 밀도나 농도가 짙지 못하고 낮거나 엷음

오답 피하기

① 유의 관계이다.
③, ④ 서로 관계가 없다.
⑤ 상하 관계이다.

03 ③

'날이 흐린 걸 보니 곧 비가 오겠네.'에서 '흐린 걸'은 '흐린 것을'의 구어적 표현이다. 이때 '것'은 의존 명사이므로 앞말과 띄어 써야 한다.

오답 피하기

①, ④ '걸'이 가벼운 반박이나 감탄의 뜻을 나타낼 때에는 앞말에 붙여 써야 한다. 이때 '걸'은 '-ㄴ걸, -는걸' 등과 같은 어미의 일부이다.
⑤ '망정'은 붙여 쓰는 '-ㄹ망정'과 띄어 쓰는 '망정'이 있다. '-ㄹ망정'은 '이다'의 어간, 받침 없는 용언의 어간, 'ㄹ' 받침인 용언의 어간 또는 어미 '-으시-' 뒤에 붙어 앞 절의 사실을 인정하고 뒤 절에 그와 대립되는 다른 사실을 이어 말할 때 쓰는 연결 어미로 쓰여서 앞말에 붙여 쓴다.

↑ 1점 더 올리기

붙여 쓰는 접사

- -여: 그 수를 넘음 예 백여 개가 있다.
- -짜리: 그만한 수나 양, 가치를 가진 것 예 백만 원짜리
- -어치: 그 값에 해당하는 분량 예 백 원어치만 사라.
- -씩: 그 수량이나 크기로 나뉘거나 되풀이됨 예 열 개씩

- –꼴: 그 수량만큼 해당함 예 100원꼴
- –당: 마다 예 마리당 삼천 원
- –백: 말씀드림 예 주인백

04 ⑤

'회의를 갖도록 하자'와 '불조심하는 것은 아무리 강조해도 지나치지 않는다'는 영어의 번역투이며(영어의 'have a meeting'과 'it is not too much to~'를 직역), '맑다'는 형용사로 진행형을 쓸 수 없으므로 '맑아지고 있다' 정도로 고쳐야 한다. 따라서 ㉠과 관련 깊은 것은 ⑤이다.

05 ⑤

경수가 '물건을 훔쳤다면(p) → 경찰에게 붙잡혔을 것이다(q)'의 조건에서, '경찰에 붙잡히지 않았다(~q) → 물건을 훔치지 않았다(~p)'를 이끌어 냈으므로 타당한 추론인 '후건 부정' 즉 '대우 명제'이다.

오답 피하기

① 문장을 추론식으로 정리하면, 조건은 '컴퓨터 사양이 좋으면(p) → 작업하기 수월하다(q)'가 된다. 그런데 '좋은 사양의 컴퓨터(p)'에서 '좋은 프로그램을 만들 수 있다'라고 하였다. 따라서 앞의 조건과 상관없는 내용이 나왔으므로 논리적 추론이 될 수 없다.

② '사랑에 빠지면(p) → 꽃을 좋아한다(q)'의 조건에서, 요즘 '꽃을 좋아한다(q) → 사랑에 빠진 것이다(p)'를 이끌어 냈으므로 '후건 긍정의 오류'가 되어 올바른 추론이 될 수 없다.

③ '등산을 하면(p) → 건강이 좋아진다(q)'의 조건에서, '등산을 열심히 하지 않았다(~p) → 건강이 좋아지지 않는다(~q)'를 이끌어 냈으므로 올바른 추론이 될 수 없다.

④ '랍스터가 비싸지 않으면(p) → 많이 먹을 것이다(q)'의 조건에서, '랍스터는 비싸므로(~p) → 많이 먹지 못한다(~q)'를 이끌어 냈으므로 올바른 추론이 될 수 없다.

06 ⑤

㉠의 '달다'는 '글이나 말에 설명 따위를 덧붙이거나 보태다'라는 의미로 쓰이고 있다. 따라서 가장 유사한 의미로 쓰인 것은 ⑤이다.

오답 피하기

① 물건을 일정한 곳에 걸거나 매어 놓다.

② 사람을 동행하거나 거느리다.

③ 물건을 일정한 곳에 붙이다.

④ 이름이나 제목 따위를 정하여 붙이다.

07 ④

기사문은 현재의 상황을 먼저 제시하고 앞으로의 전망으로 마무리하는 구성 방식이 보편적이다. 따라서 [나]에서 정부에서 부안 갯벌을 습지보호지역으로 지정 고시한 사실을 알리고 [가]를 통해 부안 갯벌의 실태를 밝힌 후, [라]에서 습지보호지역으로 지정 고시된 이후에 달라진 내용을 언급하고 [다]를 통해 앞으로의 계획을 정리하는 것이 자연스럽다. 따라서 [나] – [가] – [라] – [다] 순으로 나열하는 것이 적절하다.

08 ⑤

제시문에서 '우리는 다양한 문화에 걸쳐 있는 사람들이 그들의 주된 목표가 외적이기보다는 내적일 때 삶에 더 큰 만족감을 표현할 가능성이 있다는 리차드 라이언의 주장에 동의한다.'라는 부분을 통해 학생들의 동기 부여는 내적 요인에 중점을 두었을 때 더욱 효과적임을 알 수 있다. 내적 요인은 자신이 일을 하는 과정에서 느끼는 즐거움이나 성취감을 중요시하는 것이므로, 목표를 이루려는 이유로 정신적 요소를 제시한 ⑤가 적절하다.

오답 피하기

①, ②, ③, ④ 목표를 이루려는 이유가 금전적 보상이나 승진 등의 물리적 요인인 외적 동기에 해당한다.

09 ③

'분석'은 '얽혀 있거나 복잡한 것을 풀어서 개별적인 요소나 성질로 나눔'을 의미한다. 따라서 '한 종류의 화합물이 두 가지 이상의 간단한 화합물로 변화함'을 의미하는 '분해'가 더 적절하다.

오답 피하기

① '현상'은 나타나 보이는 현재의 상태를 의미하므로 적절한 표현이다.

② '상응'은 서로 응하거나 어울림을 의미하므로 적절한 표현이다.

④ '희대'는 세상에 드묾을 의미하므로 적절한 표현이다.

⑤ '필요'는 반드시 요구되는 바가 있음을 의미하므로 적절한 표현이다.

10 ④

제시문에서는 4단계로 나뉘는 감염병 위기경보 수준을 설명하며, 각 단계에 따라 달라지는 정부의 주요 대응 활동에 관해 이야기하고 있다. 따라서 글의 제목으로 '감염병 위기경보 단계별 특징'이 가장 적절하다.

실전 연습 문제 P. 166~181

01	④	02	①	03	⑤	04	①	05	③
06	⑤	07	⑤	08	③	09	⑤	10	②
11	④	12	①	13	②	14	⑤	15	②
16	②	17	②	18	④	19	④	20	④
21	⑤	22	③	23	④	24	②	25	③

01 ④

끝소리가 'ㄹ'인 말과 딴 말이 어울릴 적에 'ㄹ' 소리가 'ㄷ' 소리로 나는 것은 'ㄷ'으로 적는다. 예 사흗날, 삼짇날, 이튿날

오답 피하기

① 한자음 '라, 래, 로, 뢰, 루, 르'가 단어의 첫 머리에 올 적에는, 두음 법칙에 따라 '나, 내, 노, 뇌, 누, 느'로 적지만, 단어의 첫 머리 이외의 경우에는 본음대로 적는다. 따라서 '가정난'은 '가정란'으로 수정해야 한다.

② 끝소리가 'ㄹ'인 말과 딴 말이 어울릴 적에 'ㄹ' 소리가 나지 아니하는 것은 아니 나는 대로 적는다. 따라서 '달달이'는 '다달이'로 수정해야 한다.

③ 어간의 끝음절 '하'가 아주 줄 적에는 준 대로 적는다. 따라서 '넉넉하지 않다'가 줄어들 때, '넉넉치 않다'는 '넉넉지 않다'로 수정해야 한다.

⑤ 어간 뒤에 자음으로 시작된 접미사가 붙어서 된 말은 어간의 원형을 밝히어 적지만, 겹받침의 끝소리가 드러나지 않는 것은 소리대로 적는다. 따라서 '넓따란'은 '널따란'으로 수정해야 한다.

02 ①

'본전이 빠지다'에서 '빠지다'는 '어느 정도의 이익이 남다'의 의미로 쓰였다. 이와 같은 의미로 사용된 것은 ①이다.

오답 피하기

② 원래 있어야 할 것에서 모자라다.

③ 박힌 물건이 제자리에서 나오다.

④ 속에 있는 액체나 기체 또는 냄새 따위가 밖으로 새어 나가거나 흘러 나가다.

⑤ 살이 여위다.

03 ⑤

제시된 문장의 '받쳐'는 '바쳐'로 고쳐야 한다. '바치다'는 '신이나 웃어른에게 정중하게 드리다, 반드시 내거나 물어야 할 돈을 가져다주다, 도매상에서 소매상에게 단골로 물품을 대어 주다, 무엇을 위하여 모든 것을 아낌없이 내놓거나 쓰다'의 의미이다.

오답 피하기

① 받치다: 화 따위의 심리적 작용이 강하게 일어나다.

② 받히다: '받다(머리나 뿔 따위로 세차게 부딪치다)'의 피동사로, 머리나 뿔 따위에 세차게 부딪히다.

③, ④ 받치다: 물건의 밑이나 옆 따위에 다른 물체를 대다.

04 ①

제시문을 보면 다른 아이들은 처음부터 끝까지 할머니를 열심히 도와드리지만, 섈리는 일을 하기 싫어서 꾀를 내어 쓸데없는 옥수수 줄기로 자루를 가득 채워 옮겼다. 그런데 할머니는 마지막에 따온 자루를 선물이라며 집으로 가져가라고 한 것이다. 따라서 섈리는 옥수수를 한 자루도 얻지 못한 채 집으로 돌아가야 했다. 이에 가장 적절한 한자성어는 '고생 끝에 즐거움이 온다'는 의미의 '고진감래(苦盡甘來)'이다.

오답 피하기

② 살신성인(殺身成仁): '자신의 몸을 죽여 인(仁)을 이룬다'는 뜻으로, 자기의 몸을 희생하여 옳은 도리를 행한다는 말이다.

③ 설상가상(雪上加霜): '눈 위에 또 서리가 내린다'는 뜻으로, 어려운 일이 겹치거나 환난(患難)이 거듭됨을 비유하여 이르는 말이다.

④ 전화위복(轉禍爲福): '화가 바뀌어 오히려 복이 된다'는 뜻으로, 어떤 불행한 일이라도 끊임없는 노력과 강인한 의지로 힘쓰면 불행을 행복으로 바꾸어 놓을 수 있다는 말이다.

⑤ 부화뇌동(附和雷同): '우레 소리에 맞춰 함께 한다'라는 뜻으로, 자신의 뚜렷한 소신 없이 그저 남이 하는 대로 따라가는 것을 의미한다.

05 ③

㉠의 '감동받은 사람들'은 말하는 자의 허세에 속거나, 자신들의 판단력 부족으로 주체성을 잃어버린 사람으로 볼 수 있다. 따라서 겉보기에는 먹음직스러운 빛깔을 띠고 있지만 맛은 없는 개살구라는 뜻으로, 겉만 그럴듯하고 실속이 없는 경우를 비유적으로 이르는 말인 '빛 좋은 개살구'가 적절하다.

오답 피하기

① 겉으로는 위하여 주는 체하면서 속으로는 해를 끼친다는 말

② 말만 잘하면 어려운 일이나 불가능해 보이는 일도 해결할 수 있다는 말

④ 자그마한 나쁜 일도 자꾸 해서 버릇이 되면 나중에는 큰 죄를 저지르게 된다는 말

⑤ 내 사정이 급하고 어려워서 남을 돌볼 여유가 없음을 비유적으로 이르는 말

06 ⑤

'웃-' 및 '윗-'은 명사 '위'에 맞추어 '윗-'으로 통일한다고 규정하고 있다. 한편 '아래, 위'의 대립이 없으면 '웃-'으로 적는다. 잇몸의 경우 아래, 위의 대립이 있으므로 '윗잇몸'이 맞다.

오답 피하기

① 그달의 몇째 되는 날로 잘 모르는 날을 물을 때에는 '며칠'이라고 써야 한다.
② 명사 뒤에 자음으로 시작된 접미사가 붙어서 된 것이기 때문에 원형을 밝혀 적어야 한다. 따라서 '불만을 길게 늘어놓으며 하소연하는 말'이라는 뜻으로 '넋두리'로 고쳐야 한다.
③ 순 우리말과 한자어로 된 합성어로서 앞말이 모음으로 끝난 경우 뒷말의 첫소리가 된소리로 나는 것은 사이시옷을 받쳐 적는다. 예 귓병, 아랫방, 자릿세, 전셋집
④ '겉으로 대강 짐작하여 헤아리다'는 뜻으로 '겉잡아서'라고 써야 한다.

07 ⑤

제시된 문장에서 '다리'는 '둘 사이의 관계를 이어 주는 사람이나 사물을 비유적으로 이르는 말'의 의미로 사용되었으므로 '누군가를 통해 문서가 전달되어 왔다'라는 내용으로 해석하는 것이 가장 자연스럽다. 따라서 ⑤가 가장 적절하다.

08 ③

표준어 규정 제7항을 참고하면 수컷을 이르는 접두사는 '수-'로 통일한다. 또한 일부 단어에서는 접두사 다음에서 나는 거센소리를 인정하므로 '수탕나귀'가 바른 표기이다. '숫-'을 사용할 수 있는 단어는 '양, 염소, 쥐'뿐이다.

오답 피하기

① '돌'은 생일, '돐'은 '한글 반포 500돐'처럼 주기의 의미로 세분해 썼던 것을 '돌' 하나로 통합하였다(표준어 규정 제6항).
② '어떤 일을 하기 위해 기회를 이용하다'의 의미를 지니므로 '빌려'라고 표기하는 것이 적절하다.
④ 양성 모음이 음성 모음으로 굳어진 경우 그 형태를 표준어로 삼는다. '깡충깡충'이 표준어이다(표준어 규정 제8항).
⑤ '바라다'의 명사형은 '바람'이다. '바램'의 원형은 '바래다'로 '볕이나 습기를 받아 색이 변하다, 볕에 쬐거나 약물을 써서 빛깔을 희게 하다'의 뜻을 지닌다(표준어 규정 제11항).

09 ⑤

'모든 예술가들이 이를 보편적으로 이용할 수 없기 때문이다'를 통해 추론하면, 문제가 생겨 이를 보완하고자 하는 해결책을 내놓았지만 예술가들에게 실질적인 혜택이 돌아가지 않음을 지적하고 있음을 알 수 있다. 이와 관련 깊은 속담은 '언 발에 오줌 누기'로, 임시변통은 될지 모르나 그 효력이 오래가지 못할 뿐만 아니라 결국에는 사태가 더 나빠짐을 비유적으로 이르는 말이다.

오답 피하기

① 아무리 좋은 일이라도 당사자의 마음이 내키지 않으면 억지로 시킬 수 없음을 비유적으로 이르는 말
② '밑 빠진 독에 아무리 물을 부어도 독이 채워질 수 없다'는 뜻으로, 아무리 힘이나 밑천을 들여도 보람 없이 헛된 일이 되는 상태를 비유적으로 이르는 말
③ 쓸데없는 것이라도 없어진 뒤에는 아쉬움이 남는다는 뜻
④ 손해를 크게 볼 것을 생각지 않고 자기에게 마땅치 아니한 것을 없애려고 그저 덤비기만 하는 경우를 이르는 말

10 ②

제시문은 교통 상황과 회의 방식을 소재로 흐름을 조정하는 일의 중요성을 전달하고 있다. 또한 '경찰이라면 즉시 그 상황을 보고 일시적인 필요에 맞게 교통 방향의 흐름을 조정할 것이다. 회의의 엄격한 규칙에도 같은 방식이 적용된다'를 통해서도 회의에서는 중재자의 역할이 중요함을 말하고 있다. 따라서 빈칸에 들어갈 말로 '섬세한 중재자'가 가장 적절하다.

11 ④

㉠ 호남고속철도 오송~광주 구간이 2009년에 공사를 시작했다는 의미이므로 '착공'이 들어가야 한다.
㉡ 호남고속철도 오송~광주 구간이 2009년에 공사를 시작하여 2016년에 마무리되었다는 의미이므로 '완공'이 들어가야 한다.
㉢, ㉣ 광주~목포 구간은 오송~익산 구간이 완공되기 전에 공사를 시작하여 2017년까지 완성할 계획이라는 의미이므로 '개통'과 '예정'이 들어가야 한다.
㉤ 호남고속철도 사업에 들어가는 자본이 10조 5,000억 원이라는 의미이므로 '투입'이 들어가야 한다.

1점 더 올리기

- **착공**: 공사를 시작함
- **완공**: 공사를 완성함
- **준공**: 공사를 다 마침

완공은 공사가 완료됐지만 법적, 행정적 절차가 남아 있는 상태이고, 준공은 공사가 완료되었음을 행정 관청에서 확인하고 승인하는 작업까지 모두 마친 상태이다.

12 ①

'많은 사람들이 보증'했다는 내용을 통해 '군중에 호소하는 오류'와 '○○○ 교수도 추천한 책'이라는 내용을 통

해 '잘못된 권위에 호소하는 오류'를 확인할 수 있다.

㉠ 85% 사람들의 견해를 바탕으로 추측하고 있으므로, '군중에 호소하는 오류'에 해당한다.

㉡ 아인슈타인은 위대한 과학자이기는 하지만 그가 말한 모든 것이 사실이라고 믿을 근거는 되지 않는다. 따라서 '잘못된 권위에 호소하는 오류'에 해당한다.

오답 피하기

㉢ 일반적인 법칙을 특수한 경우에 적용하고 있으므로 '우연의 오류'에 해당한다.

㉣ 증거가 없어서 유죄라고 판단을 내리고 있으므로 참으로 증명되지 않은 명제나 전제에 대해 아직까지 참이나 거짓으로 증명되지 않았다는 것을 근거로 결론을 이끌어 내는 '무지에 호소하는 오류'에 해당한다.

13 ②

제시문은 휘발유세가 높아야 하는 이유로 세 가지 문제를 해결할 수 있는 '교정적 역할'을 수행하기 때문이라고 설명하고 있다. 따라서 글의 제목으로 '높은 휘발유세의 정당성'이 가장 적절하다.

오답 피하기

① 휘발유세의 용도에 대한 내용은 제시되어 있지 않다.

③ 높은 휘발유세가 가져오는 결과에 대한 내용일 뿐, 이를 도입하게 된 배경에 대한 내용은 아니다.

④ 휘발유세가 지속적으로 인상된 통계 자료 등은 제시되어 있지 않다.

⑤ 높은 휘발유세가 대기 오염을 줄이는 데 기여한다는 내용뿐이므로 적절하지 않다.

14 ⑤

휴보가 고개를 까딱이거나 팔을 접을 수 있고, 손가락도 구부릴 수 있는 것은 41개의 모터가 작동하기 때문이다. 감속기의 역할은 모터의 힘을 조절하여 움직임을 부드럽고 유연하게 만드는 데 있다.

오답 피하기

① '로봇도 자연스럽게 걷기 위해서는 ~ 발바닥 센서를 이용한다'를 통해 알 수 있다.

② '센서가 감지한 모든 정보는 가슴에 있는 메인 컴퓨터에 보내지고'를 통해 알 수 있다.

③ '휴보의 경우에는 몸 전체의 기울기를 감지하는 센서가 배꼽에 있다'를 통해 알 수 있다.

④ '인간은 관절, 인대, 근육 덕분에 각 관절이 자유롭게 움직인다'를 통해 알 수 있다.

15 ②

제시문의 두 번째 문단을 보면 건강보험이 청소년을 비롯하여 난임 여성이나 노인을 위한 보장 확대로 이루어졌다고 하였으므로 저출산 문제를 우선적으로 확대했다는 내용은 적절하지 않다.

오답 피하기

① '가계의 의료비 직접 부담 비율은 36.8%(OECD 평균은 19.6%)로 국민이 부담하는 의료비가 선진국에 비해 매우 높은 편이다'를 통해 확인할 수 있다.

③ '시행 2년 동안 아동·청소년을 ~ MRI 검사 등에 건강보험을 적용하였다'를 통해 확인할 수 있다.

④ 마지막 문단에서 우리나라는 고령화 속도가 세계 1위라는 점을 통해 추론할 수 있다.

⑤ 두 번째 문단에서 2017년부터 2019년에 이르기까지 단계적으로 건강보험 보장이 확대되었음을 알 수 있다.

16 ②

㉠ 의뭉스럽다: 보기에 겉으로는 어리석어 보이나 속으로는 엉큼한 데가 있다.

㉡ 직신거리다: 지그시 힘을 주어 자꾸 누르다.

㉢ 헛헛하다: 배 속이 빈 듯한 느낌이 있다.

㉣ 시나브로: 모르는 사이에 조금씩 조금씩

17 ②

빈칸 앞에 '왜냐하면'이라는 접속사가 나왔으므로 앞 내용에 관한 이유와 근거에 해당하는 내용이 나와야 한다. 빈칸 앞의 내용을 정리하면 '의사가 태어난 아이에게 앞으로 어떤 시기에, 어떠한 병에 걸릴 것인지를 알려주는 것은 불가능하다'이다. 한편 빈칸 뒤의 내용을 정리하면 '주위 환경'에 영향을 받기 때문이라는 정보를 얻을 수 있으며, 모든 선택지의 내용이 '–지만'이라는 어미로 마무리되므로 앞의 내용을 일부 인정하는 내용이 나와야 한다. 따라서 인간의 유전자 정보를 미래의 시기별 형질과 관련지을 수는 있지만 질병 발생의 필수적 요인으로 판단할 수 없다는 맥락이 적절하므로 정답은 ②이다.

오답 피하기

① '단언할 수는 없지만'은 앞 문맥을 인정하거나 요약한 것으로 보기 어려운 표현이다.

③ '오차가 있을 확률이 높다'는 앞 문맥에 대한 비판적인 내용이며, 빈칸 뒤 문장도 부정의 내용을 포함하고 있으므로 '~이지만'과 같은 역접의 표지어로 연결될 수 없다.

④ '성장과 발육'에 대한 내용이 아니다.

⑤ '의심할 만한 과학적 근거'와 관련된 내용을 앞 문맥에서 찾아내기 어렵다.

18 ④

낭독의 중요성을 강조한 부분으로, 반복하여 낭독을 하게 되면 뜻을 모르고도 글을 외울 수 있으며, 그 후에 각 단어들이 의미화되어 이해하기 쉬웠다는 의미이다.

19 ④

제시문은 운석 충돌로 인한 2차적 영향, 즉 '지구의 대기를 비롯한 생존 환경'의 변화 등 간접적인 요인으로 인해 공룡이 멸종하였을 것으로 보고 있다. ④는 운석과의 직접적인 충격으로 공룡이 멸종했다고 추측하고 있으므로 주어진 글의 사례로 보기 어렵다.

20 ④

마지막 문단에 따르면, 등장인물이 카메라를 0도로 직시하면 관객의 시선과 마주치게 되어 관객이 불편함을 느끼게 될 뿐만 아니라, 영화가 단지 허구의 세계일뿐이라는 것을 깨닫게 되어 즐거움이 줄어든다고 하였다.

오답 피하기

① 네 번째 문단의 '동작 컷 규칙'에 해당한다.
② 세 번째 문단의 '동선의 일치 규칙'에 해당한다.
③ 첫 번째 문단에 따르면, 편집의 규칙은 시공간의 연속성을 보장하고 어떠한 의식적인 노력 없이도 관객이 영화를 쉽게 이해하도록 만들기 위한 목적으로 생겨났다고 되어 있다.
⑤ 두 번째 문단의 '180도 규칙'에 해당한다.

21 ⑤

농촌 지역 주민들이 지키고 있는 '삼칠일 관습'이 갓 태어난 아기에게 좋지 않다는 의학적 견해를 근거로, 앞으로는 근절해야 할 풍습임을 주장하는 글이다. 따라서 이 글을 쓴 이유는 '삼칠일 관습의 타파'에 있다. 따라서 중심 문장으로 적절한 것은 ㉤이다.

오답 피하기

①, ②, ③, ④ 모두 '삼칠일 풍속의 타파'라는 주장에 대한 근거에 해당할 뿐, 중심 문장으로 볼 수 없다.

22 ③

'알다시피'는 '알다'의 어간 '알-'에 '-는 바와 같이'라는 뜻을 나타내는 연결 어미인 '-다시피'가 결합하였으므로 맞춤법에 맞게 쓰였다.

오답 피하기

① '알려지지 않은 사실을 보이거나 밝히다'라는 의미이므로 '드러냈다'로 쓰는 것이 옳다.
② 문장의 주어는 '모든 단체가'이므로 능동형 표현을 사용한 '서명하였다'가 옳다.
④ '한숨도 자지 아니하고 밤을 지내다'라는 의미이므로 '새우며'가 옳다.
⑤ 모음이나 'ㄴ' 받침 뒤에 이어지는 '렬, 률'에 한해 '열, 율'로 적으므로 '인상률'이 옳다.

23 ④

도입부에서 돌고래가 수면 부족에 시달리지 않는 이유에 대한 궁금증을 드러내고 있으므로 그에 대한 답변이 이어져야 한다.

먼저 연구팀에서 돌고래들의 시각과 청각에 대해 실험했다는 [가]가 이어져야 한다. 그리고 경고음을 불규칙하게 들려준 청각에 대한 실험과 시각적인 자극이 좀 더 섞여 있는 시각에 대한 실험 내용을 설명한 [다]-[마]가 이어져야 한다. 이에 따라 실험 내용에 대한 연구팀의 설명과 돌고래들이 자면서도 짝을 찾거나 포식자를 알아차릴 수 있다는 결론이 이어져야 한다. 따라서 [가]-[다]-[마]-[나]-[라] 순으로 나열해야 한다.

24 ②

㉠ [가]에서 『뉴욕 타임스』와 『워싱턴 포스트』의 사례를 바탕으로 논란이 되는 화제를 제기하고 있다.
㉡ [나]에서 학계의 일반적인 시각을 보강하기 위해 이 현상을 '선별 효과 이론'과 '보강 효과 이론'으로 뒷받침하고 있다.
㉤ [다]에서 '예를 들어'와 '가령'을 통해 예시의 방법을 사용하고 있음을 알 수 있다.

오답 피하기

㉢ '주장-근거'로 구성된 구조로, 상반된 두 주장이나 제3안은 제시되어 있지 않다.
㉣ 근래 제기된 논란거리를 화제로 제시하고 있으므로 통념에 해당하지 않는다.

25 ③

[다]는 개인의 선택이 매체의 영향을 받지 않는다는 내용이다. 하지만 '공용 화장실 강도 사건 보도'로 모두들 공용 화장실 가는 걸 무서워하게 된 사례는 매체의 영향을 받은 결과이므로 [다]를 뒷받침할 내용으로 적절하지 않다.

오답 피하기

① 단발머리가 유행이라는 것을 매체를 통해 알게 되었어도 민영이는 이를 따르지 않고 있으므로 매체의 영향을 받았다고 볼 수 없다.
② 자신이 좋아하는 연예인의 소문과 관계없이 여전히 좋아하고 있으므로 매체의 영향을 받았다고 볼 수 없다.
④ 자신이 지지하는 후보에 대한 견해가 선거 방송에 의해 달라지지 않았으므로 매체의 영향을 받았다고 볼 수 없다.
⑤ 다큐멘터리에서 게임이 집중력을 떨어뜨린다고 했지만, 게임을 하는 학교 전교 1등을 사례로 제시하고 있으므로 매체의 영향을 받았다고 볼 수 없다.

1교시 04 자료해석

유형 훈련 문제 P. 214~217

01	②	02	②	03	③	04	③	05	④
06	③	07	④	08	④	09	④	10	①

01 ②

제시된 수열은 계차수열이다.

1 → 2 → 4 → 7 → 11 → (16) → 22
(+1, +2, +3, +4, +5, +6)

따라서 빈칸에 들어갈 수는 16이다.

02 ②

생일이 모두 같은 요일이므로 날짜는 7일씩 차이가 나게 된다. A의 생일을 x일이라 하면 B, C, D의 생일은 각각 $(x+7)$일, $(x+14)$일, $(x+21)$일이다. 또한, 생일인 날짜를 모두 더하면 $x+(x+7)+(x+14)+(x+21)=78$이므로

$4x+42=78$

$4x=36$

$x=9$

C의 생일은 $x+14$일이므로 $9+14=23$(일)이다.

따라서 C의 생일은 5월 23일이다.

03 ③

아버지의 나이가 아들의 나이의 2배보다 3살이 더 많아지는 연도를 x년 후라고 하면

$43+x=2(12+x)+3$

$43+x=24+2x+3$

$x=16$

2020년으로부터 16년 후는 2036년이 된다.

04 ③

작년 남학생 수를 x명, 작년 여학생 수를 y명이라고 하면

$$\begin{cases} x+y=800 \\ 1.05x+0.97y=816 \end{cases}$$

두 식을 연립하여 계산하면 $x=500$, $y=300$이다.

따라서 작년 여학생 수가 300명이므로, 올해 여학생 수는 $300\times\frac{3}{100}=9$(명)이 감소한 $300-9=291$(명)이다.

05 ④

$\frac{\text{설탕의 양}}{\text{설탕물의 양}}=\frac{\text{농도}}{100}$와 같다. 8%의 설탕물 200g에 들어간 설탕 16g에서 8%의 설탕물 xg에 들어간 설탕 $0.08x$g이 빠지고 2%의 설탕물 120g에 포함된 설탕 2.4g이 추가된다. 따라서 3%의 설탕물 320g 안에는 $(16-0.08x+2.4)$g의 설탕이 있으므로

$$\frac{16-0.08x+2.4}{320}=\frac{3}{100}$$

$x=110$이다.

06 ③

정국이와 지민이가 받는 용돈의 비가 4 : 3이므로 정국이의 용돈을 $4x$원, 지민이의 용돈을 $3x$원이라 하고, 지출의 비가 7 : 5이므로 정국이의 지출을 $7y$원, 지민이의 지출을 $5y$원이라 하면

정국이의 남은 용돈은 $4x-7y=2{,}000$(원),

지민이의 남은 용돈은 $3x-5y=2{,}000$(원)이다.

두 식을 연립하여 계산하면 $x=4{,}000$, $y=2{,}000$이다.

따라서 정국이의 용돈은 $4\times4{,}000=16{,}000$(원)이다.

07 ④

작년의 학생 수를 x명이라고 하면, 작년에 비해 4%가 증가한 올해의 학생 수는 $1.04x$명이다.

올해의 학생 수는 780명이므로,

$1.04x=780$

$x=750$이다.

08 ④

여자와 남자의 정규직에 대한 비정규직의 임금 비율을 구하면 다음과 같다.

- 여자의 정규직에 대한 비정규직의 임금 비율:

  $\frac{151}{260}\times100\fallingdotseq58.1(\%)$

- 남자의 정규직에 대한 비정규직의 임금 비율:

  $\frac{277}{399}\times100\fallingdotseq69.4(\%)$

따라서 남자의 정규직에 대한 비정규직의 임금 비율은 더 높다.

오답 피하기

① 전체에서 정규직에 대한 비정규직의 임금 비율은 $\frac{192}{361}\times100$ $\fallingdotseq53.2(\%)$이다.

② 정규직과 비정규직 모두 남자의 임금이 여자의 임금보다 높다.

③ 남자의 비정규직에 대한 정규직의 임금 비율은 $\frac{399}{277}\times100\fallingdotseq$ 144.0(%)로, 150%를 넘지 않는다.

09 ④

가장 긴 거리를 운행할 수 있는 자동차는 연비 × 연료탱크 용량으로 구할 수 있다.

- A: 10 × 60 = 600(km)
- B: 8 × 60 = 480(km)
- C: 16 × 50 = 800(km)
- D: 20 × 45 = 900(km)

따라서 D가 연료탱크를 완전히 채웠을 때 추가 주유 없이 가장 긴 거리를 운행할 수 있다.

10 ①

10,000km를 운행하는 데 필요한 차별 연료비를 구하면 다음과 같다.

- A: 10,000 ÷ 10 × 1,700 = 1,700,000(원)
- B: 10,000 ÷ 8 × 1,000 = 1,250,000(원)
- C: 10,000 ÷ 16 × 1,800 = 1,125,000(원)
- D: 10,000 ÷ 20 × 1,700 = 850,000(원)

따라서 10,000km를 운행하는 데 연료비가 가장 많이 드는 차는 A이다.

실전 연습 문제

P. 218~227

01	④	02	④	03	④	04	①	05	③
06	②	07	②	08	③	09	④	10	④
11	④	12	②	13	④	14	②	15	①
16	④	17	②	18	④	19	③	20	④

01 ④

매주 형은 x원, 동생은 $1.5x$원씩 저금을 한다고 하면

$40,000+25x=30,000+25\times1.5x$

$12.5x=10,000$

$x=800$

따라서 매주 형은 800원씩, 동생은 800 × 1.5 = 1,200(원)씩 저금한다.

02 ④

제시된 문자를 숫자로 바꾸면 F = 6, H = 8, W = 23이다. 즉, 제시된 숫자는 6 − 1 − 7 − 8 − 15 − 23 − (　　) − 61이므로 숫자 사이의 규칙은 앞의 항과 다음 항을 더하면 그 다음 항의 숫자가 되는 피보나치 수열이다. 따라서 빈칸에 들어갈 값은 15 + 23 = 38이고, 38(= 26 + 12)번째에 해당하는 문자는 L이다.

03 ④

한국과 미국에서 A제품은 동일한 가치를 가지므로 6,500(원) = 5.5(달러)이다.

환율 = $\frac{\text{원화}}{\text{달러}}$이므로, 달러에 대한 원화의 환율을 구하면 $\frac{6,500}{5.5}\fallingdotseq1,180$(원)이다.

04 ①

2019년 장서 수의 전년 대비 증가율은

$\frac{3,891-3,625}{3,625}\times100\fallingdotseq7.3$(%)이다.

2019년 도서관 수의 전년 대비 증가율은

$\frac{48-46}{46}\times100\fallingdotseq4.3$(%)이다.

따라서 두 증가율의 차이는 7.3 − 4.3 = 3(%p)이다.

05 ③

2020년 각 항목의 전년 대비 증가율을 계산하면 다음과 같다.

- 도서관 수: $\frac{49-48}{48}\times100\fallingdotseq2.1(\%)$
- 좌석 수: $\frac{19.6-18.5}{18.5}\times100\fallingdotseq5.9(\%)$
- 장서 수: $\frac{4,299-3,891}{3,891}\times100\fallingdotseq10.5(\%)$
- 연간 이용자 수: 수치가 감소하였으므로, 계산할 필요가 없다.

따라서 2020년 장서 수의 전년 대비 증가율이 10.5%로 가장 크다.

06 ②

열차의 길이를 xm라고 할 때, 열차가 1,200m와 300m를 완전히 통과하려면 각각 $(1,200+x)$m, $(300+x)$m를 달려야 한다. 이때 열차의 속력은 같으므로

$\frac{1,200+x}{75}=\frac{300+x}{25}$

$30,000+25x=22,500+75x$

$50x=7,500$

$x=150$

따라서 열차의 길이는 150m이다.

07 ②

2017년 국가기관은 전년 대비 사회복무요원 인원수가 감소하였으므로 제외하고 나머지의 증가율을 구하면 다음과 같다.

- 지방자치단체: $\frac{11,591-11,418}{11,418}\times100\fallingdotseq1.5(\%)$
- 공공단체: $\frac{5,588-5,154}{5,154}\times100\fallingdotseq8.4(\%)$
- 사회복지시설: $\frac{10,623-9,658}{9,658}\times100\fallingdotseq10.0(\%)$

따라서 2017년 사회복무요원 인원수의 전년 대비 증가율이 가장 큰 곳은 사회복지시설이다.

오답 피하기

① 공공단체의 사회복무요원 인원수는 2014년부터 2017년까지 3,973명, 4,693명, 5,154명, 5,588명으로 꾸준히 증가하였다.

③ 국가기관의 사회복무요원 인원수는 2,813−2,724=89(명)으로 가장 적게 증가하였다.

④ 지방자치단체 사회복무요원 인원수의 비중은 2014년부터 44.3%, 42.9%, 39.2%, 37.9%로 매년 감소하고 있다.

08 ③

2.5%는 비율로 바꾸면 0.025이므로 320,000,000원의 0.025를 구하여 더하면 된다.

따라서 $320,000,000\times(1+0.025)=328,000,000$(원)으로, 이는 3억 2,800만 원이다.

09 ④

수원의 아파트는 2011년의 매매 가격이 2010년보다 감소하였으므로, 2011년의 매매 가격이 가장 낮다.

오답 피하기

① 매매 가격 변동률의 절댓값이 매년 가장 큰 지역은 서울이다. 따라서 서울의 변화폭이 가장 큰 것을 알 수 있다.

② 의정부는 매매 가격 변동률이 다른 지역 대비 적었다. 따라서 변동률이 가장 작다는 것을 알 수 있다.

③ 인천은 조사 기간 동안 매매 가격 변동률이 양수였기 때문에 2013년에 매매 가격이 가장 높다.

10 ④

6% 소금물과 8% 소금물을 1 : 2의 비로 섞은 후 80g의 물을 부었더니 4%의 소금물이 되었다고 했다. 6% 소금물의 양을 xg, 8% 소금물의 양을 $2x$g이라고 할 때 '소금의 양$=\frac{\text{농도}}{100}\times$소금물의 양'이므로 전체 소금의 양은 $0.06x+0.08\times2x=0.22x$이고,

'$\frac{\text{농도}}{100}=\frac{\text{소금의 양}}{\text{소금물의 양}}$'이므로 $\frac{4}{100}=\frac{0.22x}{3x+80}$이다.

$22x=4(3x+80)\rightarrow10x=320$

$x=32$

따라서 6% 소금물의 양은 32g이다.

11 ④

영남 출신 중 재임 기간이 2년 미만인 공무원의 수가 최소가 되려면 재임 기간 2년 이상인 공무원의 수가 최대가 되면 된다. 재임기간이 2년 이상인 공무원의 수는 $65+43+39=147$(명)이다. 따라서 재임 기간이 2년 미만인 공무원 중 영남 출신은 최소 $297-147=150$(명)이다.

12 ②

9℃ 이상인 날은 전체의 20%이므로 $25\times\frac{20}{100}=5$(일)이다. 이때 11℃ 이상 13℃ 이하인 날은 $25-24=1$(일)이므로 9℃ 이상 11℃ 미만인 계급의 도수는 $5-1=4$(일)이다.

13 ④

계해년과 기사년은 6년부터 시작하여 66년, 126년, … 차이가 난다. 십천간과 십이지신을 이용한 조합에서는 갑자, 을축, …, 기사, …, 경신, …, 계해이므로 [보기]의 설명과 같이 경신환국을 거쳐 기사년이 된 것이라면 적

어도 6년 뒤인 1629년은 될 수가 없다. 따라서 가능한 것은 66년 뒤인 1689년이 된다.

↑ 1점 더 올리기

계해년을 지나 경신년이 되는 최초의 해는 십천간이 '계'에서 '경'으로 바뀌는 7년과 십이지신이 '해'에서 '신'으로 바뀌는 9년의 최소공배수인 63년 후이다. 따라서 기사환국은 63년 후인 경신년보다 이후에 일어나므로 1623+66=1689(년)이다.

14 ②

듣기 영역의 응시자 전체 평균 점수를 x점으로 놓고 T점수를 구하면 $\frac{89-x}{\text{표준편차}} \times 10+50=50$이므로,

$\frac{89-x}{\text{표준편차}} \times 10=0$

따라서 표준편차와 상관없이 응시자 전체 평균이 89점이 되어야 T점수가 50점이 나올 수 있다.

15 ①

㉠ 2020년의 경환자 수는 중환자 수의 $\frac{4,060}{976} \fallingdotseq$ 4.16(배)이므로, 4배 이상이다.

㉡ 2014~2020년의 교통사고 부상자 수는 경환자 수와 중환자 수의 합을 나타내므로, 일일이 계산하지 않아도 2016년이 가장 높은 것을 알 수 있다.

㉢ 2016년 중환자 수는 1,126명이고, 2015년 중환자 수는 906명이다. 따라서 중환자 수는 2015년 대비 2016년에 1,126－906=220(명) 더 적어졌다.

오답 피하기

㉣ 경환자 수가 가장 많은 해는 2016년이다.

16 ④

상대도수는 전체 수에 대한 각 변량의 도수를 비율로 나타낸 것이다. 전체 인원수에 상대도수를 곱하여 각 계급의 인원수를 자연수로 산출하려면 각 계급에 대한 상대도수의 분모가 전체 인원수의 인수가 되어야 한다. 이때 전체 인원수는 3, 4, 6, 8의 공배수이므로 24, 48, 72, … 등이 가능하다. 따라서 정답은 ④이다.

17 ②

몸무게가 60kg 미만인 학생이 전체의 75%라면 60kg 이상인 학생은 전체의 25%이므로

$40 \times \frac{25}{100}=10$(명)이다.

이때 70kg 이상 80kg 미만인 학생은 3명이므로 60kg 이상 70kg 미만인 학생은 10－3=7(명)이다.

18 ④

일한 시간별로 순이익을 계산해 보면,

1시간 일했을 때 4,000원, 2시간 일했을 때 7,000원, 3시간 일했을 때 8,000원, 4시간 일했을 때 7,000원, 5시간 일했을 때 4,000원임을 알 수 있다.

따라서 하루에 최대로 얻을 수 있는 순이익은 3시간 일했을 때의 8,000원이다.

오답 피하기

① 하루에 3시간 일하는 것이 가장 합리적이다.

② 일하는 시간별 순이익은 각각 4,000원, 7,000원, 8,000원, 7,000원, 4,000원으로 뚜렷한 상관관계가 없다.

③ 추가로 발생하는 비용은 계속 증가한다.

19 ③

집에서 공원까지의 거리를 xm라 할 때, 자전거로 매분 180m의 속력으로 달린 형이 도보로 매분 60m의 속력으로 달린 동생보다 20분 먼저 도착했다고 하였으므로

$\frac{x}{60}-\frac{x}{180}=20$

$3x-x=3,600$

$2x=3,600$

$x=1,800$

따라서 집에서 공원까지의 거리는 1,800(m)=1.8(km)이다.

↑ 1점 더 올리기

같은 방향으로 같은 거리를 움직일 경우에는 아래와 같이 빠르게 풀 수 있다.

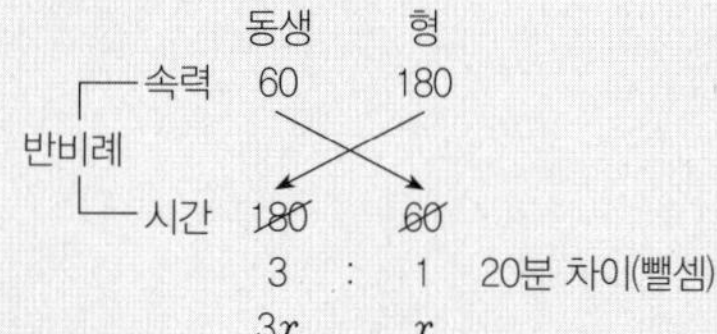

속력이 빠르면 시간은 단축되므로 서로 반비례 관계에 있다는 것을 활용한다.

첫 줄 속력에는 동생과 형의 속력인 60과 180을 적고, 둘째 줄 시간에는 속력의 반대인 180과 60을 적는다. 이때 시간을 x라고 하면 180과 60은 $3x$와 x로 표현할 수 있다.

동생과 형이 걸린 시간은 20분 차이라고 하였으므로

$3x-x=20$(분) → $x=10$(분)

따라서 형이 걸린 시간은 10분, 동생이 걸린 시간은 30분이므로 동생이 이동한 거리는 60×30=1,800(m)이다.

※ 이때 형이 이동한 거리 또한 동생이 이동한 거리와 같다. 형이 이동한 거리는 180×10=1,800(m)이기 때문이다.

20 ④

성적이 80점 이상 90점 미만인 학생 수 16명에 대한 상대도수 0.40을 기준으로 학생 한 명당 상대도수를 구하는 비례식을 구하면

16 : 1 = 0.40 : x이고, 16x = 0.40이므로 x = 0.025이다.

이를 기준으로 빈칸에 알맞은 값을 구하면

A = 8 × 0.025 = 0.2이고, D × 0.025 = 0.15 → D = 6이다.

그렇게 되면 B의 상대도수는

1 − 0.2 − 0.4 − 0.15 = 0.25가 되고,

따라서 B × 0.025 = 0.25 → B = 10이고, E = 40이다.

이때 90점 이상 100점 미만인 학생 수가 6명이므로, 수학 성적이 10번째로 높은 학생이 속한 계급은 80점 이상 90점 미만이다.

오답 피하기

① 16명일 때 상대도수가 0.40이므로 8명일 때 상대도수는 0.2이다. 따라서 A는 0.2이다.

② C는 순서대로 각 계급의 도수를 더한 8+10+16=34이다.

③ 학급의 전체 학생 수는 E=40(명)이다.

2교시 01 상황판단검사

P. 235~249

01

제시문 이해하기

'중간지휘자로서 나이가 어린 상관을 무시하는 부하들을 어떻게 지휘할 것인가'에 대한 상황으로 중간지휘자로서의 리더십과 문제 해결 능력을 판단하는 문제이다.

풀이 TIP

사회와 달리 군대에서는 상하 간의 위계질서가 매우 중요하다. 상급자의 권위를 존중하고 부하들의 인격을 무시하지 않도록 각별히 신경을 써야 한다. 부사관은 장교와 병사를 연결하는 중간 교량의 역할을 하고 병사들과 밀접하게 맞닿아 있어 본보기가 되므로 더욱 더 상관에게 예의를 갖추고 충성심을 보여야 한다.

02

제시문 이해하기

'부하들 간의 갈등 문제를 어떻게 해결할 것인가'에 대한 간부로서의 갈등 관리와 집단 통솔 능력을 판단하는 문제이다.

풀이 TIP

사건 · 사고 발생 → 문제의 원인 및 상황 확인 → 해결 방법 모색(① 본인의 지휘 권한 내 해결 방안 모색, ② 능력 범위 초과 시 상급자 또는 지휘관에게 보고) → 문제점 해결

본인 휘하의 간부든 병사든, 업무 및 생활 등이 개선되지 않는다고 타 부대로 전출 보내는 것은 가장 옳지 못한 지휘 방법 중 하나이다.

03

제시문 이해하기

'부하들의 어려운 상황을 고려하여 조치할 수 있는가'에 대한 리더로서 맡은 임무와 부하들의 어려운 상황 가운데에서 적절하게 두 가지 모두를 충족시킬 수 있는지를 판단하는 문제이다.

풀이 TIP

리더의 판단과 조치는 부대의 전투력에 매우 결정적인 역할을 한다. 부하들을 내 동생같이 생각하는 것도 중요하지만, 그렇다고 해서 부하들의 요구를 무조건 들어주는 것도 좋은 조치라고 할 수 없다. 목표를 정하고 목표를 달성하게 하여 목표 달성에 따른 보상을 하는 것이 전투력 향상과 사기를 올리는 데 좋은 방법이다. 다만 부하들의 능력(체력 등)을 고려하여 목표 설정을 하는 것이 중요하다.

04

제시문 이해하기

'임무 수행 중 판단 착오로 문제가 발생하였을 때 어떻게 대처할 것인가'에 대하여 지휘자로서 상황 판단, 위기 관리 능력을 판단하는 문제이다.

풀이 TIP

주어진 임무를 완수하기 위해 최선을 다하는 것은 군인의 기본적인 자세이며, 어려운 상황에 봉착했을 때 다양한 해결책을 모색하여 부대원들을 이끄는 것이 바로 지휘자의 임무이다. 또한 체력과 사기가 저하된 부하들에게 적절한 휴식을 보장하고, 함께 목표를 달성할 수 있도록 방향을 제시하는 것은 리더가 갖춰야 할 덕목이다.

어려운 상황이라고 해서 임무를 포기하거나 회피하려는 자세는 지양해야 한다.

05

제시문 이해하기

'공과 사의 문제에서 무엇을 더욱 중요하게 생각하겠는가?'의 문제로 간부로서 국가에 대한 충성심과 솔선수범력, 적극성 등을 판단하는 문제이다.

풀이 TIP

새로 옮기게 되는 부대의 상황이 어려울 때 솔선수범하여 적극적으로 부대에 힘을 보태고자 하는 자세는 매우 중요하다. 모든 사적인 생활을 포기하고 공적인 업무에만 전념해야 하는 것은 아니지만, 어려운 상황 속에서도 적극적으로 임무와 훈련에 임하며, 부대 일에 대해 주도적으로 앞장서서 업무를 추진해 가는 자세가 필요한 것이다.

06

제시문 이해하기

'같은 중대원임에도 불구하고 다른 소대라는 이유로 임무를 회피하려는 병사들과의 갈등을 어떻게 해결할 것인가'에 대하여 간부로서 공감 능력과 응집력 방법에 대한 판단을 묻는 문제이다.

풀이 TIP

최상의 결과를 만들기 위해서는 모두가 동일한 생각을 갖고 한 방향으로 나아가야 한다. 소대가 다르더라도 같은 중대원들이므로, 소속감을 강조하여 임무를 잘 해결할 수 있도록 한다.

문제를 해결하기 위해서 과도한 처벌이나 포상을 내리는 것은 어리석은 지휘 방법이다.

07

제시문 이해하기

'전역이 임박한 병사가 규정을 위반한 것에 대해 어떠한 조치를 내릴 것인가'에 대한 상황으로 아무리 내일 전역을 앞둔 부하라 하더라도 전역하는 순간까지 똑같은 군인임을 명심하고 규정과 절차대로 처리할 수 있는지 묻는 문제이다.

풀이 TIP

간부는 항상 규정과 방침을 준수하여야 하며, 사사로운 감정으로 규정 위반을 묵인해서는 절대 안 된다. 전역하는 순간까지 군인임을 명심하고, 특히 총기·탄약 등 인명을 살상할 수 있는 무기는 철저하게 관리 감독하여 군용품이 사회로 흘러가지 않도록 각별히 신경을 기울여야 한다. 규정 위반자에 대하여는 절차대로 처벌하는 것이 필요하다.

08

제시문 이해하기

'초급장교와의 업무 마찰을 어떻게 해결할 것인가'에 대한 역할 및 과업의 명확화와 부서 대변 능력을 판단하는 문제이다.

풀이 TIP

군에서 대부분의 규범 및 절차는 교범 안에 정해져 있는 것이 맞으나 각 부대의 실정이 각기 다른 만큼 상호 간의 보완은 필수요소이다. 중대장이나 주변 고참에게 상황을 문의하여 조언을 얻는 방법도 하나의 방편이지만, 주변의 도움을 받기 전에 상급자와 직접 문제점을 조율하여 해결하는 것이 가장 선행되어야 할 것이다.

오히려 해당 부대의 문제점이 무엇인지 알면서도 보완하지 않고 방치하는 것은 바람직하지 못한 행동이다.

09

제시문 이해하기

'상급자의 부당한 조치에 대하여 어떻게 대응할 것인가'에 대해 상급자에게 문제에 대해 용감하게 이야기할 수 있는 부서 대변력을 판단하는 문제이다.

풀이 TIP

상급자의 부당한 지시로 인하여 부하들이 피해를 보고 있다면 당연히 상급자에게 시정을 요구할 수 있는 용기가 필요하다. 상급자가 계급이 높다고 해서 부당한 지시대로 업무를 수행하는 것은 리더로서 올바른 자세가 아니다. 직접 찾아가서 잘못된 부분에 대해 올바르게 지시할 수 있도록 조언을 해야 한다. 그렇다고 해서 상관에 대하여 예의를 갖추지 않아도 되는 것은 아니다. 최대한 상관과 부하의 중간자로서 오해를 해소하려는 노력을 해야 한다.

10

제시문 이해하기

'당신이 휴가를 간 사이에 부대에 문제가 발생하였다. 이 상황에서 어떻게 조치할 것인가'에 대해 간부로서 문제 해결 능력과 성실성, 충성심을 판단하는 문제이다.

풀이 TIP

사고 발생 시에는 상황 보고(최초 보고 → 중간 보고 → 최종 보고)가 우선이다. 위 상황은 부대의 집단 환자 발생 시 대처 방안으로, 군의관에게 연락을 하는 것 또한 옳은 방법이나 먼저 각 부서 및 지휘 계통에 보고 후 지휘관의 지시를 따르는 방법이 우선시 되어야 할 것이다. 다른 이에게 책임을 전가하는 것은 옳지 못하며 상황을 무시하는 행동은 간부로서의 책임감이 없는 행동이다.

11

제시문 이해하기

'구타 사고 등 악성 사고에 대해 상급자가 잘못된 판단을 할 때 어떻게 조치하겠는가'에 대한 문제로 상급자의 잘못된 행동에 대해 올바른 조치를 할 수 있는가를 판단하는 문제이다.

풀이 TIP

부대 내의 악성 사고(구타, 폭력 등)는 병영 생활 행동 강령에 위반되며, 절대로 해서는 안 되는 행동이다. 부하들의 군기를 잡는다는 이유로 상급자의 하급자 폭행을 허용하는 것은 반드시 근절되어야 하며, 간부들의 눈을 피해 은밀하게 일어나는 부조리에 대해서도 식별하여 제거하려는 노력이 반드시 필요하다. 폭행에 가담한 부하들을 규정과 절차대로 처벌하여 다시는 그러한 일이 반복되지 않도록 하는 것이 중요하다.

12

제시문 이해하기

'직속 상급자의 업무 미숙으로 인한 갈등 관계를 어떻게 해결할 것인가'의 문제는 간부로서 부서 대변 능력과 역할 과업을 명확히 판단하는 능력을 묻는 문제이다.

풀이 TIP

직속 상관과의 마찰은 주위 동료들까지 힘들게 할 수 있다. 그러므로 무례하지 않은 범위에서 직접 문제점을 해결해야 한다. 상급자에게 조언을 구하거나, 지휘 의도를 최대한 지지하거나 맞춰 보는 등의 타협점을 찾는 방법은 옳다. 하지만 무엇보다 당사자와 직접 면담하거나 조언하는 방법을 통하여 해결점을 모색하는 것이 가장 바람직한 것이다.

문제점이 무엇인지 알면서도 보완하지 않고 방치하는 행동이 가장 바람직하지 못한 행동이다.

13

제시문 이해하기

'후배 하사와 선배 부사관과의 갈등을 어떻게 해결할 것인가'에 대한 문제는 의사소통 능력과 대인 관계 능력에 대하여 묻는 문제이다.

풀이 TIP

간부와 간부 사이의 마찰은 먼저 스스로 해결점을 찾고, 진척이 없을 시 상급자에게 도움을 요청하여 해결점을 찾아야 한다.

간부는 중립적인 위치에서 객관적인 판단을 할 수 있는 능력을 갖추어야 한다. 한쪽으로 치우친 시선은 바람직하지 못하다.

14

제시문 이해하기

'부하들의 복무 기피 현상을 어떻게 해결할 것인가'에서 평가자의 솔선수범 능력과 집단의 통솔 능력을 판단하는 문제이다.

풀이 TIP

자발적 · 능동적 참여 유도 → 지휘관에게 보고 및 지휘 조치 → 규정에 맞는 처벌 순으로 해결하는 것이 좋다.

의무병은 군의관이 아니다. 의무병은 군의관의 업무를 보조만 할 수 있을 뿐 확진 또는 진료할 수 없고, 상급 부대로부터 지시하달된 부대 훈련 주기는 특별한 사유가 없는 한 변경할 수 없다.

15

제시문 이해하기

'직속 상급자의 업무 미숙으로 인한 갈등 관계를 어떻게 해결할 것인가'의 문제는 간부로서 부서 대변 능력과 문제 해결 능력을 판단하는 문제이다.

풀이 TIP

상관과의 마찰은 빨리 해결해야 한다. 그렇지 않으면 부하들에게까지 영향을 미쳐 부대 생활에 어려움을 겪을 수 있다. 해결 시에도 상호 간에 존중과 배려가 필요하다.

그 자리에서 지시를 받아들인 후 본인만의 방법으로 일을 처리하는 방법은 옳지 못하다. 아울러 임무를 부여받았음에도 시행하지 않는 것은 상급자에 대해 모독 행위로 간주된다.

파이널 모의고사 1회

공간능력									P. 282~291
01	①	02	③	03	③	04	①	05	②
06	③	07	③	08	④	09	③	10	②
11	②	12	③	13	③	14	①	15	③
16	①	17	④	18	②				

01 ①

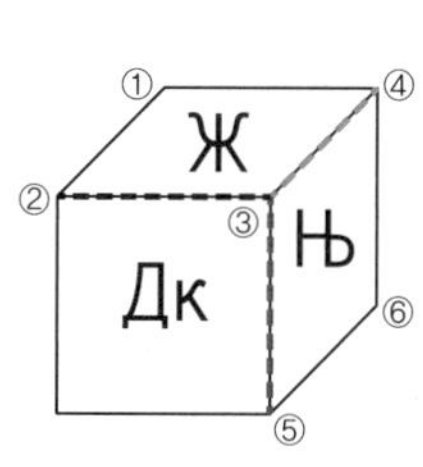
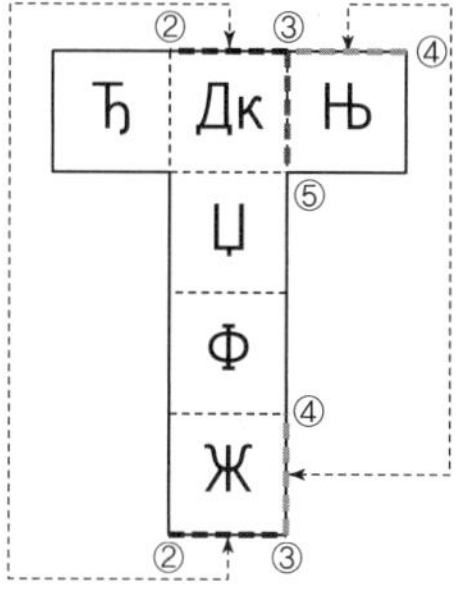

위의 그림에 따라 정답은 ①이다.

02 ③

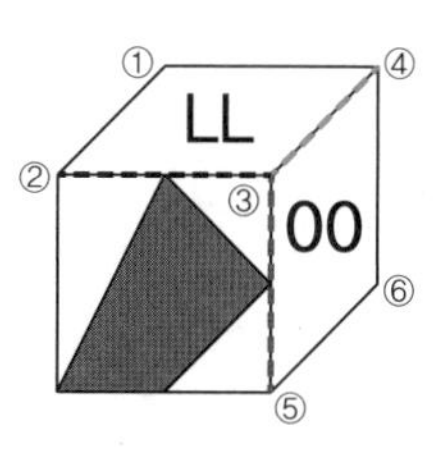
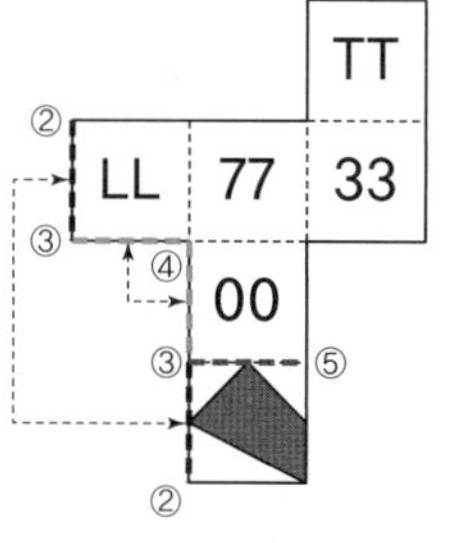

위의 그림에 따라 정답은 ③이다.

03 ③

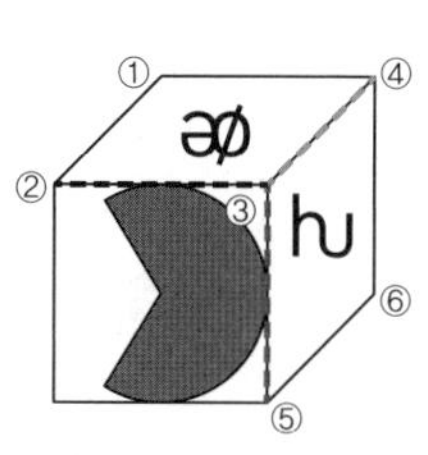
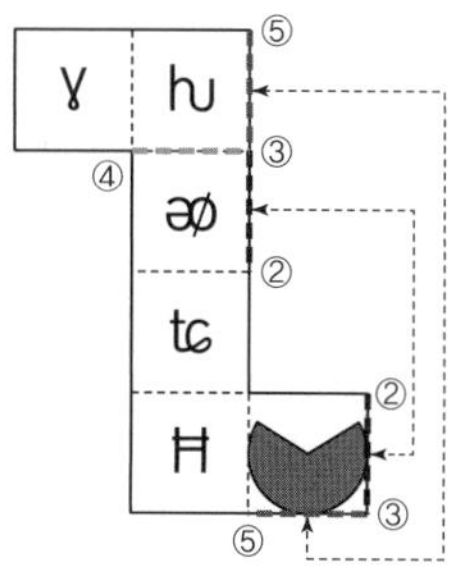

위의 그림에 따라 정답은 ③이다.

04 ①

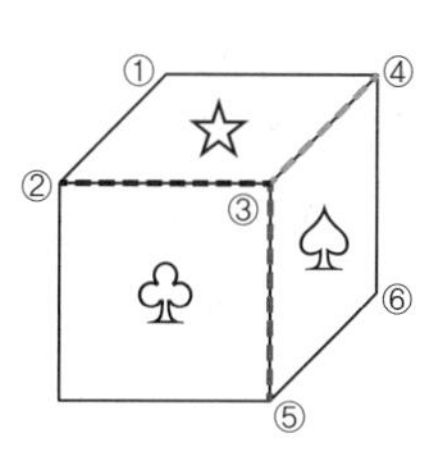
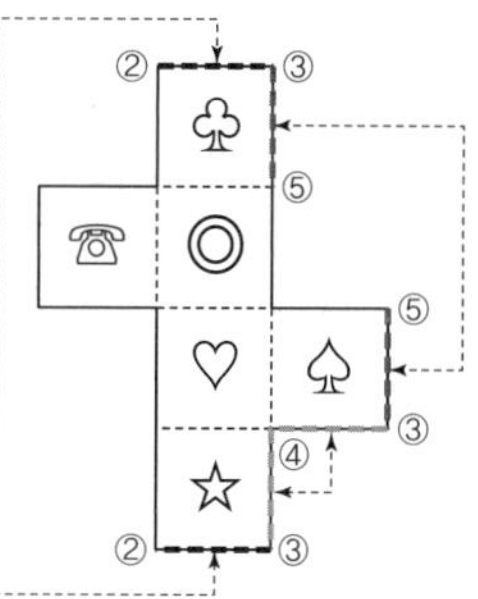

위의 그림에 따라 정답은 ①이다.

05 ②

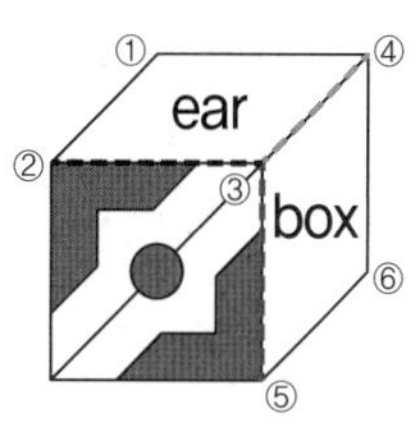

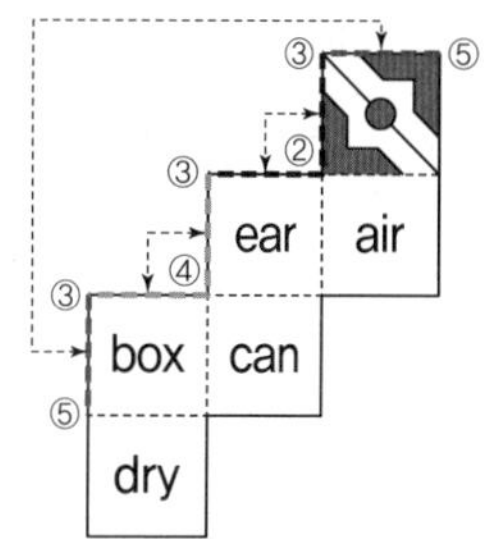

위의 그림에 따라 정답은 ②이다.

06 ③

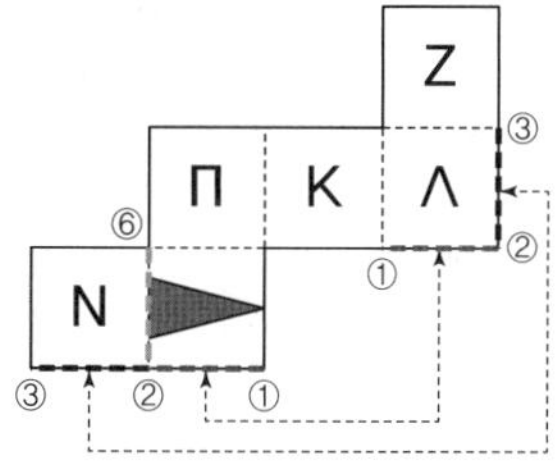
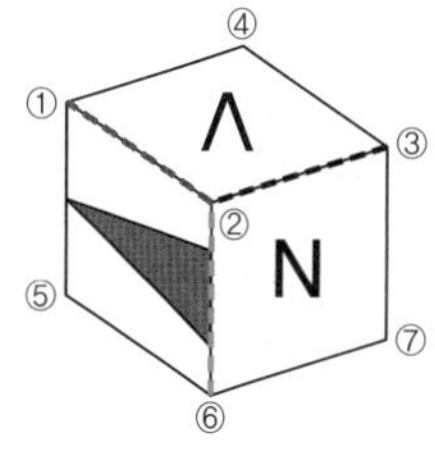

위의 그림에 따라 정답은 ③이다.

07 ③

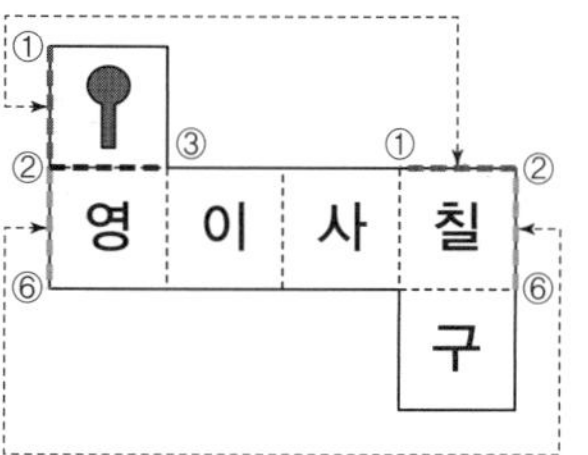

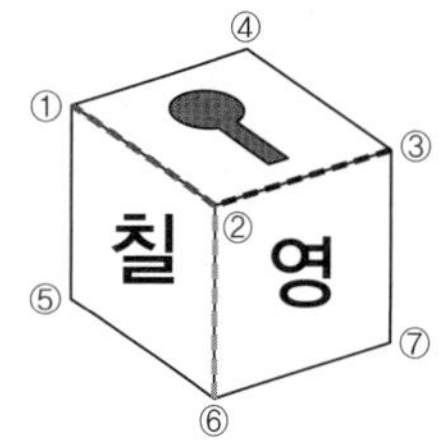

위의 그림에 따라 정답은 ③이다.

08 ④

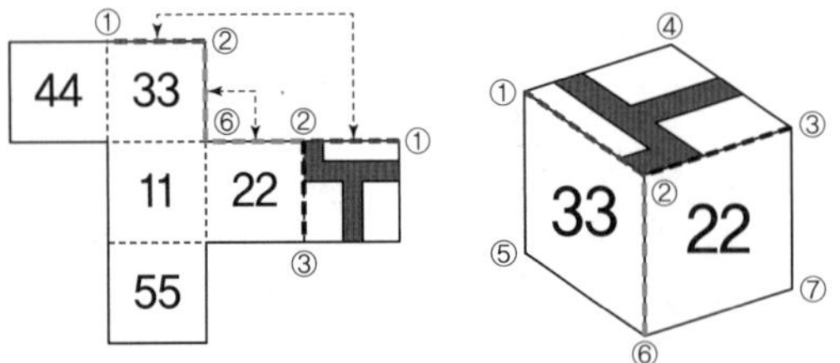

위의 그림에 따라 정답은 ④이다.

09 ③

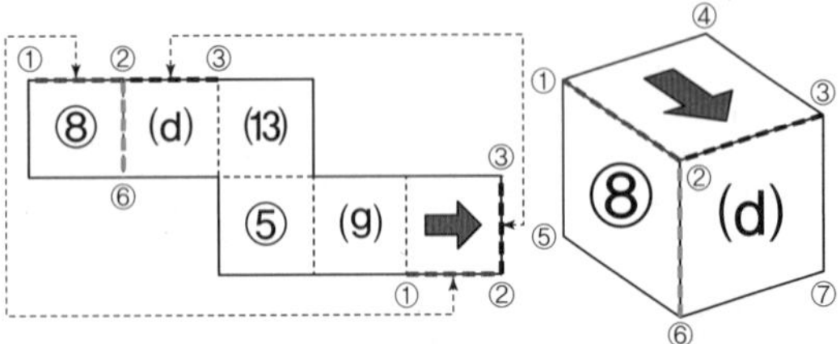

위의 그림에 따라 정답은 ③이다.

10 ②

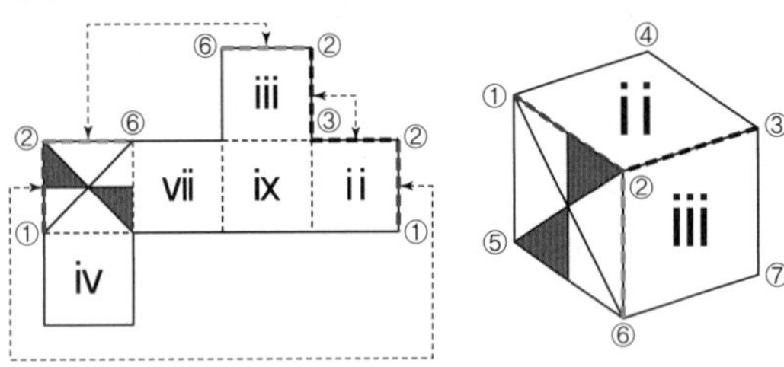

위의 그림에 따라 정답은 ②이다.

11 ②

왼쪽 열부터 차례대로 개수를 세어 더하면 8+3+8+7+1+11=38(개)이다.

12 ③

왼쪽 열부터 차례대로 개수를 세어 더하면 6+4+9+7+3+9=38(개)이다.

13 ③

왼쪽 열부터 차례대로 개수를 세어 더하면 12+2+6+3+9+12+3=47(개)이다.

14 ①

왼쪽 열부터 차례대로 개수를 세어 더하면 13+4+10+3+8+9=47(개)이다.

15 ③

바라보는 방향에서 왼쪽 열부터 차례대로 층높이를 세면 3－5－3－2－4가 되므로, 정답은 ③이다.

16 ①

바라보는 방향에서 왼쪽 열부터 차례대로 층높이를 세면 5－1－5－2－3이 되므로, 정답은 ①이다.

17 ④

바라보는 방향에서 왼쪽 열부터 차례대로 비어있는 블록을 확인하여 비교해 보면 정답은 ④이다.

18 ②

바라보는 방향에서 왼쪽 열부터 차례대로 층높이를 세면 5－2－4－2－1－5가 되므로, 정답은 ②이다.

지각속도 P. 292~297

01	①	02	②	03	①	04	②	05	①
06	②	07	①	08	①	09	①	10	②
11	②	12	①	13	①	14	②	15	②
16	②	17	①	18	②	19	②	20	②
21	①	22	①	23	①	24	①	25	②
26	③	27	①	28	①	29	③	30	③

01 ①

02 ②

미국 한국 일본 독일 – A3 P0 B5 W6

'일본 = J8', '프랑스 = B5'이므로 옳지 않다.

03 ①

04 ②

일본 캐나다 미국 독일 – J8 R1 A3 P0

'독일 = W6', '한국 = P0'이므로 옳지 않다.

05 ①

06 ②

&! ^* ^^)# = qw wm op ko

')# = dk', '#$ = ko'이므로 옳지 않다.

07 ①

08 ①

09 ①

10 ②

^^ &!)# &@ = op dd dk dd

'&! = qw', '&@ = dd'이므로 옳지 않다.

11 ②

40 59 75 16 – ※ ∬ ★ ▽

'16 = Å', '30 = ▽'이므로 옳지 않다.

12 ①

13 ①

14 ②

82 03 59 40 – ● ↔ ∬ ※

'03 = ¥', '48 = ↔'이므로 옳지 않다.

15 ②

48 93 82 27 – ↔ ÷ ● ※

'27 = ◎', '40 = ※'이므로 옳지 않다.

16 ②

θ Ω Ⅳ Ⅷ – 땅 비 달 번개

'Ⅷ = 구름', 'Ⅺ = 번개'이므로 옳지 않다.

17 ①

18 ②

Σ π Ⅷ Ω – 꽃 달 구름 비

'π = 별', 'Ⅳ = 달'이므로 옳지 않다.

19 ②

Ⅺ Ω ∧ Ⅳ – 번개 꽃 햇님 달

'Ω = 비', 'Σ = 꽃'이므로 옳지 않다.

20 ②

∧ Σ Ⅺ ⅰ – 햇님 꽃 번개 바람

'ⅰ = 나무', 'Ⅱ = 바람'이므로 옳지 않다.

21 ①

22 ①

23 ①

24 ①

25 ②

石 乙 力 冈 - ㄹㅂ ㅁㄹ ㅎㅁ ㅂㄴ

'冈 = ㅍㅂ', '月 = ㅂㄴ'이므로 옳지 않다.

26 ③

반짝반짝 작은 별 아름답게 비치네 동쪽 하늘에서도 서쪽 하
1 2 3 4 5
늘에서도 반짝반짝 작은 별
6 7 8

27 ①

ASFTJWDDSAFGFSSHYJWFDDGFSJUKDFBGSJWRDFC
1 2 34 5 6
SSQEFGFHTRSYWVGHSADDGFBGGFRKDFGF
78 9 10

28 ①

@#%&!@#&()^%#!!@#$%^&*(%#!!#%#@#$%!!#%#&@#
1 2 3 4
!!#%$%^$%^&!#%%#!!@#%$%^$@#
5

29 ③

10239857392350012304816490382614367348532
1 2 3
047834635218795402373622237461741230482
4

30 ③

ⓖⓓⓞⓙⓛⓛⓡⓗⓒⓣⓓⓞⓢⓚⓛⓟⓛⓗⓒⓣⓒⓛⓣⓓⓢ
1 2 3 4 5
ⓛⓚⓡⓛⓗⓒⓣⓓⓖⓓⓞⓞⓢⓚⓒ
6 7

언어논리 P. 298~313

01	①	02	③	03	②	04	④	05	③
06	④	07	②	08	②	09	④	10	④
11	③	12	②	13	①	14	④	15	②
16	⑤	17	②	18	②	19	②	20	②
21	②	22	①	23	④	24	⑤	25	②

01 ①

'어떤 기준이나 정도에 어긋나지 아니하게 하다.'의 의미를 나타낼 때는 '맞췄다'로 쓰는 것이 적절하다.

오답 피하기

② '물체를 쏘거나 던져서 어떤 물체에 닿다.' 또는 '그렇게 하여 닿음을 입게 하다.'의 의미로 쓰였으므로 '맞혔다'로 쓰는 것이 적절하다.

③ '자연 현상에 따라 내리는 눈, 비 따위를 닿게 하다.'의 의미로 쓰였으므로 '맞히니'로 쓰는 것이 적절하다.

④ '문제에 대한 답을 틀리지 않게 하다.'의 의미로 쓰였으므로 '맞힐'로 쓰는 것이 적절하다.

⑤ '침, 주사 따위로 치료를 받게 하다.'의 의미로 쓰였으므로 '맞히기가'로 쓰는 것이 적절하다.

02 ③

'무람없다'는 '예의를 지키지 않으며 삼가고 조심하는 것이 없다'는 의미이므로 적절하지 않다.

03 ②

'외다'는 '외우다'의 준말로 둘 다 표준어이다.

오답 피하기

①, ③, ④, ⑤ 무우, 또아리, 수둑하다, 배암은 비표준어이다.

1점 더 올리기

복수 표준어
- 터트리다 – 터뜨리다
- 넝쿨 – 덩굴
- 욕심꾸러기 – 욕심쟁이
- 옥수수 – 강냉이
- 소고기 – 쇠고기
- 오순도순 – 오손도손
- 짜장면 – 자장면

04 ④

'논일'은 'ㄴ' 첨가에 따라 [논닐]이라고 발음하는 것이 옳다.

오답 피하기

① 표준 발음법 제11항에 따르면 겹받침 'ㄺ'의 뒤에 자음이 오면 [ㄱ]으로 발음해야 한다.
② 표준 발음법 제11항에 따르면 겹받침 'ㄼ'의 뒤에 자음이 오면 [ㅂ]으로 발음해야 한다.
③ 표준 발음법 제29항에 따르면 합성어에서 앞 단어의 끝이 자음이고 뒤 단어의 첫음절이 '여'인 경우 'ㄴ' 소리를 첨가하여 [녀]로 발음해야 하지만, '송별연'은 'ㄴ(ㄹ)' 소리 첨가가 일어나지 않아 [송:벼련]으로 연음하여 발음해야 한다.
⑤ 표준 발음법 제30항에 따르면 'ㄱ, ㄷ, ㅂ, ㅅ, ㅈ'으로 시작하는 단어 앞에 사이시옷이 올 때는 이들 자음만을 된소리로 발음하는 것을 원칙으로 하되, 사이시옷을 [ㄷ]으로 발음하는 것도 허용된다. 따라서 [가:낄], [갇:낄]로 발음해야 한다.

05 ③

'재주나 능력 따위를 나아지게 하다.'를 의미하는 '늘리다'가 적절하게 사용되었다.

오답 피하기

① '거치다'는 걸리거나 막힘을 의미하고, '거칠다'는 나무나 살결 등의 결이 곱지 아니하고 험함을 의미하므로, '거친'으로 쓰는 것이 적절하다.
② '-노라고'는 말하는 이의 말로, '자기 나름으로는 한다고'란 뜻을 표시하며, '-느라고'는 '하는 일로 인하여'란 뜻을 표시한다. 즉, 집에 가는 일로 인하여 전화를 받지 못한 것이므로 '가느라고'로 쓰는 것이 적절하다.
④ '가능한'은 할 수 있거나 될 수 있다의 뜻을 나타내는 형용사 '가능하다'에 관형사형 어미 '-ㄴ'이 결합한 것으로, 그 뒤에는 수식을 받는 명사나 의존 명사가 와야 한다. '빨리'는 부사로 관형어의 수식을 받을 수 없으므로 '가능한 한'으로 쓰는 것이 적절하다.
⑤ 형용사를 부정할 때는 '않은'을 쓰는 것이 적절하다.

06 ④

'듯하다'는 보조형용사로 앞말이 뜻하는 사건이나 상태 따위를 짐작하거나 추측함을 나타내는 말이다. 따라서 앞말에 붙여 쓰는 것이 적절하다.

오답 피하기

① '지'는 어떤 일이 있었던 때로부터 지금까지의 동안을 나타내는 말로, 앞 말과 띄어 쓰는 것이 적절하다.
② 성과 이름, 성과 호 등은 붙여 쓰고, 이에 덧붙는 호칭어, 관직명 등은 띄어 쓰는 것이 적절하다. 또한 '쓸데없이'는 '아무런 쓸모나 득이 될 것이 없이'를 의미하는 부사이므로, 붙여 쓰는 것이 적절하다.
③ '보잘것없다'는 '없다'가 결합하여 굳어진 한 단어로 붙여 쓰는 것이 적절하다.
⑤ '까지'는 조사이므로 그 앞 말에 '나가면서까지도'로 붙여 쓰는 것이 적절하다.

↑ 1점 더 올리기

의존 명사 '양, 척, 체, 만, 법, 듯' 등은 '-하다'나 '-싶다'가 결합하여 된 보조 용언의 경우 앞 말에 붙여 쓸 수 있다.

07 ②

髀肉之嘆(비육지탄)은 '재능을 발휘할 때를 얻지 못하고 헛되이 세월만 보내는 것을 한탄함'을 이르는 말이다.

오답 피하기

① 풍수지탄(風樹之歎): '나무가 고요하고자 하나 바람이 그치지 않는다.'는 뜻으로, 부모에게 효도를 다하려고 생각할 때에는 이미 돌아가셔서 그 뜻을 이룰 수 없음을 이르는 말이다.
③ 陸績懷橘(육적회귤): '육적이 귤을 가슴에 품었다'는 뜻으로, 지극한 효성을 비유하는 말이다.
④ 昏定晨省(혼정신성): '저녁에는 잠자리를 보아 드리고, 아침에는 문안을 드린다.'는 뜻으로, 자식이 아침저녁으로 부모의 안부를 물어서 살핌을 이르는 말이다.
⑤ 반포지효(反哺之孝): '까마귀 새끼가 자란 뒤에 늙은 어미에게 먹이를 물어다 주는 효성'이라는 뜻으로, 자식(子息)이 자라서 부모(父母)를 봉양(奉養)함을 의미한다.

08 ②

[보기]의 '자리'는 '사람의 몸이나 물건이 어떤 변화를 겪고 난 후 남은 흔적'을 의미한다. 이와 동일한 의미로 쓰인 것은 ②이다.

오답 피하기

① 일정한 조직체에서의 직위나 지위
③ 일정한 조건의 사람을 필요로 하는 곳. 흔히 일자리나 혼처를 이른다.
④ 사람이나 물체가 차지하고 있는 공간
⑤ 사람이 앉을 수 있도록 만들어 놓은 설비나 지정한 곳

09 ④

'현열'은 온도 변화로 나타나는 열이고, '잠열'은 온도 변화로는 나타나지 않는 열이다. 따라서 잠열이 현열을 증가시키는 역할을 하는지는 알 수 없다.

오답 피하기

①, ③ 세 번째 문단을 통해 확인할 수 있다.
② 두 번째 문단을 통해 확인할 수 있다.
⑤ 잠열이 흡수되는 상태는, 물체가 고체에서 액체가 될 때, 즉 얼음이 녹으면서 물이 되는 경우 눈으로 확인 가능하다.

10 ④

국제 관계에 있어서 국가 간의 갈등과 폭력적 충돌을 해결하는 도덕적 방법은 한계가 있을 수밖에 없으며, 국제 질서는 힘의 논리에 따라 현실주의적인 입장에서 파악해야 한다는 것이 글의 중심 내용이다.

11 ③

'금세'는 '지금 바로'라는 뜻으로 '금시에'가 줄어든 말이다. 주로 구어체에서 많이 사용된다.

오답 피하기

① 헤매는
② 새벽녘
④ 돌
⑤ 부아

12 ②

[보기]에서 '이처럼 현대 사회에서의 소외가 심화되어 갈수록'이라는 표현이 나온 것으로 보아, 앞의 부분에 소외 현상에 대한 이야기가 제시되어야 한다. 따라서 [보기]는 "그러나 현대인은 이웃에 누가 살고 있는지도 모르고 있는 실정이다."라는 표현과 연결된다. 또한 ㉡의 다음 내용으로 자원봉사에 대한 설명이 전개되고 있으므로 [보기]의 내용은 ㉡에 들어가야 한다.

13 ①

수컷 초파리는 자기 몸집에 비해 정자가 20배나 크다. 이를 보아 정자의 크기가 성 선택을 통해 커졌다는 것을 알 수 있으나, 몸집에 비례하여 정자가 크다는 내용은 알 수 없다.

오답 피하기

② 마지막 문단에서 큰 정자를 생산하는 수컷은 작은 정자를 만드는 수컷보다 유전적으로 우월하다고 하였다.
③ 두 번째 문단에서 초파리의 거대 정자는 성 선택의 결과라고 하였다.
④ 두 번째 문단에서 암컷의 저장 기관이 길어지면서 정자의 길이도 길어졌다고 하였다.
⑤ 두 번째 문단에서 암컷의 정자 저장 기관은 8cm라고 하였고, 첫 번째 문단에서 수컷의 몸짓은 3mm가량이라고 하였다.

14 ④

[보기]는 결과 중심으로 의도를 확대 해석하거나 정당화하는 오류인 의도 확대의 오류이다. 이와 동일한 오류를 나타내는 것은 ④이다.

오답 피하기

① 동정에 호소하는 오류
② 성급한 일반화의 오류
③ 원천 봉쇄의 오류
⑤ 순환 논증의 오류

15 ②

마지막 문단에 따르면 논리적인 것은 오히려 서양화에 해당하며, 논리적 측면에서 볼 때 삼원법은 원근법의 논리를 벗어나므로 이상하게 보일 수 있다고 하였다.

오답 피하기

① 첫 번째 문단에서 서양화는 화면 밖의 관찰자가 주위 풍경을 측량하듯 바라보는 차갑고 단조로운 시선이 있다고 하였다.
③ 마지막 문단에서 삼원법의 많고 자잘한 여백이 경물과 경물 사이를 매개한다고 하였다.
④ 두 번째 문단에서 자연을 '살아있는 모습', '숨 쉬는 생명체'로 설명하는 것을 통해 산수를 유기체적 관점으로 보는 것을 알 수 있고, 삼원법에 의해서만 충분히 표현된다고 하였다.
⑤ 첫 번재 문단과 두 번째 문단에서 서양화는 풍경의 기준점을 객관적 관찰자인 인간으로 설정할 수 있다. 그러나 우리 옛 산수화는 산수 자체가 주인공이고 다양한 관점에서 산수를 바라보기 때문에 기준점을 하나로 상정하기 어렵다.

16 ⑤

'발이 아프다'는 관용적 표현이 아니라 문자 그대로의 의미로 해석할 수 있다.

오답 피하기

① 하는 짓이 거슬려 보기에 아니꼽다.
② 무엇을 달라고 요구하거나 구걸하다. 또는 도움, 간섭 따위의 행위가 어떤 곳에 미치게 하다.
③ 어른처럼 생각하거나 판단하게 되다.
④ 이익 따위를 혼자 차지하거나 가로채고서는 시치미를 떼다.

17 ②

주어진 글은 조선 왕릉에 대해 설명하는 글이다. 첫 문장에서 조선 왕릉이 독창성을 가지고 있다고 했으므로 다음에 올 문장은 '독창성'을 설명하는 내용이어야 한다. 따라서 [가]가 가장 먼저 나와야 한다. 다음으로 [가]의 '공간의 위계'를 설명하고 있는 [다]가 나오는 것이 적절하며, [다]에서 공간의 상계와 중계, 하계 순으로 언급하였으므로 각각 [라]와 [나] 순으로 나열되어야 한다. 따라서 [가] – [다] – [라] – [나] 순으로 나열하는 것이 적절하다.

18 ②

㉠: 앞 문단에 등장한 장소와 애착 관계가 허물어지는 경우를 설명하고 있으므로 역접의 의미인 '그런데'가 나오는 것이 적절하다.
㉡: '장소 상실'에 대한 예시가 나오며 내용이 구체화되고 있으므로 '특히' 또는 '가령'이 나오는 것이 적절하다.
㉢: 장소의 다른 측면에서의 의미로, 오늘날 교통수단의 발달과 자본으로 장소 상실이 확대되고 정체성 위기로 이어지고 있음을 설명하고 있으므로 '한편'이 나오는 것이 적절하다.

19 ②

'사랑하다'가 '사랑하다'와 '생각하다'의 의미가 있었다가 후자가 사라진 것은 의미 축소에 해당한다. '총각'은 의미 이동이므로 서로 다른 변화이다.

20 ②

주어진 글은 도둑이 매를 맞고도 또 도둑질을 하기 위해 다른 장으로 이동하는 풍자하는 글이다. 따라서 글의 필자가 표현하고자 하는 것은 ②이다.

21 ②

두 번째 문단에서 변급의 부대는 두만강으로 북상하여 청군과 함께 배에 올라 강을 타고 이동하였다고 했으므로 적절한 내용이다.

오답 피하기

① 첫 번째 문단에서 청군은 러시아가 알바진성을 쌓고 다음 해에 헤이룽강과 우수리강이 합류하는 지점에 새로 군사 기지를 건설하려 하자 러시아군과 교전하였다. 또한 두 번째 문단에서는 의란에서 만나 싸웠으므로 적절하지 않은 내용이다.

③ 두 번째 문단에서 조선군이 강변의 산 위에서 숨어 있다가 적이 나타나면 사격을 가했다고 했으므로 적절하지 않은 내용이다.

④ 양측이 의란에서 만나 싸웠으나 의란이 어느 영토인지는 제시되어 있지 않으므로 적절하지 않은 내용이다.

⑤ 첫 번째 문단에서 청과 러시아군이 교전했으나 화력에 압도당하여 패배했다고 했으므로 적절하지 않은 내용이다.

22 ①

열녁학 – 열려칵 (ㄴ 첨가, 유음화, 유기음화)
따라서 첨가, 대치, 축약이 나타났다.

오답 피하기

② 앓는다 – 알는다 – 알른다 (자음군단순화, 유음화)
따라서 탈락, 대치가 나타났다.

③ 부엌문 – 부억문 – 부엉문 (음절 끝소리 규칙, 비음화)
따라서 대치가 2회 나타났다.

④ 결단력 – 결딴력 – 결딴녁 (경음화, 비음화)
따라서 대치가 2회 나타났다.

⑤ 늑막염 – 능막염 – 능막념 – 능망념 (비음화, ㄴ 첨가, 비음화)
따라서 대치 2회, 첨가 1회가 나타났다.

23 ④

주어진 글은 지도가 왜곡될 수밖에 없다는 것을 밝히고, 지도를 읽을 때는 지도에 대해 맹목적으로 믿지 말고, 지도가 만들어진 관점 및 지도의 왜곡과 오류를 감안해야 한다고 주장하고 있다. 따라서 이 글이 나오기 위한 궁극적인 질문으로 가장 적절한 것은 ④이다.

오답 피하기

① 지도가 왜곡된다는 사실을 밝히고 있을 뿐, 그 이유에 대해서는 나와 있지 않다.

② 지도를 만들 때 주의해야 할 점이 아니라 읽을 때 주의해야 할 점을 설명하고 있다.

③ 지도가 우리 일상생활에서 어떻게 사용되고 있는지는 나와 있지 않다.

⑤ 지도보다 지구본이 더 정확하다고는 언급하고 있지만, 지도 대신 지구본을 사용해야 한다고 주장하고 있지는 않다.

24 ⑤

㉠: 앞 내용의 '값싸게'에서 추론이 가능하다. 또한 이 문장에 이미 '효율'이 있기 때문에 효율성이 들어가는 것은 동어 반복이 되어 적절하지 않다. 따라서 빈칸에 들어갈 내용은 '경제성'이 적절하다.

㉡: 뒷 문장의 '경박단소'를 통해 추론 가능하다. 작지만 충분한 전기를 얻어야 한다고 했으므로 빈칸에 들어갈 내용은 '효율성'이 적절하다.

㉢: 뒷 문장의 '안전'을 통해 추론 가능하다. 따라서 빈칸에 들어갈 내용은 '안전성'이다.

25 ②

두 번째 문단에 범종의 형태적 특징이 제시되어 있다. 한국과 중국의 범종은 서양 종보다 종신이 훨씬 크다는 공통점이 있다. 하지만 종구가 나팔처럼 벌어진 중국 범종과 달리 한국 범종은 종구가 항아리처럼 오므라져 있다고 하였으므로 종신 중앙 부분의 지름이 종구의 지름보다 크다는 것은 알 수 없다.

오답 피하기

① 첫 번째 문단에서 신라 범종에는 상원사 동종, 성덕대왕 신종, 용주사 범종이 있는데 3개 모두 국보로 지정되어 있다고 했으므로 옳은 내용이다.

③ 두 번째 문단에서 중국 범종은 종신의 중앙 부분에 비해 종구가 나팔처럼 벌어져 있는 반면, 한국 범종은 종구가 항아리처럼 오므라져 있다고 했으므로 옳은 내용이다.

④ 두 번째 문단에서 한국 범종은 높은 종탑에 매다는 서양 종과 달리 높지 않은 종각에 매단다고 했으므로 옳은 내용이다.

⑤ 두 번째 문단에서 한국 범종과 중국 범종의 공통점을 2가지 제시하며, 서양 종과의 차이점을 설명하고 있으므로 옳은 내용이다.

자료해석 P. 314~325

01	③	02	④	03	④	04	②	05	④
06	②	07	④	08	④	09	④	10	②
11	②	12	④	13	②	14	④	15	②
16	④	17	①	18	③	19	④	20	①

01 ③

두 제품 A, B의 작년 생산량을 각각 a상자, b상자라고 하면 $a+b=500$ … ㉠

올해에는 제품 A의 생산량이 14% 감소하였으므로 $\frac{86}{100}a$ 상자이고, 제품 B의 생산량이 6% 증가하였으므로 $\frac{106}{100}b$ 상자이다. 이때 올해 전체 생산량이 6% 감소하였으므로 $\frac{94}{100}\times 500=470$(상자)가 된다. 이에 따라 다음과 같은 식이 성립한다.

$\frac{86}{100}a+\frac{106}{100}b=470$ … ㉡

㉠과 ㉡을 연립하면 $a=300$, $b=200$

따라서 올해 제품 A의 생산량은 $300\times\frac{86}{100}=258$(상자)이다.

02 ④

총 10명 중 3명을 뽑는 경우의 수는 ${}_{10}C_3=\frac{10\times 9\times 8}{3\times 2\times 1}=120$(가지)이고, 제조팀 6명 중 2명을 뽑는 경우의 수는 ${}_6C_2=\frac{6\times 5}{2\times 1}=15$(가지)이며, 영업팀 영업팀 4명 중 1명을 뽑는 경우의 수는 4가지이다. 따라서 10명 중 3명을 뽑을 때 제조팀 2명과 영업팀 1명을 뽑을 확률은 $\frac{15\times 4}{120}=\frac{1}{2}$이다.

03 ④

민식이네 고등학교 1학년 전체 학생 수를 구하기 위해 전체 막대그래프를 확인하면 $3+11+20+18+6+2=60$(명)이고, 이 중에 70점 이상 80점 미만의 학생들의 수는 18명이다. 따라서 70점 이상 80점 미만인 학생의 비율은 $\frac{18}{60}\times 100=30$(%)이다.

04 ②

봉사 활동 시간이 6시간 미만인 학생의 상대도수는 0.1이다. 0.1은 전체의 10%를 의미하므로 10%에 해당하는 수가 20명일 때, 100%에 해당하는 전체는 그의 10배인 200명이다.

05 ④

주어진 세 가지 조건을 정리하면 다음과 같다.

- $B=A-\frac{43}{5}\rightarrow A>B$
- $C=B+\frac{21}{2}\rightarrow C>B$
- $D=C+4\rightarrow D>C$

D는 $B+\frac{29}{2}$, A는 $B+\frac{43}{5}$이고, 이를 정리하면 D>A이다. 즉, D>C>B, A>B이므로 가장 높은 건물은 D, 가장 낮은 건물은 B이다.

따라서 $D-B=B+\frac{29}{2}-B=\frac{29}{2}$이다.

06 ②

㉠ 2020년 일본의 외국적선은 전년 대비 $\frac{3,447-3,332}{3,332}\times 100\fallingdotseq 3.5$(%)로, 3% 이상 증가했다.

㉢ 조사 기간 동안 매년 국적선과 외국적선의 합은 중국>그리스>일본>한국 순으로 크다.

오답 피하기

㉡ 한국의 외국적선은 916−908=8(척) 감소했다.

㉣ 조사 기간 동안 그리스의 연평균 국적선은 $\frac{712+686+688+651}{4}\fallingdotseq 684.3$(척)이므로, 700척 미만이다.

07 ④

전문가와 직원 점수의 가중치 3 : 2를 반영하고, 하나밖에 없는 분야인 미술의 가산점을 부여한 점수는 다음과 같다.

분야	프로그램명	전문가 점수	직원 점수	총점	비고
체육	수영	60점	66점	126점	
인문	영어 회화	99점	42점	141점	
체육	요가	111점	76점	187점	
음악	기타	93점	54점	147점	
미술	명화 그리기	75점	68점	143점	143×1.3=185.9(점)
인문	중국어	105점	60점	165점	

연극	연출 노트	54점	50점	104점	104×1.3=135.2(점)
음악	우쿨렐레	60점	70점	130점	

따라서 BB평가원에서 운영할 프로그램은 187점을 받은 요가이다.

08 ④

통학 시간이 0~30분인 학생 수는 1+7+16=24(명)이다. 수진이네 반 전체 학생 수를 x명이라고 하면 통학 시간이 0~30분 미만인 학생 수는 전체의 100−60=40(%)이므로

$x \times \frac{40}{100} = 24 \rightarrow x = 60$

이때 통학 시간이 30분 이상인 학생이 전체의 60%이므로 60 × 0.6=36(명)이다. 통학 시간이 40~50분인 학생 수는 2명이므로 통학 시간이 30~40분인 학생 수는 36−2=34(명)이다. 따라서 상대도수는 $\frac{34}{60} \fallingdotseq 0.57$이다.

오답 피하기

① 계급의 개수는 0~10, 10~20, 20~30, 30~40, 40~50로, 5개이다.

②, ③ 통학 시간이 0~30분인 학생 수는 1+7+16=24(명)이다. 수진이네 반 전체 학생 수를 x명이라고 하면 통학 시간이 0~30분인 학생 수는 전체의 100−60=40(%)이므로 $x \times \frac{40}{100} = 24 \rightarrow x = 60$이다. 따라서 통학 시간이 30분 이상인 학생은 60−24=36(명)이다.

09 ④

제시된 자료는 2022년 1월부터 6월까지의 매출액 증감 비율을 나타낸 자료이다. 2022년 6월의 매출액을 알기 위해서는 2021년 12월의 매출액인 100억을 기준으로 월별 매출액을 계산한다.

- 2022년 1월 매출액: 100+100 × 0.1=110(억 원)
- 2022년 2월 매출액: 110+110 × 0.05=115.5(억 원)
- 2022년 3월 매출액: 115.5−115.5 × 0.2=92.4(억 원)
- 2022년 4월 매출액: 92.4+92.4 × 0.25=115.5(억 원)
- 2022년 5월 매출액: 증가율이 0%이므로, 전월과 매출액 동일
- 2022년 6월 매출액: 115.5+115.5 × 1=231(억 원)

따라서 2022년 6월 매출액은 231억 원이다.

10 ②

2013년과 2017년의 정규직 신규채용 중 여성의 비율은 다음과 같다.

- 2013년: $\frac{229}{1,605} \times 100 \fallingdotseq 14.3(\%)$
- 2017년: $\frac{396}{3,361} \times 100 \fallingdotseq 11.8(\%)$

따라서 정규직 신규채용 중 여성의 비율은 2017년보다 2013년이 더 높다.

오답 피하기

① 정규직 신규채용 인원은 2013년에 1,605명 2014년에 1,503명, 2015년에 2,103명, 2016년에 2,828명, 2017년에 3,361명으로 전년 대비 2014년에 감소했다.

③ 2017년 정규직 신규채용 중 장애인의 비율은 $\frac{15}{3,361} \times 100 \fallingdotseq 0.4(\%)$이므로, 1% 미만이다.

④ 2017년 고졸 인력은 229명, 이전지역 지역인재는 245명으로 이전지역 지역인재가 더 많다.

11 ②

2015년 정규직 총 신규 채용 인원은 2,103명이고 이 중 여성의 인원은 251명이므로 $\frac{251}{2,103} \times 100 \fallingdotseq 12(\%)$이다.

12 ④

2016년의 주당 평균 근로시간은 21시간이고 평균 시급은 7,000원이므로, 일주일 동안 아르바이트를 하면 평균적으로 21 × 7,000=147,000(원)의 소득을 올릴 수 있다.

오답 피하기

① 2018년의 평균 시급은 2014년의 $\frac{9,300}{6,100} \fallingdotseq 1.5$(배)이다.

② 전년 대비 2016년에 주당 평균 근로시간은 19.5시간에서 21시간으로 증가했다.

③ 조사 기간 중 주당 평균 소득이 가장 적은 해는 2015년이다.

13 ②

정사각형 1개를 만드는 데 4개의 성냥개비가 필요하고, 2개를 만드는 데 7개, 3개를 만드는 데 10개가 필요하다. 즉, 하나의 사각형이 늘어날 때마다 3개의 삼각형이 더 필요하므로 3을 더하는 등차수열이다. 등차수열의 첫째 항을 a, 등차를 d라고 할 때 일반항은 $a+(n-1)d$이므로 $4+3(n-1)$다. 따라서 n에 321을 대입하면 4+3(321−1)=4+3 × 320=4+960=964(개)가 필요하다.

14 ④

구입한 초콜릿의 수량은 2,800 ÷ 700=4(개)이다. 이때 스티커의 개수를 x개, 볼펜의 개수를 y개라고 하면

$x+y=23-12=11$ … ㉠

초콜릿과 볼펜을 구입한 금액의 합은

$300x+1,000y=12,000-5,200=6,800$ … ㉡

㉠과 ㉡을 연립하면 $x=6$, $y=5$이다.

따라서 구입한 볼펜의 개수는 5개이다.

15 ②

정가에서 할인된 와인의 가격은 $18,000\times0.15=2,700$(원)이고, 양주의 가격은 $40,000\times0.08=3,200$(원)이다. 즉, 총 할인받은 금액은 $2,700+3,200=5,900$(원)이다. 와인과 양주의 정가의 합이 $18,000+40,000=58,000$(원)이므로 전체 할인율은 $\frac{5,900}{58,000}\times100≒10$(%)이다.

16 ④

2017년부터 2020년까지 매년 중앙정부 일자리 수는 비금융공기업 일자리 수의 2배 이상이다.

오답 피하기

① 2020년 일반정부 일자리 수는 총 $85+147.7+4.8=237.5$(만 개)이므로 지방정부 일자리 수가 차지하는 비중은 $\frac{147.7}{237.5}\times100≒62$(%)이다.

② 2019년 일반정부 일자리 수는 $82.3+135.2+4.5=222$(만 개), 2018년 일반정부 일자리 수는 $78.9+126.7+4.1=209.7$(만 개)이므로 전년 대비 증가량은 $222-209.7=12.3$(만 개)이다.

③ 2018년 일자리 수는 비금융공기업이 금융공기업보다 $32.8-2.6=30.2$(만 개) 더 많다.

17 ①

배차 시간이 10분인 버스는 2대이고, 각각 2명과 4명의 승객이 기다리고 있다.

오답 피하기

② 배차 시간이 가장 긴 버스는 13분인 버스이고, 기다리는 승객 수는 3명이다.

③ 배차 시간이 가장 짧은 버스는 5분인 버스이고, 기다리는 승객 수는 2명이다.

④ 배차 시간이 13분인 버스의 경우 기다리는 승객 수가 3명으로, 배차 시간이 10분인 버스의 기다리는 승객 수가 6명인 것 대비 감소했다.

18 ③

2014년 대비 2020년에 발생률이 증가한 암은 폐암, 대장암, 유방암이다.

오답 피하기

① 위암과 간암의 발생률은 제시된 기간 동안 2018년까지 감소하는 추세를 보이다가 2019년에 증가하여 2020년까지 증가하는 추세를 보이고 있다.

② 주어진 자료를 통해 폐암의 발생률이 매년 증가했다. 2014년 대비 2020년에 발생률이 증가한 암은 폐암, 대장암, 유방암이고 각각의 발생률의 증가율을 구하면 다음과 같다.

- 폐암: $\frac{24.4-14.4}{14.4}\times100≒69.4$(%)
- 대장암: $\frac{8.9-4.5}{4.5}\times100≒97.8$(%)
- 유방암: $\frac{4.9-1.7}{1.7}\times100≒188.2$(%)

따라서 2014년 대비 2020년 발생률의 증가율은 유방암이 가장 높았다.

④ 주어진 자료는 사망자 수를 제시하지 않았으므로 적절하지 않다.

19 ④

전체 연료 소비량 중 전력이 차지하는 비중은 $\frac{4,212.2}{22,056.6}\times100≒19.1$(%)이다.

오답 피하기

① 가장 많이 사용되는 난방설비는 12,150.1TOE 사용된 도시가스 보일러이다.

② 석유 보일러에서 가장 많이 소비되는 연료는 석유류이고, 그 다음이 전력이다.

③ 재래식 아궁이에 필요한 연료 중 임산연료가 차지하는 비중은 $\frac{0.6}{22.6}\times100≒2.7$(%)이므로, 2% 이상이다.

20 ①

연탄 아궁이 및 연탄 보일러에 가장 많이 쓰이는 연료는 연탄이고, 해당 연료의 전체 사용량은 486.7TOE이다. 연탄이 연탄 아궁이 및 연탄 보일러에 사용되는 비중은 $\frac{424.4}{486.7}\times100≒87.2$(%)이다.

파이널 모의고사 2회

공간능력 P. 326~335

01	②	02	③	03	③	04	②	05	②
06	④	07	③	08	④	09	①	10	②
11	②	12	③	13	②	14	④	15	②
16	③	17	①	18	①				

01 ②

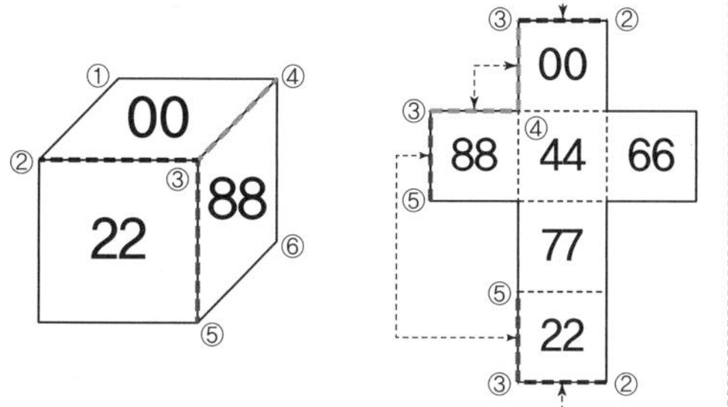

위의 그림에 따라 정답은 ②이다.

02 ③

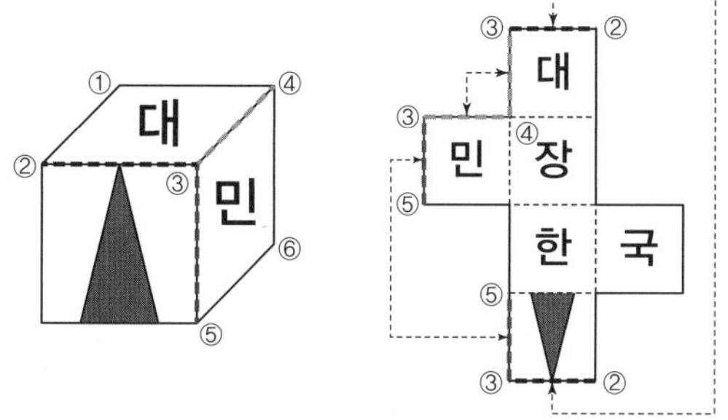

위의 그림에 따라 정답은 ③이다.

03 ③

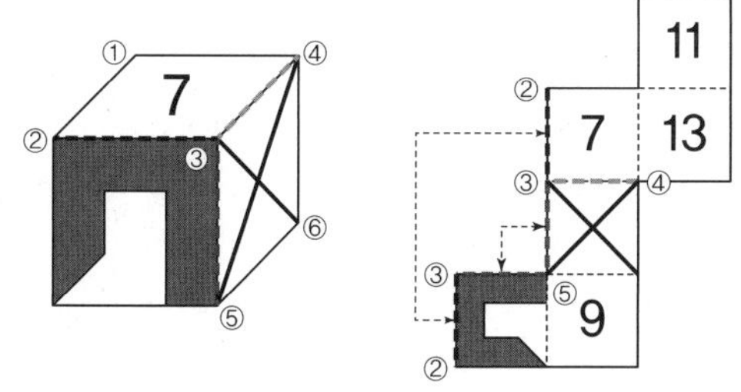

위의 그림에 따라 정답은 ③이다.

04 ②

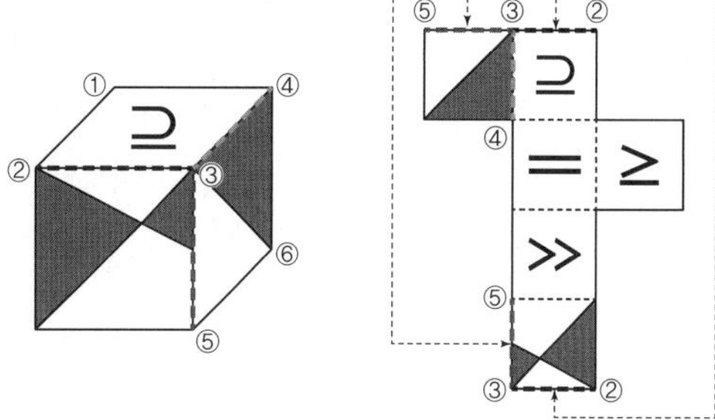

위의 그림에 따라 정답은 ②이다.

05 ②

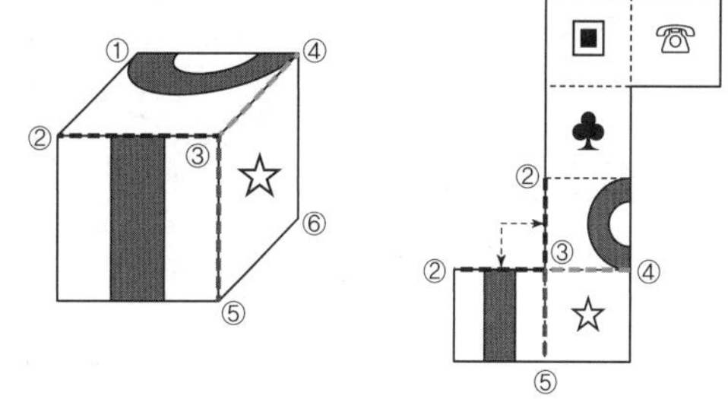

위의 그림에 따라 정답은 ②이다.

06 ④

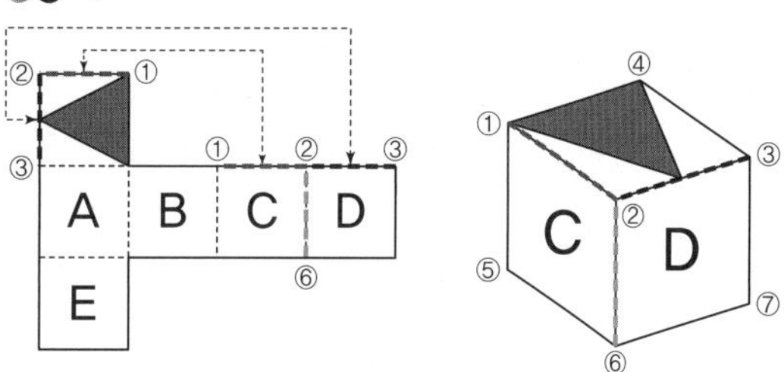

위의 그림에 따라 정답은 ④이다.

07 ③

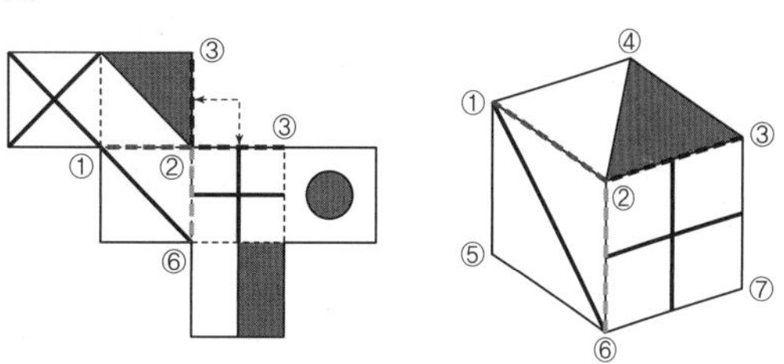

위의 그림에 따라 정답은 ③이다.

08 ④

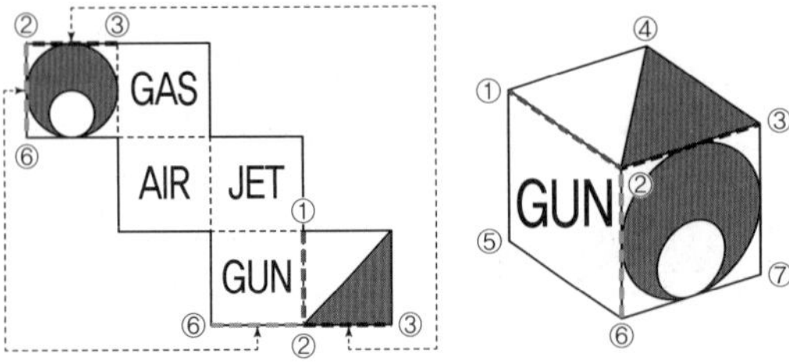

위의 그림에 따라 정답은 ④이다.

09 ①

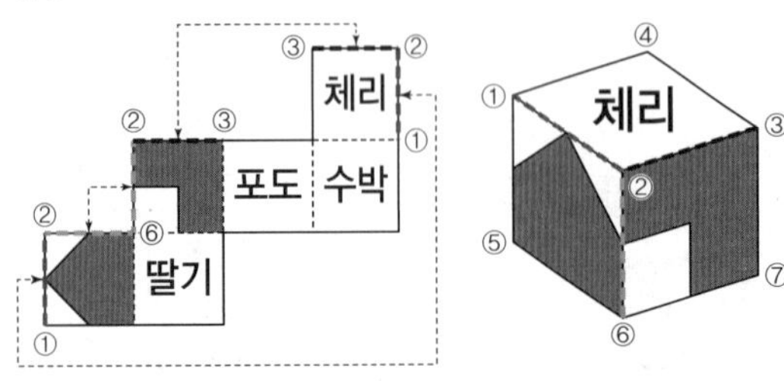

위의 그림에 따라 정답은 ①이다.

10 ②

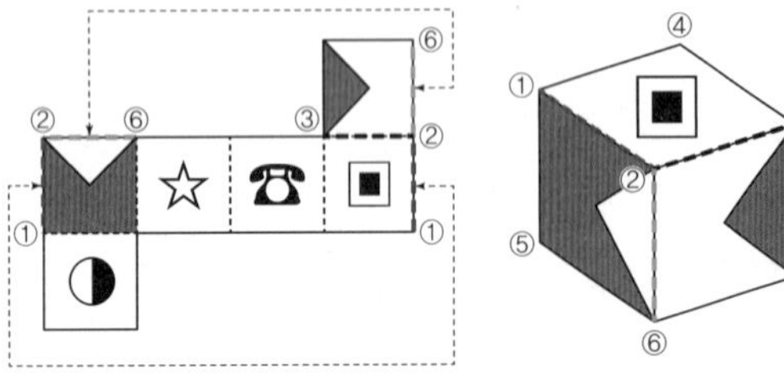

위의 그림에 따라 정답은 ②이다.

11 ②

왼쪽 열부터 차례대로 개수를 세어 더하면 10+4+9+1+8=32(개)이다.

12 ③

왼쪽 열부터 차례대로 개수를 세어 더하면 10+4+11+2+8=35(개)이다.

13 ②

왼쪽 열부터 차례대로 개수를 세어 더하면 16+4+11+4+10=45(개)이다.

14 ④

왼쪽 열부터 차례대로 개수를 세어 더하면 5+5+11+6+3+10+2+1+5=48(개)이다.

15 ②

바라보는 방향에서 왼쪽 열부터 차례대로 층높이를 세면 6-3-1-3-4가 되므로, 정답은 ②이다.

16 ③

바라보는 방향에서 왼쪽 열부터 차례대로 층높이를 세면 3-4-5-4-5가 되므로, 정답은 ③이다.

17 ①

바라보는 방향에서 왼쪽 열부터 차례대로 층높이를 세면 6-5-1-1-4-5가 되므로, 정답은 ①이다.

18 ①

바라보는 방향에서 왼쪽 열부터 차례대로 층높이를 세면 4-3-1-2-1-5가 되므로, 정답은 ①이다.

지각속도 P. 336~341

01	②	02	①	03	①	04	②	05	①
06	①	07	②	08	①	09	①	10	②
11	①	12	②	13	①	14	②	15	①
16	①	17	①	18	②	19	①	20	②
21	①	22	②	23	②	24	①	25	①
26	③	27	②	28	③	29	④	30	②

01 ②

㊋㊊㊌<u>㊄</u> - 刀十尸<u>方</u>

'㊄ = 弓', '㊀ = 方'이므로 옳지 않다.

02 ①

03 ①

04 ②

㊀㊍㊂<u>㊀</u> - 女支力<u>刀</u>

'㊀ = 方', '㊋ = 刀'이므로 옳지 않다.

05 ①

06 ①

07 ②

戶 <u>戈</u> 目 片 - ✱✲ <u>❥✻</u> ❁❂ ❉❋

'戈 = ❡❦', '⺌ = ❥✻'이므로 옳지 않다.

08 ①

09 ①

10 ②

爿 心 戈 <u>皿</u> - ✫✩ ❢❣ ❡❦ <u>✶✷</u>

'皿 = ✿❀', '歹 = ✶✷'이므로 옳지 않다.

11 ①

12 ②

AI BR TJ <u>GK</u> - vi ii xii <u>i</u>

'GK = vii', 'HK = i '이므로 옳지 않다.

13 ①

14 ②

BR TJ <u>MB</u> NU - ii xii <u>vii</u> iv

'MB = viii', 'GK = vii'이므로 옳지 않다.

15 ①

16 ①

17 ①

18 ②

참굴 가리비 고둥 <u>전복</u> - 68 91 72 <u>24</u>

'전복 = 34', '소라 = 24'이므로 옳지 않다.

19 ①

20 ②

맛조개 홍합 <u>가리비</u> 멍게 - 29 54 <u>92</u> 47

'가리비 = 91', '성게 = 92'이므로 옳지 않다.

21 ①

22 ②

⊾ ⊼ <u>⋋</u> ⌌ - ♣ ◈ <u>☟</u> ☝

'⋋ = ▣', '⍼ = ☟'이므로 옳지 않다.

23 ②

⦨ ⦦ ⦩ ⊻ - ◈ ⊙ ☎ ☞

'⊻ = ◘', '⦨ = ☞'이므로 옳지 않다.

24 ①

25 ①

26 ③

Dig where the gold is unless you just need some exercise.
1 23 4 5 6

27 ②

99425349945934534539493453459943499434537343994
1 2 3 4 5
534994345434345378994323137453789943
6 7 8

28 ③

♋♌♍♎♏♉♒♊♒♑♐♓🙰&♈☸ॐ♒♑♏♎♍
1 2 3
♋♊♉♈♓♒♊♌♍♎♐♑♒♓🙰&♒♓🙰♊♌&×
4 5 6
♒♓✓♈✓&♈♓♒♑♐♏♎♍♎♏♌♊♌♒♓♋
7 8 9

29 ④

할 말이 없을 때에는 가만히 있으라. 진정한 열정이 느껴질 때, 꼭 해야 할 말이 있을 때 그것을 정열을 다해 말하라.
12 3 4 5 6

30 ②

ΦΦΦΦΦΦΦΦΦΦΦΦΦΦΦΦΦΦΦΦΦΦ
1 2 3 4 5 6 7
ΦΦΦΦΦΦΦΦΦΦΦΦΦΦΦΦΦΦΦΦΦΦ
8 9 10 11 12 13 14 15
ΦΦΦΦΦΦΦΦΦΦΦΦΦΦΦΦΦΦΦΦ
16 17 18 19 20 21

언어논리 P. 342~355

01	②	02	①	03	⑤	04	②	05	①
06	②	07	④	08	①	09	③	10	⑤
11	②	12	⑤	13	②	14	④	15	③
16	②	17	①	18	④	19	②	20	⑤
21	③	22	③	23	①	24	④	25	④

01 ②

제시문은 부채위기를 해결하려는 유럽 국가들이 당장 눈앞에 닥친 위기를 극복하기 위해 임시방편으로 대책을 세우는 것을 비판하는 글이다. 따라서 빈칸에 들어갈 한자성어로 적절한 것은 '갑자기 터진 일을 우선 간단하게 둘러맞추어 처리함'을 의미하는 임시변통(臨時變通)이다.

오답 피하기

① 오비이락(烏飛梨落): 까마귀 날자 배 떨어진다는 뜻으로, 아무 관계도 없이 한 일이 공교롭게도 때가 같아 억울하게 의심을 받거나 난처한 위치에 서게 됨을 이르는 말

③ 연목구어(緣木求魚): 나무에 올라가서 물고기를 구한다는 뜻으로, 도저히 불가능한 일을 굳이 하려 함을 비유적으로 이르는 말

④ 십년감수(十年減壽): 수명이 10년이나 줄 정도로 위험한 고비를 겪음

⑤ 적반하장(賊反荷杖): 도둑이 도리어 매를 든다는 뜻으로, 잘못한 사람이 아무 잘못도 없는 사람을 나무람을 이르는 말

02 ①

외래어 표기가 잘못된 것은 '빵과 쨈' 1개이다. '과일에 설탕을 넣고 약한 불로 졸여 만든 식품'일 경우 '쨈'이 아닌 '잼'으로 써야 한다.

03 ⑤

'나오셨습니다'는 높임 선어말 어미 '-시-'와 아주 높임에 해당하는 종결 어미인 '-습니다'가 쓰인 것이다. 청자인 '고객'을 높여야 하므로 '-습니다'는 사용이 가능하지만, 사람이 아닌 사물인 '상품'은 높여야 할 주체가 아니므로 '나오시다'가 아닌 '나오다'를 사용해야 알맞은 표현이다. 따라서 '고객님, 주문하신 상품이 나왔습니다.'로 고쳐야 한다.

오답 피하기

①, ②, ④는 주체 높임법 중 간접 높임을 적절하게 사용한 올바른 높임법이다. '치아가 편찮으시다', '따님이 계시다', '말씀이 계시겠습니다' 등으로 사용할 경우, 객체 높임법을 잘못 사용한 경우이다.

04 ②

제시문의 밑줄 친 '띤다'는 '전하를 지니다'의 뜻이므로 문맥상 '어떤 성질을 가지다' 의미로 쓰였다. '성격을 띠어'는 '성격을 가지게 되어'의 뜻이므로 가장 유사한 의미로 사용되었으므로 ②가 적절하다.

오답 피하기

① 띠나 끈 따위를 두르다.
③ 용무나, 직책, 사명 따위를 지니다.
④ 빛깔이나 색채 따위를 가지다.
⑤ 물건을 몸에 지니다.

05 ①

밑줄 친 단어는 좋은 결과를 얻게 될 줄 몰랐다는 의미로 쓰였으므로 '어떤 상황이 자기에게 미치다'의 의미로 쓰였다. 이와 같은 의미로 쓰인 것은 ①이다.

오답 피하기

② 술 따위를 사다.
③ 다른 사람이나 대상이 가하는 행동, 심리적인 작용 따위를 당하거나 입다.
④ 요구, 신청, 질문, 공격, 도전, 신호 따위의 작용을 당하거나 거기에 응하다.
⑤ 여러 사람에게 팔거나 대어 주기 위해 한꺼번에 많은 양의 물품을 사다.

06 ②

'언저리'는 '둘레의 가 부분'을, '가장자리'는 '둘레나 끝에 해당하는 부분'을, '테두리'는 '둘레의 가장자리'를 각각 의미한다. 즉 모두 가장자리나 둘레를 의미하는 '주변'의 의미를 갖고 있다.

오답 피하기

① '출구(出口)'는 '밖으로 나갈 수 있는 통로'라는 의미로, 문맥상 적절하지 않다.
③ '절정(絕頂)'은 '사물의 진행이나 최고의 경지에 달한 상태'라는 의미로, 문맥상 적절하지 않다.
④ '회전(回轉)'은 '빙빙 돌아서 구름. 또는 굴림'이라는 의미로, 문맥상 적절하지 않다.
⑤ '현상(現狀)'은 '나타나 보이는 현재의 상태'라는 의미로, 문맥상 적절하지 않다.

07 ④

'시간'은 '어떤 시각에서 어떤 시각까지의 사이'를 의미한다. 출발을 하는 것은 시간대 위의 한 점이라 할 수 있으므로 '출발 시각'이라고 쓰는 것이 적절하다.

오답 피하기

① '틀리다'는 '셈이나 사실 따위가 그르게 되거나 어긋나다'의 의미이다. 스타일은 옳고 그름이 없으므로 '다르다'로 써야 한다.
② '두껍다/얇다'는 '두께가 보통의 정도보다 크다/두께가 두껍지 아니하다'의 의미이고, '굵다/가늘다'는 '물체의 지름이 보통의 경우를 넘어 길다/물체의 지름이 보통의 경우에 미치지 못하고 짧다'의 의미이다. 따라서 허벅지는 지름에 사용하는 '굵다', '가늘다'를 써야 한다.
③ '과반수' 자체가 절반이 넘는 수라는 의미이므로 '과반수 이상'이라는 말은 의미가 중복되는 표현이다. 따라서 '과반수'라고 써야 한다.
⑤ '적다'는 수량의 개념이다. 사이즈는 크기의 개념인 '작다'를 써야 한다.

08 ①

빈칸 뒤에서 '외래어가 넘쳐나게 된 것은 우리나라의 괄목상대할 만한 성장과 결코 무관하지 않다.'라고 하였다. 즉, 사회의 성장과 외래어의 증가는 상관관계가 있다는 의미이므로 이를 포함하는 문장이 들어가야 적절하다.

09 ③

'-질'은 어떤 행동을 저급하게 표현하는 의미를 덧붙여 주는 접미사이다. 따라서 '심하게 싸웠다'를 '싸움질했다'는 말로 바꾸어 표현하면 의미에 변화가 생기므로, 적절하지 않다.

오답 피하기

① '노랗다'에 '매우 짙고 선명하게'의 뜻을 더하는 접두사 '샛-'이 결합하여 같은 의미의 한 단어로 표현되었다.
② '찾았다'에 '다시'의 뜻을 더하는 접두사 '되-'가 결합하여 같은 의미의 한 단어로 표현되었다.
④ '닫혔다'는 '닫다'의 피동형으로, 여기에 '강조'의 의미를 더하는 접미사 '-치-'가 결합하여 같은 의미의 한 단어로 표현되었다.
⑤ '크다'에 형용사 어간에 붙어 뜻을 더해 주는 접미사 '-다랗다'가 결합하여 같은 의미의 한 단어로 표현되었다.

10 ⑤

효과적인 주장을 위해서는 입증의 책임이 있음을 설명하는 글이다. '의미 있는 증거'가 아니면 주장을 받아들이지 않겠다는 것은 주장을 받아들일 정도의 증거가 되려면 '타당하고 입증할 수 있는' 증거가 필요함을 알 수 있다.

오답 피하기

① 증거는 주장에 대한 이유로 관련성을 가지고 있어야 한다. 하지만 관련성이 있는 모든 내용이 주장을 뒷받침할 수 있는 '의미 있는 증거'라고 보기는 어렵다.

② 책임감만으로는 주장을 받아들이게 할 수는 없으므로 ㉠의 문맥적 의미로 보기에는 무리가 있다.

③ '기존의 것과 다른' 것은 '의미 있는 증거'의 문맥적 의미와는 거리가 멀다. 사람들이 주장에 설득될 정도의 '증거'여야 하는데, 기존의 것과 다르다고 해서 그러한 역할을 수행한다고 보기 어렵기 때문이다.

④ 문제를 해결하기 위해 주장을 펼치고, '의미 있는 증거'를 내세워 설득할 때 '문제를 해결한다'는 것은 궁극적인 목적에 해당하므로 ㉠의 문맥적 의미로 보기 어렵다.

11 ②

주어진 글은 스와힐리어, 영어, 한국어, 에스키모어, 오스트레일리아어를 예로 들면서 언어가 각 나라의 문화를 반영하고 있음을 설명하고 있다. 따라서 전체적인 글의 내용을 포괄하는 주제로는 '언어는 그 사회의 문화를 반영한다.'가 가장 적절하다.

12 ⑤

제시문은 무죄 추정의 원칙에 대한 이야기를 바탕으로, 우리나라는 현재 [다]처럼 유죄 추정의 원칙이 보편화되어 있다고 말하며 이를 바로잡기 위한 해결책으로 [나]와 [가] 그리고 마지막 [라]를 제시하고 있다. 따라서 문맥상 [다]-[나]-[가]-[라] 순으로 배열하는 것이 적절하다.

13 ②

'허장성세(虛張聲勢)'는 '실속은 없으면서 큰소리치거나 허세를 부린다'는 뜻으로, 두려운 마음을 쫓아 버리기 위해 되레 고함을 치는 김 첨지의 모습을 잘 드러내 주는 한자 성어다.

오답 피하기

① 동상이몽(同牀異夢): 겉으로는 같은 입장인 듯하지만 실제로는 의견이나 주장이 다른 사이를 가리키는 말

③ 새옹지마(塞翁之馬): 인생의 길흉화복은 변화가 많아서 예측하기가 어렵다는 말

④ 호가호위(狐假虎威): 남의 권세를 빌려 위세를 부림

⑤ 하석상대(下石上臺): 아랫돌 빼서 윗돌 괴고 윗돌 빼서 아랫돌 괸다는 뜻으로, 임시변통으로 이리저리 둘러맞춤을 이르는 말

14 ④

제시문은 미괄식 구성을 통해 마지막 부분에 글의 핵심 내용을 정리하고 있다. '그들은 자신의 동료가 짜증이 나 있다는 것을 이해하지만 직접적인 표현이 없으므로 자신들이 문제 해결을 위해 무엇을 해야 하는지 전혀 알지 못한다.'를 통해 직접적으로 감정 표현을 해야 한다는 것을 알 수 있다. 따라서 얼굴 표정이나 행동 등의 비언어적 표현이나 말을 돌리는 등의 우회적인 방법은 적절하지 않으므로 정확하게 자초지종을 설명한다는 ④가 적절하다.

15 ③

4억 년 전 지구의 1년이 지금의 1년보다 길다는 것은 1년의 날수가 줄어든 것이다. 따라서 지금의 하루가 4억 년 전 하루보다 길다.

오답 피하기

①, ⑤ 산호는 낮과 밤의 생장 속도가 다르기 때문에 하루의 변화가 성장선에 나타나고, 이를 세면 산호가 살던 시기의 1년의 날수를 알 수 있다.

② 4억 년 전 지구의 1년은 400일 정도였고, 지금은 1년이 365일이므로 더 길다.

④ 지구의 하루가 길어지는 까닭은 지구의 자전이 느려지기 때문이다.

16 ②

[가]에서는 장기적인 불황과 고용 사정의 악화 그리고 고소득층의 해외 소비로 인해 내수 회복이 되지 않는다는 점을 들어 빈부 격차 현상의 원인을 설명하고 있다. [나]에서는 빈부 격차를 해소하기 위한 해결책을 열거하고 있다.
따라서 주어진 글은 빈부 격차의 원인과 해결책을 설명하고 있다.

오답 피하기

① '결과'는 '어떤 원인으로 인한 상태'이므로 [나]에 '빈부 격차가 현대판 신분 제도와 같은 문제점을 가지고 왔다.' 등의 내용이 와야 한다.

③ '반성'은 '자신의 언행에 대하여 잘못이나 부족함이 없는지 되돌아봄'을 의미하는데, [나]에서 그러한 내용을 찾을 수 없다.

④, ⑤ '실태'는 '있는 그대로의 상태'를 말하는데, [가]는 '빈부 격차 심화'에 대한 필자의 분석이 나오고 있으므로 '실태'를 나타낸다고 보기는 어렵다.

17 ①

제시문은 슈미트 전 독일 총리의 말을 통해 진정한 통일의 조건으로 정치적·경제적 문제보다 정신적인 준비가 필요하다고 언급하고 있다. 따라서 통일을 위해 가장 중요한 것은 심리적 통합이라는 것을 알 수 있다.

18 ④

제시문은 지역 은행가, 여러 종류와 단계의 상인들, 부동산업자들, 지역 변호사들, 지역 성직자 등 지역의 사업자들이 보이는 부정적인 모습에 대해 풍자하고 있다. 빈칸 앞의 '이들이 하는 사업은 보통 애향심, 공공심, 시민으로서의 자부심, 기타 등의 이름 아래 가식적이 된다.'의 부분을 통해 이 중에서 하나가 들어갈 수 있음을 추론할 수 있다. 따라서 '이런 사업을 진행하는 공동체의 어떤 구성원은 '영향력 있는 시민'으로, 공동체의 금전상 이익에 기여하는 정도에 따라 칭찬받을 시민으로 평가될 것이다.'의 부분을 통해 '공공심'이 들어갈 수 있음을 알 수 있다.

오답 피하기

① '이타심'은 '자기보다 다른 사람의 행복과 복리의 증가를 행위의 목적으로 하는 마음'을 말한다.
② '자부심'은 '자기 자신 또는 자기와 관련되어 있는 것에 대하여 스스로 그 가치나 능력을 믿고 당당히 여기는 마음'을 말한다.
③ '애향심'은 '고향을 아끼고 사랑하는 마음'을 말한다.
⑤ '자비심'은 '남을 깊이 사랑하고 가엾게 여기는 마음'을 말한다.

19 ②

통일성이란 글의 모든 부분이 하나의 주제를 드러내는 데 기여해야 한다는 것을 말한다. 제시문은 '정약용' 선생에 대한 글로, 수원 화성은 정약용의 실학사상을 보여 주는 한 예가 된다. 그러나 ㉡은 '정조'에 대한 내용으로, 글의 흐름에서 벗어나므로 적절하지 않다.

20 ⑤

어떤 글의 뒤에 이어질 내용은 제시문에 있는 내용을 확장 또는 심화하거나 나와 있지 않은 내용 중에서 해당 글의 주제와 관련된 내용이어야 한다. 제시문은 손과 눈의 조응 운동이 중요하며 이것은 일생의 초기에 할수록 좋다는 내용을 담고 있다. 따라서 '사물을 명확히 보기 위해 요구되는 조건'은 주제와 관련이 없는 내용이므로, 뒤에 이어질 내용으로 적절하지 않다.

오답 피하기

①, ②, ③, ④ 제시문의 중심 내용과 관련된 것으로, 뒷부분에 이어져도 어색하지 않다.

21 ③

북한의 대남 방송은 남측에 대한 비방이 주로 담겨 있는 것에 반해, 남한은 북한 체제에 대한 직접적인 비방을 담은 내용은 내보내지 않았다고 했으므로 '남한과 북한의 방송은 모두 서로에 대한 직접적인 비방의 내용이 들어가 있다'는 것은 옳지 않다.

22 ③

㉠은 현재 문제시되고 있는 상황에 대한 내용이고, ㉡은 그에 대한 반박이다. ㉢은 ㉡의 근거에 해당한다. ㉣은 ㉡과 연결된 주장이며, ㉤은 현실에 대한 비판 요소에 해당한다. 그러므로 논증 구조를 잘 파악하고 있는 것은 ③이다.

23 ①

주어진 글은 사회보험에 대한 비판을 담고 있다. 그런데 사회보험 재정의 파탄 위험성은 저부담 고지급 체계 때문이지 강제성과는 관계가 없다. 강제성이 없다고 해서 보험 재정이 반드시 파탄 나는 것도 아니고 강제성이 있다고 해서 재정이 반드시 튼튼한 것도 아니다.

오답 피하기

②, ③, ④, ⑤는 사회보험의 필요성과 사회보험이 강제성을 띨 수밖에 없는 이유에 대한 진술이다.

24 ④

[보기]의 '이들'이 누구를 지칭하는 것인지 앞 문장에서 나와야 하고, '관청'에 대한 내용이 뒤에 연결되어야 하므로 [보기]가 들어갈 알맞은 위치는 ㉣이다. '이들'은 '과거를 통해 선발되어 국가 일에 종사하는 사람들'이고, '관청' 역시 '품계'가 있었음을 말하고 있으므로 '조선 시대 관청'과 연결된다.

오답 피하기

② 제시문은 현대의 관청과 조선 시대의 관청을 나누어 설명하고 있으며, [보기]에서 언급된 '품계'는 조선 시대의 관청에 대한 내용임을 알 수 있다. 따라서 앞에서 현대의 관청에 대해 설명하고 있는 ㉡은 적절하지 않다.

25 ④

제시문은 그리스인과 중국인의 물체를 보는 서로 다른 관점에 대해 설명하고 있다. 서양으로 대표되는 그리스의 아리스토텔레스가 보는 물체의 관점과 동양으로 대표되는 중국의 환경과 맥락에 대한 이야기를 통해 문화에 따라 현상을 해석하는 관점이 서로 다르다는 것을 설명하고 있다.

오답 피하기

①, ②, ③, ⑤ 글의 일부분에 대한 내용으로, 중심 내용이라고 할 수 없다.

자료해석 P. 356~365

01	②	02	②	03	④	04	②	05	④
06	②	07	③	08	④	09	③	10	③
11	①	12	①	13	①	14	①	15	②
16	①	17	③	18	④	19	③	20	②

01 ②

제시된 수는 '$\times 3-1$'의 규칙을 지닌다.

따라서 빈칸에 들어갈 수는 $41\times 3-1$이므로 122이다.

02 ②

50점 이상 60점 미만의 학생이 6명이고, 상대도수가 0.12이므로 전체 학생 수는 $\frac{6}{0.12}=50$(명)이다.

50명 중에 70점 이상 80점 미만의 찢어진 구간의 상대도수는 전체 상대도수 1에서 나머지 상대도수의 합을 뺀 값이므로 $1-(0.08+0.12+0.24+0.16+0.10)=0.3$이다. 따라서 70점 이상 80점 미만의 계급의 학생 수는 $50\times 0.3=15$(명)이다.

1점 더 올리기

상대도수에 따른 값 구하기

상대도수가 1일 때의 학생 수를 다음과 같이 구할 수 있다.

상대도수	학생 수
0.12	6
↓÷6	
0.02	1
↓×50	
1	50

03 ④

A의 원가를 x원, B의 원가를 y원이라고 하면

$x+y=20{,}000$ … ㉠

또 A의 판매가는 원가의 5할 이익을 붙였으므로 $1.5x$원이고, B의 판매가는 원가의 3할 할인되어 $0.7y$원이므로,

$1.5x+0.7y-20{,}000=8{,}000$ … ㉡

㉠과 ㉡을 연립하면

$x=17{,}500$, $y=2{,}500$이다.

따라서 A의 원가는 17,500원이다.

04 ②

2011년의 전체 중 동북아시아 재외동포 비중은 $\frac{3{,}618}{7{,}175}\times 100 \fallingdotseq 50.4$(%)이다.

오답 피하기

① 제시된 기간 동안 지역별 재외동포의 수는 동북아시아, 북미, 유럽, 남아시아태평양, 중남미, 중동, 아프리카 순으로 많고, 연도에 따라 순위 변동은 없다.

③ 2015년 대비 2017년에 재외동포 수가 증가한 지역은 남아시아태평양, 북미, 중남미, 유럽이다.

- 남아시아태평양: $\frac{558-511}{511}\times 100 \fallingdotseq 9.2$(%)
- 북미: $\frac{2{,}733-2{,}463}{2{,}463}\times 100 \fallingdotseq 11.0$(%)
- 중남미: $\frac{107-105}{105}\times 100 \fallingdotseq 1.9$(%)
- 유럽: $\frac{631-627}{627}\times 100 \fallingdotseq 0.6$(%)

따라서 2015년 대비 2017년에 재외동포 수의 증가율이 가장 큰 대륙은 북미이다.

④ 2009년과 2011년에는 재외동포의 수가 913(천 명)으로 같았지만, 2011년 이후로는 감소하고 있다.

05 ④

여성 정직원의 비율을 $\frac{\text{여성 정직원 수}}{\text{전체 정직원 수}}\times 100$으로 계산하면 $\frac{82}{279}\times 100 \fallingdotseq 29.4$(%)이다.

따라서 2018년 여성 정직원의 비율은 29.4%이다.

06 ②

전체 정직원 수에서 여성 정직원 수를 빼면 남성 정직원 수를 알 수 있다. 남성 정직원 수는 각각 196명, 200명, 197명, 198명으로 2016년과 2020년에는 2년 전에 비하여 증가하였다.

오답 피하기

① 여성 정직원 비율은 26.6%, 27.5%, 29.4%, 29.5%로 계속 증가하고 있다.

③ 2년 전 대비 여성 정직원 수의 증가율을 구하면 다음과 같다.

- 2016년: $\frac{76-71}{71}\times 100 \fallingdotseq 7.0$(%)
- 2018년: $\frac{82-76}{76}\times 100 \fallingdotseq 7.9$(%)
- 2020년: $\frac{83-82}{82}\times 100 \fallingdotseq 1.2$(%)

따라서 여성 정직원 수의 증가율이 가장 큰 해는 2018년이다.

④ 전체 정직원 수는 267명, 276명, 279명, 281명으로 계속 증가하고 있다.

07 ③

2017년 건설업 임금총액의 전년 대비 증가액은 $2{,}624-2{,}507=117$(만 원)이고, 협회 및 단체 임금총액의 전년 대비 증가액은 $2{,}240-2{,}167=73$(만 원)으로 $117\div 73$

≒1.6(배)이다. 따라서 2배 미만이다.

오답 피하기

① 매년 임금총액이 가장 높은 사업은 전기, 가스, 증기, 수도사업이다.

② 임금총액이 꾸준히 상승하는 사업은 제조업, 건설업, 도매 및 소매업, 운수업, 숙박 및 음식점업, 금융 및 보험업, 부동산업 및 임대업, 전문, 과학 및 기술 서비스업, 사업시설관리 서비스업, 교육 서비스업, 보건업 및 사회복지 서비스업, 예술 및 스포츠, 협회 및 단체로 총 13개이다.

④ 2014년 전체 산업보다 임금총액이 낮은 사업은 건설업, 도매 및 소매업, 운수업, 숙박 및 음식점업, 부동산업 및 임대업, 사업시설관리 서비스업, 보건업 및 사회복지 서비스업, 예술 및 스포츠, 협회 및 단체로 총 9개이다.

08 ④

선택지에 제시된 광업, 운수업, 금융 및 보험업, 예술 및 스포츠의 2013년 대비 2017년 임금총액의 증가율은 다음과 같다.

- 광업: $\frac{3,713-3,474}{3,474}\times 100 \fallingdotseq 6.9(\%)$
- 운수업: $\frac{3,156-2,679}{2,679}\times 100 \fallingdotseq 17.8(\%)$
- 금융 및 보험업: $\frac{5,706-4,882}{4,882}\times 100 \fallingdotseq 16.9(\%)$
- 예술 및 스포츠: $\frac{2,512-2,053}{2,053}\times 100 \fallingdotseq 22.4(\%)$

따라서 임금총액의 증가율이 가장 큰 사업은 예술 및 스포츠이다.

09 ③

수영장의 $\frac{3}{5}$만큼 물을 채우는 데 걸리는 시간을 x시간이라고 하면 수영장의 부피는 $3,000\times 4=12,000$(L)이고, 비는 1시간에 $100\times 6=600$(L)씩 내린다.

처음 30분은 물만 받고, $\left(x-\frac{1}{2}\right)$시간 동안은 물과 빗물을 동시에 받으므로 수영장의 $\frac{3}{5}$을 채우는 물의 양은

$\frac{1}{2}\times 3,000+\left(x-\frac{1}{2}\right)(600+3,000)=12,000\times\frac{3}{5}$이다.

$1,500+3,600x-1,800=7,200$

$36x=75 \quad \therefore x=\frac{25}{12}=\frac{125}{60}$

따라서 수영장의 $\frac{3}{5}$만큼 물을 채우는 데는 125분이 걸린다.

10 ③

7명씩 앉는 의자의 마지막 의자에는 7명이 꽉 채워 앉을 수도 있고, 그렇지 않을 수도 있다. 따라서 7명씩 앉게 될 경우 의자 2개가 남기는 하지만 3개가 남는 것으로 보고, 마지막 의자에는 최소 1명에서 최대 7명까지 앉을 수 있다고 생각하여 식을 세운다.

의자 수를 x개라고 하면

i) $5x+14=7(x-3)+1 \rightarrow x=17$

ii) $5x+14=7(x-3)+2 \rightarrow x=16.5$

iii) $5x+14=7(x-3)+3 \rightarrow x=16$

iv) $5x+14=7(x-3)+4 \rightarrow x=15.5$

v) $5x+14=7(x-3)+5 \rightarrow x=15$

vi) $5x+14=7(x-3)+6 \rightarrow x=14.5$

vii) $5x+14=7(x-3)+7 \rightarrow x=14$

x는 자연수이어야 하므로 가능한 의자의 개수는 14개, 15개, 16개, 17개뿐이다.

11 ①

전체 학생 수를 x명이라고 하면

A가수를 좋아하는 학생 수는 $\frac{1}{2}x$명,

B가수를 좋아하는 학생 수는 $\frac{3}{5}x$명,

둘 다 좋아하는 학생 수는 $\frac{3}{5}x\times\frac{1}{2}=\frac{3}{10}x$(명),

둘 다 싫어하는 학생 수는 7명이다.

$x=\frac{1}{2}x+\frac{3}{5}x-\frac{3}{10}x+7$

$x=35$

따라서 반 전체 학생 수는 35명이다.

12 ①

시침은 분당 0.5°씩 움직이고, 분침은 분당 6°씩 움직인다. 3시 정각일 때 시침의 각도는 90°이므로 x분 후에 시침의 각도는 $(90+0.5x)°$, 분침의 각도는 $6x°$가 된다.

시침과 분침의 사잇각이 150°가 되는 경우는 150°와 $360-210=150$(°)일 때 2가지이므로 다음과 같이 식을 세울 수 있다.

$6x-(90+0.5x)=150 \rightarrow x=\frac{480}{11}$

$6x-(90+0.5x)=210 \rightarrow x=\frac{600}{11}$

따라서 $\frac{600}{11}-\frac{480}{11}=\frac{120}{11}$(분)이다.

⬆ 1점 더 올리기

시침은 1시간에 숫자 한 칸, 즉 30°를 움직이므로

1분에 $\frac{30}{60}=0.5°$씩 움직인다.

분침은 1시간에 한 바퀴, 즉 360°를 움직이므로

1분에 $\frac{360}{60}=6°$씩 움직인다.

13 ①

빈칸의 값은 전체 40에서 25(=3+7+10+5)를 빼면 15이다.

도수분포표에서의 평균값은 '계급값 × 도수'를 모두 더한 것을 도수의 총합으로 나눈 것과 같다.

$$\frac{5\times3+15\times7+25\times10+35\times15+45\times5}{40}$$

$$=\frac{15+105+250+525+225}{40}=28$$

학생 40명이 찬 제기차기의 평균 횟수는 28회이다.

14 ①

2014년부터 2018년까지 투표에 참여하지 않은 학생 수를 계산하면 다음과 같다.

- 2014년: $18,500\times\frac{100-28}{100}=18,500\times0.72$
  $=13,320$(명)
- 2015년: $19,300\times\frac{100-37}{100}=19,300\times0.63$
  $=12,159$(명)
- 2016년: $24,500\times\frac{100-41}{100}=24,500\times0.59$
  $=14,455$(명)
- 2017년: $26,100\times\frac{100-35}{100}=26,100\times0.65$
  $=16,965$(명)
- 2018년: $24,800\times\frac{100-40}{100}=24,800\times0.60$
  $=14,880$(명)

따라서 2014년부터 2018년까지 투표에 참여하지 않은 인원은 13,320+12,159+14,455+16,965+14,880=71,779(명)이다.

15 ②

㉠ 도수 분포 다각형의 넓이는 도수에 정비례한다. 남녀 학생의 전체 도수는 주어지지 않았지만 상대도수의 합이 1로 같기 때문에 넓이도 같다.

㉡ 계급값이 15초인 남학생의 상대도수는 0.36이므로 200 × 0.36=72(명)이다.

㉤ 여학생의 기록 중 상대도수가 0.32로 가장 큰 계급의 계급값은 16초이다.

오답 피하기

㉢ 여학생의 기록이 17.5초라면 이 여학생은 평균에 비해 비교적 잘 달리지 못하는 편이다.

㉣ 여학생 중 15.5초 미만의 기록을 가진 학생은 (0.04+0.08+0.20)×100=32(%)이다.

16 ①

유럽 국가는 영국, 독일, 프랑스, 스페인으로 2017년, 2019년, 2020년에는 한국보다 점유율이 낮았지만, 2018년에는 프랑스의 자국 영화 점유율이 45.3%로 한국의 42.1%를 앞질렀다.

오답 피하기

③ 2017년 대비 2020년 자국 영화 점유율이 하락한 국가는 한국, 영국, 독일, 프랑스, 스페인이다. 이 중 가장 큰 하락폭을 기록한 국가는 4.3%p 하락한 한국이다.

④ 2019년의 점유율이 가장 높은 국가는 일본, 독일, 스페인, 호주, 미국으로 8개국 중 5개국이므로 절반 이상이다.

17 ③

'과거 취업 경험과의 연관성'을 선택한 남성이 더 많다는 것을 보면 남성이 과거의 취업 경험을 더 활용하고자 함을 알 수 있다.

오답 피하기

① '임금 수준'을 선택한 여성은 47.1%로 남성보다 3.2%p 높다.

② 주어진 자료로는 알 수 없다.

④ '일의 양과 시간대'를 선택한 여성이 남성보다 7.8%p 높다. 따라서 여성이 남성보다 위의 조건에 민감하다.

18 ④

전국 고등학교 학생과 승호네 고등학교 학생의 60점 이상 80점 미만에 해당하는 상대도수는 0.4로 같다.

오답 피하기

① 승호네 고등학교 학생의 그래프가 오른쪽에 치우쳐져 있기 때문에 승호네 고등학교 학생들이 전국 고등학교 학생들에 비해 성적이 높은 편임을 알 수 있다.

② 20점과 40점 미만의 구간의 전국 고등학교 학생들의 상대도수가 0.1이므로 전국 고등학교 학생들의 10%는 40점 미만임을 알 수 있다.

③ 다각형의 넓이는 계급의 크기인 20과 전체 높이인 1인 값을 곱해야 한다. 따라서 승호네 고등학교 학생의 그래프와 전국 고등학교 학생의 그래프 모두 계급의 크기가 20이고 전체 높이인 상대도수 크기가 1이므로 두 다각형의 넓이는 같다.

19 ③

$평균 = \frac{자료의\ 총합}{자료의\ 개수}$이므로 1학기 수학 성적의 평균은

$m = \frac{a+b+c+d}{4}$이고, $a+b+c+d=4m$(점)이다.

2학기 동안 네 번 본 수학 성적의 평균을 계산하면

$$\frac{2a-30+2b-30+2c-30+2d-30}{4} = \frac{2a+2b+2c+2d-120}{4}$$

이다. $a+b+c+d=4m$이므로, $2a+2b+2c+2d=8m$(점)이 된다.

따라서 2학기 수학 성적의 평균은

$$\frac{2a+2b+2c+2d-120}{4} = \frac{8m-120}{4} = 2m-30(점)$$이다.

20 ②

연령별 남녀 막대 높이의 차이가 가장 큰 것을 찾으면 70~79세이다.

오답 피하기

① 0~9세에서는 남성 환자 수가 더 많고, 10~19세에서는 남성과 여성 환자 수가 같다.

③ 여성은 70~79세 이후부터 줄고 있다.

④ 60~69세 남성 환자 수는 25명, 80세 이상 남성 환자 수는 7명이다. 따라서 25÷7≒3.6(배)이다.

파이널 모의고사 3회

공간능력 P. 366~375

01	④	02	③	03	②	04	③	05	④
06	③	07	④	08	②	09	②	10	②
11	④	12	①	13	④	14	②	15	④
16	③	17	②	18	②				

01 ④

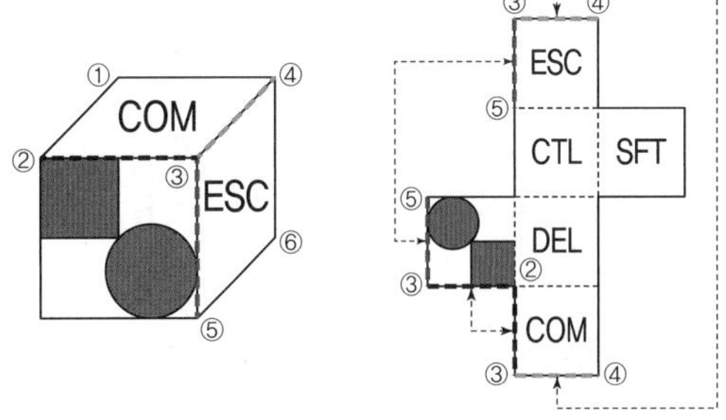

위의 그림에 따라 정답은 ④이다.

02 ③

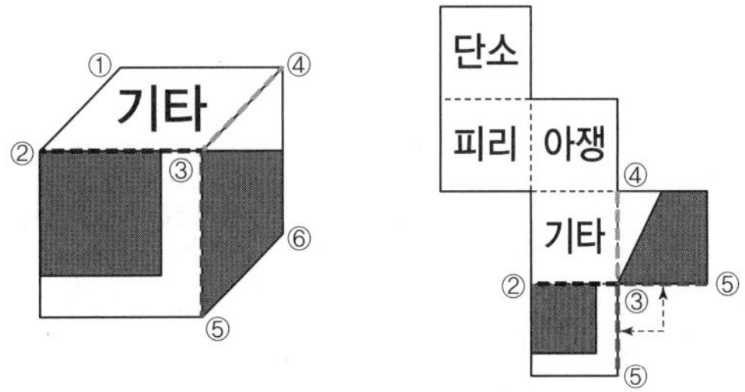

위의 그림에 따라 정답은 ③이다.

03 ②

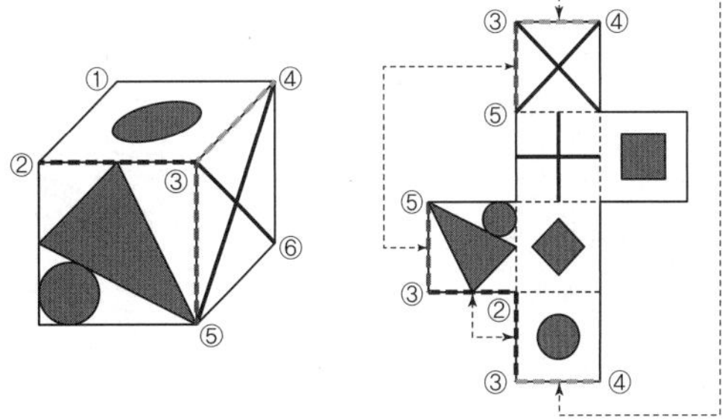

위의 그림에 따라 정답은 ②이다.

04 ③

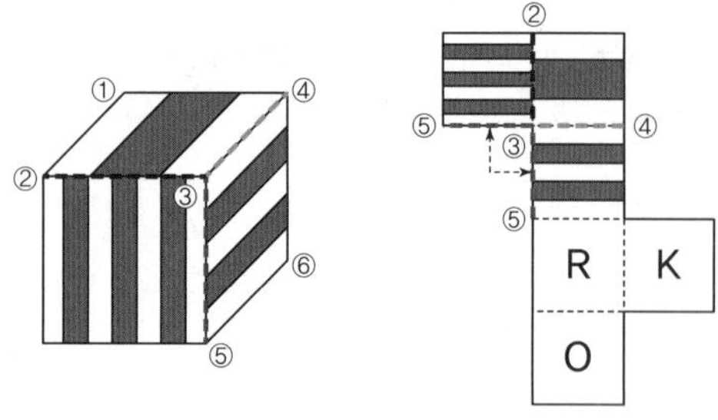

위의 그림에 따라 정답은 ③이다.

05 ④

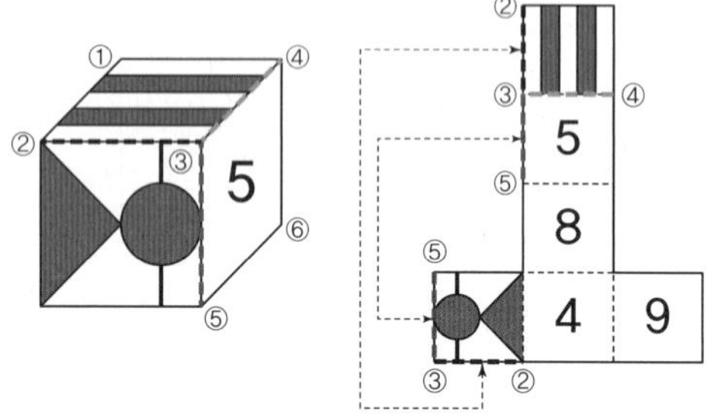

위의 그림에 따라 정답은 ④이다.

06 ③

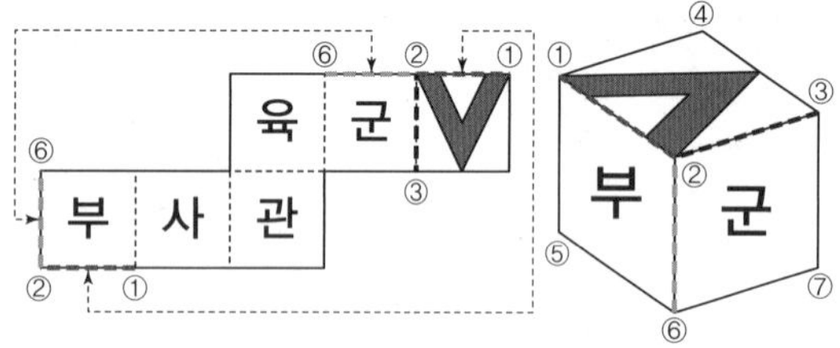

위의 그림에 따라 정답은 ③이다.

07 ④

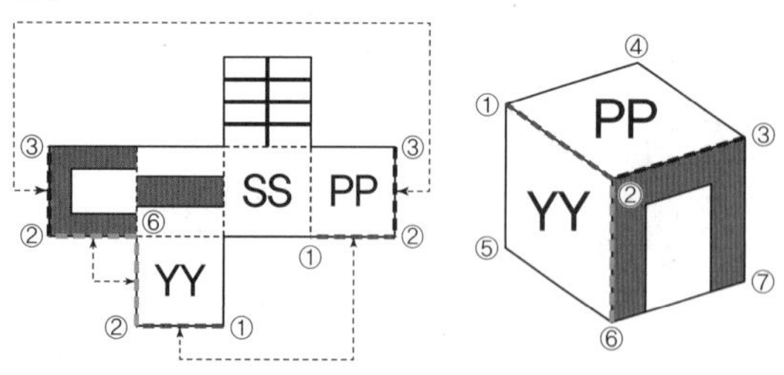

위의 그림에 따라 정답은 ④이다.

08 ②

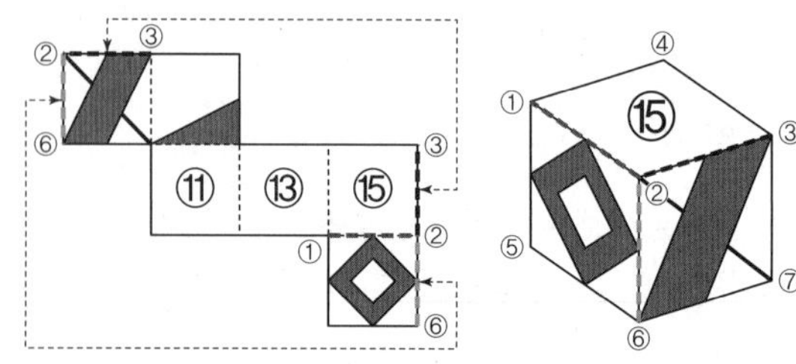

위의 그림에 따라 정답은 ②이다.

09 ②

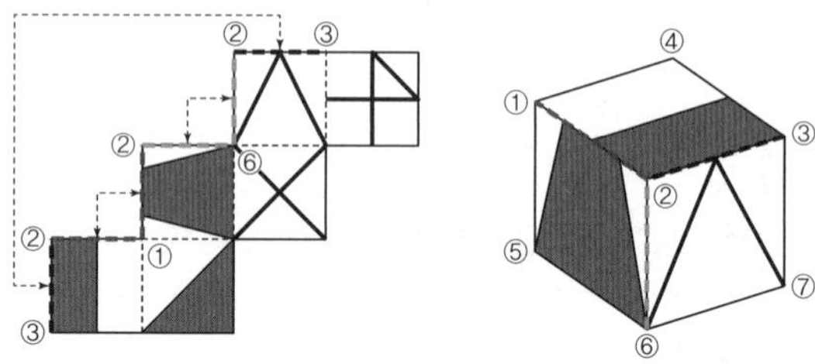

위의 그림에 따라 정답은 ②이다.

10 ②

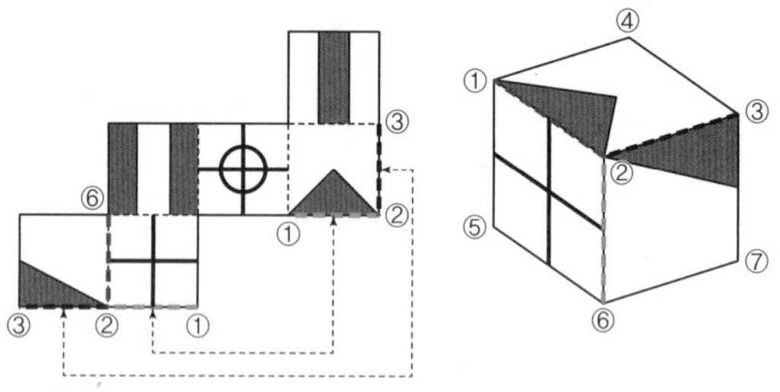

위의 그림에 따라 정답은 ②이다.

11 ④

왼쪽 열부터 차례대로 개수를 세어 더하면 12+13+2+12+3+10+4=56(개)이다.

12 ①

왼쪽 열부터 차례대로 개수를 세어 더하면 10+7+4+10+9+10+4=54(개)이다.

13 ④

왼쪽 열부터 차례대로 개수를 세어 더하면 15+4+10+8+10+7=54(개)이다.

14 ②

왼쪽 열부터 차례대로 개수를 세어 더하면 18+10+2+5+11+14+1=61(개)이다.

15 ④

바라보는 방향에서 왼쪽 열부터 차례대로 층높이를 세면 6−4−5−3−5−3이 되므로, 정답은 ④이다.

16 ③

바라보는 방향에서 왼쪽 열부터 차례대로 층높이를 세면 5−4−5−3−6−2가 되므로, 정답은 ③이다.

17 ②

바라보는 방향에서 왼쪽 열부터 차례대로 비어 있는 블록을 확인하여 비교하면 정답은 ②이다.

18 ②

바라보는 방향에서 왼쪽 열부터 차례대로 층높이를 세면 5−3−0−6−3−4가 되므로, 정답은 ②이다.

지각속도 P. 376~381

01	①	02	②	03	②	04	②	05	①
06	②	07	①	08	②	09	①	10	②
11	②	12	②	13	①	14	①	15	②
16	②	17	①	18	①	19	①	20	②
21	①	22	②	23	①	24	①	25	②
26	③	27	③	28	①	29	③	30	④

01 ①

02 ②

∈ ⊆ ∪ ⊃ - B1s K5i L9p M4d

'∪ = W2j', '∧ = L9p'이므로 옳지 않다.

03 ②

∩ ∨ ⊇ ∧ - G3h E6r Y8c L9p

'∨ = C0a', '⊂ = E6r'이므로 옳지 않다.

04 ②

⊃ ∋ ⊇ ⊂ - M4d V7e C0a E6r

'⊇ = Y8c', '∨ = C0a'이므로 옳지 않다.

05 ①

06 ②

토트넘 셰필드 에버턴 뉴캐슬 - 07 46 15 08

'뉴캐슬 = 23', '팰리스 = 08'이므로 옳지 않다.

07 ①

08 ②

레스터 노리치 팰리스 토트넘 - 39 81 08 63

'토트넘 = 07', '맨시티 = 63'이므로 옳지 않다.

09 ①

10 ②

팰리스 레스터 노리치 리버풀 - 08 46 81 17

'레스터 = 39', '셰필드 = 46'이므로 옳지 않다.

11 ②

фФ ξ3 συ Эз - ы σρ D Ц

'ξ3 = B', 'υv = σρ'이므로 옳지 않다.

12 ②

ωψ ёе йи Жж - φ б м B

'Жж = Б', 'ξ3 = B'이므로 옳지 않다.

13 ①

14 ①

15 ②

ПЛ фФ Жж υv - У ы φ σρ

'Жж = Б', 'ωψ = φ'이므로 옳지 않다.

16 ②

foot eye hand head - △ ▼ ◇ ☆

'eye = ▽', 'arm = ▼'이므로 옳지 않다.

17 ①

18 ①

19 ①

20 ②

toe foot neck leg - ◎ △ □ ●

'neck = ■', 'hair = □'이므로 옳지 않다.

21 ①

22 ②

▲ ◪ ⚙ △ - ♲ ₩ ⋗ ∢

'⚙ = ⌘', '▣ = ⋗'이므로 옳지 않다.

23 ①

24 ①

25 ②

☬ ▣ △ ☠ - ⌛ ⋗ ₩ ☭

'△ = ∢', '◪ = ₩'이므로 옳지 않다.

26 ③

Surround yourself with only people who are going to lift
1 2 3 4 5 6 7
you higher.
8

27 ③

⊓ ⊑ ⊔ ⊐ ⊒ ⊂ ⊅ ⊄ ⊈ ⊋ ⊉ ⊏ ⊆ ⊉ ⊅ ⊄ ⊂ ⊅ ⊇
1 2
⊉ ⊊ ⊋ ⊓ ⊑ ⊔ ⊄ ⊃ ⊅ ⊈ ⊇ ⊈ ⊉ ⊂ ⊓ ⊑ ⊔ ⊐ ⊒ ⊂
3 4
⊅ ⊄ ⊈ ⊉ ⊅ ⊄ ⊂
5

28 ①

Never leave that 'till tomorrow which you can do today.

29 ③

幺广犭牙攵月曰欠牙戈月扌毛斤忄戈⺌月欠月曰毛斤毋
1 2

止牛⺮曰欠爫氵戈月月曰歹文氏月止⺧氏毛斤文曰月弋
3 4 5

月曰欠月爻比殳曰欠
6 7

30 ④

78785105315328320543252358215354687684213125
1 2 3 4 5 6 7 8 9

48974351262128135135976845015468792218853132
10 11 12 13 14 15

6878

언어논리 P. 382~395

01	④	02	⑤	03	②	04	②	05	②
06	③	07	③	08	⑤	09	②	10	④
11	③	12	④	13	②	14	⑤	15	③
16	④	17	④	18	⑤	19	②	20	③
21	⑤	22	②	23	⑤	24	④	25	③

01 ④

밑줄 친 단어는 상황을 살펴보던 공격수가 돌진했다는 의미로 쓰였으므로 '무엇을 이루고자 온 마음을 쏟아서 눈여겨보다'는 의미의 ④가 적절하다.

오답 피하기

①, ③ 남이 보이지 아니하는 곳에 숨거나 남이 알아차리지 못하게 하여 대상을 살펴보다.

② 잘 드러나지 아니하는 마음이나 생각을 알아내려고 살피다.

⑤ 어떤 사실을 바탕으로 실상을 미루어 알다.

02 ⑤

밑줄 친 단어는 본인이 키운 제자들이라는 의미로 쓰였으므로 '사람을 가르쳐 키우다'는 의미의 ⑤가 적절하다.

오답 피하기

① 육체나 정신을 단련하여 더 강하게 만들다.

② 습관 따위를 몸에 익게 하다.

③ 머리카락이나 수염 따위를 깎지 않고 길게 자라도록 하다.

④ 병을 제때에 치료하지 않고 증세가 나빠지도록 내버려 두다.

03 ②

광우리는 광주리의 사투리로 표준어 규정 제25항의 '의미가 똑같은 형태가 몇 가지 있을 경우, 그중 어느 하나가 압도적으로 널리 쓰이면, 그 단어만을 표준어로 삼는다.'에 따라 틀린 표현이다.

오답 피하기

①, ③, ④, ⑤ 모두 복수 표준어로 인정되고 있다.

04 ②

'모름지기'는 '마땅히/당연히/반드시' 등과 함께 '~하여야 한다'와 호응하는 부사어이다. 따라서 '모름지기 학생은 공부를 열심히 해야 한다.' 정도로 수정하는 것이 적절하다.

오답 피하기

①, ③ '그다지/여간/별로/차마/결코/절대로/전혀' 등은 부정적인 서술어와 호응을 하는 부사어이다. 그 호응 관계를 정리하면 다음과 같다.

→ 그다지 ~지 않다, 여간 ~지 않다, 별로 ~지 않다, 차마 ~수 없다, 결코/절대로 ~아니다/해서는 안 된다, 전혀 ~없다/아니다.

④ '비록/만약/만일/혹시' 등은 가정을 나타내는 서술어와 호응을 하는 부사어이다. 호응 관계를 정리하면 다음과 같다.

→ 비록 ~지라도/지만/더라도/어도, 만약/만일 ~더라도, 혹시/아무리 ~ㄹ지라도

⑤ '비단'은 부정어인 '~가 아니다'와 호응하거나 '~A뿐만 아니라 B도' 형태로 호응한다. 예를 들어 '비단 잠을 깬 사람은 나뿐만이 아니었다.'를 들 수 있다.

1점 더 올리기

- 비교적 호응: 마치(흡사) ~처럼(같이/과) 같다.
- 추측적 호응: 아마(틀림없이) ~(으)ㄹ 것이다(~ㄹ는지도).

05 ②

- 코를 떼다: (어떤 사람이 다른 사람에게) 무안을 당하거나 핀잔을 받다.
- 코가 솟다: 뽐내거나 자랑할 일이 있어 우쭐해지다.
- 코 값을 하다: 대장부답게 의젓하게 굴다.
- 코 아래 진상: 뇌물이나 먹을 것을 바치는 일
- 코를 싸쥐다: 무안이나 핀잔으로 얼굴을 들 수 없게 되다.

06 ③

'받아들여진(받아들이+어지다=받아들여지다)'은 '다른 사람의 요구, 성의, 말 따위를 들어주다'를 의미하는 동사 '받아들이다'에 피동 표현 '-어지다'가 붙은 것이다. 따라서 이중 피동이 아닌 자연스러운 문장이다.

오답 피하기

나머지는 불필요하게 이중 피동이 사용된 문장이다.

① 놓여진=놓+이(피동)+어진(피동) (×) → 놓인 (O)

② 닫혀진=닫+히(피동)+어진(피동) (×) → 닫힌 (O)

④ 끊겨진=끊+기(피동)+어진(피동) (×) → 끊긴 (O)

⑤ 풀려진=풀+리(피동)+어진(피동) (×) → 풀린 (O)

07 ③

'홑몸'은 '딸린 사람이 없는 혼자의 몸, 임신하지 않은 몸'을 뜻하는 단어이고, '홀몸'은 '배우자나 형제가 없는 사람'을 뜻하는 단어이다. 따라서 '홑몸'을 쓰는 것은 적절하다.

참고로 '배우자나 형제가 없다'는 뜻으로는 '홑몸, 홀몸' 모두 쓰일 수 있고, '아이를 가졌다'는 뜻으로는 '홑몸이 아니다'로 표현해야 한다.

오답 피하기

① '지그시'는 '지그시 밟다, 아픔을 지그시 참다'와 같이, '슬며시 힘을 주는 모양'이나 '조용히 참고 견디는 모양'을 이르는 말이고, '지긋이'는 '그는 나이가 지긋이 들어 보인다, 아이는 나이답지 않게 어른들 옆에 지긋이 앉아서 이야기가 끝나길 기다렸다.'와 같이 '나이가 비교적 많아 듬직하게, 참을성 있게 끈지게'의 뜻을 나타내는 말이므로, 선택지의 '지그시'는 '지긋이'로 고쳐야 한다.

② '틀림없이, 꼭'의 의미일 때는 '반드시'로 적고, '반듯하다'의 의미가 살아 있으면 '반듯이'로 적어야 하므로 선택지의 '반듯이'는 '반드시'로 고쳐야 한다.

④ '머리말'은 [머리말]로 발음하여 사이시옷을 표기하지 못하므로, '머릿말'을 '머리말'로 고쳐야 한다.

⑤ '긴장이나 화를 풀어 마음을 가라앉히다'의 뜻을 가질 때는 '삭이다'를 써야 한다. '삭히다'는 '김치나 젓갈 따위의 음식을 발효시켜 맛이 들게 하다'의 뜻으로 '김치를 삭히다'와 같은 예로 쓸 수 있다.

08 ⑤

㉠ '아는 체'는 '잘 아는 것처럼 말하거나 행세하는 것'을 의미하며, '알은체'는 '어떤 것에 관심을 나타내거나 아는 사람에게 인사하는 태도를 보이는 것'을 의미한다. 따라서 문맥상 '알은체'가 올바른 표현이다. '아는 체'는 '모르는 것'을 안다고 꾸미는 경우에, '알은체'는 '인사나 관심 있는 태도'를 나타내는 경우에 쓰이므로 문맥에 따라 구별하여 써야 한다.

㉡ '등살'은 '등에 있는 근육'을 의미하며, '등쌀'은 '몹시 귀찮게 구는 짓'을 의미한다. 따라서 문맥상 '등쌀'이 올바른 표현이다.

㉢ 일반적으로 '있다'의 높임 표현에는 대상을 직접 높이는 '계시다'와 대상을 간접적으로 높이는 '있으시다'가 존재한다. 주어진 문장에서는 '있다'의 주체가 높임을 받아야 하는 사람이 아닌 '용무'로, 높임의 대상을 간접적으로 높여야 하므로 간접 높임 표현인 '있으신'이 올바른 표현이다.

따라서 각각 '알은체', '등쌀', '있으신'이 문맥상 어법에 맞는 단어이다.

09 ②

제시문의 초반부는 시간의 흐름에 따라 집과 마을, 큰길과 안길을 통해 길이 형성되는 과정을, 후반부는 길흉에 대한 사람들의 인식에 따라 구부러지거나 꺾인 불규칙한 형태의 길이 형성되는 과정을 나타내고 있다.

10 ④

성호가 어르신을 도와드린 것은 '착하다' 혹은 '어른을 공경할 줄 안다' 등과 같은 내적인 성질이 아니라, 여자 친구에게 잘 보이고 싶다는 외부의 상황에 의거한 것이므로 ㉠의 예시로 적절하지 않다.

오답 피하기

①의 '부지런하다', ②의 '운전이 서투르다', ③의 '성격이 흉악하다', ⑤의 '이타 정신'은 모두 개인의 내적이거나 기질적인 측면에 해당한다.

11 ③

제시된 문장은 제한되거나 부족한 자료에 근거하여 자신의 주장을 일반화하려는 '성급한 일반화의 오류'에 해당한다. ③은 'DMZ'라는 특정한 지역을 바탕으로 한반도 전역을 판단하고 있으므로 유사한 오류를 범하고 있다.

오답 피하기

① 근거 자료로 제시된 사실에서 주장이 도출되고, 그 주장이 다시 근거의 타당성을 뒷받침하는 순환을 반복하는 오류인 '순환 논증의 오류'에 해당한다.

② 정보가 없음에도 이를 바탕으로 옳거나 그르다고 주장하는 것으로 '무지에 호소하는 오류'에 해당한다.

④ 적절한 근거를 바탕으로 하지 않고 군중 심리에 의거하여 주장하는 '대중에 호소하는 오류'에 해당한다.

⑤ 반론의 가능성을 원천적으로 봉쇄하여 자신의 주장을 입증하는 오류인 '원천 봉쇄의 오류'에 해당한다.

12 ④

'설 쇤 무'는 가을에 뽑아 둔 무가 해를 넘기면 속이 비고 맛이 없다는 뜻으로, 한창때가 지나 볼 것이 없게 됨을 이르는 말이다. 따라서 야무지고 똑똑하다는 표현과는 어울리지 않는다.

오답 피하기

① 낙숫물이 댓돌을 뚫는다: 작은 힘이라도 꾸준히 계속하면 큰 일을 이룰 수 있음을 비유적으로 이르는 말

② 갓 쓰고 나가자 파장(=망건 쓰자 파장): 준비를 하다가 그만 때를 놓쳐 소기의 목적을 이루지 못하게 됨을 비유적으로 이르는 말

③ 구운 게도 다리를 떼고 먹어라: 무슨 일이든 앞뒤를 신중히 고려하여 안전하게 행동하라는 것을 교훈적으로 이르는 말

⑤ 김칫국부터 마신다: 해 줄 사람은 생각지도 않는데 미리부터 다 된 일로 알고 행동한다는 말

13 ②

②의 주제문은 '로봇은 인간의 편의와 복지를 위해 만들어졌다'이다. '너무 위험한 일'과 '정밀한 작업'은 편의를 위해, '환자를 돌보아 주기도 한다'는 복지를 위해 로봇이 만들어졌음을 알 수 있는 내용이므로 주제문에 대한 뒷받침 문장으로 적절하다.

오답 피하기

① 한옥의 지붕 모양으로 맞배, 우진각, 팔작 3가지를 제시한 후 맞배 지붕, 우진각 지붕만 서술하고 있으므로 글의 완결성이 떨어진다. '팔작 지붕'의 내용이 첨가되어야 한다.

③ '주제에 어긋나는 말'과 '상대방을 고려하지 않은 말투'에 의한 문제점은 '말'이 듣는 이에게 심리적 반응을 일으킨다는 첫 번째 문장과 연결 고리가 약하다.

④ '건전한 여가 생활을 적극 장려해야 한다'는 주장은 많은 청소년들이 연예인을 꿈꾼다는 내용과 어울리지 않는다.

⑤ '독도는 우리 땅이다'라는 주제문에 알맞은 근거를 제시한 것이 아니라 자신의 주관적인 견해를 나열하여 객관성이 결여되어 있다.

14 ⑤

두 번째 문단의 '이와 같은 경제적 불평등은 모든 사회에 이득을 주고 모든 사회 구성원들을 보다 더 나은 상태에 이르게 한다.'를 통해 롤스가 말한 정의로운 사회는 '경제적 불평등'을 허용하고 있는 사회임을 알 수 있다.

오답 피하기

① 첫 번째 문단의 '정의로운 사회는 두 가지 원칙에 기반을 둔다고 존 롤스는 추론한다'를 통해 알 수 있다.

② 첫 번째 문단의 롤스의 첫 번째 원칙에서 '모든 사람에게 평등하게 주어진 가장 광범위한 체계의 권리와 자유를 가진다'라고 하였고, '이 첫 번째 원리는 절대적인 것이며'를 통해 알 수 있다.

③ 두 번째 문단의 롤스의 두 번째 원칙에서 '특정한 경제적 불평등은 모든 사회에 이득을 주고 모든 사회 구성원들을 보다 더 나은 상태에 이르게 한다'를 통해 알 수 있다.

④ 두 번째 문단의 '경제적, 사회적으로 특권을 누리는 모든 지위는 모든 사람들에게 평등하게 열려 있어야 한다'를 통해 알 수 있다.

15 ③

[가]와 [나]는 신분에 따라 쓰는 어휘가 다름을 나타내고, [다]는 성별에 따라 쓰는 표현이 다름을, [라]는 지역에 따라 다름을 나타내고 있다. 이를 종합하면 언어는 '사회적' 관습이 반영된 것이므로 [가]~[라]의 내용을 포괄하는 주제문으로 ③이 가장 적절하다.

오답 피하기

①, ⑤ 제시된 글의 부분적인 내용이므로, 전체 주제문으로는 적절하지 않다.

② 신분, 성별, 지역에 따라 문체가 다르다는 내용이므로 '규칙이 없이'라는 표현은 적절하지 않다.

④ 전통 사회와 현대 사회의 어휘가 다르기는 하나, 제시된 글의 주제문으로는 적절하지 않다. 만약 이것이 주제문이라면 전통 사회와 현대 사회의 어휘를 예로 들어 어떻게 다른지에 대한 내용이 주를 이루어야 한다.

16 ④

'『흥부전』의 일절에도 잘 나타나 있다'를 통해 앞선 내용에 대한 예시가 나열됨을 알 수 있다. [가]와 [나] 모두 사회적 계층에 따라 쓰는 문체(어휘)가 다르다는 것을 설명하고 있으므로, ㉠에 들어갈 내용은 ④가 가장 적절하다.

17 ④

글의 맥락상 어긋난 것을 고르라는 것은 전체 주제에서 먼 내용을 찾으면 된다. 제시문은 필자가 수학을 재미있게 느끼는 이유를 설명하는 글이다. 그런데 ㉣은 수학 선생님의 '아들'에 대한 내용이므로 전체 주제와 어긋난다.

18 ⑤

제시문의 논지는 '일어계 외래어를 될 수 있는 대로 쓰지 않도록 노력해야 한다'이다. 그러므로 주지에 해당하는 문장은 ㉣이며, ㉣에서 '근거가 여기에 있다'에 해당하는 내용은 ㉢이므로 ㉢은 ㉣의 근거가 된다. ㉤ 역시 일어계 어휘가 우리 언어생활에 많은 영향을 끼치고 있음을 말하며 논지를 강화하고 있으므로 근거에 해당한다.

오답 피하기

① ㉢은 일어계 외래어를 많이 사용하게 된 이유가 강요에 의한 것임을 밝히는 문장으로 ㉠과 ㉡에 담긴 외래어의 사용에 따른 긍정적인 면과는 거리가 멀다.

② ㉠과 ㉡은 둘 다 외래어 사용의 긍정적인 면에 대한 서술로 대조적인 관계가 아니다.

③ '재진술'은 같은 내용의 반복을 말한다. 그러나 ㉣은 일어계 외래어에 대한 부정적인 견해를 밝힌 이 글의 논지에 해당하고, ㉠은 여러 가지 어휘를 차용하는 일이 나쁜 일은 아님을 드러낸 문장이므로 두 문장은 대조적인 관계라고 할 수 있다.

④ 이 글의 주지는 ㉣이다.

19 ②

'부합하다'는 '사물이나 현상이 서로 꼭 들어맞다'라는 뜻이므로 ㉠과 바꿔 쓸 수 있다.

오답 피하기

① 고착하다: 어떤 상황이나 현상이 굳어져 변하지 아니하다.

③ 진작하다: 떨쳐 일어나다. 또는 떨쳐 일으키다.

④ 길항하다: 서로 버티어 대항하다.

⑤ 지향하다: 어떤 목표로 뜻이 쏠리어 향하다.

20 ③

후건 긍정의 오류에 해당한다.

오답 피하기

①, ⑤ 삼단 논법이므로 적절하다.

② 삼단 논법이므로 적절하다. 만약 '수지가 가수이다. 따라서 연기자가 아니다.'의 문장일 경우 틀린 추론이 된다(선언지 긍정의 오류). 배타적 선언 명제(양자택일)일 경우 둘 다 타당하다.

④ 대우 명제이므로 적절하다.

21 ⑤

'길 이름'이라는 화제를 제시하고 있으므로 첫 번째 문단으로는 [다]가 적절하다. [가]에서 이미 '제주 올레'라는 이름이 제시되어 있고, [나]는 주위 사람에게 길의 이름에 대한 아이디어를 묻고 있는 상황이다. 반면에 [라]는 '내'가 구상하는 길에 대한 이미지를 설명하고 있으므로 [다]와 연결고리가 이어진다. 이를 찾지 못하더라도 '[나]-[가]'의 연결고리를 찾았다면 좀 더 쉽게 문제를 해결할 수 있었을 것이다. 따라서 [다] - [라] - [나] - [가] - [마]의 순으로 배열하는 것이 가장 적절하다.

22 ②

'껍질'과 '껍데기'는 서로 뜻이 다른 별도 표준어이므로 이와 같은 성질의 표준어는 ②이다.

- 껍질: 물체의 겉을 싸고 있는 단단하지 않은 물질
- 껍데기: 달걀이나 조개 따위의 겉을 싸고 있는 단단한 물질
- 먹을거리: 먹을 수 있거나 먹을 만한 음식 또는 식품
- 먹거리: 사람이 살아가기 위하여 먹는 온갖 것

오답 피하기

①, ③, ④, ⑤ 모두 복수 표준어이다.

↑ 1점 더 올리기

마을과 마실

'이웃에 놀러 다니는 일'이라는 뜻일 때 '마실'은 '마을'과 복수 표준어이지만 '여러 집이 모여 사는 곳'이라는 뜻일 경우 '마을'은 표준어, '마실'은 비표준어이다.

23 ⑤

'집중 호우로 인한 피해를 줄이기 위해 체계적인 방재 관리가 필요하다.'라는 주제에 맞는 글을 쓰기 위해 집중 호우 피해의 실태 및 양상, 집중 호우 피해의 주요 원인, 집중 호우 피해를 줄이기 위한 대책 등으로 서론 및 본문 내용을 구성한다면 글이 자연스럽게 연결될 수 있다. '집중 호우의 피해를 줄이는 것이 필요한 이유'는 주제에 관련된 마무리의 내용이 아니라 본론에 들어가기 전에 주의를 환기할 수 있는 내용이므로 결론보다는 오히려 서론 부분에 들어가는 것이 적절하다.

24 ④

이어질 내용을 찾기 위해서는 제시문의 마지막인 '여기서 희망은 희망이라는 재앙으로 이야기되기도 한다'에서 힌트를 얻어야 한다. 판도라가 항아리를 닫음으로써 얻을 수 없었던 '희망'이 기존에 알고 있던 것과 다르게 '재앙'으로 이야기되기도 한다는 것은, 희망이 가진 부정적인 측면을 나타낸 표현이라고 볼 수 있다. 그러므로 이어질 내용에서는 희망이 가진 재앙과 같은 부정적 측면에 대한 내용이 나와야 한다. 그런데 ④는 희망이 가진 긍정적인 면을 서술하고 있으므로, 제시된 글의 다음 내용으로 적절하지 않다.

오답 피하기

①, ②, ③, ⑤ 모두 희망이 지닌 부정적 측면에 대한 내용이므로 제시된 글에 이어질 내용으로 적절하다.

25 ③

(가)는 '각 개인이 최대한 자신의 이익에 충실하면 모든 자원이 효율적으로 분배되어 사회적으로도 이익이 극대화된다는 것'이라는 부분을 근거로 개인의 이익이 충족되면 저절로 그 지역이나 사회의 이익에도 도움이 된다는 내용을 고르면 된다. (나)는 '개인 수준에서 가장 합리적으로 내린 선택이 오히려 집합적인 결과에서는 두 사람 모두에게 비합리적인 결과를 초래할 수 있다'는 본문의 근거를 토대로 본다면, 개인만을 위해 내린 결정이 결과적으로 사회에는 문제가 될 수 있다는 내용이다. 따라서 (가)에 해당하는 사례는 ㉡, (나)에 해당하는 사례는 ㉠과 ㉣이다.

오답 피하기

㉢ (가)와 (나) 어디에도 해당하지 않는다.

자료해석 P. 396~405

01	①	02	②	03	②	04	④	05	①
06	①	07	④	08	②	09	②	10	③
11	③	12	④	13	②	14	④	15	①
16	③	17	①	18	③	19	③	20	④

01 ①

눈이 온 다음 날 눈이 올 확률은 20%, $\frac{1}{5}$이므로, 눈이 온 다음 날 눈이 오지 않을 확률은 80%, $\frac{4}{5}$이다.

눈이 오지 않은 다음 날 눈이 올 확률은 25%, $\frac{1}{4}$이므로, 눈이 오지 않은 다음 날 눈이 오지 않을 확률 75%, $\frac{3}{4}$이다.

1월 19일에 눈이 왔고, 1월 22일에 눈이 오지 않는 경우는,

- ○○○×: $\frac{1}{5}\times\frac{1}{5}\times\frac{4}{5}=\frac{4}{125}$
- ○×○×: $\frac{4}{5}\times\frac{1}{4}\times\frac{4}{5}=\frac{4}{25}$
- ○○× ×: $\frac{1}{5}\times\frac{4}{5}\times\frac{3}{4}=\frac{3}{25}$
- ○× × ×: $\frac{4}{5}\times\frac{3}{4}\times\frac{3}{4}=\frac{9}{20}$

따라서 $\frac{4}{125}+\frac{4}{25}+\frac{3}{25}+\frac{9}{20}=\frac{381}{500}$이다.

02 ②

박물관에 도착하는 데 걸린 시간인 45분을 1시간 단위로 구하면 $\frac{45}{60}$시간이다. 처음 시속 80km로 운전한 거리를 $x$km, 나머지 시속 100km로 운전한 거리를 $(65-x)$km라고 하면, 시간 $=\frac{\text{거리}}{\text{속력}}$이므로

$$\frac{x}{80}+\frac{65-x}{100}=\frac{45}{60}$$

$x=40$이다.

03 ②

강원영동의 경우 합격한 인원은 94명, 4급을 받은 인원은 81명으로 합격한 인원이 더 많다.

오답 피하기

① 전국에 신체검사를 받은 인원은 29,091명으로, 10%는 약 2,909명이다. 2,909명이 넘는 지역은 서울, 경북, 인천으로 3곳이다.

③ 대전·충남은 신체검사 불응자가 87명으로 가장 많다.

④ 재신체검사를 받아야 하는 인원은 $\frac{2,177}{29,091}\times100≒7.5(\%)$이다.

04 ④

• 서울: $\frac{2,236}{6,652} \times 100 ≒ 33.6(\%)$

• 경북: $\frac{1,354}{3,752} \times 100 ≒ 36.1(\%)$

• 제주: $\frac{116}{382} \times 100 ≒ 30.4(\%)$

• 인천: $\frac{1,360}{3,468} \times 100 ≒ 39.2(\%)$

따라서 인천은 합격자의 비중이 39.2%로 가장 높다.

05 ①

A~D의 값을 구하면 다음과 같다.

3+B+1+1=10 → B=5

1+C+1=B−2 → C=1

5+5+D+10+2=30 → D=8

A+B=D → A=3

따라서 A+B+C+D=17이다.

06 ①

추가한 물의 양을 xg이라고 하면,

$\frac{6}{100} \times 150 = \frac{4}{100} \times (150+x)$

$300 = 4x \qquad \therefore x = 75$

따라서 75g의 물을 더 넣어야 농도가 4%인 소금물이 된다.

↑ 1점 더 올리기

물이나 소금을 1회만 추가하는 문제는 다음과 같은 그림을 통해서 쉽게 풀 수 있다.

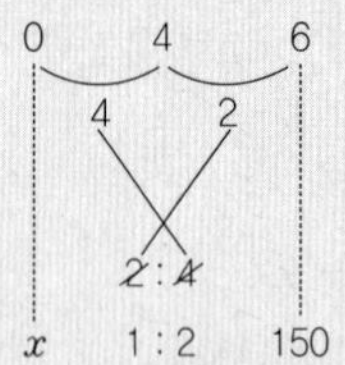

위에는 %(농도)를 적는다. 문제에서 물이 등장하고 6%의 소금물과 4%의 소금물이 등장하므로 왼쪽부터 순서대로 0, 4, 6을 적는다. 아래에는 농도에 맞는 질량을 적는다. 0%인 물은 우리가 구해야 하는 값이므로 x, 6% 소금물에는 150g이 있으므로 150을 적는다. 그리고 소금물의 농도비는 결국 질량과 반비례하는 성질을 이용하여, 서로의 간격인 4와 2를 구하고, 반비례로 2 : 4로 바꿔준 후 1 : 2로 약분하여 이를 비례식으로 풀어준다.

$1 : 2 = x : 150$으로 $2x = 150$

따라서 x의 값은 75g이다.

07 ④

불합격생 비율은 $\frac{\text{항목별 불합격생 수}}{\text{항목별 응시생 수}}$로 계산할 수 있으며, 계산하면 다음과 같다.

• 언어논리(장교): $\frac{3}{18} \times 100 ≒ 17(\%)$

• 언어논리(항공준사관): $\frac{4}{20} \times 100 = 20(\%)$

• 언어논리(부사관): $\frac{7}{25} \times 100 = 28(\%)$

• 자료해석(장교): $\frac{4}{18} \times 100 ≒ 22.2(\%)$

• 자료해석(항공준사관): $\frac{3}{20} \times 100 = 15(\%)$

• 자료해석(부사관): $\frac{9}{25} \times 100 = 36(\%)$

따라서 자료해석 – 부사관의 불합격생 비율이 가장 높다.

↑ 1점 더 올리기

분수를 비교할 때에는 분모는 작고(小) 분자는 큰(大) 값을 먼저 찾아 비교하면 더 빠르게 계산할 수 있다. 분모가 가장 작은 18이 포함된 자료해석(장교) 값인 $\frac{4}{18}$와 분모가 작진 않지만 분자 값이 가장 큰 자료해석(부사관) 값인 $\frac{9}{25}$를 비교하면 $\frac{9}{25}$가 더 크므로, 자료해석(부사관)의 불합격생 비율이 가장 높다.

08 ②

물과 기타 성분을 제거한 후 남은 성분만으로 지방의 백분율을 구하면, $\frac{3.2}{6.7+5.4+3.2} \times 100 ≒ 20.9(\%)$이다.

09 ②

설치된 모든 컴퓨터는 서로 1번씩 반드시 연결되어야 하므로 n대의 컴퓨터를 연결하려면 컴퓨터 1대당 $(n-1)$개의 연결선이 필요하다.

이때 연결선 1개로 2대의 컴퓨터가 연결되므로 n대 × $(n-1)$개의 연결선 중 2개는 중복된다.

따라서 중복되는 연결선의 개수를 제외하면 $\frac{n \times (n-1)}{2}$개의 연결선이 필요하므로, 7대의 컴퓨터를 연결하는 데 필요한 연결선의 개수는 $\frac{7 \times 6}{2} = 21$(개)이다.

1점 더 올리기

조합의 수 공식을 이용해서 문제를 풀 수 있다. 1개의 연결선으로 컴퓨터 2대를 연결할 수 있으므로, 7대의 컴퓨터를 연결하는 연결선의 개수는 7대의 컴퓨터 중에 2대를 순서와 상관없이 연결하는 경우의 수와 같다.

따라서 ${}_7C_2=\frac{7\times6}{2}=21$(개)이다.

10 ③

배드민턴 중급반의 월별 전체 회원 수는 다음과 같다.

- 2월: $42+31=73$(명)
- 3월: $39+29=68$(명
- 4월: $44+28=72$(명)
- 5월: $40+34=74$(명)
- 6월: $34+29=63$(명)
- 7월: $36+24=60$(명)

이에 따라 전체 회원 수가 전월 대비 감소한 달은 3월, 6월, 7월이며 이 중 가장 크게 감소한 달은 $74-63=11$(명) 감소한 6월이다.

11 ③

텐트 1개에 사람이 5명씩 들어가면 4명이 남고, 6명씩 들어가면 텐트 수는 하나 줄고 마지막 텐트에는 2명만 들어가므로 6명씩 완전히 채워진 텐트 수는 2개가 부족하기 때문에 $(b-2)$개로 놓아야 한다.

$5b+4=6(b-2)+2 \qquad \therefore b=14$

텐트의 수는 14개이므로 학생 수는 $a=5b+4=74$(명)이 된다.

따라서 $a=74$, $b=14$이므로 $a+b=88$이다.

12 ④

2017년에 문화재 관람료가 가장 높은 사찰은 2,200원인 화엄사와 법주사이고, 2018년에는 3,000원인 화엄사와 법주사이다. 따라서 2017년과 2018년에 문화재 관람료가 가장 높은 사찰은 화엄사와 법주사로 동일하다.

오답 피하기

① 문화재 관람료가 3년간 한 번도 변경되지 않은 사찰은 쌍계사, 천은사, 보리암 총 3곳이다.

② 문화재 관람료가 가장 큰 폭으로 상승한 곳은 2018년 500원에서 2019년 4,000원으로 오른 불국사와 석굴암이다. 이곳의 전년 대비 증가율은 $\frac{4{,}000-500}{500}\times100=700$(%)이다.

③ 설악산 국립공원 내 사찰 중 백담사의 경우 관람료를 받지 않고 있지만, 신흥사는 2,500원씩 입장료를 받고 있다.

13 ②

A를 각각 4, 5, 6으로 나누었을 때 몫을 a, b, c라 하면 다음과 같이 수식을 세울 수 있다.

$A=4\times a+3=4\times(a+1)-1$

$A=5\times b+4=5\times(b+1)-1$

$A=6\times c+5=6\times(c+1)-1$

따라서 A+1은 4, 5, 6의 최소공배수의 배수이다.

4, 5, 6의 최소공배수 60의 배수 중에서 가장 작은 세 자리 자연수는 120이므로 $A+1=120$이다.

따라서 $A=120-1=119$이다.

14 ④

원가를 x원이라고 하면 정가는 $1.5x$원이 된다. 물건이 팔리지 않아 정가의 20% 할인 행사를 하여 36,000원에 판매하고 있으므로,

$1.5x\times0.8=36{,}000$

$1.2x=36{,}000$

$x=30{,}000$

할인 가격−원가$=1.2x-x$(원)이므로 $0.2x$(원)에 해당하는 값만 구하면 된다. $x=30{,}000$이므로 $0.2x=6{,}000$(원)이다.

15 ①

작년 남학생 수를 x명, 작년 여학생 수를 y명이라고 하면

$x+y=200$ ⋯ ㉠

올해 남학생 수는 15% 증가하고, 여학생은 10% 감소하였으며, 전체 학생 수는 작년에 비해 5명이 증가하여 205명이다.

$1.15x+0.9y=205$ ⋯ ㉡

㉠과 ㉡을 연립하여 풀면 $x=100$, $y=100$이다. 따라서 작년 남학생 수는 100명이다.

16 ③

$x=175$, $y=81$을 대입하면,

$$\frac{81}{(175-100)\times0.9}\times100=\frac{81}{67.5}\times100=120\text{이다.}$$

따라서 A학생은 경도 비만에 해당한다.

17 ①

제시된 수열은 2배씩 증가하되 두 자릿수 이상의 수일 경우 역순으로 제시하는 규칙이 적용된다.

2배씩 늘어날 때 8 다음에 오는 수 61은 16의 십의 자릿수인 1과 일의 자릿수인 6을 역순으로 나타낸 수라는 것을 알 수 있다.

또한 23은 32, 46은 64, 821은 128의 자릿수를 역순으로 나타낸 수이다.
따라서 빈칸에 들어갈 수는 128의 두 배인 256을 역순으로 나타낸 652이다.

18 ③

모든 연령대에서 평일보다는 공휴일이나 토요일의 운동 시간이 더 길다.

오답 피하기

①, ④ 60세 이상의 월평균 운동 시간은 26.2시간으로 가장 길다.
② 10~19세 연령의 월평균 운동 시간은 17.0시간으로 가장 짧다.

19 ③

'인명 피해 건수=사망 건수+부상 건수'이므로
(가): 4,523 − 1,188 = 3,335
(나): 4,935 − 3,972 = 963
따라서 (가)와 (나)의 차는 3,335 − 963 = 2,372이다.

20 ④

교통사고 사망률은 $\frac{\text{사망 건수}}{\text{인명 피해 건수}} \times 100$이므로, 계산하면 다음과 같다.

- 2014년: $\frac{742}{3,200} \times 100 ≒ 23.19(\%)$
- 2015년: $\frac{653}{3,005} \times 100 ≒ 21.73(\%)$
- 2016년: $\frac{1,188}{4,523} \times 100 ≒ 26.27(\%)$
- 2017년: $\frac{1,509}{5,118} \times 100 ≒ 29.48(\%)$
- 2018년: $\frac{963}{4,935} \times 100 ≒ 19.51(\%)$

따라서 교통사고 사망률이 가장 높은 연도는 2017년이다.

파이널 모의고사 4회

공간능력 P. 406~415

01	②	02	④	03	③	04	④	05	①
06	③	07	④	08	①	09	②	10	④
11	④	12	④	13	④	14	②	15	①
16	④	17	③	18	④				

01 ②

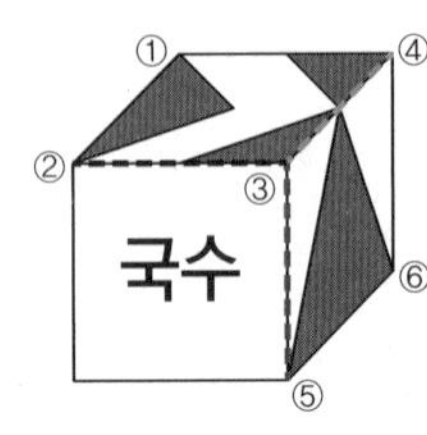

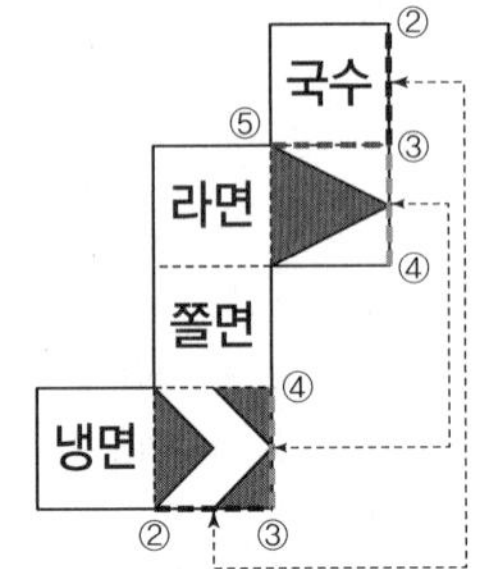

위의 그림에 따라 정답은 ②이다.

02 ④

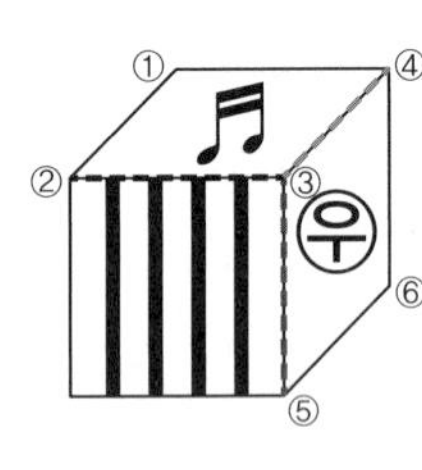

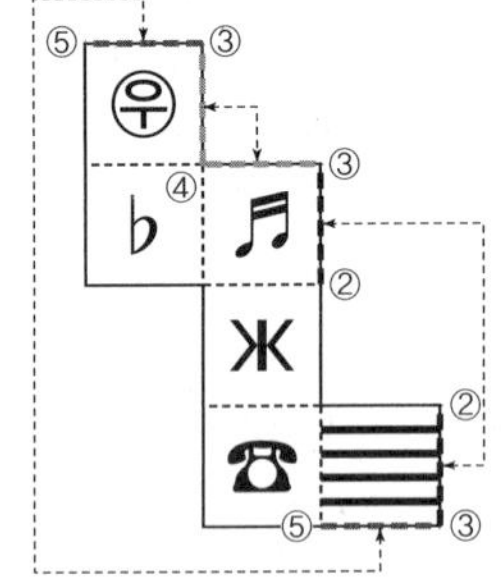

위의 그림에 따라 정답은 ④이다.

03 ③

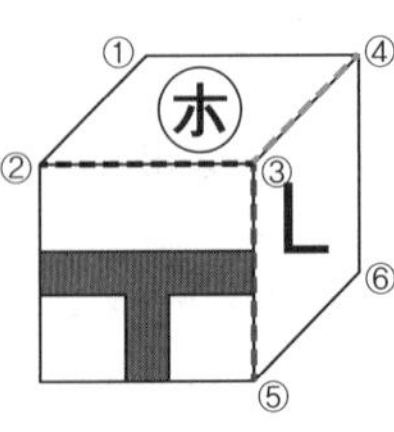

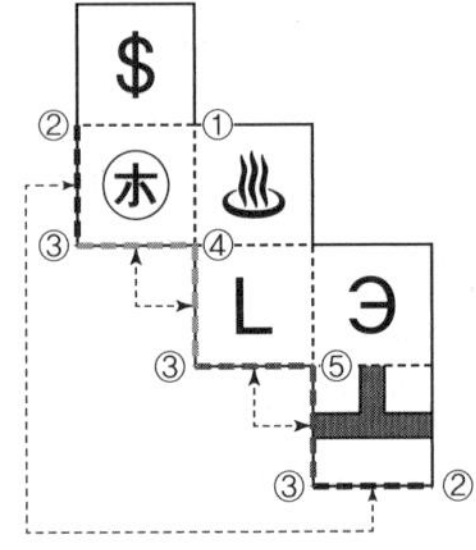

위의 그림에 따라 정답은 ③이다.

04 ④

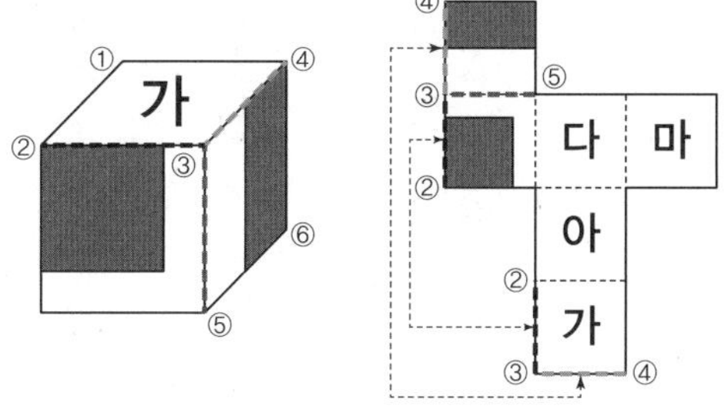

위의 그림에 따라 정답은 ④이다.

05 ①

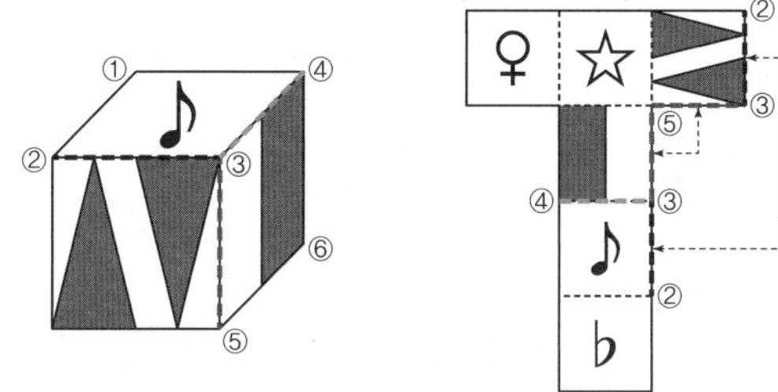

위의 그림에 따라 정답은 ①이다.

06 ③

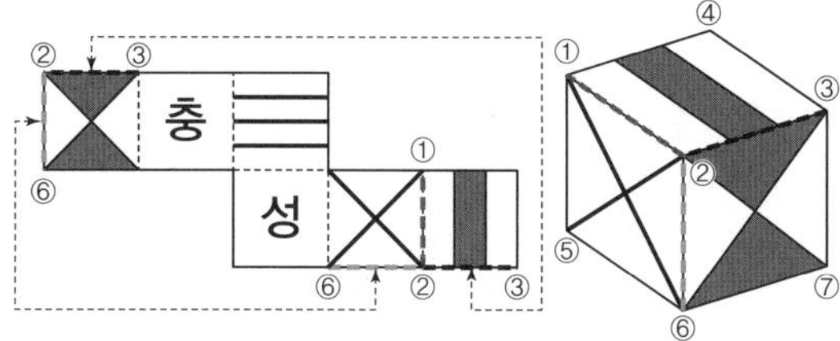

위의 그림에 따라 정답은 ③이다.

07 ④

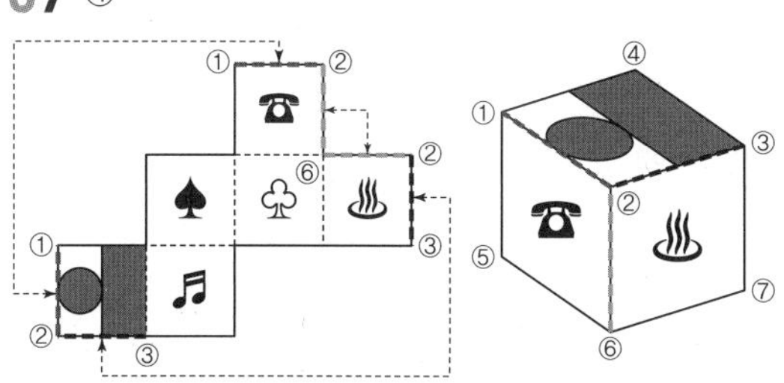

위의 그림에 따라 정답은 ④이다.

08 ①

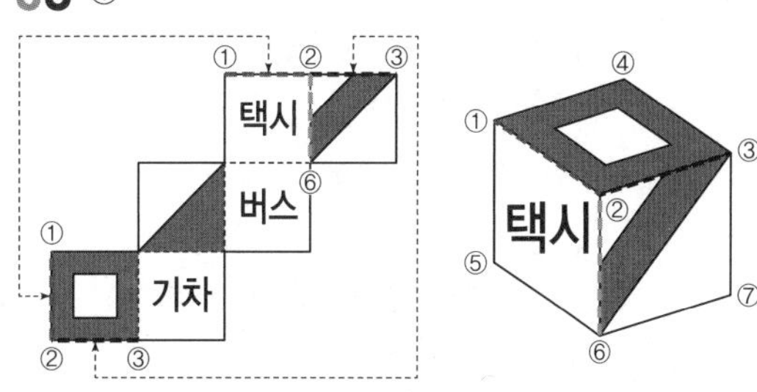

위의 그림에 따라 정답은 ①이다.

09 ②

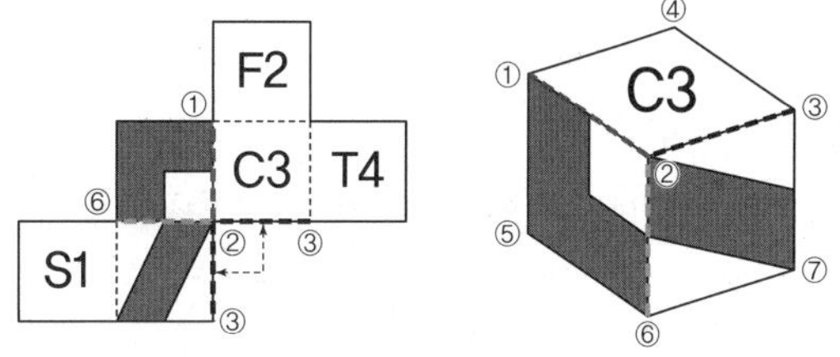

위의 그림에 따라 정답은 ②이다.

10 ④

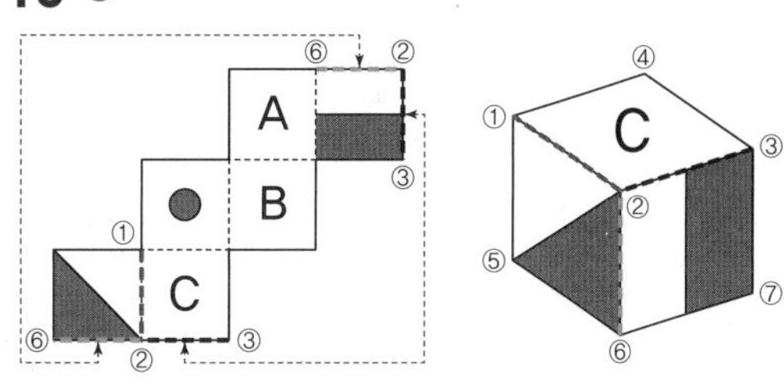

위의 그림에 따라 정답은 ④이다.

11 ④

왼쪽 열부터 차례대로 개수를 세어 더하면 8+8+7+9+8+10=50(개)이다.

12 ④

왼쪽 열부터 차례대로 개수를 세어 더하면 8+6+7+3+1+9=34(개)이다.

13 ④

왼쪽 열부터 차례대로 개수를 세어 더하면 14+7+3+3+10=37(개)이다.

14 ②

왼쪽 열부터 차례대로 개수를 세어 더하면 11+5+11+6+8+11=52(개)이다.

15 ①

바라보는 방향에서 왼쪽 열부터 차례대로 층높이를 세면 5−6−5−3−5가 되므로, 정답은 ①이다.

16 ④

바라보는 방향에서 왼쪽 열부터 차례대로 비어 있는 블록을 확인하여 비교하면 정답은 ④이다.

17 ③

바라보는 방향에서 왼쪽 열부터 차례대로 층높이를 세면 5−4−6−3−2−1이 되므로, 정답은 ③이다.

18 ④

바라보는 방향에서 왼쪽 열부터 차례대로 층높이를 세면 6−3−5−2−1−5가 되므로, 정답은 ④이다.

지각속도

P. 416~421

01	①	02	①	03	①	04	②	05	②
06	①	07	②	08	①	09	②	10	①
11	②	12	①	13	①	14	①	15	②
16	②	17	①	18	②	19	①	20	①
21	②	22	②	23	①	24	①	25	①
26	④	27	①	28	③	29	①	30	②

01 ①

02 ①

03 ①

04 ②

未 子 丑 巳 - ⛄ ◎ ☼ ☈

'丑 = ◎', '寅 = ☼'이므로 옳지 않다.

05 ②

寅 申 午 辰 - ☼ ☂ ☽ ϟ

'辰 = ☁', '酉 = ϟ'이므로 옳지 않다.

06 ①

07 ②

Ⅹ6 Ⅷ9 Ⅸ7 Ⅵ3 - 𝅗𝅥. 𝄞 ♪ ♬

'Ⅸ7 = ♪', 'Ⅻ8 = ♪'이므로 옳지 않다.

08 ①

09 ②

Ⅺ5 Ⅲ4 Ⅷ9 Ⅱ2 - 𝄢 ♬ 𝄞 𝄐

'Ⅲ4 = ♫', 'Ⅵ3 = ♬'이므로 옳지 않다.

10 ①

11 ②

태조 세조 예종 중종 – ∻€ 9点 ◁ 15点

'중종 = ⇔', '문종 = 15点'이므로 옳지 않다.

12 ①

13 ①

14 ①

15 ②

정종 예종 성종 세종 – ∺€ ◁ ◀ ∺€

'세종 = ⻀', '태종 = ∺€'이므로 옳지 않다.

16 ②

백일홍 구기자 천문동 해당화 – ♐ 卌 丯 ✕

'천문동 = ☢', '단풍마 = 丯'이므로 옳지 않다.

17 ①

18 ②

천문동 보리수 구기자 단풍마 – ☢ 丰 卌 丯

'구기자 = 卌', '백년초 = 卌'이므로 옳지 않다.

19 ①

20 ①

21 ②

헤라 제우스 아폴론 니케 – 4 44 7 6

'니케 = 12', '아테나 = 6'이므로 옳지 않다.

22 ②

팬 레아 티케 헤베 – 3 32 5 12

'헤베 = 8', '니케 = 12'이므로 옳지 않다.

23 ①

24 ①

25 ①

26 ④

∈⊃⊇⊂⊆∋⊇⊃∈⊃⊂⊆⊂∋⊃⊆∈⊇⊂⊆⊇∋⊃⊂∋⊃
1 2 3 4 5
⊆∈⊇⊃⊂∋⊃∈⊃⊇⊂⊆∋⊆∈⊇⊃∋⊂
6 7 8

27 ①

91354135432941321325429354313781931584345904
1 2 3 4 5
86354329843381239852345235845923514915355213
6 7 8 9
93199358931593447135299
10 11 12 13 14 15 16

28 ③

사람을 판단하는 최고의 척도는 안락하고 편안한 시기에 보
1 2
여주는 모습이 아닌, 도전하며 논란에 휩싸인 때 보여주는

모습이다. – 마틴 루터 킹 –

29 ①

여월인원중영특일부보예일입신접상보원의특일예범서
1 2
특특오범주특입표특일부보예일입신접상보원의특
3 4 5 6 7

30 ②

㈢㈩㊉㊂㈤㊇㊂㊇㊂㈡㈣㊅㊈㊁㊃㊆㊉㊆㊃㊀㈡㈣㈦㈩㈣
1 2 3
㈧㈩㈣㈠㈥㈧㈣㈡㈦㈨㈥㈠㈢㈤㊅㊂㊇㊀㊈
4 5

언어논리 P. 422~435

01	①	02	⑤	03	③	04	⑤	05	④
06	②	07	④	08	③	09	①	10	②
11	③	12	②	13	③	14	④	15	④
16	①	17	②	18	①	19	③	20	④
21	③	22	⑤	23	①	24	④	25	③

01 ①

㉠ 쑤다: 곡식의 알이나 가루를 물에 끓여 익혀서 죽이나 메주 따위를 만든다.

㉡ 덖다: 물기가 조금 있는 고기나 약재, 곡식 따위를 물을 더하지 않고 타지 않을 정도로 볶아서 익히다.

㉢ 조리다: 양념을 한 고기나 생선, 채소 따위를 국물에 넣고 바짝 끓여서 양념이 배어들게 하다.

오답 피하기

- 졸이다: 찌개, 국, 한약 따위의 물을 증발시켜 분량을 적어지게 하다.
- 달이다: 액체 따위를 끓여서 진하게 만들다. 약재 따위에 물을 부어 우러나도록 끓이다.

⬆ 1점 더 올리기

빈출 유의어
- 삶다: 물에 넣고 끓이다.
- 데치다: 물에 넣어 살짝 익히다.
- 고다: 고기나 뼈 따위를 무르거나 진액이 빠지도록 끓이다. 술을 만들다.

02 ⑤

㉠의 '친구'에 ㉡의 '달'이 포함되어 있으므로, 두 단어의 관계는 상하 관계이다. '진돗개' 역시 '동물'의 한 부분이므로 두 단어의 관계 역시 상하 관계이다.

오답 피하기

①, ② 유의 관계

③ 인과 관계

④ 반의 관계

03 ③

제시문의 '받아들이다'는 '다른 사람의 요구, 성의, 말 따위를 들어주다.' 또는 '다른 문화, 문물을 받아서 자기 것으로 되게 하다.'의 의미로 사용되었다, '수령하다'는 '돈이나 물품을 받아들이다.'의 의미이므로 문맥상 활용이 적절하지 않다.

오답 피하기

① 수용(受容)하다: 어떠한 것을 받아들이다.

② 체화(體化)하다: 생각, 사상, 이론 따위가 몸에 배어서 자기 것이 되다.

④ 이해(理解)하다: 깨달아 알다. 또는 잘 알아서 받아들이다.

⑤ 흡수(吸收)하다: 외부에 있는 사람이나 사물 따위를 내부로 모아들이다.

04 ⑤

'치르다'는 '주어야 할 돈을 내주다.' 또는 '무슨 일을 겪어 내다.' 또는 '아침, 점심 따위를 먹다'의 뜻을 지닌다. '치루다'로 오해하여 '치루었다, 치뤘다'로 쓰는 것은 잘못된 활용형이고, '치르다'의 과거형인 '치렀다'가 올바른 표현이다.

오답 피하기

① 모음이나 'ㄴ' 뒤에는 '율/열'을, 자음 뒤에는 '률/렬'을 써야 하므로 '입학률'이 올바른 표현이다.

② '담그다'가 원형으로, 활용형은 '담가/담갔다'가 올바른 표현이다. 따라서 '담가 주셨다'로 수정해야 한다.

③ '거치다'는 '무엇에 걸리거나 막히다.' 또는 '마음에 거리끼거나 꺼리다.' 또는 '오가는 도중에 어디를 지나거나 들르다.', '어떤 과정이나 단계를 겪거나 밟다.'의 뜻을 지닌다. '걷히다'는 '구름이나 안개 따위가 흩어져 없어지다'는 의미의 피동사로, 이 문장에서는 '비가 그치고 맑게 개다'의 의미인 '거치다'가 아닌 '걷히다'로 수정해야 한다.

④ '물이나 술 따위의 액체를 단숨에 마구 마시다.' 또는 '공기나 숨 따위를 몹시 세차게 들이마시다'라는 뜻을 지닌 단어는 '들이켜다'이다. '들이키다'는 '들이켜다'의 잘못된 표현으로, '안쪽으로 가까이 옮기다'의 의미를 지니고 있다.

05 ④

앞말이 뜻하는 행동에 대하여 그것이 이루어지지 않거나 그것을 이룰 능력이 없음을 나타낼 때 보조 동사로서 '못하다'가 쓰이므로 '철수는 아직 대학교를 졸업하지 못했다.'로 써야 한다.

오답 피하기

① '간(間)'이 '동안, 장소'를 나타낼 때는 접미사로 앞말에 붙여 쓰며, '사이, 관계, 선택'의 의미일 때는 의존 명사로 일반적으로 앞말과 띄어 써야 하지만 부부 사이를 의미할 때는 붙여 쓴다.

② '번'이 차례나 일의 횟수를 나타내는 경우에는 '한 번', '두 번', '세 번'과 같이 띄어 쓰며, '한 번, 두 번'으로 바꾸어 말이 통하지 않으면, '한번'으로 붙여 쓴다.

③ 부정의 의미를 지닌 '안'은 띄어 써야 한다.

⑤ 새로 만든 집, 즉 '헌 집'의 반대말로 쓰인 경우에는 '새 집'과 같이 띄어 써야 한다.

06 ②

바늘 1쌈은 바늘 24개를 의미한다. 따라서 바늘 2쌈은 그 두 배인 48개가 된다.

오답 피하기

① 마늘 1접=100개
③ 북어 2쾌=40마리
④ 생선 2두름=40마리
⑤ 고등어 두 손=4마리

07 ④

㉣에서 보이고 있는 논리적 오류는 '권위나 인신공격에 의존한 논증'으로, 상대방의 주장이 아니라 상대방의 인격을 공격하는 경우가 대표적인 사례이다. 위대한 성인이나 유명한 사람의 말을 활용해 자신의 주장을 합리화하는 것도 오류가 될 개연성이 높다. 한편 '성급한 일반화의 오류'는 특정한 몇몇 사례만을 토대로 일반화할 때 나타나는 오류로, ㉣의 사례에서는 특수한 사례를 통해 일반화하고 있지 않으므로 적절하지 않다.

오답 피하기

① 무지의 오류: 전제가 지금까지 거짓으로 증명되어 있지 않은 것을 근거로 참인 것을 주장하거나 전제가 참으로 증명되어 있지 않은 것을 근거로 거짓인 것을 주장하는 오류이다.
② 결합의 오류: 합성의 오류라고도 하며, 전체에 속하는 부분적 속성으로부터 전체 자체의 속성을 잘못 추리하는 것 또는 부분·개별적인 원소들이 어떤 성질을 가지고 있다는 사실로부터 그 원소들의 전체 혹은 그 집합도 그러한 성질을 가지고 있다고 추론하는 오류이다.
③ 애매성의 오류: 애매한 말이나 구 또는 문장이 포함된 논증에서 그것들이 두 가지 이상의 의미로 사용됨으로써 잘못된 결론을 낳게 되는 오류이다. '약하다'라는 말의 의미가 키가 작다는 것인지, 힘이 약하다는 것인지, 질병에 잘 걸린다는 것인지 수백 가지 해석이 가능하다. 이런 애매함으로 인해 주장이 논리적 오류에 빠지게 되는 경우를 말한다.
⑤ 허수아비 공격의 오류: 상대방의 주장과는 전혀 상관없는 별개의 논리를 만들어 공격하는 경우에 발생하는 논리적 오류이다. 이는 특히 긴장이 잔뜩 고조된 상황에서 상대방의 논리가 빈약한 경우 엉뚱한 다른 문제를 공격해 이익을 취하는 방식으로 사용되어 왔다.

08 ③

제시문은 걱정을 하는 것이 다른 걱정을 만들고, 상황을 더 악화시키므로 걱정을 그만하고 건설적인 일에 집중하라는 내용이다. 따라서 빈칸에 들어갈 내용으로는 '걱정은 고민을 자청하는 것이다.'가 적절하다.

09 ①

㉠의 앞 문장은 콘텐츠의 중요성을 강조하고 있고 이어진 문장에서는 '강조하는 것은 의미가 없다'라고 하였으므로 두 문장의 관계는 역접이다. 따라서 '그러나' 혹은 '하지만'이 적절하다. ㉡은 앞 문장들의 모든 내용을 요약, 정리하는 문장이므로 '그러므로'가 적절하다.

10 ②

'죽는 일'을 바탕으로 추론하면, 인간은 한계가 있음을 알고 그렇기에 미래를 계획하는 존재임을 알 수 있다. 그러므로 빈칸에 반복적으로 들어갈 단어로 올바른 것은 '수(數), 양(量), 공간, 시간 따위에 일정한 한도나 한계가 있음'을 뜻하는 '유한성'이다.

오답 피하기

① '자기와의 관계에서 벗어나 제삼자의 입장에서 사물을 보거나 생각함'의 뜻을 가진 단어로, 제시된 글의 내용과 관련이 없다.
③ '어떤 상태가 끝없이 이어짐 또는 시간을 초월하여 변하지 아니함'을 뜻하는 단어로, 제시된 글의 내용과 반대되는 개념이다.
④ '사물의 두 면, 또는 겉과 안, 표면으로 드러난 점과 드러나지 아니한 점, 두 가지 방면'을 뜻하는 단어로, 제시된 글은 두 선택지를 제공하고 있지 않으므로 '양면'과는 거리가 멀다.
⑤ '전에 없던 것을 처음으로 만듦'을 의미하는 단어로, 인간은 자유로운 상상을 할 수 있는 존재이기 때문에 창조성을 가지고 있는 것은 맞으나, 천사에게 자랑할 수 있는 내용으로는 적합하지 않다.

11 ③

㉢ '싱글족을 대상으로 한 기업의 마케팅 강화'는 '1인 가구 증가의 문제점을 해결하기 위한 대책'으로 적절하지 않다.

12 ②

제시문은 오랜 기간 기자 생활을 한 글쓴이가 기술적 발전이 언론계에 가져온 변화에 대한 자신의 경험을 설명하는 글이다. 하루에 한 번 마감이 있어 하루 동안 기사를 준비할 수 있었던 과거와는 달리 기술의 발전으로 인해 현재는 실시간으로 소식을 전한다는 것, 각본 없이 일을 하고 있는 것 등을 통해 즉각적인 임기응변이 가능해야 한다는 점을 강조하고 있다. 따라서 ② '즉석 밥'이 가장 적절한 표현이다.

13 ③

수는 '정신적 구성물'이라고 했으므로 '물질적'인 것과는 거리가 멀다.

오답 피하기

① 두 번째 문단의 '똑같은 수라도 문화가 다르면 다른 기호로 표시된다'를 통해 알 수 있다.
② 첫 번째 문단의 '덕분에 수보다 훨씬 더 근본적인 개념들, 가령 수리 논리학과 집합론을 발견해 냈다'를 통해 알 수 있다.
④ 첫 번째 문단의 '모든 수학 분야가 흘러나오는 주된 동기이자 출발점은 여전히 수의 개념이다'를 통해 알 수 있다.
⑤ 제시된 글의 마지막 문장을 통해 알 수 있다.

14 ④

제시된 글은 결과 중심으로 의도를 확대하여 해석하거나 정당화하는 오류인 '의도 확대의 오류'를 범하고 있다. ④는 앨범을 사는 행위를 음반사의 성장에 관심이 있는 것으로 확대 해석하였으므로 제시된 글과 같은 의도 확대의 오류를 범하였다.

오답 피하기

① 힘(공포)에 호소하는 오류
② 역공격(피장파장)의 오류
③ 원천 봉쇄의 오류
⑤ 논점 일탈의 오류

15 ④

제시문은 집단주의 문화권과 개인주의 문화권에서 생각하는 직장의 의미 차이에 대해 말하고 있다. 글의 앞부분에서는 집단주의 문화권에서 직장의 의미와 이로 인한 직장의 이동에 대해 설명하고, 뒷부분에서는 개인주의의 문화권에서 직장의 의미와 이로 인한 직장의 이동에 관하여 설명하고 있다.

16 ①

법의 양면성과 울타리가 지닌 성질의 공통점을 찾아내 유추의 방식으로 내용을 전개하고 있다.

오답 피하기

②, ④, ⑤ 분류, 정의, 예시, 열거는 제시된 글에서 사용한 설명 방식이 아니다.
③ 기존의 주장과 반박으로 구성된 글이 아니다.

17 ②

제시문은 현재의 국어 교육을 반성하면서 하루빨리 교육의 정상화가 이루어지기를 바란다는 내용이다. 이를 잘 반영한 제목은 핵심 키워드인 '국어 교육'과 그에 대한 정상화를 제시한 '국어 교육의 정상화'이다.

오답 피하기

① '광복한 지 반세기가 ~ 꾀하지 못하였다'에서 국어 교육의 현황을 제시하고 있지만, 전체적인 내용을 아우르는 제목으로는 적합하지 않다.
③ 국어 교육을 포기하고 있었던 현재 상황을 반성하고 있는 것이지, '포기' 그 자체에 초점이 맞춰진 글은 아니므로, 제목으로 보기 어렵다.
④, ⑤ '공용어'와 '국민 용어'는 중심 화제가 아니므로, 이를 초점으로 한 제목은 적절하지 않다. 이들은 '국어 교육'의 문제점을 제시하기 위한 근거로 사용되고 있다.

18 ①

혈관이 깨끗하지 않은 비만인 사람은 탈모가 발생할 가능성이 있다는 것이지 비만인 사람 모두가 탈모성 질환을 갖고 있다고 단정 지을 수는 없다.

오답 피하기

② 충분한 수분 섭취, 원활한 노폐물 배출, 건강한 식습관을 가지고 있으면 두피 모세혈관을 통해 모발에 필요한 영양분을 흡수할 수 있으므로 탈모 예방에 도움이 된다.
③ 우리가 섭취한 영양분 상태에 따라 모발이 푸석푸석하거나 튼튼할 수 있다.
④ 혈액순환을 개선하여 혈액의 흐름이 방해를 받지 않으면 양질의 영양분이 두피 모세혈관을 통해 모발로 전해진다.
⑤ 주어진 글의 마지막 문장에서 비만을 만병의 근원으로 보고 있다.

19 ③

[보기]는 '회사가 제공하지 못한 제품의 특성에 대해서 알 수 있다'라는 내용이다. 그렇다면 그 앞에는 '회사에서 제공한 정보만을 알 수 있었다가 어떠한 변화로 인해 회사에서 알려 주지 않는 정보까지 알 수 있게 되었다'라는 내용이 나와야 함을 추측할 수 있다. 이를 바탕으로 제시문을 읽으면, ㉡ 뒤에서 '정보'를 제공받아 ㉢ 뒤에서 '이런 방법'으로 '정보의 비대칭성'을 극복했다고 했으므로 [보기]의 문장은 ㉢에 위치해야 함을 알 수 있다.

20 ④

[다]는 각 민족이 쓰는 말에는 민족의 세계상이 들어 있다고 설명하며 글의 화두를 제시하고 있으므로 첫 번째에 오는 것이 적절하다. 다음으로 [다]의 세계상에 대한

보충 설명이 나오는 [나]가 오는 것이 적절하며, 말이 민족을 나타내는 또 다른 근거인 [가]가 순서대로 나와야 한다. 마지막으로, [라]의 '이와 같은 사실'을 통해 [라]가 가장 마지막에 나오면서 글의 전체 내용을 요약하고 있음을 알 수 있다. 따라서 [다] – [나] – [가] – [라]의 순으로 배열되는 것이 적절하다.

21 ③

제시문에서 비판하는 대상은 '의미 없는 부지런함'이므로, '부지런함'의 반대 의미인 '여유'를 찾을 수 있다. 더불어 ㉠의 뒷문장은 '성찰에 의한 사색적 삶의 중요성'을 말하고 있으므로, '사유의 방법'과도 연결이 가능하다.

오답 피하기

① 산업 현장을 옹호하는 서술로, '의미 없는 부지런함'을 긍정하는 문장이다.
② 일을 계속해야 한다는 내용이므로, '의미 없는 부지런함'을 옹호하는 서술이다.
④ 나태를 부정적인 시각으로 본다는 것은 '의미 없는 부지런함'을 긍정한다는 것과 같은 맥락으로 이해할 수 있다.
⑤ 인간을 유전자의 지배를 받는 존재로 보고 있을 뿐 '의미 없는 부지런함'과는 관련이 없다.

22 ⑤

제시문은 온라인 쇼핑과 해외 명품 시장으로 몰린 중국 소비자들을 국내 오프라인 시장으로 끌어들이기 위한 대책으로 용 모양의 5층짜리 미끄럼틀을 만들었다는 내용이다. 이것이 위험하다는 반대의 여론도 있지만 고객을 위한 대형 공간을 재정비하는 일에 5층짜리 미끄럼틀이 나쁜 시작은 아니라고 말하고 있다. 즉, 이 글은 현재 오프라인 매장이 사라질 위기의 문제를 극복하기 위해 백화점에서 생각해 낸 창의적인 발상에 관한 내용이다. 따라서 기업의 경영에 있어서 창의성이 중요하다는 것을 말하고 있다.

23 ①

㉠ 막연하게 헤아려 사업을 하다가는 실패하기 쉽다는 의미이므로 '가늠'이 들어가야 한다.
㉡ 자신의 소개를 피아노 연주로 대신한다는 의미이므로 '갈음'이 들어가야 한다.
㉢ 식사에 대한 비용을 잘 헤아려야 낭비를 줄일 수 있다는 의미이므로 '가늠'이 들어가야 한다.
㉣ 차림새만 봐서는 여자인지 남자인지 분별이 되지 않는다는 의미이므로 '가름'이 들어가야 한다.

1점 더 올리기

- 가늠: 목표나 기준에 맞고 안 맞음을 헤아려 봄. 또는 헤아려 보는 목표나 기준
- 가름: 쪼개거나 나누어 따로따로 되게 하는 일 또는 승부나 등수 따위를 정하는 일
- 갈음: 다른 것으로 바꾸어 대신함

24 ④

제시문은 여성과 남성의 성적·육체적 차이점을 근거로 형성된, 여성이 남성에게 지배당해 온 남성 중심의 역사를 설명하고 있다. ④ 역시 서양과 동양의 사고의 차이점을 바탕으로 서술된 글이므로 같은 '대조'의 설명 방식을 사용했음을 알 수 있다.

오답 피하기

① 분류 ② 과정 ③ 분석 ⑤ 유추

25 ③

제시된 글은 전통을 '최근에 형성된 것이거나 어떤 정치적 목적 아래 주도면밀하게 만들어진 창작물'로 보고 있다. ③의 경우 '조개 목걸이와 조개 팔찌'가 '사회적 위세와 명예를 얻기 위한 수단'으로 사용된다는 내용이므로 제시된 글의 전통에 대한 견해를 뒷받침하는 사례로 적절하지 않다.

오답 피하기

① 사람들은 인도의 카스트 제도를 전통으로 보지만, 사실은 영국의 식민 통치의 수단(정치적 목적)으로 사용되었던 것임을 나타내고 있다. '전통 사회의 유산이 아니라 근대의 산물'임을 알 수 있는 예시로 적절하다.
② 우리나라의 '잔칫상'이 사실은 오래된 전통이 아니라 일제 강점기 때부터 형성된 것이라는 내용이므로, 제시된 글의 사례로 적절하다.
④ '퀼트'가 스코틀랜드의 전통 의상으로 알려져 있지만 사실은 잉글랜드 사람에 의해 발명되었다는 내용이므로, 제시된 글의 사례로 적절하다.
⑤ 영국의 화려하고 엄격한 왕실의 기념식이 최근의 산물이라는 내용이므로, 제시된 글의 사례로 적절하다.

자료해석 P. 436~445

01	②	02	①	03	③	04	②	05	③
06	③	07	④	08	③	09	②	10	②
11	②	12	②	13	③	14	④	15	②
16	①	17	①	18	③	19	①	20	③

01 ②

빨간색 펜의 무게를 ag, 노란색 펜의 무게를 bg, 파란색 펜의 무게를 cg이라고 하면, 다음과 같이 정리할 수 있다.

$a+b=24$

$a+c=27$

$b+c=31$

위 3개의 식을 모두 더하면 $2(a+b+c)=82$이다.

$a+b+c=41$이므로, 여기에서 노란색 펜과 파란색 펜을 더한 $b+c=31$을 빼면 $a=41-(b+c)=41-31=10$(g)이다.

따라서 빨간색 펜의 무게는 10g이다.

02 ①

학생 수의 비와 여학생의 상대도수를 통해 전체 학생에 대한 여학생의 상대도수를 나타내면 다음과 같다.

[표] 전체 학생 수와 여학생의 상대도수

구분	학생 수의 비	전체 학생 수	여학생의 상대도수	학생 수 × 여학생의 상대도수
1학년	4	$4k$	x	$4kx$
2학년	5	$5k$	y	$5ky$
3학년	6	$6k$	z	$6kz$

전체 학생에 대한 여학생의 상대도수는 전체 학생 수에 대한 학년별 여학생의 상대도수이므로,

$\frac{4kx+5ky+6kz}{4k+5k+6k}=\frac{k(4x+5y+6z)}{15k}=\frac{4x+5y+6z}{15}$이다.

03 ③

십의 자리의 숫자가 3인 자연수를 $30+x$라고 할 때 십의 자리의 숫자와 일의 자리의 숫자를 바꾼 수는 $10x+3$이다. 나중 수가 처음 수보다 36만큼 크므로,

$30+x+36=10x+3$

$9x=63$

$x=7$

따라서 처음 수는 37이다.

04 ②

(프랜차이즈 매출액+개인 운영 매출액)−(프랜차이즈 비용+개인 운영 비용)=(순이익의 합)이다.

(3,231,900+4,312,500)−(2,145,600+2,943,500)=2,455,300(백만 원)이다.

05 ③

연간 순이익은 개인 운영 학원 매출액에서 비용을 뺀 것과 같다.

4,312,500−2,943,500=1,369,000(백만 원)

1개당 순이익을 구하기 위해서는 순이익을 개인 운영 학원의 수로 나눈다.

$\frac{1,369,000}{42,751}≒32.02$(백만 원)

따라서 개인 운영 학원 1개당 순이익은 약 3,200만 원이다.

06 ③

초등학교 학생 1명당 교원의 수는 $\frac{\text{교원 수}}{\text{초등학교 학생 수}}$로 구할 수 있다.

- 2014년: $\frac{1,114}{17,408}≒0.064$(명)
- 2015년: $\frac{1,087}{16,760}≒0.065$(명)
- 2016년: $\frac{1,161}{16,242}≒0.071$(명)
- 2017년: $\frac{1,130}{18,112}≒0.062$(명)

따라서 2016년이 가장 많다.

07 ④

다른 선거에 비해 대통령 선거의 투표율이 가장 높으므로 상대적으로 더 중요하다고 생각하는 것은 옳다.

오답 피하기

① 대통령 선거의 경우 17대의 투표율은 16대의 투표율보다 낮아졌다.

② 유권자 수가 제시되어 있지 않으므로 알 수 없다.

③ 국회의원 선거에서는 남성의 투표율이 여성의 투표율보다 높기 때문에 남성이 더욱 적극적으로 참여했다고 할 수 있다.

08 ③

제시된 문자를 순번별로 정리하면 다음과 같다.

숫자	1	2	3	4	5	6	7	8	9
한글	ㄱ	ㄴ	ㄷ	ㄹ	ㅁ	ㅂ	ㅅ	ㅇ	ㅈ
알파벳	A	B	C	D	E	F	G	H	I

ㄱ은 첫 번째 한글 자음, 3은 숫자 중 세 번째 숫자, E는 다섯 번째 알파벳, ㅅ은 일곱 번째 한글 자음이다.
순번이 1, 3, 5, 7로 2만큼 증가하고, 한글 자음－숫자－알파벳 순으로 나열되므로 그다음 위치할 문자는 아홉 번째 숫자가 와야 한다.
따라서 빈칸에 들어갈 문자는 9이다.

09 ②

ⓛ 남성과 여성의 조사 인원수는 동일하므로 전체에서 이용하지 않는 인원을 빼면 풀이 시간을 단축할 수 있다. 인터넷을 이용하지 않는 남성은 92명이고, 여성은 76명이므로, 남성이 인터넷을 이용하지 않는 수가 더 많다. 따라서 여성이 남성보다 인터넷을 이용하는 수가 더 많다고 할 수 있다.

오답 피하기

㉠ 제시된 [표]는 성별, 연령별로 인터넷 이용 동향을 각각 조사하여 정리한 것이다. 따라서 30세 이상 남성의 수는 알 수 없다.
㉢ 인터넷을 이용하지 않는 사람은 30세 미만이 56명, 30세 이상이 112명으로 30세 이상이 더 많다.

10 ②

하루 총 생산량을 1인당 생산량으로 나누면 직원 수를 알 수 있다.

- A공장: 4,500 ÷ 90 = 50(명)
- D공장: 2,025 ÷ 75 = 27(명)

따라서 A공장과 D공장의 직원 수 합은 50 + 27 = 77(명)이다.

11 ②

A공장과 B공장의 하루 생산량의 비가 3 : 4라고 하였으므로 4,500 : X = 3 : 4, X = 6,000이다.
C공장과 D공장의 직원 수의 비가 4 : 3이고 D공장의 직원이 27명이므로, C공장의 직원 수는 36명이다. 따라서 C공장의 1인당 생산량인 Y = 2,304 ÷ 36 = 64이다.
이를 종합하면 X + Y = 6,000 + 64 = 6,064이다.

12 ②

시간 = $\frac{거리}{속력}$이므로, 서울에서 목포까지의 거리를 $x$km라 하면 다음과 같다.

$\frac{x}{120}+\frac{620-x}{100}=5+\frac{30}{60}$

$5x+6(620-x)=3,000+300$

$x=420$

따라서 목포에서 제주까지의 거리는 620 − 420 = 200(km)이다.

13 ③

아이스크림을 3,200 ÷ 400 = 8(개) 샀으므로, 빵의 개수를 x개라고 하면 음료수의 개수는 $(11-x)$개이다.

$800x+500(11-x)=10,500-3,200$

$300x+5,500=7,300$

$300x=1,800 \quad \therefore x=6$

따라서 형우가 산 빵의 개수는 6개이다.

14 ④

전날 대비 4월 3일 종가 기준 등락을 표시하면 다음과 같다.

4월 3일	4월 4일	4월 5일	4월 6일	4월 7일
	−4.0	+3.4	+2.2	−1.7
950	946	949.4	951.6	949.9

4월 3일을 기준으로 가장 이익을 본 날은 951.6원으로 4월 6일이다. 이에 따라 $a=6$이다.
그리고 가장 손해 본 날은 946원인 4월 4일이고, 가장 이익 본 날은 951.6원인 4월 6일이다.
그러므로 $b=(951.6-946)\times 100=560$이다.
따라서 $a\times b=6\times 560=3,360$이다.

15 ②

전년 대비 창업률이 증가한 해는 2011년, 2014년, 2016년이다.

- 2011년: 15.3 − 15 = 0.3(%p)
- 2014년: 15.2 − 13.9 = 1.3(%p)
- 2016년: 15.2 − 14.6 = 0.6(%p)

따라서 창업률의 증가폭이 가장 큰 해는 2014년이다.

오답 피하기

① 주어진 [표]를 통해 2012년까지 총 활동 기업 수가 매년 증가하였음을 알 수 있다.
③ 2014년 폐업률이 14%로 가장 크다.
④ 2007년 활동 기업 수를 x개라 하면 2008년 증가율이 3.8이므로 $x\times 1.038=4,908,000$이다.
따라서 $x=\frac{4,908,000}{1.038}$≒473(만 개)이므로, 480만 개 미만이다.

16 ①

제품별 실제 매출액과 예상 매출액을 비교하면 다음과 같다.

제품명	실제 매출액	예상 매출액	차이 (실제 매출액 －예상 매출액)
전자레인지	356	220	136
청소기	463	260	203
냉장고	420	320	100
세탁기	435	260	175
에어컨	308	300	8
김치 냉장고	590	300	290

에어컨은 실제 매출액이 308억 원, 예상 매출액이 300억 원($=100\times2+100$)으로 8억 원 차이가 난다. 따라서 차이가 가장 작은 제품이다.

김치냉장고는 실제 매출액이 590억 원, 예상 매출액이 300억 원($=100\times2+100$)으로 290억 원 차이가 난다. 따라서 차이가 가장 큰 제품이다.

17 ①

전체 실제 매출액에서 김치냉장고의 매출액이 차지하는 비율은

$\frac{\text{김치냉장고의 실제 매출액}}{\text{전체 실제 매출액}}\times100$이므로,

$$\frac{590}{420+308+590+463+435+422+385+356}\times100$$

$=\frac{590}{3,379}\times100\fallingdotseq17.5(\%)$이다.

18 ③

A도시 남성의 수를 x명이라고 하면

성인병이 있는 남성 중 비만인 사람은

$x\times0.2\times0.7=0.14x$(명)이고,

성인병이 없는 남성 중에 비만인 사람은

$x\times0.8\times0.3=0.24x$(명)이다.

따라서 비만인 남성 가운데 성인병이 있는 남성의 비율은

$\frac{0.14x}{0.14x+0.24x}\times100\fallingdotseq37(\%)$이다.

19 ①

헌혈한 사람의 수를 x명, 마지막 사람이 받는 사탕의 개수를 y개라고 할 때

$3x+40=6(x-1)+y$

$3x+40=6x-6+y$

$3x=46-y$

$x=\frac{46-y}{3}$

x는 자연수이므로 $46-y$는 3의 배수이다. 이때 조건을 만족하는 y의 값은 1로, x는 15가 된다. 따라서 헌혈한 사람의 수는 총 15명이다.

20 ③

[그래프]를 보고 도수분포표의 A, B 값을 구하면 A=7, B=4이므로 전체 학생은 남자 28명, 여자 22명으로 총 50명이다. 남학생 28명 중에 180cm 이상 190cm 미만을 뛴 학생은 7명으로 이를 백분율로 나타내면 $\frac{7}{28}\times100=25(\%)$이다.

오답 피하기

① A는 7이고, B는 4이다. 따라서 A+B=11이다.

② 총 50명 중에 190cm 이상을 뛴 학생은 24명으로 백분율로 나타내면 $\frac{24}{50}\times100=48(\%)$이다.

④ 남학생 중에 190cm 이상을 뛴 학생은 18명, 여학생 중에 180cm 이상을 뛴 학생은 16명으로 남학생이 더 많다.

파이널 모의고사 5회

공간능력									P. 446~455
01	④	02	①	03	③	04	②	05	②
06	④	07	①	08	②	09	②	10	③
11	③	12	②	13	③	14	③	15	②
16	②	17	②	18	③				

01 ④

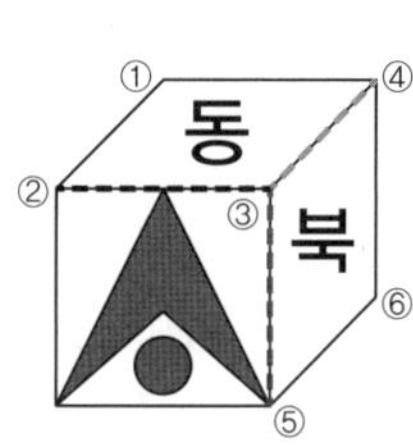

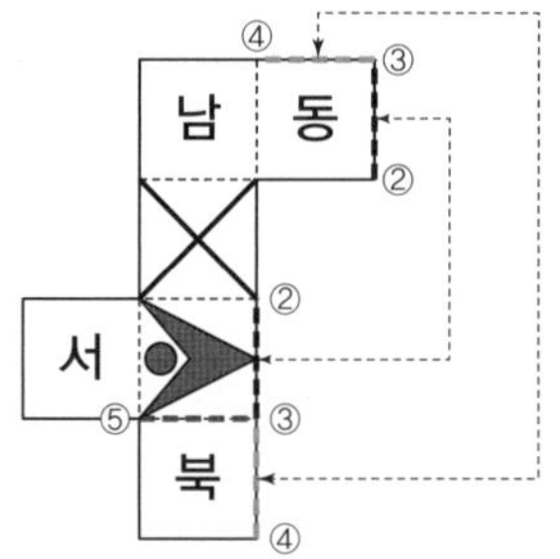

위의 그림에 따라 정답은 ④이다.

02 ①

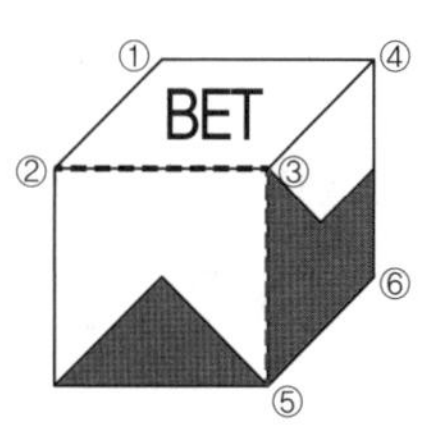

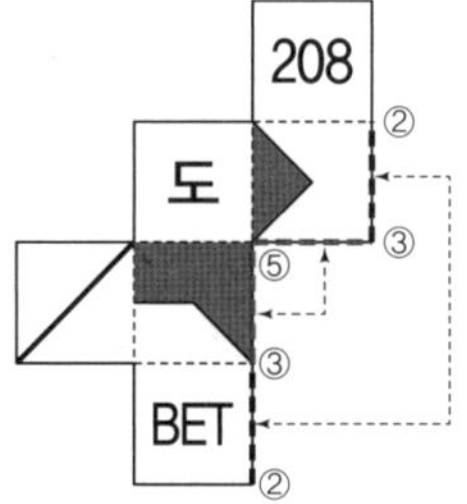

위의 그림에 따라 정답은 ①이다.

03 ③

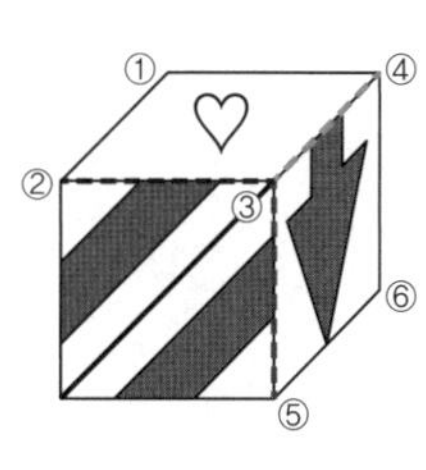
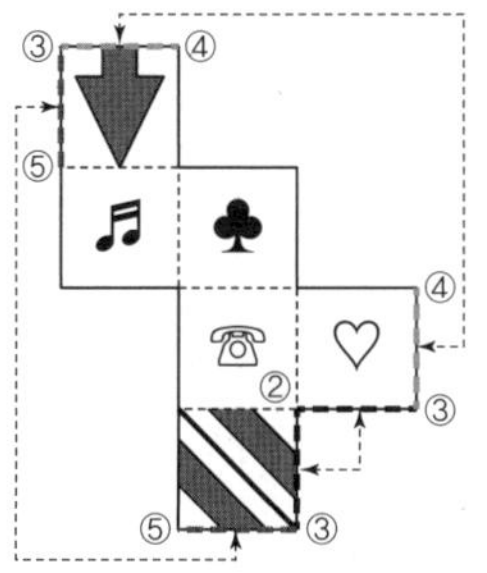

위의 그림에 따라 정답은 ③이다.

04 ②

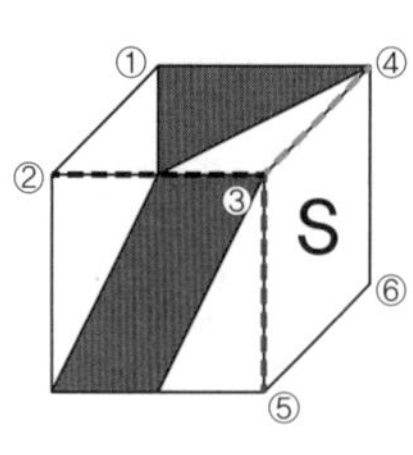

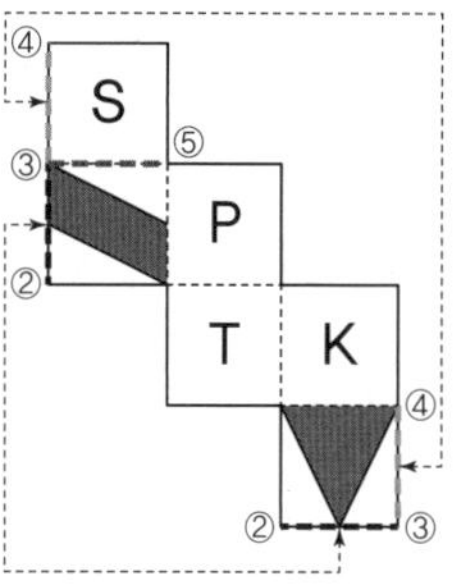

위의 그림에 따라 정답은 ②이다.

05 ②

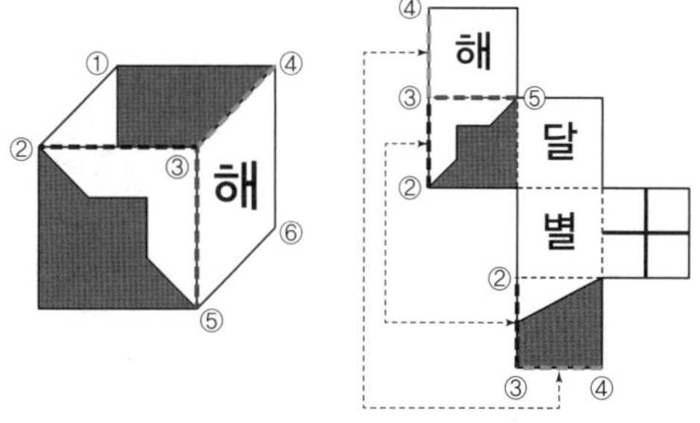

위의 그림에 따라 정답은 ②이다.

06 ④

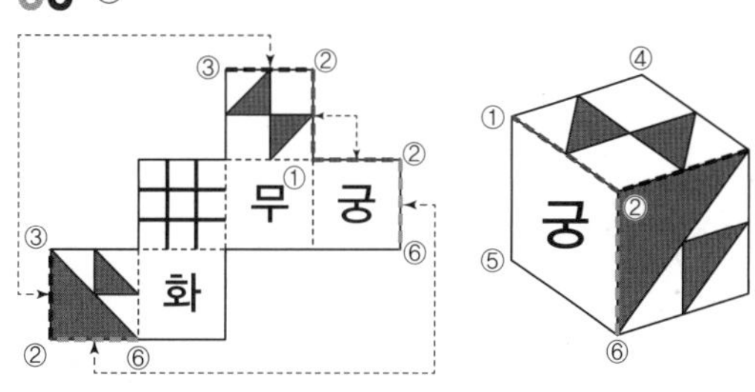

위의 그림에 따라 정답은 ④이다.

07 ①

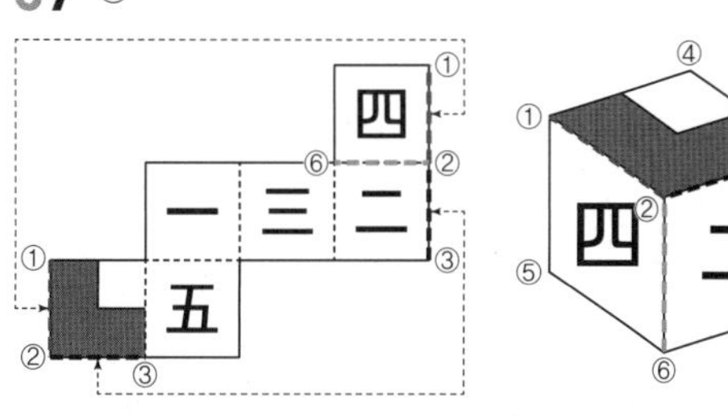

위의 그림에 따라 정답은 ①이다.

08 ②

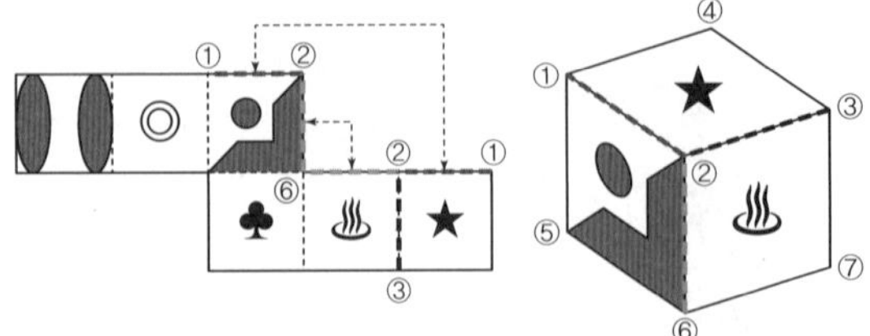

위의 그림에 따라 정답은 ②이다.

09 ②

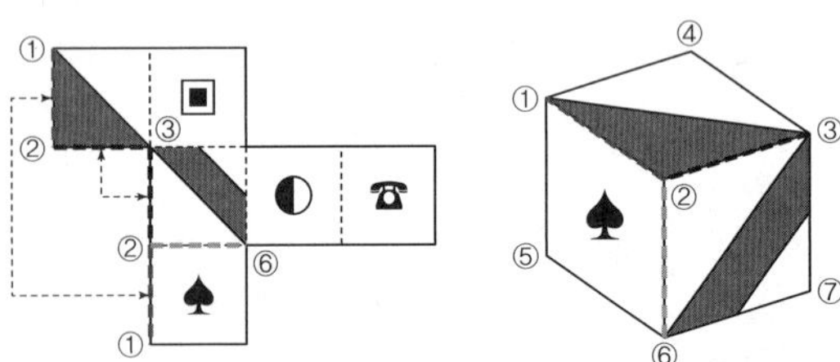

위의 그림에 따라 정답은 ②이다.

10 ③

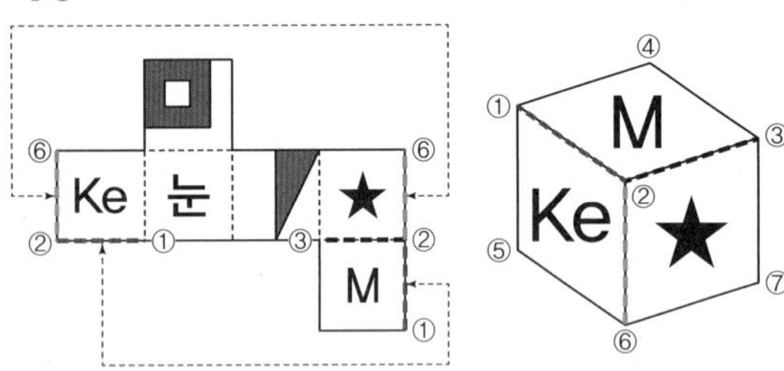

위의 그림에 따라 정답은 ③이다.

11 ③

왼쪽 열부터 차례대로 개수를 세어 더하면 12+4+14+5+9+12+3=59(개)이다.

12 ②

왼쪽 열부터 차례대로 개수를 세어 더하면 10+3+10+7+10+3+10=53(개)이다.

13 ③

왼쪽 열부터 차례대로 개수를 세어 더하면 11+5+11+2+11+4+10=54(개)이다.

14 ③

왼쪽 열부터 차례대로 개수를 세어 더하면 1+6+4+9+10+1+11=42(개)이다.

15 ②

바라보는 방향에서 왼쪽 열부터 차례대로 층높이를 세면 1−3−4−4−6−4가 되므로, 정답은 ②이다.

16 ②

바라보는 방향에서 왼쪽 열부터 차례대로 비어 있는 블록을 확인하여 비교하면 정답은 ②이다.

17 ②

바라보는 방향에서 왼쪽 열부터 차례대로 층높이를 세면 3−1−4−6−3−5가 되므로, 정답은 ②이다.

18 ③

바라보는 방향에서 왼쪽 열부터 차례대로 비어 있는 블록을 확인하여 비교하면 정답은 ③이다.

지각속도 P. 456~461

01	②	02	②	03	②	04	②	05	①
06	①	07	①	08	②	09	②	10	②
11	①	12	①	13	②	14	②	15	①
16	②	17	①	18	①	19	②	20	②
21	②	22	②	23	①	24	②	25	②
26	③	27	②	28	④	29	②	30	①

01 ②

40 70 60 20 - Hz cm μF fm

'60 = mg', '80 = μF'이므로 옳지 않다.

02 ②

10 40 80 70 - pA nA μF cm

'40 = Hz', '30 = nA'이므로 옳지 않다.

03 ②

30 100 50 90 - nA rad kA cm

'90 = km', '70 = cm'이므로 옳지 않다.

04 ②

100 60 20 70 - rad cm fm cm

'60 = mg', '70 = cm'이므로 옳지 않다.

05 ①

06 ①

07 ①

08 ②

ウ ホ げ び - ♣ ☆ ♤ ♧

'ホ = ★', 'イ = ☆'이므로 옳지 않다.

09 ②

ぬ び し ホ - ♥ ♧ ♠ ♡

'ホ = ★', 'せ = ♡'이므로 옳지 않다.

10 ②

び ご え イ - ♧ ▶ ◁ ♠

'イ = ☆', 'し = ♠'이므로 옳지 않다.

11 ①

12 ①

13 ②

A H W Q - 가설 가변익 가장 가용성

'H = 가상적', 'T = 가변익'이므로 옳지 않다.

14 ②

Q E C W - 가용성 가시거리 가좌표 가교

'W = 가장', 'D = 가교'이므로 옳지 않다.

15 ①

16 ②

감사 희망 사랑 호감 - Ⅴ ⅳ ⅷ Ⅵ

'사랑 = Ⅻ', '용서 = ⅷ'이므로 옳지 않다.

17 ①

18 ①

19 ②

사랑 감사 미소 자유 - Ⅻ ⅳ Ⅳ Ⅹ

'감사 = Ⅴ', '희망 = ⅳ'이므로 옳지 않다.

20 ②

용서 부탁 호감 연인 - ⅷ Ⅲ Ⅵ V

'연인 = K', '감사 = V'이므로 옳지 않다.

21 ②

㉰ ㉱ ㉯ ㉮ - ③ ④ ⑧ ④

'㉮ = ⑨', '㉱ = ④'이므로 옳지 않다.

22 ②

㉻ ㉮ ㉲ ㉴ - ⑦ ⑥ ⑤ ②

'㉮ = ⑨', '㉵ = ⑥'이므로 옳지 않다.

23 ①

24 ②

㉴ ㉹ ㉶ ㉵ - ② ① ⑧ ⑥

'㉶ = ⑩', '㉯ = ⑧'이므로 옳지 않다.

25 ②

㉹ ㉯ ㉰ ㉲ - ⑩ ⑧ ③ ⑤

'㉹ = ①', '㉶ = ⑩'이므로 옳지 않다.

26 ③

テカハリツンテヨユボテカツパギニカユギテリツボ
1 2 3

27 ②

ㅔㅏㅓㅗㅕㅔㅏㅣㅠㅡㅐㅓㅣㅏㅘㅜㅗㅓㅛㅡㅗㅜㅘㅗㅑㅛ
1 2 3 4
ㅏㅣㅠㅐㅓㅗㅡㅐㅗㅏㅘ
5 6

28 ④

⇨⇳♧⇖⋏⇩⇨⇦♧♡⇖♡⇩♧♡⇨⇳⇩⇳♧⇖⇖♧
1 2 3
⇖⇖⇨⇦♧♡♧⇩♡
4

29 ②

㉠㉦㉢㉡㉥㉧㉭㉪㉢㉨㉣㉩㉬㉭㉢㉪㉥㉧㉧㉭㉩㉬㉥㉥㉢
1 2 3 4
㉢㉧㉭㉩㉬㉢㉣㉬㉥
5 6

30 ①

1wer2rtg5rfgfd5dg3s1gd2s2g0f54s2e0g5dfg2sdgd
1 2 3 4 5
52sfg5g3gh5gjd3h20d5gjgdf6005gh
6 7

언어논리 P. 462~475

01	③	02	②	03	②	04	④	05	④
06	④	07	③	08	①	09	③	10	①
11	①	12	④	13	⑤	14	①	15	③
16	④	17	③	18	①	19	②	20	④
21	③	22	②	23	③	24	⑤	25	②

01 ③

김치 맛이 예전의 맛에 비하여 마땅하지 않다는 의미이므로, '비교 대상에 미치지 아니하다'라는 의미의 형용사를 사용하여 '못하다'로 붙여 써야 한다.

오답 피하기

① '뒤 절의 내용이 앞 절의 내용과 거의 같음을 나타내는 연결 어미'인 '-듯'으로 쓰였으므로 앞말과 붙여 쓴다. '유사하거나 같은 정도의 뜻을 나타내는 말' 등의 의존 명사인 '듯'으로 쓰일 때에는 앞말과 띄어 쓴다.

② '일정한 기간이 경과한 해당 시기를 나타내는 말'인 의존 명사 '차'로 쓰였으므로 앞말과 띄어 쓴다. '목적의 뜻을 더하는 접미사'인 '-차'일 때에는 앞말과 붙여 쓴다.

④ '앞말이 뜻하는 사건이나 상태 따위를 짐작하거나 추측함을 나타내는 말'의 보조 형용사인 '-듯싶다'는 붙여 쓴다.

⑤ 의존 명사 '년'은 '십의 여러 배가 되는 수의'라는 뜻의 '수십' 등의 관형사가 앞말로 올 때는 띄어 쓴다.

02 ②

'떠나다'의 '떠나-'에 '어떤 행동을 할 의도나 욕망을 가지고 있음'을 나타내는 연결 어미인 '-려고'가 결합하였으므로, '떠나려고'로 써야 한다.

오답 피하기

① 어말의 [ʃ]는 '시'로 적고, 자음 앞의 [ʃ]는 '슈'로, 모음 앞의 [ʃ]는 뒤따르는 모음에 따라 '샤', '섀', '셔', '셰', '쇼', '슈', '시'로 적는다는 외래어 표기법에 따라 '워크숍'은 올바른 표기이다.

③ 은혜를 베풀어 감사하다는 의미를 전하는 경우이므로 '큰 강과 바다를 아울러 이르는 말'인 '하해(河海)'로 적는다.

④ '남의 눈을 피하여 한밤중에 도망함', '남이 알아듣지 못하도록 낮은 목소리로 자꾸 은밀하게 이야기하다'라는 의미이므로 각각 '야반도주(夜半逃走)', '숙덕숙덕하다(또는 쑥덕쑥덕하다)'로 적는다.

⑤ '뜻밖의 일을 해 남을 무섭게 하거나 가슴을 두근거리게 하다'의 의미이므로 '놀래다'를 사용하며, '어떻게 해'의 준말이므로 '어떡해'로 적는다.

03 ②

겹받침 'ㄳ', 'ㄵ', 'ㄼ, ㄽ, ㄾ', 'ㅄ'은 어말 또는 자음 앞에서 각각 [ㄱ, ㄴ, ㄹ, ㅂ]으로 발음하므로, '훑다'는 겹받침을 이루는 두 개의 자음 중 앞선 자음을 기준으로 한 [훌따]로 발음하여 읽는다. 다만, '밟-'은 자음 앞에서 [밥]으로 발음한다.

04 ④

'ㅢ'는 'ㅣ'로 소리 나더라도 'ui'로 적는다. 광희문은 [광히문]으로 발음되지만 'Gwanghimun'이 아닌 'Gwanghuimun'으로 적는다.

오답 피하기

① 로마자 표기법은 우리말의 표기 방식 그대로 로마자로 옮겨 적는 전자법(轉字法)이 아닌, 말소리를 로마자로 전환하는 전사법(轉寫法)을 원칙으로 한다. 예를 들어 '독립문'은 [동님문]으로 발음되므로 'Dongnimmun'으로 표기한다.

② 'ㄱ, ㄷ, ㅂ'은 모음 앞에서는 'g, d, b'로, 자음 앞이나 어말에서는 'k, t, p'로 적는다. 예를 들어 '거북선'과 '알약'의 'ㄱ'은 어말에 위치하므로 'Geobugseon', 'allyag'이 아닌 'Geobukseon', 'allyak'으로 표기한다.

③ '예사소리였던 것이 된소리로 바뀌는 현상'인 된소리되기는 표기에 반영하지 않는다. 예를 들어 '압구정'은 [압꾸정]으로 발음되지만 'Apggujeong'이 아닌 'Apgujeong'으로 표기한다.

⑤ 대관령은 [대괄령]으로 발음되므로, 'ㄹㄹ'을 'll'로 표기하여 'Daegwallyeong'으로 표기한다.

05 ④

주어진 글에서는 업무 처리 자동화 로봇이 각각의 직원들에게 코로나19 진단검사 링크를 보내고, 직원들의 답변이 다시 로봇에게 돌아오면 이를 분석하여 직원들의 상태를 나눈다는 내용이다. 즉 빈칸에는 여러 군데에서 들어온 데이터 자료를 모아서 합친다는 의미의 '취합'이 들어가는 것이 가장 적절하다.

오답 피하기

① '모집'은 '사람이나 작품, 물품 따위를 일정한 조건 아래 널리 알려 뽑아 모음'이라는 의미이다.

② '나열'은 '죽 벌여 놓음 또는 벌여 있음'의 의미이다.

③ '검사'는 '사실이나 일의 상태 또는 물질의 구성 성분 따위를 조사하여 옳고 그름과 낫고 못함을 판단하는 일'이라는 의미이다.

⑤ '채집'은 '널리 찾아서 얻거나 캐거나 잡아 모으는 일'이라는 의미이다.

06 ④

홑몸'은 '아이를 배지 아니한 몸'의 뜻으로 사용되었는데, '홀몸'은 '배우자나 형제가 없는 사람'을 가리킨다. 따라서 주어진 문장에서 '홑몸'은 '홀몸'과 바꾸어 쓸 수 없다.

오답 피하기

① '어쨌든'과 '아무튼'은 모두 '의견이나 일의 성질, 형편, 상태 따위가 어떻게 되어 있든'을 뜻하는 말로 복수 표준어이다.
② '여태'와 '입때'는 모두 '지금까지 또는 아직까지, 어떤 행동이나 일이 이미 이루어졌어야 함에도 그렇게 되지 않았음을 불만스럽게 여기거나 또는 바람직하지 않은 행동이나 일이 현재까지 계속되어 옴'을 나타낼 때 쓰는 말로 복수 표준어이다.
③ '만큼'과 '만치'는 모두 '앞의 내용에 상당한 수량이나 정도임'을 뜻하는 말로 복수 표준어이다.
⑤ '덩굴'과 '넝쿨'은 모두 '길게 뻗어 나가면서 다른 물건을 감기도 하고 땅바닥에 퍼지기도 하는 식물의 줄기'를 뜻하는 말로 복수 표준어이다.

07 ③

두 번째 문단은 첫 번째 문단에서 언급한 '설문 조사 결과'의 상세 내용에 해당한다. 따라서 '이(설문 조사 결과)에 따르면'이 들어가는 것이 가장 적절하다.

08 ①

[나]는 책을 읽을 때 바로 이해하기 어려운 부분은 넘어가되 처음부터 끝까지 읽고 나서 다시 읽어야 한다고 설명한다. 반면, [가]는 도중에 모르는 글자를 접할 때마다 널리 고찰하고 세밀하게 연구하여 내용 전체를 파악하는 방법을 권장하고 있다. 따라서 독서할 때 [나]에 비해 [가]의 방법이 단어의 의미를 정확하게 파악할 수 있다.

09 ③

'집들이'의 사전적 정의는 '이사한 후에 이웃과 친지를 불러 집을 구경시키고 음식을 대접하는 일' 또는 '이사하여 새로운 집으로 옮겨 들어감'이다. '새로 집을 지었거나 이사한 집에 집 구경 겸 인사로 찾아보는 일'을 뜻하는 단어는 '집알이'이다.

10 ①

밑줄 친 단어 '시망스럽다'는 '몹시 짓궂은 데가 있다'는 의미로 쓰였으므로 '장난스럽게 남을 괴롭고 귀찮게 하여 달갑지 아니하다'의 의미의 '짓궂다'가 가장 유사하다.

오답 피하기

② 하기가 까다로워 힘에 겹다.
③ 학문이나 생각 따위가 얕거나, 말이나 행동 따위가 상스럽다.
④ 보기에 희망이나 명망을 잃거나 바라던 일이 뜻대로 되지 아니하여 마음이 몹시 상한 데가 있다.
⑤ 어떤 것을 사용하거나 이용하는 것이 거북하거나 괴롭다.

11 ①

'둘 또는 그 이상의 사람이 함께 음식을 먹을 수 있도록 차린 상'을 의미하는 말은 '겸상(兼床)'이다. 이를 대체하여 사용하는 고유어로 '맞상'이 있으나, '맞상'보다 '겸상'을 사용하는 빈도가 더 높으므로 '겸상'만을 표준어로 인정한다.

오답 피하기

② 중신 – 중매: 결혼이 이루어지도록 중간에서 소개하는 일
③ 철딱서니 – 철딱지: 사리를 분별할 수 있는 힘인 '철'을 속되게 이르는 말
④ 묫자리 – 묏자리: 뫼를 쓸 자리 또는 뫼를 쓴 자리
⑤ 민둥산 – 벌거숭이산: 나무가 없는 산

12 ④

매년 바다에 유입되는 플라스틱 쓰레기는 950만 톤이며 이 중 약 15~31%를 미세플라스틱으로 분석하였으므로, 적어도 15%인 950 × 0.15 ≒ 143(만 톤) 이상이 미세플라스틱인 것이다.

오답 피하기

① 첫 번째 문단에서 1평방 마일의 바다에는 플라스틱 46,000 조각이 있다는 것으로, 1만 마리의 바다 생물이 서식하는지는 알 수 없다.
② 첫 번째 문단에서 최대 170종의 척추동물 및 무척추동물이 플라스틱 쓰레기를 섭취하고 있다는 것으로, 이 생물들이 모두 죽는지, 모두 지름이 5mm 이하인 미세플라스틱을 섭취한다는 것인지는 알 수 없다.
③ 두 번째 문단에서 미세플라스틱은 해양 생태계의 건강성과 생산성을 낮출 수 있으며, 어류 섭취를 통해 인간의 건강에도 피해를 유발한다고 설명되어 있다.
⑤ 두 번째 문단에서 해양 미세플라스틱 오염도가 해외 평균보다 8배 높은 것은 우리나라 전체 바다에 대한 것이 아닌, 경남 거제와 진해 바다 2곳에 관한 내용이다.

13 ⑤

주어진 글에서 TV나 신문 등을 통해 접하는 것은 공격 행동으로 인한 특정한 사건이다. 따라서 TV나 신문을 통해 접하는 인간의 공격 행동이 일반적인 일이 아니므로 공격 행동의 요인을 일반화시킬 수 없다고 한 내용은 글에서 말하는 요지와 거리가 멀다.

오답 피하기

① 프로이트의 주장을 비판하고 있다.
②, ③ 달라드의 주장을 비판하고 있다.
④ 프로이트와 달라드가 주장하는 공격 행동의 요인은 모두 외부적이므로 이 둘의 주장을 모두 비판하고 있다.

14 ①

주어진 글은 미 개념을 크게 자연미와 예술미로 나누고, 자연미와 예술미 사이의 기술미를 설명하고 있다.

오답 피하기

② 자연미, 예술미, 기술미의 개념은 나와 있지만, 각각의 미의 가치는 나오지 않는다.
③ 상품미가 전통적인 구분의 미 개념에는 속하지만, 주어진 글이 미 개념의 변화 양상을 다루고 있다고 보기는 어렵다.
④ 미 개념이 가진 한계는 나와 있지 않다.
⑤ 전통적 미와 현대적 미의 차이점은 나와 있지 않다.

15 ③

외국어와 우리말은 음운 개수가 서로 다르므로 외국어의 자음 2개를 우리말의 자음 1개로 대체하여 적을 수 있다. 외국어의 파열음 [p]나 마찰음 [f]를 우리말의 'ㅍ'으로, 파열음 [b]와 마찰음 [v]를 우리말의 'ㅂ'으로 적는 규정이 대표적이다.

오답 피하기

①, ② 외국어나 된소리, 반모음 또한 국제 음성 기호 등을 활용해 한글 자모와 대조하여 표기한다.
④ 외래어 표기법 제3항에 따라 받침에는 'ㄱ, ㄴ, ㄹ, ㅁ, ㅂ, ㅅ, ㅇ'만을 쓴다.
⑤ 외래어 표기법 제4항에 따라 파열음 표기에는 된소리를 쓰지 않는 것을 원칙으로 한다.

16 ④

브렉시트와 그렉시트의 의미가 먼저 등장하고, 브렉시트와 그렉시트를 비교하면서 유럽연합과 유로존에 대해 설명한 후 리스본 조약에 따른 탈퇴 규정에 관해 서술하고 있다. 따라서 이에 맞는 단락의 배열 순서는 [다]－[나]－[라]－[가] 가장 적절하다.

17 ③

마지막 문단의 '다들 조그마한 마당이 딸린 땅집 동네라 화초와 채소를 같이 가꾸는 집이 많다'를 통해 알 수 있다.

오답 피하기

① 첫 번째 문단의 '매일 하루 두 번씩 ~ 작년부터는 아예 안 하게 되었다'를 통해 현재 '나'는 채소 농사를 하지 않고 있다는 것을 알 수 있다.
② 첫 번째 문단의 '싱싱한 채소를 아주 싸게 판다'를 통해 '나'는 채소 가격이 저렴하다고 생각한다는 것을 알 수 있다.
④ 두 번째 문단의 '우리 식구들은 내 수고를 별로 달가워하지 않는 것 같다'를 통해 '나'의 식구들이 '나'의 채소 다듬는 모습을 그다지 좋아하지 않는다는 것을 알 수 있다.
⑤ 마지막 문단에서 '경제적인 이점은 미미하지만 청정 야채를 먹는 재미가 쏠쏠하다고 한다'라는 내용이 있지만 '나'의 동네 사람들이 채소를 팔아 생계를 꾸리는지는 알 수 없다.

18 ①

㉠은 '뿌리째 뽑혀 흙까지 싱싱한 야채', ㉡은 '깨끗이 손질되어 스티로폼 용기에 담긴 야채'이다. '나'는 손에 흙을 묻혀 가며 푸성귀를 손질하면 기분 좋은 느낌을 받는다고 하였으므로, ㉠을 통해 필자가 손질의 기쁨을 누리는 것을 알 수 있다.

오답 피하기

② ㉠을 통해 '나'는 '씨를 뿌리고 가꾼 사람들과 연대감'을 느낀다고 하였으므로 '직접 심고 키우는 보람'과 거리가 멀다.
③ ㉡이 아닌 ㉠을 통해 '나'는 '그 옛날의 시골 계집애'였던 어린 시절을 떠올리고 있다.
④ ㉡이 아닌 ㉠을 통해 '나'는 '씨를 뿌리고 가꾼 사람들과 연대감'을 느낀다.
⑤ '나'의 '좋지 않은 시절'은 제시문에서 확인할 수 없다.

19 ②

물이 닿은 당면이 부드러워졌다는 의미이므로 '물에 젖어서 부피가 커지다'로 '붇다'를 활용형인 '불어'로 표기하는 것이 옳다.

20 ④

문맥상 채소나 과일을 장기간 보관하는 저온조를 만들기 위해 '항아리 두 개, 모래흙, 물'이 필요하다는 내용이므로, '단어, 구, 절, 문장 따위를 병렬적으로 연결할 때 쓰는 접속 부사'인 '그리고'를 사용해야 적절하다.

21 ③

'항아리 냉장고'는 가난한 자들의 문제를 해결하여 삶의 질을 향상시키는 적정기술이 사용된 대표적인 사례이다. 또한 '항아리 냉장고'는 간단한 원리를 적용하여 쉽게 제작할 수 있는 특성이 있으므로, 이와 가장 유사한 사례는 물이 부족한 지역에서 드럼통과 줄을 사용하여 물을 운반할 수 있도록 한 물통이다.

22 ②

땅바닥을 골프채로 '치다'는 '손이나 손에 든 물건으로 세게 부딪게 하다'의 의미로 쓰인 단어이므로, 하반신을 '치다'가 동일한 의미로 쓰인 단어가 된다.

오답 피하기

① 날개나 꼬리 따위를 세차게 흔들다.

③ 일정한 장치를 손으로 눌러 글자를 찍거나 신호를 보내다.
④ 시계나 종 따위가 일정한 시각을 소리를 내어 알리다.
⑤ 속이는 짓이나 짓궂은 짓, 또는 좋지 못한 행동을 하다.

23 ③

제시된 글은 미세먼지 대책과 그에 대한 의견을 서술하고 있다. 따라서 정부가 새로 내놓은 미세먼지 대책을 [나]에서 소개하고 [라]를 통해 그에 대한 평가를 덧붙이며, [가]에서 미세먼지의 근본적인 원인을 꼽아 [다]를 통해 그에 따른 정부의 대책 방안을 언급하는 내용으로 전개하는 방식이 문맥상 자연스럽다. 따라서 [나]–[라]–[가]–[다]의 순이다.

24 ⑤

주어진 글의 첫 번째 문단에서는 간접 광고가 무엇인지 밝히고, 간접 광고가 시청자에게 노출될 확률이 높음을 설명하고 있다. 그리고 두 번째 문단에서는 간접 광고에서 주류적 배치와 주변적 배치를 택함으로써 광고의 효과를 높이고 있음을 설명하고 있다. 따라서 글을 요약한 내용으로 적절한 것은 ⑤이다.

오답 피하기

① 간접 광고가 시청자에게 노출될 확률이 높은 것은 언급되고 있지만, 간접 광고가 시청자들에게 영향력을 끼치는지는 나와 있지 않다.
② 첫 번째 문단에 간접 광고와 직접 광고의 차이에 대해 설명하고 있지만, 이를 전체 글의 요약이라고 보기는 어렵다.
③ 간접 광고가 방송에 끼치는 영향은 언급되지 않았다.
④ 시청자가 간접 광고를 기피하는 이유는 언급되지 않았다

25 ②

주어진 글에서는 플라즈마의 개념을 정의하고, 플라즈마가 미래 첨단 기술의 원천이 되는 것, 일상생활에 적용되는 것, 그리고 환경 문제를 해결하는 것 등 어떤 효과가 있는지 설명하고 있다. 따라서 글의 논지 전개 방식에 대한 설명은 ②가 가장 적절하다.

자료해석

P. 476~485

01	③	02	④	03	②	04	②	05	②
06	③	07	③	08	①	09	②	10	①
11	②	12	①	13	③	14	④	15	②
16	①	17	②	18	②	19	②	20	③

01 ③

네 번째 조건을 통해 연구개발 예산이 $\frac{30,476}{4,675}$ ≒ 6.5(배) 증가한 B, $\frac{2,793}{274}$ ≒ 10.2(배) 증가한 D가 한국 또는 일본에 해당한다는 것을 알 수 있다. 또한 첫 번째 조건을 통해 국가별 연구개발 예산의 평균치를 상회한 B와 E가 일본 또는 미국에 해당하는 것을 파악할 수 있다. 이에 따라 앞선 두 조건의 결과를 정리하면 B는 일본, D는 한국, E는 미국에 해당한다.
이어서 세 번째 조건에 따라 1990년의 연구개발 예산이 4,675백만 달러인 일본과 4,735백만 달러로 비슷한 수준인 A는 독일임을 알 수 있으며, 두 번째 조건을 통해 2010년 연구개발 예산이 독일과 비슷한 12,067백만 달러인 C가 프랑스라는 것을 알 수 있다.
따라서 A~E에 해당하는 국가는 각각 독일 – 일본 – 프랑스 – 한국 – 미국이다.

02 ④

'도덕적 비난은 받을 수 있으나 처벌은 지나치다'라고 응답한 비율은 학력에 따라 초졸 이하(27.1%), 중졸(31.4%), 고졸(34.8%), 대학 재학 이상(35.0%)이며, '법을 위반했으므로 처벌은 당연하다'라고 응답한 비율은 초졸 이하(66.0%), 중졸(58.5%), 고졸(54.9%), 대학 재학 이상(54.4%)이다. 따라서 학력이 높을수록 처벌보다는 도덕적인 차원에서 제재를 가하는 것이 바람직하다고 보는 경향을 확인할 수 있다.

오답 피하기

① '법을 위반했으므로 처벌은 당연하다'에 응답하여 상대적으로 준법 의식이 강하다고 볼 수 있는 사람의 비율은 학력이 낮고 나이가 많을수록 높다.
② 2,500명의 표본의 선정 방법과 비율이 제시되어 있지 않으므로 해당 여론 조사의 결과가 우리나라 사람들의 준법 의식을 대표하는지에 대한 여부는 알 수 없다.
③ '법을 위반했으므로 처벌은 당연하다'에 응답한 사람의 비율은 고졸(54.9%), 중졸(58.5%)로 중졸자가 더 높으나, 고졸자와 중졸자의 정확한 인원수는 알 수 없다.

03 ②

10,000원으로 A급 커피 원두는 200g, B급 커피 원두는 400g 살 수 있으므로 1g당 가격이 A급은 50원, B급은 25원이다. 3 : 2의 비율에 맞추어 A급 3g(150원), B급 2g(50원)을 섞으면 5g당 200원이므로, 1g당 40원인 커피 원두가 된다. 따라서 A급과 B급을 섞은 커피 원두는 10,000원에 250g을 살 수 있다.

04 ②

자원봉사 참여율이 2번째로 높은 해는 2019년이다. 2019년의 전년 대비 성인 봉사자 수 증가율을 구하면

$\frac{3,879-3,294}{3,294} \times 100 \fallingdotseq 18(\%)$이다.

따라서 자원봉사 참여율이 두 번째로 높은 해의 전년 대비 성인 봉사자 수의 증가율은 18%이다.

05 ②

영어의 알파벳 순서를 기준으로 하여 B, E, I, N은 2, 5, 9, 14이므로 각 항마다 +3, +4, +5씩 증가하는 규칙을 따르고 있다. 따라서 빈칸에 들어갈 항에는 14에서 +6이 증가한 20에 해당하는 알파벳이 와야 하므로 빈칸에 들어갈 문자는 T이다.

06 ③

2014년 대비 2015년 미국, 캐나다, 호주, 뉴질랜드의 이민자의 감소율을 구하면 다음과 같다.

- 미국: $\frac{2,487-2,434}{2,487} \times 100 \fallingdotseq 2.1(\%)$
- 캐나다: $\frac{336-225}{336} \times 100 \fallingdotseq 33.0(\%)$
- 호주: $\frac{122-107}{122} \times 100 \fallingdotseq 12.3(\%)$
- 뉴질랜드: $\frac{96-96}{96} \times 100 = 0(\%)$

따라서 2014년 대비 2015년 이민자의 감소율이 가장 큰 나라는 캐나다이다.

오답 피하기

① 전체 해외 이민자 수는 2009년, 2011년에 전년 대비 증가하였으므로 적절하지 않다.

② 미국, 캐나다, 호주, 뉴질랜드 4개국 이민자 수의 합은 2015년 2,434+225+107+96=2,862(명), 2012년 10,843+1,375+906+570=13,694(명)이다. 따라서 2015년의 4개국 이민자 수는 $\frac{13,694-2,862}{13,694} \times 100 \fallingdotseq 79.1(\%)$ 감소하여, 80% 미만으로 감소했다.

④ 호주의 전년 대비 감소한 이민자 수는 2009년 97명, 2010년 141명, 2011년 52명, 2012년 650명, 2013년 707명, 2014년 77명, 2015년 15명이므로, 전년 대비 감소폭이 가장 큰 해는 2013년이다.

07 ③

$$\frac{3^0}{1^1} \rightarrow \frac{3^1}{2^2} \rightarrow \frac{3^2}{3^2} \rightarrow \frac{3^3}{4^2} \rightarrow \frac{3^4}{5^2} \rightarrow \frac{3^5}{6^2}$$

분모의 경우 지수는 2로 유지되지만 밑이 1부터 1씩 증가하고 있고, 분자의 경우 밑이 3으로 고정이지만 지수가 0부터 1씩 증가하고 있다. 따라서 빈칸에 들어갈 알맞은 수는 $\frac{3^4}{5^2}=\frac{81}{25}$이다.

08 ①

6월의 전력 사용량은 220kWh이므로 기본요금은 '201~300kWh 사용'에 해당하는 1,430원이며, 전력량요금은 0~100kWh까지 kWh당 55원, 101~200kWh까지 kWh당 110원, 201~220kWh까지 kWh당 170원에 대한 금액을 합산한 총액이다. 따라서 6월의 총 전력 요금은 1,430+(55×100+110×100+170×20)=21,330(원)이다.

또한 7월의 전력 사용량은 220kWh에서 130kWh가 증가한 350kWh이므로 기본요금은 '301~400kWh 사용'에 해당하는 3,420원이며, 전력량요금은 0~100kWh까지 kWh당 55원, 101~200kWh까지 kWh당 110원, 201~300kWh까지 kWh당 170원, 301~350kWh까지 250원에 대한 금액을 합산한 총액이다. 따라서 7월의 총 전력 요금은 3,420+(55×100+110×100+170×100+250×50)=49,420(원)이다.

7월의 전력 요금은 6월의 전력 요금에 비하여 49,420−21,330=28,090(원) 증가하였다.

09 ②

두 과목의 평균과 총점은 서로 비례하므로 평균의 추이를 확인하기 위해 표를 정리하면 다음과 같다.

[표] 월별 시험 성적과 총점 (단위: 점)

구분	1	2	3	4	5	6	7	8	9	10	11	12
국어	72	75	79	89	92	87	87	81	78	76	84	86
수학	93	97	100	100	82	84	85	76	89	91	94	84
총점	165	172	179	189	174	171	172	157	167	167	178	170

총점이 가장 낮은 달은 8월이므로, 두 과목 평균이 가장 낮은 달도 8월이다.

10 ①

공공연구소의 경우 2018년에 1,919건으로 2017년 2,407건에서 감소하였으며, 대학의 경우 2020년에 1,576건으로 2019년 1,646건에서 감소하였으므로 두 기관의 기술 이전 건수는 모두 꾸준히 증가하지 않았다.

11 ②

합격자 수가 가장 적은 모집 단위는 정원이 269명이고 남성 합격자가 138명, 여성 합격자가 131명인 C이다.

오답 피하기

① 총 지원자 수가 가장 많은 모집 단위는 933명이 지원한 A이다.

③ 남성 합격자 수는 1,003명이고 여성 합격자 수는 237명이므로, 남성 합격자는 여성 합격자의 5배 미만인 약 4.2배이다.

④ 모집 단위 B의 경쟁률은 모집 정원 370명과 지원자 수 585명을 토대로 계산하면 117 대 740이다.

12 ①

65세 이상 인구의 평균 나이는 '65세 이상 남성 인구'와 '65세 이상 여성 인구'의 나이를 모두 더하여 '65세 이상 인구의 인원수'로 나누어 구할 수 있으므로,

$$\frac{3,450,978\times75+4,552,440\times79}{8,003,418}$$

$$=\frac{258,823,350+359,642,760}{8,003,418}\fallingdotseq77.3(\text{세})\text{이다.}$$

↑ 1점 더 올리기

숫자가 크고 복잡할 때는 어림값을 활용한다. 65세 이상 남성 인구수를 345로, 65세 이상 여성 인구수를 455로, 전체 65세 이상 인구수를 800으로 하여 빠르게 풀이하면 $\frac{345\times75+455\times79}{800}$ ≒77.3(세)이다.

13 ③

대학 진학 희망자 비율과 희망자 합격 비율에 따른 학생 수를 구하면 다음과 같다.

[표] 학과별 대학 진학 희망자 수와 그 합격자 수

구분		국문학과	경제학과	법학과	기타
A	대학 진학 희망자 수	420명	70명	140명	70명
	합격자 수	84명	7명	42명	28명
B	대학 진학 희망자 수	250명	100명	200명	100명
	합격자 수	25명	30명	60명	30명
C	대학 진학 희망자 수	60명	150명	120명	180명
	합격자 수	21명	60명	18명	18명
D	대학 진학 희망자 수	20명	100명	320명	120명
	합격자 수	6명	25명	64명	30명

㉢ 국문학과에 합격한 학생 수는 A가 84명, B가 25명, C가 21명, D가 6명이므로, A－B－C－D 순으로 많다.

오답 피하기

㉠ 경제학과 합격자 수는 B가 30명, D가 25명이므로 B가 더 많다.

㉡ C의 국문학과 합격자 수는 21명으로 20명보다 많다.

14 ④

연속하는 3개의 짝수를 $x-2$, x, $x+2$라고 하면 가장 작은 수의 2배는 나머지 두 수의 합보다 6이 작다고 하였으므로 $2(x-2)+6=x+x+2$이다.

식을 정리하면 $2x+2=2x+2$로 좌변과 우변이 일치하므로 미지수가 어떤 값이더라도 성립하는 항등식임을 알 수 있다. 따라서 모든 짝수는 주어진 조건을 항상 만족하므로, 선택지 중 가장 큰 짝수인 16이 정답이다.

15 ②

무역 흑자액은 수출액에서 수입액을 제외한 나머지 금액이다. A의 무역 흑자액은 13,339－2,469＝10,870(백만 달러), C의 무역 흑자액은 1,684－621＝1,063(백만 달러)이므로 A는 C보다 무역 흑자액이 많다.

오답 피하기

① 경지율은 국토 면적 중 경지 면적에 해당하는 비율이다. A의 경지율은 $\frac{93}{2,677}\times100$≒3.5(%), B의 경지율은 $\frac{465}{3,779}\times100$ ≒12.3(%)이므로 A는 B보다 경지율이 낮다.

③ 농산물 수출액은 A가 13,339백만 달러, B가 3,532백만 달러이므로 B는 A보다 농산물 수출액이 적다.

④ B의 1인당 경지 면적은 $\frac{465}{175}$≒2.66(ha)이고, C의 1인당 경지 면적은 $\frac{570}{1,260}$≒0.45(ha)이다. 따라서 C보다 B의 1인당 경지 면적이 더 넓다.

16 ①

펜의 판매 금액은 정가 2,100원에서 20% 할인한 2,100×0.8＝1,680(원)이다. 이때, 판매 금액에서 340원의 이익이 생겼으므로 원가는 판매 금액에서 이익을 뺀 금액인 1,680－340＝1,340(원)이다.

17 ②

수도권 외 지역의 여직원 수는 전년 대비 다음과 같이 증가했다.

• 2014년: 16,225 − 5,855 = 10,370(명)
• 2015년: 41,728 − 16,225 = 25,503(명)
• 2016년: 51,410 − 41,728 = 9,682(명)

따라서 2014년부터 2016년까지 수도권 외 지역의 여직원 수가 가장 많이 증가한 해는 2015년이다.

오답 피하기

① 수도권의 총직원 수는 2014년 119,064−101,098=17,966(명), 2015년 136,799−119,064=17,735(명), 2016년 137,615−136,799=816(명) 증가했다. 따라서 2016년에 총직원 수가 가장 적게 증가했다.

③ 2013년 대비 2016년 총직원 수는 수도권 137,615−101,098=36,517(명), 수도권 외 지역 90,565−31,198=59,367(명) 증가했다. 따라서 수도권보다 수도권 외 지역의 직원 수가 더 많이 증가했다.

④ 수도권 외 지역의 총직원 수가 가장 적게 증가한 해는 90,565−89,721=844(명)인 2016년이며, 수도권 외 지역의 여직원 비율은 $\frac{51,410}{90,565} \times 100 \fallingdotseq 56.8$(%)로 2016년에 가장 높다.

18 ②

A가 죽은 나이를 x세라고 하면, 딸은 A의 인생의 반을 살았으므로 $\frac{1}{2}x$세이다. 이를 식으로 정리하면 다음과 같다.

$$x = \frac{1}{9}x + \frac{1}{6}x + \frac{1}{8}x + 4 + \frac{1}{2}x + 3$$

$$x = \frac{65}{72}x + 7$$

$$x = 72$$

따라서 A가 죽은 나이는 72세이다.

19 ②

아르바이트 시간 증가에 따른 순편익 증감 여부를 확인하면 다음과 같다.

[표] 아르바이트 시간에 따른 편익과 비용 (단위: 원)

시간	1	2	3	4	5
총편익	5,000	10,000	15,000	20,000	25,000
총비용	2,000	5,000	11,000	20,000	30,000
순편익	3,000	5,000	4,000	0	−5,000

아르바이트 시간이 1시간에서 2시간으로 늘어날 때에는 순편익 3,000원에서 5,000원으로 증가해서 비례하지만, 2시간에서 3시간으로 늘어날 경우, 순편익이 5,000원에서 4,000원으로 줄어들고, 3시간에서 4시간으로 늘어날 경우 4,000원에서 오히려 0원으로 대폭 감소하게 된다. 따라서 2시간부터는 비례하지 않음을 알 수 있다.

20 ③

평균은 자료의 총합을 자료의 개수로 나눈 결과이므로, 대한이, 민국이, 호국이, 하늘이의 점수를 모두 더해 4로 나누어 구한 평균이 97점이다.

따라서 하늘이의 점수를 x점이라고 하면,

$$\frac{93+97+100+x}{4} = 97$$

$$93 + 97 + 100 + x = 388$$

$$x = 98$$

따라서 하늘이는 98점을 받았다.

✂ 절취선

지각속도

성명

1회		2회		3회		4회		5회		6회		7회		8회		9회		10회	
01	① ②	01	① ②	01	① ②	01	① ②	01	① ②	01	① ②	01	① ②	01	① ②	01	① ②	01	① ②
02	① ②	02	① ②	02	① ②	02	① ②	02	① ②	02	① ②	02	① ②	02	① ②	02	① ②	02	① ②
03	① ②	03	① ②	03	① ②	03	① ②	03	① ②	03	① ②	03	① ②	03	① ②	03	① ②	03	① ②
04	① ②	04	① ②	04	① ②	04	① ②	04	① ②	04	① ②	04	① ②	04	① ②	04	① ②	04	① ②
05	① ②	05	① ②	05	① ②	05	① ②	05	① ②	05	① ②	05	① ②	05	① ②	05	① ②	05	① ②
06	① ②	06	① ②	06	① ②	06	① ②	06	① ②	06	① ②	06	① ②	06	① ②	06	① ②	06	① ②
07	① ②	07	① ②	07	① ②	07	① ②	07	① ②	07	① ②	07	① ②	07	① ②	07	① ②	07	① ②
08	① ②	08	① ②	08	① ②	08	① ②	08	① ②	08	① ②	08	① ②	08	① ②	08	① ②	08	① ②
09	① ②	09	① ②	09	① ②	09	① ②	09	① ②	09	① ②	09	① ②	09	① ②	09	① ②	09	① ②
10	① ②	10	① ②	10	① ②	10	① ②	10	① ②	10	① ②	10	① ②	10	① ②	10	① ②	10	① ②
11	① ②	11	① ②	11	① ②	11	① ②	11	① ②	11	① ②	11	① ②	11	① ②	11	① ②	11	① ②
12	① ②	12	① ②	12	① ②	12	① ②	12	① ②	12	① ②	12	① ②	12	① ②	12	① ②	12	① ②
13	① ②	13	① ②	13	① ②	13	① ②	13	① ②	13	① ②	13	① ②	13	① ②	13	① ②	13	① ②
14	① ②	14	① ②	14	① ②	14	① ②	14	① ②	14	① ②	14	① ②	14	① ②	14	① ②	14	① ②
15	① ②	15	① ②	15	① ②	15	① ②	15	① ②	15	① ②	15	① ②	15	① ②	15	① ②	15	① ②
16	① ②	16	① ②	16	① ②	16	① ②	16	① ②	16	① ②	16	① ②	16	① ②	16	① ②	16	① ②
17	① ②	17	① ②	17	① ②	17	① ②	17	① ②	17	① ②	17	① ②	17	① ②	17	① ②	17	① ②
18	① ②	18	① ②	18	① ②	18	① ②	18	① ②	18	① ②	18	① ②	18	① ②	18	① ②	18	① ②
19	① ②	19	① ②	19	① ②	19	① ②	19	① ②	19	① ②	19	① ②	19	① ②	19	① ②	19	① ②
20	① ②	20	① ②	20	① ②	20	① ②	20	① ②	20	① ②	20	① ②	20	① ②	20	① ②	20	① ②
21	① ②	21	① ②	21	① ②	21	① ②	21	① ②	21	① ②	21	① ②	21	① ②	21	① ②	21	① ②
22	① ②	22	① ②	22	① ②	22	① ②	22	① ②	22	① ②	22	① ②	22	① ②	22	① ②	22	① ②
23	① ②	23	① ②	23	① ②	23	① ②	23	① ②	23	① ②	23	① ②	23	① ②	23	① ②	23	① ②
24	① ②	24	① ②	24	① ②	24	① ②	24	① ②	24	① ②	24	① ②	24	① ②	24	① ②	24	① ②
25	① ②	25	① ②	25	① ②	25	① ②	25	① ②	25	① ②	25	① ②	25	① ②	25	① ②	25	① ②
26	① ② ③ ④	26	① ② ③ ④	26	① ② ③ ④	26	① ② ③ ④	26	① ② ③ ④	26	① ② ③ ④	26	① ② ③ ④	26	① ② ③ ④	26	① ② ③ ④	26	① ② ③ ④
27	① ② ③ ④	27	① ② ③ ④	27	① ② ③ ④	27	① ② ③ ④	27	① ② ③ ④	27	① ② ③ ④	27	① ② ③ ④	27	① ② ③ ④	27	① ② ③ ④	27	① ② ③ ④
28	① ② ③ ④	28	① ② ③ ④	28	① ② ③ ④	28	① ② ③ ④	28	① ② ③ ④	28	① ② ③ ④	28	① ② ③ ④	28	① ② ③ ④	28	① ② ③ ④	28	① ② ③ ④
29	① ② ③ ④	29	① ② ③ ④	29	① ② ③ ④	29	① ② ③ ④	29	① ② ③ ④	29	① ② ③ ④	29	① ② ③ ④	29	① ② ③ ④	29	① ② ③ ④	29	① ② ③ ④
30	① ② ③ ④	30	① ② ③ ④	30	① ② ③ ④	30	① ② ③ ④	30	① ② ③ ④	30	① ② ③ ④	30	① ② ③ ④	30	① ② ③ ④	30	① ② ③ ④	30	① ② ③ ④

절취선

파이널 모의고사 1회

성명:

공간능력				
01	①	②	③	④
02	①	②	③	④
03	①	②	③	④
04	①	②	③	④
05	①	②	③	④
06	①	②	③	④
07	①	②	③	④
08	①	②	③	④
09	①	②	③	④
10	①	②	③	④
11	①	②	③	④
12	①	②	③	④
13	①	②	③	④
14	①	②	③	④
15	①	②	③	④
16	①	②	③	④
17	①	②	③	④
18	①	②	③	④

지각속도				
01	①	②		
02	①	②		
03	①	②		
04	①	②		
05	①	②		
06	①	②		
07	①	②		
08	①	②		
09	①	②		
10	①	②		
11	①	②		
12	①	②		
13	①	②		
14	①	②		
15	①	②		
16	①	②		
17	①	②		
18	①	②		
19	①	②		
20	①	②		
21	①	②		
22	①	②		
23	①	②		
24	①	②		
25	①	②		
26	①	②	③	④
27	①	②	③	④
28	①	②	③	④
29	①	②	③	④
30	①	②	③	④

언어논리					
01	①	②	③	④	⑤
02	①	②	③	④	⑤
03	①	②	③	④	⑤
04	①	②	③	④	⑤
05	①	②	③	④	⑤
06	①	②	③	④	⑤
07	①	②	③	④	⑤
08	①	②	③	④	⑤
09	①	②	③	④	⑤
10	①	②	③	④	⑤
11	①	②	③	④	⑤
12	①	②	③	④	⑤
13	①	②	③	④	⑤
14	①	②	③	④	⑤
15	①	②	③	④	⑤
16	①	②	③	④	⑤
17	①	②	③	④	⑤
18	①	②	③	④	⑤
19	①	②	③	④	⑤
20	①	②	③	④	⑤
21	①	②	③	④	⑤
22	①	②	③	④	⑤
23	①	②	③	④	⑤
24	①	②	③	④	⑤
25	①	②	③	④	⑤

자료해석				
01	①	②	③	④
02	①	②	③	④
03	①	②	③	④
04	①	②	③	④
05	①	②	③	④
06	①	②	③	④
07	①	②	③	④
08	①	②	③	④
09	①	②	③	④
10	①	②	③	④
11	①	②	③	④
12	①	②	③	④
13	①	②	③	④
14	①	②	③	④
15	①	②	③	④
16	①	②	③	④
17	①	②	③	④
18	①	②	③	④
19	①	②	③	④
20	①	②	③	④

✂ 절취선

파이널 모의고사 2회

성명	

공간능력		지각속도		언어논리		자료해석	
01	① ② ③ ④	01	① ②	01	① ② ③ ④ ⑤	01	① ② ③ ④
02	① ② ③ ④	02	① ②	02	① ② ③ ④ ⑤	02	① ② ③ ④
03	① ② ③ ④	03	① ②	03	① ② ③ ④ ⑤	03	① ② ③ ④
04	① ② ③ ④	04	① ②	04	① ② ③ ④ ⑤	04	① ② ③ ④
05	① ② ③ ④	05	① ②	05	① ② ③ ④ ⑤	05	① ② ③ ④
06	① ② ③ ④	06	① ②	06	① ② ③ ④ ⑤	06	① ② ③ ④
07	① ② ③ ④	07	① ②	07	① ② ③ ④ ⑤	07	① ② ③ ④
08	① ② ③ ④	08	① ②	08	① ② ③ ④ ⑤	08	① ② ③ ④
09	① ② ③ ④	09	① ②	09	① ② ③ ④ ⑤	09	① ② ③ ④
10	① ② ③ ④	10	① ②	10	① ② ③ ④ ⑤	10	① ② ③ ④
11	① ② ③ ④	11	① ②	11	① ② ③ ④ ⑤	11	① ② ③ ④
12	① ② ③ ④	12	① ②	12	① ② ③ ④ ⑤	12	① ② ③ ④
13	① ② ③ ④	13	① ②	13	① ② ③ ④ ⑤	13	① ② ③ ④
14	① ② ③ ④	14	① ②	14	① ② ③ ④ ⑤	14	① ② ③ ④
15	① ② ③ ④	15	① ②	15	① ② ③ ④ ⑤	15	① ② ③ ④
16	① ② ③ ④	16	① ②	16	① ② ③ ④ ⑤	16	① ② ③ ④
17	① ② ③ ④	17	① ②	17	① ② ③ ④ ⑤	17	① ② ③ ④
18	① ② ③ ④	18	① ②	18	① ② ③ ④ ⑤	18	① ② ③ ④
		19	① ②	19	① ② ③ ④ ⑤	19	① ② ③ ④
		20	① ②	20	① ② ③ ④ ⑤	20	① ② ③ ④
		21	① ②	21	① ② ③ ④ ⑤		
		22	① ②	22	① ② ③ ④ ⑤		
		23	① ②	23	① ② ③ ④ ⑤		
		24	① ②	24	① ② ③ ④ ⑤		
		25	① ②	25	① ② ③ ④ ⑤		
		26	① ② ③ ④				
		27	① ② ③ ④				
		28	① ② ③ ④				
		29	① ② ③ ④				
		30	① ② ③ ④				

✂ 절취선

파이널 모의고사 3회

성명	

공간능력				
01	①	②	③	④
02	①	②	③	④
03	①	②	③	④
04	①	②	③	④
05	①	②	③	④
06	①	②	③	④
07	①	②	③	④
08	①	②	③	④
09	①	②	③	④
10	①	②	③	④
11	①	②	③	④
12	①	②	③	④
13	①	②	③	④
14	①	②	③	④
15	①	②	③	④
16	①	②	③	④
17	①	②	③	④
18	①	②	③	④

지각속도				
01	①	②		
02	①	②		
03	①	②		
04	①	②		
05	①	②		
06	①	②		
07	①	②		
08	①	②		
09	①	②		
10	①	②		
11	①	②		
12	①	②		
13	①	②		
14	①	②		
15	①	②		
16	①	②		
17	①	②		
18	①	②		
19	①	②		
20	①	②		
21	①	②		
22	①	②		
23	①	②		
24	①	②		
25	①	②		
26	①	②	③	④
27	①	②	③	④
28	①	②	③	④
29	①	②	③	④
30	①	②	③	④

언어논리					
01	①	②	③	④	⑤
02	①	②	③	④	⑤
03	①	②	③	④	⑤
04	①	②	③	④	⑤
05	①	②	③	④	⑤
06	①	②	③	④	⑤
07	①	②	③	④	⑤
08	①	②	③	④	⑤
09	①	②	③	④	⑤
10	①	②	③	④	⑤
11	①	②	③	④	⑤
12	①	②	③	④	⑤
13	①	②	③	④	⑤
14	①	②	③	④	⑤
15	①	②	③	④	⑤
16	①	②	③	④	⑤
17	①	②	③	④	⑤
18	①	②	③	④	⑤
19	①	②	③	④	⑤
20	①	②	③	④	⑤
21	①	②	③	④	⑤
22	①	②	③	④	⑤
23	①	②	③	④	⑤
24	①	②	③	④	⑤
25	①	②	③	④	⑤

자료해석				
01	①	②	③	④
02	①	②	③	④
03	①	②	③	④
04	①	②	③	④
05	①	②	③	④
06	①	②	③	④
07	①	②	③	④
08	①	②	③	④
09	①	②	③	④
10	①	②	③	④
11	①	②	③	④
12	①	②	③	④
13	①	②	③	④
14	①	②	③	④
15	①	②	③	④
16	①	②	③	④
17	①	②	③	④
18	①	②	③	④
19	①	②	③	④
20	①	②	③	④

✂ 절취선

파이널 모의고사 4회

성명	

공간능력				
01	①	②	③	④
02	①	②	③	④
03	①	②	③	④
04	①	②	③	④
05	①	②	③	④
06	①	②	③	④
07	①	②	③	④
08	①	②	③	④
09	①	②	③	④
10	①	②	③	④
11	①	②	③	④
12	①	②	③	④
13	①	②	③	④
14	①	②	③	④
15	①	②	③	④
16	①	②	③	④
17	①	②	③	④
18	①	②	③	④

지각속도				
01	①	②		
02	①	②		
03	①	②		
04	①	②		
05	①	②		
06	①	②		
07	①	②		
08	①	②		
09	①	②		
10	①	②		
11	①	②		
12	①	②		
13	①	②		
14	①	②		
15	①	②		
16	①	②		
17	①	②		
18	①	②		
19	①	②		
20	①	②		
21	①	②		
22	①	②		
23	①	②		
24	①	②		
25	①	②		
26	①	②	③	④
27	①	②	③	④
28	①	②	③	④
29	①	②	③	④
30	①	②	③	④

언어논리					
01	①	②	③	④	⑤
02	①	②	③	④	⑤
03	①	②	③	④	⑤
04	①	②	③	④	⑤
05	①	②	③	④	⑤
06	①	②	③	④	⑤
07	①	②	③	④	⑤
08	①	②	③	④	⑤
09	①	②	③	④	⑤
10	①	②	③	④	⑤
11	①	②	③	④	⑤
12	①	②	③	④	⑤
13	①	②	③	④	⑤
14	①	②	③	④	⑤
15	①	②	③	④	⑤
16	①	②	③	④	⑤
17	①	②	③	④	⑤
18	①	②	③	④	⑤
19	①	②	③	④	⑤
20	①	②	③	④	⑤
21	①	②	③	④	⑤
22	①	②	③	④	⑤
23	①	②	③	④	⑤
24	①	②	③	④	⑤
25	①	②	③	④	⑤

자료해석				
01	①	②	③	④
02	①	②	③	④
03	①	②	③	④
04	①	②	③	④
05	①	②	③	④
06	①	②	③	④
07	①	②	③	④
08	①	②	③	④
09	①	②	③	④
10	①	②	③	④
11	①	②	③	④
12	①	②	③	④
13	①	②	③	④
14	①	②	③	④
15	①	②	③	④
16	①	②	③	④
17	①	②	③	④
18	①	②	③	④
19	①	②	③	④
20	①	②	③	④

✂ 절취선

파이널 모의고사 5회

성명	

공간능력

01	①	②	③	④
02	①	②	③	④
03	①	②	③	④
04	①	②	③	④
05	①	②	③	④
06	①	②	③	④
07	①	②	③	④
08	①	②	③	④
09	①	②	③	④
10	①	②	③	④
11	①	②	③	④
12	①	②	③	④
13	①	②	③	④
14	①	②	③	④
15	①	②	③	④
16	①	②	③	④
17	①	②	③	④
18	①	②	③	④

지각속도

01	①	②		
02	①	②		
03	①	②		
04	①	②		
05	①	②		
06	①	②		
07	①	②		
08	①	②		
09	①	②		
10	①	②		
11	①	②		
12	①	②		
13	①	②		
14	①	②		
15	①	②		
16	①	②		
17	①	②		
18	①	②		
19	①	②		
20	①	②		
21	①	②		
22	①	②		
23	①	②		
24	①	②		
25	①	②		
26	①	②	③	④
27	①	②	③	④
28	①	②	③	④
29	①	②	③	④
30	①	②	③	④

언어논리

01	①	②	③	④	⑤
02	①	②	③	④	⑤
03	①	②	③	④	⑤
04	①	②	③	④	⑤
05	①	②	③	④	⑤
06	①	②	③	④	⑤
07	①	②	③	④	⑤
08	①	②	③	④	⑤
09	①	②	③	④	⑤
10	①	②	③	④	⑤
11	①	②	③	④	⑤
12	①	②	③	④	⑤
13	①	②	③	④	⑤
14	①	②	③	④	⑤
15	①	②	③	④	⑤
16	①	②	③	④	⑤
17	①	②	③	④	⑤
18	①	②	③	④	⑤
19	①	②	③	④	⑤
20	①	②	③	④	⑤
21	①	②	③	④	⑤
22	①	②	③	④	⑤
23	①	②	③	④	⑤
24	①	②	③	④	⑤
25	①	②	③	④	⑤

자료해석

01	①	②	③	④
02	①	②	③	④
03	①	②	③	④
04	①	②	③	④
05	①	②	③	④
06	①	②	③	④
07	①	②	③	④
08	①	②	③	④
09	①	②	③	④
10	①	②	③	④
11	①	②	③	④
12	①	②	③	④
13	①	②	③	④
14	①	②	③	④
15	①	②	③	④
16	①	②	③	④
17	①	②	③	④
18	①	②	③	④
19	①	②	③	④
20	①	②	③	④

2023 최신판

에듀윌 육군부사관

정답과 해설

에듀윌 육군부사관

통합 기본서

고객의 꿈, 직원의 꿈, 지역사회의 꿈을 실현한다

펴낸곳 (주)에듀윌 **펴낸이** 권대호, 김재환 **출판총괄** 김형석
개발책임 김기임, 윤은영 **개발** 심재은, 오슬기
주소 서울시 구로구 디지털로34길 55 코오롱싸이언스밸리 2차 3층
대표번호 1600-6700 **등록번호** 제25100-2002-000052호

에듀윌 도서몰 book.eduwill.net
- 부가학습자료 및 정오표: 에듀윌 도서몰 → 도서자료실
- 교재 문의: 에듀윌 도서몰 → 문의하기 → 교재(내용, 출간) / 주문 및 배송

에듀윌 육군부사관
통합 기본서

반드시 출제되는

언어논리·자료해석
연습노트

eduwill

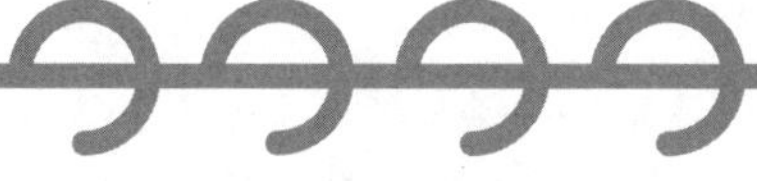

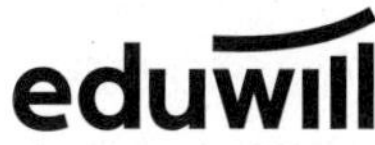

CONTENTS

문제풀이 Tip

- 페이지당 1~2분의 시간을 정해두고 알맞은 답을 고르세요.
- 기본기를 탄탄히 다지려면 한 번에 많이 학습하는 것보다 매일 꾸준히 학습하는 것이 중요합니다. 하루에 한 장이라도 꾸준히 학습하세요.
- 복습은 점수를 향상시킬 수 있는 가장 쉬운 방법 중 하나입니다. 학습 후에는 틀린 문제, 찍은 문제 등을 확인하세요.

활용 Tip

[언어논리]

- 시간에 맞춰 문제를 풀고 찍은 문제와 틀린 문제를 표시하세요.
- 표시한 문제를 외우고 다시 한번 풀어보세요.
- 다음날 다음 분량을 학습하기 전에 외운 것을 다시 한번 점검하세요.

[자료해석]

- 시간에 맞춰 문제를 풀고 찍은 문제와 틀린 문제를 표시하세요.
- 표시한 문제는 다시 한번 학습하세요.
- 자료해석은 수록된 이론만으로 학습량이 부족합니다. 많이 틀린 유형은 교재에서 찾아 반드시 문제에 적용하는 연습을 하세요.

01 언어논리

연습 문제

※ 다음 중 문맥상 적절한 단어를 고르시오. [01~07]

01 제품의 품질 (제고/재고)를 위해 전사적으로 대대적인 개혁이 필요할 것으로 보인다.

02 새로 출시된 애플리케이션에는 다양한 (결제/결재) 기능이 포함되어 있다.

03 그는 신붓감으로 집안 조건이 자기와 (걸맞는/걸맞은) 여자를 찾고 있지만 쉽지 않은 모양이었다.

04 성공을 위해 가족들을 두고 고향을 떠난 지도 올해(로써/로서) 10년째이다.

05 나는 별안간 (마구간/마굿간)에서 말을 꺼내어 달아나고 싶은 충동을 느꼈다.

06 (웃/윗)어른을 모시고 술을 배워야 예절 바르게 마시는 좋은 술버릇을 붙이게 된다.

07 기온이 내려갈 것 같았지만 불볕더위로 연중 최고 기온이 (경신/갱신)되고 있다.

정답 확인

☑ **맞힌 개수:** ________________

01 [정답] 제고
- 제고: 수준이나 정도 따위를 끌어올림
- 재고: 어떤 일이나 문제 따위에 대하여 다시 생각함

02 [정답] 결제
- 결제: 증권 또는 대금을 주고받아 매매 당사자 사이의 거래 관계를 끝맺는 일
- 결재: 결정할 권한이 있는 상관이 부하가 제출한 안건을 검토하여 허하거나 승인함

03 [정답] 걸맞은
- 걸맞다: 두 편을 견주어 볼 때 서로 어울릴 만큼 비슷하다

※ 형용사는 뒤에 오는 명사를 꾸며 줄 때 '–은'이나 '–ㄴ'이 붙는다.

04 [정답] 로써
- 로써: 시간을 셈할 때 셈에 넣는 한계를 나타내거나 어떤 일의 기준이 되는 시간임을 나타내는 격 조사
- 로서: 지위나 신분 또는 자격을 나타내는 격 조사

05 [정답] 마구간
- 마구간: 말을 기르는 곳

※ 한글 맞춤법 제30항에 따르면 한자어로 된 합성어에 사잇소리가 나도 원칙적으로 사이시옷을 표기하지 않는다. (예외: 곳간, 셋방, 숫자, 찻간, 툇간, 횟수)

06 [정답] 웃
- 웃–: '위'의 뜻을 더하는 접두사

※ '아래'와 '위'의 대립이 있는 명사 앞에서 '윗'을 쓴다.

07 [정답] 경신
- 경신: 어떤 분야의 종전 최고치나 최저치를 깨뜨림
- 갱신: 이미 있던 것을 고쳐 새롭게 함

연습 문제

※ 다음 중 문맥상 적절한 단어를 고르시오. [08~14]

08 소녀를 본 소년은 당황했지만 아무렇지 않은 (체/채) 연기를 했다.

09 나는 딸아이가 다니는 학원 앞에 작은 문구점을 (벌이게/벌리게) 되었다.

10 우리 회사에서 사내 연애 금지는 (불문율/불문률)이기 때문에 그의 청첩장을 받고 매우 놀랐다.

11 학생들은 선생님의 지시에 따라 운동장에 두 줄로 (정열/정렬)하였다.

12 아무리 생각해도 그가 무슨 영문으로 찾아왔는지 (당최/당췌) 알 수가 없다.

13 아버지는 논 한가운데에서 커다란 약통을 어깨에 (메고/매고) 농약을 치고 계셨다.

14 잡곡류, (예컨대/예컨데) 보리, 수수, 조, 콩, 팥 등을 많이 먹는 게 건강에 좋다.

정답 확인

☑ **맞힌 개수:** ______________

08 [정답] 체

- 체: 그럴듯하게 꾸미는 거짓 태도나 모양
- 채: 이미 있는 상태 그대로 있다는 뜻을 나타내는 말

09 [정답] 벌이게

- 벌이다: 가게를 차리다
- 벌리다: 둘 사이를 넓히거나 멀게 하다

10 [정답] 불문율

- 불문율: 문서의 형식을 갖추지 않은 법(관습법, 판례법 등)

※ 한글 맞춤법 제11항에 따르면 모음이나 'ㄴ' 받침 뒤에 이어지는 '렬, 률'은 '열, 율'로 적는다.

11 [정답] 정렬

- 정열: 가슴속에서 맹렬하게 일어나는 적극적인 감정
- 정렬: 가지런하게 줄지어 늘어섬 또는 그렇게 늘어서게 함

12 [정답] 당최

- 당최: '도무지', '영'의 뜻을 나타내는 말
- 당췌: '당최'의 비표준어

13 [정답] 메고

- 메다: 어깨에 걸치거나 올려놓다
- 매다: 끈이나 줄 따위의 두 끝을 엇걸고 잡아당기어 풀어지지 아니하게 마디를 만들다

14 [정답] 예컨대

- 예컨대: 예를 들자면
- 예컨데: '예컨대'의 비표준어

연습 문제

※ 다음 중 문맥상 적절한 단어를 고르시오. [15~21]

15 세계적으로 (내노라하는/내로라하는) 학자들이 학회에 참석하여 많은 사람이 주목하고 있다.

16 민서는 (어쭙잖은/어줍잖은) 곳에 바로 취직하는 것보다 준비를 더 하는 게 낫다고 생각했다.

17 이번 출장은 세면도구만 들고 (단출하게/단촐하게) 떠나기로 했다.

18 몇 년 전에 쓴 원고를 한동안 (우려먹었기/울궈먹었기) 때문에 이제는 새로운 것으로 바꿔야겠다.

19 아직도 불길 좋게 타고 있는 모닥불 위에 눈을 한 (움큼씩/웅큼씩) 덮었다.

20 벌써 며칠째 컨디션이 회복되지 않아 병원에 가서 (링겔/링거)을/를 맞았다.

21 민수는 문을 두드리는 소리에 (부시시/부스스) 흩어진 머리를 하고 방에서 나왔다.

정답 확인

☑ **맞힌 개수:** ______________

15 [정답] 내로라하는

- 내노라하다: '내로라하다'의 비표준어
- 내로라하다: 어떤 분야를 대표할 만하다

16 [정답] 어쭙잖은

- 어쭙잖다: 아주 서투르고 어설프다 또는 아주 시시하고 보잘것없다
- 어줍잖다: '어쭙잖다'의 비표준어

17 [정답] 단출하게

- 단출하다: 일이나 차림차림이 간편하다
- 단촐하다: '단출하다'의 비표준어

18 [정답] 우려먹었기

- 우려먹다: 이미 썼던 내용을 다시 써먹다
- 울궈먹다: '우려먹다'의 비표준어

19 [정답] 움큼씩

- 움큼: 손으로 한 줌 움켜쥘 만한 분량을 세는 단위
- 웅큼: '움큼'의 비표준어

20 [정답] 링거

- 링겔: '링거'의 비표준어
- 링거: 삼투압, 무기 염류 조성, 수소 이온 농도 따위를 혈청과 같은 수준으로 만든 체액의 대용액

21 [정답] 부스스

- 부시시: '부스스'의 비표준어
- 부스스: 머리카락이나 털 따위가 몹시 어지럽게 일어나거나 흐트러져 있는 모양

연습 문제

※ 다음 중 문맥상 적절한 단어를 고르시오. [22~28]

22 돈을 빌려 (야반도주/야밤도주)했던 지인으로부터 돈을 갚겠다는 연락을 받았다.

23 윤봉길 의사는 독립운동을 위해 처자식을 고국에 두고 (홀홀단신/혈혈단신) 만주로 떠났다.

24 계속 연락을 받지 않는 팀원은 없는 (셈/샘) 치고 팀 과제를 진행하였다.

25 도깨비는 장난으로 사람들에게 (해꼬지/해코지)를 한다고 할아버지께서 말씀하셨다.

26 놀이터에서 놀다가 중요한 물건을 잃어버렸으니 꾸중을 들어도 (하릴없는/할일없는) 일이다.

27 그는 매일매일 뻔뻔스러운 행동을 (서슴치/서슴지) 않고 해서 사람들이 싫어했다.

28 오랫동안 믿었던 친구의 농간에 속은 그는 결국 (홧병/화병)이 나고 말았다.

정답 확인

☑ **맞힌 개수:** ____________

22 [정답] 야반도주

- 야반도주: 남의 눈을 피하여 한밤중에 도망함
- 야밤도주: '야반도주'의 비표준어

23 [정답] 혈혈단신

- 홀홀단신: '혈혈단신'의 비표준어
- 혈혈단신: 의지할 곳이 없는 외로운 홀몸

24 [정답] 셈

- 셈: 미루어 가정함을 나타내는 말
- 샘: 물이 땅에서 솟아 나오는 곳 또는 그 물

25 [정답] 해코지

- 해꼬지: '해코지'의 비표준어
- 해코지: 남을 해치고자 하는 짓

26 [정답] 하릴없는

- 하릴없다: 달리 어떻게 할 도리가 없다
- 할일없다: '하릴없다'의 비표준어

27 [정답] 서슴지

- 서슴다: 결단을 내리지 못하고 머뭇거리며 망설이다

※ '서슴지'는 '서슴다'의 어간 '서슴－' 뒤에 어미 '－지'가 붙은 형태이다.

28 [정답] 화병

- 홧병: '화병'의 비표준어
- 화병: 억울한 마음을 삭이지 못하여 간의 생리 기능에 장애가 와서 머리와 옆구리가 아프고 가슴이 답답하면서 잠을 잘 자지 못하는 병

연습 문제

※ 다음 중 문맥상 적절한 단어를 고르시오. [29~35]

29 다른 사람의 입을 통해 그 이야기를 듣고 나니 (왠지/웬지) 기분이 유쾌하지 않았다.

30 영수의 성격이 조급하고 직선적인데 비하여 그의 아내는 느긋하고 (두루뭉술하다/두루뭉실하다).

31 할머니께서는 나를 (넌즈시/넌지시) 바라보면서 옛날의 즐거웠던 얘기들을 조금씩 들려주셨다.

32 그는 사고방식이 너무 (케케묵어서/켸켸묵어서) 젊은이들과는 대화가 되지 않는다.

33 매일 같은 시간에 학원에 오는 그 아이는 항상 (희한한/희안한) 옷만 입는다.

34 여기저기서 무슨 일이 있었는지 말해달라고 (닥달/닦달)하는 통에 정신을 못 차리겠다.

35 나는 그에게 수고했다는 상투적인 (인사말/인삿말)을 하고 빠르게 자리를 피했다.

정답 확인

☑ **맞힌 개수:** ______________

29 [정답] 왠지

• 왠지: 왜 그런지 모르게 또는 뚜렷한 이유도 없이

※ '왠지'는 '왜인지'가 줄어든 말이다.

30 [정답] 두루뭉술하다

• 두루뭉술하다: 말이나 행동 따위가 철저하거나 분명하지 아니하다

• 두루뭉실하다: '두루뭉술하다'의 비표준어

31 [정답] 넌지시

• 넌즈시: '넌지시'의 비표준어

• 넌지시: 드러나지 않게 가만히

32 [정답] 케케묵어서

• 케케묵다: 일, 지식 따위가 아주 오래되어 시대에 뒤떨어진 데가 있다

• 켸켸묵다: '케케묵다'의 비표준어

33 [정답] 희한한

• 희한하다: 매우 드물거나 신기하다

• 희안하다: '희한하다'의 비표준어

34 [정답] 닦달

• 닥달하다: '닦달하다'의 비표준어

• 닦달하다: 남을 단단히 윽박질러서 혼을 내다

35 [정답] 인사말

• 인사말: 인사로 하는 말 또는 인사를 차려 하는 말

• 인삿말: '인사말'의 비표준어

연습 문제

※ 다음 중 문맥상 적절한 단어를 고르시오. [36~42]

36 고객 여러분의 안전을 위해 입장을 (삼가해/삼가) 주시기를 바랍니다.

37 (설거지/설겆이)를 끝내고 손을 닦으며 방에 들어오니 피곤이 밀려와 잠이 들었다.

38 나는 임금 삭감이라는 회사의 부당한 (조취/조치)에 강력하게 항의하였다.

39 몇 날 며칠 일만 하느라 수염을 못 깎아서 콧수염에 (구레나룻/구렛나루)까지 자랐다.

40 사람들에게 인기가 많은 과자여도 가격을 너무 (높히면/높이면) 판매량이 줄어든다.

41 존경하는 은사님께서 (뇌졸중/뇌졸증)으로 쓰러지셨다는 소식을 듣고 충격을 받았다.

42 목표한 것을 성취하고자 한다면 응당 그만큼의 (댓가/대가)를 치러야 한다.

정답 확인

☑ **맞힌 개수:** ______________

36 [정답] 삼가

- 삼가하다: '삼가다'의 비표준어
- 삼가다: 꺼리는 마음으로 양이나 횟수가 지나치지 아니하도록 하다

37 [정답] 설거지

- 설거지: 먹고 난 뒤의 그릇을 씻어 정리하는 일
- 설겆이: '설거지'의 비표준어

38 [정답] 조치

- 조취: 짐승의 고기에서 나는 기름기의 냄새
- 조치: 벌어지는 사태를 잘 살펴서 필요한 대책을 세워 행함 또는 그 대책

39 [정답] 구레나룻

- 구레나룻: 귀밑에서 턱까지 잇따라 난 수염
- 구렛나루: '구레나룻'의 비표준어

40 [정답] 높이면

- 높히다: '높이다'의 비표준어
- 높이다: 값이나 비율 따위를 더 높게 하다

41 [정답] 뇌졸중

- 뇌졸중: 뇌에 혈액 공급이 제대로 되지 않아 손발의 마비, 언어 장애, 호흡 곤란 따위를 일으키는 증상
- 뇌졸증: '뇌졸중'의 비표준어

42 [정답] 대가

- 댓가: '대가'의 비표준어
- 대가: 노력이나 희생을 통하여 얻게 되는 결과 또는 일정한 결과를 얻기 위하여 하는 노력이나 희생

연습 문제

※ 다음 중 문맥상 적절한 단어를 고르시오. [43~49]

43 친구를 (오랜만에/오랫만에) 봐서 그런지 더욱 반갑게 느껴졌다.

44 삼촌은 일도 하지 않고 (허구한/허구헌) 날 술만 찾아서 집안을 시끄럽게 만들었다.

45 합격자 발표를 기다리며 (안절부절하고/안절부절못하고) 있다.

46 그는 아랫집 사람을 마주 대하기가 (겸연쩍어/겸연적어) 되도록 피하는 입장이 되었다.

47 이 업무는 (겉잡아도/걷잡아도) 일주일은 걸릴 것으로 예상된다.

48 (엔간하면/엥간하면/앵간하면) 고집을 꺾고 집으로 돌아오는 게 너에게 좋을 것이다.

49 그들은 남은 (뒤치닥거리/뒤치다꺼리)를 하려고 자발적으로 남았다.

정답 확인

☑ **맞힌 개수:** ______________

43 [정답] 오랜만에

- 오랜만: '오래간만'의 준말
- 오랫만: '오랜만'의 비표준어

44 [정답] 허구한

- 허구하다: 날, 세월 따위가 매우 오래다
- 허구허다: '허구하다'의 비표준어

45 [정답] 안절부절못하고

- 안절부절하다: '안절부절못하다'의 비표준어
- 안절부절못하다: 마음이 초조하고 불안하여 어찌할 바를 모르다

46 [정답] 겸연쩍어

- 겸연쩍다: 쑥스럽거나 미안하여 어색하다
- 겸연적다: '겸연쩍다'의 비표준어

47 [정답] 겉잡아도

- 겉잡다: 겉으로 보고 대강 짐작하여 헤아리다
- 걷잡다: 한 방향으로 치우쳐 흘러가는 형세 따위를 붙들어 잡다

48 [정답] 엔간하면

- 엔간하다: 대중으로 보아 정도가 표준에 꽤 가깝다
- 엥간하다, 앵간하다: '엔간하다'의 비표준어

49 [정답] 뒤치다꺼리

- 뒤치닥거리: '뒤치다꺼리'의 비표준어
- 뒤치다꺼리: 일이 끝난 뒤에 뒤끝을 정리하는 일

연습 문제

※ 다음 중 문맥상 적절한 단어를 고르시오. [50~56]

50 오후에 손님이 올 예정이라는 말을 듣고 집을 (깨끗이/깨끗히) 청소하였다.

51 공공주택은 구입 기회가 생애를 (통틀어/통털어) 2회로 제한된다.

52 집 가는 길에 징검다리를 건너다 발을 헛디뎌 (하마터면/하마트면) 물에 빠질 뻔했다.

53 그가 연극에서 맡은 (역할/역활)은 사자이다.

54 할머니께서는 동생네가 추석 때 오지 않은 것을 심히 (언짢아하셨다/언잖아하셨다).

55 많은 비로 인해 시야가 흐려져 한 치 앞도 (가늠/가름/갈음)이 되지 않는다.

56 방에 틀어박혀 왜 이런 상황이 발생하였는지 (곰곰이/곰곰히) 생각해 보았다.

정답 확인

☑ **맞힌 개수:** ____________

50 [정답] 깨끗이

- 깨끗이: 가지런히 잘 정돈되어 말끔하게

※ 한글 맞춤법 제51항에 따르면 부사의 끝음절이 분명히 '이'로만 나는 것은 '－이'로 적는다.

51 [정답] 통틀어

- 통틀어: 있는 대로 모두 합하여
- 통털어: '통틀어'의 비표준어

52 [정답] 하마터면

- 하마터면: 조금만 잘못하였더라면
- 하마트면: '하마터면'의 비표준어

53 [정답] 역할

- 역할: 영화나 연극 따위에서 배우가 맡아서 하는 소임
- 역활: '역할'의 비표준어

54 [정답] 언짢아하셨다

- 언짢아하다: 마음에 들지 않거나 불쾌하게 여기다
- 언잖아하다: '언짢아하다'의 비표준어

55 [정답] 가늠

- 가늠: 사물을 어림잡아 헤아림
- 가름: 쪼개거나 나누어 따로따로 되게 하는 일
- 갈음: 다른 것으로 바꾸어 대신함

56 [정답] 곰곰이

- 곰곰이: 여러모로 깊이 생각하는 모양

※ 한글 맞춤법 제51항에 따르면 부사의 끝음절이 분명히 '이'로만 나는 것은 '－이'로 적는다.

연습 문제

※ 다음 중 문맥상 적절한 단어를 고르시오. [57~63]

57 나는 이내 쥐고 있던 종이를 아무 말 없이 (잗다랗게/잘다랗게) 찢기 시작했다.

58 고향 친구를 (엊그제/엇그제) 길에서 우연히 마주쳐서 핸드폰 번호를 교환하였다.

59 소문이 또 다른 소문을 (나아/낳아) 학과 내에 유언비어가 만연하였다.

60 오늘 아침에 교통사고를 당한 그 환자는 피가 (부족/충분)하여 수혈을 해야 했다.

61 내가 하는 말을 제대로 들어주지 않는 것 같아서 (섭하다/섭섭하다).

62 전자제품이 고장 나서 수리를 맡기기 전에 (메뉴얼/매뉴얼)을 한 번 확인해 보았다.

63 아무런 계획 없이 무모하게 사업을 시작했다가는 실패하기 (십상/쉽상)이다.

정답 확인

☑ **맞힌 개수:** ______________

57 [정답] 잗다랗게

- 잗다랗다: 꽤 잘다

※ 한글 맞춤법 제29항에 따르면 끝소리가 'ㄹ'인 말과 딴 말이 어울릴 적에 'ㄹ' 소리가 'ㄷ' 소리로 나는 것은 'ㄷ'으로 적는다.

58 [정답] 엊그제

- 엊그제: 바로 며칠 전에
- 엇그제: '엊그제'의 옛말

59 [정답] 낳아

- 낫다: 병이나 상처 따위가 고쳐져 본래대로 되다
- 낳다: 어떤 결과를 이루거나 가져오다

60 [정답] 부족

- 부족하다: 필요한 양이나 기준에 미치지 못해 충분하지 아니하다
- 충분하다: 모자람이 없이 넉넉하다

61 [정답] 섭섭하다

- 섭하다: '섭섭하다'의 비표준어
- 섭섭하다: 서운하고 아쉽다

62 [정답] 매뉴얼

- 메뉴얼: '매뉴얼'의 비표준어
- 매뉴얼: 내용이나 이유, 사용법 따위를 설명한 글

63 [정답] 십상

- 십상: 일이나 물건 따위가 어디에 꼭 맞는 것
- 쉽상: '십상'의 비표준어

연습 문제

※ 다음 중 문맥상 적절한 단어를 고르시오. [64~70]

64 짬이 나면 새벽에 산에 올라가 시원한 공기를 (들이켜기도/들이키기도) 한다.

65 선생님들은 항상 우리 반 진도가 제일 (쳐져/처져) 있다고 말씀하시고는 했다.

66 경찰은 혐의가 (드러나면/들어나면) 어떠한 경우에도 엄중 처벌하겠다고 진술하였다.

67 이번 문제 상황을 빠르게 (추스리지/추스르지) 못하면 더 큰 문제가 생기고 말 것이다.

68 지금부터 발생하는 (일체/일절) 비용은 회사에서 부담한다고 들었다.

69 날이 저물자 산이 구름에 완전히 (덮혀서/덮여서) 그 형체가 잘 보이지 않았다.

70 도둑은 경찰이 도착하자 마음이 급해졌는지 창문을 (부셔/부숴) 탈출하려고 하였다.

정답 확인

☑ **맞힌 개수:** ________________

64 [정답] 들이켜기도

- 들이켜다: 공기나 숨 따위를 몹시 세차게 들이마시다
- 들이키다: '들이켜다'의 비표준어

65 [정답] 처져

- 쳐지다: '처지다'의 비표준어
- 처지다: 뒤에 남게 되거나 뒤로 떨어지다

66 [정답] 드러나면

- 드러나다: 알려지지 않은 사실이 널리 밝혀지다
- 들어나다: '드러나다'의 비표준어

67 [정답] 추스르지

- 추스리다: '추스르다'의 비표준어
- 추스르다: 일이나 생각 따위를 수습하여 처리하다

68 [정답] 일체

- 일체: 모든 것을 다
- 일절: 아주, 전혀, 절대로의 뜻으로, 흔히 행위를 그치게 하거나 어떤 일을 하지 않을 때 쓰는 말

69 [정답] 덮여서

- 덮히다: '덮이다'의 비표준어
- 덮이다: 일정한 범위나 공간이 빈틈없이 휩싸이다

70 [정답] 부숴

- 부시다: 그릇 따위를 씻어 깨끗하게 하다
- 부수다: 단단한 물체를 여러 조각이 나게 두드려 깨뜨리다

02 자료해석

연습 문제

※ 다음의 설명이 맞으면 ○, 틀리면 ×표시하시오. [01~05]

01 A가 560m를 달리는 데 1분 20초가 걸렸다면 A의 속력은 7m/s이다.

( )

02 840과 126의 최대공약수는 6이고, 최소공배수는 2,520이다.

( )

03 B사의 올해 매출액이 작년 대비 60% 감소하여 100억 원이었다면, B사의 작년 매출액은 160억 원이다.

( )

04 A반의 남학생 수는 10명, 여학생 수는 6명이고, 시험 점수 평균은 남학생이 80점, 여학생이 84점이라고 할 때, A반의 전체 시험 점수 평균은 81.5점이다.

( )

05 3시간 동안 720개의 제품을 생산하는 기계는 10분 동안 40개의 제품을 생산한다.

( )

정답 확인

☑ **나의 풀이 시간:** ________________

01 '속력=거리÷시간'이다. 1분 20초는 80초이므로 A의 속력은 $560 \div 80 = 7$(m/s)이다.

(○)

02 $840 = 2^3 \times 3 \times 5 \times 7$이고, $126 = 2 \times 3^2 \times 7$이므로 840과 126의 최대공약수는 $2 \times 3 \times 7 = 42$이고, 최소공배수는 $2^3 \times 3^2 \times 5 \times 7 = 2{,}520$이다.

(×)

03 B사의 작년 매출액을 a억 원이라고 가정하면, 올해 매출액은 작년 대비 60% 감소하여 100억 원이 되었으므로 $a \times (1-0.6) = 100 \rightarrow a = 100 \div 0.4 = 250$이다. 따라서 B사의 작년 매출액은 250억 원이다.

(×)

04 A반의 남학생 수는 10명, 여학생 수는 6명이고, 시험 점수 평균은 남학생이 80점, 여학생이 84점이므로 A반 전체 시험 점수의 총합은 $(10 \times 80) + (6 \times 84) = 1{,}304$(점)이고, A반 전체 인원수는 $10 + 6 = 16$(명)이므로 A반의 전체 시험 점수 평균은 $1{,}304 \div 16 = 81.5$(점)이다.

(○)

05 '일률=일량÷시간'이다. 3시간은 $3 \times 60 = 180$(분)으로 3시간 동안 720개의 제품을 생산하는 기계가 1분 동안 생산하는 제품의 개수는 $720 \div 180 = 4$(개)이다. 따라서 기계는 10분 동안 $4 \times 10 = 40$(개)의 제품을 생산한다.

(○)

연습 문제

※ 다음의 설명이 맞으면 ○, 틀리면 ×표시하시오. [06~10]

06 파란색 구슬이 3개, 빨간색 구슬이 5개, 흰색 구슬이 2개 들어 있는 상자에서 흰색 구슬을 뽑을 확률은 20%이다.

( )

07 원가가 3,000원인 물건에 20% 이익을 붙여 정가를 결정한 뒤, 정가에서 10% 할인한 금액으로 판매가를 적었다면 판매가는 3,300원이다.

( )

08 48분은 0.7시간과 같다.

( )

09 동일한 주사위를 두 번 던져 나온 눈의 수의 합이 4인 경우의 수는 4가지이다.

( )

10 $6:15=38:a$에서 a는 95이다.

( )

정답 확인

☑ **나의 풀이 시간:** ________________

06 파란색 구슬이 3개, 빨간색 구슬이 5개, 흰색 구슬이 2개 들어 있는 상자의 전체 구슬 개수는 10개이므로 상자에서 흰색 구슬을 뽑을 확률은 $(2\div10)\times100=20(\%)$이다.

(○)

07 원가가 3,000원인 물건에 20% 이익을 붙이면 정가는 $3{,}000\times(1+0.2)=3{,}600$(원)이고, 정가에서 10% 할인한 금액으로 판매가를 적었으므로 판매가는 $3{,}600\times(1-0.1)=3{,}240$(원)이다.

(×)

08 1시간은 60분이므로 48분은 $48\div60=0.8$(시간)과 같다.

(×)

09 동일한 주사위를 두 번 던져 나온 눈의 수의 합이 4인 경우의 수는 (1, 3), (2, 2), (3, 1)로 3가지이다.

(×)

10 비례식에서 내항의 곱과 외항의 곱은 서로 같으므로 $15\times38=6\times a$이다. 따라서 $a=(15\times38)\div6=95$이다.

(○)

연습 문제

※ 다음의 설명이 맞으면 ○, 틀리면 ×표시하시오. [11~15]

11 A도시에 거주하는 시민은 총 1,080명이고, 이 중 나이가 80세 이상인 시민은 27명이라고 할 때, 나이가 80세 이상인 시민의 비중은 2.5%이다.

( )

12 올해 A제품의 생산량이 작년 대비 3배라면 A제품 생산량의 작년 대비 증감률은 300%이다.

( )

13 1m=100cm이고, $1m^2=100cm^2$이다.

( )

14 40% 농도의 소금물 100g과 20% 농도의 소금물 300g을 섞으면 25% 농도의 소금물 400g이 만들어진다.

( )

15 4월 대비 5월의 물가 상승률은 0.8%이고, 5월 대비 6월의 물가 상승률은 1.0%일 때, 6월의 전월 대비 물가 상승률은 5월의 전월 대비 물가 상승률과 비교하였을 때 0.2% 증가하였다.

( )

정답 확인

☑ **나의 풀이 시간:** ________________

11 A도시에 거주하는 시민은 총 1,080명이고, 이 중 나이가 80세 이상인 시민은 27명이므로 나이가 80세 이상인 시민의 비중은 $(27 \div 1{,}080) \times 100 = 2.5(\%)$이다.

(○)

12 작년 A제품의 생산량을 a라고 하면 올해 A제품의 생산량은 작년 대비 3배이므로 $3a$이다. 따라서 A제품 생산량의 작년 대비 증감률은 $\{(3a - a) \div a\} \times 100 = 200(\%)$이다.

(×)

13 $1\text{m} = 100\text{cm}$이고, $1\text{m}^2 = 1\text{m} \times 1\text{m} = 100\text{cm} \times 100\text{cm} = 10{,}000\text{cm}^2$이다.

(×)

14 40% 농도의 소금물 100g에 들어 있는 소금의 양은 $(40 \div 100) \times 100 = 40(\text{g})$이고, 20% 농도의 소금물 300g에 들어 있는 소금의 양은 $(20 \div 100) \times 300 = 60(\text{g})$이다. 따라서 섞은 소금물에 들어 있는 소금의 양은 $40 + 60 = 100(\text{g})$이고, 소금물의 양은 $100 + 300 = 400(\text{g})$이므로 소금물의 농도는 $(100 \div 400) \times 100 = 25(\%)$이다.

(○)

15 4월 대비 5월의 물가 상승률은 0.8%이고 5월 대비 6월의 물가 상승률은 1.0%일 때, 6월의 전월 대비 물가 상승률은 5월의 전월 대비 물가 상승률과 비교하였을 때 $\{(1.0 - 0.8) \div 0.8\} \times 100 = 25(\%)$ 증가하였고, $1 - 0.8 = 0.2(\%\text{p})$ 증가하였다.

(×)

연습 문제

※ 다음 [표]에 대한 설명이 맞으면 ○, 틀리면 ×표시하시오. [16~18]

[표] G사 직급별 직원 수 (단위: 명)

구분	전체	여성	남성
사원	127	a	58
주임	169	88	81
대리	133	71	b
과장	101	43	c
차장	56	d	34
부장	13	5	8

※ 단, 제시된 직급 외 다른 직급의 직원 수는 고려하지 않는다.

16 직급이 차장인 여성보다 사원인 여성이 47명 더 많다.

( )

17 직급이 과장인 여성은 직급이 과장인 남성보다 2명 더 적다.

( )

18 G사에 근무 중인 전체 여성 직원 수는 G사에 근무 중인 전체 직원 수의 과반수이다.

( )

※ 다음 [표]에 대한 설명이 맞으면 ○, 틀리면 ×표시하시오. [19~20]

[표] 생산라인별 · 제품별 생산량 (단위: 개)

구분	제품1	제품2	제품3
A라인	135	89	154
B라인	128	178	97
C라인	69	159	160
D라인	78	137	125
E라인	151	62	57

19 A라인에서 생산한 제품의 총 개수가 C라인에서 생산한 제품의 총 개수보다 적다.

( )

20 B라인에서 생산한 제품2의 개수는 A라인에서 생산한 제품2의 개수의 2배이다.

( )

정답 확인

☑ **나의 풀이 시간:** ____________

16 직급이 차장인 여성은 56－34＝22(명)이고, 직급이 사원인 여성은 127－58＝69(명)이다. 따라서 직급이 차장인 여성보다 사원인 여성이 69－22＝47(명) 더 많다.

(○)

17 직급이 과장인 여성은 43명이고, 직급이 과장인 남성은 101－43＝58(명)이다. 따라서 직급이 과장인 여성은 직급이 과장인 남성보다 58－43＝15(명) 더 적다.

(×)

18 G사에 근무 중인 전체 여성 직원 수는 69＋88＋71＋43＋22＋5＝298(명)이고, G사에 근무 중인 전체 직원 수는 127＋169＋133＋101＋56＋13＝599(명)이다. 599명의 50%는 599×0.5＝299.5(명)이고, 전체 여성 직원 수는 298명으로 299.5명 미만이 되어 과반수가 아니다.

(×)

19 A라인에서 생산한 제품의 총 개수는 135＋89＋154＝378(개)이고, C라인에서 생산한 제품의 총 개수는 69＋159＋160＝388(개)로, A라인에서 생산한 제품의 총 개수가 더 적다.

(○)

20 B라인에서 생산한 제품2의 개수는 A라인에서 생산한 제품2의 개수의 178÷89＝2(배)이다.

(○)

연습 문제

21 다음 문장을 읽고 빈칸 ㉠과 ㉡을 채우시오.

> 자연수 A가 B로 나누어떨어질 때, B는 A의 (㉠)이고, A는 B의 (㉡)이다.

㉠: ( ) ㉡: ( )

22 다음 숫자가 규칙에 따라 나열되어 있을 때, 빈칸에 들어갈 알맞은 수를 채우시오.

> 8 11 14 17 ( ) 23

23 다음 글을 읽고 빈칸 ㉠, ㉡, ㉢을 채우시오.

> 시계에는 시침과 분침이 있어서 시간을 나타낸다. 시침은 12시간이 지날 때마다 시계 한 바퀴를 모두 돌게 되므로 12시간마다 360° 만큼 움직인다고 할 수 있다. 이에 따라 시침은 1시간에 (㉠)° 만큼 움직이며, 1분에 (㉡)° 만큼 움직인다. 반면에 분침은 1시간이 지날 때마다 시계 한 바퀴를 모두 돌게 되므로 1시간마다 360° 만큼 움직이고, 1분에 (㉢)° 만큼 움직인다.

㉠: ( ) ㉡: ( ) ㉢: ( )

24 다음 [표]를 바탕으로 2022년 □□기업의 수출액의 전년 대비 증감량을 구하시오.

구분	2019년	2020년	2021년	2022년
수출액	5,178,358원	5,455,895원	4,876,507원	4,762,584원

( )

25 소금물의 농도(%)$=\frac{\text{소금의 양}}{\text{소금물의 양}}\times100$이라고 할 때, 소금의 양을 소금물의 양과 소금물의 농도로 나타내시오.

- 소금의 양=( )

정답 확인

☑ **나의 풀이 시간:** ____________

21 [정답] ㉠: 약수, ㉡: 배수

자연수 A가 B로 나누어떨어질 때, B는 A의 약수이고, A는 B의 배수이다. 따라서 ㉠은 약수, ㉡은 배수이다.

22 [정답] 20

제시된 각 숫자 사이에 +3이 반복되므로 빈칸에 들어갈 알맞은 숫자는 '20'이다.

23 [정답] ㉠: 30, ㉡: 0.5, ㉢: 6

시계의 시침은 12시간마다 360° 만큼 움직이므로 1시간에 360÷12=30(°) 만큼 움직이며, 1분에 30÷60=0.5(°) 만큼 움직인다. 또한 분침은 1시간마다 360° 만큼 움직이므로 1분에 360÷60=6(°) 만큼 움직인다.

따라서 ㉠은 30, ㉡은 0.5, ㉢은 6이다.

24 [정답] 113,923원

2022년 □□기업의 수출액은 4,762,584원이고, 2021년 □□기업의 수출액은 4,876,507원이다.

따라서 2022년 □□기업의 수출액의 전년 대비 증감량은 4,762,584−4,876,507=|113,923|(원)이다.

25 [정답] $\frac{\text{소금물의 농도}}{100}$×소금물의 양

$$\text{소금물의 농도}(\%)=\frac{\text{소금의 양}}{\text{소금물의 양}}\times 100$$

$$=\text{소금의 양}\times 100$$

※ $\text{소금의 양}=\frac{\text{소금물의 농도}}{100}\times\text{소금물의 양}$

연습 문제

26 다음 숫자가 규칙에 따라 나열되어 있을 때, 빈칸에 들어갈 알맞은 수를 채우시오.

9　18　54　216　(　　　)　6,480

27 다음 글을 읽고 빈칸을 채우시오.

어떤 사건 A가 일어나는 경우의 수를 p, 어떤 사건 B가 일어나는 경우의 수를 q라고 하자. 두 사건 A, B가 서로 영향을 주지 않을 때, 두 사건 A, B가 동시에 일어나는 모든 경우의 수는 (　　　　　　　　)이다.

28 다음 식을 계산하여 2의 거듭제곱 형태로 나타내시오.

(1) $2^5 \times 2^3 =$(　　　　　　　　)

(2) $(2^5)^3 =$(　　　　　　　　)

29 도수분포에서 각 자료의 특성을 수량으로 나타낸 것을 변량이라고 하고, 각 계급에 속하는 변량의 수를 (㉠)(이)라고 하며, 변량을 일정한 간격으로 나눈 구간을 (㉡)(이)라고 한다.

30 학생이 20명인 A반에서 반장과 부반장을 뽑는 경우의 수와 대표 2명을 뽑는 경우의 수를 구하시오.

(1) 반장과 부반장을 뽑는 경우의 수=(　　　　　　　　)

(2) 대표 2명을 뽑는 경우의 수=(　　　　　　　　)

정답 확인

☑ **나의 풀이 시간:** ______________

26 [정답] 1,080

제시된 각 숫자 사이에 ×2, ×3, ×4 ⋯ 규칙이 적용되는 수열이다. 따라서 빈칸에 들어갈 알맞은 숫자는 '1,080'이다.

27 [정답] $p \times q$

어떤 사건 A가 일어나는 경우의 수를 p, 어떤 사건 B가 일어나는 경우의 수를 q라고 하면, 두 사건 A, B가 서로 영향을 주지 않을 때, 두 사건 A, B가 동시에 일어나는 모든 경우의 수는 $p \times q$다.

28 [정답] (1) 2^8, (2) 2^{15}

(1) $2^5 \times 2^3 = 2^{5+3} = 2^8$

(2) $(2^5)^3 = 2^{5 \times 3} = 2^{15}$

29 [정답] ㉠: 도수, ㉡: 계급

도수분포에서 각 자료의 특성을 수량으로 나타낸 것을 변량이라고 하고, 각 계급에 속하는 변량의 수를 '도수'라고 하며, 변량을 일정한 간격으로 나눈 구간을 '계급'이라고 한다.

30 [정답] (1) 380가지, (2) 190가지

(1) 반장과 부반장을 뽑는 경우의 수는 서로 다른 n개에서 중복을 허락하지 않고 r개를 택하여 한 줄로 배열하는 경우의 수와 같으므로 순열로 풀이한다. 따라서 반장과 부반장을 뽑는 경우의 수는 ${}_{20}P_2 = 20 \times 19 = 380$(가지)이다.

(2) 대표 2명을 뽑는 경우의 수는 서로 다른 n개에서 중복을 허락하지 않고, 순서를 고려하지 않으며 r개를 택하는 경우의 수와 같으므로 조합으로 풀이한다. 따라서 대표 2명을 뽑는 경우의 수는 ${}_{20}C_2 = \frac{20 \times 19}{2 \times 1} = 190$(가지)이다.

연습 문제

31 2021년 매출액 대비 2022년 매출액의 증감률을 구하는 방법이 다음과 같을 때, ㉠을 채우시오.

$$\frac{\text{2022년 매출액} - \text{2021년 매출액}}{(\quad ㉠ \quad)} \times 100$$

32 집합A의 원소의 개수는 10개, 집합B의 원소의 개수는 15개이고, 집합A와 집합B 교집합의 원소의 개수는 4개일 때, 집합A와 집합B 합집합의 원소의 개수를 구하시오.

( )

33 A부서에 근무 중인 남자 직원은 16명, 여자 직원은 24명이라고 할 때, A부서에 근무 중인 직원 중 남자 직원의 비중(%)을 구하시오.

( )

34 다음 [그래프]에서 제시된 기간 중 여자의 월간 음주율이 가장 높은 해와 남자의 월간 음주율이 가장 높은 해를 각각 구하시오.

[그래프] 연도별 · 성별 월간 음주율

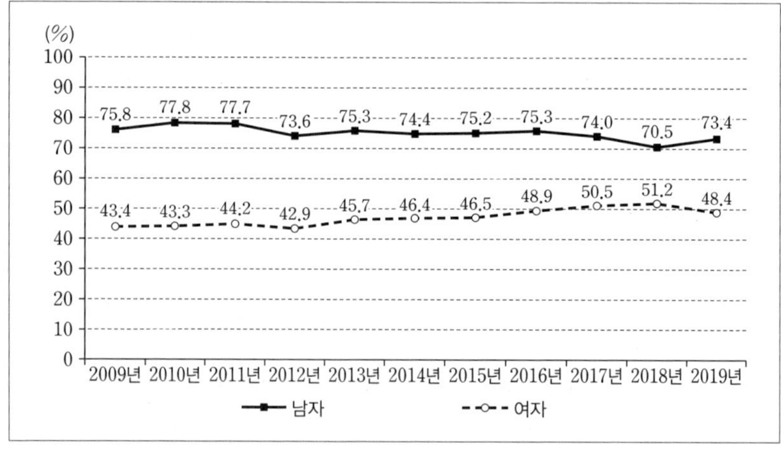

( )

정답 확인

☑ **나의 풀이 시간:** ________________

31 [정답] ㉠: 2021년 매출액

2021년 매출액 대비 2022년 매출액의 증감률은

$\frac{2022년\ 매출액-2021년\ 매출액}{2021년\ 매출액}\times 100$으로 구한다.

32 [정답] 21개

합집합의 원소의 개수는 각 집합의 원소의 개수를 합한 뒤, 교집합의 원소의 개수를 빼서 구한다. 따라서 $n(A\cup B)=n(A)+n(B)-n(A\cap B)$이므로 $n(A\cup B)=10+15-4=21$이다.

33 [정답] 40%

A부서에 근무 중인 남자 직원은 16명, 여자 직원은 24명이므로 A부서에 근무 중인 전체 직원은 $16+24=40$(명)이다. 따라서 A부서에 근무 중인 직원 중 남자 직원의 비중은 $\frac{16}{40}\times 100=40(\%)$이다.

34 [정답] 여자: 2018년, 남자: 2010년

여자의 월간 음주율이 가장 높은 해는 월간 음주율이 51.2%인 2018년이고, 남자의 월간 음주율이 가장 높은 해는 월간 음주율이 77.8%인 2010년이다.

※ 각 꺾은선 그래프의 높이가 가장 높은 해를 정답으로 골라도 무방하다.

35 다음 [그래프]에서 제시된 기간 중 여자의 현재 흡연율이 가장 높은 해와 가장 낮은 해의 현재 흡연율 차를 구하시오.

[그래프] 연도별 · 성별 현재 흡연율

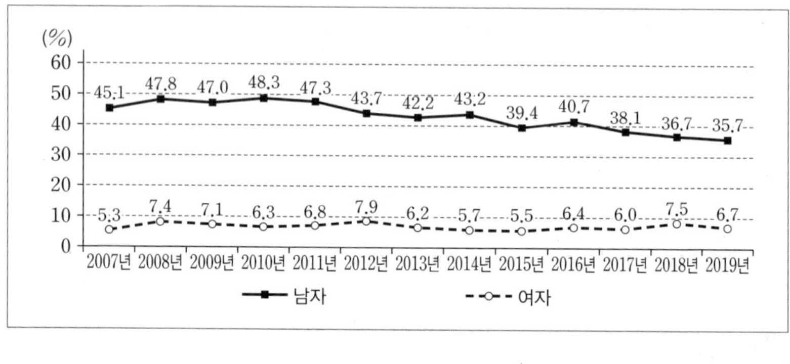

( )

36 다음 [표]의 빈칸을 채우시오.(단, 원 단위 절사하여 나타낸다.)

[표] 연도별 병장 봉급 (단위: 원, %)

구분	2018년	2019년	2020년	2021년
병장 봉급	405,700	540,900	540,900	( )
전년 대비 인상률	88	33.326	0	12.5

37 다음 [표]의 빈칸을 채우시오.

[표] 갑, 을, 병, 정의 키와 몸무게 (단위: cm, kg)

구분	갑	을	병	정	평균
키	177	171	181	179	( )
몸무게	72	65	85	86	( )

38 A사에서 원가가 2,500원인 제품을 정가 3,800원으로 판매하였을 때, 제품 10개를 판매하여 얻을 수 있는 이익을 구하시오.

( )

정답 확인

☑ **나의 풀이 시간:** ________________

35 [정답] 2.6%p

여자의 현재 흡연율이 가장 높은 해는 7.9%인 2012년이고, 가장 낮은 해는 5.3%인 2007년이다. 따라서 현재 흡연율 차는 $7.9-5.3=2.6$(%p)이다.

※ 비율의 차이는 %가 아닌 %p로 나타내야 한다는 점을 반드시 유념한다. 실제 시험에서 단위가 함정으로 제시되기도 하므로 문제를 풀 때 단위를 꼼꼼하게 확인하는 습관을 기르도록 한다.

36 [정답] 608,510원

2021년 병장 봉급의 전년 대비 인상률은 12.5%이고, 2020년 병장 봉급은 540,900원이다. 따라서 2021년 병장 봉급은 $540{,}900\times(1+0.125)\fallingdotseq 608{,}510$(원)이다.

37 [정답] 키: 177cm, 몸무게: 77kg

갑, 을, 병, 정의 키는 각각 177cm, 171cm, 181cm, 179cm이므로 평균은 $\frac{177+171+181+179}{4}=177$(cm)이고, 몸무게는 각각 72kg, 65kg, 85kg, 86kg이므로 평균은 $\frac{72+65+85+86}{4}=77$(kg)이다.

38 [정답] 13,000원

'이익=정가−원가'이므로 A사에서 원가가 2,500원인 제품을 정가 3,800원으로 판매하였다면 제품 1개를 판매할 때 얻을 수 있는 이익은 $3{,}800-2{,}500=1{,}300$(원)이다. 따라서 제품 10개를 판매하여 얻을 수 있는 이익은 $1{,}300\times10=13{,}000$(원)이다.

연습 문제

39 연속한 세 홀수의 합이 33일 때, 세 홀수를 각각 구하시오.

( )

40 A는 2m/s의 속력으로 공원을 달리고 있다. A가 공원에서 50분 동안 달리기를 하였을 때, A가 달린 거리를 km로 나타내시오.

( )

41 갑은 2시간에 인형 35개를 만들 수 있다. 갑이 인형 105개를 만드는 데 필요한 시간을 구하시오.

( )

42 동전 2개와 주사위 2개를 동시에 던질 때, 나올 수 있는 모든 경우의 수는 몇 가지인지 구하시오.

( )

43 다음 수들의 중앙값을 구하시오.

86	80	70	92	76	76	82	78

( )

44 농도가 25%인 설탕물 500g에 포함된 설탕의 양과 농도가 35%인 설탕물 300g에 포함된 설탕의 양의 차이를 구하시오.

( )

정답 확인

☑ **나의 풀이 시간:** ________

39 [정답] 9, 11, 13

연속한 세 홀수 중 가운데 홀수를 x라고 하면, 연속한 세 홀수는 각각 $x-2$, x, $x+2$이다. 연속한 세 홀수의 합은 33이므로 $(x-2)+x+(x+2)=33$ → $3x=33$ → $x=11$이다. 따라서 세 홀수는 각각 9, 11, 13이다.

40 [정답] 6km

A의 속력은 2m/s이고, 1분은 60초이므로 A는 1분에 $2\times60=120$(m)를 달린다. 따라서 A가 공원에서 50분 동안 달리기를 하였다면 $120\times50=6{,}000$(m)$=6$(km)를 달린다.

41 [정답] 6시간

갑은 2시간에 인형 35개를 만들 수 있고, 105개는 35개의 $105\div35=3$(배)이므로 갑이 인형 105개를 만드는 데 필요한 시간은 $2\times3=6$(시간)이다.

42 [정답] 144가지

동전 1개를 던질 때 나올 수 있는 경우의 수는 2가지이고, 주사위 1개를 던질 때 나올 수 있는 경우의 수는 6가지이다. 이때, 동전 2개와 주사위 2개를 동시에 던지므로 나올 수 있는 모든 경우의 수는 $2\times2\times6\times6=144$(가지)이다.

43 [정답] 79

나열된 수들을 크기순으로 배열하면 다음과 같다.

70	76	76	78	80	82	86	92

현재 변량의 개수는 8개이므로 중앙값은 $\frac{78+80}{2}=\frac{158}{2}=79$이다.

44 [정답] 20g

농도가 25%인 설탕물에 포함된 설탕의 양은 $\frac{25}{100}\times500=125$(g)이고, 농도가 35%인 설탕물에 포함된 설탕의 양은 $\frac{35}{100}\times300=105$(g)이므로 차이는 $125-105=20$(g)이다.

연습 문제

※ 다음 [표]를 바탕으로 45~49번의 빈칸을 채우고, 50~54번을 읽고 [표]에 대한 설명이 맞으면 ○, 틀리면 ×표시하시오.(단, 계산 시 소수점 둘째 자리에서 반올림한다.) [45~54]

[표] 연도별 교통사고 현황

(단위: 건, 명)

구분	2018년	2019년	2020년
사고 건수	217,148	229,600	209,654
사망자 수	3,781	3,349	(　　)
부상자 수	(　　)	341,712	306,194
사상자 수	326,818	(　　)	309,275
자동차 1만 대당 사고 건수	1.4	1.2	1.1
인구 10만 명당 사고 사망자 수	7.3	6.5	5.9

※ 사상자 수(명)=사망자 수+부상자 수

문제		2018년	2019년	2020년
45	빈칸 채우기			
46	사상자 수 대비 부상자 수의 비중(%)			
47	사고 1건당 부상자 수(명)			
48	인구수(명)			
49	자동차 수(백만 대)			

※ 단, 인구수는 소수점 첫째 자리에서 반올림한다.

※ 단, 자동차 수는 십만 자리에서 반올림한다.

50 제시된 기간 동안 사망자 수가 가장 많은 해는 2018년이다.

( )

51 2019년의 사고 건수는 전년 대비 11,452건 증가하였다.

( )

52 제시된 기간 동안 사상자 수가 35만 명을 넘어선 해는 없다.

( )

53 2020년 부상자 수의 전년 대비 감소율은 10% 이하이다.

( )

54 2019년 이후 자동차 1만 대당 사고 건수는 전년 대비 지속적으로 감소했다.

( )

정답 확인

☑ **나의 풀이 시간:** ______________

45 [정답] 323,037명, 345,061명, 3,081명

'사상자 수=사망자 수+부상자 수'이므로 2018년 부상자 수는 326,818−3,781=323,037(명)이고, 2019년 사상자 수는 3,349+341,712=345,061(명)이며, 2020년 사망자 수는 309,275−306,194=3,081(명)이다.

46 [정답] 98.8%, 99.0%, 99.0%

사상자 수 대비 부상자 수의 비중은 2018년에 (323,037÷326,818)×100≒98.8(%), 2019년에 (341,712÷345,061)×100≒99.0(%), 2020년에 (306,194÷309,275)×100≒99.0(%)이다.

47 [정답] 1.5명, 1.5명, 1.5명

사고 1건당 부상자 수는 2018년에 323,037÷217,148≒1.5(명), 2019년에 341,712÷229,600≒1.5(명), 2020년에 306,194÷209,654≒1.5(명)이다.

48 [정답] 51,794,521명, 51,523,077명, 52,220,339명

인구 10만 명당 사고 사망자 수가 2018년에 7.3명, 2019년에 6.5명, 2020년에 5.9명이고, 사망자 수는 2018년에 3,781명, 2019년에 3,349명, 2020년에 3,081명이다. 따라서 인구수는 2018년에 (3,781×100,000)÷7.3≒51,794,521(명), 2019년에 (3,349×100,000)÷6.5≒51,523,077(명), 2020년에 (3,081×100,000)÷5.9≒52,220,339(명)이다.

49 [정답] 1,551백만 대, 1,913백만 대, 1,906백만 대

자동차 1만 대당 사고 건수는 2018년에 1.4건, 2019년에 1.2건, 2020년에 1.1건이고, 사고 건수는 2018년에 217,148건, 2019년에 229,600건, 2020년에 209,654건이다. 따라서 자동차 수는 2018년에 (217,148×10,000)÷1.4≒1,551(백만 대), 2019년에 (229,600×10,000)÷1.2≒1,913(백만 대), 2020년에 (209,654×10,000)÷1.1≒1,906(백만 대)이다.

50 2020년 사망자 수는 3,081명이므로 제시된 기간 동안 사망자 수가 가장 많은 해는 2018년이다. (○)

51 2019년의 사고 건수는 전년 대비 229,600−217,148=12,452(건) 증가하였다. (×)

52 2019년 사상자 수는 345,061명이므로 35만 명을 넘어선 해는 없다. (○)

53 2020년 부상자 수의 전년 대비 감소율은 (341,712−306,194)÷341,712×100≒10.4(%)로, 10% 이상이다. (×)

54 자동차 1만 대당 사고 건수는 2018년 1.4건, 2019년 1.2건, 2020년 1.1건으로 2019년 이후 전년 대비 지속적으로 감소했다. (○)

연습 문제

※ 다음 [표]는 '갑' 사의 사업체별 종업원 수에 대한 자료이다. 이어지는 물음에 답하시오.(단, 계산 시 소수점 둘째 자리에서 반올림한다.) [55~64]

[표] '갑' 사의 사업체별 종업원 수

(단위: 명)

구분	2015년	2016년	2017년	2018년	2019년
합계	2,364	2,673	3,232	3,692	3,751
A사	163	156	143	157	187
B사	539	519	550	648	733
C사	625	874	582	1,007	839
D사	64	55	36	47	47
E사	961	1,048	1,896	1,798	1,917
F사	12	21	25	35	28

55 2016~2019년 동안 전년 대비 C사 종업원 수의 증가율이 가장 큰 해는 언제인지 고르시오.

( )

56 2017년에 전체 '갑' 사의 종업원 수 중 가장 큰 비중을 차지하는 사업체는 어디인지 고르시오.

( )

57 2015년 대비 2019년에 '갑' 사 종업원 수의 증가율이 가장 큰 사업체는 어디인지 고르시오.

( )

58 2016~2019년 동안 전년 대비 D사 종업원 수의 감소율이 두 번째로 큰 해는 언제인지 고르시오.

( )

59 2015년에 전체 '갑' 사의 종업원 수 중 세 번째로 큰 비중을 차지하는 사업체의 비중은 얼마인지 구하시오.

( )

60 2016~2019년 동안 전년 대비 '갑' 사 전체 종업원 수의 증가율이 가장 작은 해는 언제인지 고르시오.

( )

61 2019년에 전체 '갑' 사의 종업원 수 중 두 번째로 큰 비중을 차지하는 사업체의 비중은 얼마인지 구하시오.

( )

62 2016년 대비 2018년에 '갑' 사 종업원 수의 증가율이 가장 큰 사업체의 증가율은 얼마인지 구하시오.

( )

63 2016~2019년 동안 전년 대비 A사 종업원 수의 감소율이 두 번째로 큰 해는 언제인지 구하시오.

( )

64 2016년에 전체 '갑' 사의 종업원 수 중 두 번째로 작은 비중을 차지하는 사업체의 비중은 얼마인지 구하시오.

( )

정답 확인

☑ **나의 풀이 시간:** ______________

55 [정답] 2018년

2016~2019년 동안 전년 대비 C사 종업원 수의 증가율을 구하면 다음과 같다.(단, 감소한 해는 구하지 않는다.)

연도	2016년	2017년	2018년	2019년
증가율	39.8%	–	73.0%	–

56 [정답] E사

2017년에 전체 '갑' 사의 종업원 수 중 각 사업체별 비중을 구하면 다음과 같다.

사업체	A사	B사	C사	D사	E사	F사
비중	4.4%	17.0%	18.0%	1.1%	58.7%	0.8%

57 [정답] F사

2015년 대비 2019년에 '갑' 사 종업원 수의 증가율을 구하면 다음과 같다.(단, 감소한 해는 구하지 않는다.)

사업체	A사	B사	C사	D사	E사	F사
증가율	14.7%	36.0%	34.2%	–	99.5%	133.3%

58 [정답] 2016년

2016~2019년 동안 전년 대비 D사 종업원 수의 감소율을 구하면 다음과 같다.(단, 증가한 해는 구하지 않는다.)

연도	2016년	2017년	2018년	2019년
감소율	14.1%	34.5%	–	0%

59 [정답] 22.8%

2015년에 전체 '갑' 사 종업원 수 중 각 사업체별 비중을 구하면 다음과 같다.

사업체	A사	B사	C사	D사	E사	F사
비중	6.9%	22.8%	26.4%	2.7%	40.7%	0.5%

60 [정답] 2019년

2016~2019년 동안 전년 대비 '갑' 사 전체 종업원 수의 증가율을 구하면 다음과 같다.

연도	2016년	2017년	2018년	2019년
증가율	13.1%	20.9%	14.2%	1.6%

61 [정답] 22.4%

2019년에 전체 '갑' 사의 종업원 수 중 각 사업체별 비중을 구하면 다음과 같다.

사업체	A사	B사	C사	D사	E사	F사
비중	5.0%	19.5%	22.4%	1.3%	51.1%	0.7%

62 [정답] 71.6%

2016년 대비 2018년에 '갑' 사 종업원 수의 증가율을 구하면 다음과 같다.(단, 감소한 해는 구하지 않는다.)

사업체	A사	B사	C사	D사	E사	F사
증가율	0.6%	24.9%	15.2%	—	71.6%	66.7%

63 [정답] 2016년

2016~2019년 동안 전년 대비 A사 종업원 수의 감소율을 구하면 다음과 같다.(단, 증가한 해는 구하지 않는다.)

연도	2016년	2017년	2018년	2019년
감소율	4.3%	8.3%	—	—

64 [정답] 2.1%

2016년에 전체 '갑' 사의 종업원 수 중 각 사업체별 비중을 구하면 다음과 같다.

사업체	A사	B사	C사	D사	E사	F사
비중	5.8%	19.4%	32.7%	2.1%	39.2%	0.8%

연습 문제

※ 다음 [표]는 연도별 산업부분 업종별 업체 수에 대한 자료이다. 이어지는 물음에 답하시오.(단, 계산 시 소수점 둘째 자리에서 반올림한다.) [65~74]

[표] 연도별 산업부분 업종별 업체 수 (단위: 개)

구분	2016년	2017년	2018년	2019년	2020년
합계	2,960	3,042	2,910	2,920	2,944
식품	284	292	294	305	313
섬유	178	173	150	129	102
제지목재	116	117	110	112	120
화공	606	623	628	644	669
요업	182	186	182	188	186
금속	1,161	1,190	1,167	1,161	1,162
에너지산업	79	92	110	119	121
산업기타	354	369	269	262	271

65 2017~2020년 동안 전년 대비 섬유 업체 수의 감소율이 가장 작은 해는 언제인지 고르시오.

( )

66 2016년에 전체 산업부분 업체 수 중 세 번째로 작은 비중을 차지하는 업종의 비중은 얼마인지 구하시오.

( )

67 2016년 대비 2020년에 산업부분 업체 수의 증가율이 가장 큰 업종은 무엇인지 고르시오.

( )

68 2019년에 전체 산업부분 업체 수 중 가장 작은 비중을 차지하는 업종은 무엇인지 고르시오.

( )

69 2017~2020년 동안 전년 대비 에너지산업 업체 수의 증가율이 세 번째로 큰 해는 언제인지 고르시오.

( )

70 전년 대비 2018년에 산업부분 업체 수의 감소율이 가장 큰 업종의 감소율은 얼마인지 구하시오.

( )

71 2020년에 전체 산업부분 업체 수 중 두 번째로 큰 비중을 차지하는 업종의 비중은 얼마인지 구하시오.

( )

72 2017~2020년 동안 전년 대비 화공 업체 수의 증가율이 두 번째로 작은 해는 언제인지 고르시오.

( )

73 2017~2020년 동안 전년 대비 전체 산업부분 업체 수의 증가율이 가장 큰 해는 언제인지 고르시오.

( )

74 2017년에 전체 산업부분 업체 수 중 네 번째로 큰 비중을 차지하는 업종은 무엇인지 고르시오.

( )

정답 확인

☑ **나의 풀이 시간:** ____________

65 [정답] 2017년

2017~2020년 동안 전년 대비 섬유 업체 수의 감소율을 구하면 다음과 같다.

연도	2017년	2018년	2019년	2020년
감소율	2.8%	13.3%	14.0%	20.9%

66 [정답] 6.0%

2016년에 전체 산업부분 중 업체별 비중을 구하면 다음과 같다.

업종	식품	섬유	제지 목재	화공	요업	금속	에너지 산업	산업 기타
비중	9.6%	6.0%	3.9%	20.5%	6.1%	39.2%	2.7%	12.0%

67 [정답] 에너지산업

2016년 대비 2020년에 산업부분 업체 수의 증가율을 구하면 다음과 같다.(단, 감소한 업종은 구하지 않는다.)

업종	식품	섬유	제지 목재	화공	요업	금속	에너지 산업	산업 기타
증가율	10.2%	−	3.4%	10.4%	2.2%	0.1%	53.2%	−

68 [정답] 제지목재

2019년에 전체 산업부분 중 업체별 비중을 구하면 다음과 같다.

업종	식품	섬유	제지 목재	화공	요업	금속	에너지 산업	산업 기타
비중	10.4%	4.4%	3.8%	22.1%	6.4%	39.8%	4.1%	9.0%

69 [정답] 2019년

2017~2020년 동안 전년 대비 에너지산업 업체 수의 증가율을 구하면 다음과 같다.

연도	2017년	2018년	2019년	2020년
증가율	16.5%	19.6%	8.2%	1.7%

70 [정답] 27.1%

전년 대비 2018년에 산업부분 업체 수의 감소율을 구하면 다음과 같다.(단, 증가한 업종은 구하지 않는다.)

업종	식품	섬유	제지 목재	화공	요업	금속	에너지 산업	산업 기타
감소율	—	13.3%	6.0%	—	2.2%	1.9%	—	27.1%

71 [정답] 22.7%

2020년에 전체 산업부분 업체 수 중 업종별 비중을 구하면 다음과 같다.

업종	식품	섬유	제지 목재	화공	요업	금속	에너지 산업	산업 기타
비중	10.6%	3.5%	4.1%	22.7%	6.3%	39.5%	4.1%	9.2%

72 [정답] 2019년

2017~2020년 동안 전년 대비 화공 업체 수의 증가율을 구하면 다음과 같다.

연도	2017년	2018년	2019년	2020년
증가율	2.8%	0.8%	2.5%	3.9%

73 [정답] 2017년

2017~2020년 동안 전년 대비 전체 산업부분 업체 수의 증가율을 구하면 다음과 같다.(단, 감소한 해는 구하지 않는다.)

연도	2017년	2018년	2019년	2020년
증가율	2.8%	—	0.3%	0.8%

74 [정답] 식품

2017년에 전체 산업부분 업체 수 중 비중을 구하면 다음과 같다.

업종	식품	섬유	제지 목재	화공	요업	금속	에너지 산업	산업 기타
비중	9.6%	5.7%	3.8%	20.5%	6.1%	39.1%	3.0%	12.1%

처음에는 당신이 원하는 곳으로
갈 수는 없겠지만,
당신이 지금 있는 곳에서
출발할 수는 있을 것이다.

– 작자 미상

eduwill